DIETER NETH

UNGEKÜSST NACH
LA PAZ

novum ◢ pro

Dieses Buch ist auch als
e-book
erhältlich.

www.novumverlag.com

Bibliografische Information
der Deutschen Nationalbibliothek:

Die Deutsche Nationalbibliothek
verzeichnet diese Publikation in
der Deutschen Nationalbibliografie.
Detaillierte bibliografische Daten
sind im Internet über
http://www.d-nb.de abrufbar.

Gedruckt in der Europäischen Union
auf umweltfreundlichem, chlor- und
säurefrei gebleichtem Papier.

© 2023 novum Verlag

ISBN 978-3-99131-762-3
Lektorat: Elena Iby
Umschlagfoto: Dieter Neth
Umschlaggestaltung, Layout & Satz:
novum Verlag
Innenabbildungen:
Adam Vogt, Dieter Neth

Die vom Autor zur Verfügung ge-
stellten Abbildungen wurden in der
bestmöglichen Qualität gedruckt.

www.novumverlag.com

Climate neutral
Print product
ClimatePartner.com/16547-2201-1002

Inhaltsverzeichnis

Prolog

La Paz – California, 13. Juni 1685

Nach endlosen 35 Tagen, welche die Expeditionsteilnehmer mit dem Aufbringen von Lebensmitteln und sonstigen Gerätschaften an der Küste von Sonora verbracht hatten, kam die kleine Flotte aus 3 Segelschiffen, ***La Almiranta***, ***La Capitana*** und ***La Balandra*** unter dem Kommando von Admiral Isidoro de Atondo y Antillon erneut in der Bahia von La Paz in California an. Von dort wandte sich die Expedition nach Norden, an der vor 2 Jahren gegründete Missionsstation San Bruno vorbei, bis sie endlich Punta de las Virgenes Gordas, die Landzunge der dicken Jungfrauen, ansichtig wurden. Diese Landstelle befand sich direkt unterhalb der drei Bergspitzen, ruhende Vulkane, welche heute als Las Tres Virgenes bekannt sind. Hier wurde auf Wunsch des Paters Eusebio Kino, welcher mit Matias Goñi und Juan Bautista Copart für die Bekehrung und Unterweisung der hier vermuteten Eingeborenen verantwortlich war, eine Siedlung gegründet. Eine größere Truppe Soldaten, ausgerüstet zum Teil mit Pferden, Harnisch und Musketen, war zu ihrem Schutz und zur Mithilfe bei den Gründungsarbeiten der geplanten Missionsstationen mit dabei. Der Admiral hielt vor der Ausschiffung noch eine kleine Ansprache:

„Also Männer, wir stehen vor einem neuen Abenteuer in California. Ihr habt bestimmt schon von den alten Berichten von Cortés gehört. Irgendwo müssen wir hier also auf dieses Amazonenvolk mit ihren schwarzen Perlen treffen, wenn wir diese Insel nur lange genug durchsuchen. Seid mir aber nicht zu ungestüm. Die Patres wollen noch ein paar Seelen zum Retten haben, und Ihr findet an den Amazonen bestimmt auch mehr Gefallen, wenn sie leben! Die Perlen können wir ihnen dann umso leichter abnehmen! Also los! Haltet Ausschau nach Rauch von den Lagerfeuern und nach grünen Stellen wegen Wasser!"

Während die großen Segler draußen im tiefen, fast tintenblauen Wasser des Cortés Meers ankerten, erreichte die Expedition mit Ruderbooten das Festland. Aufgrund des unwegsamen, von steilen Felsenbergen und Schluchten zernarbten rötlichen Felsgebirges am Horizont verzichteten sie auf das Anlanden von Reittieren. Die Soldaten murrten und waren nicht besonders begeistert.

„Von wegen Amazonen! Hier lebt nichts und niemand! Ein Land des Todes, das uns bei lebendigem Leibe austrocknet und frisst."

„Und wenn es sie gibt, sie sollen unbeugsam und wild sein, schwer bewaffnet und stark. Wer will sich schon mit so jemandem einlassen!"

„Vielleicht besänftigt sie dieser italienische Pater mit einem Segen oder ein paar geweihten Hostien!"

Dröhnendes Lachen schallte über die steinigen Hänge. Der Angesprochene hatte sich jedoch weit von der müden und ausgelaugten Truppe entfernt und stand bereits auf einer hohen Felskuppe, mit dem Theodoliten in der Hand und seinem Tagebuch. Sein schwarzer Rock und weitkrempiger Hut waren unverkennbar.

„Schaut euch den an! Der liest den Amazonen keine Messe! Rennt lieber mit diesem unnützen Zeug rum und schreibt unverständliches Zeug da in ein Buch. Wenn das sein Erzbischof wüsste! Seltsame Methoden, um Heiden zu bekehren. Und dann diese Marotte mit der Behandlung der Eingeborenen! Benehmt Euch wie unter Christenmenschen üblich, sagt er. Wie soll man so schnell an Gold und Perlen kommen?"

Jetzt stieg der Pater langsam von der Felskuppe ab, um auf dem Bergrücken stehen zu bleiben, um auf die Seinen zu warten. Die Truppe keuchte langsam über die steinigen, roten, fast vegetationslosen Hänge in der sengenden Abendhitze in die Höhe. Oben angekommen sahen die erschöpften Männer, dass es auf der anderen Seite steil nach unten ging, und dafür am Gegenhang umso steiler nach oben. Der Berghang dahinter war gut doppelt so hoch wie derjenige, auf dem sie standen. Tief im Osten lagen die Schif-

8

fe auf dem schimmernden Meer. Sie sahen ob der Höhe klein wie Spielzeuge aus. Am Horizont schienen weitere Inseln zu lagern.

„Was meinen Sie, Admiral, sind das da drüben auch Inseln oder schon die Küste von Sonora?

„Hm, das sind kaum mehr als 25 Leguas, Padre. Es dürften Inseln sein, alles Fels, wie hier. Jetzt sind wir schon 4 Tage hier in dieser Einöde unterwegs. Wir sind keiner lebenden Seele begegnet. Die Berge im Westen werden immer höher und die Schluchten tiefer. Mir scheint, wir kommen in die Gegend von Salsipuedes. Wenn wir uns da hinein verirren, kann es uns schlecht ergehen. Unser Wasservorrat ist bald zu Ende!"

„Lasst uns hier übernachten, dann sehen wir, ob wir morgen am Gegenhang hochkommen. Vielleicht erkennen wir nachts die Lagerfeuer der Einheimischen."

Da kamen ein paar von den Soldaten herbei und verlangten, den Admiral zu sprechen. Sie waren erregt und sie fürchteten sich.

„Da vorne steht der leibhaftige Teufel hinter diesen Felsen! Hier bleiben wir nicht. Hier ist die Welt zu Ende, die Hölle nicht mehr weit. Man kann ja schon die Hitze fühlen!"

„Redet keinen Unsinn! Wo ist denn Euer Teufel, vor dem Euch derart fürchtet. Wenn Euer Glauben so groß wäre wie eure Goldgier, müsstet Ihr nicht so furchtsam sein."

Der Pater ging eine kurze Wegstrecke in die angegebene Richtung und erkannte bald zwei spitze Auswüchse über den Felsen im Gegenlicht der untergehenden Sonne. Sie hatten merkwürdige seitliche Fortsätze. So etwas hatte er tatsächlich noch nie gesehen. Als er den Felsen umrundete, sah er einen merkwürdigen hohen Pfahl, der oben in zwei hornartigen Fortsätzen endete. Beim Näherkommen erkannte Kino, dass es sich um eine allerdings wunderliche Pflanze handeln musste. Sie war weißlich, wie ausgelaugt, hatte von oben bis unten kleine, laublose Ästchen und auch sonst nichts Grünes an sich. Sie mochte an die 20 varas (Ellen) hoch sein und etwa einen Fuß dick. Weiter unten gab es noch mehr von ihnen, die erste nennenswerte Vegetation seit Tagen. Von den sonst bei La Paz häufigen Sahuesos und Organos war hier nichts zu sehen, welche von den Einheimischen gerne wegen der Früchte und der als Kamm verwendeten Dornenkugeln genutzt wurden.

„Es ist eine Pflanze, ihr Angsthasen! Ein gutes Zeichen. Vielleicht wird es weiter oben endlich fruchtbar und grün!"

Aber am folgenden Morgen brannte die Sonne mit versengender Glut herunter, die Stimmung in der Truppe wurde immer schlechter und trotz der Fürsprache der Patres hatte sich Angst unter die Soldaten gemischt, die immer mehr der Meinung waren, dass sie am Ende der Welt und somit am Tor zur Hölle gelandet wären. Pater Kino gelang es aber noch, mit dem Hinweis auf eine Zeile von grauen Wolken, die sich über der vor ihnen auftürmenden Bergkette aufgereiht hatten, die lustlose Truppe bei Marschlaune zu halten. Sie begannen, einem Trockenbett nach oben zu folgen, welches glücklicherweise zu einem immer flacheren Tal wurde, umso höher sie kamen.

Hier oben schien die Luft allmählich frischer zu werden, man konnte wieder frei atmen. Der Pater wollte seine Beobachtung für sich behalten, sie mochte ja nur in seiner unbegrenzten Hoffnung existieren – aber die Männer schienen die Veränderung ebenfalls zu spüren und einige zeigten wieder freundlichere, beinahe erwartungsfrohe Gesichter. Hinter ihnen waren allerdings das tief unter ihnen liegende Meer und die drei Schiffe hinter einer Felswand verschwunden. Nach einer weiteren Stunde endete das nunmehr flache Tal auf einer flachen, allmählich nach Westen eintauchenden Hochebene. Eilig trieben ganze Felder von ballenförmigen grauen Wolken im frischen Wind heran, als ob sie von der eintöniggrauen, düsteren Wolkenschicht geboren würden, die tief über der Hochebene lagerte, welche sich unendlich weit in den Westen erstreckte, unsäglich öde, leer und bis auf die seltsamen wie umgekehrte Rüben in die ewiggraue Novemberdüsternis hinaufragenden Pflanzen völlig kahl. Eine weitab im Westen liegende Bergzeile steckte mit ihren bizarren Gipfeln im Nebelgrau. Hier oben gab es nichts, es hatte auch nie etwas gegeben! Hier war die Welt zu Ende, der Nebel mochte auf dem großen Südmeer liegen, welches zwischen dieser Insel und Asien mit dem lebensfrohen und reichen Manila erstreckt.

Der Admiral fällte noch vor Mittag die Entscheidung, zu den Schiffen zurückzukehren. Sie würden zur Küste absteigen, am Strand zurückgehen und dann nach Osten weiterfahren, um sich neu mit Proviant und vor allem Wasser zu versorgen. Soweit nach Norden war vielleicht außer Cortés noch kein Spanier gekommen, es mochte von Nutzen sein, die Beschaffenheit des Festlandes zu erkunden. Auch Pater Kino war deswegen mit dieser Entscheidung einverstanden.

Sie segelten mit gutem Südwestwind über das Cortés-Meer nach Osten, kamen an einer sehr großen und hohen, dabei aber völlig unfruchtbar-kahlen Insel vorbei und sahen, dass dahinter die Küste nicht mehr weit sein mochte. Das Meer war hier somit kaum mehr als 25 Leguas breit. Am 19. Juni warfen sie Anker in der Mündung einer Bahia, oder Meeresarm, welche sie entdeckten. Am folgenden Tag segelten sie um ein steiles Kap herum in eine weitere, halbkreisförmige Bahia, welche in einem Ästuar auslief. Diese Bahia bekam von Pater Kino den Namen Bahia de San Juan Bautista. Heutzutage ist diese weite Bucht unter dem Namen Bahia de Kino bekannt, der einzige Ort aller durch Padre Kino erforschten Gegenden, der seinen Namen trägt.

Der Pater bestieg gegen Abend das am westlichen Ende der Bahia sich erhebende, sehr hohe und steile Vorgebirge, um seine Positionsbestimmungen zu machen. Die zahlreichen Inseln und Halbinseln lagen wie zerbrochene Tonscherben im glitzernden Wasser. Der enge, scheinbar vom Land umschlossene Kanal im Westen war wenig einladendes Terrain für die großen Schiffe, weshalb sie daraufhin am Strand der flachen Bahia, welche sie Playa de Balsas nannten, Anker warfen. Man konnte hier hunderte von varas vom Strand ins Meer hinauslaufen, ohne schwimmen zu müssen.

Pater Kino hielt eine Messe für die Soldaten und als er sich anschickte, das Evangelium zu lesen, sprach er:

„Del Santo Evangelio según San Marcos!

„Hört! Siehe, der Sämann ging hinaus, um zu säen. Und es geschah, indem er säte, fiel das eine an den Weg, und die Vögel kamen und fraßen es auf. Und anderes fiel auf das Steinige, wo es nicht viel Erde hatte; und es ging sogleich auf, weil es nicht tiefe Erde hatte. Und als die Sonne aufging, wurde es verbrannt, und weil es keine Wurzel hatte, verdorrte es. Und anderes fiel unter die Dornen; und die Dornen sprossten auf und erstickten es, und es gab keine Frucht. Und anderes fiel in die gute Erde und gab Frucht, indem es aufsprosste und wuchs; und es trug eines dreißig-, eines sechzig- und eines hundertfach. Und er sprach: Wer Ohren hat zu hören, der höre!"

Den Soldaten und Seeleute war der Gedanken von Ackerbau fremd und sie waren unaufmerksam, was Pater Kino nicht verborgen blieb.

„Was seid Ihr doch für unverständige Grobiane! Aber wartet, ich will's euch verständlich machen! Seht, der Samen, der auf sandigen Boden fällt, ist wie eine rasch entflammte Liebe, welche aber rasch erstirbt unter den Widrigkeiten des Lebens, wegen fehlender Substanz. Der Samen, welcher von den Disteln und Unkräutern überwuchert wird, ist eine große Liebe, welche durch Neid und schlechten Rat zerredet und verdorben wird, bis sich die Liebenden trennen, weil ihre Liebe nicht stark genug ist, um sich zu widersetzen. Der Samen, der zwischen die Steine des Weges fällt, keimt nicht, wie eine Freundschaft zu einer Dame nicht zu Liebe wird, wenn es am fruchtbaren Boden der Leidenschaft fehlt. Der gute Boden schließlich ist eine Liebe, welche wächst und gedeiht und langsam heranwächst und zu einer gesunden kräftigen Pflanze wird, welche reiche Frucht trägt und allen Widrigkeiten des Lebens zu trotzen vermag und kein Unkraut um sich duldet."

Die Männer schwiegen verblüfft. Dann sagte einer: „Mann Padrecito, man könnte glatt meinen, Sie verstünden etwas davon!"

„Na und ob! Mein Vater hat mir die Bibelstelle immer so ausgelegt, wenn er mich dazu überreden suchte, endlich eine Frau zu nehmen!"

Die Männer stimmten ein herzhaftes Lachen an. Der Pater fügte an, dass sein Gleichnis auch auf den Glauben passen würde. Zuallererst müsse man Gott lieben, dann wäre man auch bereit, irdische Liebe zu empfinden. Trotz dieser erbaulichen Predigt fanden sie am folgenden Morgen, dass sie wegen widriger Winde aus Süd-westen, die eine Rückkehr nach California verhinderten, erstmal am Strand der Bahia de Balsas bleiben mussten. Sie saßen einst-weilig fest. Pater Kino und ein paar von den Soldaten machten eine kleine Tagesexpedition in die steinigen trockenen Berge hinter der Bahia. Es gab hier etwas mehr Bewuchs als zuletzt in California, und ein Soldat wies auf 3 seltsame, in bleichem Weiß schimmern-de Gewächse hin, die auf einer Sanddüne standen und etwa einen Meter hoch senkrecht in den Himmel zeigten.

„Sehen Sie mal, Padrecito, die können Sie als Altarkerzen neh-men, wenn Sie hier eine Kirche bauen wollen!"

Die Pflanzen schienen dieselben zu sein, die in California die Leute so erschreckt hatten. Interessiert schaute Kino die Pflanzen an und machte sich ein paar Notizen. Sie stießen in ein flaches, langgestrecktes Tal vor, das voller Distelbäume stand, dieselben, die sie von California kannten, und Cardón getauft hatten. Auf ei-nigen klebten leuchtend rot gefärbte Blumen, sie bemerkten dann beim Näherkommen, dass es Früchte sein mussten, weil an den im Sand liegenden Stücken zahllose Ameisen krabbelten. Mit einer Lanze schlugen die Soldaten einige herunter und zu ihrer Überra-schung hatten sie einen süßen Wohlgeschmack. Es musste sich so-mit um eine andere Pflanze handeln.

Am 29. Juni entdeckten sie endlich eine tiefe Flussmündung, wo Indios damit beschäftigt waren, Austern und Muscheln aus dem bis zu 7 brazas (13 Meter) tiefen Wasser zu ziehen. Dies war die am weitesten landeinwärts gelegene Stelle der von Pater Kino und sei-ner Expedition entdeckten Bahia. Die Indios erzählten von einem mächtigen Fluss, der von Ures und Cucurpe herunterkam und zur spätsommerlichen Regenzeit enorme Mengen an Stämmen, Ästen und Röhricht anschwemmte, welche noch jetzt sichtbar waren. Sie fragten sie nach den süßen Früchten. Sie kämen von den Sahuaros, meinten sie. Bald würden sie ausschwärmen und sie einsammeln.

Die Indios lebten damals auf einer von allen Punkten der Bahia gut einsehbaren Insel. Sie waren unter den Spaniern in Sinaloa als Seri bekannt und als unzivilisierbare Wilde, Kannibalen gar, berüchtigt. Hierher wollten sich die Spanier dann vor dem sich verstärkenden Südweststurm zurückziehen, um die Schiffe zu schützen. Der ungünstige Wind sollte die Abreise der Expedition nach La Paz für volle 45 Tage verhindern. Pater Kino wusste damals noch nicht, dass er sein geliebtes Niederkalifornien für Jahrzehnte nur noch aus der Ferne sehen und La Paz niemals wiedersehen sollte. Zunächst brauchten sie aber wieder Trinkwasser, was die Expedition eine ganze Kiste voller Gebrauchsgegenstände für die Seri kostete, damit sie aufs Festland auf Wassersuche gingen.

Als die Spanier auf der Insel ankamen, wurden sie von den Seri am Strand willkommen geheißen. Es waren ihrer nicht viele, vielleicht ein paar Dutzend – Männer, Frauen und Kinder. Ein hochgewachsener Indio stand ein wenig abseits, in Begleitung zweier weiterer Eingeborenen.

„Im Namen meiner Brüder des Volkes der Comcaac wünsche ich die fremden Reisenden hier in unserer Wohnstatt willkommen!", sprach der hochgewachsene Anführer in geläufigem Spanisch.

„Im Namen Gottes des Allmächtigen grüße ich meine neuen Brüder und erbitte Gottes Segen für unsere Freundschaft und Zusammenarbeit. Wir sind dankbar, dass wir bei Euch wohnen dürfen, bis besserer Wind unsere Weiterfahrt erlaubt."

Damit gingen die Spanier an Land. Die Soldaten waren von den Indio-Frauen sehr angetan, waren sie doch von stolzer, schöner Gestalt und wirkten überdies freundlich. Der, der sie angeredet hatte, setzte sich mit seinen Begleitern zum Admiral und den Patres. Es waren seine Kinder, Sohn und Tochter. Er wurde von den Spaniern als Cacique angeredet, doch der Indio wehrte ab:

„Ich bin ein Gleicher unter meinen Brüdern, und lehre sie alles über die Götter und wo wir Wild und Fische finden, um keinen Mangel zu leiden. Bei uns ist aber jeder Mann sein eigener Herr und Meister. Ich bitte Euch, auch meine Kinder zu begrüßen. Auch sie haben von mir Kastilisch gelernt!"

„Das tun wir gerne, und es erfreut uns die Bekanntschaft Deiner Kinder machen zu dürfen. Aber jetzt sind wir müde und würden uns gerne ausruhen!"

„Dann kommt mit in mein Haus, auf dass ich Euch ein Lager anbieten kann. Die restlichen Eurer Männer werden von meinen Brüdern versorgt werden. Wir wollen alles, was Ihr wisst, von Euch lernen. Wir haben gehört, dass Ihr Bartträger große Weisheit in euren Köpfen trägt."

Die Tochter des großgewachsenen Indios ging voran. Sie war groß gewachsen, wie ihr Vater, von dem sie wohl ihre recht breiten Schultern geerbt hatte. Ganz schwarzes, herrliches glattes Haar, das ihr bis an ihre schmale Taille reichte. Ihre sonnengebräunte Haut spielte fast ein wenig ins Bronzefarbene. Sie hatte eine vollerblühte formvollendete und dabei kräftig wirkende Gestalt, welche ihr einen königlichen, geschmeidigen Gang verlieh. Die Soldaten sprachen miteinander, in der Meinung, diese India würde sie nicht verstehen.

„Sieh mal einer an, unser Admiral hatte also doch recht. Das ist eindeutig Calafia, die Amazonenkönigin!"

„Mann, dass diese Wilden sich an so einer erfreuen dürfen. So eine gibt es in ganz California nicht"

„In ganz Neuspanien nicht, Trottel! Mal sehen, ob sie mit sich reden lässt, ich würde mich nicht zweimal bitten lassen"

„Ausgerechnet bei Dir, Du kriegst ja nicht mal eine, wenn Du sie bezahlen willst, und außerdem kommst Du dem Admiral ins Gehege. Hast Du nicht gesehen, wie er sie angeschaut hat?"

Ob dieses Geredes drehte die junge Frau diesen Schwätzern ihr Gesicht zu, ein Gesicht rund wie der volle Mond, mit großen mandelförmigen Augen. Sie streifte sie mit einem Blick aus ihren pechschwarzen Augen, der sie verstummen ließ.

In den folgenden Wochen beschäftigten sich die Patres damit, die willigen Seris im christlichen Glauben zu unterweisen, während die anderen zusammen mit den Soldaten in der Bahia auf Fischfang ausgingen, oder den Seevögeln, die in großer Zahl auf der Insel nisteten, bei ihren Flugkunststücken zuzusehen, oder sich gelegentlich bei ihren Eiern zu bedienen, wenn sie sicher sein konnten, dass sie einigermaßen frisch waren. Die besten Fänge wurden dazu benutzt, sich die Gunst der von den Spaniern weiterhin Calafia genannten Tochter des spirituellen Leiters der Seris zu erwirken.

Aber keiner ihrer zahlreichen Verehrer fand Gnade vor ihren dunklen Augen, gleichviel, ob Indio oder Spanier. Sie saß meistens in der Unterweisung oder verrichtete die Hausarbeit für ihren Vater. Eine Mutter schien es nicht zu geben, sie mochte verstorben sein. Die Patres erzählten ihren Schützlingen von ihrer Religion, wobei sie ihr Leiter nicht nur gerne gewähren ließ, er hörte Pater Kino ebenfalls häufig zu, und nahm ihn zum Abend hin des Öftern beiseite.

„Jetzt hat mein Bruder im schwarzen Rock viel von seinem Gott erzählt und es scheint uns, dass Deine Worte gut sind. Wir möchten, dass Du hier bei uns bleibst und uns weiterhin all jenes erklärst, was wir nicht kennen. Wir bauen Dir ein Haus oder einen Palast, von dem Du in Deinen Gesprächen immer erzählst, wo Ihr die Feier zu Ehren eures Gottes abhaltet. Ich lasse Dir Pferde und Lebensmittel vom Landesinneren bringen, damit Dir nie etwas fehlen möge."

„Das wird nicht möglich sein. Ich muss wieder zurück zu jenem Land dort drüben. California. Es warten dort Menschen, die meiner Weisheit ebenfalls bedürfen."

„Was will mein Bruder in jenem schlechten Land? Dort ist das Ende der Welt, wo Riesen und Geister im Nebel hausen und kein Sterblicher lange leben kann. Hier ist das Tor zum Ende der Welt, der letzte Ort, wo Menschen leben sollen. Auch hier bleiben wir nicht lange, sobald der Regen kommt, gehen wir nach Osten, um dem Hirsch nachzustellen und aus den Früchten der großen Dornenbäume Mus und einen Trank zu machen, der dabei hilft, mit den Göttern zu sprechen."

„Wir haben dort drüben auf der Insel California ein Dorf aufgebaut, um die Pflanzen anzubauen, woraus das Brot gemacht wird, das wir Euch gegeben haben."

„Das wird nicht möglich sein. Der Regengott hat dieses Land verflucht und von seinen Gaben ausgenommen. Er will nicht, dass dort Menschen siedeln. Du kannst es hier viel besser haben. Ich habe mit meiner Tochter gesprochen und weiß, dass sie Dir gefällt!"

„Das muss ein Irrtum sein, ich habe nichts dergleichen gesagt."

„Muss man denn reden? Sie hat Dir in Deine Augen geschaut. Die Augen sind der Spiegel der Seele und sie hat dort Deine Liebe zu ihr gesehen."

„Ich kann keine Liebe zu ihr empfinden. Mein Gott erlaubt es nicht."

„Dann kann Dein Gott kein guter Gott sein, wenn er Dir Deine Freude nehmen will. Bei uns kann ich meinen Göttern dienen und mich von allen Frauen auserwählen lassen, die dies wünschen. Oder denkst Du etwa gar, meine Tochter sei nicht genug für Dich? Ich weiß von Dir, dass keine Frau je Dein Herz berührt hat."

„Deine Tochter ist die schönste Jungfrau, die ich jemals sah, aber ich kann mein Wort nicht brechen, das ich meinem Gott gegeben habe."

„Was war das für ein Versprechen?"

„Ich versprach, mein ganzes Leben für die Verbreitung seiner Lehre aufzubringen, wenn mein guter Gott mich von einer schweren unheilbaren Krankheit erlösen würde."

„Und Du wurdest gesund?"

„Ja, der Herr hat mich erhört. Ich erfülle meinen Schwur. Ich muss es tun! Ich befürchte, tot umzufallen, und in die feuererfüllte Unterwelt verbannt zu werden, wenn ich ihn breche.

Dann ist Dein Gott mächtiger als unsere Götter. Sie können keine Kranken heilen, sondern haben uns dazu Pflanzen hinterlassen, auf dass wir sie aufsammeln und zu Tinkturen verarbeiten. Es hilft aber nicht immer, und hat jedenfalls bei meiner Frau versagt, als Jacaranda geboren wurde."

„Ist das Deine Tochter?"

„Ja. Sie heißt wie die violetten Bäume, die bei Alamos wachsen und meiner Frau so gefallen haben. Meine Tochter wird sehr betrübt sein, wenn Du sie zurückweist. Aber ich sehe, dass Du ein Mann bist, der seine Versprechen halten will. Es ist Frieden zwischen Euch und uns. Aber wenn Du gehst, wollen wir von keinem anderen Spanier in Eurer Religion unterwiesen werden. Wir wissen, dass andere von Euch die Menschen in großen, dunklen Höhlen einsperren, damit sie schwere Steine aus der Erde herausbrechen und nie mehr das Angesicht der Sonne zu sehen bekommen. Diese Steine verbrennen sie dann in großen Feuern, bis das Blut von Mutter Erde herausrinnt und zu schweren, glitzernden Blöcken erstarrt. Wegen dieses Blutes ist große Not und Angst ins Land im Süden gekommen."

„Ich denke nicht, dass jemand hierherkommen will. Ich und mein Mitbruder sind die Einzigen, die von euch wissen, und wir müssen zurück nach La Paz und San Bruno auf California."

Am Abend des 8. August 1685 berieten sich der Admiral und Pater Kino über die weitere Vorgehensweise. Sie waren jetzt bereits mehr als 7 Wochen hier von dem nicht nachlassenden Südwestwind an der Weiterfahrt gehindert worden, und die Stimmung unter den Soldaten war nicht die beste, obwohl einige von ihnen sich mit den Seris angefreundet hatten. Aber die Perspektive, hier vielleicht für immer unter diesen Wilden leben zu müssen, erfüllte sie zunehmend mit Sorge. Der Admiral hatte den Pater zu einer seiner abendlichen Exkursionen begleitet, welche ihn bis zum Gipfel der Felseninsel geführt hatte.

Na, Padrecito, wird Ihnen nicht zu warm unter Ihrem schwarzen Rock? Sie möchten ihn wohl am liebsten ablegen, was?

Wie kommen Sie auf diesen abwegigen Gedanken? Ich bin Jesuit, und als solcher dem Glauben verpflichtet, egal, wie heiß es wird.

Mir brauchen Sie nichts vorzumachen! Ich hab' gesehen, wie die Kleine mit den schwarzen Augen Euch angesehen hat. Und Ihr habt den Blick ja lange nicht von ihr lösen können. Also raus mit der Sprache! Was habt Ihr denn dort gesehen? Also ich würde nach so einem Blick von solch einem Mädchen glatt meine Alte an die Mauren verkaufen und schwören, ich kennte sie nicht!

Unterstehen Sie sich, Admiral! Sie sollten ein wenig Respekt vor mir zeigen. Und was sollen diese wollüstigen Reden von Ihnen, der Ihren Männern ein Vorbild sein sollte und …

Sparen Sie sich die Sermon, ich meine es gut mit Ihnen! Warum bleiben Sie nicht hier bei diesen Leuten? Sie halten große Stücke auf Sie und dieses Mädchen, diese Calafia, liebt Sie, also wenn sie so eine entwischen lassen, werde ich Sie sofort heiligsprechen lassen.

Oder sind Sie blind? Angst vor der Inquisition, was? Ich lass mir eine glaubwürdige Geschichte einfallen, damit niemand nach Ihnen sucht!

Hören Sie auf damit! Und das Mädchen heißt Jacaranda, nicht Calafia. Unterstehen Sie sich, sie zu beleidigen! Aber ich habe dem Herrn ewigen Gehorsam geschworen und werde meine Mission in Kalifornien zu Ende bringen.

Seltsamer Name. Ist doch dieser Baum, mit den violetten Blüten. Ganz schwerer Duft! Aber Sie denken immer nur an diese Geschichte mit Kalifornien! Ist eine richtige Manie von Euch. Es ist aus, sehen Sie das endlich ein! Sobald wir zurückkommen, falls wir je zurückkommen, lass' ich abstimmen. Wenn die Mehrheit der Kolonisten und Indios von dort weg will, werde ich sie mit den Schiffen nach Sinaloa bringen. Sonst werden sie jämmerlich verhungern. Das kann nicht Gottes Wille sein!

Ich werde beten, damit wir besseren Wind bekommen. Wir müssen sofort von hier weg! Was habe ich gebetet, damit der Herrgott mich von dieser Versuchung erlöse! Aber ich bin ja auch schon über 40. Das ist nicht richtig für ein derart junges, schönes Mädchen.

Wissen Sie was, Padre? Sie sind ein guter Mann! Ehrlich, und aufgrund Ihrer letzten Worte weiß ich, dass sie eine menschliche Seite an sich haben, die man von Kirchenleuten selten zu sehen bekommt. Wenn die Kirche mehr solche Leute wie Sie hätte, würde es in der Kolonie anders aussehen. Aber diese pompösen Erzbischöfe und Äbte, die führen sich auf, als wären sie Herzöge und Kriegsherren, und in Rom wird es nicht besser, sondern schlimmer. Alles Heuchler! Unsereiner wird zum Morden um die halbe Welt geschickt und der Papst gibt seinen Segen dazu. Nichts für ungut, Padre, aber vielleicht hätten Sie Ihre kleine Bewunderin mal küssen sollen. Vielleicht kommen wir so endlich nach La Paz. Ihr Vater ist ja sowas wie ein Hexer und will uns vielleicht nicht fortlassen. Der Wind muss ja nur ein wenig mehr von Süden wegdrehen, dann könnten wir der Küste entlang nach Matanchel in Nayarit fahren, und vielleicht von dort nach California übersetzen.

Mit Gottes Willen und Segen kommen wir morgen weg. Ich will noch eine Messe halten für die Seris, zum Abschied.

Tun Sie das, Padre! Vergessen Sie nicht, um guten Wind zu bitten! Wenn der Herr auf jemanden hört, dann auf Sie!

Am folgenden Tag befand sich die kleine Flotille tatsächlich auf dem Weg nach Südosten, wo sie nach längerer Reise ankamen, nachdem sie in die Bahia bei La Paz übersetzten, um ein paar von den mitgereisten Indios dort aussteigen zu lassen. Ohne Aufenthalt ging es sofort weiter nach Nayarit. Dort erhielt Kino die Order, sofort nach Guadalajara zur Audienz mit dem dortigen Erzbischof zu kommen. Dieser setzte ihn über die geplante Auflösung der Kolonien in California ins Bild und schickte ihn sogleich weiter nach Ciudad de Mexico. Er erhielt dort keinen besseren Bescheid und fühlte, dass ihm das Herz brach. Er erinnerte sich an die glücklichen 45 Tage bei den Seris und erkundigte sich, ob seine Vorgesetzten ihm vielleicht erlauben würden, eine Mission in Sonora aufzubauen. Sein Plan war, mittels einiger gut ausgebauter Missionen in Sonora eine zukünftige Mission in California zu versorgen. Dieser Plan wurde gutgeheißen und Padre Kino machte sich auf den Weg nach Sonora. Dort würde er in den folgenden 24 Jahren die Erfüllung seines Lebens erreichen, bis zu seinem Tod am 15. März 1711. Er war nicht nur Missionar, sondern den verschiedenen Ureinwohnervölkern im nordwestlichen Sonora ein eigentlicher Apostel, der sie wiederholt vor Übergriffen seitens der Spanier beschützte und sie außer im Spirituellen auch in Viehzucht und Landwirtschaft unterwies. Aber zu den Seris kehrte er niemals zurück, und so kam es, dass dieses Volk Mexikos als einziges nicht von der katholischen Kirche bekehrt wurde. Dies geschah erst in den fünfziger Jahren des 20. Jahrhunderts als Mitglieder einer evangelikalen Freikirche in Desemboque eine Missionsstation einrichteten.

Das Boot ist voll!

Soeben hatte ich bei El Salto die 2'700 m Seehöhe erreicht. Ich war ganz allein auf der Küstenstraße MEX 40 aus Durango heraufgekommen. Anders als etwa in den Alpen war hier das Land jedoch beinahe eben, eher an den Schwarzwald als an ein Hochgebirge erinnernd. Der vorige Kiefern-Eichen Trockenwald war längst in endlose, Nordeuropa oder Kanada verblüffend ähnlich sehenden Koniferenwälder übergegangen. Neugierig geworden, obwohl die Reise eher den trockenheitsliebenden Kakteen und sonstigen Wüstenpflanzen gelten sollte, hatte ich vorhin kurz angehalten. Anders als in der Taiga, wo es Fichten, Tannen und Birken gibt, bestand hier der Wald aus lauter Kiefernarten. 70 an der Zahl, wie mein Naturführer zu wissen glaubte. Auch ich als Nichtförster konnte problemlos ein halbes Dutzend Arten unterscheiden. Aber – das war kein europäischer Wald. Er war so trocken, wie er selbst in Südeuropa nie sein würde, es gab weder Unterwuchs, nicht einmal dürres Gras. Die Bäume wuchsen vielerorts aus „Böden", welche nur aus losen Steinen zu bestehen schienen.

Der kurze Halt erlaubte auch eine kurze Rückschau auf den bisherigen Verlauf meiner Reise. Diese sechswöchige Tour durch Nordmexiko war gedacht gewesen als Supplement zur großen USA-Südwest-Reise im Jahr 1987. Ich wollte einerseits die Trockengebiete südlich des Rio Grande im Hochland kennenzulernen und andererseits der Halbinsel Niederkalifornien einen Zweitbesuch abstatten, um die völlig missratenen Fotos der dort vorkommenden, einzigartigen Pflanzengemeinschaften zu wiederholen. Ausgerüstet mit einem Volkshochschulspanischkurs und einem wüstentauglichen VW Käfer glaubte ich, gut vorbereitet meinen Reiseplan wunschgemäß ans Ende zu bringen.

Und tatsächlich machte der bisherige Verlauf der Tour Mut: Das schwierigste Teilstück, die Fahrt durch die weglose *Zona del Silencio*, war ohne größere Probleme gelungen, wenn man von dem Umstand absah, dass ich an mehreren Orten aus unerklärlichen Gründen zu einer Art Sehenswürdigkeit mutiert war und mehr Aufmerksamkeit bei den Einheimischen erregt hatte als mir lieb war. Aber hier wird halt jeder auch noch so schüttere Fahrweg dazu angelegt, um ihn auch zu benutzen!

Trotzdem – ich war sehr zufrieden, keine Panne hatte mich aufgehalten, ich kam sogar noch vor dem Zeitplan in Durango an, wo ich mir zum Geburtstag eine Übernachtung im luxuriösen Presidente Hotel gegönnt hatte. Jetzt galt es, in Mazatlán ein Ticket für die Autofähre nach La Paz auf Baja California zu erwischen, dann würde einem Wiedersehen mit den sogenannten Cirios, die Amerikaner nennen sie nach Jonathan Swift Boojum Trees, nichts mehr im Wege stehen!

Curvas Peligrosas

Nach der Passhöhe auf knapp 3'000 Metern über Meer, wenn man den flachen Buckel denn so nennen will, wo die Straße nur wenig tiefer lag als die umliegenden, flachen, kiefernbestandenen Berge, kam ich an einer auffälligen Felsformation vorbei, welche den Durchreisenden vor allem als Leinwand für zahllose Graffiti gedient hat, neben der offiziellen Widmung der Regierung des nun folgenden Teilstücks. Es gab hier, in Mexiko eine Seltenheit, eine Gelegenheit, um das Auto abzustellen. Vielleicht ließ sich hier der abrupte Westabfall der Sierra Madre Occidental erreichen!

Und tatsächlich! Von einem Aussichtspunkt aus konnte ich nach Westen in die Leere blicken. Mittels unzähliger Kurven, Spitzkehren und waghalsigen Auf- und Abstiegen windet sich die schmale Bergstraße aus den ausgetrockneten Kiefernwäldern, die sich hier an der westlichen Abbruchkante der Sierra Madre Occidental an die Felsen klammern, schlangengleich in die bräunlich-violett schimmernden Tiefen. Rauchschwaden aus Waldbränden deuten auf den Höhepunkt der Trockenzeit hin, jetzt, zur Mittagszeit, bläst ein starker Talwind von der Küstenebene herauf, selbst hier auf 3'000 Metern über Meer ist er über 30 Grad warm und trocken wie aus einem Haarfön. Es galt, das sogenannte Rückgrat des Teufels, *Espinazo del Diablo*, zu bewältigen, um heute Abend noch vor dem Eindunkeln in Mazatlán an der Pazifikküste anzukommen.

Ein Warnschild, dreieckig wie bei uns, wies die Reisenden auf kommende Gefahren hin: „Curvas Peligrosas" und darunter eine Zusatzinfo: Proximos 186 km. Also gefährliche Kurven für die nächsten 186 km! Ich musste ein wenig schmunzeln, nicht nur wegen der verchromten Figur einer attraktiven jungen Frau mit wehendem Haar, welche die US-Trucker so gerne an ihre Schmutzfänger montieren. Jetzt schien es die auch hier schon zu geben, denn irgendein Witzbold hatte geglaubt, das Schild damit verzieren zu müssen. Aber gefährliche Kurven in Mexiko? Dass ich nicht lache! In einem Land, wo es nur eine Fahrtrichtung gibt, nämlich geradeaus, mochte jeder Bogen eine Herausforderung darstellen. Echte Haarnadelkurven wie am Gotthard würde es hier nicht geben. Der Höhenunterschied war allerdings nicht zu verachten, das meiste der knapp 3 Kilometer würde ich gleich am Anfang einbüßen, etwa das Dreifache des Unterschieds vom Hochschwarzwald in den Oberrheingraben hinunter, oder etwa 700 m mehr als jeder Alpenpass.

So standen die Dinge, als sich jetzt die Sonne im 200 km Luftlinie entfernt liegenden Pazifik goldschimmernd spiegelte. Bald blieben die Kiefern zurück, die Eichen zeigten wegen der Trockenheit regelrechte Herbstfarben und verschwanden ebenfalls. Während in Mitteleuropa das Land umso uppiger und grüner wird, je tiefer man kommt, ist es hier umgekehrt, in den tiefen Schründen der hier Barrancas genannten Felsentälern wuchert eine laublose, etwa doppelt menschengroße Dornstrauchwildnis, welche derart undurchdringlich und anhänglich ist, dass sie botanisch kaum erfasst worden ist. Das einzig Grüne sind die großen Cardón-Kakteen, welche meterhoch über das Dornstrauchdickicht hinausragen. Sie hatten große, gelbe, stachelige Früchte, die trotz ihrer runden

Form angeblich von den Ureinwohnern als Kamm benutzt wurden, deswegen der Name des Kaktus: Pachycereus pecten-aboriginum, also der „Dicke Säulenkaktus" mit den „Eingeborenenkämmen".

Die zahlreichen Aufenthalte und die doch überraschend vielen und auch scharfen Kurven brachten es dann mit sich, dass ich den hier klar ausgewiesenen Wendekreis des Krebses gerade noch bei Tageslicht queren konnte, bereits in der vorgelagerten Ebene.

Nach Mazatlán war es nun nicht mehr weit. Die MEX 40 traf vor der Stadt auf die 15 und die führte dann schnurstracks nach Mazatlán hinein und schließlich direkt an die Mole. In der Stadt angekommen, änderte sie allerdings den Namen nach Avenida Emilio Barragán. Ein Zimmer in Hafennähe wäre schnell gefunden, jetzt in der Zwischensaison, so dachte ich mir. War dann auch so, aber nicht wegen der Zwischensaison, sondern wegen der ziemlich üblen Absteige, an die ich auf die Schnelle geraten war. Aber egal, die Fahrt war lang gewesen, und die Aussicht, durchs nächtliche Mazatlán zu streifen, um ein besseres Hotel zu suchen, war nicht vielversprechend. Laut meinem Reiseführer überdies auch nicht empfohlen.

Ich schien der einzige Gast zu sein an diesem 25. April, einem Dienstag. Ich hatte gar nicht auf den Namen des Etablissements geachtet. Der junge Verwalter, recht groß, schlank, ziemlich dunkler Teint, halblanges leicht welliges fast schwarzes Haar und, eine Seltenheit hier, eine Brille. Er trug ein kurzärmliges blauweiß gestreiftes Polohemd und eine recht schicke, cremefarbene Hose. Er war sehr nett, wir verständigten uns in dem schaurigen Mischmasch aus Englisch und ein paar Brocken Spanisch, welchen die Nordmexikaner gerne anwenden, um einerseits dem Touristen zu beweisen, dass man beim Gringo was gelernt hat und andererseits dem sprachlich interessierten Gast Gelegenheit dazu gibt, zu erkennen, dass es noch viel zu lernen gibt. Dies alles mit einer derartigen Leichtigkeit, welche man auch aus dem Mittelmeerraum kennt. Luis kannte sich mit dem Viertel aus, essen konnte man in seinem Hotel zwar nicht, aber draußen sei das kein Problem und auch zum Hafen, wo die große Autofähre abgeht, sei es nicht weit. Alles bestens! Er ließ dann meinen roten VW in den Hof, wo er vor etwaigen begehrlichen Blicken gewisser nächtlicher Besucher des Hafenviertels hinter hohen Mauern versteckt in Sicherheit war. Neuer Tag, neues Glück, heißt es. Laut meinem Reiseführer dauert die Überfahrt über die weite „Mündung" des Golfes 18 Stunden, das Schiff läuft um 16:00 aus. Morgen Mittag würde ich bereits in La Paz nach Cirios suchen! Völlig entgegen den örtlichen Gepflogenheiten hielt ich mich am folgenden Morgen nicht lange mit dem Frühstück auf und ging zum Sonnenaufgang schnurstracks an die Mole. Selbst ohne Wecker und trotz der anstrengenden Fahrt gestern gelang das Aufstehen in aller Herrgottsfrühe ohne Weiteres. Gegenüber wird um 6:00 in der Marinekaserne nämlich großer Zapfenstreich geblasen, ein ganzer Posaunenchor aus Naturton-Cornets ließen wie weiland in Jericho die Einfachverglasung erbeben. Sie spielten die Nationalhymne Mexikos als Zugabe, und wer diese kennt, kann ermessen, wie sie geklungen hat, wenn nur Naturtöne zur Verfügung stehen!

Es gab aber an jenem Morgen Leute, die waren noch früher aufgestanden, sie bildeten bereits eine endlos wirkende Schlange vor dem noch geschlossenen Schalter! Ich tröstete mich mit dem Anblick der mächtigen Silhouette der Fähre. Da passen bestimmt eine Menge Autos hinein. Das Schiff musste über Nacht von La Paz angekommen sein. Eine Menge der altertümlich anmutenden DINA-Lastwagen standen an der Mole. Diese mexikanischen Eigenfabrikate, es gibt sie auch als Bus, sind aber durchaus ernstzunehmende „Gegner" auf den Land- und Bergstraßen Mexikos. Ihre Höchstgeschwindigkeit liegt jenseits dessen, was ein VW Käfer zu leisten im Stande ist, oder der Tourist angesichts der buckligen Straßen wagt, aus einem starkeren Fahrzeug herauszuholen. Dank der fehlenden Schalldämpfer hört man sie jedoch schon lange bevor der Fahrer zum Überholmanöver ansetzt.

So einer stand jetzt jedenfalls hier draußen auf dem Parkplatz, spitze Cowboystiefel, ausgebeulte Jeans, undefinierbares Oberteil mit irgendeinem englischen Aufdruck und das unvermeidliche Baseball-Käppi, damals noch mit dem Sonnenschutz nach vorne. Wenn er mitfahren wollte, würde er wohl hier unter uns Ungeduldigen weilen. Er war jedoch in besserer Gesellschaft. Er wurde von einer vergleichsweise sehr aufwändig aufgebrezelten jungen Frau mit einem stürmischen Kuss begrüßt. Sie trug eines jener mit farbigen Blumenmustern bedruckten Kleider, welche damals in Mexiko gerne getragen wurden, figurbetont, hier in gelborangen, wie goldenes Sonnenlicht wirkenden Tönen. Ich konnte den beiden gerade noch zusehen, wie sie über den Parkplatz zum Ausgang gingen, als vorne der Rollladen mit lautem Kreischen aufgemacht wurde und ein offiziell wirkender, mit blauer Kapitänsmütze und blütenweißem Hemd ausstaffierter Angestellter entfernte mit betonter Langsamkeit das „Cerrado"-Schild und verschwand erstmal zu einem kleinen Kaffeeplausch in den Hintergrund des kleinen Büros.

Wegen der aufkommenden Frühstückszeit machten derweil die fliegenden Händler, die wie Honigbienen einen blühenden Mezquitestrauch die Menschenmenge umschwärmten, ausgezeichnete Geschäfte. Da gab es Taquitos sudados, Machaca con Huevos, Liquados, lauter mir unbekannte Leckereien, von welchen ich mich so lange von meinem Reiseführer hatte abhalten lassen. Als sowohl der „Kapitän" als auch seine „Bittsteller" gefrühstückt hatten, ging's los. In Mexiko ist es immer noch gängige Praxis, dass man als stolzer Unternehmer seinen Kunden als Untergebenen behandelt, der froh sein sollte, hier seine Pesos loszuwerden für die feilgebotene, allzu oft qualitativ mangelhafte Ware oder Dienstleistung. Das gilt ohne Einschränkung auch für Touristen, aber diese lässt man nicht merken, dass sie ausgenommen werden. Wegen der ständigen Wechselkursanpassungen meinen sie auch so noch, ebenfalls ein ausgezeichnetes Geschäft gemacht zu haben.

Inzwischen kam die Sonne wie eine gestrenge Regentin auf den Platz, trotz des Umstandes, dass es noch vor 10:00 war, wurde es unangenehm heiß. Jetzt kamen die Aguas Frescas zum Einsatz, jene eisgekühlten Limonaden aus frisch verarbeitetem Fruchtsaft und -stücken, vor deren Genuss alle Reiseführer für Mexiko so eindringlich warnen. Auf einmal kam der Kapitän aus seinem klimatisierten Etablissement heraus und ließ einen Schwall spanischer Wörter los, worauf sich ein beträchtliches Stück der Menschenschlange vor mir in sich auf dem gleißend-weiß ausgeleuchteten Betonplatz verteilende Einzelpersonen auflöste. Andere redeten ebenso stürmisch auf den nun schwitzenden Ticketverkäufer ein, aus den Handbewegungen die er, Mütze in der Hand, machte, war unschwer zu erkennen, dass er wohl ausverkauft war. An mich gerichtet, den einzigen Gringo in der Menge, sagte er in geläufigem Englisch: No more Tickets! Auf meine Frage auf wann es wieder welche gäbe hieß es barsch: Tomorrow. Mañana!

So ein Mist aber auch! Ein ganzer Tag hier in der angeblichen „Perle des Pazifiks" verloren! Wieso gibt es eigentlich einen derartigen Andrang auf Tickets nach La Paz, als ob hier keiner arbeiten müsste, dachte ich mir. Die Wartenden waren jedenfalls keine Lastwagenfahrer, die werden bestimmt woanders abgefertigt, sondern meist adrett bekleidete Leute etwa in meinem Alter oder etwas darüber, wie man sich sonst halt einen Touristen vorstellen könnte. *Was nun? Zuerst das Hotel nochmal buchen. Kein Problem am Vormittag, hoffentlich.*

Zurück in Luis' Hotel war der gerade eben aufgestanden.

„Kann ich das Zimmer nochmal haben?"

„Aaah, Dir hat Mazatlán also gefallen. Gut! Ja, kein Problem, bleib' so lange Du willst"

„Ich werde mich wohl ein wenig in der Stadt umsehen, die vom Boot hatten keine Tickets mehr. Sie meinten, ich solle mañana zurückkommen!"

„Ach so, mañana", mit eigentümlicher Betonung auf dem letzten Wort „Du kannst das Zimmer die ganze Woche haben, kann Dir einen Rabatt geben"

„Nein, nein, morgen klappt es bestimmt!"

„Soviel ich weiß, geht das Schiff nur jeden zweiten Tag."

„WASSSS?!"

„Ja 3x die Woche, wer will schon nach Baja California?!"

„Also da war eine enorme Menschenmenge da unten, und ich war kaum nach 7:00 dort!"

„Geh halt morgen um 6:00 los, dann bist Du der Erste in der Schlange. Du musst halt bis 9:00 warten, wenn sie aufmachen. Hör zu, morgen, sobald Du das Ticket für La Paz hast, führ ich Dich ein wenig in Mazatlán rum. Heute muss ich hier die Stellung halten, meine Mutter ist zu Besuch bei ihrer Schwester, sie kommt aber heute zurück."

Damit musste ich mich wohl bescheiden! Ich würde halt versuchen, das Beste aus dem Missgeschick zu machen.

Inzwischen war es Mittag geworden, das Licht war womöglich noch gleißender, aber die Hitze war gewichen. Ich hatte erwartet, von einer bleiernen Hitze überwältigt zu werden, als ich aus dem angenehm kühlen Hotel trat, stattdessen kam eine frische Brise vom Hafen die menschenleeren Straßen herauf. Die von den extrem aufgeheizten Luftmassen in den Felsentälern der Sierra Madre erzeugte Thermik, verstärkt durch die normale Seebrise, führte dazu, dass die vom vergleichsweise kühlen Meer nachfließende Luft wie eine gigantische Klimaanlage mir recht angenehme Verhältnisse verschaffte. Zeit, für etwas Essbares zu sorgen, am besten unten in der Altstadt.

Von Weitem war der Leuchtturm auf seiner 150 m hohen felsigen Spitzkuppe zu sehen. Er soll angeblich von der anderen Golfseite aus zu sehen sein, immerhin 200 km entfernt. Nicht weniger prominent steht das weiße Hochhaus der „Pacifico" Brauerei in der Mittagssonne. Wie in Nordmexiko üblich besteht auch Mazatlán aus einer Ansammlung ein- bis zweistöckiger Häuser, wenige Hotels und Geschäfte sind höher. Eine Downtown, wie sie in den USA jede vergleichbar große Provinzstadt aufweist, fehlt. Stattdessen findet man ein chaotisches Durcheinander aus netten Wohnhäusern und ihren 2001 Abfalltonnen, welche die Trottoirs belagern, kleineren Quartierläden, in doppelter Reihe parkende Autos, neben denen sich die dicke, schwarze Rauchwolken ausstoßende als Linienbusse figurierende, alte, amerikanische Schulbusse durchzwängen. Aus einem Hauseingang streckten gleich 4 mexikanische Nacktkatzen neugierig ihre Köpfe aus der Tür, sie sind nicht wirklich nackt, sondern haben als „Fell" eine Art kurze, sandfarbene Unterwolle. Schöne elegante Tiere mit ausdrucksvollen „Gesichtern", welche bei meinem Vorbeigehen sofort wieder in die sichere Dunkelheit ihres Zuhauses verschwanden. Daraus klang leise sogenannte „Trio"-Musik, eine Musikrichtung aus den Vierzigerjahren, welche so gar nicht in das festgefügte Bild der auftrumpfenden und lebhaften Mariachi-Musik passt, welche allgemein mit Mexiko verbunden wird.

Der Blick nach oben verfängt sich an dem unbeschreiblichen Kabelwirrwarr, welcher spinnwebenartig den ganzen Himmel überspannt. Telefon, Strom, die Halteseile der Strommasten und vielleicht auch noch die Leitungen, welche nicht mehr funktionieren und einfach hängen gelassen werden.

Dann, im Geschäftsviertel, ertönen von allen Seiten jede mögliche Musik und penetrante Lautsprecherdurchsagen mit dem berüchtigten Halleffekt, der die Werbung im Radio auszeichnet. Außerdem begann es, einladend nach Essen zu duften. Neben den bekannten fahrenden Händlern gab es auch fest installierte Restaurants mit offener Verkaufsfront. Ich betrat eines, welches zum einen gut roch und zum anderen nicht leer war, und ließ mir eine Portion Tacos geben, zusammen mit den frittierten Tortillachips und Saucen, was hierzulande als Vorspeise gereicht wird. Dazu eine der unvermeidlichem Colas, der Laden hatte keine Lizenz, wie oft in Mexiko – und an Aguas Frescas stirbt man als Ausländer! Ich begann die Tacos zu probieren und fühlte mich von der labberigen Konsistenz des „Fleisches" sogleich unangenehm überrascht. Es schien aus lauter gallertartigem Zeug und einer Unmenge Zwiebeln zu bestehen, das Fett lief aus dem zusammengeklappten Taco hinten heraus und hinterließ eine Art orange Ölspur bis an den Ellenbogen. Interessiert betrachtete eine Gruppe Einheimischer die Versuche dieses Gringos, einen Taco zu essen. *Egal, der nächste, das Zeug ist ja schließlich bezahlt. Was zum Teufel ist das? Sogar mit scharfer Salsa kaum runterzubekommen.* Ich schaute mich im bunt bemalten, mit einfachen blechernen Vierertischen und ebensolchen Stühlen bestückten Lokal um. Oben, gegen die Straße hin, stand geschrieben, was die Hausspezialität war.

Tacos de Cabeza de Res. Jedenfalls mein Mittagessen. Was war gleich wieder Res? Schwein und Huhn fielen weg, die Worte kannte ich, aber Res? Was für ein Vieh sollte das sein? Beim Nachdenken über Vieh und Tiere erinnerte ich mich an den Umstand, dass eine Kuh zwar Vaca heißt, wenn es sich aber um ein junges, zur Schlachtung bestimmtes Exemplar handelt, oder die Fleischart an sich, von „Res" gesprochen wird. Also Rindfleisch. Nie im Leben, es ließen sich kaum Fasern ausmachen, der Glibber hier auf meinen Tacos hatte kaum etwas mit normalem Fleisch zu tun. Ich zermarterte mir mein Hirn nach der Übersetzung von Cabeza, während ich den dritten Taco in Angriff nahm.

Wie war das doch gleich, wie hieß doch noch dieser spanische Eroberer, der vor Florida gestrandet war und innert 8 Jahren zu Fuß bis nach Culiacán, die etwa 400 km nördlich von hier gelegener Hauptstadt des Bundesstaats Sinaloa durch ganz Nordamerika gegangen war? Na, wenn sie dem hier solche lausigen Tacos serviert haben, hat er sich bestimmt wieder nach seinen Kakteenfeigen zurückgesehnt, welche er auf seiner Wanderung angeblich gegessen hatte. Alvar Nuñez Cabeza de Vaca, ja genau. So ein verrückter Nachname, Kuhkopf. Also Cabeza ist Kopf und Res ist Rind. Tacos davon! Ein deutlicher Würgereiz machte mir das Atmen schwer. Schnell die Cola runterschütten, um die Erinnerung an das glibbrig-fettige konturlose Zeug vom Gaumen runterzubekommen, den Brechreiz überdecken und zum geordneten Rückzug antreten. Bezahlt war schon, also Tablett zurück, gracias und raus!

Wieder auf der Straße kam der Hunger zurück. Kein Wunder ohne Frühstück und 3 miesen Glibbertacos. Irgendwo muss sich hier doch was Vernünftiges auftreiben lassen. Wenigstens kann man bei den fliegenden Händlern sehen, was es gibt, aber nichts wollte nach dem Kuhkopfabenteuer passen. An einem großen, überdachten Platz gab es ohrenbetäubende Cumbia-Musik. An langen Reihen stand da Grill an Grill. „Pollos Estilo Sinaloense" stand in großen, rot aufgemalten Lettern auf gelbem Grund. Das Grillgut schien ein wenig zu groß für Poulet, was Pollo war, glaubte ich ja zu wissen. Sollten es junge Truthähne sein? Immerhin kommt die Zuchtform dieses Geflügels aus Mexiko. Egal, Geflügel auf jeden Fall, und der Kopf war immerhin ab. Die Viecher sahen zwar aus, als wären sie von einem Lastwagen plattgedrückt worden, aber die Angestellten waren eifrig dabei, die Stücke wie Steaks auf dem Holzkohlengrill zu wenden. Daneben haute ein anderer fast im Takt der Cumbia einen Holzhammer auf zuvor unten aufgeschnittene rohe Tiere, bis sie genauso flach waren, wie die soeben die richtige Bräune bekommenden Vorgänger. Her damit! Einmal Pollo Sinaloa, dazu gab es jede Menge Maistortillas, und eine geröstete Zwiebel, nebst der unvermeidlichen Saucen, giftgrüne, knallrote, solche die nur aus Zwiebeln Tomaten und Chilistückchen bestehen, eine dickere ziegelrote und natürlich Guacamole, ebenfalls grasgrün, aber eher pastös und kaum scharf. *Ausgezeichnet. Das würde auch für die Nacht reichen, besser früh ins Bett, um rechtzeitig an der Mole zu sein!*

Ich kam gerade rechtzeitig zum Zapfenstreich zurück ins Hotel. Luis' Mutter war wohl noch nicht zurück, er hing missmutig in der Rezeption herum.

„Ah da bist Du ja! Einen interessanten Nachmittag gehabt?"

„Kann man wohl sagen, komme gerade vom Mittagessen."

Das schien Luis nicht zu verwundern, er hatte wohl auch keine geregelten Essenszeiten.

„Hör mal, ich mach hier gleich dicht, kommt sowieso keiner mehr. Mutter kommt erst morgen. Hast Du was vor für die Nacht?"

„Ab in die Falle und früh aufstehen, ich muss morgen um 6 an der Mole sein."

„Ach komm, lass uns ein paar Bierchen besorgen, hab' einen Freund eingeladen, den hat seine Alte verlassen und er ist am Boden zerstört. Mal sehen, ob wir ihn ein wenig aufmuntern. Sonst hören wir nicht zu trinken auf, bis er sie vergessen hat."

„Ja, um sechs ist schon ein wenig früh zum Schlafengehen. Ich wart' hier, bis Du Deinen Laden in Ordnung hast!"

Etwas später, die Sonne ging gerade unter, waren wir unterwegs in ein Geschäft, welches sich auf Alkoholisches aller Art verschrieben hatte. Es war zwar Mitte der Woche, aber es herrschte reges Kommen und Gehen von Angeheiterten und noch Nüchternen aller Altersklassen, die sich vor der Sperrstunde noch eindecken wollten. Luis kam mit 2 Kartons à 24 Flaschen Pacifico an und hieß mich zwei Beutel mit Eiswürfeln holen. Ich bezahlte und wir waren wieder unterwegs ins Hotel. Ein Karton Bier wanderte direkt in einen großen verzinkten Kessel, Luis goss etwas Wasser und großzügig Eis dazu, bis es einen Kegel gebildet hat, in welchen er noch 3 zusätzliche Flaschen steckte. „Bis David kommt, ist das Bier kalt", meinte er. „Lass uns in den Hof gehen, er findet den Weg allein!" In der Tat kam bald einer durch den dunklen Gang geschlurft, der die Straße mit dem Hof über eine Schmiedeeisentüre verband, ungekämmt, wie man es hier selten sieht, etwa in unserem Alter. Wir stellten uns vor und Prost! Luis redete auf David ein, ich konnte da nicht mehr mithalten. Es war aber offensichtlich, dass David unglücklich war.

„Rosalba hat mich wegen einem Gringo verlassen", nuschelte er undeutlich, er war wohl bereits ziemlich dicht.

„Ach komm, vergiss sie, pinche puta", meinte Luis.

„Und Du bringst hier einen von der Sorte an!"

„Das ist doch kein Gringo, der ist von Europa."

„Mir egal, aus welchem Bundesstaat der kommt, er will sich bestimmt ebenfalls eine aufreißen, wie viele von denen. Die haben Geld, und diese Zicken ziehen mit denen ab, obwohl sie doppelt so alt sind wie sie."

„Hör auf damit, immerhin hat er das Bier bezahlt."

„Tatsächlich? Na gut, aber was will er hier?"

„Auf die Fähre nach La Paz, so rasch wie möglich."

„Viel Glück damit, Güero – wir stehen nämlich vor einer Brücke!"

„Was meint er damit, Luis, eine 200-km-Brücke nach La Paz ist kaum möglich."

„Hahaha, nimmst Du eigentlich alles wortwörtlich?! – Mit Brücke ist das Feiertagswochenende gemeint. Noch ein Bierchen gefällig? Das Zeug muss weg, bevor meine Mutter zurückkommt. Sie mag es nicht, wenn ich trinke!"

In der Zwischenzeit, nach ein paar Runden Pacifico und Trostversuchen seitens Luis, wurde David immer betrunkener und auf einmal sackte er laut schluchzend in sich zusammen. Kopf auf den Knien, und mit bebenden Schultern. Ich begann mich unwohl zu fühlen angesichts eines solchen Gefühlsausbruches, aber Luis meinte nur, ich soll mir keine Sorgen machen.

„Tiene el corazon grande."

„Wirklich, war er wegen des vergrößerten Herzes schon beim Arzt?"

Luis schaute mich verständnislos an.

„Deswegen geht man doch nicht zum Arzt!", meinte er.

„Oh doch, mein Großvater war deswegen in Behandlung, sie haben ihm Tabletten gegeben!"

„Du spinnst doch, Dieter, habt ihr Europäer denn gar kein Herz? Oh Mann, Du bist vielleicht eine Marke, David ist verliebt und seine Freundin hat ihn sitzengelassen. Jetzt fühlt es sich so an, als ob das angeschwollene Herz von innen an die Brust drückt und man fast erstickt. Kennst Du das etwa nicht?"

„Nein, ich habe keine Freundin, die mich wegen eines Gringos sitzenlassen könnte."

Luis guckte erstaunt, auch David schaute mit tränenüberströmtem Gesicht kurz auf.

„Das ist auch eine Lösung, hey David, was meinst Du? Vielleicht hat der – Wie hieß der noch gleich? – recht, Wie heißt es doch:

La perdicion de los hombres son las malditas mujeres. Vicente Fernandez singt das doch, wie ging's doch gleich …"

David begann den Text zu summen und als er meinte, den Ton getroffen zu haben, auch zu singen. In Anbetracht des sich langsam leerenden Kessels mit den Pacificoflaschen klang es gar nicht so übel. Luis meinte jedoch, der Text sei falsch, es hieße las BENDITAS mujeres, also statt verfluchte, bedeuten eben gesegnete Frauen den Untergang der Männer.

„Gibt es hier eigentlich Gelegenheit, Mariachi-Musik zu hören?", wollte ich, das Thema wechselnd, wissen.

„Jaja, Ihr Ausländer wollt immer Mariachis sehen in Mexiko", meinte Luis. „Die brauchst Du aber nur, wenn Du heiraten willst, oder Deiner Freundin ein Ständchen bringen willst. Hier in Sinaloa haben wir aber etwas Besseres."

„Etwa diese laute Cumbia, welche in der Altstadt aus allen Läden dröhnt?“

„Nein, Bandas, Tamboras, das sind Blaskapellen.“

„Und sowas kommt hier an? Das scheint mir doch sehr europäisch zu sein.“

„Naja, kann schon sein, es gab mal viele Deutsche hier in Mazatlán.“

„Das Bier ist jedenfalls gut, Euer Pacifico könnte als bayrisches Pils durchgehen, schön leicht, aber geschmackvoll und man wird kaum betrunken davon.“

„Nicht betrunken? Schau den David an, der hat nicht nur ein großes Herz, sondern auch einen dicken Kopf, wir beide müssen den Kessel allein leeren.“

„Lass ihn, er soll seine Alte vergessen und wieder mal eine Nacht schlafen. Hey, Du verträgst aber viel, wo steckst du das alles hin? Bist ja wie ein Strich in der Landschaft!“

„Ich habe halt Praxis und bei uns am Karneval trinken wir vor allem Wein.“

„Aaah, Karneval, den haben wir hier auch, immer vor Aschermittwoch, eine ganze Woche. Dann ist unser Hotel ausgebucht. Da geht's rund, dann kommen alle Tamboras von Sinaloa hierher und die von Pacifico müssen vorher Sonderschichten fahren. Wein trinken hier nur die Touristen und die Reichen, die euren europäischen Lebensstil für etwas Besseres halten.

„Wir trinken deshalb Wein, weil man davon keinen verdorbenen Magen bekommt. Das ist schlecht, wenn Du Trompete spielen willst. Karneval war früh heuer, wir feierten bei eisiger Kälte und Schnee.“

„Wie soll denn das gehen, da erkälten sich ja die Mädchen in ihren Kostümen“

„Ja, von denen kriegst Du in der Schweiz nur den Kopf zu sehen, die Kostüme gehen bis auf den Boden und man macht die Parade unter einer Maske.“

„Wirklich, also das stelle ich mir schwierig vor, wie willst Du Dir da eine aufreißen, die Dir gefällt.“

„Um Mitternacht wird die Maske abgenommen, wenn Du Pech gehabt hast, hast Du den ganzen Abend mit einer Schrulle getanzt oder gar mit einem Typen."

„Das passiert aber nur, wenn man sich beim Tanz nicht anfasst."

„Wir in der Schweiz können kaum tanzen, nur so Discozeugs, aber meistens kommt schon eine Frau unter der Maske raus, und Du findest sie vielleicht nach all dem Saufen gar nicht so übel!"

„Ja, das ist hier auch ohne Maske so, ich habe mal einen doch viel größeren Kater erwischt, als ich meine Errungenschaft vom vorigen Abend nüchtern neben mir gesehen habe. Ich bin dann so leise wie möglich abgehauen – hör' mal, bleib' doch bis am Wochenende, dann gehen wir in meine Stammkneipe, da kriegst auch eine ab, ich muss doch den David auf andere Ideen bringen."

„Wochenende? Kommt nicht in Frage, da bin ich längst auf dem Weg durch Baja California!"

„Hast wohl eine Freundin dort, warst ja schon mal da, wie Du vorhin sagtest!"

„Quatsch, ich kann nicht genug Spanisch, um eine Freundin zu bekommen"

„Das geht ganz schnell, mit zu viel Labern vertreibst Du die Weiber nur, nicht wahr David?"

Doch der reagierte nicht darauf. Nachdem das Bier alle war, gelang es uns mit Mühen, David auf die Beine zu bringen. Er schlug jedoch Luis' Angebot, in der Rezeption zu schlafen, aus und machte sich in die Nacht davon. Luis schien sich keine Gedanken zu machen, ob er auch heil heimkomme, und auch wir beide waren derart verladen, dass wir mit uns selbst genug zu tun hatten.

Wieder der „Wecker" von gegenüber. Mist, viel zu spät! Ich wollte doch um 6:00 bereits an der Mole stehen. Wie immer war von den Bieren kaum mehr als ein flaues Magengefühl übriggeblieben und ein immenser Durst. Egal, ich musste sofort an den Hafen. Dort angekommen wiederholte sich das gestrige Ritual: Dasselbe Wetter, die fliegenden Händler, eine ungeduldig wartende Menschenschlange unter dem Schatten spendenden Baldachin. Ich erstand mir einen Orangensaft, egal, was der Reiseführer dazu schrieb. Die wussten ja auch nicht, wie schwierig es war, hier ein Auto zu verladen. Nur der Küsser war heute nicht da, auch das Schiff nicht. Scheint also zu stimmen, das Boot fährt nur jeden zweiten Tag. Also noch ein Tag in Mazatlán, und eine Nacht. Den Luis wird's freuen, aber ich fiel bereits in meinem Fahrplan zurück. Für Niederkalifornien waren 15 Tage geplant, dann etwa 5 für das Areal um den Pinacate Vulkan und die Gegend südlich von Tucson. Die restliche Zeit sollte vor allem für die Bahnfahrt von Chihuahua hinunter an die Golfküste durch die anderweitig unzugängliche Sierra Madre Occidental verwendet werden, nebst des Besuchs des wer laut meiner Pemex-Spezialkarte weglosen Vollwüstenregion südwestlich von Ciudad Juarez mit dem seltsamen Namen Ojo del Diablo, das Auge des Teufels. Das wollte ich mir keinesfalls entgehen lassen!

Der Teufel schien jedoch hier alles daranzusetzen, meine Reisepläne zu sabotieren. Pünktlich um 9:00 ging der Schalter auf, ein paar Glückliche erhielten ihre Fahrkarten – und das Boot war voll! Wahnsinn! Da aber heute sowieso kein Schiff ging, war der Schaden gering, morgen früh musste ich aber auf jeden Fall zuvorderst in der Schlange stehen, um endlich von hier wegzukommen. Vielleicht eine gute Gelegenheit, die nähere Umgebung ein wenig anzusehen.

Ich verkroch mich den ganzen Tag in die Dornstrauchsavanne am Fuß der Sierra Madre Occidental, südöstlich von Mazatlán. Es gab da eine recht interessante Kakteenvegetation, eine Art Strauchwüste, wo die Sträucher aber derart dicht standen und auch so hoch werden, dass die Kandelaberkakteen Mühe haben, ihre Triebe aus dem dornigen Dickicht zu strecken. Die Vegetation ähnelt durchaus derjenigen von der Südspitze Niederkaliforniens. Als ich am Abend ins Hotel zurückkehrte, wollte Luis natürlich wissen, wo ich den ganzen Tag gesteckt hatte und was mit dem Schiff passiert sei. Auch seine Mutter wollte ihren einzigen Gast begrüßen, eine freundliche kleine rundliche Frau, recht dunkle Hautfarbe, mit zurückgekämmten, am Hinterkopf zu einem Knoten gebundenen Haaren. Sie trug die traditionelle Kleidung für Frauen im gesetzten Alter, ein mit gelborangen Motiven bedrucktes, ähnlich einem Morgenmantel geschnittenes Kleid, nur natürlich vorne nicht aufknöpfbar, sondern mit einer Art breitem Kragen versehen. Unten reicht das Kleidungsstück bis fast an die Knöchel. Heute Abend wollte ich aber zeitig zur Ruhe kommen, es galt das Reisejournal nachzuführen sowie die Karte zu konsultieren.

Tags darauf gelang es mir tatsächlich, vor der Tagwache der Marinesoldatenschule mit dem VW aus dem Hof zu fahren, noch vor Tagesanbruch. Bald war der Hafen erreicht, das Schiff stand wieder vor Ort; heute würde es somit nach La Paz abgehen, vielleicht ein gutes Zeichen. Ein weniger gutes Zeichen war die riesige Menschenmenge, welche sich angesichts des nahenden Wochenendes erneut hier eingefunden hatte. Die mussten ja hier übernachtet haben, zumindest aber zu nachtschlafender Zeit sich hierher aufgemacht haben. Die Warterei zog sich endlos hin, Sonnenaufgang, fliegende Händler, die rasch zunehmende Hitze, aber heute natürlich wieder die Abschiedsszene an der Mole, oder war's ein Begrüßungskuss? Ob der auf der anderen Seite auch jeweils so empfangen oder verabschiedet wurde? Unerwartet früh machte der Schalter auf. Auch da hatte sich etwas geändert: Es gab heute überhaupt keine Tickets mehr. Ohne Auto kam man problemlos aufs Boot, war ja groß genug, aber das war in meinem Fall keine Alternative. Einige machten davon Gebrauch und nahmen dann wohl den Fernbus in La Paz an ihre Bestimmungsorte. Mich wunderte schon gar nichts mehr.

Wozu noch aufregen, es blieb gerade noch eine Chance, morgen Samstag, sonntags war zu, und dem Vernehmen nach auch montags, der 1. Mai ist ein Feiertag. Das nächste Schiff würde allerdings am Montag fahren. Missmutig stattete ich dem Quai mit der Touristenzone einen Kurzbesuch ab, ein paar Bilder mussten ja auch noch mit. Dann zurück ins Hotel, mal sehen, ob Luis schon aufgestanden war. Er war. Er schrubbte die Fliesenböden, machte sich im Hof zu schaffen, dazwischen brachte ich ihn auf den neuesten Stand.

„Hättest halt dem Typen etwas offerieren sollen, Du weißt schon, La Mordida."

„Wie soll man das machen? Das hab' ich noch nie getan."

„Na, halt einen Schein in die Hand drücken, wenn Du ihn begrüßt."

„Davon soll es mehr Platz geben auf dem Schiff?"

„Nein, nein, aber damit stellst Du sicher, dass Dein Vochito mit aufs Schiff kommt. Oder bist Du zu geizig, dem für die Feiertage ein paar Bierchen extra zu gönnen?"

„Mal sehen, morgen ist die letzte Gelegenheit, das macht mich völlig fertig!"

„Wir gehen besser an den Strand. Nachmittags, wirst schon sehen, es wird Dir so gut gefallen, dass Du Baja darüber vergisst. Zuerst essen wir aber was, ich lade Dich ein! Mamaaaa!"

Die Mutter erschien und wurde natürlich gebeten, ein Mittagsessen zu kochen. Wir zwei Herren der Schöpfung nahmen derweil am Küchentisch Platz. Die Frau begann, in aller Ruhe Tomaten auf einer Platte zu rösten, welche sie anschließend schälte, während das gleichzeitig aufgesetzte Wasser heiß wurde. Die Tomaten wurden zusammen mit Zwiebeln und Knoblauch gehackt. Sie suchte einen Beutel mit Fideo (dünne kurze Nudeln) heraus und gab sie in eine mit heißem Öl versetzte Bratpfanne. Die Teigwaren wurden geröstet, bis sie braun waren, dann Zwiebeln und Tomaten dazu. Das Ganze mit dem kochenden Wasser ablöschen, dann in die Pfanne geben, mit einem Bouillonwürfel. Während die Nudelsuppe kochte, wurde in der Bratpfanne Schweineschmalz erhitzt und aus einem großen irdenen Topf ein paar Kellen gekochter dicker Bohnen dazugegeben. Diese mussten braten, bis alle Flüssigkeit weg war und man die Bohnen mit dem Stampfer in einen hellgrünen Brei verwandeln konnte. Fertig. Schnell noch Tortillas heiß machen, Salsa auftischen und die unvermeidliche Cola aus dem Kühlschrank holen. So simpel dieses Gericht war, es schmeckte sehr gut, vor allem das Tomatenaroma war so intensiv, wie man es aus Europa nicht kennt. Ich sprach Luis darauf an.

„Ja, die Tomaten aus Sinaloa sind die besten die Du kriegen kannst. Wir exportieren sie in die USA, wenn die selbst keine haben, also im Winter."

„Hier wachsen Tomaten im Winter?"

„Ja, und den Mais kann man 3x pro Jahr ernten! Wie im Paradies!"

Wir bedankten uns bei Luis' Mutter, und wie versprochen kam ich in den Genuss, den Strand von Mazatlán zu besichtigen, samt dem neuen Touristenghetto, ein paar km nördlich vom Zentrum. Trotz des langen Wochenendes waren kaum Leute da, obwohl das Wetter einwandfrei war. Wir setzten uns an den Strand.

„Wieso bist Du allein unterwegs? Keine Freundin?"

„Allein komme ich genau an die Orte, die mich interessieren, ohne lange Diskussionen.

Diskussionen mit Frauen bringen nichts. Ja, deshalb bin ich solo."

„Mit 27!"

„Naja, in Europa ist man mit 27 nicht wirklich im heiratsfähigen Alter."

„Ja, davon hab' ich gehört. Ihr habt kaum Kinder, richtig?"

„Ja, vielleicht 2 pro Familie."

„Wie auf den Getreideflockenschachteln. Ich bin hier die Ausnahme. Meine Mutter hat nur mich."

„Was ist mit dem Vater?"

„Ich kenne ihn nicht. Er hat meine Mutter mit dem Hotel ausstaffiert und ist nach Norden abgehauen, um Geld zu verdienen."

„Du meinst die USA?"

„Möglich, vielleicht auch nur Culiacán, keine Ahnung."

„Was kann man dort machen?"

„Naja, in den Bergen dort gibt's viel Arbeit, Hanf, Mohn und so. Felder bewachen."

„Klingt gefährlich!"

„Nicht wirklich, musst halt machen, was der Chef sagt. Aber vielleicht steckt er schon lange bei seiner Gringa oben in der Kälte in Chicago. Dort wollte er laut meiner Mutter hin. Ich muss auf sie aufpassen, will sowieso nicht heiraten, zu viel Verantwortung. Ich habe sehr darunter gelitten, ohne Vater aufwachsen zu müssen. Wie war's denn bei Dir?"

„Manchmal wäre es mir egal gewesen, keinen Vater zu haben wie Du. Meine Eltern haben sich oft gezofft. Das hat mir jegliche Lust auf ein Familienleben ausgetrieben. Ich sagte schon früh, dass ich nie heiraten würde, so mit 12. Und dann hat mir Mutter Natur bei diesem Ansinnen geholfen. Ich werde nicht gerade von den Frauen belagert, die wollen gar nichts von mir wissen."

„Na, so hässlich wirkst Du gar nicht. Hier würden sie auf Dich stehen, mit Deinen grünen Augen, keine verbrannte Haut wie unsereiner. Pass auf: Ich werd's Dir beweisen! Heute Abend gehen wir in unsere Cantina, wirst schon sehen. Die haben da zwei Cantineras, die können mehr als nur Bier servieren!"

„Bier reicht für mich, ich will's aber auf jeden Fall morgen Samstag nochmal mit Deiner Mordida probieren, unten am Hafen."

„Hahaha, jetzt wirst Du ein richtiger Mexikaner, aber wart nur, bis Du Lety und Brenda siehst! Wenn Du eine von denen küsst, hast Du kein Interesse mehr für La Paz. Vielleicht nicht mal mehr für Europa!"

„Kein Bedarf für Ärger mit ihren Freunden. Wenn sie so toll sind, wie Du sagst, sind sie sicher längst vergeben. Und wollen bestimmt nichts von mir wissen."

„Hahahaha! Das ist jetzt echt schräg. Mann, Du musst aber noch viel lernen! Cantineras haben doch keine Novios!"

Wir schwiegen. Die Sonne begann längst, sich im Wasser zu spiegeln, während ein paar Paraglider weit im Norden vor dem arabisch wirkenden Rohbau eines Luxushotels die letzte Seebrise ausnutzten. Wir brachen auf, um den Rückweg anzutreten. Im Hotel machten wir uns ausgehfertig, was für mich darin bestand, ein frisches T-Shirt anzuziehen und mein wuscheliges Haar ein wenig zu bändigen. Die Kneipe war ganz in der Nähe, gegenüber der Marineschule. Ich war gespannt auf die Cantina, eine typische mexikanische Institution irgendwo angesiedelt im Bereich Spelunke, Kontaktbar für leichte Mädchen, Tanzlokal, und in den größeren Versionen haben sie oft eine Art Cabaret. Als Ausländer sollte man laut Reiseliteratur nicht ohne Begleitung eines Einheimischen hineingehen. Luis' Bemerkungen über das Servierpersonal maß ich keine Bedeutung bei. Es gab auch bei uns Serviertöchter, welche gern ein Schwätzchen mit der Kundschaft hielten!

Gerettet durch die Glocke

Laute Musik drang auf die Straße. Laut Luis keine Tambora, sondern ein sogenanntes *Conjunto Norteño*. Eine Banda würde nicht
in die Kneipe passen, meinte er. David wartete vor dem Tor, dessen strahlend gelbe Farbe in der letzten Abendsonne leuchtete,
und wir traten durch die Schwingtüren ein. *Wie bei einem Wes-
tern-Saloon*, dachte ich noch. Aber drinnen war es mit Wildwest
vorbei! Es verschlug mir ob des Lärms und des unbeschreiblichen
Gestanks fast den Atem. Die Mischung musste nach meinem ana-
lytischen Laborantenverstand aus Alkohol, Bierdunst, WC-Düften
und Erbrochenem bestehen. Die Hausband war in einer Ecke installiert, Akkordeon, Bass, Saxofon, Schlagzeug. Die Musik war
sehr seltsam, Melodieführung lag bei Saxofon und Akkordeon,
dessen Bediener auch den Gesang lieferte. Das Akkordeon machte zuweilen kreischende Geräusche, wie Kreide auf der Wandtafel,
während das Saxofon kaum einen Ton richtig halten konnte. Das
schien aber niemanden zu stören, trotz der frühen Stunde war der
Raum voll mit durstigen Zechern. Der Stimmung nach zu schließen saßen die schon seit Stunden hier. Sie hatten eiswassergefüllte Kessel auf den Tischen, woraus die Pacifico-Flaschen gefischt
wurden. Der ganze Raum, etwa 10 auf 10 Meter, war bis an die Decke schneeweiß gekachelt wie ein OP-Saal, die Tische wackelige
quadratische Blechdinger mit Pacifico Werbung drauf, als Stühle
dazu passende billige, weiße Plastikformlinge, welche man sonst
vielleicht als Gartenmöbel gebrauchen würde.

Hinter dem Tresen stand ein bulliger, recht großer, halb kahl-
köpfiger Kerl in den Vierzigern, sein mit einem weißen T-Shirt be-
deckter straffer Bierbauch hing über den mit einer auffälligen sil-
bernen Zierschnalle versehenen schwarzen Ledergürtel. Dazu trug
er arg strapazierte, knapp sitzende Jeans und spitze Cowboystiefel. Ein dichter, rabenschwarzer bis über die Mundwinkel reichen-
der Schnauzer stand unter der markanten, etwas gebogenen Nase
in dem ansonsten ziemlich rundlichen Gesicht. Auf den kräftigen,
verschränkten Armen prangten einige krude angebrachten Tätowie-

rungen, damals eine absolute Seltenheit in Mexiko, weil solcherlei gemeinhin mit Mitgliedern von Straßenbanden oder gar Drogenkartellen assoziiert wurde. Die Bedienungen, zwei junge Frauen, waren damit beschäftigt, die Kessel nicht leer werden zu lassen. Wir nahmen gegenüber der Kapelle Platz. Luis sprach eine von den beiden an, sie trug ein knappes, eidottergelbes Kleid:

„Hey Brenda, mi amor, bring' mal eine Cubeta rüber!"

„Kommt!"

Sie stellte den schweren Kessel mühelos und elegant auf den Tisch und guckte dann unverwandt in meine Richtung. Scheu war die nicht gerade!

„Das muss Dein neuer Freund sein, von dem Du mir erzählt hast!"

„Genau. Das ist Dieter aus der Schweiz. Er besichtigt Mazatlán und fährt morgen mit dem Schiff nach La Paz."

„Schweiz! Da ist es aber sicher kalt, so weit im Norden. Aber das Schiff geht doch erst am Montag! Hast Du wieder ein paar von Deinen Geschichten zum Besten gegeben?"

„Jaja, wissen wir! Deswegen kommen wir doch noch zu Euch!"

„Na, David, besser drauf?"

„Nicht wirklich."

„Komm schon, es gibt hier ja auch noch Mädchen …!"

Sie warf sich ein wenig in Pose, aber David war bereits mit dem Bier beschäftigt. Deswegen drückte sie sich ein wenig seitlich an ihn ran, mit einem Arm eine Umarmung andeutend, worauf sie David unwirsch wegschob. Aber bereits schrie von einem Nebentisch jemand ungeduldig ihren Namen und sie zog ab. Wir hörten der Musik zu, und darüber hinaus wurde es immer schwieriger, noch eine Flasche zu erwischen, je leerer der nun eiswassergefüllte Kessel wurde. Luis versuchte erneut, seinen Freund in Stimmung zu versetzen, er war aber noch schlechter drauf als vorgestern. Derweil kam die zweite Runde, nochmal 20 Pacificos zu 1/3 Liter. Das konnte ja heiter werden! Am Nebentisch artete die fröhliche Zecherrunde inzwischen ein wenig aus, ich hatte einen kurzen Blick hinübergeworfen. Ein halbes Dutzend Typen und 2 oder 3 Frauen im mittleren Alter, verlebte Gesichter, grell geschminkt, kurze

Kleider, ebenfalls sehr angeheitert. Es wurde immer lauter, Flaschen fielen zu Boden, volle und leere, jeder schrie und kaum einer schien zuzuhören. Die Musik kam besser in Schwung und versuchte, den Lärm der anderen zu übertönen, aber tanzen wollte niemand.

Dazwischen die beiden Mädchen, Brenda – und wie war doch der Name der anderen? – Sie wirkten wie flatterhafte Schmetterlinge in ihren farbigen Kleidern, kurz oberhalb der Knie endend, zurechtgemacht wie für eine Ballnacht, langes, dunkles, wohl dauergewelltes Haar, nicht übermäßig geschminkt. Sie passten hier wirklich nicht rein, aber der bullige Typ am Tresen wird wohl gut bezahlen. Sie waren zweifellos die Hauptattraktion hier. Einer der Säufer nebenan brüllte nach einer Lety und fasste die im orangen Kleid um die Taille, was von seiner weiblichen Begleitung unsanft quittiert wurde. Der Kerl schrie sie grob an, worauf sein Kollege aufstand und irgendwas zurückbrüllte. Jetzt brachten sich die beiden Mädchen rasch hinter den Tresen in Sicherheit. Keine Sekunde zu früh! Der andere stand ebenfalls auf und schon ging's los, eine Gerade auf die Nase des einen, welcher sich mit einer ebensolchen gegen die Kinnlade des anderen revanchierte. Der Blechtisch fiel um, und alle Flaschen purzelten auf den Boden. Der Bullige ging resolut dazwischen, bevor einer k. o. gehen konnte oder die anderen sich einmischten, worauf sich einer der Streithähne an der ungerührt weiterspielenden Kapelle vorbei in den Hintergrund verzog.

Ich hatte während des Zwischenfalls die Tätowierung des Bulligen am Oberarm ganz sehen können: Ein blutendes Herz und ein in einem schleifenförmigen Schriftzug gestochener Name: Claudia. Ausgerechnet! Ich wollte mich nicht mehr an jenen, ein Weilchen zurückliegenden Zwischenfall mit einer Claudia erinnern! *An etwas anderes denken, rasch! Komisch, dass es diesen Namen auch hier geben sollte, sonst führten die Frauen eher ungebräuchliche Namen, wie eben Leticia und Guadalupe. Der grobe Kerl schien also sogar so etwas wie ein Herz zu haben! Was das wohl für eine Claudia war, die sich mit so einem einließ? Und sein Herz bluten ließ! Aber egal, es gab Dringenderes!* Da hinten schien es nämlich ein Klo zu geben! Nach insgesamt 40 Pacificos, welche wir 2 zur

Mehrzahl geteilt hatten, war es mir egal, wie es dort aussah. Der Weg dorthin war mit Erbrochenem, Blutstropfen, Bier und Glassplittern übersät. Der Abort selbst war ebenfalls bis oben hin gekachelt und verströmte ein überwältigendes Aroma wie aus einem lange nicht aufgeräumten Chemielabor. Der Blutende bemerkte mich nicht, und auch ich hatte keinen Grund, ihn anzusprechen. Wenigstens wurde ich meine überschüssige Flüssigkeit los!

Beim Zurückkommen bemerkte ich, dass sich die Lage entspannt hatte. Brenda versuchte, David dazu zu bewegen, dass er den Kopf vom Tisch hochbekam, ohne Erfolg.

„Ahh, da bist Du ja! Was meinst Du, nehmen wir noch einen?"

„Klar!"

„Den müssen wir aber teilen, David ist außer Gefecht. Er braucht mal kurz frische Luft. Du bestellst! Wir gehen inzwischen dahin, wo Du vorhin warst. Viel Spaß!"

Auch das noch! Irgendwas führte Luis doch im Schilde! Die hatten sich bestimmt während meiner Abwesenheit irgendeinen Unsinn ausgedacht. Brenda guckte mich erwartungsvoll aus ihren haselnussbraunen Augen an. Ein hübsches Gesicht, volle Backen, eine kleine, feingeflügelte Nase und immer ein fröhliches Lächeln auf ihren, passend zum eidottergelben Kleid, lachsrot geschminkten Lippen. Ich suchte die Vokabeln zusammen, und es gelang mir, das Bier zu bestellen.

„Sonst noch etwas?"

Sie guckte mich herausfordernd lächelnd an. Ich sah sie an, und versuchte, nicht zu offensichtlich aufs Dekolleté zu schauen, und senkte meinen Blick. Aber es fiel mir nichts Gescheites ein, auch nach den vielen Pacificos nicht.

„Nein, eigentlich nicht."

Sie schien ein wenig enttäuscht zu sein und ging das Bier holen. Ich bezahlte ihr die 20'000 Pesos, und ließ sie das Wechselgeld behalten, so wie es vorhin Luis mit meinen anderen beiden Scheinen gemacht hatte. Dann wurde sie vom Bulligen an die Theke beordert, um ein paar Mixgetränke zuzubereiten. Die war ich einstweilen los. Jetzt konnte ich mich hier ein wenig umsehen, bis die anderen zurückkamen und bediente mich aus dem Kessel. Ich war ja noch nie zuvor in einer Cantina gewesen!

An der sehr hohen, ebenfalls weiß gestrichenen Decke liefen 4 Ventilatoren, was ob der Hitze, des Zigarettenqualms und der restlichen Ausdünstungen und Gerüchen auch dringend notwendig war. An den gekachelten Wänden hatte man ein paar Bilder aufgehängt. Eines zeigte Bekanntes: Ein Plakat mit meinem sehnsüchtig vermissten Fährboot, natürlich die MAZATLAN, nicht ihr Schwesterschiff LA PAZ, das ich ein paarmal am Morgen gesehen habe. Ich sinnierte über meine Schwierigkeiten, nach Niederkalifornien zu kommen. Morgen war die letzte Chance dazu, eigentlich sollte ich längst im Bett liegen, um sicher um 6:00 am Schalter zu stehen. Mein Auge glitt auf den nächsten Ziergegenstand. Eine Art Kalender. Ich hatte Mühe, das Geschriebene über dem Bild zu entziffern: „Taquitos de Cabeza de Res y Antojitos Mexicanos NORMA". Eine weiß getünchte große Kirche oder vielleicht Kathedrale war auf dem Bild. Was das mit den Tacos zu tun hatte erschloss sich mir nicht, vielleicht musste man ein Stoßgebet abliefern, wenn man davon kostete! Ich hatte ja bereits einschlägige Erfahrungen damit. Nein, diese Norma wollte ich nicht kennenlernen und ihre Tacos würde ich bestimmt nicht in meine Nähe lassen! Allein der Geruch!

Mein Auge glitt über die benachbarte, wieder fröhlich gewordene Runde und ich erhaschte einen misstrauischen Blick des Bulligen. Er schien mich zu beobachten. Jetzt öffnete sich die Tür und eine weitere Gruppe torkelte ins Lokal und besetzte die restlichen Sitzplätze. Durstig waren die bestimmt nicht mehr. Ich bemerkte neben der Tür ein großes Plakat, das den sonntaglichen Stierkampf ankündigte, ein etwas kitschiges Bild mit einem schwarzen, traurig blickenden Stier und dem mit einem engen, lilafarbenen Anzug gekleideten Matador mit stolzgeschwellter Brust, der roten Muleta und dem gezogenen Degen. Die neuen Gäste verlangten nach Brenda, welche flugs hinter dem Tresen hervorwirbelte, kurz zu mir herübersah und dann die neuen Gäste nach ihren Wünschen fragte. Geschickt den gierig zugreifenden, aber unsteten Händen ausweichend holte sie einen Kessel mit Bier vom Tresen ab und dann noch einen. Der Wirt wies Brenda an, die Gläser zu spülen und abzutrocknen, während Lety weitere Cubetas mit Eis aus der Eismaschine in der Ecke füllte und je 20 Bierflaschen hineinsteckte. Ich schaute ihr zu, wie sie einen weitern der Kessel elegant zum Tisch der Neuankömmlinge trug. Das Ding mochte seine 15, vielleicht 20 Kilo wiegen. Ein wahrer Knochenjob für so junge Mädchen, den ich nicht machen möchte. Aber Lety schien es nichts auszumachen, sie trug beim Hinübergehen außer dem Kübel ihr spitzbübisches Lächeln. Jetzt hatte sie gemerkt, dass ich ihr nachschaute und blickte kurz herüber, um mir zuzuzwinkern. Sie mochte denken, wir wollten noch mehr Bier! Aber so würde ich morgen früh nie rechtzeitig aufwachen.

Automatisch wechselte meine Blickrichtung hinüber in die Ecke, wo die Kapelle wirkte. Das Conjunto hatte aber inzwischen – endlich – eine schöpferische Pause eingelegt. Wo die beiden Ausreißer nur so lange blieben? Jetzt könnte man sich vernünftig unterhalten! Die Leute von der Kapelle hatten auch Bier bekommen. Ich sah kurz den Gang hinaus, um zu sehen, ob meine Kollegen bald kommen mochten, und betrachtete die Musikinstrumente. Auf der Bassgitarre prangte ein Schriftzug: „La Flor de la Frontera". Eine Anspielung an den Umstand, dass solche Musik vor allem aus Sonora und Chihuahua bekannt ist, wie Luis vorhin erklärt hatte. Ein hübscher Name! Die Blume der Grenze! *Die würde ich gerne sehen!* Soweit mir bekannt war, gab es dort oben kaum Blumen, außer an Kakteen, Wüstenblumen halt. In der Ecke über den Musikanten gab es einen weiteren Kalender, das scheinen Werbegeschenke zu sein, hier drin dürfte es ziemlich egal sein, was für ein Tag war, denn es ließ sich nicht einmal eine Uhr entdecken. Dieser hier war von einem anderen Geschäft, „Sombreros y Regalos Rosy" aus Mazatlán. Ein Mädchen mit einem Strohhut als Logo, traditionell wie eine Mariachi-Sängerin eingekleidet.

„Was starrst Du denn diesen Kalender an? Du kommst noch früh genug nach La Paz. Aber erst, wenn Du Brenda geküsst hast! Wo steckt sie denn? Hat sie Dich etwa abblitzen lassen? Na warte, damit kommt die mir nicht davon!"

„Lass sie! Sie muss arbeiten. Sind eine Menge Leute reingekommen. Mit großem Durst!"

„Egal! So haben wir nicht gewettet! Wenn sie zurückkommt, fragst Du sie! Sie weiß Bescheid und wird Dich nicht abweisen. Ein Küsschen und wenn's ihr gefällt, kommt sie mit ins Hotel!"

„Sag mal, spinnst Du! Ich kenn die doch gar nicht. Und die will sowieso nichts von mir wissen! Nein, nein, das geht nicht, das … und … weil …"

Ich hatte mich hoffnungslos verheddert und wusste nicht mehr weiter, aber zumindest war Brenda noch damit beschäftigt, unseren wieder lustig gewordenen Nachbarn ebenfalls zwei weitere volle Kessel auf die beiden zusammengeschobenen Blechtische zu stellen.

„Komm jetzt! Ungeküsst wirst Du nicht nach La Paz kommen! Gefällt sie Dir etwa nicht? Glaub' ich Dir jetzt nicht! Aber wie Du meinst, da ist ja auch noch Lety! Komm mal her, hier ist ein Europäer, der einen Abschiedskuss aus Mazatlán braucht, bevor er nach La Paz fährt!"

Schon winkte er sie vom Tresen an den Tisch. Die ließ sich nicht zweimal bitten und kam schwungvoll näher und schaute mich interessiert an. Wieder ein Blick, aus diesmal hellbraunen, mandelförmigen Augen! Ein hübsches ovales, oben allerdings ein wenig breiteres Gesicht in einem am ehesten als milchkaffeebraun zu beschreibenden leichten Braunton. Ihrem fröhlichen Wesen entsprechend hatte sie eine freche Stupsnase. Ihre nicht allzu vollen, eher hochstehenden Wangen hatte sie mit ein wenig Schminke betont. Wie ihre Kollegin steckte sie in einem kurzen, eher eng sitzenden, buntbedruckten, kurzärmeligen Kleid, fast rötlich sah es aus, so aus der Nähe, mit Blumenmuster, der unvermeidliche, in einer schwungvollen Rundung tief absinkende Ausschnitt, ihren ebenfalls sehenswerten, großen Busen zur Geltung bringend. Der Cantinero hinter dem Tresen schien dies als unabdingbare Qualifikation und Anstellungsbedingung für seine Bedienungen anzusehen. Auch Brenda von vorhin war hier nicht gerade zu kurz gekommen. Unter Letys ziemlich schmalen Taille wölbte sich das Kleid über ihre Rundungen an der Hüftpartie und endete kurz oberhalb der

Knie. Hinten gab es eine kokett angebrachte Zierschleife. Sie trug ihr nur wenig gewelltes Haar offen, mit einer Haarspange nach hinten dirigiert, so dass sie reich bis über den Rücken hinunterreichten, sowie eine lustige, wie eine Feder wirkende Haarfranse über der Stirn, welche damals in Nordmexiko bei den Damen äußerst beliebt war. Um diese Haarfransen in dieser elastischen Form zu halten, braucht es ziemlich viel Zeit und Unmengen an Haarspray. Trotz des Tohuwabohus im Lokal schien sie guter Laune zu sein, die Geruchsimmissionen mussten doch für sie sehr lästig sein. Meine kurze Musterung schien sie nicht im Geringsten zu stören, sondern eher als gutes Zeichen zu werten.

„Soso, nach La Paz, und erst noch ganz allein! Ein strahlendes Lächeln erschien in ihrem offenen ovalen Gesicht. Wo hast Du denn Deine Novia gelassen? Oder sollte es gar keine geben?"

„Ja, La Paz, dann hoch bis an die Grenze."

„Du könntest doch auch hier zur Grenze fahren, wenn Du zurück nach Amerika gehst."

„So weit geht es nicht, ich muss das Auto in Chihuahua wieder abgeben."

„Was, nach Chihuahua willst Du auch noch! Dort musst Du aber aufpassen, mit den Norteñas ist nicht zu spaßen! Wenn Dich so eine allein antrifft, bleibt nichts von Dir übrig! Du solltest mich besser mitnehmen, ich pass schon auf, damit sie Dich in Ruhe lassen!"

Sie brach in lautes Lachen aus und Luis mischte sich wieder ein.

„Na, was meinst Du? Gefällt sie Dir etwa auch nicht? Du ihr schon! Die macht doch eine gute Reisebegleitung! Hahahaha!"

Da hatte er mich doch glatt am Wickel mit dieser Frage. Trotz der vielen Biere war Luis in dieser Beziehung unschlagbar. Ich konnte die hübsche Lety unverdient zurückweisen, oder wahrheitsgemäß antworten. Ja, sie gefiel mir, zum Teufel! Die andere auch. Daran lag's ja nicht. Aber was, wenn SIE dann nichts von mir übriglassen würde, wie sie sich ausdrückte? So weit würde es sowieso nicht kommen. Ich konnte ja gar keine küssen, selbst wenn ich gewollt hätte. Und auslachen wollte ich mich nicht lassen, nicht mal hier, in dieser Kneipe! Denn dass es sich hier um einen sehr zweifelhaften Scherz von Luis handelte, stand für mich fest. Er kannte ja die beiden Mädchen, und sie waren sicher ebenfalls nicht abgeneigt, sich einen kleinen Spaß zu erlauben. Ich dachte bereits an eine plausible, ausweichende Antwort, als auf einmal mit einem knallenden Schlag die Tür aufsprang und eine wilde Horde Bewaffneter hereinbrach!

„Policia Judicial, todos de pie, a la pared, orale!", brüllte der Anführer.

Gerettet durch die Glocke, wie man beim Boxen sagt! *Ich würde mich hier nicht durch einen verkorksten Kuss bei Lety und Luis blamieren müssen, und möglicherweise zur Lachnummer des ganzen Lokals, ach was, der ganzen Stadt, werden.*

Vor der Polizei hatte ich dagegen keine Angst, ich hatte ja nichts angestellt. Meine Begleiter waren da anderer Ansicht, sie wurden ganz bleich, selbst David war aufgestanden und stand unsicher an der Kachelwand. Lety und Brenda hatten sich hinter den Tresen verzogen, während der Bullige das Gesicht verzog, auch er schien sich zu fürchten, er war förmlich in sich zusammengesunken, während er sich schwer auf den Tresen stützte. Die nicht uniformierten Polizisten begannen mit den Leibesvisitationen, während der Anführer, mit Gewehr in der Hand, die Türe bewachte. Er schickte laut jemanden nach hinten. Die Musik hatte längst wieder aufgehört, auch die Mitglieder des Conjuntos wurden befragt und untersucht. Dann kam einer zu uns. Zu meiner Überraschung sprach er mich in geläufigem Englisch an:

„Na, güerito, bist Du verlorengegangen, oder haben Dich die beiden hier reingelegt? Auf der Suche nach einer Señorita für die Nacht, was? Die Kleine im roten Kleid, was! Gute Wahl, würde man hier gar nicht erwarten. Schon was genommen oder schaffst Du das Schätzchen auch ohne? Du solltest Dich nicht in dieser Gegend rumtreiben, ist nicht sicher für Euch Touristen!"

„Bier, 3 Kessel."

„Das sehe ich, ich meine anderes Zeug. Ihr Gringos werft doch ständig irgendeinen Müll ein. Was dagegen, dass ich Dich durchsuche?"

„Nur zu!"

„Wo wohnst Du?"

„Hotel Padre Kino."

„Komische Wahl. Wieso ausgerechnet dort?"

„Ist nahe am Hafen. Ich muss ein Ticket für die Fähre nach la Paz bekommen, habe ein Auto dabei."

„Vergiss es. Nächste Woche haben viele frei, da gibt es keine Tickets."

Während der Polizist mich abklopfte und mit mir sprach, steckte Luis doch tatsächlich ein Briefchen mit irgendwas drin in eine Ecke, dort wo die Kachelwand einen Absatz machte und einen Winkel mit einem Betonpfeiler bildete! Dann kamen er und David an die Reihe. Daraufhin zog die Truppe ab. Sie schienen niemanden mitgenommen haben, der Nebentisch leerte sich schnell, auch die Kapelle hatte längst ihre Instrumente in den entsprechenden Behältnissen verräumt und ließen sich vom Wirt die Gage ausbezahlen. Dieser, nach Abzug der Polizeitruppe wieder selbstbewusst geworden, brüllte: „Alle raus, wir schließen!" Er legte sich eine grünliche Plastikschürze um. Um die Botschaft zu unterstreichen, brachte er auf einmal einen Gartenschlauch in Stellung, und begann, den Boden und die Wände abzuspülen. Unter dem Nachbartisch gab es einen Ablauf, und all die unappetitlichen Dinge, Sekrete und Gerüche verschwanden ganz praktisch in Mazatláns Untergrund. Derweil räumten Lety und Brenda die Bar und den Tresen auf, Brenda füllte einen der Kessel fürs Bier mit Wasser aus dem Schlauch und schüttete eine gehörige Ladung einer grünlichen Flüssigkeit in den Eimer. Dem Geruch nach, der sich zu verbreiten begann, war es Javelwasser. Lety rückte mit einem haarigen Ding an, welches sie in den Kessel stellte. Damit würde wohl der Boden aufgenommen werden. Keine schlechte Idee. Das Javelwasser würde die Kacheln porentief rein und keimfrei hinterlassen, das bisschen Chlorgas, das dabei entstand, schadete ja nicht. Hoffentlich machten sich die beiden nicht ihre Kleider mit der Brühe kaputt. Wir leerten noch jeder ein Bier und nahmen 3 auf den Weg mit und machten, dass wir zur Tür rauskamen, bevor der Wirt den Wasserstrahl höher halten würde. Im Hotelzimmer war ich noch dankbar, allein aufs Bett sinken zu dürfen und befand mich sofort im Reich der Träume, völlig k. o. von all den Eindrücken und dem vielen Bier.

Schon 18 Uhr vorbei! Am Montag war der erste Mai und die Grenze würde für den Import von Rohmaterialien geschlossen sein. Umso mehr musste heute noch unbedingt die Grenze passieren, es gab viel zu tun im Büro für Import und Export. Flor wusste, dass für morgen Samstag eine Sonderschicht geplant war, sie waren mit der Produktion im Rückstand. Sie wollte heute Abend aber die Uni nicht verpassen. Das Funkgerät blieb allerdings hartnäckig stumm. Schon eine Stunde nach Feierabend, aber jetzt hörte sie eilige, kräftige Schritte auf der Treppe und Tony Ianiello, der Betriebsleiter kam ins Büro.

„Wo zum Teufel ist Carol, Flor?!"

„Zu Hause, nehme ich an. Sie ist ein wenig früher in den Feierabend gegangen."

„Wo ist meine Ware, verdammt noch mal?! Da unten steht die Produktion seit 15 Uhr still. Immer Probleme mit Euch in der Logistik. Schwache Leistung von Carol. Verschwindet einfach und lässt mich mit der Sekretärin zurück, na toll!"

„Hector steht im Stau, er gibt Bescheid, sobald er durch die Zollstation ist."

„Und wenn es eine Nachinspektion gibt?"

„Die Papiere sind in Ordnung. Ich habe sie selbst ausgefüllt."

„Na, dann bin ich aber beruhigt. Die Nachtschicht fällt wahrscheinlich auch noch aus! Und morgen können wir die Leute wieder heimschicken, so eine Scheiße! Wir kriegen kaum Personal und wenn sowas passiert kommt die Hälfte nächste Woche nicht mehr, weil sie anderswo angefangen haben."

Ein Knistern im Funkgerät. Hector meldete sich durch das Pochen des Dieselmotors: „Hola Florecita, todo bien, me tocó Verde, gracias a Dios! En diez Minutos estoy en la rampa!"

Tony stand ungeduldig am Schreibtisch, während sie in gebrochenem Englisch die gute Nachricht weitergab. Keine Nachinspektion, in zehn Minuten wäre er hier. Tiefes Aufatmen bei Tony, seine Gesichtsfarbe wurde zusehends heller.

„Gute Arbeit Flor! Danke. Wenigstens jemand mit Geschäftsinteresse. Solltest Du nicht bereits an der Uni sein?"

„Um sieben. Schaff ich nicht mehr!"

„Doch! Ich fahr Dich hin, los! Die werden jetzt auch ohne uns fertig!"

Sie war froh über sein Angebot. Alle hier in Candados Presto de Mexico waren den cholerischen Charakter des Betriebsleiters gewohnt. Ein Zweigwerk der Firma aus New Jersey in Ciudad Juarez, Schlösser für Aktenkoffer. Luxusausführung. Die Lohnstückkosten betragen in Mexiko lediglich ein Zehntel dessen, was man in der Nähe von New York bezahlt. Tony, ein Sohn oder Enkel italienischer Einwanderer hatte sich wieder beruhigt, wissend, dass die Chemikalien bereits abgeladen würden. Im Grunde war er nett und jedenfalls sehr umtriebig. Er hätte längst zu Hause sein können. Als sie jetzt aufstand, war sie mit ihren hochhackigen Schuhen größer als er, der Boss, was sie innerlich amüsierte.

Pause! Das Studium „Internationaler Handel und Zoll" ist sehr anspruchsvoll, wenn man nebenher noch Vollzeit arbeitet. Dafür machte sie in ihrem körperbetonten, knallroten Businessoverall, den schwarzen Stilettos und der neuen, etwas gewagten Kurzhaarfrisur einen sehr guten Eindruck. Ihre Freundin Paty, lediglich in Jeans und Turnschuhen unterwegs – ihre Eltern bezahlten ja die Uni! – kam mit einem strahlenden Gesicht zu ihr: „Alles klar fürs nächste Wochenende, Flor! Ich komme einkassieren. Mit 200'000 Pesos bist Du dabei, nimm noch 100'000 extra mit für alle Fälle. Es geht ans Meer! Bahia Kino wartet auf uns! Du wirst sehen, es wird Dir gefallen."

Bahia Kino! Das Meer. Sie war sich unschlüssig gewesen, ganz billig war die Fahrt mit dem Linienbus nicht gerade und sie hatte noch vor, mit der Abschlussklasse nach Mexico City zu reisen, im Flugzeug. Audienz beim Präsidenten. Er selbst hatte angeblich den von ihnen belegten Uni-Ausbildungsgang unter der vorherigen Regierung angeregt und sie würden die allererste Abschlussklasse sein. Mexiko bereitete sich für das geplante große Freihandelsabkommen mit den USA und Kanada vor – und sie war mittendrin! Sie hatte das Geld fürs Ticket bereits bezahlt, vor den Augen der Kameraden, die große Augen gemacht hatten.

Zuhause war allerdings von dem Gefühl, Teil der großen weiten Welt zu sein nichts mehr übrig. Der Bus brauchte eine Ewigkeit, um sie zurück in den staubigen Vorort zu bringen, wo sie zusammen mit der Mutter und Schwester wohnte. Es war Mitternacht vorbei, als sie missmutig in der von schmutzigem Geschirr überstellten Küche nach etwas Essbarem suchte. Sie hatte den uralten Pick-up ihres Onkels Tomas in der Auffahrt bemerkt, „La Adilene" nannte er ihn. Vielleicht war ihre Großmutter ebenfalls mitgekommen. Im Haus war alles still, man hatte nicht auf sie gewartet. In einer ausgebeulten Alupfanne fand sie einen Rest „Frijoles Refritos", angebratener Bohnenbrei, und im Tortillakörbchen gab es noch ein paar steif gewordene Maistortillas. Paty hatte von fangfrischem Fisch und den großen Garnelen geschwärmt, die sie sich samstagabends in ihrem Bungalow in Bahia Kino zubereiten würden. Sie musste das Geld unbedingt auftreiben, koste es was es wolle!

Sie machte das Essen auf dem Gasherd warm und aß rasch am überfüllten Küchentisch unter einer nackten 100-Watt-Glühbirne, ohne viel Lärm zu machen. Sie musste morgen früh raus, spätestens um 5. Es braucht Zeit, das Badewasser auf dem Herd zu erhitzen und um kalt zu duschen war es morgens Anfang Mai noch zu frisch. Die Dusche befand sich draußen im Hof, nur mit Vorhängen verschließbar. Um Sieben musste sie wieder an ihrem Schreibtisch sein.

Katerstimmung im 3/8 Takt

Ich hatte mich getäuscht. Ganz anders als sonst war von Nachtruhe keine Rede gewesen. Sondern von lebhaften Träumen. Albträume! Ich beobachtete da zwar nur ein großes Schiff, welches den Hafen verließ, nachdem ich zugesehen hatte, wie die Passagiere über eine

Gangway in das Schiff gestiegen waren. Familien, Pärchen, Kinder. Ich hatte gar nicht versucht, ein Ticket zu kaufen, dort am Schalter, wo eine junge Frau am Telefonieren gewesen war. Ich wachte davon auf, das war jedenfalls auch der Grund gewesen, dass ich mich an diesen Traum erinnerte. Ich würde zu spät an die Mole kommen! Am Samstag gab es nämlich kein Zapfenstreich, und die knapp 60 Bierchen, ungleich verteilt auf 3, hatten auch ihre Wirkung. Es war bereits bullig-heiß im Zimmer. So eine Scheiße! Jetzt saß ich in der Tinte, oder besser gesagt an der Mole fest. Aber so richtig wütend werden über Luis und seine Führung durchs Nachtleben von Mazatlán mochte ich doch nicht. Ich ging raus in die Halle vor der Rezeption. Luis sah sehr mitgenommen aus. Ihm war schlecht. Auch ich hatte einen verdorbenen Magen, aber kein Kopfweh. Die Bierbrauer bei Pacifico verstanden ihr Handwerk.

„Was läuft mit dem Schiff?"

„Nichts! Verdammt und verflucht! Ich bin gerade erst aufgewacht, Mann!"

„Hast Du endlich genug gekriegt gestern? Wo steckst Du alles hin, bin noch ganz hinüber von all dem Bier. Ich würde am liebsten weitertrinken, um den Kater zu vergessen. Was willst Du jetzt tun? Wir könnten ja abends nochmal bei Brenda und Lety vorbeischauen."

„Nein danke, einmal reicht. Ich glaube, ich mach' einen Abgang. Lety hatte recht."

„Aha, auf einmal hat sie also recht. Na, siehst Du, ich habe es Dir doch gesagt, sie würde Dir gefallen."

„Nein, nein, nicht deswegen, sie meinte, man könne auch hier an der Küste hochfahren. Ich fahre auf dem Landweg nach La Paz. Ich breche noch heute auf und bin am Abend in Hermosillo!"

„Das lass' nur hübsch bleiben, dazu braucht man den ganzen Tag. Nach La Paz brauchst Du einen Monat in Deinem Vochito. Übrigens, das war toll, wie Du den Judicial gestern abgelenkt hattest. Dachte schon, jetzt nehmen die uns mit, alle 3. Ich konnte mein Zeug gerade noch verstecken. Ich befürchtete, dass Du auch was bei Dir hast und sie es dann finden. Hattest Du denn keine Angst vor denen?"

„Wieso sollte ich vor der Polizei Angst haben?"

„Du kennst die nicht. Wenn die was finden, bist Du dran. Du kommst in den Knast und sie nehmen Dir alles ab. Wenn Du nur den geringsten Mucks machst, verprügeln sie Dich bis Du gestehst, ein Drogenhändler zu sein."

„Echt? Folter ist doch gegen die Menschenrechte."

„Davon haben die Judiciales noch nie was gehört. Die machen, was sie wollen, und was sie am meisten wollen, ist Geld."

„Ich habe noch nie etwas genommen, bei meiner Arbeit werde ich alle 6 Monate getestet, wegen des Ritalin, das ich jedes Jahr fahren muss. 113 kg jedes Jahr, dazu den Probelauf."

„Was ist das für Zeug?"

„Ein Amphetamin. So wie ‚Speed'. Ich habe mal ein wenig von dem Zeug im Labor verschüttet und etwas von dem Pulver eingeatmet. Da kriegst Du ein Herzrasen, dass Du die Wände hochlaufen könntest."

„Echt? Wo bekommst Du das Zeug? Wird man davon gut im Bett?"

„Du spinnst doch! Nur der Arzt kann's verschreiben. Das Zeug ist streng kontrolliert, ich musste jedes Zehntelgramm in eine Buchhaltung eintragen, selbst die Muster fürs Labor. Davon kriegst Du nur ein großes Herz wie der David. Und ja, man kann eine Dauererektion kriegen, dann musst Du zur Notaufnahme. Soll höllisch wehtun."

„Haha, in die Notaufnahme, was Dir alles einfällt! Ich kenne da eine, die kriegt alles weich, ich kriege direkt Lust, das mal zu versuchen. Vielleicht sollte ich mal den David zu dieser, wie hieß sie noch gleich, mitnehmen. Der ist immer noch in seine Rosalba verliebt, die, die mit dem Gringo abgehauen ist, das miese Luder."

„Wie lange dauert denn so was?"

„Sehr lange. Zumindest kommt es Dir so vor. Wieso fragst Du überhaupt, warst Du etwa noch nie verliebt?"

„Du doch auch nicht!"

„Nein, eigentlich nicht, ich habe halt die Richtige noch nicht getroffen."

„Lass' uns eine Saftbude besuchen, ich muss diesen schaurigen Nachgeschmack loswerden."

Ein etwas abrupter Themenwechsel, aber die Idee fand bei Luis Anklang, sodass er nicht weiter über sein Lieblingsthema referierte. Wir fanden bald ein entsprechendes Lokal, wo frisch vor Ort ausgepresster Orangensaft und diverse fruchtbasierte Mixgetränke zubereitet wurden. Es gab auch Fruchtcocktails und dieses schaurige Katerfrühstück aus pürierten Früchten und rohen Eiern, welches Gesundheitsbewusste auch als normales Frühstück zum Arbeitsbeginn genossen. Kaffee gab es auch, Nescafé, wie üblich, aber immerhin. Sie hatten auch eine gute Auswahl dieser mexikanischen Süßbrote, die ich in Chihuahua kennengelernt hatte. Mit Schokoladenpulver überzogene Muscheln, eine Art wie ein Schwein geformter Lebkuchen, dann die großen, zuckerglasierten Blätterteigplatten, genannt Vidrios. Es war schon gegen 10 Uhr, als wir ins Hotel zurückgingen, Zeit spielte ja keine Rolle mehr.

Mein Entschluss zur Abreise stand aber fest, ich hatte mein Zeug schon im Auto, war ja keine große Sache. Als Luis sah, dass es mir Ernst war, gab er noch ein paar Ratschläge auf den Weg. Die Rechnung, 4 Nächte zu 10'000 Pesos fürs Hotel, war bereits beglichen. Ungewohnt ernst riet er mir zum Abschied, ich solle aufpassen da oben im Norden, das sei gefährliches Terrain. Es soll zu Überfällen auf Reisende kommen. „Hüte Dich vor den Weibern dort oben, hast's ja von Lety gehört, vor allem vor denen, die an der Straße stehen und Autostopp machen." Die sollen sich extra sexy anziehen, so mit kurzen, engen Shorts und knapper ärmelloser Bluse, wie die Gringas hier in Mazatlán. Ich sollte die nicht mitnehmen, nicht mal anhalten, weil sonst ihre Freunde aus ihren Verstecken hervorkommen und mich wie ein Spanferkel zu Weihnachten ausnehmen würden, wie er sich ausdrückte, und mich zu Fuß nach La Paz gehen lassen würden. Ach so, das meinte also Lety mit „nichts von mir übriglassen"! Und ich hatte schon gedacht, die Frauen würden mich vernaschen …! Er riet mir auch von Culiacan ab, wegen der Narcos, welche denken mochten, ich wäre von der DEA. „Weißt ja noch, der Camareno, den haben sie zu Tode gefoltert." Aber von

Culiacán war keine Rede, das war ja gleich nebenan, ein paar hundert km die Straße hoch. Ich wollte mindestens bis Hermosillo, um am folgenden Tag bereits im nördlichen Baja anzukommen.

„Du musst es ja wissen. Aber die Fernbusse machen 15 Stunden nach Hermosillo, und schneller bist Du mit Deinem Vochito auf keinen Fall. Auf jeden Fall viel Glück und vielen Dank. Wir hatten viel Spaß."

„Ja, der Aufenthalt war ungeplant, aber es hat sich gelohnt. Vielen Dank nochmal!"

Ich verabschiedete mich auch von Luis' Mutter, die aus der Küche kam. Dann ließ mich Luis mit meinem VW aus dem Hof fahren. Es war gut, wieder auf dem Weg zu sein. Noch volltanken und der Weg nach Norden war an diesem 29. April frei.

Der Bundesstaat Sinaloa wird aus zwei gut unterscheidbaren, von Nordwest nach Südost ziehenden Großregionen gebildet. Im Osten ragt die Sierra Madre Occidental wie eine Mauer etwa 2'800 Meter aus der flachen, im Süden kaum ausgebildeten, im Norden aber bis zu 100 km breiten Küstenebene, die nur wenige Meter über Meer liegt. Deren zentraler Teil gilt als eine der heißesten Regionen weltweit und wird von einer artenreichen Dornstrauchsavanne eingenommen, dort wo man sie nicht gerodet hat und durch landwirtschaftliche Nutzflächen ersetzt hat. Vor der eigentlichen Sierra trifft man auf eine Hügelzone, wo man die Dornsavanne deshalb stehen lassen hat, weil das hügelige Gelände keine großflächigen Bewässerungsanlagen zulässt. Die Niederschläge nehmen von Mazatlan mit 750 mm pro Jahr rasch auf kaum mehr als 200 bei Los Mochis ab, lediglich 400 km weiter im Nordwesten. Das Wasser für die Bewässerung stammt aus den aufgestauten Flüssen, welche, durch intensive Sommerregen gespeist, aus der Sierra Madre Occidental herabkommen.

Es ging bereits gegen Mittag, als ich die letzten kümmerlichen Vororte von Mazatlán hinter mir ließ. Lauter kleine, unverputzte Betonblockhäuschen, die meisten ohne Fenster, standen weitverstreut im sonnenverbrannten, niederen Dornbusch. Ich suchte im Autoradio nach einem Radiosender. Mittelwelle, weil außerhalb der

Zentren die vielen UKW-Stationen bald verstummen. *Aaah, da, einer mit traditioneller mexikanischer Musik. Ob sie diese Banda Sinaloense-Musik spielen?* „La Hora de Vicente ‚Chente' Fernandez, el Charro de Huentitan" dröhnte es aus dem Lautsprecher. Ein Charro ist eine Art mexikanischer Herrenreiter aus Zentralmexiko, ich erwartete Mariachi-Musik. Dieser Charro konnte aber recht gut singen, er tritt als Solist auf, die Mariachi-Kapelle spielt nur Begleitung. Eine Art Wunschkonzert, man konnte anrufen und sein Lieblingslied bestellen. Die meisten waren sentimentale Liebeslieder, Vicente Fernandez beklagte mit größter Melancholie sein Pech mit den Frauen. Da schien sich eine beachtliche Menge an Leuten sehr schwer mit den hiesigen Frauen zu tun, wenn man von der Art der bestellten Stücke ausging. Vielleicht hört David auch diesen Sender, er kannte ja Vicente Fernandez, und richtig, da war es ja „La perdicion de los hombres son las benditas mujeres …", sang Vicente Fernandez mit seiner ausdrucksvollen Baritonstimme, eigentlich ein munteres Stück, vielleicht würde es David hören und sich ein wenig besser fühlen. Bei mir wirkte es allerdings nicht. Es ging nämlich nicht mit der von mir gewünschten Geschwindigkeit vorwärts. Die Straße verlief weder gerade noch führte sie ständig durch offenes Land. Immer wieder kamen kleinere Ortschaften und der Zustand der Straße war kaum besser als derjenige der Transpeninsular MEX 1, welche auf der anderen Seite des Golfes durch Niederkalifornien führt. Dort hätte ich jetzt sein können, wenn ich nicht das verfluchte Schiff verpasst hätte, anstatt hier meinen VW durch diese fade Gegend zu treiben. Dazu der vom vielen Bier versaute Magen, welcher das Frühstück nur widerwillig akzeptieren wollte und auf den vielen Orangensaft und das Süßbrot mit einem gewaltigen Sodbrennenanfall reagierte.

Ungeküsst wirst Du nicht nach La Paz kommen … So hatte es mir Luis vorausgesagt!

Quatsch! Dem würde ich es zeigen! Ich hatte ja seine Adresse! Eine Postkarte aus La Paz würde er bekommen, in ein paar Tagen. Wir hatten damals für unsere Nordseereise in einem kleineren VW auch 1'200 km in 24 Stunden geschafft, zurück sogar nur 16, da müsste es hier doch auch gehen. In 3 Tagen konnte ich unten sein, und mir dann einigermaßen gemütlich die Cirio-Wälder zu Gemüte führen. Ein schauriger Nachgeschmack nach einem weiteren Aufstoßen aus den Tiefen meines Magens brachte mich in die Wirklichkeit Sinaloas zurück. Aber ich durfte nicht anhalten. Vielmehr würde ich den VW laufen lassen, bis das Benzin alle war. Essen konnte ich sowieso nichts. Im Radio war wieder ein Werbeblock fällig, ich stellte ihn leiser.

Jetzt war irgendein sanftes Röhren zu vernehmen, welches ich im ersten Moment für ein auf irgendeinen Schaden hinweisendes, zusätzliches Motorengeräusch hielt. Aber der VW strebte unermüdlich mit 100km/h über die wellige, zweispurige, auf beiden Seiten steil abfallende Landstraße. *Keine Überhitzung, Öl in Ordnung!* Ich machte das Radio aus. Das Geräusch wurde stärker! Ich fuhr unentwegt weiter, keine Zeit verlieren war meine Devise, aber dann ließ mich eine Art Schiffssirene vor Schreck zusammenfahren, so laut war sie gewesen. *Da im Rückspiegel!* Der DINA-Schriftzug prangte dominierend auf der wuchtigen Motorhaube des Lastwagens! Der wollte mich überholen! Ich tastete mich vorsichtig an den rechten Rand der Straße und der ungeduldige Fahrer ging aufs Gas und trieb sein qualmendes Monster schaukelnd und scheppernd an meinem VW vorbei. Ein triumphierendes Röhren vom Motor erscholl, als er scharf vor mir einbog. Die Schmutzfänger wedelten mir einen Abschiedsgruß zu, und tatsächlich, er hatte zwei von diesen verchromten Frauenfiguren dort angebracht, welche in der Mittagssonne blitzten. Curvas peligrosas, schon klar! Und tatsächlich! Der Laster verschwand weiter vorne um eine deutliche Rechtskurve aus dem Blickfeld. Mein Tempo hatte sich ob dieses Manövers auf 80 reduziert, gerade recht, um problemlos um die weite Kurve zu kommen, als die Straße ins Inland abbog, und das Gelände begann, zu allem Überfluss noch wellig zu werden. Immer wieder standen jetzt dunkelgrüne Pachycereen in der trockenen Landschaft. *Deswegen war ich doch hergekommen!* Es würde also doch nicht nur durch bewässerte Felder gehen wie ursprünglich befürchtet.

Ich bekam Lust, mich da ein wenig umzusehen. In Nordmexiko gibt es nämlich nur wenige Straßen und man kommt darauf lediglich durch landwirtschaftliche Nutzflächen oder Orte, außer eben auf Niederkalifornien. Gelegentlich gibt es aber eine befestigte Seitenstraße, die zu einer Mikrowellensendestation führt. Diese stehen meist auf einer Erhebung, gelegentlich kilometerweit im Hinterland. Diese Stationen übermitteln Telefongespräche, um sich die langen Leitungen zu sparen. Zu so einer Station war ich jetzt unterwegs. Die Hitze war extrem groß. Bereits jetzt am Vormittag fühlte sich die Luft auf dem Körper warm an, selbst im Schatten. Es hatte also mehr als 36 Grad. Der Weg führte über einen niederen Hügelzug, dicht mit meterhohem Dornbusch bestanden. Einzelne dieser großen Säulenkakteen ragten daraus hervor. Ich sah, dass es zwei verschiedene Arten sein mussten, außer den bekannten Pachycereen gab es auch welche, die ich für Stenocereus thurberi hielt, der Orgelpfeifenkaktus. Hier bildete dieser aber einen Stamm aus wie ein Saguaro, allerdings völlig dornenlos, er sah aus wie ein gewöhnlicher Baumstamm. In dem Tal war es womöglich noch heißer, kein Luftzug war zu spüren. Die Straße wurde rauer, als sie die zweite, schon eher als Bergkette durchgehende Hügelkette erklomm. Bald war der Kamm erreicht. Hier oben gab es eine gute Rundsicht. Die Mikrowellenstation war oben auf dem Gipfel einer dritten Bergkette. Sie war noch kilometerweit entfernt. Die Bergzüge schienen von innen heraus in einem braunvioletten Farbton zu leuchten. Über alles war ein wenig Dunst gezogen, welcher von einem weit im Norden liegenden freien Landstück zu kommen schien, da wurden wohl gerade die Stoppeln abgebrannt, um das Land bei Ankunft der Regenzeit im Juni bereit zu haben. Die braungebrannte, hier oben niedrige Dornsavanne wurde von einem ganzen Zikadenschwarm bewohnt, welcher sich durch einen kreissägenartigen Lärm bemerkbar machte. Die Zikaden sind zuverlässige Thermometer, sie fangen mit ihrem Gesang an, sobald die Lufttemperatur 30 Grad erreicht. Ansonsten war die ganze Gegend leblos wie eine Wüste. Kein Tier, kein Vogel ließ sich blicken, außer den Kakteen gab es keine einzige grüne Pflanze, und außer den violett blühenden Jacarandabäumen gab es hier keine einzige Blume. Es wurde Zeit, wieder auf die Hauptstraße zu kommen, die Hitze war jetzt wirklich extrem geworden. Schnell beide Fenster runterlassen und den Fahrtwind die nicht vorhandene Klimaanlage übernehmen lassen. Daran hatte ich nicht gedacht. Im Hochland war es bis auf einen Tag eigentlich angenehm gewesen, aber hier war es so heiß wie in Arizona im Sommer, und das Ende April. Ein VW hatte natürlich als Billigmodell keine Klimaanlage, dafür wäre die Luftkühlung auch kaum ausgerichtet, und der Motor zu schwach. Im Radio war Vicente Fernandez abgetreten, stattdessen erscholl, in mindestens der doppelten Lautstärke als zuvor die Musik, penetrante Werbung. „Kaufen Sie die Wohnzimmereinrichtung, die Ihre Mutter an diesem Muttertag verdient hat. Komfortable Abzahlungsraten. Wir akzeptieren auch Kreditkarten. Nicht vergessen, an diesem 10. Mai sollten Sie Ihre Mutter mit etwas Besonderem überraschen. Kommen Sie zu Soriana, an 3 leicht zu erreichenden Standorten …" Natürlich durfte der unvermeidliche Echo- und Halleffekt nicht fehlen, vielleicht eine Art Gehirnwäsche, damit man einfach nicht am Sorianaladen vorbeikann. Danach gab es die damals als Musica tropical bezeichnete Stilgattung, eine Art kolumbianische Cumbia, welche überall vor den Geschäften aus mannshohen Lautsprechern dröhnt. Als ich die Mexiko 15 wieder erreichte, war es längst Mittag vorbei. Jetzt galt es, dem VW die Sporen zu geben. Die Straße war nahezu leer. Ich würde versuchen, mindestens gleich schnell zu sein wie die Busse, also 100 km/h. Gelegentlich kam einer entgegen. Da wurde es mir jedes Mal ein wenig flau im Magen, wenn der Fernbus am Horizont erschien, und ich mich dem rechten Straßenrand so weit als möglich näherte, ohne das manchmal mehrere Meter hohe, steile und unbefestigte Bord herunterzufahren. Mit einem infernalischen Lärm donnerte der DINA-Bus vorbei, man muss sich ins Steuer krallen, damit einen die Druckwelle nicht von der Straße fegt. Kommt dabei noch unverhofft eine der wenigen Kurven, wird es richtig haarig, aber noch schlimmer ist es, wenn man unbemerkt langsamer geworden ist und den Rückspiegel außer Acht lässt. Dann hat man nämlich bestimmt plötzlich einen riesigen Schatten neben sich, ein weiterer Bus, der mit Vollgas überholt, den VW zum Erbeben bringt und den ganzen Innenraum wegen den offenen Fenstern mit schwarzem Dieselqualm vollspuckt. Wegen der Hitze und des ständigen Stresses war ich bald ziemlich verschwitzt, aber eine Pause würde es erst geben, wenn der Tank leer war. Ansonsten stieß ich auch immer auf langsamere Fahrzeuge aller Art, welche ich oft minutenlang nicht überholen konnte, weil der VW nicht schnell genug beschleunigte, um vor der nächsten Kurve am Hindernis vorbei zu sein. So zuckelte ich oft mit 40 km/h durch die staubtrockene Gegend, ohne ausreichenden Fahrtwind eine wahre Tortur.

Hinter Mesitas, einem kleinen Kaff aus ein paar kleinen Häusern, wurde die Gegend noch einsamer. Die Busdichte hatte nachgelassen. Deswegen konnte ich mich auf den Radioansager konzentrieren, der mit großem Trara ankündigte: „Nun folgt ein Großerfolg mit der berühmten Banda Sinaloense EL LIMON: El Novillo despuntado!"

Was folgte war eine ganz eigenartige Musik. In einem leichtfüßigen 3/8 Takt, gehalten von Es Horn und unterlegt von einem außerordentlich virtuos und weichgespielten Sousaphon, eine Art rollender Bass, die Melodieführung lag bei Trompeten, Zweitstimme bei Posaunen. Eigenartig, die Klarinette-Improvisationen, das sachte Pochen der Pauke und das messerscharfe Einsetzen der Trommel, eben der Tambora, jedes Mal vor dem Refrain, wo der Rest des Ensembles kurz innehält und nur der Trommelwirbel hörbar ist. Es war mit nichts Bekanntem zu vergleichen, ein wenig wie Big Band, etwas bayrische Blasmusik, gewöhnliche Blasmusik, vielleicht gar ein wenig wie eine Luxusguggenmusik, eine, bei welcher alle Töne sauber gespielt werden und der Takt sitzt. Der runde Lauf des Basses im 3/8 Takt verleitet unvermittelt, das Auto zum Tanzen zu bringen, immer schön im Takt Schlangenlinien fahrend, über die ganze Fahrbahn. Es kamen noch ein paar andere Stücke, von Banda El Recodo: Por una mujer casada … Anders als bei jeder anderen traditionellen mexikanischen Musik gab es hier keinen Gesang, das Thema und die Strophen wurden von jeder Melodieinstrumentgattung wiederholt, jedes Mal eingeführt durch die Tambora. Die Musik war euphorisch und elektrisierend, in einem solchen Grade, dass ich die Verkehrszeichen nicht mehr achtete, bis es anstelle des nächsten Trommelwirbels einen Schlag tat und das Auto einen wüsten Satz machte und ich alle Mühe hatte, den VW wieder zu bändigen. Natürlich eine dieser „Topes" genannten Bodenwellen, welche weit außerhalb des nächsten Ortes die Geschwindigkeit des Verkehrs senken sollen und sehr gut ausgeschildert sind. Die nächsten Topes, bevor es durch Coyotitan ging, einem etwas größeren Ort. Man fährt wegen dieser Wellen auch ohne Radarkontrolle kaum schneller als 30, außer man macht es wie die Einheimischen und überholt etwaige Lastwagen und Traktoren, indem man um die Topes herumfährt und neben der Straße auf dem unbefestigten Seitenstreifen so rast, dass es das ganze Dorf mit der so gebildeten Staubwolke einnebelt. Dem VW schien der Hopser nicht geschadet zu haben, deshalb fuhr ich ohne anzuhalten weiter. Wenn man Pech hat, findet man nach einem solchen Zwischenfall nämlich heraus, was es in den zahlreich vorhandenen Läden mit dem seltsamen Wort „Desponchadora" gibt. Nämlich Ersatzreifen und Felgen!

Jetzt erreichte die Straße die Küstenebene und wurde flacher und gerader. Wer jetzt meinte, die Fahrt würde einfacher, wurde bald eines Besseren belehrt. Die Nähe zur Küste machte sich zunehmend durch den starken Seewind bemerkbar, obwohl ich 25 km landeinwärts fuhr. VW Käfer sind bekanntlich seitenwindempfindlich und der durch den in die Canyons der Sierra Madre hineinwehende Talwind verstärkte Seewind rüttelte derart heftig am Wagen, dass er auch ohne Banda Musik wieder zu tanzen anfing und die Druckwellen der entgegenkommenden Busse noch stärker wurden. Wenigstens die Hitze war weg, der Seewind hatte kaum 30 Grad. So war es kein Wunder, dass es fast 16:00 Uhr wurde, als ich endlich tief im Nordwesten die Hochhäuser von Culiacán erblickte. Diese Stadt hatte tatsächlich so etwas wie eine kleine Downtown, wie man es aus den USA kennt. Sie war nicht gross, aber sämtliche Banken waren mit großen Filialen vor Ort, auffällig war die Absenz ausländischer Geldhäuser, vielleicht eine Folge der Verstaatlichung der Banken. Es gab Tankstellen, Restaurantketten, sogar einen McDonald's, Geschäfte, Ampeln und einen enormen Verkehr. Alles sauber, neu. Es gab hier damals zwar große Flächen fruchtbaren Bewässerungslandes, aber der sichtbare Reichtum schien aus einer anderen landwirtschaftlichen Sparte zu stammen, da, wo ein gewisser Rafael Caro Quintero das Sagen hatte, bis er 1985 in Costa Rica verhaftet wurde. Dem Geschäft schien das nicht gerade geschadet zu haben.

Ich befolgte Luis` Ratschlag und fuhr ohne anzuhalten weiter, obwohl der Tank bereits in die Nähe von ¼ rückte. Nach einer halben Stunde lag Culiacan hinter mir. Mein Zwischenziel war Guamuchil, dort soll es laut meiner Pemex-Karte eine gleichnamige Tankstelle geben. Von dort waren es noch etwa 100 km nach Los Mochis.

Nun war die Straße breiter, aber auch dichter befahren. Immer noch rüttelte der Seitenwind am VW, aber die Busse störten weniger. Die Zeit begann in der eintönigen Ebene auseinanderzulaufen wie Pfannkuchenteig, aus einem kleinen kurzweiligen Zeitfleck eine große kreisrunde Ewigkeit werden lassend. Aus dem Radio erklangen die damals extrem populären Corridos, es gab vor allem welche mit Conjunto-Begleitung, wie in Brendas und Letys Hafenspelunke. „Los Tigres del Norte con „La Banda del Carro Rojo" etwa oder auch „El Corrido de Lucio Vazquez", wo der arme Revolutionär natürlich von seiner „Morena", also seiner Geliebten, verraten wird. Die Mexikaner scheinen ein schwieriges Verhältnis zu ihren Frauen zu haben, zumindest in ihren Liedern. Kein Wunder, dass jeder hier versucht, sie einem Ausländer anzuhängen, denn geteiltes Leid ist halbes Leid! Ein seltsames Land, so ganz anders als bei erster Ansicht zu vermuten wäre. Vordergründig gibt man sich modern und westlich orientiert, kopiert ein wenig den Nachbarn im Norden. Bereits beim Essen hört aber alles Westliche auf. Obwohl man gegen einen schnellen Hamburger und Co nichts einwendet, gönnt man sich bei genügend vorhandener Zeit lieber ein arbeitsintensives traditionelles mexikanisches Gericht, und dabei versteht der Mexikaner keinen Spaß. Einem Europäer sind diese

Gerichte genauso fremd wie asiatische. Jeder weiß, wie ein richtiges Mole Poblano schmecken soll und streut Chilipulver selbst auf die Orangen. Ein verrücktes Land, dieses Sinaloa, wo sie international zur Fahndung ausgeschriebenen Verbrechern Lieder widmen und sogar am Radio spielen, wo es akzeptiert wird, dass man nur so viel arbeitet, damit es zum gewünschten Lebensstil reicht, wo nichts wirklich illegal ist, solange es den Nachbarn nicht stört, wo man weder Steuern noch Versicherungen bezahlt und ein Angestelltendasein nur für die vermeintlich Privilegierten da ist. Die Schnapsläden öffnen auch am Sonntag, und selbst an Weihnachten, man ist zwar katholisch, kennt aber weder Pfingsten noch Auffahrt noch Fronleichnam. Ein seltsames Land, wo hübsche junge Mädchen in einer Spelunke arbeiten und die als Machos verschrienen Männer von ihren Frauen zu öffentlichem Weinen gebracht werden. Der Muttertag ist ein wichtigerer Feiertag als der Cinco de Mayo, welcher fälschlich in den USA als mexikanischer Nationalfeiertag gilt. Ein Land, wo es im Frühling keine einzige Blume gibt und die größte Hitze am Vormittag alles Leben zu ersticken sucht. Ein Land, wo gut ausgearbeitete Pläne wie aus dem Nichts heraus komplett umgekrempelt werden und man nie weiß, was der nächste Moment bringen mochte, von welchem unbemerkt gebliebenen „Tope" man ins Schlingern oder völlig aus der Bahn geworfen wird!

Jetzt standen reich bepflanzte Felder am Straßenrand, erntereifer Mais, Tomaten vor allem. Das auch hier immer noch frostfreie Klima erlaubt einen Anbau im Freiland das ganze Jahr hindurch. Von hier mochten die derart aromatischen Tomaten kommen, welche ich bei Luis Mutter in der Nudelsuppe gegessen hatte. Die Sonne stand bereits so tief, dass sie auf meiner Seite ins Auto scheinen konnte, trotz der angenehmen relativen Kühle draußen wurde es so wieder recht heiß zum Autofahren. Endlich kam Guamuchil näher, ein recht großes als lokales Zentrum wirkendes Landstädtchen. Auch hier alles einzelnstehende Häuser, bei einigen standen Boote auf ihrem Anhänger im Hof. Man konnte große Bäume und Bananenstauden erkennen, Avocados und Mango vor allem. An einer Stelle erhaschte ich im Vorbeifahren wie sich zwei Schweine an Hunderten vom Baum gefallenen Mangos gütlich taten, die Fenster des Hauses hatten keine Scheiben, waren jedoch mit schmiedeeisernen Gittern gegen ungebetene Gäste abgesichert. Die Leute schienen sich als Selbstversorger durchs Leben zu bringen, mit Früchten aus dem Garten, Fisch aus dem nahen Meer und für Grundnahrungsmittel und den Rest ein paar Gelegenheitsjobs. Miete, Steuer, Heizung und Gesundheitsvorsorge sowie Altersvorsorge fielen weg und Ferien brauchten diese Leute wohl auch keine.

Jetzt galt es, die Tankstelle zu finden, es gab überall nur eine Marke, eben Pemex, in Mexiko war damals auch das Ölgeschäft verstaatlicht. Also kein Kleinkrieg um Zehntelrappen an der Zapfsäule und nur 2 Benzinsorten, NOVA mit Blei und Magna ohne, nebst Diesel. Benzin war damals in Mexiko spottbillig, 570 Pesos der Liter, eine kleine Flasche Bier bekam man für 1'000, das war damals eine große Messingmünze, dank der großen Inflation Anfang der Achtzigerjahre. Der Dollar kostete um die 2'500 Pesos, wie die überall blinkenden Anzeigen der Wechselstuben verrieten. Die Tankstelle war schnell gefunden, sie steht auf dem Land immer an der zentralen Kreuzung oder es gibt je eine an den beiden Ortseingängen. Hier war sie im Ortszentrum. Der Tank war fast leer, nach kaum 350 km. Bislang war ich ja immer relativ kurze Etappen gefahren, aber hier im weitläufigen Nordwesten Mexikos waren andere Distanzen gefragt. Für den kleinen 1,6l VW mit seinem 40 Liter Tank ist das schwieriges Terrain. Man konnte nie sicher sein, dass jede Tankstelle ständig Benzin vorrätig hatte, hier hätte ich die nächsten 100 km nach Los Mochis kaum geschafft mit dem restlichen Benzin.

Bald war mein rotes Pony wieder gesattelt und ich fuhr jetzt direkt in die sinkende Sonne hinein über eine schnurgerade Straße in eine weite Ebene hinaus. Rechts rückte die Sierra immer näher an die Straße heran, eine schroffe Mauer aus jetzt bläulich schimmernden Bergen. Die paar hundert km durch die Hitze von Sinaloa hatten mich total ausgelaugt, trotzdem trieb ich den VW immer wieder an, um im jetzt dichter werdenden Verkehr mitschwimmen zu können und genügend Geschwindigkeit zu haben, etwaige Langsamfahrzeuge zügig überholen zu können. Man konnte hier die Straße über Kilometer gut übersehen und auf diese Weise gelang mir mehr als ein Überholmanöver ziemlich rasch. Bald war Guasave erreicht, der Ort unterstrich mit der Ähnlichkeit des Namens zum vorigen Ort sein fast gleiches Erscheinungsbild. Nun hätte ich das Steuer festbinden können, es gab keine einzige Kurve mehr bis an den großen Kreisverkehr am Stadtrand von Los Mochis. In dessen Zentrum haben sie viele Saguaros stehen gelassen, die ersten die ich bei meiner Fahrt aus Süden zu sehen bekam. Hier begann also die Sonora-Wüste. Ich stieg beim ersten einigermaßen vernünftig aussehenden Hotel ab. Es gab mehrere davon, die sehr gut aussahen. Los Mochis ist für die allermeisten Touristen die Endstation ihrer Bahnfahrt durch die Barrancas, obwohl die Linie bis an die Küste bei Topolobampo führt. Ich ließ das Abendessen sausen, hatte keine Lust, jemanden zu sehen und wollte nicht wieder irgendwo hängenbleiben. Ich würde nochmal eine Routenanpassung vornehmen müssen! So ging es nicht mehr weiter.

Den Mexikoreiseführer konnte ich vergessen, da kam der Nordwesten, wo ich hinwollte, nur in einem kurzen Absatz vor. Die Pemex-Karte mit ihrem kleinen Maßstab zeigte zwar sämtliche unbefestigten Nebenstraßen, war aber als Atlas aufgebaut und es war schwierig, Distanzen über mehrere Blätter hinweg nachzumessen. Aber es gab auch eine sogenannte Kilometerpyramide, wo die kürzesten Distanzen zwischen größeren Orten angegeben waren: Los Mochis-Mexicali auf Niederkalifornien 1'160 km! Ich konnte es zunächst kaum glauben. Aber der Kartenmaßstab war 1:200'000, die Schweiz würde auf einem solchen Doppelblatt somit gut Platz finden und meine Reiseroute führte über mehrere Blätter. Könnte also stimmen. 1'160 km, das war etwa gleich viel wie San Francisco–Salt Lake City, sinnierte ich. Vor 2 Jahren war ich diese Route in einem Rutsch durchgefahren, Abfahrt am Nachmittag in San Francisco, über die Sierra Nevada via Donner Pass und eine unvergessliche Nachtfahrt über die US 50 quer durch Nevada, mit nur 3 Stopps zum Kaffeetrinken, bis am Vormittag endlich die Mormonenstadt vor mir in der Salzwüste auftauchte. Etwa 15 Stunden insgesamt. Aber es gab ein paar Unterschiede. Zum einen hatte ich dort einen schnittigen Dodge Shadow, den ich zuletzt trotz der angedrohten Radarkontrolle mit Flugzeugen mit 200 km/h durch die topfebene Salzwüste gejagt hatte, zum anderen gab es dort eben keine Topes und zeitraubende Ortsdurchfahrten. Dann gab es so gut wie keinen Verkehr. Hier würde ich wohl eher 3 Tage nur bis Mexicali brauchen. Von dort waren es mindestens nochmal 7 Tage bis in die Vizcaino Wüste, wenn man sich auch etwas ansehen wollte. Und alles wieder zurück, sagen wir 4 Tage nach Mexicali und für den Rest nach Chihuahua, über – Moment mal, tatsächlich 1'230 km – hm, nochmal 4 Tage, den Abstecher zum Ojo del Diablo, den ich nicht verpassen wollte nicht mal eingerechnet. Also nochmals 2 Tage für das und 2 Tage für das Pinacate Biosphärenreservat. Am Schluss noch die Bahnfahrt über die Sierra Madre für die ich 4 Tage vorgesehen hatte. Das wären insgesamt 26 Tage. Morgen war der 30. April, ich hatte meinen Rückflug für den 28. Mai, genau heute in 4 Wochen. Zu knapp. Ich brauchte mindestens 5 Tage Polster, nach den bisherigen Erlebnissen zu schließen. Also musste ich mich aufs Wesentliche beschränken. Vizcaino Wüste oder Pinacate, Cirios oder Ojo del Diablo? Wenn ich nur gleich von Mazatlán aufgebrochen wäre, als es mit dem Schiff nicht klappte! Aber nein, immer mit dem Kopf durch die Wand. Luis hatte Recht behalten. Und wie immer, wenn ich NICHT Recht hatte, wurde ich missmutig. Nein, richtig sauer! Ich würde nicht nach La Paz kommen, es war vollkommen sinnlos, es zu versuchen.

Ich nahm den Naturführer zur Hand. Da war doch ein Abschnitt über die Sonora-Wüste drin, mit allen wichtigen Pflanzen und Tierarten, die man dort antreffen konnte!

Die Sonora-Wüste gilt als sogenannte heiße subtropische Wüste, um sie vom weiter nördlich liegenden Great Basin und der im Osten liegenden Chihuahuawüste zu unterscheiden, wo es oft zu starken Frösten und Schneefall kommt. Die Sonora-Wüste, insgesamt 350'000 km² groß, erstreckt sich über 2 Länder und 5 deren Bundesstaaten, das südwestliche Drittel Arizonas, das südöstliche Kalifornien, Baja Californa und das meiste von Baja California Sur und natürlich etwa 2/3 des namengebenden Sonora. Der Zipfel Wüste bei Los Mochis in Sinaloa war dem Autor wohl entwischt. Dieses Gebiet wird in 7 eigenständige Florenreiche unterteilt, erfuhr ich da. Dornsavanne, dort wo ich jetzt war, die Ebenen des südlichen Sonoras mit ihren weit verstreut in einer orangen Lehmebene stehenden Säulenkakteen, die zentrale Golfküste mit Vizcaino Wüste besiedelt von Pachycereus pringlei und den Cirios, die Magdalenaebene im südlichen Niederkalifornien und die untere Coloradowüste rund um den Golf herum bis hinauf nach Phoenix, mit der Pinacate Region als Zentrum. Als letzte Region schließlich das Hochland von Arizona, rund um Tucson bis hinunter nach Hermosillo, immer an der Sierra Madre Occidental entlang mit den bekannten Saguarowäldern, welche ich noch aus von 1987 her kannte. Interessant war die Region der zentralen Golfküste. Es gilt bei vielen als gesichertes Wissen, dass die von den Amerikanern Boojum Bäume genannten Cirios endemisch auf Niederkalifornien wachsen. Aber im Naturführer wird tatsächlich von einem schwierig zu findenden Bestand dieser Pflanzen an der Küste von Sonora berichtet. Die Pflanzengemeinschaft soll sich dort über mehrere 100 km an der Küste entlang ziehen. Da konnte ich volle 10 Tage abkürzen, oder zumindest 5, wenn ich die Vizcaino Wüste noch mitnehmen wollte, und mich mit den dortigen Cirios nicht mehr abzugeben brauchte. Die großen Cirios würden sich in Sonora schon finden lassen. Beim Durchlesen der Beschreibung der Golfküstenregion bekam ich Lust, auch die Vizcaino Wüste wegzulassen und es bis nach Guaymas an der Golfküste gemütlich zu nehmen und den Dornbusch etwas näher anzusehen. Vielleicht ließ sich eine der kleinen Wildkatzen blicken, die es dort geben sollte. Der Führer verriet den Standort der Cirios in Sonora nicht, aber das zugehörige Florenreich begann laut der Karte im Führer etwas nördlich von Guaymas. Laut der Pemex-Karte konnte man von der von Guaymas aus nach Norden führende MEX 15 an die Küste abbiegen, ohne den Umweg nach Hermosillo zu machen. Es gab einen kleinen Ort dort – Bahia Kino. Das sollte sich als Quartier für die Cirio-Suche anbieten. Vielleicht gab es auch organisierte Bootstouren wie an der Südspitze Niederkaliforniens, um die Inseln zu besuchen. Interessant dürfte die Haifischinsel sein, die größte Insel Mexikos mit 1'200 km². Am Dienstag konnte ich leicht dort sein, also am Morgen zuerst hier einen Geldautomaten auftreiben, das würde es später nicht mehr so leicht geben. Beim Studium der Karte war mir nämlich aufgefallen, dass man der Küste entlang bis nach Puerto Peñasco fahren konnte. Keine Teerstraße natürlich, mehrere 100 km. *Das würde die Mutter aller Wüstentouren werden!* Besser als alles, was Niederkalifornien bieten mochte, welches bereits damals in den Ruf kam, sich in ein Jeep Disneyland für die vermögende kalifornische Oberschicht zu verwandeln. Es mochte sich als Glücksfall erweisen, dass ich es nicht aufs Schiff nach La Paz geschafft hatte!

Die neue Reiseroute stand somit fest: Morgen 30. April lediglich 220 km in das kleine Städtchen Alamos, mitten in der Dornsavanne der ersten Ausläufer der Sierra Madre gelegen. Sie hatten den Ort, welcher eine Gründung aus der Kolonialzeit aus dem frühen 17. Jahrhundert ist, dieser Epoche entsprechend wieder hergerichtet, was meinem Führer eine der wenigen Eintragungen über den Nordwesten Mexikos wert war. Über Bahia Kino wussten die nur, dass der seltsame Name nichts mit einem Kino zu tun hätte (was angesichts der Tatsache, dass dieses im Spanischen cine heißt nicht verwundern kann), sondern auf einen Jesuitenpater mit dem Namen Eusebio Kino zurückging. Und der hieß ursprünglich Eusebius Chini, ein Südtiroler. Seltsame Geschichte. Was der wohl an diesem Ort suchte? Selbst heute schien es dort keine Hotels zu geben, wie mochte das damals um 1685 ausgesehen haben? Vielleicht machte ich vor Kino also besser in Guaymas Halt, trotz des Hinweises, dass es dort wegen der Sardinendosenfabrik ganz fürchterlich nach Fisch stinken solle. Nochmals eine kurze Etappe von 233 km. Dann der Küste entlang nach Bahia Kino. Ein Katzensprung von 180 km. Ich würde den ganzen Tag nach Cirios und Kakteen Ausschau halten können. Vielleicht war es auch besser, in Guaymas Station zu machen, um mittels Tagesausflügen die Gegend zu erkunden, mit höchstens einer Wüstennacht im Auto, das ginge; falls es an jenem Ort wirklich kein Hotel geben sollte. Eine Tankstelle hatten sie, das war fast wichtiger, und darin war auf die Pemex-Karte Verlass.

Am folgenden Morgen das volle mexikanische Frühstück, ein sogenanntes Almuerzo. Das gibt es erst so um 9:00. Aber nach der Bier-Saftbar-Diät der letzten Tage brauchte es wieder einmal etwas Vernünftiges, von den fürchterlichen Tacos ganz abgesehen. Ein mexikanisches Almuerzo kann mit einem Brunch verglichen werden. Es gab verschiedene Eierspeisen, gebratenen Bohnenbrei, ausfrittierte und mit grüner Salsa und Käse gratinierten Tortillastückchen, sogenannte Chilaquiles, Bratkartoffeln mit Käse und Chilistücken, das zu Recht berühmte Machaca sinaloense, und natürlich für etwaige Gringos oder „Gabachos", wie man damals zu sagen anfing, Speckstreifen, Würstchen, Hot Cakes, Getreideflocken in Schalen. Es gab auch seltsame, wenig vertrauenerweckende, in Maisblätter eingewickelte Päckchen, sogenannte Tamales. Mochte der Teufel wissen, was da drin sein mochte, bzw. von welchem Tier das Kopffleisch es diesmal war. Darüber thronte eine Riesenauswahl aller möglichen Früchte und frisch ausgepresster Säfte. Selbst richtigen Kaffee hatten sie und die unvermeidlichen Süßbrote. Das Hotel hatte Buffetbetrieb, für eine fixe Quote gab es so viel wie man mochte – von allem. Danach würde es den ganzen Tag nichts mehr brauchen.

Pappsatt machte ich mich gute 2 Stunden später durch die spätvormittägliche Hitze auf die Suche nach einem Geldautomaten. Die Stadt machte einen sauberen, organisierten Eindruck, moderne Autos säumten die Straßen und es gab überall Schattenbäume mit Parkbänken. Trotz der späten Stunde gab es viel Volk in den Straßen. Ich kam an so vielen Banken vorbei, dass ich mir den Automaten aussuchen konnte. Von Armut keine Spur. Es gab nicht einmal Bettler. Bald war ich nach dem Auftanken unterwegs in der nördlich der Stadt gelegenen Bergkette, welche üblicherweise als natürliche Grenze für die Landwirtschaft galt. Nördlich davon konnte man Weizen anbauen, weil es von dort an so etwas wie einen Winter gibt, wo die Nachttemperaturen gelegentlich in den tiefen einstelligen Bereich absinken, gegen die Berge hin sogar darunter bis in den leichten Frostbereich. Südlich der mit Saguaros und Palo Verdes dicht bestandenen, felsigen Bergkette dagegen verbleiben die Nachtwerte immer zweistellig, zu warm für Weizen, Kern- und Steinobst und Weinbau, selbst Orangen und Zitronen werden hier nicht glücklich, mit der Ausnahme der Limette. Dafür Mangos, Bananen, Papayas und Ananas. Bald befand ich mich tatsächlich in einem riesigen, bereits in Vollreife stehenden Weizenfeld in Sonora, vor Navojoa, wo die riesige Gamesa-Fabrik steht, welche das Mehl für die hier üblichen wagenradgroßen Mehltortillas macht, nebst einer Unzahl an süßen Gebäcken und Keksen. Ich war froh, bald auf die Abzweigung nach Alamos zu stoßen, um in die Dornsavanne zu kommen. Es bot sich ein ganz ähnliches Bild wie beim Herkommen: Das Gestrüpp war aber womöglich noch dichter, etwas niedriger vielleicht, wiederum ganz ohne Laub. Es gab keine einzige grüne Pflanze, weshalb es keine Schwierigkeiten machte, die im Dornbusch versteckten Kakteen zu finden. Eine große Anzahl kleiner Cereus-Arten gab es da, welche ich 1987 in Baja California vergebens gesucht hatte, schön rotblühende und auch eines der ebenfalls als Königin der Nacht bekannten Exemplare aus dem Peniocereus greggii-Umfeld, leider ohne die erst mit dem Regen erscheinenden duftenden Blüten. Zikaden schien es hier aber keine zu geben. Keine Chance, hier eine Wildkatze zu treffen, man macht beim Schlüpfen durch den aus Mezquites, Akazien und Paloverdes bestehenden Dornbusch einen Riesenkrach. Dafür hatte ich den Baumocotillo gefunden, in mehreren Exemplaren. Ein Verwandter des normalen Ocotillos und eben des Cirios. Man kann hier Stunden verweilen, aber aus Sorge um mein rotes, am Straßenrand stehendes Auto und wegen der zahlreichen Kratzer suchte ich mir den Rückweg durch das unübersichtliche Gestrüpp. Irgendwo musste doch hier der Feldweg sein …

Hilfe bekam ich durch die knallrote Farbe des VW, welche alsbald durch das kahle Gestrüpp leuchtete. Er stand immer noch am Rand des Feldweges, welcher in die Bergdörfer der Sierra Madre führte. Und tatsächlich kam von oben einer hergelaufen, er hatte seinen

Pick-up aus Vorsicht etwas weiter oben abgestellt. Nein, ich bräuchte keine Hilfe, vielen Dank, worauf ich den Gratishinweis bekam, dass Los Alamos ein wenig weiter unten wäre. Muchas gracias! Ich erfuhr zwar Bekanntes, aber kein Einheimischer würde verstehen, wenn ich ihm erklären würde, ich wäre im Busch auf Kakteensuche gewesen, wo doch hier überall so große Organos standen. Auf nach Alamos also, das ich mir pflichtschuldigst ansah, als kulturelles Rahmenprogramm. Ich war damals noch 30 Jahre zu jung für sowas, immerhin fiel mir auf, dass das der einzige Ort Mexikos sein mochte, der eine unterirdische Stromversorgung hatte, und deshalb nicht kreuz und quer die Straße überquerende Drähte die Szenerie verunstalteten. Es gab so viele ausländische Gäste, wohl Amerikaner, welche mit dem Zug hergekommen sein mochten, dass ich mein dürftiges Spanisch nicht bemühen musste. Die wenigen Unterkünfte waren in Dollar angeschrieben, wie alles andere auch, und zwar in dreistelligen Ziffern. Viel zu teuer. Also verblieb ich in einem kleinen Haus an der Abzweigung, außerhalb des Ortes, in einem knochentrockenen Arroyo gelegen, wo eine ganze Truppe Kinder für einen Riesenlärm sorgten. Die hatten den größten Sandkasten fürs Spielen. Hier würde es keine Cantinas oder frühmorgendliche Trompetenchoräle geben. Meine Reise schien sich wieder zu normalisieren, kaktusmäßig hatte sich der Abstecher jedenfalls gelohnt.

Am folgenden Tag, wir hatten den 1. Mai, ein Feiertag in Mexiko, ging es strikt nach Westen, durch die beschriebenen Weizenfelder über Ciudad Obregon, wo sie fruchttragende Orangenbäume als Straßenbepflanzung hatten und ich die ersten Dattelpalmen antraf, hinein in das zweite Florenreich der Sonora-Wüste, eine insgesamt eher an Australien als Mexiko gemahnende rötliche Ebene, wenn da nicht die Säulenkakteen gewesen wären, meistens Organos, Orgelpfeifenkakteen, hier bereits ohne den Stamm, welchen sie im frostfreien Sinaloa ausbilden. Alles in allem ein ruhiger ereignisloser Tag unter einem makellos blauen Himmel, an welchem sich über den ganzen Tag keine Wolke zeigen wollte. Unterkunft gab es in einem feinen Hotel, genannt Hotel Cortés, die Statue des Konquistadors stand am Eingang. Dieser wird immer als langer, hagerer, bärtiger Mann mit großem Kopf dargestellt, bei dem man an Don Quijote denken mochte, der Ritter von der traurigen Gestalt. *Wie Cortés nur auf seinen Feldzügen ein Schwert schwingen und den schweren Harnisch zu tragen vermochte bei diesem auf wenig Bodybuilding hinweisenden Körperbau! In den amerikanischen Ritterfilmen waren das jeweils wahre Herkulesse. Aber wenigstens hatte das Pferd wenig zu tragen, wie hieß doch gleich Quijotes Pferd, Rocinante …?* Cortés war tatsächlich hierhergekommen, nannte den Golf von Kalifornien, der hinter dem Haus lag, Mar Bermejo, das scharlachrote Meer, nicht wegen des Blutes, das er auf seinem Feldzug vergoss, sondern wegen der Algenblüte, hervorgerufen wohl durch den Coloradofluss, welcher damals noch in den Golf floss. Er kam aber nicht als Eroberer hierher, es gab keine Indios dazu, sondern gab sich der Caballería andante hin, wie Cervantes seinen Helden, allerdings zu Schiff. Er suchte natürlich in erster Linie Gold, weil ihm der Aztekenschatz durch die Lappen gegangen war, aber auch ein mysteriöses Reich auf einer Insel, das er hier zu finden hoffte. Das sagenhafte California aus irgendwelchen Ritterromanen, er glaubte es wohl in den hier aus dem Golf auftauchenden Inseln zu erkennen, er hielt selbst die Halbinsel Baja California für eine Insel. Er musste seine Angetraute Malinche aus Yucatan wohl zu Hause gelassen haben, wenn er so eifrig nach den Amazonen Ausschau hielt, welche dieses Land angeblich beherrschten, barbusige Schönheiten mit Pfeil und Bogen, welche dem Vernehmen nach die Männer nach ihrem Gusto aussuchten und notfalls mit Gewalt auf ihre Insel schleppten und dort unter der Herrschaft ihrer Königin Calafia lebten. *Das klang irgendwie wie diese Straßenräubergeschichte von Luis! Wie war das doch gleich? Nimm Dich bloß von den Frauen da oben in Acht. Die lassen nichts von Dir übrig …* California hat jedoch mit einem heißen Ofen nichts zu tun, wie der Name sonst oft erklärt wird. Auf Niederkalifornien wird es an den allermeisten Orten kaum heißer als in Spanien, schon gar nicht im nebligen Oberkalifornien.

Ich ging an Cortés vorbei in den Empfang und erhielt trotz des Feiertags problemlos mein Zimmer. Die Anlage war sehr schön mit

Rasen, Palmen und Saguaros bepflanzt, eine riesige Bougainvillea sorgte für etwas Farbe. Die Fischfabrik musste weit weg sein, es roch lediglich nach Meer. Den restlichen Nachmittag verbrachte ich mit dem Montieren und Ausrichten des 1'200er Teles; die nun doch aus Westen aufziehenden Zirren versprachen einen tollen Sonnenuntergang, was dann auch nicht enttäuscht wurde. Ebenfalls keine Wünsche offengelassen hatte das fischlastige Nachtessen, welches ich noch zu amerikanischen Dinnerzeiten eingenommen hatte, weil ich nicht wollte, dass es zu spät werden würde. In nächster Zeit würde es wohl eher Expeditionsessen in Form von Fischkonserven geben, also besser noch einmal die Annehmlichkeiten der Zivilisation genießen! Bei der Rückkehr vom Photographieren des Sonnenuntergangs ging ich vom Strand durch die Gartenanlage an den paar draußen aufgestellten Tischen vorbei. Ich bemerkte an einem eine Szene, welche einen kleinen Ehezwist zwischen einem älteren Paar nicht unähnlich sah, vermutlich Amerikaner. Die Frau, mit lockiger, vermutlich künstlich aufgeblondeter Mähne rauschte in ihren hellen Shorts von dannen. Ihr Gatte, Ende vierzig mit leicht angegrautem, sorgfältig getrimmtem Bart und graumeliertem halblangem Haar und einem Karohemd sowie Bermudas schaute missmutig in meine Richtung.

„Hey! Wanna have a nightcap?"

„Warum nicht? Ist zwar noch ein wenig früh für 'nen Schlummertrunk aber egal!"

„Dann setz Dich her. Allein unterwegs?"

„Exakt. Ich komme von Alamos rüber."

„Wir sind auf ein verlängertes Wochenende hierhergefahren, aus El Paso, Texas. Hab's mir ein wenig anders vorgestellt, wie Du vermutlich mitgekriegt hast. Immer nur Ärger mit den Weibern! Sie ist ziemlich, naja, schwierig in letzter Zeit. Macht sich rar. Wird wohl das Alter sein, jetzt wo die Jungen ausgezogen sind. Wollte unbedingt an den Strand und nun zickt sie rum. Nur weil ich vorhin in der Bar einen Blick zu viel riskiert habe."

Ich wusste nicht recht, was ich darauf antworten sollte. Der Typ schien schon ein wenig getrunken zu haben, er bestellte sich beim dienstbeflissen erscheinenden jungen Kellner einen weiteren Whisky on the rocks, während ich mich wieder an Bier hielt. So intime Gespräche hat man mit Amerikanern eigentlich selten – eher nie! Aber wir kannten uns nicht. Er musste es loswerden und wir würden uns vermutlich nie mehr treffen. Nur Corona – es gab kein Pacifico hier in Sonora. *Mist!* Ich erzählte ihm meine Cantina-Story und die Sache mit dem verpassten Schiff und den ganzen Rest, allerdings ohne den ausgelassenen Kuss. Ich wollte mich auch vor diesem Unbekannten hierin nicht blamieren.

„Soso, aus der Schweiz. Mir ist Dein Akzent gar nicht aufgefallen. Ist ja auch kein Wunder, in El Paso kann kaum einer rechtes Englisch. Komme aus Jersey, ursprünglich, aber das ist schon 20 Jahre her. Aber was zum Teufel tut ein Europäer hier in dieser gottverlassenen Ecke der Welt?"

„Wüste, Wüstenpflanzen, solche Sachen die es in der Schweiz nicht gibt. Sonniges Wetter! Ich bin auf der Suche nach den Boojum Trees."

„Hier? Da bist Du aber falsch. Die gibt es nur auf Baja!"

„Angeblich gibt es aber doch welche, hier an der Küste, zumindest laut dem Typen vom Arizona Sonora Desert Museum in Tucson."

„Ziemlich ausgefallene Reise! Für uns war das hier der nächste Ort mit Strand, wo das Wasser warm ist. Weiter oben, bei Hermosillo gibt es noch einen Ort."

„Bahia de Kino!"

„Du kennst das? Unglaublich!"

„Da will ich ja hin!"

„Vergiss es! Ist ein Fischerkaff. Sonst nur Ferienwohnungen reicher Mexikaner aus Hermosillo und ein paar Camper aus den USA. Tote Hose. Da gibt's kein Hotel, nichts. Der Strand soll großartig sein, aber ist nicht erschlossen. Geh lieber mal runter an die Bar hier! Da gibt's mehr zu sehen als in Bahia Kino, hehehe!"

„Ich komm doch nicht 8'000 km von Europa her, um Frauen anzustarren. Das kann ich doch auch zu Hause!"

„Da wirst Du wohl nicht unrecht haben. Aber ein junger Typ, allein unterwegs und kein Interesse an den Señoritas?"

„Ach, weißt Du, ich bin eigentlich ganz zufrieden. No woman, no cry, wie es so schön heißt! Hab' aus der Not eine Tugend gemacht, gewissermaßen. Ich bin wohl für die Tussis nicht interessant genug, und hier …? Ich kann nicht annähernd genug Spanisch, um eine anzusprechen. Wozu auch? Die sind ja geradezu umschwärmt hier von ihren Machos, da hat unsereiner wohl kaum Chancen. Zum Bestellen reicht es gerade noch. Aber so kann ich machen, was ich will. Möchte nicht mit meinen Freunden tauschen, welche in Beziehungen stecken und ständig um Auslauf betteln müssen."

„Hm. I'll be darned! Auch eine Lebensphilosophie! Well, I don't know. Ich geh dann wohl besser hoch. Nice talking to you! Wie lange bleibst Du denn hier?"

„Morgen früh geht's weiter!"

„Nach Bahia Kino, nehm' ich an!"

„Ganz genau. Die Boojums warten dort auf mich! Gute Nacht!"

Ich blieb allein zurück und guckte auf sein Whiskyglas. *Noch die Hälfte da! Mein neuer Freund musste wohl seine Angetraute besänftigen. Was für ein Pantoffelheld! Er könnte es viel besser haben. Wir hatten uns nicht mal vorgestellt. Wie war das nochmal: La perdicion de los hombres …! Der könnte sich mit David zusammentun! Aber jetzt wurde mir Verschiedenes ein wenig verständlicher. Wenn hier jeder Ausländer derart hinter den Frauen her war wie mein Kollege, der immerhin verheiratet war, dann war es verständlich, dass die Leute hier glaubten, die Gringos würden nur deswegen herkommen. Deswegen wollen einen alle immer sofort zu „den Señoritas" bringen! Um künftige Missverständnisse auszuschließen, würde ich somit gleich zu Beginn sagen müssen, nach was ich suchte, wenn einer vom Hotel danach fragen sollte. Und als gute Gastgeber fragt beinahe jeder! Aber das kurze Gespräch hatte sich vielleicht dennoch gelohnt. In Bahia Kino würde ich richtig sein! Kein Hotel, kein Restaurant und keine Cantinas, wo man zeitaufwändige Abstürze riskiert! Nur Natur und Einsamkeit. Ich würde halt im Notfall eine oder zwei Nächte im Auto übernachten, und dann ging's hoch, immer der Küste entlang, bis zum Pinacate. In ein paar Tagen mochte ich so locker drüben in Mexi-*

cali sein und je nachdem bliebe genügend Zeit, sich ausgiebig auf Baja California umzusehen. *Ohne Abschiedskuss wirst Du nicht nach La Paz kommen …* Schon wieder diese Kussgeschichte! Vielleicht hätte ich einer von diesen Cantineras doch ein „Müntschi" aufdrücken sollen, wie man bei uns einen trockenen Kuss zu nennen pflegt. Ist ja nichts dabei, vermutlich hatte ich da was falsch verstanden. *Ein Abschiedskuss, meinte Luis.* Das musste ja nicht so ablaufen wie am Morgen an der Mole vor der Fähre. Aber irgendetwas hatte mich davon abgehalten, vielleicht lag es an Luis' Bemerkungen, dass wir die Mädchen danach mitnehmen würden zum Hotel. Ich kam ins Sinnieren. *Früher, in ganz jungen Jahren, in der Lehre, dachte ich anders über das Leben. Ja, zu Beginn, damals, als ich kaum herausgefunden hatte, dass es verschiedene Arten von Menschen gibt, hätte ich wohl gerne eine Freundin gehabt, aber ich fand noch vor dem Zwanzigsten heraus, dass ich von der Damenwelt eigentlich nicht bemerkt wurde und keine auch nur im Entferntesten etwas von mir wissen wollte. Das war dann in der Militärzeit wieder praktisch, als vielen Kameraden die Beziehungen zerbrachen und ich Leiden und Verzweiflung in ihren Gesichtern sehen konnte. Ich hatte ja schon mit dem Dienst an sich Mühe, da würde ich sowas nicht auch noch gebrauchen können. Danach suchte ich meine Hormonschübe eher im Adrenalinsektor, bei meinen selbstentworfenen Sprengstoffmischungen und Amerikareisen. Mir machte so schnell nichts wirklich Angst, und als es darum ging, zwei Pärchen Chilenen nachts aus dem Grand Canyon zu führen, konnte ich Mut, Ausdauer und Führungsstärke beweisen. Und Großzügigkeit! Die Chileninnen waren sehr hübsch gewesen, aber ich darf sagen, dass ich die Rechte ihrer Freunde nicht im Geringsten verletzt hatte! War keine Kunst. Die Mädchen hatten mich in dieser Hinsicht bestimmt nicht beachtet, ich hatte nicht mal daran gedacht, darauf zu achten. Zu Hause hatte ich mich mit 25 einer Fasnachtsgruppe angeschlossen, inzwischen gab es aber auch dort viele feste Paare. Die Restposten trafen sich derweil jeden Tag im Pub vom Hotel Europe zur Kneipentour. In dieser „Cantina" wollte keine je einen Kuss von mir.*

Weder zur Begrüßung noch zum Abschied. Wir waren 7 Regelmäßige, 4 Typen und 3 Frauen, alle so um Mitte, Ende 20. Edith könnte als „Cantinera" durchgehen, sie führte ihre Kneipe zusammen mit dem Bruder, und war angeblich in festen Händen; dann Janine, jung und eigentlich attraktiv –, sie war aber unglücklich verheiratet und hatte zwei Kinder; und schließlich die unauffällige Cornelia, sie war ungebunden, ein ziemliches Mauerblümchen, niemand schien sich für sie zu interessieren. Außer dem Bier lief in unserem Club eigentlich nichts, schon gar nichts Erotisches. Romano war dazu viel zu zynisch; Philipp, Cornelias Bruder, war schwierig an die Frau zu bringen; Daniel H., obschon gutaussehend, anscheinend uninteressiert und ich war der König aller Schüchternen. Da hatte ich jeden Abend 3 Liter Bier intus, damit ließ sich jedes hormonelle Feuer problemlos löschen beziehungsweise gar nicht erst aufflammen lassen. Jetzt im Jahr 1989, mit 27, war ich immer noch in Beziehung zu Frauen völlig unbefleckt und so ein kompletter Ignorant wie es je einen gegeben haben mochte. Ich hatte mir meine eigene Welt gebaut. Anfangs, zu Schulzeiten ein kompletter Außenseiter und beim Mannschaftssport nie unter den Ausgewählten, hatte ich darunter sehr gelitten und wäre sehr gerne auch beliebt gewesen. Später war es mir gelungen, Anschluss zu finden und wurde wohl zunächst in der Fasnachtsgruppe vor allem wegen des vorhandenen Musiktalents akzeptiert. Dann wegen der Alkoholfestigkeit und meiner Willigkeit, den Hofnarren zu geben, verrückte Dinge zu tun, die sich kaum einer getrauen würde. Und damit war ich freilich einmal zu weit gegangen: „An Hilari, am 13. Januar, wirst Du aufgenommen und als Zeichen, dass wir zusammengehören, gibst Du allen Frauen der Gruppe einen Kuss, links, rechts und auf den Mund, wenn gewünscht. Wirst es ja schon merken, wie viel sie erwartet!" So wurde ich von meinen Mentoren Edith und Daniel instruiert. Das wurde jeweils von allen gemacht, und in der Tat gab es da ganz verschiedene Abstufungen und Intensitäten der ausgetauschten Küsse. Und da war es dann passiert. Nicht gleich im ersten Jahr, nein, später, als ich ein wenig Zutrauen gefasst hatte. Aus unerfindlichen Gründen, wie aus

dem Nichts war ich dann bei einer Claudia etwas zu weit gegangen! Ein absoluter Reinfall mit Pauken und Trompeten! Sie hatte sich beinahe übergeben und war aufs Äußerste empört gewesen und beschwerte sich lauthals, bei ihrem Bruder Daniel– und ihrem Ehemann! Über diesen „Scherz" lachte jetzt niemand, vielmehr gab es kollektive Schelte danach im Rathskeller. Viel fehlte wohl nicht und man hätte mich rausgeworfen, wenn nicht meine Solistenkünste an der Trompete damals besonders gefragt gewesen wären. Und daran sollte ich mich fortan halten, statt Dinge zu tun, wovon ich keine Ahnung hatte. „Praktizier' Deine Zungenschlagtechnik besser an Deiner Trompete!", hieß es. Aber Alain F., der Mann von Claudia, war nicht wirklich zornig. Er wusste, dass ich keine Konkurrenz für ihn war, und das dachten wohl die meisten anderen auch. Edith schloss dann das leidige Thema ab und meinte, ich wäre ja nicht so und dass das Ganze wohl dem vielen Weißen geschuldet sei, den wir alle zu uns genommen hatten. Bald gab ich meinen Kollegen wieder genug Grund, damit sie wieder über mich lachen konnten. Aber nur dann, wenn ich die Situation selbst provozierte oder den Anlass selbst stellte, was ich mit zunehmendem Vergnügen immer öfter tat. Das Thema Frauen hatte sich endgültig von selbst erledigt. Wer interessierte sich schon für einen Pausenclown! Die Hilari-Küsserei hatte ich im Folgejahr trotz vorangegangenen Sticheleien und Witzeleien hinterher problemlos hinter mich gebracht. Romanos Rat war gut gewesen. Zungentechnik nur an der Trompete, genauso, wie er sich an seine Posaune hielt, und seine beißende Ironie über jeden ausgoss! Geht doch! Noch so einen Moment würde es nicht mehr geben …
Der Kellner von vorhin kam nochmal raus und unterbrach meinen Gedankenfluss. Er wollte einkassieren und ging mit dem Hinweis, dass die Bar noch offen habe, wieder hinein. Aber ich verschmähte die von meinem amerikanischen Kollegen von vorhin angepriesene „Sehenswürdigkeit" in der Bar und verzog mich auf mein Zimmer. Es galt, nochmal die Route und den Reiseplan durchzugehen. Ich war voller Vorfreude auf diesen mir unbekannt gebliebenen Teil der Sonora-Wüste. Was ich dort wohl alles entdecken würde!

Ein Shangri-La der Wüste

Shangri-La heißt ein kleiner Ort in den Bergen von Tibet, weit abgeschieden vom Lauf der sogenannten Weltgeschichte, wo sich die Menschen einem spirituell beeinflussten Lebensstil hingeben, den viele enttäuschte Hippies für eine lebenswerte Alternative zum inhaltsleeren Konsumentendasein halten. Dort oben mochte man es finden, das Paradies auf Erden. Das ist natürlich ein Trugschluss. Auch das paradiesische Shangri-La wurde von den Chinesen, die Tibet erobert hatten, nicht ausgelassen, und statt des im heutigen Materialismus seltsam anmutenden Lama-Buddhismus, wo die halbe männliche Bevölkerung im Kloster zu leben scheint, würde bald die graublaue kommunistische Arbeitswut herrschen.

Und was hatte all das mit diesem kleinen Fischerort zu tun? Eigentlich nichts. Aber der Ort hat sich für mich seine ganz besondere Bedeutung bewahrt. Er steht auch ein wenig für das außerordentliche Jahr 1989. Auch der Westen würde langsam vom selben Materialismus vereinnahmt werden. Es hatte schon längst begonnen, in den USA. Dort hatte man etwas Neues erfunden, was man viel später als Neoliberalismus brandmarken würde und den ganzen Erdball an den Rand des Verderbens bringen sollte. Eine Art des Wirtschaftens auf Teufel komm raus, alles und jeder hatte seinen Preis, und alles dreht sich um Geld und Konsum. Man würde Nahrungsmittel, Gebrauchsgüter, dann Dienstleistungen erwerben, sich kurz daran freuen und dann ersetzen. Später ging's ans Zwischenmenschliche, und auch Beziehungen würden nur so lange aufrechterhalten, wie es sich gut anfühlte. Aber hier in Mexikos Nordwesten konnte man noch die alte Lebensweise antreffen, selbstbestimmt, gemächlich, ohne Hetze und ohne Zukunftsangst, Angst vor der Atombombe, der Arbeitslosigkeit – oder der inneren Leere. Und es gab keinen Ort, der diese alte, vergehende Lebensweise mehr repräsentierte als Bahia Kino, der Ort am Rande der Welt, da wo sie endet. Im Westen nur noch ein nebliger Wüstenstrich und dann die leeren Weiten des Pazifiks. Wer sich weiter vorwagt, kommt lediglich wieder an den Anfang der Geschichte, nach Asien, die Wiege der Kulturen.

Der Eingang zum Ende der Welt

Am folgenden Morgen wachte ich zeitig auf und besichtigte kurz die schön gestaltete Gartenanlage, mit Saguaros, welche fett und aufgedunsen im saftig-grünen Rasen in Strandnähe standen, ein Unikum an Gartengestaltung. Hier mochte man einen ruhigen entspannten Familienurlaub am Strand verbringen, aber mir stand der Sinn nach abenteuerlicherer Kost. Wüsteneinsamkeit, leere Weiten, dürres Land, große Kakteen und die Ciriowälder, nebst der schwierigen Route hoch nach Puerto Peñasco. Zuerst galt es aber, nochmal die Annehmlichkeiten der Zivilisation zu genießen! Nochmals ein üppiges Frühstück bei Herrn Cortés im Speisesaal, dann hieß es, die Operation Cirio in Angriff zu nehmen. Von meinem amerikanischen Bekannten aus El Paso war nichts zu sehen, sie waren wohl keine Frühaufsteher. Auschecken und schon saß ich voll in der schnell heißer werdenden Morgensonne im VW. Die Straße ging somit kurz nach Osten. Bald zeigte sich, dass ich noch ein ganzes Stück weit weg vor Guaymas genächtigt hatte, ich bekam besagte Fischkonservenfabrik wenig später sowohl zu sehen als auch zu riechen, Guaymex hieß sie. Die Straße hatte einen schwungvollen Bogen nach Westen gemacht, ich suchte nach der MEX 15, die nach Norden, Richtung Hermosillo, führt. Guaymas selbst ist eine schmucklose Hafenstadt, ein wenig wie ein kleines Mazatlán. Ich hielt mich aber nicht länger hier auf. Es war sehr ruhig an diesem Dienstagmorgen, nichts deutete darauf hin, dass der Feiertag vorbei wäre. Aha, da kam ja das gesuchte Schild! Ich bog auf die MEX 15 gen Norden ab, und überraschend schnell war ich aus dem Siedlungsbereich raus. Kein landwirtschaftlich genutztes Land umgab hier die Stadt im Gegensatz zu den Arealen südlich von hier. Rechts begann bald, die Sierra Santa Ursula violettstichig zu leuchten. Zumindest soll der kahle Bergzug laut Pemex-Karte so heißen. Sie war eine der ersten der sogenannten Basin-and-Range-Ketten, welche ich auf der Pazifikseite sah, das sind kurze, steile, meist kahle Bergzüge, Bruchfaltengebirge, welche sich gebildet hatten, als das Land durch die Ablösung von Baja California vom Kontinent auseinandergezogen wurde. Jetzt begann das Land, die mir bereits vertrauten Formen der Sonora-Wüste zu zeigen. Der Himmel war wie eine gewaltige lapislazuliblaue Kuppel mit hellen Rändern, kontrastierend mit dem hier allerdings völlig atypisch orangeroten Boden und den stumpfgrünen Kakteen. Trotz der morgendlichen Frühe stand die Sonne weiß und grell am Himmel und die Hitze wuchs von Viertelstunde zu Viertelstunde. Ich hatte mir etwas Flüssiges mitgebracht, obwohl es nach Bahia Kino nur 180 km sein sollten – wenn ich die Abzweigung nicht verpasste. Sonst drohte eine Strecke von 300 km plus 1 Stunde in Hermosillo. Doch ich passte gut auf und bald versprach der Wegweiser „Bahia Kino". Keine Kilometerangabe. Und kein Belag! *Egal, Kilometerstand merken, um jederzeit zu wissen, wie weit es im Falle eines Zwischenfalls zum Teerbelag und damit der Zivilisation zu gehen wäre*, und mit einem Rumpler begann der VW, dichte Staubwolken aufzuwirbeln. Also Fenster zu, trotz der Hitze. Zunächst ging der Weg gelegentlich doch an bewässerten Feldern vorbei, der Weg war ja nicht zum Spaß angelegt worden. Es gab hier immer wieder sogenannte Ranchos, welche mittels Grundwasserpumpen einer bescheidenen Landwirtschaft frönten. Eines der kleineren Bruchfaltengebirge stellte sich quer und bald hörten die Ranchos endlich auf. Man hätte sich im Hinterland von La Paz wähnen können! Eine seltsame Vegetationsstruktur mit mir unbekannten Pflanzen präsentierte sich, später erfuhr ich, dass es weitere Vertreter der Gattung Fouquiera waren, wo auch die Cirios dazugehören. Ich hatte Zeit genug und schaute mir die weit offene Landschaft geruhsam an, das Auto parkte derweil am Wegesrand, weithin sichtbar. Kein anderes Fahrzeug würde mir während des gesamten Tages begegnen, was selbst auf Bajas Pisten selten geschieht. Die Stunden des Morgens eilten bei dieser Beschäftigung unbemerkt und sehr rasch davon, ich merkte erst an der stechenden Sonne, dass es Mittag wurde, statt eines Sombreros hatte ich ja nur eine Baseballmütze auf. Ich guckte hoch. Strahlend weiß, passend zur Beschreibung der Wega in meinen Science-Fiction-Geschichten, stand die Sonne beinahe im Zenit, welchen sie hier, unweit des Wendekreises, im Juni beinahe erreichen würde. Auch die Landschaft begann, einem fremden Planeten zu ähneln, zumal der Boden nun von Felsgrau in ein sandiges Weiß übergegangen war. Ich war schon ein ganzes Stück vom Bergzug abgekommen und musste auch wieder zum Auto zurück. Etwas zu trinken würde nicht schaden, bevor der Saft und das Cola im Auto sich noch mehr erwärmten. Danach würde es langsam Zeit, wieder weiterzukommen. Bald rumpelte der VW wieder über die Waschbrettstruktur der sich nun von einer gut befahrbaren Piste in einen schmalen Weg verwandelnden Sandoberfläche. Tiefe Karrengleise zwangen mich, den VW auf den Wegrand und den zentralen Buckel zu führen. Kaum mehr als Schritttempo! *Ob ich hier noch richtig war?* Der anfängliche Flugsand geringer Tiefe fand sich bald zu veritablen Dünen zusammen, der erste Pachycereus pringlei, auch als Cardon bekannt, der auf einer solchen stand ließ mich wissen, dass ich soeben das dritte Florenreich der Sonora-Wüste betreten hatte. Die Kakteen wurden mächtiger, es waren veritable Bäume darunter, die ihren Kollegen auf der anderen Golfseite in Baja California in nichts nachstanden. Dazwischen immer wieder die Saguaros, welche drüben nicht zu finden sind. Der Weg verzweigte sich, ich musste mit der Karte abgleichen, um zu wissen, wo ich eigentlich genau war. *Ein paar km vor der Küste! Wer hätte das gedacht? Das Punta Baja auf der Karte musste sich also auf eine Art Kap oder Landzunge beziehen.* Ich ließ den VW sich ein paar km durch den Sand wühlen und stellte ihn dann aber vor einem veritablen Kaktuswald und einer hohen Düne hin und ging zu Fuß weiter. Nach einer letzten Düne stand ich auf einmal am Strand. Keine Menschenseele sichtbar. Die winzigen Wellen brachen sich lustlos am sandigen Strand in der Nachmittagssonne. Die trockene Hitze war einer feuchten, angenehmen Wärme gewichen, die eine leichte Brise vom Meer mitbrachte. Trotz des kilometerlangen Strandes gab es weder Tourismus noch Besucher, und niemand räumte die Streifen verfaulenden Seetanges vom Strand weg. Beim Blick aufs Meer eröffnete sich eine unwirkliche Szenerie. Die Gedanken an den fremden Planeten waren nicht so abwegig gewesen. Viel mehr als vor 2 Jahren auf Niederkalifornien beeindruckte mich hier die absolute Fremdheit des Landes, vielleicht weil ich so unerwartet hineingeraten war. Das hatte ich so niemals erwartet. Ganz unvermutet befand ich mich scheinbar doch in der Wüste hinter La Paz. Die Stadt selbst hatte mich ja nie interessiert. Da hätte ich mir diese Überfahrt, oder die Suche nach den Tickets vielmehr, glatt sparen können. Das Meer war weiter draußen womöglich noch blauer als der Himmel. Weit am Horizont stand, wie im Wasser schwimmend, eine kleine Insel. Dahinter ein filigranes, wohl kahles Gebirge, vor dem sich die vielen kleinen, weißen Häuser eines Ortes im Nachmittagslicht sonnten. Der Ort schien zum Greifen nah, war aber wohl noch gut 30 km Luftlinie entfernt. Das musste dieses Bahia Kino sein, der Strand machte nämlich vom „Filigran Kap" am Horizont einen weiten buchtartigen Bogen bis hierher, wo hinter mir ein Kakteenwald aus lauter Cardons anstelle von Palmen auf der letzten Düne stand. Die Ansicht war wunderschön und verleitete dazu, hier den Sonnenuntergang abzuwarten und gleich noch die Nacht zu verbringen, aber dazu musste ich das Auto zu weit entfernt unbeaufsichtigt in der Wüste stehen lassen. Der Weg durch die Dünen war länger gewesen als gedacht. Das Mohnrot des Autos konnte man hier aus Dutzenden von km ausmachen. Was sich allerdings nicht ausmachen ließ und ich inzwischen beinahe erwartet hatte, waren die Cirios. Die schien es hier nicht zu geben, vielleicht, weil sie keinen Sandboden mochten. Es war aber auch sonst hier doch um einiges kahler als bei La Paz. Am ehesten glich die Gegend den kahlen, abweisenden Weiten der Vizcaino-Wüste, auf dem „Sporn" von Niederkalifornien. Nur der kalte Nebel vom Pazifik fehlte! Die hiesige Vegetationszone war nämlich im Vergleich auch zu den aus den USA bekannten Sonora-Arealen ausgesprochen spärlich bewachsen, es gab so gut wie kein Gestrüpp. Vor allem die ansonsten allgegenwärtigen Palo Verdes und Kreosotbüsche fehlten. Es gab eigentlich nur Cardon-Kakteen und ein paar dürre Grasbüschel. Um mein Reiseziel dann tatsächlich zu erreichen, musste ich jedoch noch viele Umwege fahren, welche wiederum durch Felder und dann schließlich durch eine Art Ästuar erzwungen wurden, welcher weit ins Landesinnere vorstößt. Schließlich gelangte ich aber doch auf die MEX 23 Hermosillo-Bahia Kino und tuckerte langsam ins sogenannte Kino Viejo mit seiner Pemex-Station hinein. Das ist der Fischerort, wo die Einheimischen leben. Ich fuhr an die Tankstelle und füllte den kaum noch halbvollen Tank wieder ganz auf. Ich fragte den Angestellten, ob es vielleicht doch ein Hotel geben würde. Nein, gab es nicht, erklärte mir der ältere, hagere Mann. Nur ein paar einfache Bungalows drüben in Kino Nuevo, fast am Ende der Straße. Nicht zu verfehlen, immer der einzigen Teerstraße entlang! Mit etwas Glück brauchte ich also nicht im VW zu nächtigen, was mir eigentlich ganz lieb war. Der ganze Ort gab sich einem wohligen Nachmittagsschläfchen hin, es war kein Mensch zu sehen, sodass ich es kaum wagte, mit dem VW so schnell zu fahren, dass das entstehende Geräusch den Ort aufwecken würde. Es ging ein ganz eigenartiger Zauber von diesem schmucklosen sandigen Ort aus, der so selbstgerecht hier zu ruhen schien, an einem ganz gewöhnlichen Werktag. Es gab tatsächlich kein Hotel, scheinbar nicht mal einen Laden, nur die eine Teerstraße; ein paar Kakteen standen Wache an der Düne zur Rechten. Der Weg war weiter als gedacht, führte immer in unmittelbarer Nähe des endlosen Sandstrands entlang, der wohl an die 50 Meter breit war und wo sich eine ganz schwache Dünung schläfrig verlief. Der Strand war durch eine niedere Häuserzeile von der Straße getrennt. Endlich kamen ein paar Boote in Sicht und eine Art Landungssteg, bei welchem am Ende des Strandes ein paar Wohnwagen parkten. Das waren mit Bestimmtheit Amerikaner, welche hier den Winter verbracht haben und den Anschluss an die restlichen Zugvögel verpasst hatten. Dahinter erhob sich, nun gar nicht mehr filigran, ein rötlich schimmerndes Gebirge wohl an die 300 m in die Höhe. Cabañas Kino Bay stand auf einem Schild, das waren die versprochenen Bungalows, mit einer kleinen Lobby gleich neben der Straße. Ich ließ den VW auf dem Kiesplatz anhalten und trat, neugierig geworden, beinahe geblendet vom grellen Nachmittagslicht ins dunkle Innere der Rezeption.

„Buenas Tardes!"

„Good afternoon!"

„Kann man hier ein Zimmer bekommen?" (Wieder der spanisch-englische Mischmasch, jetzt etwas mehr Spanisch als in Mazatlán)

„Nein, aber Du kannst einen Bungalow haben, pro Tag oder pro Woche, wie Du willst."

„Pro Tag. Er nannte den sehr günstigen Preis von 25'000 Pesos, darin sollte ein Doppelbett, Kühlschrank Kochecke und Dusche inbegriffen sein, also etwa 10 Dollar."

„Willst Du es Dir zuerst ansehen?"

„Nein danke, wird schon okay sein, kein Problem." Ich sah an seinem Polohemd, dass er Luis hieß, und erinnerte mich gern an den anderen. Dieser hier war Anfang dreißig, rundliches Gesicht, bereits etwas mehr als ein Bauchansatz, eher dunkel und ebensolches mittellang und modisch geschnittenes, leicht gewelltes Haar. Er hatte sehr freundliche und klug wirkende Augen, die ein Interesse für mehr als nur die Verwaltung dieses Lokals verrieten. Einer Eingebung folgend und um etwaige Missverständnisse bezüglich des Grundes meines Besuches gleich von Anfang an auszuräumen, fragte ich: „Gibt es hier irgendwo Cirios?"

Kurzes ratloses Kopfzerbrechen seitens des neuen Luis. Er schaute kurz in die Leere.

„Nun ja, vielleicht in der Missionsstation für die Seri-Indios an der Abzweigung nach Punta Chueca?"

„Nein nicht solche. Das sind Pflanzen, die aussehen wie Kerzen."

„Kenne ich nicht. Es gibt hier Torotes, Saguaros, Sahuesos …"

„Boojum Trees?"

„Nein Bäume gibt es hier nicht, außer dem Gummibaum im Hof, vielleicht die Torotes, die sind aber nur 3 Meter hoch und sind etwa 5 breit."

Das mussten Elefantenbäume sein. Ich kam auf eine Idee:

„Sie sehen aus wie … (Grübeln nach dem spanischen Wort für Karotte) … Carrots. Umgekehrt gepflanzt, etwa 10 m hoch!"

„Aaaaah!", machte Luis, mit einem freundlichen Strahlen. „Ja, davon stehen ein paar die Straße runter auf einer Düne! Die wollte aber bis jetzt noch keiner sehen, hahaha!"

Ich wollte schon losdüsen, als mir die Haifischinsel einfiel.

„Kann man hier eine Bootstour machen?"

„Nicht wirklich. Ausflugsboote findest Du lediglich unten in San Carlos. Das ist bei Guaymas. Aber um was für eine Tour geht es? Fischen?"

„Fotografieren. Am liebsten die Isla de Tiburón."

„Das müsste eigentlich gehen. Die ist gleich hinter dem Cerro dort!"

Er deutete zu der kahlen Spitzkuppe am Westhorizont, wo gerade die Sonne kalkweiß untergegangen war.

„Du musst den Iren fragen, aber der ist nicht da, schippert bestimmt da draußen irgendwo mit seinem Boot rum."

„Welcher Ire denn?"

„Naja, ein Ire eben, er wohnt eigentlich in den USA, ist aber seit Monaten mit seinem Boot hier. Uriger Typ. Er heißt Gary D. und logiert ebenfalls bei uns. Er kam allein hier an. Letzten Herbst, der verrückte Typ. Brauchst ihn nur wegen der Insel zu fragen, er tut es aber nur auf Bezahlung, sonst macht er so Touren mit Leuten zum Angeln. So ähnlich wie drüben, in Baja California. Du kannst ihn nicht verfehlen. Groß, ziemlich kräftig und schneeweißes Haar, obwohl er angeblich noch lange nicht 40 ist. Immer hinter den Frauen her, er sagt, er wolle eine aus Sonora heiraten, sie würden ihm besser als die Gringas gefallen. Ausgerechnet!"

Luis lachte laut dazu und fügte an:

„Der weiß nicht, wovon er spricht. Hat keine Ahnung. Unsereiner hat genug von den „Viejas" hier. Nichts als Ärger. Ich hätte nichts gegen eine Amerikanerin. Die sind viel toleranter als die Frauen von hier. Kaum redest du mit einer anderen oder gehst mal ein wenig in die Cantina, kriegst Du den totalen Stress!"

Er lachte dazu, so schlimm schien es denn doch nicht zu sein. Also wegen „der Señoritas" würde mich „Bahia Kino Luis" sicher nicht behelligen. Er war bestimmt verheiratet, konnte mir aber egal sein. War sogar eher günstig, weil er sich scheinbar mit den Pflanzen hier auskannte.

„Ich würde also gerne bis Freitagmorgen hierbleiben, 3 Nächte!"

„Sehr gern. Kann ich Dich gleich registrieren? Dein Führerausweis reicht!"

„Hab' ich irgendwo draußen. Nimm doch das hier!"

„Aber hallo! Bist Du etwa gar kein Gringo? Ein roter Pass. Lass' sehen! Hm … Switzerland. Die anderen Sprachen kenn ich nicht."

„Suiza!"

„Ach wirklich! Ist ganz schön kalt da oben bei Euch, nicht wahr! Du kommst wohl deswegen her, wegen Sonne, Wärme und Licht. Davon kannst Du hier jede Menge bekommen. Willkommen in Sonora!"

„Brauchst Du den Touristenschein?"

„Ach wo, ich schreib' nur Deinen Namen und Herkunftsland hier in die Registratur. Ich such' Dir dann den Schlüssel raus und mach den Boiler an."

„Ich muss nochmal schnell raus, die Cirios ablichten, die Sonne ist bereits untergegangen."

„Bring Dir gleich was fürs Frühstück mit, Restaurant haben wir hier leider keines. Ist gleich ein paar Blocks die Mar de Cortés runter, kleiner Laden an der Straße. Wenn Du Bier willst, musst Du allerdings bis an die Tankstelle fahren in Kino Viejo, dort ist ein Deposito in der Nähe. Aber vielleicht lädt Dich Gary ein. Er wird wohl noch Vorrat haben, hahaha."

Ich wollte unbedingt noch das letzte Licht für die Cirios ausnutzen und stürzte förmlich zur Tür hinaus. Bald saß ich wieder im VW und fuhr langsam die Straße runter, wie Luis sich ausdrückte, wenn denn „hinunter" auf Meeresniveau mit „vom Berg weg" verstanden werden will. Die Seitenstraßen hatten alle Namen von Küstenorten, auch La Paz war dabei, während die geteerte Hauptstraße tatsächlich Mar de Cortés hieß. Ich schaute nach links an den Häusern entlang. Nach ein paar km kam eine freie Stelle, es gab eine cremeweiße etwa 4 m hohe Sanddüne, während rechts der Blick aufs Meer und eine unbewohnte Felseninsel frei wurde. Diese unwirkliche Aussicht des glitzernden Meeres, dessen tiefblaue Farbe, die Fischerboote, mit seltsamen, wie Flügel wirkenden seitlichen Netzen kreuzten geruhsam über die glatte Wasserfläche, ich erfuhr später, dass es Garnelenfischer waren. Sie hatten mich schon beim Herfahren fasziniert. Vor mir bog einer der großen V8 Vans, weinrot, im schwungvollen Bogen, ohne zu blinken links über die ganze Straße in eine Einfahrt hinein und ließ dort den Staub aufwirbeln, als er brüsk bremste. *Immer diese Machos! Der wollte bestimmt seine Freundin mit diesem rassigen Manöver beeindrucken*, dachte ich amüsiert. Aber dann stiegen zwei Frauen aus, eine ältere, etwas fülligere, die gefahren war und eine jüngere, kleinere, beide mit dichten, wohl dauergewellten, schwarzen Haaren. Sie luden ein paar Plastiktüten aus, aber ich beachtete sie nicht weiter, weil ich ja oben an der Düne etwas Interessanteres bemerkt hatte. 3 kerzengerade Cirios! Schon hatte ich angehalten, parkte jetzt in Anbetracht der lockeren Auslegung der Verkehrsregeln einfach am Straßenrand und suchte die Kamera hervor, um die Szenerie einzufangen. 3 eher kleine Cirios, in gleichmäßigem Abstand, als ob sie jemand hier angepflanzt hätte. Noch ein Foto, falls es keine weiteren mehr geben sollte. Die waren bestimmt gepflanzt. Cirios wachsen sonst nicht in Dünen. Fürs erste war's aber genug. Ganz zufrieden machte ich ein schwungvolles U, mit den Verkehrsregeln nahm man es ja nicht so genau, es würde mich niemand beachten und ich machte mich auf den Rückweg. Jetzt hatte ich es nicht mehr eilig. Ich konnte mir geruhsam alles ansehen. Immer wieder hielt ich an, um zu fotografieren. Zur Linken lag die glitzernde Bahia mit der kahlen Felseninsel. Dann eine Abzweigung. „Punta Chueca" versprach der Wegweiser, der auf eine Wüstenpiste hinwies. Die würde ich morgen früh sofort ausprobieren. Ein paar Meter mussten heute reichen, bei der sogenannten Missionsstation drehte ich um, ohne ihr einen Besuch abzustatten. Jetzt verschwand die gleißende Sonne rasch hinter dem Kap, und ich nutzte den entstandenen Schlagschatten, um den Film zu wechseln. Vorsichtig zurückspulen, damit es keine Kratzer gibt, Filmdose suchen, neuer Film raus, volle Rolle in die Dose! Ich legte die Dose zu den anderen in einen Beutel. Dann die neue einfädeln. Ich passte auf, dass der Filmstreifen nicht aushängte. Ein zweites Mal würde ich die Cirio-Bilder nicht vermasseln! Ein paar Leerbilder, um sicherzustellen, dass der Film auch läuft! Ich hatte ja noch recht viel Reserve. Die sollte bis zum Pinacate reichen. Ich fand den noch geöffneten Laden problemlos, hielt nochmals an und kaufte ein, Milch, Cornflakes, natürlich die gezuckerten, süßen, welche hier Zucaritas heißen, und einen allerdings künstlich wirkenden Orangensaft. Es gab unerwartet viel Kundschaft. Ich musste warten, um bezahlen zu können, und guckte mich ein wenig in dem winzigen Laden um. Ich hatte damals vor 2 Jahren auf Baja auch in solchen Geschäften eingekauft. Sie verkaufen vor allem Artikel des täglichen Bedarfs, Getränke, Süßigkeiten und das unvermeidliche Knabberzeug, nebst einer recht großen Auswahl an Früchten. Tortillas, warmgehalten in amerikanischen Eiskisten, wurden kiloweise verkauft, oft wurden schon kleine Kinder damit beauftragt, diese zu holen. Das Wechselgeld wurde dann umständlich in Süßigkeiten oder Chips umgewandelt. Wie gerade jetzt. Aber Zeit spielt hier keine Rolle, im Grunde auch für mich nicht! In lockerer Stimmung und meine Erinnerungen an Baja auffrischend stieg ich endlich in den VW. Bald kam die Bungalow-Anlage in Sicht. Hier war die Sonne schon vor einer ganzen Weile untergegangen. Ich stellte den VW unter den Riesengummibaum vor meinen Bungalow und ging wieder in die Lobby hinein, wo Luis jetzt Verstärkung erhalten hatte. Meine Abwesenheit war viel länger als gedacht gewesen, was ihn aber gar nicht zu verwundern schien. Im Hintergrund trat eine etwas füllig wirkende Frau in einer knappsitzenden Bluse aus grünem, wie Seide wirkenden Stoff ein; breites Gesicht und üppige, schwarze, wohl dauergewellte Haarpracht. Sie kam von der Veranda herein, wo man 2 Jungen spielen sehen konnte. Sie redete leise mit Luis, rasch und auf Spanisch, sodass ich nicht mitkam, und schaute kurz in meine Richtung. Misstrauisch? Interessiert? Nein, wohl eher freundlich und auch neugierig auf den neuen Gringo, vermutlich. Luis antwortete ihr, ich konnte nur etwas wie „Ahorita mi amor" hören und erhielt den Schlüssel von ihm. Die Frau verschwand rasch durch eine Seitentür aus der Lobby; vermutlich in die angegliederte Wohnung.

„Das ist mir vorhin glatt entfallen. Der Preis ist ja pro Einheit, Du kannst also so viele Leute reinpacken, wie Du willst. Aber ich würde sie eigentlich ganz gerne alle registrieren. Oder bist Du nur mit Deiner Freundin hier? Ist wegen der Tourismusbehörde. Die haben nämlich große Pläne für den Ort, wollen ihn ausbauen mit richtigen Hotels und so. Je mehr Gäste wir nachweisen können, umso eher gibt der neue Präsident grünes Licht. Hast Du vielleicht von ihm gehört?"

„Carlos Salinas de Gortari! Man sieht den Namen ja an jeder Hausmauer!"

„Ja, genau! Er hat große Pläne mit dem Norden. Man spricht von Fortschritt und ausländischen Investitionen, neuen Arbeitsplätzen, Fabriken, auch Straßen. Sogar mit einem Abkommen mit den Gringos, wegen der Grenze."

„Leider kann ich Euch da nicht groß helfen. Ich bin allein unterwegs."

„Echt jetzt? Ein Ausländer fährt allein durch Mexiko! Das macht sonst keiner, da raten sie Euch ab davon."

„Ja, stimmt! Ich bin aber trotzdem allein! Mir hat aber einer in Mazatlán gesagt, ich dürfe keinen mitnehmen, der Autostopp macht, auch keine Frauen!"

„Da hatte er nicht unrecht! Vor allem mit dem letzten Hinweis! Aber Du interessierst Dich ja vor allem für die Natur. Tolle Ausrüstung da! Machst Du eine Reportage über Sonora?"

„Ist alles halb so wild. Landschaftsaufnahmen, Kakteen und vielleicht Tiere. Und hier natürlich das Meer. Ich wollte ursprünglich rüber nach Baja. La Paz, wegen den Cirios und Kakteen. Soll ja die einzige Wüste sein, wo Kakteen direkt am Strand wachsen."

„Und jetzt hast Du schon wieder etwas dazugelernt, was?"

„In der Tat."

„Also ebenfalls ein Einzelkämpfer, wie der Gary! Ihr werdet Euch sicher gut verstehen. Aber der ist schon ein Sonderling. Der einzige Gringo, der kein Auto hat, kannst Du das glauben? Ich glaube, der hat nicht mal einen Führerschein, kam ebenfalls mit dem Pass hier an wie Du. Der wird Dich bestimmt zum Biertransport anheuern, mit seinem Fahrrad ist das zu mühsam, hahaha! Bin wirklich gespannt, ob der eine abkriegt hier. Aber es wird schwierig! Die Weiber hier nehmen keinen ohne „Troca", weißt Du, und zum Essen ausführen kann er sie hier ja auch schlecht. Ich werde ihm sagen, dass Du hier bist wegen des Bootsausflugs. Er schaut jeden Abend rein wegen der Post."

„Vielen Dank für alles! Jetzt geh ich noch ein wenig raus, bis er kommt. Sonnenuntergang mit Kakteen und Meer!"

„Viel Glück damit! Geh nicht zu weit raus, es wird hier schnell dunkel und es gibt keinen Weg da oben, wo die Kakteen dichter stehen!"

Wunderbar! Hochzufrieden trat ich in meinen Bungalow ein. Ziemlich spartanisch, aber sauber, wohl für einen Familienurlaub gedacht. Ein großes und ein kleines Bett, Kühlschrank funktionierte und Wasser gab es auch. Das würde für die 2, 3 Tage bestens reichen. Kochen konnte man auch, die Küche war mit ein paar Utensilien versehen. Ich stellte die Reisetasche in den Schrank und bereitete die Kameratasche vor. Filmpäckchen raus, sie würden die Zeit meiner Anwesenheit hier im kühlen Schatten verbringen, um nicht in der Hitze des Autos zu verderben. Objektive sauber? Alles klar für einen ersten Augenschein! Ich trat ins Freie, es war angenehm warm, aber nicht heiß, eine leichte Brise vom Meer her brachte Feuchtigkeit mit, ohne Schwüle zu verbreiten. Kein einziges Wölkchen zierte den makellosen Himmel an diesem späten Nachmittag, und nur das Meer schwappte sanft gegen den Strand. Mein Ziel für heute war aber der kakteenbestandene Hang, der gleich hinter den paar Häuserzeilen zuerst sanft, dann steil anstieg und den Nordhorizont begrenzte. Im Westen stand das kapähnliche kleine Gebirge, welches ich vorhin am Nachmittag aus 30 km Entfernung gesehen hatte. Es bestand aus rötlichem Felsgrau, also vermutlich aus Rhyolith, einem sehr harten Vulkangestein. Die paar hundert Meter sandige Straße waren bald hinter mir, das Gelände stieg rascher als von unten vermutet an. Eine ganz eigenartige Vegetationsform breitete sich vor mir aus. Das niedere Gestrüpp aus Kreosotbüschen und die höheren Gewächse wie Mezquite und Palo Verde fehlten wiederum vollständig, welche in der Sonora-Wüste Arizonas für etwas grünliche Farbtöne sorgten. Hier wirkte die Szenerie auf eigenartige Weise irgendwie weiß strahlend, wie erleuchtet. Die klobigen und bisweilen außerordentlich mächtigen Cardon-Kakteen wiesen weißliche Dornen auf, ihre Körper waren statt sattgrün wie die Saguaros eher gräulich, die Orgelpfeifenkakteen waren dunkelgrün und schienen überdies an Wassermangel zu leiden. Eigenartige Büsche, Luis sagte Torote zu ihnen, mit Stämmen wie sich windende graue, sich häutenden Riesenschlangen, standen zwischen den Kakteen. Die Amerikaner fühlen sich eher an Elefantenrüssel erinnert, weshalb die gleiche Pflanze dort Elefantenbaum heißt. Bricht man einen Zweig ab, kommt ein aromatisches Öl heraus, welches, wie Luis mir nachher verriet, zur Behandlung von Brandwunden aller Art wahre Wunder vollbringen soll. Weiter oben öffnete sich die Sicht über das Kap nach Westen. Die Sonne stand wieder strahlend weiß tief über dem westlichen Horizont. Es gab einen Meeresarm, dahinter ein sehr hohes, gleichfalls rötliches Gebirge. Das musste die Tiburón-Insel sein, die größte Insel Mexikos mit 1'200 km^2, völlig unbewohnt und überwiegend vegetationsfrei. Nur über den Inlandbergen fällt im Sommer etwas Regen, was einer bescheidenen Wüstenvegetation ermöglicht, ein paar Wüstendickhornschafe zu ernähren. Der Meeresarm wies ein derart tiefes Blau auf, dass die Kombination mit dem rötlichen Felsgrau der Insel wie ein Aquarell für einen Science-Fiction-Streifen wirkte. Weiter im Südwesten lag der ganze mittlere Golf von Kalifornien vor mir, hier kaum mehr als 100 km breit. Weit draußen am südwestlichen Horizont lagerte lang und ziemlich flach die Insel des Heiligen Geistes, welche vor der niederkalifornischen Küste liegt. Diese Insel mag die trockenste Stelle des ganzen amerikanischen Kontinents bilden, wenn man das völlige Fehlen jeglicher Vegetation als Anhaltspunkt nimmt. Sie liegt genau östlich der ebenfalls extrem ariden Vizcaino-Wüste auf Niederkalifornien, im

Regenschatten des Zentralgebirges der Halbinsel. Deshalb verwundert es nicht, dass die gesamte zentrale Golfregion praktisch menschenleer ist. Es war ein schlafendes Land, bezaubernd schön wie ein Wüstengarten angelegt, wo es mehr als 90 % des theoretisch möglichen Sonnenscheins gibt. Mehrere Inseln zierten die Bahia im Süden, wo der kleine unscheinbare Ort aus dieser Höhe kaum noch auffiel. Man könnte meinen, man wäre irgendwie aus der Welt herausgefallen, weder die lärmigen Beliebigkeiten der angeblichen Weltpolitik noch die Sorgen und Nöte der sogenannten Prominenten unterbrachen den seligen Schlummer des Örtchens noch die erhabene Ruhe von Wüste und Meer, welche sich hier wie ein Liebespaar gefunden haben. Ja, es war Liebe auf den ersten Blick! Bahia Kino war der letzte Vorposten der zivilisierten Welt. Die Halbinsel am Horizont bildete so etwas wie das Ende der Welt. Hier fand der europäische Expansionsdrang sein endgültiges Ende am gewaltigen Pazifik. Drüben, auf der anderen Seite, kam man wieder in die älteste aller alten Welten, nach Asien mit seinen jahrtausendealten Kulturen. Hier ging es also nicht mehr weiter. Es gab nichts Neues mehr zu entdecken. Nur wasserlose Felswüste und eine neblige Küste würden auf denjenigen warten, der trotzdem weiter vorstoßen wollte. Hier würde das Leben ein Ende finden, ich war am Ende der Welt … Hoffentlich würden die Ausbaupläne des neuen Präsidenten nicht zu ambitiös ausfallen, sonst mochte es hier bald so aussehen wie an der Südspitze von Baja California. Damals, in den Achtzigern, war man noch davon überzeugt, dass die Zukunft nur immer besser werden würde, zumindest in Amerika. Vor allem in Nordamerika, wo der von US-Präsident Reagan angestoßene Optimismus auch Mexiko erreicht hatte. In den USA entstand bereits eine Gesellschaftsordnung, welche man heute mit Neoliberalismus bezeichnet, mit einer konservativen Grundstimmung und neuen privilegierten Gruppen, jung, gut gebildet, sozial sehr liberal geprägt. Man nannte sie Yuppies, weil sie nur für ihr eigenes Vergnügen zu existieren schienen. Heute sagt man wohl Hipster zu ihnen. In Nordeuropa war man derweil mit den letzten Zuckungen des sowjetischen Kommunismus beschäftigt, statt lebensfroher, sexuell aufgeladener Disco und Popmusik à la Madonna gab es die triste Neue Deutsche Welle, Angst vor Atomkrieg, Friedenbewegung und Jugendunruhen. Links galt als chic, während Reagan als Ausgeburt des Teufels wahrgenommen wurde. Ich machte mir in der Fasnachtsclique keine Freunde mit meinen Amerikareisen, das galt als reaktionär. Gorbatschow war viel interessanter, intelligenter als dieser Schauspieler Reagan. Als ich bekanntgab, nach Mexiko reisen zu wollen, war das Wohlwollen der älteren, noch von den 68er Generation geprägten Gruppe zunächst gut – bis Salinas wohl durch Wahlbetrug an die Macht kam. „Pass auf, die machen dort jetzt eine Revolution, wie in Kuba", hieß es allenthalben, auch in der Reiseliteratur, wo ein doch arger und vor allem naiver Linkseinfluss sehr spürbar war. Kaffeehaus-Marxisten! Die Leute von Merian labern immer von der Romantik der Armut und erfreuen sich derweil in der Schweiz an den Segnungen des Kapitalismus. Leute wie Luis und Gloria halten nichts davon. Sie wollen auch anständig leben und eine bessere Zukunft für ihre Kinder. Das meiste, was von den Europäern über Mexiko verbreitet wurde und wird, ist sowieso falsch, wie der angebliche Machismo im Land. Ich hatte soeben wieder ein Beispiel dafür erlebt. Im Bungalow-Geschäft von Luis gab ganz klar seine Gattin den Ton an, er wirkte wie ein stiller, treusorgender Familienvater. Der Norden Mexikos war damals also ein weit offenes Land, das eine stürmische Entwicklung nehmen würde. Präsident Salinas hatte eine Vision vom „Dritten Weg" für Mexiko, klar kapitalistisch-autoritär beeinflusste Makroökonomie und Reformen, aber mit großzügigen Sozialprogrammen und Entwicklungsprojekten, gepaart mit verbesserter Ausbildung für alle. Hier, am Ende der Welt, in den Wüsten Nordmexikos, wurde das Modell also erfunden und im Kleinen ausprobiert, das kaum 15 Jahre danach als angeblich chinesische Erfindung dem Reich der Mitte zu seinem rasanten Aufstieg verhelfen würde. 1994 würde jedoch Carlos Salinas de Gortari mit Schimpf und Schande aus der mexikanischen Geschichte getilgt werden, als seine Linie in den USA als ein wenig zu sozial eingeschätzt wurde und den dortigen Interessen zuwiderlief, welche vor allem auf billige Arbeitskräfte setzten.

Eine kleine Wirtschaftskrise, ausgelöst durch einen nichtigen Anlass, reichte dazu aus. Aber darauf gab es damals, 1989, genauso wenig einen Hinweis wie auf den baldigen Berliner Mauerfall. Über diesen Betrachtungen waren die Schatten der Kakteen bereits ein wenig länger geworden, und die Sonne begann, beim Erreichen des Horizontes ihre Farbe doch noch von grellweiß nach gelblich und schließlich in ein tiefes Orange zu verändern. Ich machte nochmal eine Serie von hoffentlich guten Bildern, welche vom Motiv her diejenigen aus Baja weit in den Schatten stellten. Dann wurde es langsam Zeit, wieder in den Ort zurückzukehren. Ich fühlte mich ausgesprochen gut willkommen geheißen in Bahia Kino, und ja, ich wähnte mich wunschlos glücklich. Morgen schon mochte ich eine Bootstour durch die von oben bewunderte Inselwelt machen, und anderntags eine ausgiebige Wüstentour folgen lassen. Notfalls auch umgekehrt, wenn dieser Ire für morgen gebucht sein sollte. Am Freitag würde ich dann in den Norden auf meine große Tour aufbrechen. Ich hatte heute zwar keine „wilden" Cirios gesehen, aber es würde nur eine Frage der Zeit sein, sie zu finden.

Eine unverhoffte Begegnung

Unten, es war überraschend schnell fast Nacht geworden, sah ich, dass ich im zweitvordersten Bungalow Gesellschaft gefunden hatte. Ein Lichtblock schien aus der Tür auf die gedeckte Veranda hinaus. Das musste dieser Ire – Wie war doch wieder der Name? – sein. Weißes Haar, kräftige Gestalt, Bierflasche in der Hand, klarer Fall! Ich stellte die Kameraausrüstung rasch in meinen Bungalow und ging erwartungsvoll hinüber.

„Good evening! You are Gary D......?"

„Yes, indeed. I was waiting for you. Luis told me that you are looking for a boating trip!"

Er schaute mich freundlich aus graublauen Augen an, er trug ein helles T-Shirt und Jeans mit Tennisschuhen, wie allgemein in den USA üblich. Wir gaben uns die Hand und ich stellte mich vor.

„Oh, from Switzerland, Luis told me you were from Sweden. Nice English, but you have no British accent, which is just fine with me. But how come?"

Ich erzählte ihm von meinem USA-Trip vor 2 Jahren.

„Und jetzt ganz allein durch Mexiko. Würde ich nie wagen, davon raten sie einem ab. Dringend. Stimmt es, dass Ihr dort drüben so viel Urlaub habt?"

„Ja. Ich bin für 6 Wochen hier, da bekommt man schon etwas vom Land mit. Ich bin in der dritten. Chihuahua, Coahuila, Durango und Sinaloa liegen bereits hinter mir."

„Aber wieso allein?"

„Kein Mensch in der Schweiz will in Mexikos Norden. Die wollen nur alte Sachen sehen. Ich mag die Wüsten, und die Pflanzen darin. Allein kann ich hingehen, wo ich will, und bleiben, solange ich mag. Zum Beispiel hier!"

„Und keine nölt herum, wenn Du einer der hiesigen Frauen ein bisschen in die Augen schaust, was? Oder etwas tiefer."

Er lachte herzhaft über seinen Spruch. Aber Gary war ja trotz seines Alters immer noch oder wieder ledig, wie ich bald erfahren sollte.

„Komm, ich lade Dich zu einem Bier ein, oder 2! Das muss gefeiert werden, zwei Europäer in diesem gesegneten Nest! Ist das Dein Auto, der rote Buggy?"

„Genau. Bestes Gefährt für die Wüste, das es gibt. Hey, besten Dank fürs Bier! Ist das Deine Hausmarke?"

„Ja, Dos Equis ist das beste Bier hierherum, denn Guinness gibt's hier keines."

„Schon mal Pacifico versucht?"

„Nope. Gibt's hier wohl nicht und ich bin außer in Hermosillo nirgendwo groß an Land gewesen. Luis hat mich mal mitgenommen als ich was fürs Boot brauchte."

„Ich komme aus Mazatlán hoch und dort habe ich 4 Tage versäumt, beim Versuch auf eine Fähre nach La Paz zu kommen!"

„Das ist doch kein Problem!"

„Ist es schon, wenn Du den dabeihast." Ich deutete auf den roten Käfer.

„Was wolltest Du denn in La Paz?"

„Kakteen und Pflanzen ansehen!"

„Nicht fischen?"

„Habe ich vor 2 Jahren schon gemacht, Marlin, Cabo San Lucas!"

„Aaah, das muss herrlich gewesen sein. Wie groß war er denn?"

„So um die 8 Fuß, etwa 70 kg"

„Nicht übel!"

„Ich war der vierte Typ in einer Gruppe Amerikaner und habe gleich noch super Bilder vom Kap bekommen. Und ein paar tolle Marlin-Steaks."

„Aber wieso denn nochmal nach La Paz? Was gibt es denn dort so Schönes zu sehen, hm?"

„Noch mehr Kakteen. Mir hat die Landschaft dort sehr gefallen, ist ganz besonders. Aber sollte wohl nicht so sein."

„Hahaha, willst mich wohl veräppeln, was! Soso, ein mexikanischer Kaktus also! Was lief denn in Mazatlán so ab? Habe gehört, das sei ein heißes Pflaster!"

„Ich hatte mich ja wegen der Fähre im Hafenviertel einquartiert, im alten Teil. Ziemlich üble Gegend. Da war ich mit dem Hotelverwalter – er heißt Luis, wie der hier von den Bungalows – ein paarmal trinken. Der macht sich ein schlaues Leben. Führt das Hotel seiner Mutter. Ich war der einzige Gast, stell Dir vor. Viel Arbeit hat der nicht. Er lud mich am Ende zu einem Abschiedstrunk ein. In seine Cantina, wie er sich ausdrückte!"

„Eine Art Bar. Kenn ich von hier! Und?"

„Bar? Das war die übelste Spelunke, in der ich je drin war! Schlägereien, Leute total besoffen und zum Schluss gab es eine Razzia!"

„Ouch! Mit richtigen Federales?"

„Der Typ nannte seine Truppe Policia Judicial. In Zivil. Mit Maschinengewehren wie Soldaten!"

„Und?"

„Mein Begleiter konnte seinen Stoff gerade noch verstecken, weil der Bulle mich als Gringo zuerst durchsuchte."

„Was hatte er denn dabei?"

„Mann, ich hatte kein Analysengerät dabei, aber ich nehm' mal an, es war Koks. Kleines Briefchen mit was drin."

„Aha, der brauchte das Zeug für hinterher, für den gemütlichen Teil! Hatten die denn was Entsprechendes zu bieten in diesem Loch? Wegen Bier und Tequila werdet Ihr ja wohl kaum dort gelandet sein!"

„So eine komische Band spielte, Conjunto, so nannte Luis sie, sie konnten keinen Ton richtig halten, fiel mir sogar nach 3 Cubetas noch auf!"

„Nein, nein, wie waren die Bedienungen? Sind sie hübsch dort unten?"

„Naja. Um ehrlich zu sein, die beiden passten irgendwie nicht dort hinein. Zu jung. Die Arbeit ist viel zu hart mit diesen schweren Kesseln. Und ja, eigentlich sehen sie für diese Kundschaft viel zu gut aus."

„Zu jung UND zu hübsch? Mann, da bekomme ich direkt Lust, da mal hinzufahren. Mazatlán – mit meinem Boot sind das etwa 36 Stunden! Aber wieso bist Du denn hierhergekommen?"

„Es soll hier schönere Kakteen geben als in Sinaloa!"

„Hahahaha! Du bist echt hinüber. Soll das Dein Ernst sein? Aber wie ging's denn weiter mit euren Schätzchen?"

„Weißt es ja schon, gerade als Luis mit denen anbandeln wollte, platzten die Bullen rein und aus die Maus! Die Party war vorbei. Sie sperrten zu und wir kamen gerade noch so aufrecht nach Hause! Hab' dann das Boot natürlich verpasst am anderen Tag."

„Boot verpasst! Das trifft es ziemlich gut, na so ein Pech aber auch!"

„Wie weit ist es denn von hier bis Niederkalifornien?"

„12 Stunden, aber die Strömungen sind tückisch. Da kommst Du leicht vom Weg ab und kannst nicht viel machen. Mein Boot macht nur 8 Knoten und so an die 60 Seemeilen sind es schon bis auf die andere Seite."

„Ich möchte vor allem zur Tiburón-Insel."

„Tiburón-Insel? Was willst Du denn ausgerechnet dort? Da gibt es nichts zu sehen. Überdies ist das eine Art Sperrgebiet der mexikanischen Regierung. Aber außen rumfahren lässt sich machen, aber nicht morgen. Da bin ich gebucht, zum Fischen. Du bezahlst mir den Diesel, das reicht."

„Und das Bier und das Essen!"

„Welches Essen? Es gibt natürlich danach Fisch. Umsonst!"

„Klingt gut. Dann erkunde ich morgen die Gegend mit dem VW."

„Kakteen und Wüstenblumen!"

„Ganz genau. Hier wachsen angeblich dieselben Pflanzen wie auf Niederkalifornien."

„Kakteen gibt's jedenfalls genug. Die ganzen Inseln stehen voll davon, wirst schon sehen am Donnerstag. Wie lange willst Du denn bleiben?"

„2, 3 Tage."

„Ich bin seit letztem Oktober hier."

„Was?"

„Ja, ich mache von Mai bis Oktober aus Duluth am Lake Superior ebenfalls Bootsausflüge mit dem Schiff. Ich denke, ich werde Mitte Monat zurückfahren, sobald mein Kumpel mit dem Truck und dem Anhänger kommt, um das Boot zurückzubringen."

Wir waren uns einig. Nach ein paar weiteren Bieren war es Zeit für die Nachtruhe. Ein seltsamer Typ. Das mit den Frauen schien zu stimmen, aber da konnte ich ihm nicht helfen, genauso wenig wie er mir mit meinen Cirios. Er schien kaum je an Land zu kommen. Aber total sympathisch. In Mazatlán wäre er wohl nicht so lange ledig geblieben. Aber wenn er in den Cantinas nach Frauen zum Heiraten suchte, war er wohl laut „Mazatlan Luis" an der falschen Adresse. Ich wusste allerdings immer noch nicht, weshalb das so war.

Sinnierend stand Flor im völlig überfüllten Bus der Linie Juarez-Zaragoza, welche den kleinen Vorort, wo sie wohnte, und die Fabrik unten in der Nähe der Grenze mit der Innenstadt von Juarez verband. Der Fahrer hatte laute Cumbia-Musik laufen, neben sich eine knapp bekleidete junge Frau, die er mit einem gewagten Fahrstil zu beeindrucken versuchte. Sie fuhren die Busse auf eigene Rechnung, mussten aber eine festgelegte Summe an die Kooperative abgeben, die den Vertrag mit der Stadtverwaltung abgeschlossen hatte. Die Busflotte bestand aus lauter ausgemusterten amerikanischen Schulbussen, rein weiß gespritzt und mit einem Schriftzug der jeweiligen Linie in der entsprechenden Farbe versehen. Haltestellen gab es keine, man winkt dem Bus zu wie einem Taxi und bezahlt den Fahrer beim Einsteigen. Zum Aussteigen ruft man laut „Bajan" und jeder krallt sich fest, wenn der Fahrer eine Vollbremsung hinlegt und rechts ranfährt.

An der „Lopez-Mateos" musste sie aussteigen und mit der gelben Linie 4 „Rundkurs" zur Uni fahren – und nochmals bezahlen!

Über ihre Reisepläne war der Onkel, der für Omar und Flor die Vaterstelle einnahm, nicht gerade begeistert gewesen. „Mit wem, wer bezahlt, komm bloß nicht mit einem dicken Bauch zurück!" – und was der aufmunternden Worte mehr waren. Ein paar launige Bemerkungen der Mutter über ihr Aussehen wegen ihrer Pausbacken, des großen Mundes und der großen Nase und ihrer langen Arme. Das war wohl ihre Art, eine Erlaubnis auszusprechen, sie fühlte sich trotzdem getroffen.

Aber sie hatte letzthin begonnen, die abwertenden Bemerkungen ihrer Mutter in Zweifel zu ziehen. Sie wusste um ihre großen, ausdrucksstarken Augen, eine kleinere Nase würde in ihrem runden Gesicht lächerlich wirken und ihre Lippen waren voll, wohlgeformt und somit küssbar. Der Kopf wirkte mit ihrer neuen Frisur nicht mehr so groß und passte gut zu ihren breiten Schultern und Oberkörper, wo sich in letzter Zeit ebenfalls etwas getan hatte. Auch untenrum war sie längst nicht mehr so dürr, und zumindest ihre Freundin Estela, mit der sie gelegentlich in die Disco ging, beneidete sie ob ihrer straffen und langen Beine.

Die Großmutter meinte, Tomas könne sie ja zum Busbahnhof fahren und auch dort wieder abholen, sie arbeitete ja seit sie 16 war und nie wäre etwas passiert, sie wisse schon, was sie zu tun habe.

Hoffentlich würde Paty heute nicht fehlen! Aber da sah sie schon ihren Wuschelkopf im Klassenzimmer und ging auf sie zu.

„Hör mal Paty, es tut mir wirklich leid, aber ich kann nicht mitkommen, weil …"

„Jetzt auch Du noch! Das kannst Du mir nicht antun! Ich kann doch nicht allein fahren, denn die ganzen Spaßbremsen sind mir mit irgendwelchen Ausflüchten gekommen. Komm schon Florecita, Du kannst mich auch später noch bezahlen, aber ruinier' mir jetzt nicht meinen Traum!"

„Aber ich hab' ja noch nicht mal einen Badeanzug!"

„Ist doch egal. Bahia Kino ist kein Touristenort, da ist jetzt kaum noch jemand. Alles ganz naturbelassen, keine Hotels, keine Discos, keine Restaurants. Ein Fischerort. Da fällst Du nicht auf in Shorts und einem T-Shirt. Macht Deine Mutter Zoff?"

„Nein, der bin ich egal. Mein Vater, ähm, mein Onkel Tomas, ihm passt es nicht, aber die Großmutter hat ja gesagt. Knapp bei Kasse bin ich schon. Ich kann Dir 150'000 geben, ich musste den Gaszylinder bezahlen, und ich vermute, mein Onkel sitzt benzinmäßig auf dem Trockenen und wird kaum auf den Hof zurückfahren können, wo er die Baumwolle bewässern sollte."

„Na also! Die Hundertfünfzig reichen, dann kochen wir halt Bohnen aus der Dose mit Eiern und Kartoffeln und ein bisschen Schinken. Unterwegs lade ich Dich ein. Hast Du frei am Freitag zum Cinco de Mayo? Ja? Dann gehen wir rüber nach El Paso und Du kaufst Dir einen Badeanzug. Spendiere ich Dir! Na, was sagst Du? Trau Dich! Ich will da unbedingt hinfahren, nein ich MUSS dahin, das wollte ich schon lange, weißt es ja."

„Mir scheint fast, als ob Du Dir dort einen anlachen willst, oder hast Du was Entsprechendes geträumt?"

„Schön wär's! Ich bin ja bald 27. Abgeneigt wäre ich wirklich nicht. An der Uni scheint es ja nicht zu klappen. Eine Luftveränderung tut vielleicht gut. Auch Dir, Florecita!"

„Wann fährt der Bus? Am Freitag, oder?"

„Ja, aber erst am späteren Nachmittag. So um fünf. Sei eine halbe Stunde vorher am Busbahnhof."

„Mein Onkel will mich hinfahren, um zu sehen, wer mitfährt!"

„Mach Dir nichts draus. Er macht sich halt Sorgen. Bezahl ihm halt das Benzin, dann hat er eine Sorge weniger! Die andere Sorge, DEINE, von der Du mir erzählt hast, den solltest Du auch vergessen. Du wirst sehen, eine Tür geht zu, und eine andere tut sich auf!"

Am folgenden Tag, dem 3. Mai, brach ich bei gleißend-weißem Sonnenschein, der in jenen Gegenden große Hitze verspricht, am Morgen auf und versorgte mich im kleinen Dorfladen mit ein paar Lebensmitteln. Der Laden war zu meiner Verwunderung bereits offen, der etwas ältere, untersetzte Mann war damit beschäftigt, grasgrüne Orangen aus Holzkisten in die Gestelle einzusortieren. Von Gary war nichts zu sehen gewesen, er mochte noch früher aufgebrochen sein. Der Rest des Ortes schien noch zu schlafen. Die Bahia war spiegelglatt, das Felseneiland sonnte sich im Morgenlicht. Bei der winzigen Missionsstation bog ich auf die Wüstenpiste nach Punta Chueca ab. Dort wohnen auch heute noch die Seri-Indianer, welche von den Spaniern verdächtigt wurden, Kannibalismus zu betreiben, wohl aus dem Grund, weil in ihrer Heimat, der Tiburón-Insel, kaum lebende Vegetation anzutreffen ist. Umso reicher sind die hiesigen Fischgründe, die Seris haben sich seit jeher auf den Fang von Haifischen und auch Meerschildkröten spezialisiert. Heute verwenden sie anstelle der kleinen selbstgebauten Kanus moderne Motorboote.

Bald blieb Bahia Kino zurück, kein Anzeichen außer dem Feldweg deutete auf die Anwesenheit von Menschen hin. Die Vegetation, obwohl überaus dürftig, wirkte geheimnisvoll und unwirklich, die Farbe Grün war auf eigenartige Weise abwesend, obwohl die Pflanzen gesund waren. Auffallend die Mischung aus gleich 3 großen Säulenkakteenarten, dem Cardon, dem Saguaro und dem Orgelpfeifenkaktus. An allen anderen Standorten, inklusive Baja California, findet man höchstens 2 am selben Standort. Zusammen mit der seltsamen Begleitvegetation stellte sich eine Wirkung ein, als ob jemand hier einen gigantischen Garten angelegt hätte. Die Kombination der Vegetation mit dem weißlichen Boden den rötlichen Rhyolith Felsen, dem tiefblauen Himmel und dem fast ultra-

marinfarbenen Meer am Horizont ließ mich die Überzeugung gewinnen, dass dies die schönste Wüste der Welt sein musste.

Allerdings waren immer noch keine Cirios zu sehen, ich hatte
ob der dargebotenen Schönheit allerdings auch gar nicht mehr daran gedacht, sie zu suchen. Ich kam durch den Seri-Ort, auch hier
ließ sich keine lebende Seele blicken. Der Ort, eine kleine Ansammlung von einfachen, unverputzten Zementbacksteinhäusern wie auch
sonst im ländlichen Nordmexiko, verabschiedete mich mit einer
kleinen offenen Müllhalde, und bald war ich auf dem Küstenweg,
der angeblich entlang der gesamten nördlichen Golfküste führen
soll. Bald reduzierte er sich auf eine sandige Fahrspur. Jetzt wurde die Vegetation extrem dünn, lückig, und niedrig, während am
Westhorizont das rampenartige hohe Gebirge der Tiburón-Insel lagerte. Ich konnte dort tatsächlich keinerlei Vegetation ausmachen.

Man kam hier bis ans Wasser hinunter, das offene, flache Land
bestand fast zur Gänze aus lauter gleichen Steinen, es wirkte wie gepflastert. Ich stellte das Auto ab, ein knallrotes Etwas in dieser weißen Einöde, kilometerweit zu sehen. Ich bekam Lust, hier im Golf
ein Bad zu nehmen, das Wasser war für die Jahreszeit sehr warm,
wohl über 25 Grad, und wies eine unwirkliche tintige Färbung auf.
Kaum feststellbare Dünung leckte am Strand. Selbst ich würde hier
schwimmen können, zumal der nördliche Golf wohl einen Salzge-
halt von über 4 % aufweist, also zusätzlichen Auftrieb verleiht. Ich
wagte mich tatsächlich hinein, nicht an die Haie denkend, denen
die Insel ihren Namen verdankt. Bald war ich langsam im klaren
Wasser unterwegs nach Süden und dachte mir nichts dabei, relativ
rasch vorwärtszukommen. Es fühlte sich vielmehr ausgesprochen
gut an, mich hier so einfach dem Meer hinzugeben, eine Art Bewusstsein fürs Körperliche vielleicht, ja, das könnte es sein, als ob
ich mich der See ganz hingeben sollte, als wäre sie eine Meerjungfrau, welche mich in den Armen hielt, sanfte Wellenbewegungen
ausführend. Ich fühlte, wie eine Kraft da unten in ein lange ver-
nachlässigtes Organ strömte, und es groß, hart und steif werden ließ.

Ich bemerkte ob dieser Betrachtungen kaum, wo ich hinkam
oder wie weit ich schon vom Auto weggeschwommen war. Bald

ragten steile Klippen links am Ufer auf, welches ich dann doch lieber fast in Reichweite behielt. Aber auf einmal wurde ich gewahr, dass die vielen schwarz-weiß gestreiften Fische unter mir wohl in 5 m Tiefe schwammen und es wurde mir nun doch etwas schummerig. Unter den Fischen gab es nur noch bodenlose Schwärze! *Besser umkehren!* Der U-Turn gelang noch ganz gut, aber nun schien die Meerjungfrau erwacht zu sein, sie atmete regelrecht wie ein riesiges Irgendwas. Ja, das Meer war ein Lebewesen, ein Lebewesen, welches mir immer wieder kleine Wellen entgegensandte. Das Wasser war immer noch sehr tief, und das Ufer schien sich zu entfernen. Ich versuchte, wieder in die Nähe der Felsen zu kommen, was nur ganz langsam zu gelingen schien. Eine eigenartige Kraft schien mich nach Süden ziehen zu wollen, ich kam kaum noch vorwärts. Hinunter bis nach La Paz! Weit draußen zog ein Motorboot vorbei, wohl ein Seri-Fischer. Er würde mich nicht sehen können. Dann, auf einmal atmete das Meer wieder aus, die Dünung wurde schwächer und es gelang mir, etwas schneller voranzukommen.

„Ich will Dir nichts tun, keine Angst …", schien das Meer mir zuzumurmeln. Aber sobald es mir dann endlich möglich war, versuchte ich aufzustehen und watete rasch ans Ufer zurück. Die ganze Geschichte setzte mir erst jetzt richtig zu und ich nahm mir vor, mein Lebtag nicht mehr so etwas Verrücktes tun zu wollen. Wie kam ich überhaupt dazu, ganz allein an diesem gottverlassenen Strand im offenen Meer zu schwimmen? Das hätte ich ja auch gleich vor den Bungalows tun können, aber die Aussicht, sowas unter den Augen der Leute von Bahia Kino zu tun, war mir unbehaglich gewesen.

Eine flüchtige Erinnerung an dieses kurze Gespräch nach dem Frühstück blitzte auf. Ich war zeitig in der Rezeption aufgetaucht, dachte ich zumindest, aber Luis war nicht da gewesen. Ich wollte den Schlüssel abgeben, wie abgemacht, damit der Bungalow aufgeräumt werden konnte. Stattdessen saß Gloria, seine Frau, auf dem Stuhl neben dem Funkgerät, welches den Fischern und auch Gary dazu diente, im Notfall eine Meldung abzusetzen, um Hilfe herbeizuholen. Nach dem Austausch unserer „Buenos Dias" wandte sich Gloria in ganz geläufigem Englisch an mich:

„Nanu, wieso bist Du denn nicht mit Gerardo weg?"

„Gary? War gebucht für heute. Und Luis?"

„Macht Besorgungen in Hermosillo. Kommt erst am Nachmittag wieder. Anscheinend hat man uns beide hier ganz allein zurückgelassen … Irgendwelche Pläne? Ausspannen am Strand, was? Sonne, den Mädchen nachsehen?"

„Nicht heute. Wasser steht erst morgen auf dem Programm. Heute geht's in die Wüste, nach Punta Chueca!"

„Hm! Da draußen ist doch nichts. Und die Straße ist nicht gut. Kannst doch Deine Pflanzen auch am Ort ansehen."

„Will mir die Insel vornehmen, dafür bin ich extra hergefahren. Bin am Abend wieder zurück."

„Na dann viel Glück!"

Die trockene Wüstenluft zusammen mit der wie ein Heizstrahler vom wolkenlosen Himmel brennenden Sonne sorgten dafür, dass ich innert Minuten völlig trocken war. Die Sonne stand bereits über der Tiburón-Insel, es musste also schon Nachmittag sein. Zeit für einen kleinen Imbiss, bestehend aus Sardinen und Brot mit Cola. Heute Abend sollte es ja frischen Fisch bei Gary geben, und morgen würden wir die eigentlich nicht weit entfernte Insel anlaufen. Etwas weiter nördlich drängte sie sich wie ein ankerndes Boot scheinbar bis auf wenige hundert Meter ans Festland heran. Aber dorthin hochzufahren war angesichts des schlechten Zustands des Fahrwegs kaum empfehlenswert. Es gab tiefe, quer laufende Abflussgräben, die als Arroyos bekannt sind und allfällig auftretendes Regenwasser ins Meer ableiten. Die groben Geröllbrocken und der kleine Radius der Senken machten ein Fahrzeug mit hoher Bodenfreiheit und stabiler Grundplatte notwendig. Mit meinem VW würde ich wohl mit der Stoßstange hängen bleiben oder die Ölwanne leck schlagen. Noch ein Boot zog draußen vor der Insel vorbei. Sie mochte viel weiter entfernt sein als es schien, die trockene Luft ließ die Szenerie unwirklich transparent erscheinen. Die Kombination von trockener Luft, warmem Meer und Wüstenlandschaft war wohl weltweit einmalig. Der Golf von Kalifornien ist zu schmal, um die Luft wirklich anzufeuchten, gleichzeitig war der

offene Pazifik vor dem weniger als 200 km entfernten Niederkalifornien kaum 15 Grad kalt. Die von dort herangeführte Luft ent-
hält sehr wenig Feuchtigkeit, die Pazifiknebel der kalifornischen
Küste bleiben am Zentralgebirge Niederkaliforniens hängen und
die Luft trocknet beim Überqueren ab. Jetzt zogen tief im Westen
ein paar Zirren auf, und die tiefer gehende Sonne ließ meinen nach
Westen schauenden Strand unangenehm heiß werden.

Es mochte langsam Zeit werden, diese Lichtverhältnisse für ein
paar Fotos auszunutzen. Ich hielt auf dem Rückweg nochmal an und
stieg auf die zuerst steinigen, dann felsigen Bergzüge hoch. Das war
hier infolge der fehlenden, sonst in der Sonorawüste sehr häufigen,
blattlosen Dornensträucher sehr einfach. Die bisweilen bis zu 12 m
hohen, wie aus Stein gemeißelt wirkenden dornenlosen Cardon-
Kakteen mit ihren bis 30 cm dicken, wenigen Armen beherrschten
die Szenerie. Jetzt öffnete sich der Horizont, als ich über einen Grat
kam. Ich befand mich zumindest mit dem Kapgebirge westlich von
Bahia Kino auf gleicher Höhe. Dahinter waren wieder die anderen
Inseln zu sehen und ganz tief im Südwesten, kaum durch Dunst getrübt, die Halbinsel Niederkalifornien. Im Vordergrund schlummerte
kaum erkennbar Bahia Kino im späten Nachmittagslicht, während
im Norden weitere, den Inseln des Golfes verblüffend ähnlich sehende Bergzüge die weitgespannte weißlich-graue Wüstenebene unterbrachen. Da draußen war die Landschaft auf unübersehbare Weiten
völlig leer, es schien nicht mal Pisten zu geben. Dort hinaus würde
die Reise am Freitagmorgen gehen, laut der Karte gab es weiter im
Inland doch noch eine Piste! Die ausgetrocknete Vegetation bestand
zur Hauptsache aus großen Säulenkakteen und wirkte seltsam grau,
wie ausgebleicht. Dies war das trockene Herz der Sonora-Wüste, unfruchtbar und unproduktiv, bis es vielleicht mal durch einen der seltenen Tropenstürme wachgeküsst würde, welche genau den nördlichen Golf hochziehen, wie Ende 1983 das letzte Mal. Dann würde
die jetzt verborgene, üppige Schönheit sich manifestieren und für
kurze Zeit ein Blumenmeer die grauen Weiten bedecken.

Aber jetzt war davon nichts zu sehen, der Sommerregen würde
hier, wenn überhaupt, erst im August eintreffen. Ich wollte die paar

Stunden bis zum Sonnenuntergang abwarten und beobachten, wie die Schatten der Kakteen länger wurden. Das war die einzige feststellbare Bewegung, denn es gab keine Tiere, nicht einmal Vögel, hier. Kein Laut drang ans Ohr, auch nicht das sonst kaum je fehlende Sausen des Wüstenwindes in den Dornen der Kakteen, welche an den Triebspitzen durchaus noch vorhanden waren. Es sah so aus, als ob diese Riesen lediglich an den Spitzen noch Leben zeigten. Einige wenige hatten wie Wachsblumen wirkende, für eine derart mächtige Pflanze klein erscheinende, beige Blüten ausgetrieben.

Langsam begannen nun aus Osten violette, dann dunkelblaue Schatten heranzugleiten, während im Westen die sich neigende Sonne immer noch grellweiß über dem Golf stand. Außer den langsam länger werdenden Kakteenschatten bewegte sich immer noch nichts, und es war so absolut still, wie ich es nur selten erlebt habe. Kein noch so geringes Rascheln oder Insektengebrumme war zu vernehmen, bis auf einmal doch ein seltsamer, leiser Summton zu vernehmen war, den ich im ersten Moment für Einbildung hielt. Der Ton wurde ganz langsam immer lauter, aber nirgendwo gab es eine Quelle, die als Ursprung dafür in Frage kam. Keine Staubfahne wies auf ein Auto hin, kein Boot oder Schiff zeigte sich auf der Bahia, es war, als ob man irgendwo da draußen eine Orgel angestimmt hätte. Am Himmel zeigte sich tief im Süden ein heller Punkt, der direkt auf mich zuzukommen schien. Der Summton ging langsam in ein ganz zartes Rauschen über und jetzt konnte ich erkennen, dass der helle Punkt ein Flugzeug auf Reiseflughöhe sein musste, und das Geräusch von ihm ausging. Man konnte nun die Umrisse des Flugzeuges genau erkennen, wie es dem nördlichen Golf nach Nordwesten folgte, wohl auf dem Weg nach Südkalifornien. Das rauschende Geräusch ebbte wieder ab und verstummte schließlich ganz, während das erleuchtete Flugzeug noch lange sichtbar blieb. Inzwischen war das Licht doch beinahe unmerklich ein wenig weicher, eher gelblich, dann kurz vor Sonnenuntergang fast orange geworden, die untergehende Sonne leuchtete die kaum nähergekommenen Zirren leuchtend weiß aus, während die aus Osten heraufziehende Dämmerung mit ihren immer dunkler werdenden

Blautönen mehr und mehr vom strahlend blauen Himmel vereinnahmte. Nun leuchtete der Westhimmel in glühenden Orangetönen auf, wo die Cardon-Kakteen davor silhouettenhaft ihre Arme in den Himmel streckten und unten die wenigen Lichter angingen. Es wurde Zeit, herauszufinden, wie es Gary auf seinem Fischzug gegangen war. Beim Hinuntersteigen zurück zum VW kamen bereits die ersten Sterne heraus, darunter besonders auffällig der im Südwesten in der Abenddämmerung prachtvoll hängende Orion, eigentlich als Wintersternbild bekannt. Man konnte nebst des Gürtels auch noch den Dolch oder Schwert ganz genau ausmachen, der rötliche Schulterstern Beteigeuze und der bläuliche Rigel am Fuß brannten ruhig und ohne zu flackern am bald dunkel werdenden Abendhimmel. Ich näherte mich der Bungalow-Anlage schon bei völliger Dunkelheit und erkannte, dass Gary auf mich gewartet zu haben schien. Er saß schon auf dem gedeckten Sitzplatz mit einem Bier in der Hand allein in der beginnenden Nacht. „Da bist Du ja endlich! Du kannst den Motor gleich laufenlassen!", rief er als ich wie immer mit offenem Fenster in den Hof einfuhr.

„Wir müssen nochmals raus wegen des Nachtessens!"

„Kein Problem. Wie ist's denn mit dem Ausflug gelaufen?"

„Weeelllll!", machte er gedehnt.

„Mit dem Fisch wird es nichts, wir hatten kein Glück heute. Ich hab' die paar Fische meinen Gästen überlassen, aber vielleicht hatten die von der Fischereikooperative mehr Glück."

„Ist die überhaupt noch offen?"

„Denke schon, die schließen erst um zehn. Da können wir gleich auch noch Bier und Eis für morgen kriegen."

Bald waren wir nach Kino Viejo unterwegs, wie Gary es nannte. Die Kooperative war tatsächlich noch offen, sie diente den lokalen Fischern als Ankaufstelle für ihren Fisch, vor allem aber für die bereits damals teuer verkauften Garnelen aus Wildfang, für welche der Ort überregional bekannt war. Von diesen waren nur noch wenige kg zum Verkauf feil, sie würden sie wohl noch heute ins angegliederte Kühlhaus zum Tiefgefrieren verfrachten. Es waren eigentliche Riesendinger darunter, 10 cm lang und 2 cm Durchmesser.

Gary suchte sich ein paar Filets aus und orderte gleich noch Block-eis für die Kühlbox, und bezahlte dann an der Kasse. Das Abend-essen ging ja auf ihn! Die Kooperative war in einer Art Schuppen untergebracht; mit recht hoher Decke, mit poliertem Betonboden, nackten Birnen als Beleuchtung und hölzernen Ständen, wo die ver-derbliche Ware auf einem Bett aus gebrochenem Eis lagerte. Eini-ge wenige Knabbereien, ein Kühlschrank mit Süßgetränken und ein Stapel aus in gräuliches Papier eingewickelten Tortillas runde-te das Angebot ab. Bald waren wir wieder in der sandigen Seiten-straße unterwegs zur Tankstelle, wo es ein sogenanntes Deposito gab, einen jener Getränkegroßhandel. Der Ort war inzwischen erst richtig erwacht. Vor vielen der einfachen, einstöckigen Häuser sa-ßen Leute auf wackeligen Bänken, Stühlen oder sonstigen impro-visierten Sitzgelegenheiten und sahen den Kindern beim Spielen zu, welche die Straße in Beschlag genommen hatten. Man musste im Schritttempo um die aus Büchsen, Steinen oder Flaschen ge-bildeten Fußballtore herumfahren und achtgeben, dass kein Staub aufgewirbelt wurde, da dieser bisweilen mehrere cm tief lagerte. Beim Deposito hatte sich scheinbar die halbe männliche Bevölke-rung des Ortes eingefunden, man schleppte das Bier kartonweise in die offenen Pritschenwagen, und beutelweise gebrochenes Eis. Die nicht motorisierten Kunden hielten sich eher an den billigen Aguardiente Schnaps, ein schrecklicher Fusel aus Zuckerrohr, ab-gegeben in diskreten braunen Papierbeuteln, um die Flaschen zu tarnen. Auch Gary benutzte den Umstand, dass wir mit dem VW hier waren zum Kauf mehrerer Kartons des von ihm bevorzugten Dos Equis-Bier, das ich bezahlt hatte, bevor er vom Auto zurück war. Wir gingen hinüber zum Parkplatz und machten uns auf den Rückweg. Auf den Straßen waren jetzt auch Grüppchen junger Frauen und Mädchen unterwegs, welche von Gary ausgiebig be-gutachtet wurden. Er wurde rasch lebhaft und wirkte sofort meh-rere Jahre jünger.

„Was meinst Du zu den Frauen hier? Ich finde sie großartig. Ich liebe diese ‚dark women'. Sind nicht so kompliziert wie die Ame-rikanerinnen. Mit denen bin ich nie zurechtgekommen."

„Wie gesagt, ich bin nicht deswegen hier. Ich habe keine Erfahrung damit. Habe aber gelesen, dass sie ziemlich unnahbar sein sollen. Wohl wegen der Kirche!"

„Yeah, sure! Hahaha, Mann wo hast Du denn das her? Und katholisch bist Du scheinbar auch nicht! Solche Sünden kann man beichten, dann ist's wieder ok mit dem alten Herrn vom oberen Stockwerk!"

„Es stimmt schon, viel von dem Zeug, das im Reiseführer steht, scheint nicht zu stimmen! Zum Beispiel, dass man kein Wasser trinken soll."

„Soll man ja auch nicht, das stimmt schon! Deswegen halte ich mich auch ans Bier! Aber schau Dir mal die drei da drüben an! Sehen die für Dich etwa so aus, als würden sie von der Sonntagsschule kommen?"

Er grüßte dem Trio in langen Kleidern und langen, dunklen und ganz glatten Haaren aus dem Fenster zu und schaute ihnen nach, was diese entweder nicht störte oder nicht beachteten. So dunkel wirkten sie gar nicht, oder meinte Gary ihre Haarfarbe? Etwas anderes als Dunkelbraun oder Schwarz bekam man kaum zu sehen, außer die Betreffende färbte ihre Haare, um ein wenig aufzufallen.

„Siehst Du, sie haben uns gar nicht bemerkt. Frauen sind überall schwierig. Wenn Du die Sprache nicht recht beherrschst, kannst Du es vergessen."

„Du hast es ja gar nicht versucht, wie kannst Du es dann wissen? Als Wissenschaftler musst Du doch ein Experiment machen, um Deine Theorie zu prüfen!"

Ich fand ob meiner Verblüffung keine vernünftige Antwort. Gary D., der Seemann, wusste auch ein wenig Bescheid, wie die wissenschaftliche Methode funktionierte! Aber ich war nicht hier, um anthropologische Studien zu treiben. Es interessierte mich nicht, wie in Mexiko geflirtet wird. Botanik reichte völlig aus! Wir verließen das sehr lebhaft gewordene Kino Viejo, bogen an der Tankstelle vorbei auf die Hauptstraße ein und gelangten in den ruhigen neuen Teil. Nirgendwo schien es auch nur eine Kneipe, geschweige denn ein Restaurant zu geben. Nur ein Glaceladen war mir aufgefallen, vor dem sich ziemlich viele Leute versammelt hatten. „La Michoacana" verriet der bunte aufgemalte Schriftzug. Das Bier war bald ausgeladen und im Kühlschrank verstaut, das Eis konnte in der großen Kühlkiste bleiben, es würde selbst in dieser Hitze ein paar Tage halten. Gary machte den Fisch, ich den Reis dazu, ein paar Tortillas gewärmt und fertig war das Nachtessen. Sowohl Gary als auch ich selbst konnten uns wegen der monatelangen Solotrips ganz gut selbst versorgen. Dazu kam kaltes Dos Equis. Er ging nach dem Essen trotz der späten Stunde kurz zur Rezeption zu Luis, um etwaige Nachrichten oder Briefe abzuholen. Er kam bald zurück und verkündete zufrieden:

„Hör mal, es gibt eine kleine Änderung. Wie lange hast Du Zeit?"

„Ich habe bis Freitag bezahlt", schon ahnend, was jetzt kommen würde!

„Bleib doch übers Wochenende! Schau, ich wurde angefragt, ob ich vielleicht morgen frei wäre. Es sind Franzosen oder Belgier, weiß nicht mehr genau, Französisch sprechen sie auf jeden Fall, ein Pärchen. Die wollen eine Tour durch die Bay, die Inseln ansehen und so, ähnlich wie Du. Könntest ja mitkommen, geht aufs Haus, dann können wir ein wenig fischen. Zu Deiner Insel können wir dann am Freitag fahren, obwohl ich dort ja nicht landen darf. Das ist ein Naturschutzgebiet, hat mir Luis gesagt. Ich will keinen Ärger mit der mexikanischen Regierung."

„Wochenende ist ein wenig lang, sonst reicht es nicht mehr für Baja, aber einen Tag anhängen geht schon. Was sind das für Leute? Ich kann kein Französisch. Du?"

„Aber in der Schweiz sprechen sie doch französisch, oder etwa nicht? Im Übrigen können beide Englisch."

Ich war von dieser Planänderung nicht besonders angetan, es schien vielmehr so, als würde sich die Geschichte von Mazatlán wiederholen wollen. Ich wartete auf ein Schiff oder Boot, wo ich keinen Platz fand. *Wie hatte doch der andere Luis gemeint, ungeküsst wirst Du nicht nach la Paz kommen!* Ich hatte Gary natürlich immer noch nichts davon gesagt, dass ich diese Cantineras hätte küssen sollen! Er sollte mich nicht als seltsamen Kauz betrachten. Tat er vielleicht ohnehin schon, weil ich vorhin so uninteressiert mit ihm durch das Dorf gefahren war. Er mochte seine Illusionen behalten. Ich hatte bestimmt recht. Die Mädchen hier hatten Besseres zu tun als mit Fremden anzubandeln. Ist ja ein kleines Kaff, da ist man viel konservativer als im lebenslustigen Mazatlán! Und sie würden sich wohl lieber an die galanten Einheimischen halten als sich mit uns beiden abzugeben. Jetzt schien er sich allerdings auf diese Französin zu freuen! Fehlte nur noch, dass Gary mich mit der verbandeln wollte! Ach wo, die wollte er wohl eher für sich selbst! Aber die hatte ja ihren Freund dabei. Und er selbst interessierte sich ja nur für die Einheimischen. Vielleicht sollte er wirklich mal nach Mazatlán fahren. Aber egal, eine Bootstour zu den Inseln umsonst war auch nicht zu verachten, und ich war jetzt neugierig auf sein Boot.

„Also dann, morgens so um 9 Uhr. Gibt einen heißen Tag, dem Vernehmen nach. 35 Grad. Wir müssen genügend Bier und Eis mitnehmen. Fürs Essen sorg' ich auch."

„Verrückt, 35 Grad an der Küste!"

„Die Wettervorhersage ist für Hermosillo, auf dem Wasser ist es weniger heiß."

„Ich habe gehört, der Ort sei der heißeste in ganz Mexiko."

„Siehst Du? Auch das ist falsch. So wie die Info über die schüchternen Frauen von hier. Unten, in Ciudad Obregón, ist die durchschnittliche Höchsttemperatur 32 Grad. Übers ganze Jahr gerechnet, nicht nur der Sommer! Was hier oben in Bahia Kino so besonders ist, ist der Umstand, dass sie kaum mehr als 3 Zoll Jahresniederschlag bekommen."

„Kann gut sein, ich war heute ein bisschen in der Wüste, da draußen sieht es stellenweise aus wie im Death Valley."

„Haha, Du kommst ans Meer und verkriechst Dich in der Wüste! Hast Du wenigstens Deine Boojums gesehen oder wie diese Dinger heißen?"

„Nein, vielleicht stehen sie auf den Inseln. Sie sollen auch an der Küste vorkommen."

„Dann ist ja alles bestens. Davon gibt es hier eine ganze Menge. Weißt Du, ich muss halt jede Möglichkeit, etwas dazuzuverdienen, ausnutzen. Über Ostern war es ziemlich schlecht, mein Hauptfeind hier ist nicht der Regen, die Sonne oder die Hitze, sondern der Wind. Da kommen urplötzlich Stürme über die Halbinsel, völlig aus dem Nichts."

„Sind das diese Chubascos oder Tropenstürme?"

„Die kommen erst im Herbst. Nein, es sind Pazifikstürme, danach wird es jeweils ziemlich frisch, weiter oben in Arizona kann es regnen. Die haben hier weder ein Leuchtfeuer noch einen Hafen, wo man sich informieren kann. Nur eine ständig besetzte Funkstation, wo man Hilfe anfordern kann. Du willst aber nicht in einem dieser Stürme da draußen erwischt werden."

„Aber Dein Boot ist hochseetüchtig?"

„Klar, ich habe es sogar damals aus Europa nach Amerika überführt, 3 Wochen Nordatlantik. Das geht aber ganz gut. Es gibt eine Menge Frachtschiffe auf dieser Route, mit denen man Funkkontakt hält wegen Wetter und so."

„Moment, mit Deinem Schiff über den Nordatlantik?! Wie schnell läuft es denn?"

„8 Knoten pro Stunde, dafür kann ich aber eine Menge Diesel bunkern. Unterwegs kann man angeln, wenn die See ruhig ist. Aber wohin soll es denn nachher gehen, dass Du so in Eile bist?"

„Ich denke, der Küste entlang hoch bis Puerto Peñasco, dann rüber nach Niederkalifornien."

„Es gibt keine Straße nach Puerto Peñasco, die der Küste entlangführt. Man muss über Hermosillo fahren."

„Laut meiner Karte gibt es aber eine!"

„Ja aber keine, wohin Du Deinen Buggy fahren möchtest!"

„Die nach Puerto Libertad sieht nicht so übel aus."

„Also für mich wäre das nichts. Du könntest es hier viel besser haben. Das Essen holen wir aus dem Meer, das Bier ist billig und vielleicht angeln wir uns noch ein wenig Gesellschaft."

„Glaubst Du, die hiesigen Frauen wollen wirklich was von zwei Ausländern wissen, die kaum die Sprache können?"

„Versucht wird's auf jeden Fall. Ich stehe auf diese dunklen Schönheiten, hab's Dir ja schon gesagt. Es muss nur noch die Richtige kommen. Dann heiraten wir und im Sommer fahren wir auf dem Lake Superior zum Fischen und im Winter hierher. Was machst denn eigentlich Du so in der Schweiz?"

„Hab's Dir ja schon gesagt. Ich arbeite in der Chemie, Pharmabranche."

„Immer an der Arbeit, was? Sonst läuft gar nichts? Also bist Du so einer, den sie heutzutage Nerd nennen? Aber wie ein Wissenschaftler siehst Du eigentlich gar nicht aus."

„Wie sieht denn so ein Wissenschaftler aus? Und was zum Teufel ist ein Nerd?"

„Haha, Du kennst doch die Typen aus der Schule, immer am Lesen, lauter Bestnoten in Mathe und so, Brille, lausig im Sport und kein Interesse an Football. Aah, und null Erfolg bei Frauen, stehen an Partys immer allein rum und haben seltsame Hobbies."

„So wie Kakteen fotografieren und seltsame Bäume suchen?"

„Hahaha, so ungefähr, aber ein richtiger Nerd würde sich nie allein nach Mazatlán trauen. Nicht mal ein DEA-Agent."

„Ich bin wirklich kein richtiger Wissenschaftler. Ich arbeite im Versuchslabor und bin für die Probeläufe zuständig. Grundstoffe für Pillen und so. Wird aber recht gut bezahlt und wir bekommen 5 Wochen Urlaub pro Jahr. Die richtigen Wissenschaftler arbeiten in der Entwicklungs- und Forschungsabteilung. Aber der Rest könnte hinkommen!"

„Jaja ihr Europäer, immer auf Urlaub, das kennt man schon! Keine Zeit für eine Freundin?"

„Mir geht es grad' so wie Dir. Die Richtige ist noch nicht aufgetaucht!"

„Hahahaha. Und da, wo Du nach ihr suchst, wirst Du kein Glück damit haben!"

„Ich brauche keine Frauengeschichten hier. Das kann ich doch wieder zu Hause machen! Was soll ich mit einer, mit der ich nicht mal reden kann?"

Über diesen Gesprächen wurde der Biervorrat rasch kleiner und es wurde Zeit, Schluss zu machen, um nicht zu verschlafen. Gary musste noch früher raus, um das Boot klarzumachen.

Am folgenden Tag – ich hatte wieder wie vor zwei Jahren in den USA üblich meine Cornflakes und Orangensaft verzehrt – ging ich zur verabredeten Zeit zu Garys Bungalow hinüber, wo seine beiden Gäste bereits mit Luis warteten. Wir stellten uns einander vor. Ein schlanker bärtiger Typ Anfang 30 mit wuscheligem Haar, in Jeans und Poloshirt, die Frau etwa gleich alt, schlank und schulterlanges dunkelblondes glattes Haar, kurzärmlige Bluse und Bermudashorts. Sehr attraktiv. Von Gary war nichts zu sehen, aber Luis ließ uns wissen, dass er an der Funkstation gewesen sei und auf dem Weg wäre. Bald kam er tatsächlich um die Ecke und durch seine gewinnende, zuvorkommende Weise war vom anfänglichen Fremdeln bald nichts mehr zu merken. Ich half ihm beim Schleppen der Eiskiste, das Bier wäre schon an Bord. Gary musste zum Boot hinaus waten, das etwa 30 Meter weg in der Bucht ankerte und fuhr dann langsam an den Steg, wo wir einsteigen konnten. Cat's Paw hieß sein Boot, also Katzenpfote. Seltsamer Name. Das Boot hatte eine offene Kabine, und hinten waren Vorrichtungen angebracht, wo man die Angeln befestigen konnte. Am Cockpit gab es neben dem Steuerrad und Motorregler ein paar Instrumente wie ein Echolot, die Funkausrüstung und einen Autopiloten. Der Motor war nicht außen angebracht, sondern lag versteckt unter einer Klappe, wo jetzt Eiskisten Platz gefunden hatten. Der Motor ließ ein dumpfes Pochen hören, und verströmte einen deutlichen Dieselgeruch. Nun ließ Gary seine Cat's Paw kleine Fahrt aufnehmen und wir glitten langsam durch das flache Wasser der Bay in das grellweiße Morgenlicht hinaus, auf die prominent aus dem völlig glatten Wasser kahl aufragende Insel zuhaltend. Hier konnte man hunderte von Metern vom Strand ins Meer hinauslaufen, bevor es dazu zu tief wurde. Gary ließ das Boot volle Fahrt machen, das war etwa so schnell, wie man bei einer gemütlichen Radtour erreicht. Der Fahrtwind kühlte angenehm, während der Diesel ein zufriedenes, katzenartiges Schnurren hören ließ. Dann aber wurde das Meer langsam doch etwa 50 m tief, wie das mitlaufende Echolot verriet. Nach einer Stunde war von Bahia Kino nur noch eine Ahnung übriggeblieben, nur das auffällige Kap verriet, wo wir hergekommen waren. Die kahle Insel blieb indessen auf der linken Bootseite zurück. Jetzt fand Gary es an der Zeit, für etwas Stimmung zu sorgen. Er steckte eine Kassette in den großen Recorder, den er in der Kajüte hatte, und erklärte, es wären traditionelle mexikanische Lieder, gesungen von Linda Ronstadt, deren Vater aus Sonora war. Deshalb der Titel: „Canciones de mi Padre". Ich hatte von dieser Sängerin mein Lebtag nie etwas gehört, war aber damals in den USA durchaus eine bekannte weibliche Interpretin und Songwriterin des Rock und Country Genres. Sie lebte damals in Tucson, das liegt vielleicht 5 Wegstunden von hier im Norden. Das Album war wunderschön arrangiert und sorgfältig aufgenommen worden, mit einer echt mexikanischen Mariachi-Kapelle, die damals zu den allerbesten des Genres gehörte, Vargas de Tecalitlan um Ruben Fuentes als Produzent. „Por un Amor" schmachtete Linda Ronstadt, gleich das erste Stück handelte von einer unerfüllten Liebe. Ich musste an den unglücklichen David denken. Ich konnte den Text recht gut verstehen, weil Linda Ronstadt das Spanische kaum beherrschte und es deshalb sehr deutlich aussprach, wie viele, die Sprachen lernen. In Mexiko haben die meisten erfolgreichen Mariachi-Interpretinnen eine Alt-Stimme und tragen die Lieder durchaus kraftvoll und auch energisch vor. Linda Ronstadts Stimme war viel höher und hatte nicht unbedingt genügend Volumen, sie musste aber sehr guten Unterricht gehabt haben. Die begleitende Mariachi-Kapelle war jedoch allererster Güte, und die Aufnahme war besser als die meisten mexikanischen Produktionen damals, welche meistens simple Mitschnitte waren, wo die Trompeten oft allzu laut dominierten.

Das Album war in den USA mit dem Doppel-Platinpreis ausgezeichnet worden, aber in Mexiko hatte man nicht unbedingt darauf gewartet, dass eine Gringa Mariachi-Lieder singen würde, die man hier durchaus als identitätsstiftende Kulturleistung betrachtet. Ich fand die Aufnahme jedoch auf Anhieb bezaubernd, auch wegen der sich abwechselnden traurigen und lebhaften Lieder. Während die Cat's Paw auf Autopilot gegen Südwesten in Richtung Niederkalifornien strebte, machte Gary zunehmend eindeutige Avancen in Richtung der langhaarigen, langbeinigen Französin. Ich wusste nicht, ob ich mich über ihren ganz ruhig bleibenden Begleiter oder die Flirtkünste von Gary mehr wundern sollte. Er machte das mit einer Natürlichkeit und Unaufdringlichkeit, dass es mich wunderte, wie er so lange ledig geblieben war. Vielleicht war er geschieden, wenn er so ein Dandy war. Ihr Begleiter, in Anbetracht der sich abspielenden Szene, musste er eher eine Reisebekanntschaft oder gar ihr Bruder sein, plauderte in der Zwischenzeit ganz normal mit mir über Themen, wie sie unter Individualreisenden damals gang und gäbe waren, das Woher und Wohin, welche Interessen bestanden und wo man bereits gewesen war. Jetzt kamen ein paar kleine Inseln in Sicht, welche über und über mit Cardon-Kakteen bestanden waren, es gab keinen freien Platz. Außer den Kakteen gab es keinerlei Vegetation, die Felsen waren von den Exkrementen der Seevögel mit einer weißen Schicht bedeckt. Die Hälfte der Kakteen war wohl abgestorben, die vertrocknenden Körper lagen wirr durcheinandergeworfen auf den Felsen oder standen, ihre dürren verholzten Stabilisierungsstrukturen wie ein Bündel Bohnenstangen in den Himmel streckend, als Mumien am Hang. Dass hier die Kakteen derart dicht stehen, erklärt sich aus dem Umstand, dass es auf der Insel kaum je wärmer wurde als das Meer, und infolgedessen die Verdunstung viel geringer war als auf dem Festland.

Wir waren gut 2 Stunden aufs Meer gefahren, also etwa 30 km, ein Drittel der Strecke nach Niederkalifornien. Gary hatte also Recht, wenn er meinte, für eine Überquerung der schmalsten Stelle des Golfes brauche man einen vollen Tag. Wir beobachteten eine Gruppe Pelikane, die immer in einer Reihe fliegend in einer Endlosschleife unterwegs waren und einer nach dem anderen an einer Stelle ins Meer eintauchte und sich wieder in die Schleife einreihte. Sie fischten und ich schaute über den Bootsrand ins Wasser, das so klar war, dass man wohl an die 10 Meter in die Tiefe blicken konnte. Es gab da eine Menge jener schwarzweißen, rundlichen Fische, welche sehr gut schmecken sollen. Gary hatte Lust, das Angelzeug rauszuholen, aber „unsere" Gäste wollten den Pelikanen die Fische nicht wegnehmen. Auf dem Echolot waren die Fische auch zu sehen, jedenfalls der Grund, weshalb sich Gary das Gerät angeschafft hatte. Ich sah, dass hier der Meeresgrund jäh auf mehrere hundert Meter Tiefe absackte, bis er vom Echolot nicht mehr aufgezeichnet wurde. Gary meinte auf meine diesbezügliche Frage, dass der Golf hier um die tausend Meter tief würde, weiter südlich, vor La Paz über 4'000. Wir machten ausgiebig Fotos, von den fischenden Pelikanen, dem Kaktusurwald der Insel und dem dunkelblauen Meer. Es wurde langsam Zeit, das Boot zu wenden, es war bereits Nachmittag geworden. Wir aßen von den Sandwiches, die Gary mitgebracht hatte, und spülten die Brote mit Dos Equis hinunter.

Es war jetzt sehr heiß geworden, die Sonne stand wie eine weißleuchtende Höhensonne fast senkrecht über dem Boot. Gary ließ es Fahrt aufnehmen und widmete sich wieder, allerdings vergeblich, seiner Französin. Wir machten einen Abstecher zu der großen, kahlen Insel, wo ebenfalls keine Cirios drauf zu sehen waren, und es wurde Zeit, in die Bahia zurückzukehren. Alle waren wir hochzufrieden mit dem Verlauf dieses im Grunde ohne große Höhepunkte verlaufenen Ausflugs. Wir verabschiedeten uns von dem seltsamen Pärchen und setzten uns, wie bereits gewohnt, auf den gedeckten Sitzplatz. Dann ging ich zum Verlängern in die Lobby zu Luis.

Ich wurde von seiner Frau begrüßt, welche ihn mit resoluter Stimme rief. Die zwei Buben spielten im Vorgarten. Die Frau war früher bestimmt einmal eine Schönheit gewesen und neigte jetzt, Anfang 30 und als zweifache Mutter, eben ein wenig zur Fülle. Sie hatte heute ein sorgfältig geschminktes Gesicht und musterte mich freundlich. Luis kam von einem Nebenraum herein und freute sich, dass ich verlängern wollte. Ursprünglich wollte ich ja nur einen Zusatztag, aber Gary hatte gemeint, die paar Tage vom Wochenende würden auch nichts mehr ausmachen. Und wenn ich die Cirios hier finden würde, brauchte ich deswegen nicht mehr so weit die Halbinsel hinunterzufahren. Landschaftlich war die Sonora-Seite des Golfes nicht zu toppen, soviel stand bereits fest. Mein neuer Abfahrtstermin war Montag, der 8. Mai. *Verrückt, eine volle Woche hier verbringen zu wollen!* Aber es hatte sich bisher gelohnt, jedenfalls mehr als die 4 Tage Mazatlán!

„Na, Dir scheint es wohl zu gefallen hier in Kino! Wie waren die Franzosen? Die Frau sieht ja toll aus!"

„Ist Garys Metier, er hatte sie für sich in Beschlag genommen!"

„Und?"

„Naja, kannst ihn ja selbst fragen, aber ich glaube, sie weiß von seinen Vorlieben für die Mexikanerinnen und ließ ihn abblitzen!"

„Ach, ihr Männer, immer hinter den Frauen her", ließ Luis' Frau ihre Ansicht zum Thema vernehmen. Du hast noch zu tun hier, Luis! Du weißt ja, ich muss übers Wochenende nach meiner Mutter sehen, könntest ruhig auch mal Deine anrufen. Am Mittwoch ist Muttertag."

Er machte sich wieder in seinen Nebenraum davon und ich ging zu Gary zurück. Wir machten den Rest vom Fisch von gestern und nach dem Abendessen, die Sonne war gerade hinter dem Kap verschwunden, leistete uns Luis Gesellschaft beim Biertrinken. Gary wollte nochmal zur Funkstation gehen, um sich über die Verhältnisse rund um die Insel kundig zu machen.

„Wir gehen nochmal kurz die Karten studieren wegen der Tiburón-Insel. Ich muss wissen, wie weit hinaus die Naturschutzzone geht. Ich war gar noch nie auf dieser Seite."

„Ja, da haben wir alle Informationen, auch wegen der Strömungen dort."

„Da braucht Ihr mich wohl kaum, oder?"

„Nicht unbedingt, es wird ja nur etwa eine halbe Stunde dauern."

„Dann mache ich nochmal einen kleinen Wüstenausflug!"

„Jetzt, am Abend?"

„Nur hinter's Haus, ein bisschen den Hang hoch!"

„Bis dann! Grüß' Deine Kakteen von mir!"

Die beiden zogen vergnügt gegen den Strand hinunter los, während ich die paar Straßenzüge, die es hinter den Bungalows gab, rasch hinter mir hatte. Viel Neues war nicht zu erwarten, aber das Schauspiel der untergehenden Sonne auf dem glatten glitzernden Meer mit den scherenschnittartigen Bergzügen und Inseln war immer wieder faszinierend! Ich war schon wieder zurück, die Dämmerung hatte längst der beginnenden Nacht Platz gemacht, als die beiden endlich wieder auftauchten. Ich hörte sie, bevor ich sie zu sehen bekam. Sie waren in einer sehr aufgeräumten Stimmung und ziemlich laut.

„So, wir haben alles vorbereitet für Dich, morgens um 8 kommst Du zu mir. Ich mach' uns ein irisches Frühstück. Ich hoffe, Du magst Corned Beef. Dann legen wir los. Wir fahren um's Kap an Punta Chueca vorbei und dann über den Kanal zur Insel hinüber. Landen geht wie gesagt nicht, ist wegen der Felsen auch zu gefährlich. Wir müssten versuchen, auf die flachere Westseite zu kommen, aber dann sind wir vor Einbruch der Dunkelheit kaum zurück."

„Sieht so aus, als hätten wir einen Plan. Wollen wir versuchen zu fischen?"

„Natürlich, was denkst Du denn? Wozu fürs Essen bezahlen, wenn man es im Meer umsonst bekommen kann? Die beiden Franzosen wollten keine Tiere töten, aber die Frösche, die die dort essen, leben danach bestimmt auch nicht mehr. Spinner, aber was soll's. Sie wollten eine Bootstour machen und bezahlt haben sie ja."

„Haben wir genug Bier?"

„Aha, Du kriegst den Bogen langsam raus, aber ich denke die 2 Kartons sollten für uns beide reichen. Kannst Du vielleicht noch etwas zukaufen für morgen Abend, Luis, falls wir zu spät kommen sollten für einen Trip zum Deposito?"

„Geht klar, ich muss sowieso noch was fürs Wochenende einkaufen, da Gloria zu ihrer Mutter fährt."

„Ist morgen nicht wegen des Feiertags alles zu?"

„Haha, wir schließen hier nie, und Cinco de Mayo wird im Norden nicht gefeiert, nur die Kinder haben frei. Meine stressen mich schon die ganze Woche, die Schule ist die ganze Woche zu. Aber jetzt gehen sie ja auf Besuch zu ihren Großeltern, die kleinen Racker."

„Was, Luis, seit wann wird der mexikanische Nationalfeiertag im Norden nicht gefeiert? Den feiern sie sogar in den USA. Grande Fiesta!"

„Ach Gary, der Nationalfeiertag ist doch der 16. September! Cinco de Mayo erinnert an eine Schlacht, die Mexiko gegen die Franzosen gewonnen hat, in Puebla."

„Jaja, immer drauf auf die Franzosen", meinte Gary lachend.

„Warum so nachtragend? Vielleicht hättest Du Deine Französin mit etwas Wein ködern sollen anstatt mit Bier."

„Ja, die war scharf, aber der Typ kam mir seltsam vor. Dem war es völlig egal, als ich mich an sie heranmachte. Du hast doch mit ihm geredet, Dieter, was war mit dem los?"

„Muss eine Reisebekanntschaft sein, da tun sich 2 oder 3 zusammen, um nicht allein durch ein fremdes Land zu reisen, manchmal organisiert man es vor Ort im Hotel, oder von zu Hause aus per Inserat. Die beiden waren kein Paar!"

„Nur Du wagst Dich ganz allein hierher. Hättest Dir die Französin ausborgen sollen, vielleicht hat sie Interesse an Kakteen!"

„Die hattest doch Du im Visier gehabt, da wollte ich nicht stören. Und überdies hatte ich nicht bemerkt, dass die etwas von mir wissen wollte."

„Hört, hört, er wollte nicht stören, na da bin ich aber froh!"

„Wir kriegen nochmals Touristen, wahrscheinlich die Letzten der Saison, aus Ciudad Juarez an der Grenze zu Texas. Vielleicht hast Du Glück und einer von denen will eine Tour buchen. Die kommen Samstag früh an und kehren am Sonntag zurück. Danach wird es dann zu heiß, ich glaube, wir schließen über den Sommer."

Schiffbruch und andere Havarien

Am Morgen wurde ich von der grellweißen Sonne vor der abgemachten Zeit geweckt. Gary wollte mich ja zu einem irischen Frühstück einladen. Da konnte ich mich noch ein wenig umsehen. Es war ein makelloser Morgen. Trotz der kristallklaren, trockenen Luft hatte es kaum abgekühlt, da ein kaum feststellbarer Seewind aus Südwesten vom Meer her wehte. Es musste sich um eine großräumige Strömung aus dem offenen Pazifik handeln, welche ihre Feuchtigkeit über dem kalten Wasser als Nebel verloren hat, der gegen das Zentralgebirge Niederkaliforniens gedrückt wird. Der Golf war dann zu schmal, um die Luft wieder anzufeuchten. Die Strömung stammt direkt aus der sogenannten subtropischen Hochdruckzelle von Hawaii. Laut meinem Naturführer verlagert sich diese Zelle jedes Jahr im späten Frühling bis zum Hochsommer über Nordmexiko. Während dieser Zeit gibt es im gesamten Areal bis weit in den US-Südwesten kaum Wolken.

Im Garten, wo mein VW parkte, stand ein enormer Gummibaum, wohl an die 5 m hoch und breit, mit ganz dunkelbraunen Blättern, die nicht etwa abgestorben waren, sondern ihre normale Farbe zeigten. Der Baum stand in einer Senke, wo das Ende eines Gartenschlauches darauf hindeutete, woher die vorhandene Feuchtigkeit in dieser Senke herkam. Luis musste den Baum wohl bewässert haben. Wo sie allerdings in dieser ausgedörrten Region das Wasser für den Schlauch herbekamen, war mir damals nicht bewusst geworden. Es musste eine Wasserversorgung geben, es kam jedenfalls ohne Unterbrüche aus den Hähnen der Bungalows und sah eigentlich trinkbar aus, obwohl man in den Reiseführern dazu geraten wird, dies nicht zu tun und sich an Bier, Saft und Cola zu halten.

Jetzt musste es ungefähr 8 Uhr werden, die Uhr hatte ich allerdings schon lange abgelegt, man konnte hierzulande die Zeit recht gut bis auf 30 Minuten genau am Sonnenstand abschätzen, was für das tägliche Leben völlig ausreichend war. Gary war schon auf und aus der Tür war leise Linda Ronstadts Stimme zu vernehmen, „Por unos ojos, que si me miran …" klang es sehnsuchtsvoll, und die sentimentalen Mariachi-Klänge untermalten die melancholische Stimmung, welche so gar nicht zu dem strahlenden Tag passen wollte. Ich war ja auch voller Zuversicht, endlich das lang Gesuchte hier zu finden.

„Hi Gary. Was macht das irische Frühstück?"

„Ahh, da bist Du ja. Bin gleich fertig, kannst das Rührei fertigmachen, während ich den Kaffee koche. Einfach weiterrühren."

„Nimm doch Dein Linda-Ronstadt-Tape mit."

„Wollte ich sowieso, und noch ein paar andere. Wir nehmen eine Eiskiste mit ein paar Bieren mit. Das Eis reicht nur noch für eine Box. Die Fische werden wir auch dort kühl halten. Hoffe ich wenigstens. Es ist ganz schön heiß geworden, so heiß wars noch nie, seit ich hier bin. Unglaublich, dass am Oberen See bei Duluth immer noch Eis den Hafen blockiert, ich habe gestern angerufen, wegen des Rücktransports. In 2 Wochen sollte die Saison aber wieder anfangen, dann muss ich oben sein."

Wir ließen uns die Rühreier mit Corned Beef und die Bratkartoffeln schmecken und waren gut gerüstet für den Tag. Fotoausrüstung und Eiskiste waren bald am Strand und Gary watete zum Boot hinaus, holte den Anker ein, startete den Diesel und ließ seine Cat's Paw an den Steg fahren. Das Pochen des langsam laufenden Diesels war das einzige Geräusch an diesem Morgen, das Meer lag spiegelglatt vor dem Strand. Bald waren wir unterwegs um's Kap herum. Es war so kahl wie es von Weitem aussah, außer einer dünnen Vegetation aus Orgelpfeifenkakteen und Cardons wuchs darauf nicht viel, jedenfalls keine Cirios. Das Boot machte flott Fahrt und Gary stellte zwei Angeln aus, als Köder dienten Reste der Fischfilets von Mittwoch. Wir glitten am Kapgebirge vorbei in Richtung Punta Chueca, dem Seri-Dorf, nach Norden.

„Da war ich am Mittwoch", merkte ich nach Norden deutend an.

„Wie bist Du denn dort hingekommen?"

„Es gibt einen Fahrweg durch die Wüste."

„Was gibt es dort?"

„Nicht viel. Ich bin ein bisschen geschwommen, weiter nördlich wo man an den Strand kommt."

„Machst Du Witze? Du bist doch nicht etwa allein hier im Kanal schwimmen gegangen?"

„Wieso nicht? Meinst Du wegen der Haie? Das sind doch Ammenmärchen, wie die Geschichte von den kannibalischen Seris."

„Nicht wirklich. Die Insel heißt nicht umsonst so. Und die Seris leben vom Haifischfang. Aber das ist nicht der Grund, weshalb man hier nicht schwimmen soll, sondern die Strömung. Der Kanal hier vor uns heißt auch nicht umsonst Kanal der kleinen Hölle. Wenn diese Strömung Dich erwischt, geht's nicht lang, bevor Du als Haifutter endest."

„Ich habe mich am Ufer entlang gehalten, aber es stimmt. Ich hatte alle Mühe, da wieder rauszukommen, und will es nicht noch einmal versuchen."

„Du bist ein ausgesprochener Glückspilz. Wenn unsereiner derartig leichtsinnig wäre, wäre ich schon längst tot. Was hast Du Dir denn dabei gedacht?"

„Nicht viel. Ich dachte, das Meerwasser trage besser als Süßwasser."

„So ein Unsinn. Ich kann sehr gut schwimmen, sowohl im See als auch im Meer, und habe noch nie einen Unterschied gemerkt, aber hier würde ich nie schwimmen wollen. Die Bay vor dem Dorf ist doch bestens geeignet dazu. Mann, lass das bloß nicht einreißen, einmal erwischt es Dich doch."

„Ich muss wohl noch was erledigen hier auf der Erde, deshalb ist mir vielleicht nichts passiert!"

„Jaja, Du wirst Deine Wunderbäume schon noch zu sehen bekommen! Schau mal, da vorne, da, an dem felsigen Hang!"

„Das sind Elefantenbäume. Die, welche ich suche, sind lang wie Telefonmasten."

In der Zwischenzeit, ich hatte fleißig aber erfolglos Ausschau nach den Cirios gehalten, war der Meeresarm immer enger geworden, wir befanden uns in einem veritablen Death Valley, mit steilen, felsigen und praktisch vegetationslosen Hängen links und rechts, mit dem Unterschied, dass der Talboden hier mit dunkelblauem Wasser bedeckt war. Der talartige Einschnitt wurde immer enger, und die Landschaft, meist rötliches Rhyolithgestein, zog immer langsamer am Boot vorbei, obwohl Gary den Diesel mit voller Kraft laufen ließ.

„Spürst Du den zunehmenden Widerstand?"

„Was denn für ein Widerstand?"

„Na, die Strömung. Sie kommt dort die Öffnung hinunter. Hier kommen wir nicht mehr weiter. Wenn Du durch den Engpass willst, brauchst Du ein Boot wie das da drüben."

Er zeigte auf ein offenes Boot mit Außenbordmotor, das schnell aus dem Kanal nach Norden rauschte, wohl ein Seri-Fischer auf der Rückreise nach Punta Chueca.

„Aber Deines ist hochseetauglich."

„Schon, aber wenn die Strömung gleich schnell ist wie mein Boot, kann ich nicht mehr steuern. Wollen sehen, ob wir näher an die Insel rankommen!"

Er dirigierte das Boot nun gegen die steil aufragende Gesteinsmasse der Insel. Die Strömung trieb uns bei der Überquerung der Mündung des „Kanals der kleinen Hölle" weit in den Süden ab, als ob wir einen Fluss überqueren würden. Jetzt kam die Küste der Insel in Sicht. Es gab einen kleinen Strand und einen steil aufragenden felsigen Hang. *Landen könnte man schon*, dachte ich, *aber richtig lohnen würde es sich kaum*. Gary hatte recht. Dahinter war auf unübersehbare Weiten das Land buchstäblich wüst und leer. Die Ostseite der Insel schien besonders trocken zu sein, nicht einmal Kakteen konnten aufkommen. Gary sah nach der ausgeworfenen Angel, ob vielleicht der Köder abgefressen war. Wir hatten nämlich noch nichts gefangen, obwohl wir schon stundenlang hier draußen waren.

„Selbst das Wasser scheint hier eine Wüste zu sein. Der Köder ist noch dran und das Echolot zeigt keine Fische an."

„Ja und an Land gibt es keine Kakteen und keine Cirios!"

„Lass es uns weiter südlich versuchen. Da gibt es ein paar kleinere Inseln. Es gibt auch noch andere Sehenswürdigkeiten hier. Etwa die San-Esteban-Insel mit der Robbenkolonie und die Vogelinseln. Leider alles ein bisschen weit draußen, wir müssten auf dem Boot übernachten, und das wird nur mit Dir ein bisschen langweilig!"

„Warst Du schon mal mit jemandem hier draußen über Nacht?"

„Einmal. Zwei Typen heuerten mich an, einheimische. Sie wollten nicht fischen, sondern auf die andere Seite."

„Niederkalifornien?"

„Ja, und wegen dieser Geschichte war ich zunächst ein bisschen skeptisch, als Luis mir sagte, da wolle einer auf die Tiburón-Insel."

„Wieso denn?"

„Hör nur zu! Also, wir überquerten den Golf und der eine wollte auf einer kleinen Insel vor Baja landen. Als wir landeten, wollte der doch glatt, dass ich ihm helfe, den anderen dort auszusetzen! Er hätte sich an seine Tussi rangemacht und er müsse ihn aus dem Weg schaffen. Die Insel sieht so aus wie diese hier, der wäre dort glatt verdurstet. Ich hatte alle Mühe, ihn davon abzubringen, den verrückten Kerl."

Ich schaute Gary ein wenig ungläubig an. Als Seemann verstand er sich bestimmt auch darauf, ein entsprechendes Garn zu spinnen, aber andererseits …

„Ja, da wurde ich ein wenig nachdenklich. Du weißt ja, wie ich auf die Frauen hier stehe und ich war auch schon mit ein paar zusammen. Da musst Du auch so schon aufpassen, aber wenn es dann noch eifersüchtige Nebenbuhler gibt, wird es richtig kompliziert."

„Du meinst wohl, Du musst da aufpassen. Ich bin nicht deswegen hierhergekommen!"

„Jaja, Du hast ja auch noch keine getroffen. Aber das könnte sich noch ändern, hohoho! Aber ehrlich, man kann ganz schön in Schwierigkeiten kommen. Ich lernte da mal eine kennen und hatte sie mit in den Bungalow genommen. Hatte die in einer Kneipe getroffen, tolle Frau, und unkompliziert. Sie konnte sogar ein paar Worte Englisch. Aber als wir am folgenden Morgen aufwachten …"

Da tat es einen lauten Schlag, der aus dem Bauch der Cat's Paw zu kommen schien, und das gutmütige Grummeln des Diesels erstarb. Umso lauter schallte jetzt das Fluchen von Gary über die nun sich ausbreitende Stille des Meeres.

„Zieh mal die Leine der Angel ein, damit sie sich nicht verheddert. Ich muss an den Motor ran!"

Er räumte die Eiskiste und anderen Krimskrams in Windeseile von der Abdeckplatte weg und guckte aufs Echolot. Indessen hatte ich die Leine der Angel um ein gutes Stück eingeholt.

„Such mir doch rasch den Schlitzschraubenzieher aus der Werkzeugkiste raus. Rasch! -, ich kann hier keinen Anker werfen, das Meer ist zu tief. Die Strömung wird uns abtreiben lassen!"

„Du, da ist kein Schlitzschraubenzieher!", meldete ich nach kurzem, intensivem Wühlen.

„Er **muss** da sein! Such weiter!" Er wurde nun rasch ziemlich nervös.

„Nichts!"

„Lass sehen! Fucking bullcrap, dammit!"

Er durchwühlte die Box und danach in grösster Hektik die Ablagen in der Kabine.

„Ich kriege die Schrauben nicht los ohne Schraubenzieher. Den muss mir irgendein Knilch vom Boot geklaut haben! Hast Du einen Dime? Den können wir vielleicht zusammen mit der Zange als Schraubenzieher brauchen."

„Habe nur mexikanisches Geld. Aber versuch es doch mal damit!"

Ich erinnerte mich, womit ich die ganze Zeit die Kronenkorken der Bierflaschen aufgemacht hatte!

„Du hast ein Swiss Army Knife!"

„Klar, never leave home without it. Flaschenöffner ist Schlitzschraubenzieher, Dosenöffner für Kreuzschrauben!"

„Weiß ich, Mann. Das rettet uns! Mann bist Du ein Glückspilz. Ich muss mich mit dem Glück der Iren begnügen! Hoffe Deines färbt ein wenig auf mich ab, könnte es gebrauchen!"

Er drehte geübt die vier Schrauben los und steckte bald den Kopf in den Bauch des Schiffes. Ich sah inzwischen, wie wir wieder ziemlich flotte Fahrt nach Süden machten, das Land in der Ferne zog langsam an uns vorbei. Weiter vorne waren Inseln auszumachen, auf die wir zutrieben. Gary zog einen Kabelsalat aus dem Motorraum und meinte, dass der Motor hoffentlich wieder zu starten sei. Das Kabel für den Startermotor mochte einen Kurzschluss gemacht und den Starter ausgelöst haben, was wiederum den Diesel angehalten hatte. Gary brachte das Kabel wieder an seinen Ort, war eine ganze Weile dort unten in den Eingeweiden seines Schiffes beschäftigt, bis er mir rotem Kopf und schweißüberströmt wieder auftauchte.

„Ich hoffe, das Ding startet jetzt, sonst sind wir am Arsch. Oder bald in La Paz! Irgendwas stimmt mit dem Kabel nicht. Werde es ersetzen mussen, sobald ich in Duluth bin!"

Er versuchte, den Motor zu starten. Der Diesel tat ihm den Gefallen und sprang bereitwillig an, wie mein VW am Morgen. Wir grinsten uns beide an.

„Mach mal den Deckel wieder drauf, wir müssen uns beeilen, von hier wegzukommen!"

Tatsächlich schaukelte das Boot recht flott auf einen Felsen zu, wo sich die Strömung wie in einem Fluss zu brechen schien. Wir waren nur wenige Dutzend Meter davon entfernt. Gary gab die volle Kraft des Diesels an die Schraube und versuchte, das Boot in einer sanften Kurve von der kleinen Insel wegzubringen, anstatt etwa stark einzuschlagen und der Strömung die Breitseite zu geben. Dann wären wir unsanft auf den Felsen geprallt. Aber auch so brachte uns die starke Strömung immer näher an den Felsen heran, ich schaute immer aufs Echolot, aber das Meer blieb über 50 m tief, es musste sich um einen nahezu senkrecht aufragenden Felssporn handeln. Immer näher kam der Felsen, bis es einen Rempler auf der rechten Seite gab und das Boot wie nach einem Bandencheck im Eishockey vom Felsen wegreflektiert wurde und wir das Hindernis umschiffen konnten. Wir schienen kein Leck bekommen zu haben, soweit ich als „ausgebildeter Seemann" hier überhaupt eine Ahnung haben konnte. Gegen die machtvolle Strömung würde das Boot nicht ankommen, weshalb Gary immer weiter in den Süden steuerte und langsam mittels einer sanften Kurve aus der Strömung herauszukommen versuchte. Das gelang schließlich in der Nähe der kleinen, der Südspitze der Tiburón-Insel vorgelagerten Turner-Insel, oder wie Gary sagte, Cactus Island. Der Name war Programm. Auch dieses Eiland war von großen Cardon-Kakteen – ob es die Pringlei oder die aus Sinaloa waren, konnte ich nicht endgültig aus der Distanz bestimmen – wie mit einem Wald überzogen. Wir hatten es geschafft! Ich schaute über Bord hinunter in die klare Tiefe und sah den scheibenförmigen schwarzweißen Fischen beim Spielen zu. Hatte vielleicht endlich einer angebissen?

„Soll ich nachsehen, ob wir etwas gefangen haben?"

„Ja, kannst Du machen, mal sehen, ob der Köder noch dran ist!"

Ich drehte am Haspel und fühlte gleich, dass da einer angebissen haben musste, und holte die Leine ganz ein. Ein recht großer, orangerot gefärbter Fisch hing am Haken.

„Da hast Du Dir aber eine gefährliche Schönheit geangelt! Ein Feuerfisch! Schön anzusehen, aber giftig. Siehst Du die Stacheln da? Look but don't touch! Wie beim Pole Dance!"

Gary lachte und wollte den Fisch losschneiden.

„Lass mich noch ein Bild davon machen!"

Was sollte wohl ein Pole-Dance sein? Pole ist doch eine Stange und Dance ein Tanz. Naja, wenn ich tanzen würde, wäre es schon ein Pole-Dance! Ich hatte aber nicht den Mut, ihn danach zu fragen. *Das hatte bestimmt wieder mit Frauen zu tun! Ich war sehr darauf erpicht, ihn nicht merken zu lassen, dass ich von seinem Hobby nicht die geringste Ahnung hatte. Verrückt, hier einfach Frauen in den Bars aufzureißen und sie in den Bungalow mitzunehmen! Kein Wunder, dass er so vorsichtig war. Die Geschichte von vorhin … Aber hier gab es ja gar keine Bar. Ich konnte mich wohl sicher fühlen. Gary würde mich kaum in eine Disco schleppen können!*

„Gut, aber dann lassen wir es gut sein für heute. Wir sind weit draußen und müssen uns sputen."

Ich machte das Bild und guckte aufs Echolot. Gary stellte es anders ein und es zeigte nun Tiefen bis 500 m an. Das Meer war hier 430 m tief.

„Wir sind wieder am Grabenbruch, wie gestern. Da gibt es allerhand Fische, Hunderte von Arten, ist wie ein Aquarium. Aber jetzt wollen wir umdrehen, Kurs Bahia Kino. Es ist schon längst Mittag vorbei."

Mit diesen Worten setzte er sich ins Cockpit, holte das Linda Ronstadt-Tape aus dem Recorder, um es umzudrehen und wieder einzusetzen. „Por un amor …", drang schwermütig und irgendwie eindringlich durch das eilig werdende Pochen des Dieselmotors Lindas Stimme. Bald zeigte der Bug auf die schemenhaft im Dunst sich abzeichnende Küste. Wir waren wirklich weit nach Süden abgetrieben worden. Der Ort war kaum noch am Kapgebirge auszumachen, worauf wir jetzt zuhielten. Gary hatte einen außerordentlich zufriedenen Gesichtsausdruck aufgesetzt, seine gutmütigen Augen strahlten geradezu, als ob er sich über etwas sehr freuen würde. Vermutlich wegen der erfolgreichen Reparatur. Seine Cat's Paw schnurrte jetzt förmlich vor Zufriedenheit, während sie zielstrebig auf die weit entfernte Küste zuhielt. Das Abenteuer war vorbei. Ich würde die Cirios morgen an Land suchen müssen. Ich hatte ja jetzt noch 2 Tage Zeit dazu. Am besten, ich würde die

Küstenstraße hochfahren, soweit ich sie mit dem VW bewältigen konnte. Vielleicht konnte man am Strand hochfahren, um den tief eingeschnittenen Arroyos auszuweichen …

Auch im fernen Ciudad Juarez war der Mittag längst vorbei gewesen, als Flor ihre kleine Reisetasche ergriff, aus der uralten Adilene ausstieg und zusah, wie ihr Onkel seinen von der Wüstenpiste noch völlig verstaubten Pritschenwagen vorsichtig parkte. Die wackligen, aus Holzbrettern gebauten erhöhten Seitenwänden der Ladefläche erschwerten das Manövrieren – aber vergrößerten die Ladekapazität. Er ließ es sich nicht nehmen, sie bis zu dem Bussteig ihrer Linie zu begleiten, wo Paty bereits hoffnungsvoll nach ihr Ausschau gehalten hatte. Sie schien einen guten Eindruck auf ihn zu machen, er begrüßte sie nicht unfreundlich, eher respektvoll, wie immer, wenn er unter Fremde geriet. Flor drückte ihm die letzten 70.000 Pesos in die Hand für das Benzin, jetzt hatte sie alles getan, um sicherzustellen, dass ihre Leute gut zurück auf den Hof und zu ihrer Arbeit kamen.

Der Stadtverkehr zum Feierabend setzte dem schwerfälligen, großen Bus von „Transportes Chihuahuenses" beträchtlichen Widerstand entgegen; als er endlich bei der großen Statue von Benito Juarez am Stadtrand beim Kilometer 20 auf die MEX 2 einbog, fuhr er direkt in die bereits recht tief stehende Sonne hinein. Die wirr durcheinanderlaufenden, wild zerrissenen Bergkämme der Sierra Juarez zogen rechterhand immer schneller an den Fenstern vorüber, während der Südwesthorizont als messerscharfe Linie den gräulich-braunen Wüstenboden vom stumpfen, staubigen Blau des Abendhimmels trennte. Immer schneller flog das schwere Gefährt über die schnurgerade Straße, während der Fahrer immer mehr Gänge einlegte, der Bus begann, sachte zu schaukeln und schwingen, wie ein großes Schiff. In Anbetracht der sich ausbreitenden Leere hatte Paty gefragt, ob sie sich anlehnen dürfe, und war tatsächlich bald eingedöst. Wollte sie etwa die ganzen 12 Stunden hier schlafen? Flor hatte ja noch gar nichts gegessen, sie waren erst spät aus El Paso vom Shoppen zurückgekehrt und sie musste ja noch nach

Hause, um das Gepäck zu holen. Paty wohnte dagegen gleich in der Nähe des Busbahnhofs.

Jetzt senkte sich die fast völlig verkehrsfreie Landstraße in ein weites Becken, wo die Luft vor Hitze flimmerte, der Fahrer legte einen tieferen Gang ein und das davon lauter werdende Motorengeräusch holte Paty aus ihrem leichten Schlummer. Noch mehr Herunterschalten, Bremsen, bis der Bus fast Schritttempo erreicht hatte, inmitten einer vegetationslosen Salztonebene ohne jegliches Zeichen von Leben oder menschlicher Heimstatt. Dann ein heftiges Schaukeln, als der Bus die erste Bodenwelle nahm, die man zwecks Verringerung des Tempos des Durchgangsverkehrs in die Fahrbahn eingebaut hatte. Dann ein brüskes, lärmiges Beschleunigen, wieder das Abbremsen, noch ein „Tope" und wieder Beschleunigen. Dann ein paar schäbige Häuschen und ein staubiger, enorm großer Platz mit ein paar geparkten Fahrzeugen. Der Bus fuhr von der höher gelegenen Straße auf diesen Platz hinunter und kam vor einem kleinen Gebäude zum Stehen, etwas abseits der Zapfsäulen der Pemex-Tankstelle. Weiter vorne konnte man den Wegweiser „Puerto Palomas" erkennen, hier ging also die Nebenstraße ab zur amerikanischen Grenze, der Grenzort „drüben" in New Mexico hieß Columbus.

20 Minuten Pause! Zeit, um sich etwas Essbares zu verschaffen! Das Lokal hatte eine gut bestückte Auslage an Füllungen für Burritos. Paty bestellte 3 Stück, zwei für Flor und einen für sich, der junge Mann hinter dem Tresen beeilte sich, Bohnenbrei und die gewünschte Füllung auf die Mehltortilla zu geben und diese dann geschickt aufzurollen, er wusste, dass der Bus nicht ewig wartete. Derweil fischte Flor zwei Cola-Glasflaschen aus dem Eiswasser der Getränketruhe und Paty bezahlte das Abendmahl bei der Dame an der Kasse.

Die beiden jungen Frauen waren ein wenig von dem sich entwickelnden Trubel und ob der Blicke der Männer zur Landstraße hochgegangen, während sie ihre Burritos trotz der halbflüssigen Füllung im Gehen aßen, ohne sich zu bekleckern, etwas, was man nur schafft, wenn man in Mexiko geboren ist. Flor betrachtete die gewaltige Fläche der Salztonebene und die weit entfernten Staubtromben, welche elegant über die vor Hitze bebenden Fläche tanzten. Ob dies dieselbe Ebene war, die sie vor ein paar Jahren bei einem Ausflug gesehen hatte, als sie ihre Großmutter auf der Wüstenfarm besuchte? „Ojo del Diablo" nannten sie den Ort, Teufelsquelle. Sie war damals von der Luftspiegelung dermaßen beeindruckt gewesen, dass sie sich ausgemalt hatte, sie würde ein Buch darüber schreiben. Sogar den Titel dazu hatte sie schon gefunden: „Das Rätsel der Teufelsquelle"

„Hey, was träumst Du da, Florecita? Mann, ich muss Dich beneiden! Du futterst wie ein Kerl und nimmst kein Gramm zu! Du siehst toll aus in diesem simplen Kleid – aber Dir steht ja alles. Bestimmt auch dieser neue Badeanzug – selbst wenn's ein Einteiler ist. Hast Du den Burrero bemerkt? Nein, natürlich nicht. Du merkst nie was – wie neulich, als Du in diesem mohnroten Overall an der Uni aufgetaucht bist."

Flor zog es vor, zu schweigen. Das war ja Patys Metier – und sie hatte keine Lust, mit ihr über dieses Thema zu sprechen. Paty schien tatsächlich vorzuhaben, auf dieser Reise anzubandeln, was ihr jetzt ob der fehlenden Konkurrenz umso leichter gelingen mochte. Flor dagegen freute sich vielmehr darauf, endlich das Meer zu sehen, vielleicht würde sie ja nie heiraten aber dank der guten Ausbildung für sich selbst sorgen können. Sie schlenderten langsam zum Bus zurück, gaben die geleerten Flaschen bei dem kleinen Lokal ab und nahmen das freundliche „buen viaje, señoritas" vom „Burrero" mit hinaus zum Bus. Er würde jetzt nur noch in Agua Prieta oben an der Grenze zu Arizona anhalten und dann durchfahren bis Hermosillo. Paty erklärte Flor mit ihrer lebhaften Stimme, dass sie dort früh genug ankommen würden, um sich mit Proviant fürs Abendessen und das Frühstück am Sonntag einzudecken, dann müssten sie in Bahia Kino nicht Zeit damit vertun. Die Bungalow-Anlage wäre zu weit vom eigentlichen Ort entfernt, dafür läge er direkt am Strand.

Bald tastete sich der schwere Überlandbus heftig schwankend auf die Landstraße hoch, überquerte mit quälender Langsamkeit die Schwellen jenseits der Kreuzung und nahm dann Fahrt auf, erst langsam, dann immer schneller, auf die weit entfernt am Horizont lagernden Bergzüge zu, wo jetzt die Sonne schon fast die höchsten Rücken und Grate erreicht hatte und die unzähligen Gräben und Schluchten plastisch hervortraten. Als der Bus begann, die steilen Schleifen und Anstiege anzugehen, die hinter dem winzigen Ort Janos begannen, war die Dämmerung bereits recht fortgeschritten. Er wurde immer langsamer, wurde schließlich von einem noch langsameren alten Laster zusätzlich ausgebremst, dessen schlecht eingestellter Diesel dicke, schwarze Qualmwolken aus zwei senkrecht in die Höhe ragenden Auspuffrohren entweichen ließ. Der tiefe, senkrechte Einschnitt in nacktem Fels des San Luis Passes warf das knatternde Auspuffgeräusch des Lasters vervielfältigt zurück, welches plötzlich verstummte, als die Passhöhe auf knapp 1'800 m ü M genommen war und sich die Straße auf der Westseite, bereits in Sonora, in die weite Talebene von Agua Prieta senkte, wo der Laster wie erlöst den Abhang hinunterrollte und dabei trotz der Kurven immer schneller wurde. Am nordwestlichen Horizont konnte man vor den letzten Dämmerungsfarben bereits die Lichter der beiden Grenzstädte Agua Prieta und Douglas erkennen – aber die beiden jungen Abenteurerinnen waren bereits eingeschlafen.

La Fiesta Brava

Darunter versteht man im Allgemeinen den auch in Mexiko praktizierten Stierkampf, aufgegliedert in drei Akte, mit den Picadores zu Beginn, welche den Charakter, die Stärken und Schwächen des Stieres ermitteln wollen, den Banderillas, welche in den Rücken gesteckt werden, um das Tier zu reizen und schließlich das Töten des Stieres durch den Torero oder Matador mittels eines speziellen Degens, nachdem dieser das Tier mit dem Muleta genannten roten Tuch dominieren und führen konnte. Je gefährlichere und kompliziertere Positionen und Bewegungen der Matador mit dem Stier macht, umso größer der Applaus des Publikums. Oleeee! Aber „bravas" also „außer Kontrolle" oder ungezähmt können in Mexiko auch gewöhnliche Feste, selbst Familienfeiern sein. Bis auf den heutigen Tag ist eine mexikanische Fiesta eines der schönsten Erlebnisse, das man dort erleben kann, sofern man sich auf einen ungewissen, bisweilen verstörenden Ausgang einlassen kann, wie es bei Octavio Paz erörtert wird: Das Labyrinth der Einsamkeit. Ich hatte auch gestern wieder in jenem Buch gelesen, bevor ich müde genug zum Schlafen war. So ein Abend ohne Fernsehen kann schließlich ganz schön lang werden.

Ganz zufrieden war ich nicht wirklich mit den doch dürftigen Resultaten des so lange erwarteten Ausflugs. Nicht nur hatte ich keine Spur einer Cirio gesehen, jetzt befanden wir uns auch bereits auf dem Rückweg in bekannte Gefilde. Aber enttäuscht war ich auch nicht. Immerhin hatte ich einen entscheidenden Beitrag geleistet, dass wir keinen Schiffbruch erlitten hatten und ich hatte mich als mutig und kaltblütig zeigen können.

Aber es war wie verhext! So hatte ich es mir jedenfalls nicht ausgemalt! Vielleicht war's am Ende doch ein Glücksgriff, dass ich mich von Gary nochmal hatte dazu breitschlagen lassen, zu verlängern, ich würde das ganze Wochenende noch dranhängen. Morgen dürfte es schwierig werden, noch vor dem Mittag hier wegzukommen; mein trinkfester Freund hatte vorhin gemeint, wir würden das bestandene Abenteuer noch tüchtig feiern!

Gary hatte wirklich alle Register gezogen, um mir das Hierbleiben schmackhaft zu machen. Am Wochenende könnten wir doch einerseits seinen Bekannten Carlos vom Wohnmobil am Strand besuchen, damit ich mit ihm über den Zustand der Pisten in den Nordwesten reden konnte, und andererseits wollte ich ohnehin noch das Kapgebirge genauer auf Cirios erkundigen. Vielleicht wusste ja dieser Carlos, wo welche wachsen! Und vielleicht gäbe es nochmals Gelegenheit für eine kleine Bootstour, mit oder ohne zusätzliche Passagiere. Aber am Montag musste ich los, es wurde Zeit, diesem freundlichen Ort und seinen angenehmen Bewohnern Lebewohl zu sagen. Es wurde endlich Zeit, dass wieder normale Verhältnisse einkehrten! Die Operation Cirio würde mich sechs kostbare Reisetage kosten, und bis jetzt hatte ich lediglich 3 mickrige Exemplare an der Straße gesehen!

Indessen war die Küste kaum merklich nähergekommen und die Sonne, welche den Zenit erst gerade überschritten hatte, brannte mit sengender, weißer Glut auf uns herab, sodass der Fahrtwind kaum Kühlung verschaffte. Vielleicht war das der Grund, weshalb er es auf einmal so eilig zu haben schien. Wir hätten ja noch ein bisschen der Westseite der Tiburón-Insel hochfahren können. Oder das mutmaßlich immer noch schadhafte Starterkabel drängte Gary, so rasch als möglich zurückzufahren. Er sah aber gar nicht besonders besorgt drein, ganz im Gegenteil, das war mir vorhin schon aufgefallen, als ob er sich auf etwas ganz besonders freuen würde.

Küss mich, und …

Nach einer Weile fiel mir auf, dass Gary gar nicht aufs Kap, sondern weiter östlich auf eine flache Strandregion zuhielt. Das erschien mir seltsam, aber ich dachte mir zunächst nichts dabei. Aber dann siegte die Neugier!

„Du, weshalb fahren wir eigentlich diesen östlichen Kurs? Die Bungalow-Anlage und der Pier sind doch beim Kap!"

„Hey, Du wirst ja langsam zum Seemann hier! Bald kannst Du den Kahn selbst steuern, haha. Aber es stimmt. Wir fahren auf den Ästuar zu, Kino Viejo. Dort werden die Garnelen angelandet und man kriegt auch Austern, ganz frische. Wir müssen uns noch stärken für heute Abend!"

„Austern im Mai? Da ist kein „R" drin! Und ich stehe auch so nicht wirklich auf dieses Glibberzeug!"

„Mann, weißt eben nicht was gut ist. Ich ess' alles, was aus dem Meer kommt, wie neulich diese große Kammmuschel! Aber ich empfehle Dir, dass Du heute eine Ausnahme machst und Dir mindestens ein Dutzend davon reinziehst!"

„Dein Frühstück hält noch vor. Wir machen hier ja nicht wirklich was! Das Bier reicht völlig!"

„Ja, schon, aber das wird sich heute Abend ändern! Es ist Freitag! Partytime! Und Cinco de Mayo. Grande Partytime! Hahahahaha!"

„In Nordmexiko gibt es aber doch laut Luis gar keine Party am Fünften!"

„In ganz Nordmexiko vielleicht nicht. Aber in diesem kleinen Kaff schon! Luis hat's selbst organisiert!"

„Hahaha! So ein Unsinn! Luis organisiert für Bahia Kino die Cinco de Mayo-Feier! Wo kriegt er denn so viel Geld her?"

„Ist doch nur für uns drei!"

„Witzbold! Eine Party für drei. Ganz intim, was! Hahahaha!"

„Mal sehen, ob Du immer noch lachst, wenn Du die Überraschungsgäste kennenlernst!"

„Wen will er denn noch einladen? Seine Kumpels oder Familie?"

„Mann, bist Du schwer von Begriff! Denk doch mal nach! Austern, Party, Überraschungsgäste! Na, klingelt's? Bist doch sonst nicht derart auf den Kopf gefallen!"

„Hm! Er scheint uns zumindest nicht zum Essen einladen zu wollen, wenn wir vorher noch was futtern. Kann sich eigentlich nur um ein Besäufnis handeln, aber dann wären Ölsardinen vorher besser als Austern. Ganz klar, er will uns in seine Stammkneipe einladen, um Cubeta zu trinken. In eine Cantina!"

„Hahahahaha, das ist zu viel, ich krieg mich nicht mehr ein! Eine wissenschaftlich völlig schlüssige Analyse! Mann, Du spinnst doch total! Sag mal, meinst Du das im Ernst oder machst Du Dich über mich lustig? Immerhin, am Ende bist Du ziemlich nahe drangekommen!"

„Cantina also! Hey, ich will aber keinen Ärger, wie damals in Mazatlán! Hab's Dir ja schon erzählt."

„Ach wo, keine Angst, die Federales kommen nicht hierher. Hier gibt es keine Narcos!"

„Ich meinte nicht die Bullen. Vor denen hab' ich keine Angst. Sondern das Servierpersonal! Die können sehr aufdringlich werden. Da unten wollte eine unbedingt einen Abschiedskuss von mir, dabei kannte ich die doch gar nicht. Ich sollte nicht nach La Paz kommen, wenn ich es nicht tun würde, so ein Schwachsinn!"

Gary starrte mich mit offenem Mund an. Völlig ungläubig. Einfach unfassbar, was ich ihm gerade erzählt hatte! Da schlug einer einfach einen Kuss von einer Mexikanerin aus! Aber jetzt erschien ein wissendes, selbstzufriedenes Schmunzeln.

„Und Du hast den Kuss sausen lassen, wie ich sehe! Kein La Paz für Dich ohne Kuss, my friend! Musst es dringend mal nachholen! Sonst kommst Du von hier nicht mehr weg. Hahaha!"

„Unsinn! Ich bin nicht abergläubisch. Bis Baja ist es gar nicht mehr so weit, wenn ich die Küstenstraße hochfahre!"

„Nicht abergläubisch, soso. Siehst ja, wie es rausgekommen ist! Ich prophezeie Dir auch was: Wenn Du morgen noch nach Deinen Wunderbäumen suchen willst, will ich nicht mehr Gary D. heißen!"

„Da musst Du aber gröberes Geschütz auffahren als Deine Dos Equis, damit ich das vergesse!"

„Gröberes Geschütz! Wirst schon sehen. Luis hat hoffentlich nicht zu viel versprochen. Laberte von besonders großkalibrigen, scharfen Granaten! Fürs Feuerwerk, denn heute feiern wir tüchtig Cinco de Mayo! Hahahaha. Wirst Dich noch wundern!"

„Wer kommt denn außer Luis noch? Du, ich nehm' aber nichts von dem anderen Zeug! Hab genug Chemie um mich rum an der Arbeit!"

„Exklusive Feier! Ganz intim … Und nur legale Drogen! Ich hoffe, der Stoff von Luis fährt richtig ein!"

„Na los, raus mit der Sprache! Was soll die Geheimniskrämerei!"

„Kann's kaum noch erwarten! Wollte Dir ja nichts sagen, es sollte eine Überraschung werden, aber jetzt ist die Katze aus dem Sack! Kannst Dich schon mal mental drauf vorbereiten! Luis hat doch diesen großen Van. Er hat ihn herausgeputzt für unser Triple Date heute Abend!"

„Triple Date? Was soll denn das heißen?! Etwa was mit Frauen?"

„Natürlich, Du Schnellmerker! Was mit Frauen! Yes, Sir! Luis kennt sich damit aus! Kennt alle attraktiven Señoritas hier, ein richtiger Casanova. Er hat freie Bahn fürs Wochenende und er hat mir versprochen, dass er 3 richtige Hotties auftreiben will, tres muchachas bien buenas, wie sie hier sagen; obwohl, eine ist keine Señorita mehr, sie soll verheiratet sein! Are you ready for some big-time trouble? Musst nur zusehen, dass Du Dir die Richtige raussuchst, denn …"

Den Rest dieser „guten Neuigkeit" kriegte ich nicht mehr mit. Garys Eröffnung schlug mir mit der Gewalt eines Schwergewichtler-Boxhiebs in die Magengegend, nein, ich fühlte mich eher wie vor einer schwierigen Matheprüfung, von der ich wusste, dass ich sie nie schaffen würde und deshalb von der Schule fliegen würde wie damals 1978. Ich wusste kaum eine einigermaßen vernünftige Antwort auf diese, seine – und ich war mir sicher es war seine – verrückteste aller Ideen. Das war der verrückteste Vorschlag, den ich je bekommen hatte. Nach einer ewig scheinenden Pause versuchte ich, etwas halbwegs Schlüssiges zu antworten:

„Ich glaube nicht, dass dabei was Gescheites rauskommt. Ich kann nicht genug spanisch, um eine unbekannte Frau anzuquatschen. Die würde mich doch bestimmt abweisen! Hast ja gesehen, gestern mit Deiner Französin!"

„Du sollst ja auch keine Reden halten, sondern tanzen und küssen! Hohohoho! Das reicht zumindest fürs Erste. Denn danach, Du weißt schon … Wozu glaubst Du, sollen die Austern gut sein?! Keine Widerrede jetzt. Du wirst sehen, was für einen Unterschied es macht, statt eines Kaktus eine Einheimische im Arm zu halten! Hast ja selbst gesagt, dass Du weder Frau noch Freundin hast, und selbst wenn, sie sieht's ja nicht. Nimm erst mal ein Bier, damit Du in Stimmung kommst!"

Das wurde ja immer schlimmer! *Jetzt auch noch tanzen UND küssen! Ich hatte von beidem nicht die geringste Ahnung. Und vom „Danach" erst recht nicht. Und jetzt sollte ich all das auf einmal tun, und nicht etwa allein, sondern in aller Öffentlichkeit, in Begleitung meiner neuen Freunde Gary und Luis!*

Ich geriet in nachdenkliches Schweigen, verfiel in dumpfes Brüten, nachdem ich Garys Angebot auf ein Bier angenommen hatte. Darüber stellten sich unweigerlich die üblichen düsteren Gedanken über meine erotischen Unzulänglichkeiten während der letzten 12 Jahre ein und ich fiel in dumpfes Brüten. Gary ließ das Boot weiter volle Fahrt machen und richtete den Autopiloten ein.

Es machte mir ja sonst nichts aus, den Hofnarren zu geben, aber dann bitte nach meinem Drehbuch! Aber jetzt hatten Gary und Luis eine Situation geschaffen, die ich nicht zu kontrollieren vermochte. Das war kein mitternächtliches Trompetensolo vom Triumphmarsch aus Aida, sondern eine ganz andere Vorstellung! Es gab gar keine andere Möglichkeit, als dass mich hier eine Erniedrigung der Extraklasse erwartete. Vor aller Welt, zumindest vor den Augen meiner Freunde, an deren Achtung mir gegenüber mir nicht wenig lag, würde ich bis auf die Knochen blamiert dastehen, nein eher noch ohne Hosen würde ich als das dastehen, was ich war: Ein vollkommener Versager, eine Niete, ein Nichts! Von dem keine etwas wissen wollte und der nichts mit Frauen anfangen konnte. Alle würden es sehen – und noch schlimmer: Ich würde den unumstößlichen Beweis bekommen, dass es tatsächlich so war. Wer nicht spielt, verliert nicht – damit würde jetzt Schluss sein.

Wenn ich hier eine zu küssen versuchte, wäre immerhin das mit dem „Danach" erledigt. Hier konnte ich nur verlieren: Würde ich kneifen, würde ich wie ein Feigling und komischer Typ dastehen, mit dem wohl niemand mehr etwas zu tun haben wollte. Ging ich mit, würde ich im besten Fall kurz von den Damen inspiziert und dann fallengelassen werden. Sie würden sich lieber an den stattlichen Gary und den galanten Luis heranmachen, die Übriggebliebene mochte dann anderswo einen Tanzpartner finden … Da würden meine nicht vorhandenen Fähigkeiten diesbezüglich vor aller Welt klar ersichtlich sein und morgen als Dorfklatsch verhandelt werden.

Also die dritte Option. Wie immer! Trinken, bis es nicht mehr ging! Dann würde ich mich nicht an den missratenen Abend erinnern müssen und konnte vielleicht sogar bei Gary und Luis punkten. Und völlig betrunken war es verständlich, dass bei den Damen nichts mehr lief! Das mochte gehen. Am besten gleich damit anfangen, damit sich die notwendige Totalanästhesie noch vor dem ersten Tanz einstellen würde!

Inzwischen schien Garys volle Kraft laufende Cat's Paw sich gar in ein Schnellboot verwandelt zu haben, weil die Küste für meinen Geschmack viel zu schnell näher zu kommen schien, während ich trotz meines Schlachtplans und ein paar Bieren intus immer nervöser wurde.

„Wieso so schweigsam auf einmal? Hat Dir der Rumser gegen den Felsen vorhin auf den Magen geschlagen? Die Strömung ist auch jetzt noch da. Fühlst Du, wie langsam das Boot geworden ist?"

„Ich versuche, mich an meinen Spanischkurs zu erinnern!"

„Spanischkurs? Das wird Dir nicht viel nützen. Brauche ich nicht! Das geht doch ganz einfach! Heyyyy Mamacita vamos a bailar …"

„Kannst Du überhaupt tanzen?"

„Of course … Und wenn es der Sache dienlich ist, fang ich auch noch an zu singen! Das kann doch jeder, ist nichts dabei, gibt's bei euch etwa keine Discos? Wenn ich an die Pubs in Irland denke …"

Ach Gary! So einfach würde das nicht werden! Ich fühlte mich vor lauter Aufregung kein bisschen betrunken. Das hatte gerade noch gefehlt! Immer wieder kehrten meine Gedanken auf dasselbe Thema zurück: Ich hatte sowas noch nie gemacht und hatte keinen blassen Schimmer, wie man eine Frau ansprechen, mit ihr tanzen, sie verführen und auch noch küssen sollte. Mir kam wieder die Kneipe in Mazatlán in den Sinn, dort hätte ich mit dieser Brenda üben können, wäre vielleicht dann sogar nach La Paz gekommen. Oder war es Lety, welche mich dazu überreden wollte? Egal! Gary glaubte das inzwischen auch. Hier würde ich aber scheinbar nicht mal mit einem Kuss davonkommen, sogar ich wusste damals, dass man dazu keine Austern brauchte. Das Herz klopfte mir bis zum Hals hinauf und ich hatte gewiss mehr Angst als vorhin, als wir begannen nach La Paz abzutreiben und auf den Felsen prallten.

„Küss mich, und Du wirst auf dem Schiff nach La Paz an mich denken!"

Ja, Lety hatte das gesagt, bevor die Judicial hereinplatzte und mich vor einer Blamage bewahrt hatte. Sie war sehr hübsch gewesen, eine eigentliche Schönheit. Jeder hätte die geküsst, nur ich nicht! Und eigentlich freundlich, angenehm. Nicht aufdringlich, wie ich vorhin gesagt hatte. Sie hatte vielmehr gehofft, ich würde ein wenig aufdringlich werden. Aber sie hatte das bestimmt nicht ernst gemeint, aber ein Küsschen, ein sogenanntes „Müntschi", wie wir zu einem nicht ernst gemeinten Kuss sagen, hätte doch nicht geschadet! Vielleicht wäre ich wirklich nicht in diese Lage geraten, hätte ich ihrem Wunsch entsprochen. Aber nein, das hätte ich nie fertiggebracht. Jetzt war es ohnehin zu spät dazu, dachte ich traurig. Aber ich wollte gar keine küssen, nein, ganz bestimmt nicht, ich würde nie mehr eine zu küssen versuchen, das geht gar nicht, das kommt einfach nicht in die Tüte. Ich kann's einfach nicht. Ich wünschte mir beinahe, ich hätte mich vorhin nicht an mein Messer erinnert und wir wären wirklich schiffbrüchig nach La Paz unterwegs. So ein Mist! Nicht mal dorthin abtreiben lassen war mir vergönnt!

Die Sonne stand inzwischen bereits mitten im Nachmittagsbogen und strahlte wie eine Quarzlampe grellweiß von schräg links und verbreitete eine gewaltige Hitze, welche sich zu der innerlich fabrizierten Hitze dazugesellte. „Küss mich, und …" Ich hatte die Szene wieder vor Augen. Schluss damit! Ein weiteres Bier!

Jetzt kamen angenehmere Gedanken zu Besuch. Drei Frauen! Wie unsere Runde daheim in Olten. Ich konnte doch einfach ein Schwätzchen mit „meiner" anzetteln! Mochten die anderen beiden tanzen! Ja klar! Und sie mich bald mit auf die Tanzfläche zerren! Zu Hause wussten sie um meine Marotten und die Frauen ließen mich in Ruhe. Alle wussten, dass es da nichts zu holen gab. Aber hier? Nein, es gab keinen Ausweg. Ich war in einer Endlosschleife gefangen! Ein seltsames Gefühl beschlich mich, als ob ich meinem Schicksal nicht ausweichen konnte. Es würde sich alles wiederholen! Und täglich grüßt das Murmeltier! Schiff, Cantina, Frauen! Küss mich …! Ich begann mich mit dem Unvermeidbaren abzufinden und sah zu Gary hinüber. Auch er war schweigsam geworden und stellte gerade seine leere Flasche auf den Boden und machte sich eine neue auf. Woran mochte ER wohl gerade denken?!

Inzwischen schälten sich die landschaftlichen Details der Gegend rund um die alte Flussmündung aus dem Horizont heraus, es gab Dünen und Mangrovengebüsch rund um den Mündungstrichter, wo früher ein kleiner Fluss aus der Sierra Madre bis hierher floss. Weit am Horizont streckten einige mächtige Cardons ihre fetten Arme gegen den bleichen Himmel. Auch heute noch sorgte ein Grundwasserstrom für das brackige Wasser, welches Kakteen fürs Wachstum sowie Austern und Garnelen für die Fortpflanzung benötigen. Das alles interessierte mich aber jetzt nicht mehr. Meine Nervosität wurde mit jeder Minute schlimmer. Sehnsüchtig schaute ich in Richtung Niederkalifornien hinüber, ob vielleicht eine Wolke einen dieser Chubasco-Stürme, also einen Tropensturm, bringen mochte. Ein paar hohe Wolkenfelder waren zumindest da.

Die Policia Judicial würde mich diesmal nicht vor dem zu erwartenden Reinfall bewahren, in Bahia Kino gab es nicht mal einen Verkehrspolizisten. Aber der Himmel war überall sonst von so einer kristallenen Bläue, wie man es auf Meeresniveau nicht für möglich halten sollte, und die Sonne, tief im Westen stehend, leuchtete wie eine dieser grellen Verhörlampen aus einem Agentenfilm mir direkt ins Gesicht. *Los gesteh's ihm! Du kannst das nicht! Du hast keine Ahnung von Frauen! Dann hat die Folter ein Ende,* so gingen meine Gedanken wie nervöse Wespen im Kopf herum. *Aber vielleicht würde es doch nicht so schlimm,* gefolgt von ein paar beruhigenden Gedanken wie aus dem Nichts. *Noch ein bisschen trinken, ein paar Nettigkeiten, vielleicht merkten die anderen beiden Frauenhelden gar nichts! Aber das würde meiner „Auserwählten" bestimmt nicht reichen. Aber ich würde ihr sowieso nicht gefallen, es mochte ihr egal sein. Kann ja sowieso kein rechtes Spanisch, kann nicht mal auf Deutsch eine ansprechen!*

Meine Nervosität wuchs sogleich wieder und wenn ich an das Wort „Auserwählte" dachte, wurde es noch schlimmer, und ein Knoten im Bauch bildete sich, bei Gott nun wurde mir bald übel.

Nach wenigen Minuten landete er am Pier und wir vertäuten das Boot an einem Holzpflock. Langsam schlenderten wir auf dem Pier bis an die Anlandestelle hinüber, wo es eine Art Verdeck und Stände gab. Ich hatte einen etwas eierigen Gang, ob von der Nervosität oder der langen Seefahrt blieb unbeantwortet, aber eher wegen ersterem. Ich sah zu, wie Gary sich zwar kein Dutzend, aber doch 6 frische Austern reinzog, während ich mich von den dort wartenden Verkäufern einen Crevettencocktail zubereiten ließ.

„Aha, Du magst es gerne scharf. Tabascosauce, eh? Gutes Zeichen, gewöhn Dich an die Schärfe, denn bald bekommst Du so viele scharfe Sachen zu sehen, das glaubst Du nicht, hahahaha! Mal sehen, wie Du mit der ‚Salsa' von Luis zurande kommst. Hot stuff! Nimm besser noch ein Bier, damit Du etwas lockerer wirst. Du wirkst ein wenig verkrampft. Hey, Du bist doch nicht etwa gar nervös wegen der Mädchen? Brauchst Du nicht. Bist ja kein hässlicher Kerl. Die stehen auf Dich, wirst schon sehen. **Let's go for a walk on the wild side!** Wir haben die Havarie überstanden, das ist ein gutes Zeichen!"

Ich mochte gar nicht mehr richtig zuhören. *Die Havarie würde erst noch kommen,* dachte ich. *Totalverlust, mindestens wie bei der Titanic. Schade um das Mädchen, was wird die wohl enttäuscht sein! Herr vergib Gary, er weiß nicht, was er tut! Aber wenn wir in eine Cantina gehen, kann sie ja einen anderen zum Küssen einladen.* Wenigstens fing der Crevettencocktail an, das flaue Magengefühl etwas zu dämpfen.

„Jetzt fahren wir zurück zum Bungalow und machen uns ausgehfertig!"

„Was soll ich mir darunter vorstellen? Hab' keine Galakleidung dabei für ein Date!"

„Hier wird nicht gekniffen! Das ist ein improvisiertes mexikanisches Date! Frisches T-Shirt und Hose reichen, Duschen und Kämmen natürlich auch. That's it! Um 6 müssen wir bereit sein."

„Ist denn Luis so pünktlich?"

„Heute schon. Er will Punkt halb sieben bei den Damen sein. Die wollen wir als Gentlemen doch nicht warten lassen!"

Der Diesel sprang anstandslos an und schnurrte vor Vorfreude, sodass wir so schnell es eben ging zu der Anlegestelle in Kino Nuevo zurückkämen. Gary ließ mich am Steg aussteigen und meinte augenzwinkernd, dass ich bloß nicht ausreißen solle! Daran war aber nicht zu denken. Ich brauchte die zu erwartende Blamage nicht auch noch dadurch zu vergrößern. Er sah mich so komisch an. Ich wollte keinen schlechten Eindruck bei ihm hinterlassen, er sollte mich nicht für einen Feigling halten, keinesfalls. Es war unvermeidbar. Kein Grund mehr, weiter Angst zu haben. Ich tat mechanisch, wie geheißen.

18:00! Zeit, um meinen letzten Gang zur Hinrichtungsstätte anzutreten. Ich versuchte, mir nichts mehr anmerken zu lassen und trat still auf den von der Sonne strahlend hell ausgeleuchteten Hof, wo ich von meinen Kollegen bereits gespannt erwartet wurde. Sie sollten nichts von meiner Angst mitbekommen. Gary hatte jedoch bereits viel zu viel mitgekriegt und beäugte mich misstrauisch. Sie waren natürlich überpünktlich, konnten es kaum erwarten. Die Sonne glühte mit unvermindertem Grellweiß vom Abendhimmel als wir in Luis' schmucken Van einstiegen. Ich sah mich darin um, um mich abzulenken. Zumindest war er noch leer … Luis hatte vorne 2 sogenannte Pilotensessel und hinten frei erreichbar zusätzlich Platz für etwa 6 Personen auf seitlich angebrachten Bänken. Er war innen ganz mit einem bordeauxroten samtähnlichen Gewebe ausgekleidet, vom Rückspiegel hingen 2 Schaumstoffwürfel. Eine Art Marienbild klebte auf dem Armaturenbrett, sehr bunt, mit einem Strahlenkranz, ohne Jesuskind, also die Schutzpatronin Mexikos, zumindest wenn man dem Reiseführer und Octavio Paz trauen konnte. Der Van hatte einen großen, langsam laufenden Achtzylinder, das von ihm verursachte Wummern hatte beinahe dieselbe Frequenz wie mein Herzschlag. Ein sausendes Geräusch entstand und ein Schwall eiskalter Luft aus der Klimaanlage kühlte nun mein erhitztes Gesicht.

Wir setzten uns in Bewegung, nach Osten, wo wir vorhin hergekommen waren. Sehnsüchtig schaute ich über die glitzernde Bahia zur Insel Alcatraz hinüber. In Kino Viejo angekommen bog Luis rechts ab, fuhr an der eigenartig verlassen wirkenden Tankstelle und am Deposito vorbei und bog auf einen Sandweg ab, um nun im Schritttempo weiter zu fahren, durch weiche, mit tiefem Sand bedeckte Straßen. Der Achtzylinder schien immer noch gewillt, den Takt für mein Herz vorzugeben, der Van schwankte jetzt allerdings viel stärker als Garys Boot es je getan hatte durch die Sandwellen, Senken und Anstiege. Die Würfel begannen, für die Jungfrau von Guadalupe einen wilden Tanz aufzuführen, und wirbelten herum, bis sie sich ganz verdreht hatten.

Alea jacta est! Der Würfel ist geworfen! Das Schicksal hatte eine Entscheidung getroffen.

Teilnahmslos brütend hatte ich ob der vielen Windungen die Orientierung völlig verloren als er anhielt, auf Garys skeptische Frage hin einen Moment zögerte und mit einem „Das Haus hat eine Veranda an der Tur und weiße Gitter vor den Fenstern, mit Giebeldach" den Van im Standgas weiterlaufen ließ. Ich bemerkte eine Art Düne auf meiner Seite und dahinter nichts, nur blauer Himmel. Wir mochten ziemlich nahe der Küste sein. *Hoffentlich finden die das Haus erst gar nicht!* Ich war jetzt vor Angst völlig von Sinnen und wollte nur noch hinaus. Aber weiter vorne stand so ein Haus wie Luis erwähnt hatte und auf einer platzartigen Erweiterung brachte er sein Fahrzeug zum Stehen, ohne den Motor auszuschalten. Er ließ die Hupe erklingen, was hier anscheinend anstelle der Türklingel oder eines Klopfzeichens gebraucht wird. Die Spannung wurde nun unerträglich, selbst Gary war still geworden. *Was mochte nun passieren? Wer mochte da wohl herauskommen? Würden sie so hübsch wie meine Bekannten, die „Cantineras" aus Mazatlán sein? Wahrscheinlich nicht. Wir waren ja hier am Ende der Welt! Solche Frauen finden sich auch in Mexiko nicht an jeder Ecke, egal was Gary behauptet.*

Die Sonne leuchtete den sandigen Platz wie eine kleine Stierkampfarena aus, als auf einmal die Tür aufging und eine kleine Gestalt schemenhaft im fast schwarz wirkenden Schatten der Veranda auftauchte. Den Haaren nach zu schließen und aufgrund der kaum erkennbaren Körperformen musste es sich um eine der Frauen handeln. Sie hielt inne und ich glaubte, einen zweiten Schatten zu erkennen, als ob die beiden noch kurz miteinander redeten. Das Schicksal hatte die Rollen für diese Fiesta bereits verteilt. Es gab den Ausrichter, das Publikum, natürlich den Stier und den Torero. Wir wussten nur noch nicht, wer welchen Part übernehmen würde. Ich wagte kaum zu atmen. Jetzt eilte die erste schemenhafte Gestalt entschlossen und rasch den im Schlagschatten der Veranda liegenden Gartenweg entlang und trat beim Absatz der schmiedeeisernen Gittertüre, die den Garten von dem Platz trennte, in die grelle Sonne des frühen Abends.

Sie stand auf einmal voll in der Sonne, ausgeleuchtet wie ein Filmstar bei der Premiere. Nichts hätte mich auf diesen Anblick vorbereiten können. Sie musste blinzeln und kniff ein wenig die Augen zusammen und blieb stehen, als ob sie erkennen wollte, wer es hier wagen durfte, sie derart zu blenden.

Nicht von dieser Welt! Sie war ein in der Wirklichkeit angekommener Traum. Nein, ich hatte mein Leben mit einer Traumwelt eingetauscht! Nein, kein Traum. So etwas konnte man nicht träumen, ohne sofort aufzuwachen. Aber ihre Anwesenheit konnte nicht real sein. Aber sie stand doch dort. Ich wusste, dass sie real war, weil ihre Präsenz eine augenblickliche und durchschlagende Wirkung auf mich hatte. Sie war weder atemberaubend oder aufreizend, nein, das traf es nicht wirklich, obschon diese Bezeichnungen naheliegend gewesen wären. Ich war noch nie derart komplett überrascht gewesen wie damals auf diesem kleinen Platz beim Anblick dieser Frau. Ihr Anblick ließ mich augenblicklich meine vorher sich zu einem wahren Angsttsunami auftürmende Furcht vergessen. Die ganze Angst und Aufregung war schlagartig weg. Da stand die schönste Frau der Welt. Sie war perfekt! Auf den ersten Blick erkannte ich, dass dieses Mädchen eine perfekte 10 war. Eine 10 wie in Anlehnung an den gleichnamigen, damals populären, allerdings ziemlich dümmlichen Film. Arme Bo Derek! Im Gegensatz zu jenem Mauerblümchen brauchte diese Schönheit hier nicht einmal im Bikini aus den Wellen zu steigen, um einen unauslöschlichen Eindruck in meiner Seele zu hinterlassen.

Die junge, voll aufgeblühte Frau, sie mochte Anfang 20 sein, trug einen lila Traum von einem kurzen, enganliegenden Kleid, welches ziemlich weit oberhalb der Knie endete und ihre langen Arme bis zu den Schultern frei ließ. Das Kleid, wenn man es denn so nennen will, war mit einem Aufdruck aus lauter kleinen, in etwas stärkerem Lila und Weiß gehaltenen Blüten bedruckt. Ihre Haut zeigte einen wundervollen, ziemlich dunklen, samtigen und nahtlosen Braunton, fast ein wenig wie Zimt. Ihr herrliches Antlitz verriet ihre mexikanische Abstammung durch die eher hochstehenden Wangen, die Nase war klein und fein ausgeformt. Ihre Augen waren nicht allzu groß, standen ein wenig schräg und recht weit auseinander in ihrem breiten, offenen Gesicht. Sie schienen mandelförmig zu sein oder, wie jetzt wegen der Sonne, zu Schlitzen verengt. Sie trug nur relativ wenig, dezent aufgetragene Schminke auf den Wangen, dafür aber lila, zum Kleid passenden Lidschatten und ihr eher kleiner, mit schmalen Lippen ausgestatteter Mund war mit einem karminroten Lippenstift betont. Sie schien zunächst ein wenig unwillig zu sein, aber dann ließ sie ein kleines, selbstbewusstes Lächeln über ihre formvollendeten, karminroten Lippen laufen. Ihr ärmelloses Kleid war tief ausgeschnitten, aber ohne dass sie trotz ihrer erstaunlichen Oberweite etwa vulgär wirkte. Ihr breiter Oberkörper bot nämlich Raum für ihre perfekt gerundeten, sehr großen Brüste, welche sie oben zu einem gehörigen Teil sichtbar ließ. Sie mochten die Größe der großen, rosaroten mexikanischen Grapefruits haben, einen erstaunlichen Kontrast zu der darunter liegenden, ganz eng werdenden Taille bildend. Sie schienen der Schwerkraft zu trotzen, als sie sich jetzt stolz und selbstbewusst etwas aufrichtete, als ob sie wollte, dass wir die beiden auch richtig ansehen konnten. Sie stellte eine überbordende, geradezu obszöne Selbstsicherheit zur Schau, welche auf mich überaus provokant wirkte. *Die hatte keine Angst! Vor nichts. Und ganz sicher nicht vor uns!*

„Na, ihr Luschen?! Sollte sich da etwa einer von Euch rantrauen? Seht mal, was ich hier habe!", schien sie mit ihrer Pose auszudrücken. Mein Blick, der sich an ihrem Busen festgekrallt hatte, lief ihrer Taille entlang nach unten und folgte dann der geradezu verwegen zu nennenden Kurve, welche zu ihrer weiten Hüftpartie überführte, deren Masse jenen der Oberweite ziemlich genau entsprach. Als sie sich nun langsam in Bewegung setzte und elegant in ihren weißen Sandalen durch den Sand um den Van schritt, war jeglicher Vergleich mit einer Schauspielerin hinfällig geworden. Wie eine Königin aus längst vergangener Zeit präsentierte sie sich auf dem arenaartigen Platz, stolz und mit aufgerichtetem Oberkörper. Jetzt waren auch ihre perfekt ausgeformten, recht lang und kräftig wirkenden Beine zu bewundern. Sie hätten jeder professionellen Tänzerin zur Zierde gereicht. Mit katzengleicher Gewandtheit umrundete sie den Van und drehte uns nun den Rücken zu, um sich im Außenspiegel nochmal zu versichern, dass das Make-up saß, oder um uns einen Blick auf ihre Kehrseite zu erlauben. Zu allem Überfluss drehte sie sich nun halb um und wandte uns ihr Profil zu. Sie stellte sich auf die Zehen, um Luis irgendetwas durchs Fenster zu sagen. Wir bewunderten derweil ihr in einem perfekten Halbkreis von der Taille wegstrebendes Gesäß. Ihre Gegenwart in diesem Wüstenort war einfach unwirklich, fast so unwirklich wie ihre Bereitschaft, sich auch nur einige Minuten mit uns Tölpeln abzugeben, und sei es nur, um uns auszulachen. In meinem ganzen Leben hatte ich noch nie eine so unglaublich gutgebaute Frau gesehen.

Gary schien inzwischen seine Fassung wieder gefunden und seinen Fundus spanischer Vokabeln etwas entstaubt zu haben. Er ließ ein anerkennendes „Ay Chihuahua que mamacita" in seinem starken amerikanischen Akzent hören und warf mir einen triumphierenden „Ich hab's Dir doch gesagt"-Blick zu. Er ließ die Schiebetür zurückfahren. Meine Angst war nicht zurückgekehrt, nein, sie schien vielmehr ganz verflogen. Ich hatte mich wieder einmal völlig überflüssigerweise fast um den Verstand gefürchtet. Es würde nichts mehr passieren. Die würde mich nicht einmal bemerken, keines Blickes würdigen. So eine konnte sich jeden pflücken – und jeder würde viel besser sein als ich. Anschauen konnte deshalb nichts schaden. Im Gegenteil! So war's ja nun auch wieder nicht. Mutig geworden, verschlang ich ihre kurvenreiche Gestalt mit meinen Blicken, nachdem die Tür den Blick auf sie freigegeben hatte.

Jetzt steckte die unbekannte Schöne ihren Kopf in das Innere des Vans, um die Lage zu peilen. Sie schaute in meine Richtung, als ob sie genau wüsste, dass ich dort zu finden sein würde. Ganz entgegen meiner sonstigen Gewohnheit konnte ich nicht aufhören, sie anzusehen. Deshalb hatte ich jetzt unverhofft ihr schönes, makelloses Gesicht vor Augen. Schön oval, breite Stirnpartie und sanft gerundetes Kinn. *Eine sinnliche, gar liebliche Schönheit! Was für ein lebensfrohes, übermütiges Antlitz!* Unsere Blicke verfingen sich auf eine eigenartige Weise kurz ineinander, als sie in meine Richtung blickte. *Sie hatte ganz schwarze Augen! Die ist nicht von dieser Welt!*, konnte ich nur noch einmal denken als es einen winzigen Ruck zu geben schien, als würde die Zeit für einen Moment innehalten, als wir uns ansahen, ein wunderliches, nicht unangenehmes Gefühl. *Unfassbar.* Sie ließ einen wissenden Blick in meine Richtung fliegen, ein ganz kleines Lächeln umspielte ihre Lippen, als ob sie erleichtert wäre. Ich schaffte es, meinen Blick von dem ihren loszureißen. *Das hatte gerade noch gefehlt!* Sie wusste nun bereits, dass sie mir gefiel, und meine Nervosität meldete sich sofort zurück. *Jetzt mochte sie mich gar anreden wollen oder mich zurechtweisen!*

Aber Gary kam mir zu Hilfe und ihr zuvor und half ihr galant beim Einsteigen. Er nahm sie dann sofort in Beschlag und begann, in seiner jovialen, aber auch etwas herausfordernden Art, sie ein wenig auszufragen. Er war jetzt wieder voll da. *Die Schöne hatte ihn vorhin wohl kurz nachdenklich gemacht; ob die ihm jetzt wohl dunkel genug war?*

„Hola tu, como te llamas?"

„Claudia, no Claudine … Ich habe französische Vorfahren!"

„Hahahaha, französisch! Ich liebe Frankreich und die Französinnen! Claudiiiene! Kannst Du auch auf Französisch küssen, mein Schätzchen? Kommst Du direkt aus Paris, der Stadt der Liebe? Wie sieht's denn aus? Cuantos novios tienes, Claudia?"

Garys volltönende Stimme röhrte durch den Van. Er war natürlich bester Stimmung, der Abend fing genau nach seinem Gusto an! Aber ich wusste jetzt zumindest, wie unsere Schönheit heißt! Claudia! *Ein seltsamer, allzu gewöhnlicher Name für eine derart außergewöhnliche junge Frau! Es wunderte mich ein wenig, dass dieser Name auch in Mexiko gebraucht würde. Ein seltsamer Zufall! Ausgerechnet!*

„Claudia, besser Claudine, denn ich habe französische Vorfahren!", hatte sie bestimmt, gutgelaunt, aber durchaus ernsthaft mit ihrer rauchigen Stimme gesagt, gefolgt von einem ebensolchen Lachen.

Diese Stimme! Sie mochte sie ihrem exzessiven Lachen, dem Rauchen oder beidem verdanken, eine Stimme, welche in Mexiko als „ronca" bezeichnet wird, wie geschaffen für eine Mariachi-Sängerin. Aber französische Vorfahren? Aufgrund meines ein paar Jahre zurückliegenden Parisbesuches glaubte ich feststellen zu dürfen, dass eine solche Frau wie diese Claudia hier in ganz Frankreich nicht aufzutreiben sein würde. Sie mochte sich das ausgedacht haben, damit sie für Gary interessant sein würde. Man mochte im Dorf wissen, dass er aus Europa stammte. Oder sie mochten sich bereits kennen. Ja, das ist es. Gary hatte doch vorhin im Boot von einer erzählt, die er getroffen hatte. Deswegen hatte sie kaum auf seine faulen Witzchen reagiert.

Cuantos novios tienes … Hahaha. Der konnte froh sein, dass sie ihm keine geklebt hatte ob dieser Unverschämtheit. Aber sie war nicht böse, im Gegenteil. Sie schien glücklich zu sein, mit uns ausgehen zu können und strahlte mich förmlich an, während sie abwehrend oder verneinend mit dem Zeigefinger wedelte. Keine Verlobte oder Liebhaber! Vielleicht einen Ehemann? Gary hatte jedoch keinerlei Hemmungen und versuchte sogleich sie zu umarmen, was ihr jedoch nicht passte. Sie entzog sich geschmeidig seinem Zugriff und verzog sich gewandt auf den Co-Pilotensitz. Ihr schweres Parfum, nach der Art von tropischen Orchideen oder so, raubte mir bei ihrem Vorbeiwirbeln beinahe den Atem. Oder vielleicht doch eher ihre überbordenden Körperformen und ihr selbstsicheres Auftreten? Luis drehte sich um, und vermeldete, was mir trotz des überwältigenden Auftrittes der schönen Claudia nicht verborgen geblieben war und mit für ein vollständiges Verschwinden jeglicher Restnervosität gesorgt hatte:

„Es gibt eine kleine Änderung, den anderen beiden ist etwas dazwischengekommen! Was wollen wir nun tun?"

„Wir könnten doch nach Hermosillo fahren! Da treiben wir bestimmt ein paar Mädels auf."

„Au ja, und da können wir zum Tanzen gehen. Ich kenne da ein tolles Lokal!"

Claudias rauchiges, sinnliches Organ mit ihrer mir noch viel weniger zusagenden Zugabe schallte begeistert vom Co-Pilotensitz her. *Das fehlte gerade noch! Ich konnte mir nicht vorstellen, mit ihr zu tanzen, nein das ginge gar nicht, schon gar nicht, wenn die anderen beiden dabei zusehen würden! Und andere Frauen suchen?! Die hier reicht doch, Gary, mach Dir um mich keine Sorgen!*

„Das ist zu weit, ich habe nur noch wenig Benzin und die Tanke sitzt wegen des Feiertags auf dem Trockenen. Zudem kann ich nicht so weit fahren, wenn wir trinken!"

Luis' ablehnende Antwort erfüllte mich mit erneuter Zuversicht. *Es brauchte die Judicial gar nicht. Heute würde mich niemand mehr zum Küssen oder Tanzen bringen wollen.* Luis war irgendwie anders als sonst, als ob er traurig wäre. *Aber wozu wollte der eigentlich ein Mädchen ausführen, er war doch verheiratet! Na, wenigstens in einer Sache haben sich die vom Reiseführer nicht geirrt!* Ich schwieg derweil beharrlich. Mein VW hätte durchaus noch Benzin bis Hermosillo, aber ich wollte ebenfalls nicht Fahrer spielen und ganz sicher nicht diese Claudia als Co-Pilotin neben mir haben wollen oder von ihr zum Tanz aufgefordert werden. Gary würde wohl bekommen, was er suchte, und sich darum kümmern, dass Claudia sich auch hier am Ort nicht zu langweilen brauchte. Ich hatte damit nichts mehr zu tun.

Ich konnte es mir derweil ein wenig gemütlich machen, das Mädchen war auf jeden Fall eine aufregende Schönheit, deren Betrachtung auch in ein paar Stunden nicht langweilig werden würde. Zumindest solange sie oder Gary oder vielleicht sogar Luis nichts dagegen hatten!

Während der Van durch das Gewirr von sandigen Quartierstraßen schwankte, wurde beratschlagt, was denn jetzt aus dem Abend werden sollte. Das vorläufige Endergebnis der Diskussion, zu welcher ich nicht das Geringste beigetragen hatte, war, dass Gary vorschlug, uns erst mal alle zu sich in den Bungalow einzuladen.

„Dort können wir besprechen, was wir hier machen können, und es gibt was gegen den Durst!"

Damit waren nun alle einverstanden und Luis bog auf den Sandweg ein, der gegen die Teerstraße hinunterführte. Der Van schaukelte an einem Maschendrahtzaun vorbei, dahinter befand sich so etwas wie eine Schule. Aber ich bekam nicht mehr viel vom Weg mit. Anstatt auf die Bahia hinauszuschauen oder die Wüste nördlich des Ortes auf etwaige Cirios abzuscannen wie sonst, hatte ich jetzt meinen Blick auf eine andere Sehenswürdigkeit geheftet, er war fest vertieft auf den Co-Pilotensitz, wo jetzt allerdings von Claudia nur ihr Kopf und die Schulterpartie zu sehen waren.

Ich betrachtete jetzt eingehend ihr Haar, minutiös, wie sonst die Areolen der Kakteen zur Artbestimmung. *Was für ein herrliches, ganz schwarzes Haar! Außerordentlich dicht und derart eng gelockt, dass es eigentlich für eine Dauerwelle zu viel war. Sie trug es sonst wohl etwa schulterlang, aber heute hatte sie es streng zu-*

rückgekämmt und mit einer weißen Brosche hinten gebändigt. An den Ohren hatte sie glitzernden Fantasieschmuck angebracht, alles im Grunde sehr einfach, aber an ihr wirkte es wie die Kronjuwelen einer Prinzessin. Kein Kettchen zierte ihren schlanken Hals. Ihr schweres Parfum hatte jedoch den ganzen Van ausgefüllt, ihre Präsenz war fast körperlich fühlbar. Aber wo war dieses rätselhafte Mädchen bloß hergekommen? So ein Luxusgeschöpf schien doch überhaupt nicht in die raue Szenerie dieses wahrhaftigen Grenzortes zu passen, wo es kaum zivilisationsbedingte Annehmlichkeiten gab. Welche Erwartungen hatten sie wohl zu diesem Abenteuer motiviert?

Ich erinnerte mich noch genau, wie es auf der anderen Seite ihres Rückens aussah. So Große hatte ich noch bei keiner gesehen, und vor allem nicht so perfekt Gerundete! Ich war derart in meine Betrachtungen, eher in meine Phantastereien, vertieft, dass sie wohl meine Blicke im Nacken gespürt hatte. Jedenfalls drehte sie sich völlig unvermittelt um und kniete plötzlich auf ihrem Sitz. Jetzt hatte ich die beiden Objekte meiner Begierde direkt vor mir! Sie legte ihre beiden Früchtchen (naja …) provozierend auf die Lehne und erwischte mich mit einem direkten, sehr intensiven Blick. Direkt in meine Augen und durch sie hindurch! Wieder der wissende, nicht unfreundliche „Erwischt"-Blick! Sie sagte aber nichts, gar nichts – genauso wenig wie ich. Ich konnte den Blick nicht abwenden und hielt ihr gar stand, und unsere Augenpaare verschmolzen diesmal für einen intensiveren Moment. Wieder das seltsame Gefühl, dass mit dem Zeitablauf etwas nicht stimmte und alles wie in Zeitlupe wirkte. Keine Angst mehr, nirgendwo. Die seltsame Zeitverlangsamung hielt diesmal aber auch dann noch an, als sie sich längst wieder umgedreht hatte und ich kaum bemerkte, wie wir bei den Bungalows einbogen und der Van angehalten wurde. *Was wollte sie von mir? Weshalb sah sie mich so seltsam an? War sie womöglich verärgert wegen meines unverschämten Starrens? Mit dem Lächeln mochte sie vielleicht auch nur andeuten; „Na Kleiner, was willste denn von mir? Das ist nichts für Dich. Nur für große Jungs, hihi!"* Aber was sollte jetzt dieses merkwürdige Ziehen *in der Magengrube, das aufkommende Herzklopfen? Ich konnte nicht aufhören, an ihren Blick von vorher zu denken.*

Ich schrak aus meiner Traumwelt auf, als ein schabendes Geräusch entstand. Wir waren angekommen. Gary hatte die Schiebetür aufgemacht und wir stiegen alle aus und folgten ihm hinein in sein Reich. Auch ich fand meinen Weg ohne nachzudenken dort hinein, ebenso unsere lila gekleidete Nymphe, sie zögerte keinen Moment, in diese Höhle des Löwen einzutreten. Vielmehr zeigte sie drinnen sogleich, wer hier der Boss war. *Diese Selbstsicherheit und Ausstrahlung! Ich würde sie nie haben.* Dadurch wurde ihre Attraktivität weit über die rein äußerlichen Vorzüge hinausgehoben. Ich folgte jeder ihrer Bewegungen im Raum mit größter Anteilnahme, aber ohne mich irgendwie direkt an sie zu wenden.

Das war jetzt Garys Angelegenheit, der nicht müde wurde, sich an sie heranzumachen, sie zu umgarnen, zu bezirzen, kurz, er zog sämtliche Register, damit sie ihm endlich ihre Aufmerksamkeit schenken würde. Ich verfolgte die Aufführung, als ob ich im Theater sitzen würde. Aber Claudia schien sich nicht für ihn zu interessieren, schlug sogar seinen Vorschlag zu einer abendlichen Kreuzfahrt auf seinem Boot beinahe barsch aus.

„Lass uns lieber etwas richtige Musik hören!", rief sie aus dem Hintergrund, wo sie sich vor dem ungestümen Gary in Sicherheit gebracht hatte. Luis schaute ihr dabei vom Bett aus zu, während wir beiden „Ausländer" derweil damit beschäftigt waren, Claudia von hinten zu bewundern, als sie die Kassettensammlung durchsuchte. Sie wühlte sich eine Weile durch und fragte mehr zu sich selbst, ob es keine Cumbia-Musik gäbe, bis sie etwas Entsprechendes gefunden haben musste. Sie brachte Linda Ronstadt zum Schweigen und steckte ihre Wahl in das Gerät auf dem Nachttisch. Seltsamerweise war Luis scheinbar nicht an ihr interessiert, er wirkte in der ganzen Angelegenheit zunehmend unbeteiligt. *Naja, er war ja auch verheiratet und schien ein wenig traurig zu sein, dass seine Freundin, oder was sie auch immer in seinem Leben darstellte, ihn versetzt hatte.* Mein Blick sog sich wieder an Claudias Taille fest, gerade dort, wo sie mit diesen gewagten Kurven in ihre üppigen, perfekt gerundeten Hüften überging, als sie passend zum neuen Rhythmus wieder aus dem Hintergrund angetanzt kam. Ich bemerkte jetzt einen schmalen, weißen Ledergurt, der sich wie eine Schlange um ihre enge Taille wand. Passend zu ihren weiße Sandalen, der weißen Brosche und den weißen Rändern an ihren Augen!

Es war einfach zu viel. Ich hatte noch nie eine derart herausgeputzte Frau mit solchen körperlichen Vorzügen gesehen, das gab es in unserem Provinzstädtchen nur vom Hörensagen. Nein! So eine konnte man sich dort nicht einmal vorstellen. Es war einfach zu viel verlangt, hier nicht hinzusehen, egal ob sie sich jetzt umdrehen und mich nochmal so komisch anschauen würde. Claudia war bei Weitem das schönste Mädchen, das ich je gesehen hatte, aufregender als alle Filmstars, sie übertraf sogar die aus Flashdance, oder eher ihr tanzendes Double, welches mir 1985 so gut gefallen hatte. Ich wurde nicht müde, mir weitere „Tacos de ojo" zuzuführen. Bei ihr wurde aus dem einfachen Taco jedoch vielmehr ein „a-discrétion"-Buffet, wo man sich bis zur Übersättigung immer wieder neue Leckereien holen konnte! Noch nie hatte ich derart hemmungslos eine Frau angestarrt. Und so lang. Aber Gary hatte verstanden, worum es jetzt gehen sollte, und machte Anstalten, sie zu einem Tänzchen aufzufordern:

„Ay Chihuahua, que mamacita!"

„Hey, Gerardo, was hast Du denn gegen Chihuahua?! Lass gefälligst mein Chihuahua hier aus dem Spiel!"

„Ay Chihuahua, que mujeres!"

„Callate, no te metes con mi Chihuahua! Stört Dich was an Chihuahua? Lass endlich mein Chihuahua in Ruhe. Da komm ich nämlich her, klar?"

„Jetzt hast Du sie wütend gemacht, Gary D! Was musstest Du deine Aufforderung auch mit diesem lächerlichen Ay Chihuahua einleiten?" Sie ließ ihn rundweg abblitzen. Zumindest machte es den Anschein. Ihre rauchige Stimme klang resolut und gleichzeitig ein wenig neckisch, so als ob sie Gary nur reizen wollte. *Claudia kam also aus Chihuahua! Nicht Claudine! Nix Frankreich! Egal!* Viel wichtiger schien mir jedoch, dass sie also eine jener „Norteñas" war, vor welchen mich der Luis aus Mazatlán so eindringlich gewarnt hatte! *Sollte an dieser Legende etwa doch etwas Wahres dran sein?! Die Beschreibung stimmte. In ihrem Kleid hätte sie kaum Schwierigkeiten gehabt, erfolgreich Autostopp zu machen, allerdings wäre ihr Anblick mitten auf einer leeren Wüstenstraße auch etwas unwirklich gewesen. Aber ihre ganze Gegenwart war unwirklich.*

Aber nicht so unwirklich wie meine widerspruchslose Resignation, mich weiterhin mit meiner Beobachterrolle bei diesem Balzspiel abzufinden, auch wenn sie mir noch so gut gefiel! Ich war mir meiner Position in der Hackordnung des Lebens aber durchaus bewusst. Nämlich ziemlich weit unten. Besonders heute! Jetzt, wo diese Claudia die Wahl hatte, war der Fall sowieso klar. Ich hatte mich in meiner unfreiwilligen zölibatären Einsamkeit schon lange wohnlich eingerichtet, erfreute mich eines recht ansehnlichen, gemischten Freundeskreises und glaubte, mich ganz wohl dabei zu befinden! Unter anderen Umständen hätte ich vielleicht sogar mit einem Mädchen wie Claudia gerne ein wenig geredet, aber es sah ganz danach aus, dass sie nicht deswegen hergekommen war; hier waren ganz einfach von vornherein andere, mehr physische Talente gefragt, über die ich niemals verfügen würde.

Wenn es derart mühsam war, an eine Frau zu kommen, wie ich es jetzt gerade vorgeführt bekam, würde ich bis in alle Ewigkeit alleine bleiben – und es war mir selbst in Claudias Präsenz egal. Ich an Garys Stelle hätte es schon längst aufgegeben. Aber er schien zu glauben, das gehöre zum Spiel, das verleihe dem Ganzen erst die richtige Würze! Und sie würde ihre wohl nur gespielte Abneigung gegenüber Gary vielleicht bald fallenlassen! Ich konnte mir zudem schlicht nicht vorstellen, was ich mit ihr reden könnte, das sie auch nur im Geringsten interessieren mochte. Außerdem war mein Spanisch ohnehin zu schlecht. Ich hatte keine Lust, mich von ihr wegen meines unsicheren Gestammels und des zweifellos folgenden Errötens auslachen zu lassen. Es gab sowieso nichts zu bereden. Zu verschieden unsere Lebensgewohnheiten, unsere Vergangenheit und Erfahrungen. Sie schien vor allem auf laute, sehr emotionale

Musik, Feten und ausgiebiges Tanzen zu stehen und auch weitergehenden Vergnügungen nicht abgeneigt zu sein, wo sie ihre enormen natürlichen Talente bestens zur Geltung zu bringen vermochte. Von all diesen Tätigkeiten hatte ich nicht die geringste Ahnung und konnte im Grunde froh sein, dass es nicht herauskam!

Claudia dagegen setzte ihre üppigen Gaben bei dem armen Gary womöglich auch nur dazu ein, um sich einen Spaß zu erlauben. Wie gerade jetzt, wo sie ihn bald zum Überkochen gereizt und geneckt hatte, nur um ihn immer wieder ins Leere laufen zu lassen. Längst waren die unvermeidlichen Dos Equis-Flaschen ins Spiel gekommen. Gary meinte wohl, angeheitert würde sie lockerer werden. Oder einfacher zu erwischen! Sie war nämlich geradezu unwahrscheinlich gewandt und beweglich und wirbelte wie in einem Solotanz um Gary herum, welcher sich vergeblich damit abmühte, diesen lila Schmetterling zu erhaschen. Er hatte ihr eine Flasche geöffnet. Ich beobachtete während der Szene mit Vergnügen, dass Claudia zwar nichts dabei fand, aus der Flasche zu trinken, es dabei aber schaffte, den Lippenstift nicht am Flaschenhals zu lassen. Eine starke Trinkerin schien sie aber nicht gerade zu sein, sie stellte ihre angebrochene Flasche bald auf den Salontisch zu meiner, hinter dem ich mich verschanzt hatte. Sie brauchte sich keinen Mut anzutrinken für das, was sie an diesem Abend noch vorhatte.

Jetzt bekam das Spiel auf einmal eine ernstere Note; das Vorgeplänkel war vorüber. Nun sollte die entscheidende dritte Phase eingeleitet werden. „La Suerte de la Muerte!" Der Stier würde erlegt werden! Dazu hätte einer jener dramatisch-mitreißenden spanischen Paso Dobles mit auftrumpfenden Trompetenläufen bestens gepasst, España cani! Besser als diese Cumbias. Aber mit Claudia als Matadorin! Ja, wirklich, als Claudia in ihrem knappen aufreizenden Kleid nun so in der Mitte des schmucklosen Raumes unter der nackten 100-Watt-Birne stand und sich in die mehr als volle Brust warf, um Gary wieder einmal wegen des unerlaubten Gebrauchs des Namens ihres geliebten heimatlichen Bundesstaates zu schelten, fehlten ihr nur noch der Degen und die Muleta. Ich bewunderte ihren Mut, sich diesem „Stier" so entgegenzustellen! Aber jetzt packte dieser die Gelegenheit beim Schopf. Sie hatte sich für meinen Geschmack ein wenig zu nah herangewagt und fixierte ihn mit einem wilden, zumindest auf mich einschüchternd wirkenden Blick. Er aber fasste sie plötzlich grob an der dozierend ausgestreckten Hand, um sie an sich zu ziehen. Wie klein sie jetzt so direkt neben ihm wirkte! Er war im Begriff, die Geduld zu verlieren. *Er würde ihr noch wehtun!* Das erschien mir jetzt doch allzu krass und ich wollte doch tatsächlich Gary sagen, er möchte sie doch endlich in Ruhe lassen. Unwillkürlich voller Aufregung machte ich einen kleinen Schritt vom Tisch weg, genau unter die grell leuchtende Birne. *Arme Claudia! Das hatte sie sich nicht verdient!*

Aber sie handelte bereits, als ich noch Mitleid mit ihr hatte, und bewies uns allen, dass sie keine Hilfe nötig hatte. Schon gar nicht meine! Ich schaute ihr gebannt zu, wie sie sich gegen Garys Zug derart mit den Beinen einstemmte, dass ihre Oberschenkelmuskulatur hervortrat. Sie vermochte sich sofort aus seinem festem Griff zu befreien, indem sie ihm mit einem verärgerten, rauen „Dejame!" resolut und ungemein kraftvoll ihre Hand wegriss.

Wut sprühte aus ihrem vom Schwitzen glänzenden Gesicht. Ihre zu schmalen Schlitzen verengten schwarzen Augen sprühten Pech und Schwefel über den armen Gary aus. Davon überrascht und sich auf seine guten irischen Manieren besinnend ließ er dann von ihr ab, als sie derweil den Schwung vom Losreißen ausnutzte, um rasch ein paar Schritte Distanz zwischen ihr und ihm zu gewinnen und sie landete mit einer eleganten, sehr gewandt wirkenden, drehenden Bewegung plötzlich wie scheinbar von selbst neben mir, als wollte sie sich doch unter meinen allerdings sehr zweifelhaften Schutz stellen. Ich würde ihr im Ernstfall kaum von großem Nutzen sein können.

Aber jetzt war die Stimmung umgeschlagen! Schwer wie vor einem der seltenen, gewaltigen, nordmexikanischen Unwetter, welche gelegentlich wie aus dem Nichts aufzutauchen pflegen, lastete eine unbestimmte Bedrohung in dem schmucklosen, aus unverputzten und weiß gestrichenen Backsteinen gebauten Bungalow-Raum. Grell strahlte die nackte 100-Watt-Birne auf das Zentrum des Raumes und brachte die graue, polierte Betonplatte, welche den Boden darstellte, etwas zum Glänzen. Man konnte die Spannung förmlich spüren. Der zurückgewiesene Gary hatte sich frustriert und resigniert aufs Bett gesetzt, hielt eine Flasche Dos Equis-Bier in der Hand und starrte finster vor sich hin. Sogar Luis, der die vorige Szene auch mitbekommen hatte, hatte sich umgedreht und sah zu uns hinüber. Er schien besorgt, sagte aber nichts. Claudias Cumbia-Musik dröhnte wieder aus dem Kassettenrecorder, Luis hatte die Kassette umgedreht und wieder ins Gerät gesteckt und setzte sich neben Gary, als ob er nichts von der Show verpassen wollte. Ein weiteres Bett sowie das Salontischchen mit den beiden halbleeren Bierflaschen darauf vervollständigten die Einrichtung.

Claudia hatte sich für meinen Geschmack etwas zu nahe an mich herangemacht. Sie schien sich aber wieder beruhigt zu haben. Es war mir ein Rätsel, was sie noch hier wollte, sie hätte sich schon längst durch die Fliegengittertür in Sicherheit bringen können. Die ganze Geschichte schien doch zunehmend aus dem Ruder zu laufen, aber es war, als ob sie noch etwas vorhatte, etwas das sie unbedingt noch tun wollte. *War jetzt ich an der Reihe? Aber ich wollte ihr ja nichts tun!*

Ich bekam es auf einmal wieder ein wenig mit der Angst zu tun, vielleicht wegen der vorigen Szene oder weil Claudia mir jeden Moment etwas sagen mochte, das mich verletzen würde. Wieder diese Erinnerung an ihre Blicke. *Wieso hatte sie mich vorhin derart angeschaut? Sie schien irgendeinen Plan mit mir zu haben.* Das unbestimmte Angstgefühl wurde größer, definierter. Es wuchs und wuchs und wuchs. Es war eher in ein krampfendes Gefühl unterhalb des Brustbeins übergegangen, als ob mir gleich irgendwas bevorstand, etwas Unangenehmes, vielleicht gar Gefährliches. *Wie war das nochmal mit den Überfällen, von denen mir Luis in Mazatlán erzählt hatte? Aber das konnte doch kaum möglich sein!*

Aber so nahe war sie mir noch nie gekommen. Eigentlich schon viel zu nah. Nein, sogar ganz bestimmt zu nah! Ich mochte es nicht, dass man mir so nah aufrückte, ich fühlte, dass sie in meine Intimsphäre eingedrungen war, welche etwa einen halben Meter um mich herum lag. Ich konnte wieder direkt ihr Parfüm riechen, der wunderbare, schwere Duft schien aus ihrem üppigen Dekolleté zu strömen. Ich schaute nun tatsächlich doch wieder dorthin, als sie nun gar noch ein bisschen näher rückte, bis sie mich doch nicht nur beinahe, sondern tatsächlich mit ihrer runden, überraschend festen Hüfte berührte und darob mein Herz schwer und pochend schlug, sodass es in den Ohren fühlbar wurde. *Bitte hör' damit doch auf!*, dachte ich in aufkommender Panik. *Wartete sie etwa darauf, dass ich meinen Arm um sie legte? Damit sie mich ebenfalls abblitzen lassen konnte? Oder wollte sie damit nur wieder Gary ärgern? Sollte er jetzt auch noch eifersüchtig werden?*

Endlich machte sie aber einen winzigen Schritt nach vorne, löste sich von meiner Seite, wandte sich mir zu und schaute zu mir auf. Sie mochte ja kaum mehr als 1 m 60 cm groß sein, aber ich hatte doch wahrhaftig Angst vor ihr! Wie eigentlich vor jeder, die anders als kumpelhaft in Erscheinung trat. Aber ganz besonders vor dieser hier! Es ging irgendetwas Beunruhigendes von ihr aus, jetzt, als sie ihren verführerischen Körper in Stellung gebracht hatte. Ich hatte nicht die geringste Erfahrung mit Frauen, in keiner Beziehung, aber ich glaubte doch zu ahnen, dass Claudia etwas mit mir anstellen wollte.

Bitte hör' damit doch auf! Ich kann das nicht! Aber ihr Zorn war doch jetzt ganz aus ihrem schönen ausdrucksvollen und so stolzen Gesicht gewichen, ein Gesicht wie gemalt, mit dieser lieblichen sanften Rundung gegen das kleine Kinn hin. Ein engelhaftes Gesicht, das so gar nicht zu ihrem provozierenden Körperbau passen wollte. Viele körperlich attraktive Frauen haben ja bisweilen grobe, gar hässliche Gesichtszüge, was einem kaum je auffällt! Claudia nicht! Sie war schön von Angesicht, sogar sehr schön. Und sie wusste es. Ich brauchte es ihr nicht zu sagen. Sie schaute keck und mit blitzenden Augen herausfordernd von unten her auf mich herab. Wieder hielt ich auf unerklärliche Weise ihrem Blick stand. Sie schien jedoch meine Furcht in meinen Augen lesen zu können, denn jetzt wurde ihr Blick auf einmal mild und sanft, als ob sie glaubte, mich beruhigen zu müssen. Sie waren jetzt größer als vorhin, als sie aus der Veranda trat, und blickten mich ruhig an. Ich bemerkte ihre strahlenförmig abstehenden Wimpern, welche ich auf den ersten Blick für künstliche gehalten hatte, um jetzt zu erkennen, dass sie sie irgendwie einzeln aufgebürstet und lackiert haben musste. Artig, wie ein gutergzogenes junges Mädchen, gab sie mir, wie aus dem Nichts, ganz spontan die Hand. Diese Geste wirkte in ihrem Aufzug ebenso deplatziert wie ihre plötzliche Verwandlung in eine Dame. Wie klein sich ihre Hand anfühlte, samtig weich und gleichzeitig überraschend kräftig.

„Hola!"

Ihre Stimme war jetzt zwar immer noch etwas rauchig, aber gleichzeitig sanft und weich. Sinnlich, verführerisch!

„Hola …", war meine doch sehr zu wünschen übrig lassende Antwort.

Mein erhebliches Defizit an Anmachsprüchen und Flirttechnik schien sie jedoch nicht im Geringsten zu stören, sie war nicht deswegen zu mir herübergekommen. Statt ihr eine wie auch immer geartete Bemerkung zukommen zu lassen ließ ich meine Aufmerksamkeit wieder ihrer Brustpartie angedeihen, um dann meinen Blick langsam am Hals entlang zu ihrem Gesicht hoch wandern zu lassen, bis ich wieder an ihren Augen hängenblieb. Sie ließ ein wissendes Lächeln um ihre Lippen spielen, ein überlegenes, vielleicht gar zufriedenes Lächeln? *War es möglich, dass sie es mochte, dass sie mir gefiel und sie immer wieder ansah? Sogar, dass ich ihr ständig auf ihre Brüste starrte?* Ich konnte ihre ebenmäßigen, weißen Zähne im Lampenlicht schimmern sehen. Aber ihre Augen! Ihre Augen waren tatsächlich ganz schwarz! Wie schwarze Sonnen, nein eher wie schwarze Löcher, alles in ihrer Umgebung anziehend und in sich hineinziehend. Sie war unendlich attraktiv, zog alle Blicke auf sich. Ich war absolut fasziniert vom Umstand, dass ich nicht zu sagen vermochte, wo ihre Pupillen aufhörten und ihre fast ebenso schwarzen Irisringe anfingen, und so der Eindruck entstand, ihre Pupillen wären so riesig wie schwarze Kirschen. *An diesen süßen Früchten wollte ich mich jetzt laben, viel mehr noch als an allen anderen Verlockungen, welche Claudia hier für mich ausgebreitet hatte.* Ich hatte keine Flasche mehr vor der Brust und kein Tischchen trennte uns. Jetzt hatte Claudia mich endlich so vor sich, wie sie es wohl schon eine ganze Weile gesucht hatte, sie hatte mich überdies bei der Hand gefasst und ich würde sie ihr doch wohl kaum aus ihrer reißen wollen. Sie hatte mich gefangen.

Jetzt aber ließ sie meine Hand los. Ihr neuer milder Blick voller Sanftmut – eine ganz neue Claudia zeigend als die neckische, etwas wilde und streitlustige Ausführung von vorhin – hatte mich eingelullt. Sie schien ein wenig traurig zu sein, als ob sie bis in mein tiefstes Inneres sehen konnte. Ihre Augen ließen erahnen, dass sie auf einmal verstehen mochte, was mich zu dem machte, was ich war. Ich spürte, wie sie dann nach beiden meiner Hände griff, ganz sanft, als ob sie tanzen möchte. Ich ließ sie gewähren und schaute sie lange an. Direkt hinein in die uferlosen, dunklen Seen ihrer strahlenden Augen. Und sie mich. Sie schien seltsam ruhig in ihrem Blick, als ob sie jetzt glücklich wäre.

Sie hatte mich mit ihrem Blick gefangen, fast als ob sie mich damit in die Arme genommen hätte. Ich war ihr völlig wehrlos verfallen. Ich tauchte ein in das schwarze Loch ihrer Augen. Und jetzt begannen diese Augen, sich auf einmal zu verwandeln! Sie wurden nun ganz groß und sie fixierte mich wieder wie zuvor im Van in ihrem bannenden, geradezu brennend heißen Blick, dem ich weder zu widerstehen noch auszuweichen vermochte. Es war, als würde ich in ihren dunklen, großen Pupillen versinken; als ob ihre Augen aber auch Strahlen aussenden würden, direkt in meine Augen hinein, diese zu sich hinüber zu ziehen versuchend, und schließlich bis hinab ins Herz vordringend, dort ein ungeheures Tohuwabohu anrichtend, ungemein bannend, überwältigend, so aus dieser Nähe. Ja, ein schwarzes Loch, denn jetzt stolperte der Zeitstrom nicht nur, er wurde auch nicht lediglich etwas langsamer, mich in wohlige Watte einhüllend, nein, jetzt stand die Zeit buchstäblich mit einem Schlag still. Eine Singularität, wie beim Urknall, wo innert Bruchteilen von Sekunden alles Mögliche geschehen kann! Man kann in eine andere Welt übergehen, in einen anderen Wirklichkeitshorizont, jedenfalls in meinen Science-Fiction-Geschichten! Ich war in der Lage, eine Vielzahl von Entscheidungen zu treffen und alles Mögliche gleichzeitig zu tun, ohne mich dabei im Geringsten zu irren. Es gab kein Zeitgefühl mehr. Claudia legte nun ihren Kopf ein wenig schräg und öffnete ihren Mund zu einem einladenden, aufmunternden Lächeln. Eine Stimme wie aus dem Nirgendwo wisperte mir zu: „Küss mich!" *Nicht schon wieder Mazatlán*, durchfuhr es mich unwillkürlich. Claudia lächelte verführerisch zu mir hoch, ihre jetzt wie polierte Bronze wirkenden kugelrunden Brüste schimmerten im grellen Licht. Wir hatten uns immer noch mit unseren Blicken umschlungen. „Küss mich!", hauchte jemand wieder. *Diese rauchige Stimme!* Wie aus dem Nichts wehte dieser Gedanke durch meinen Geist. Es war ihre Stimme! Sie sollte ich küssen! Es stimmte, was gesagt wird. Man kann durch die Augen in jemandes Seele hineinblicken! Claudia sprach endlich mit mir auf diese neue wunderbare Weise:

„Küss mich! BESAME, **Y BESAME MUCHO!**"

In der Paradiesstraße

Die sandige Seitenstraße, unweit der geteerten Straße, welche zur Mole führte, wo die Garnelen angelandet werden, lag versteckt hinter einer Sanddüne, still und verlassen in der weißen Nachmittagsglut. Aus einem der kleinen unverputzten Häuschen aus Zementblocksteinen aber drang der charakteristische *Bumm-Tschiss-Bumm-Tschiss*-Rhythmus und der enthusiastische Klang einer Art Salsa-Musik, welche damals in Mexiko als Musica tropical oder Cumbia bekannt war und noch heute gerne zum Tanzen gespielt wird. Hier wohnte damals ein im ganzen Ort bekanntes Trio junger Frauen. Sie waren mit ihren Plänen für den Freitagabend beschäftigt. Das einfache Haus mit dem wellblechbedeckten Giebeldach hatte vorne eine kleine überdeckte Veranda, wo der ebenfalls im Schatten des Daches liegende Weg von der vergitterten Fliegengittertür zum schmiedeeisernen Tor an der sandigen Straße führte. Hier trennte eine unverputzte, niedrige Zementblocksteinmauer den kleinen, sandigen Vorgarten von der ebenfalls sandigen, kleinen platzartigen Erweiterung ab. Die Mauer trug oben einen Zaun aus demselben cremeweiß angestrichenen Schmiedeeisen.

Das Häuschen gehörte Carmen, deren Mann sie hier allein zurückgelassen hatte, als er vor mehr als einem Jahr in die USA gegangen war, illegal natürlich. Um Gesellschaft zu haben, hatte sie eine Bekannte, Rosalba, aus Sinaloa, eingeladen, umsonst bei ihr zu wohnen. Sie arbeitete in der lokalen Cantina, aber das war ihr egal. Niemand wusste, weshalb sie hier in diesen gottverlassenen Ort gekommen war. Sie hätte doch in Hermosillo locker ein Mehrfaches verdienen können, jung, groß und attraktiv, wie sie war. Die Männer nannten sie nur „La Barbie". Beide Frauen gönnten sich gelegentlich etwas Zeitvertreib in Hermosillo beim Tanzen. Es war anlässlich eines dieser durchtanzten Abende gewesen, als sie die Bekanntschaft einer weiteren jungen Frau gemacht hatten, welche außer wegen ihrer dominanten Präsenz als Tänzerin vor allem durch ihr gewagtes, mohnrotes Kleid und ihrer Beliebtheit bei den männlichen Gästen auffiel. Sie erzählte jedem, der es wissen wollte, dass sie von zu Hause durchgebrannt sei, abgehauen aus dem provinziellen Chihuahua hinunter an die lebensfrohe Küste.

Es war Rosy, welche ihr vorschlug, sie solle doch mit ihnen nach Bahia Kino kommen und sich in der Cantina vorstellen. Rosy war sicher, dass Jose Luis, der Cantinero, von den überzeugenden Talenten ihrer neuen Freundin Claudia begeistert sein würde. Sie war von der Idee sofort angetan gewesen und meinte lediglich, dass sie noch bei der billigen Absteige, wo sie gelandet war, schnell ihre Sachen holen müsste. Ach ja, ihre kleine Tochter Ana Maria, welche sie bei der Verwalterin in Obhut gelassen hatte, um auszugehen, sie müsse auch mitkommen. Ob das ein Problem wäre …?

Es war im September 1988, als Claudia und Ana Maria das erste Mal das Meer zu sehen bekamen. Claudia hatte dann wie erwartet ihren Job bei der örtlichen Cantina gelandet – zu sehr vorteilhaften Konditionen – und sich sehr schnell einen Namen gemacht, dessen Ruhm weit über Bahia Kino hinaus strahlte. Das kleine Mädchen blieb während Claudias Abwesenheit, welche gelegentlich die ganze

Nacht währte, in der Obhut von Carmen. Aber heute sollten die drei Frauen wieder einmal alle gemeinsam ausgehen. Claudia, welche gut einen halben Kopf kleiner als ihre Freundin war, trug ihr Haar noch offen – eine recht dicht gelockte, pechschwarze, wilde Mähne – und stand nur im BH und der knappen Shorts vor dem Spiegel.

„Na, Rosy, was meinst Du, soll ich das violette oder das rote Kleid anziehen?"

„Das rote. Das andere ist ein bisschen zuuuu, naja, gewagt. Und zu knapp obenherum!"

„Und Du?"

„Ich weiß nicht recht, Claudia, aber ich bin nicht richtig fit. Bauchkrämpfe, Du weißt schon. Der monatliche Besuch. Der im roten Kleid!"

„Echt? Das darf doch nicht wahr sein! Scheiße! Ausgerechnet jetzt, wo Luis uns diese Amerikaner vorstellen will. Die lassen sicher ordentlich was springen, vielleicht führen sie uns sogar nach Hermosillo zum Tanzen aus. Ich war schon eine Ewigkeit nicht mehr tanzen, und überhaupt, dieses sandige Nest wird langsam langweilig."

„Du warst doch erst vorige Woche mit Yesi dort, schon vergessen? Aber Luis wird wohl auch ohne seine Carmencita auskommen müssen! Sie hat ihre Mutter zu Besuch, da kann sie schlecht mit Luis feiern gehen, als treusorgende Ehefrau, hahaha! Sie ist nach Hermosillo gegangen, um sie vom Busbahnhof abzuholen. Sie bleibt bis Sonntagabend weg. Bei ihrer Schwester. Arme Carmen!"

„Was meint Carmens Mutter eigentlich dazu, dass ich und Ana jetzt hier sind?"

„Hat sie noch gar nicht mitgekriegt. Aber es wird schon okay sein, sie ist ja sehr davon angetan, dass ich ihrer Carmen Gesellschaft leiste, jetzt wo Javier doch schon seit Monaten bei den Gringos schuftet. Sie hat aber gar nichts mehr von ihm gehört, zumindest hat er die Grenze geschafft."

„Immer dasselbe mit dieser Grenze. Alle verschwinden und dann hörst Du nie mehr was von denen. Von Geld gar nicht zu reden!"

„Sie hat ja jetzt Luis!"

„Was sagt eigentlich Gloria zu diesem Handel? Also mir wäre das zu dumm, mir müsste keiner mit so einem Quatsch kommen. Den würde ich sofort rauswerfen."

„Jaja Claudia, Du hast gut reden! Du hättest ja auch sofort mindestens zwei Neue an der Angel."

„Also ich gehe auf jeden Fall, notfalls auch allein! Luis kann ja auf mich aufpassen. Diese Gringos lass' ich mir nicht durch die Lappen gehen. Aber ich hätte doch gerne ein wenig mehr über diese Typen gewusst! Hast Du Dich umgehorcht?"

„Naja, von diesem Iren hast Du bestimmt schon gehört … Gary heißt er wohl."

„Welcher Ire denn? Ich dachte das seien Amerikaner!"

„Amerikaner, Iren, was weiß ich. Jedenfalls Ausländer, sehen aus wie Gringos, somit sind sie auch welche. Dieser Ire treibt sich mit einem kleinen Boot hier rum, sie sagen Gerardo zu ihm. Er tauchte vorigen Herbst hier auf, ein paar Wochen nachdem Du herkamst. Und ist irgendwie hängengeblieben."

„Ach sooo, Gerardo! Yesenia hat den mal angequatscht und ließ sich von ihm abschleppen, der wollte sie danach unbedingt heiraten, hihihi so ein Quatsch, einfach so aus dem Nichts ist er damit rausgerückt!"

„Ist halt schon ein bisschen älter, aber er hat ein Boot und ein Geschäft oben in Minnesota oder Chicago! Aber diese Masche mit dem Heiraten hat er dem Vernehmen nach nicht abgelegt. Pass nur auf, der macht Dir einen Antrag!"

„Ist mir zu kalt da oben. Mir hat schon Juarez gereicht!"

„Was wolltest Du denn dort? Arbeit in einer dieser neumodischen Fabriken suchen wohl eher nicht, oder?"

„Sag mal, spinnst Du? Ich und Fabrikarbeiterin! Nein, wir besuchten Familie über Weihnachten. Schon ein paar Jahre her. Shoppen In El Paso! Es war aber eisigkalt und es hat geschneit. Es war richtig weiß."

„Du hast Schnee gesehen? Wie war das denn? Bestimmt superromantisch! So mit Feuer im offenen Kamin wie in den Novelas, wenn sie wegen ihrer Geschäfte nach Europa reisen."

„Für mich ist das nichts! Man muss dicke Mäntel tragen, sonst kriegst Du eine Lungenentzündung. Ich hasse Mäntel, ich sehe darin furchtbar aus, beinahe fett, wegen der beiden hier. Laut meinem Vater dauert der Winter in Chihuahua mindestens 7 Monate, er zoffte ständig rum wegen meiner Kleider und wollte immer, dass ich so weite Jacken trage. Keine engen Jeans. Aber mit der Schuluniform hatte ich ihn sauber reingelegt, hatte eine zweite Garnitur an der Prepa!"

„Hahaha Claudia. Früh übt sich, was …! Also ich würde das mit dem Schnee gerne mal sehen. In Sinaloa gibt es keinen Winter, nicht mal in den Bergen. Aber Juarez soll schlimm sein, man hört so einiges an Gerüchten, wegen verschwundener Mädchen und so. Die sollen Bordelle haben wie bei den Gringos. Da bestimmen andere, mit wem und mit wie vielen Du in die Kiste steigst! Chago hatte mir manchmal was ausgeplaudert, wenn er betrunken war, um mich gefügig zu machen. Die Prügel kamen jeweils nachher."

„Hast Du ihn deswegen verlassen?"

„Auch. Vor allem aber, weil er immer wieder wochenlang verschwand. Ich dachte ja, der wäre eine gute Partie, meine ganze Familie dachte es, der Santiago, aus dem ist was geworden, Geschäft, „Troca", gutes Aussehen, groß gewachsen, tanzt gut, alles da!"

„Der hatte bestimmt noch ein paar andere!"

„Wenn's nur das gewesen wäre! Ich glaube, er war oder ist beim Kartell. Einmal habe ich eine Pistole in der Schublade gefunden, als ich ihm ein paar Briefe in die Schreibtischschublade legen wollte. Ich habe dann Geld abgezweigt, und als er mich zum Abschied vor einer seiner Touren wieder einmal windelweich geprügelt hatte, bin ich auf und davon."

„Und wenn er Dich sucht? Dann kommt er her und sucht nach Rosalba, der hochgewachsenen Barbie mit den hellen, glatten Haaren!"

„Hör mal zu Claudia, aber erzähl es bloß nicht weiter! Ich heiß gar nicht Rosalba, und meine Haare waren früher lockig und dunkel, damals, als ich noch Maricela war … Der findet mich nicht. Hierher kommen die Narcos nicht, habe noch nie einen in der Cantina gesehen, würde sie sofort erkennen."

Ihre großen, fast honiggelben Augen füllten sich kurz mit Tränen, welche sie sich unwillig abwischte.

„Arme Rosy! Pobrecita. Und ich dachte, ich hätte es schwer. Werde Dich weiter Rosy nennen, wenn's Dir nichts ausmacht."

„Du solltest Dir auch einen Künstlernamen zulegen. Claudia klingt zu gewöhnlich! Aber jetzt zieh Dir doch endlich was über! Was sollen denn die Leute denken, wenn jemand reinkommt."

„Neidhammel! Und vergiss den Quatsch mit Künstlername! Ich brauch' sowas nicht. Denn mich sucht ja keiner, nicht mal meine Familie. Aber genug von den alten, traurigen Geschichten. Heute gibt es Gringo zum Abendessen!"

„Wenn sie sich von Dir anknabbern lassen!"

„Wieso denn nicht? Reden wir also besser von den Kerlen, Rosy! Wie ist denn der andere? Ich steh ja nicht so auf Ältere!"

„Der Gary ist noch gut im Schuss! Wenn der ein paar Bier getrunken hat, geht er ran wie ein Stier. Frag nur Yesenia! Der andere? Hab' mit dem Typen vom Deposito geschwatzt. Er hat mir gesteckt, Gerardo habe sich eine neue Bierquelle erschlossen, hihi. Ziemlich jung, kauft schachtelweise Bier, und verbringt scheinbar jede Minute mit ihm. Da wird er bestimmt nichts Gescheites lernen. Höchstens wie man Bier trinkt! Kam wohl erst diese Woche hier an. Sie kurven bestimmt wieder da draußen rum. Den Jungen sieht man sonst mit einem knallroten Vocho die Gegend unsicher machen; hierher kommt er aber nur, wenn das Bier alle ist! Den hat hier sonst noch nie jemand gesehen. Seltsame Sache, kam ganz allein hier in einem Auto mit Chihuahua-Schildern an. Hat Gloria nichts zu Dir gesagt? Du kannst es ja dem Vernehmen nach sehr gut mit ihr!"

„Woher hast Du denn das?"

„Woher wohl?! Carmen natürlich. Stimmt das?"

„Ja, sie will etwas von mir wissen, weißt ja!"

„Hast Du ihr etwa gesagt, wo Du wohnst? Halt bloß Dein vorlautes Mundwerk! Gloria hat Luis zur Rede gestellt, vorige Woche schon. ‚Wer ist Claudia?', hatte sie ihn gefragt. Sie hatte Dich in Verdacht, hihi. Er hatte ihr natürlich die Wahrheit gesagt, seine

Wahrheit: „Ach, diese Congalera von Jose Luis? Weißt ja, der mit der Cantina. Was willst Du von der?" Er hat es dann Carmen gesagt, er weiß ja, dass wir hier wohnen. Carmen passt Deine Freundschaft mit Gloria überhaupt nicht."

„Ich sag ihr schon nichts, keine Angst. Geht mich ja auch nichts an. Ich pass schon auf. ‚Offiziell' wohn ich ja bei Yesi!"

„Nun gut, will's Dir nur gesagt haben. Sprich am besten selbst mit Carmen darüber."

Es entstand eine kurze Pause, es war auf einmal still. Die Kassette war abgelaufen. Claudia ging hinüber und drehte sie auf die andere Seite, worauf die lebhafte Cumbia-Musik erneut den Raum ausfüllte. Sie machte einige wie einstudiert wirkende, aufreizende Tanzbewegungen.

„Kannst es kaum noch erwarten, was! Hoffentlich sind die beiden Deinen Tanzkünsten gewachsen!"

„Hauptsache sie taugen was im Bereich, der danach kommt! Also ein Stier und ein Novillo! Mit Chihuahua-Schildern am Auto! Wie soll denn das gehen?"

„Ich glaube nicht, dass er aus Deiner Heimat kommt. Er kann scheinbar kaum mehr Spanisch als Gerardo. Keine Angst, er ist bestimmt kein Detektiv, den Dein Papi angeheuert hat, um Dich aufzutreiben und nach Chihuahua zurückzuschleppen!"

„Daran hatte ich gar nicht gedacht. Hm, allein also. Jung. Ausländer. Und mit einem mexikanischen Auto. Passt nicht zusammen!"

„Wird ein Mietwagen sein. Er tauchte letzten Dienstag bei Luis auf, für 3 Tage, ist aber immer noch hier. Luis meint, er sei nett, ein wenig schüchtern vielleicht."

„Meinte nicht das Auto. Sondern dass ein junger Gringo allein in den Urlaub nach Mexiko fährt. Tut sonst keiner. Was will er hier? Er kam ja nicht mal zu uns in die Cantina!"

„Er ist zu schüchtern! Hörst Du eigentlich auch zu? Und wenn er in eine Cantina gehen will, dürfte Juarez wohl näher bei Chihuahua liegen."

„Hm. Auch wieder wahr. Soso, ein schüchterner Gringo. Von dieser Sorte ist mir noch keiner untergekommen. Ist er denn immer allein? So gar keine Freundin? Sag bloß nicht, der ist hässlich, dann spiele ich nämlich nicht mehr mit! Da hätte ich gleich meine Schicht in der Cantina schieben können!"

„Überhaupt Cantina … Wie macht sich eigentlich die Neue, Claudia?"

„Hm, kann man noch nicht sagen."

„Na los Claudia, was ist mit der?"

„Sie heißt Cindy. Cindy aus, wie war das gleich, Sahuaro, nein, Sahuaripa. Aus den Bergen. Das Kaff heißt gleich wie die Kakteen hier, genau!"

„Seit wann interessierst Du Dich denn für Pflanzen, Claudia? Weißt wohl mehr als Du zugeben willst! Worauf hast Du Dich denn vorbereitet, kleine Heimlichtuerin?"

„Und überhaupt, Cindy! Die Tussi heißt doch bestimmt Cinthia, gibt sich als Gringa aus, so ein Stuss!"

„Ist mir halt irgendwie hängengeblieben. Weißt ja, wie Carmen immer doziert und damit angibt, dass sie die Prepa fertiggemacht hat. Neulich hat Ana gefragt, was das für merkwürdige Dinger seien, die in den Gärten stehen, und ich hab ihr erklärt, das wären Organos. Da ist sie mir gleich in die Parade gefahren und hat mir eine Schulstunde gegeben. Das seien Sahuaros! Hat sie bestimmt von Luis, der war ja sogar an der Uni."

„Wie kommt es denn, dass Du ausgerechnet an einem Freitag nicht in der Cantina bist?"

„Luis kam gestern Donnerstag zu uns. Er war's, der dem Chef damals die Sache mit Cindy aufgeschwatzt hatte. Jose Luis war dann ja neulich 2 Tage weg, obwohl wir ja jetzt ziemlich viel Betrieb haben und kam mit ihr just an diesem Tag zurück. Zum Glück. Kommen kaum noch nach mit dem Bier, so heiß wie das jetzt wird. Luis hat ihm einen Arbeitsplan gemacht und es hat Jose Luis gefallen. Mir auch. Wir bekommen 2 Tage pro Woche frei, am Wochenende sollen wir zu dritt sein. Guuuuut. Da komm ich mehr zum Tanzen. Die Kerle bezahlen, um mit mir zu tanzen. Und mancher steckt mir Extratrinkgeld oben rein!"

„Oben rein! Typisch für Dich. Umsonst gibt's bei Dir wohl gar nichts! Und wie ist die Neue so? Gar keine Angst, sie könnte Dir das Wasser oder die Trinkgelder abgraben?"

„Na, so 'nen Hintern! Direkt obszön! Dumm wie Brot, die Kleine, ich hätte sie beim Abrechnen der Trinkgelder sauber ausnehmen können. Eine ‚Güera', helle Haut, aufblondierte Haare, Gesicht wie ein Pferd, hihi. Ziemlich groß, Rosy, vielleicht etwa so wie Du, nein eher größer. Dachte, die wird die Cubetas locker schaffen, aber sie war ziemlich geschlaucht am Ende. Sie hat mir erzählt, dass in ihrem Nest jeder arm sei, sogar die Ladenbesitzer. Sie wolle aber keine mausarme ‚Ranchera' sein und ein Leben lang schuften. Jose Luis hatte sie wohl ziemlich beeindruckt mit seinem fetten Pickup. Ich kam ganz gut mit ihr zurecht."

„Und obenherum? Na, Claudia, willst Du auf einmal nicht mehr darüber reden?"

„Gibt's nicht viel zu reden darüber. Ist ausbaufähig, la chava. Aber dafür habt Ihr ja mich! Aus einer von denen hier kannst Du beide von ihren machen! Aber heute hilft Cindy Yesenia aus. Nicht viel los heute, weil die meisten weg sind. Sagt Luis. Er kann's gut mit dem Chef. Hat bei ihm angegeben, wegen seines Hotels, das jetzt international bekannt würde."

„Hahahahaha. Aus einer von Deinen kann man beide von dieser Cindy machen! Dann müssen sie ja enorm groß sein! Und von wegen internationales Hotel! Mit Garys Boot als Kreuzfahrtschiff und den Kiffer-Typen am Strand als ausländische Gäste!"

„Da ist ja auch noch der Neue! Der ist gar nicht aus den USA! Sondern noch von so einem Ort, wo es immer kalt ist. Luis hat's gesagt, konnte aber gerade nicht zuhören, weil sich einer an mich dranhängen wollte. Aus Europa, vermutlich irgendwo da oben bei Kanada oder wo die Feuerländer wohnen!"

„Mann Claudia! Du wirfst die halbe Welt in dieselbe Cubeta! Europa ist dort, wo Spanien und Frankreich sind. Und wegen des Neuen hat Jose Luis Dich gefragt?"

„Ja. Werde das das erste Mal machen. Aber Yesi war eingeschnappt und wollte mir nichts sagen."

„Schau, normalerweise sprechen wir uns ab, wenn wir zu zweit gehen, damit wir uns nicht ins Gehege kommen. Aber jetzt spielt es keine Rolle. Du kannst wie üblich Dein Ding durchziehen. Such Dir einen der beiden aus, am besten wär's wohl, Luis würde dann einen Ersatz für mich besorgen."

„Und wie ist der Junge so? Will ein wenig vorbereitet sein, um zu wissen, woran ich bin."

„Hässlich ist er laut Gloria nicht und schon gar nicht fett. Sie tratscht im Dorf rum, er habe ganz grüne Augen, aber es sei ein Wunder, dass er keinen Bierbauch habe, so wie der trinke."

„Sieh mal einer an, grüne Augen! Aber schau Dir erst die Gloria an, da ist jemand auf den Geschmack gekommen! Hat in grüne Augen geguckt und sich ein paar Taquitos genehmigt! Hoffentlich hat sie mir was übriggelassen. Hast Du jung gesagt? Ich glaube, ich nehm' diesen Novillo ein bisschen aufs Korn!"

„Ich habe vor allem schüchtern gesagt! Hab' gehört, dass sie sich darüber beklagt hat, er habe sie scheinbar nicht einmal angesehen. Laut ihr soll er keine Ahnung von Frauen haben!"

„Ach was! Der wird halt einfach nicht auf ältere und fette Frauen stehen!"

Rosalba schaute sie zuerst überrascht an, dann ließ sie ihr verschmitztes Lächeln sehen, welches in ihrem Gesicht auftauchte, wenn sie jemanden ein wenig aufziehen wollte. Und am liebsten zog sie ihre derart auf sich selbst bezogene und selbstbewusste Freundin auf. Sie setzte nun ein unschuldig-gleichgültiges Gesicht auf und trank ein Eiswasser.

„Fett und alt! Lass das bloß Deine Freundin Gloria nicht hören. Und auch Luis nicht! Sonst beschwatzt er Carmen, damit sie Dich doch noch rauswirft. Und überhaupt, in diesem Falle solltest Du Dich besser vorsehen! Vielleicht steht Dein Auserwählter eher auf etwas Schlankes, Großes! Soll ja auch ziemlich groß sein. Sollte das der Fall sein, dann sei doch so nett und sag ihm einen lieben Gruß von mir und dass „La Barbie" in ein paar Tagen hier auf ihn wartet!"

Der Scherz kam nicht gut an. Claudia verzog ihr Gesicht und ihre dunklen Augen sprühten vor Zorn. Sie presste den Mund zusammen und stemmte ihre Arme in ihre ohnehin schmale Taille. Sie stellte sich, nur mit knappen Shorts und ihrem BH bekleidet breitbeinig vor Rosy hin, und richtete ihren Oberkörper stolz auf, damit sie größer wirken sollte.

„So! Meine angebliche beste Freundin glaubt also, ich sei zu fett für diesen Jungen! Warte nur, jetzt wirst Du was erleben! Komm her, wenn Du Dich traust!"

„Uiuiui, jetzt hab' ich's aber ganz schön mit der Angst bekommen meine Kleine. Was willst Du mir denn tun?! Deine beiden Kanonenkugeln auf mich abschießen, hahaha! Jetzt hab Dich doch nicht so, wirst doch auch ein Späßchen verstehen! Also ehrlich, Du bist echt aggressiv. Kein Wunder, dass Dein Carlos das Weite gesucht hat, wenn Du ihm auf diese Weise gekommen bist!"

„Pah! Der ist doch kein Gegner für mich. Der hatte ja sogar vor einem Baby Angst!"

Sie knurrte das mehr als sie es sagte, mit verächtlichem Gesichtsausdruck. Sie war keineswegs besänftigt, im Gegenteil, sie lief vor Zorn ganz dunkel an.

„Vaya Claudia!" Und in dieser Ecke steht, ungeschlagen in allen Kämpfen Claudia la Buenota aus Chihuahua genannt „EL BOMBON ASESINO"!

Claudia schaute verblüfft zu Rosy hinüber und konnte nicht anders als loszuprusten und dann mit ihrer rauen Stimme laut heraus zu lachen. Sie konnte kaum noch aufhören.

„Also echt, Du bist total hinüber. Hahahahaha. El Bombon Asesino. Wenn das meine kleinen Brüder wüssten! Wir haben früher oft Luchitas gespielt, die meinten, sie hätten leichtes Spiel, die kleinen Racker, aber sie täuschten sich! El Bombon Asesino! Also los, dann! El Bombon Asesino gegen La Barbie! Los, komm, zeig was Du hast!"

„Hihihihi. Jetzt hör schon auf damit!"

„Da hat eine Angst bekommen … Ich mach Dich platt im ersten Round!"

„Jetzt hör endlich mit diesem Unsinn auf und zieh Dir was über. Was sollen denn die Leute denken, wenn sie Dich hier so sehen. Und

Angst vor Dir? Vergiss es! Etwa weil Du Deine kleinen Brüder vertrimmt hast? Angst hätte ich höchstens davor, dass ich Dir wehtun könnte. Willst doch ganz bei Deinem Novillo ankommen, oder?"

„Angeberin! Aus Zunge mach ich Tacos!"

„Versuch's besser nicht, diese Tacos würden Dir nicht bekommen. Habe mir von einem Bekannten ein paar Tricks zeigen lassen, der ist bei der Federal de Caminos! Die sind immer allein auf Patrouille! Habe dann auf sein Anraten hin einen Kurs besucht. Falls mal ein Typ bei mir ausrasten will. Um einen Betrunkenen abzuwehren, reicht es allemal und es ist gut fürs Selbstvertrauen. Wenn Du willst, zeig ich's Dir mal."

„Mann, echt, Rosy!? Hast Du so einen Gürtel bekommen? Würde mich schon interessieren. Dann leg' ich die Typen im Bett aufs Kreuz!"

„Nein, soweit hab' ich's nicht getrieben. Und für's Bett ist's auch nicht gedacht, Du Wildkatze! Aber wegen heute Abend brauchst Du sowas nicht. Gary ist zwar manchmal ein wenig direkt, aber er tut Dir nichts. Und wegen des anderen, nun ja, der wird schon all seinen Mut brauchen, um nur mit Dir zu reden. Wenn Du mit dem anfängst, Luchitas zu spielen, ist er über alle Berge, hihihi."

„Kann nicht sein! Er ist kein Feigling. Wenn nämlich einer von Chihuahua als Ausländer allein bis hierher fährt, hat er vor nichts Angst. Nicht mal vor mir! Hm, aber Gloria meint, er sei schüchtern! Was sie alles weiß. Dann besser das grobe Geschütz auffahren. Schüchtern gibt es bei mir nicht! Dem sollen die Augen übergehen und dann gibt's kein Halten mehr! Ich nehm' das lila Kleid!"

„Claudia, denk daran, da ist auch noch Gerardo. Der weiß nicht mal, wie man schüchtern schreibt. Den musst Du nicht zweimal bitten und wenn der einen sitzen hat, kriegst Du ihn nicht mehr los, der kann sehr aufdringlich werden. Und gibt nicht auf, nie, erst wenn Du bei ihm im Bett liegst. Wenn der Dich in diesem Kleid zu sehen bekommt, hat Dein Novillo keinen Stich mehr!"

„Nur kein Neid. Das Kleid passt genau. Mit Gerardo komm ich schon klar. Aber Du hast recht. Wir besorgen ihm am besten einen Ersatz, dann ist er beschäftigt. Ich muss an meine Zukunft denken. Ist ja alles gut und recht hier mit dem Job in der Cantina, aber immer kann ich das nicht machen. Nächsten Monat wird Ana Maria 5 und nächstes Jahr kommt sie in die Schule. Ich denke in letzter Zeit oft, das Beste wäre es, einen reichen Typen zu angeln und sich zur Ruhe zu setzen. Die Gringos sind da nicht so kompliziert wie unsere Machos: ‚Eine Cantinera kannst Du nicht nehmen, so eine Schande!'"

Die Grimasse, welche sie dazu schnitt, und die letzte Bemerkung Claudias erheiterte Rosalba über alle Maßen und sie brach in lautes Lachen aus.

„Deswegen mag ich Dich Claudia! Du bringst mich selbst in meiner Lage immer wieder zum Lachen. Sich zur Ruhe setzen und einen reichen Gringo angeln! Und was ist mit der Liebe, Claudia? Willst Du wirklich in 20 Jahren einen alten Knacker im Rollstuhl durch die Gegend schieben?"

„Liebe?! Was die mir gebracht hat, schläft nebenan! Von wegen Liebe! Carlos, dieser lausige Feigling, hat mir ewige Liebe geschworen und ist auf und davon, sobald ich schwanger wurde. So haben wir unser Wiedersehen nach den Sommerferien gefeiert. Und statt im folgenden Jahr mit einem scharfen Kleid zum Schulabschluss Ballkönigin zu werden, saß ich mit einer gewaltigen ‚Panzota' zu Hause! Tolles Geschenk zur Volljährigkeit! Und Carlos? Nach wenigen Wochen war sie vorbei, die ewige Liebe. Steckt oben in Chicago, wollte Kohle schicken, aber nichts war's; bestimmt ist er mit so einer fetten Gringa-Kuh zusammen, welche ein noch fetteres Bankkonto hat. Das kann ich auch. Ich will raus aus diesem Sandloch, dieser ständigen Armut ohne eigenes Haus, und für die kleine Ana Maria ein besseres Leben suchen. Ich verstehe die Cinthia ganz gut in dieser Hinsicht. Ein Gringo käme mir gerade recht, der müsste mir einen dieser fetten Achtzylinder Pickups kaufen, neu natürlich, ein Haus, Bedienstete – Nein, Halt, die spannen einem immer den Ehemann aus! – besser einen Gärtner und einen Chauffeur, und wenn es dann halt einer mit einem Boot sein sollte, ist's ja auch egal. Die Gringos sind toleranter und vielleicht nimmt mich einer auch mit Ana. Und der andere ist jung, Du hast es gerade gesagt!"

„Du redest wie ein Buch. Aber vielleicht hast Du nicht unrecht.“

„Nein ich habe sogar ganz bestimmt recht! Wenn Du hier mit Typen rummachst, kriegst Du ein Trinkgeld, aber wenn er Dich heiratet, hält er Dich das ganze Leben lang aus. Und wenn der Kerl noch einigermaßen präsentabel ist und im Bett was taugt, dann lass' ich mit mir reden. Der Junge interessiert mich, dem werde ich auf den Zahn fühlen! Und seine Vorliebe für Bier werd' ich ihm schon austreiben.“

Sie fuhr sich gedankenverloren durch ihr dichtes Haar und machte dazu ein paar kreisende Bewegungen mit ihren ausladenden Hüften.

„Hahaha, bei den Ansprüchen, die Du in diesem Metier hast, Claudia! Und Du willst ihn nur auf den Zahn fühlen? Pass besser auf, heute kommen nochmal Touristen aus Deiner Heimat. Aus Juarez! Da sind bestimmt auch Mädchen dabei. Du kriegst Konkurrenz, Claudia, weil die bestimmt bei den Bungalows absteigen, wie immer.“

„Ich und Konkurrenz, Rosalba, schau mal her, haben die beiden hier etwa Konkurrenz?!“

„Mann, bist Du aber von Dir überzeugt. Steck Deine Pralinen endlich weg. Also ganz ehrlich, ich weiß von ein paar Typen, die davon eher eingeschüchtert werden. Die kommen dann lieber zu mir, die haben vielleicht Angst zu ersticken! Wie hältst Du die eigentlich oben? Aber wahr ist es doch! Seit Du in der Kneipe bist, hat sich der Umsatz glatt verdoppelt. Aber die Geschmäcker sind nun mal verschieden. Erschrick bloß den Jungen nicht mit Deiner Auslage, sonst fällt der in Ohnmacht und Du musst mit Gary vorliebnehmen!“

„Hier hab' ich ja auch noch was! Vielleicht mag er das besser! Schau her! Die Cindy hat zwar mehr, aber bei mir sieht es besser aus!“

Sie drehte sich schwungvoll um und warf sich erneut in Pose.

„Jaja Claudia, ich sag's Dir nochmal! Dem Gerardo könntest Du in zu weiten, abgetragenen Jeans und einem schlabbrigen Sweatshirt gegenübertreten und er würde trotzdem auf Dich abgehen. Du brauchst die Typen nicht noch zu provozieren.“

„Aber es macht Spaß! Zuerst heiz' ich ihnen ein und dann lass' ich sie abblitzen! Wen ich ranlasse, bestimme ich!“

„Schon klar, bis Du mal an den Falschen gerätst. Du hast sie ja nicht mehr alle. Lass' den Jungen in Ruhe, der ist nichts für Dich. Wenn Du ihn fickst, dann tu es mit Gefühl. Kleiner Ratschlag von Rosy – umsonst! Aber mach jetzt besser vorwärts. Das dauert bei Dir ja immer 2 Stunden, bis Du Dich rausgeputzt hast, und Luis will nach 6 kommen. Es ist schon 3 vorbei."

„Gibt es jetzt Wasser?"

„Ich denke schon."

„Vielen Dank, dass Du auf die Kleine aufpasst. Sonst müsste ich sie noch aufwecken und zur Nachbarin rüberbringen. Ich tauche nun mal rasch unter!"

Rosalba ging hinüber in das schmucklose Wohnzimmer, wo ein Bodenventilator versuchte, die stickig-heiße Luft durch Bewegung ein wenig kühler wirken zu lassen. Sie war froh, sich ein wenig ausruhen zu können. Aber es entstand eher ein Effekt wie von einem Haarfön. Unwillig machte sie das Gerät aus und setzte sich auf das Sofa beim Fenster. Sie seufzte. Claudia konnte sehr anstrengend sein, das Mädchen gab ständig Vollgas, nie hatte sie sie je müde gesehen. Hier hatte Rosy einen guten Überblick auf den sandigen, von der Sonne ausgeglühten Vorplatz. Sie griff nach dem Buch auf dem Salontischchen, das sie sich von Carmen „ausgeborgt" hatte. *Como Agua para Chocolate*. Claudia war ganz verrückt nach dieser Geschichte, was sie sehr verwundert hatte. Und sie war neugierig geworden, was das für eine Erzählung sein würde, welche dieses leidenschaftliche und derart lebenshungrige Mädchen so faszinierte. Als die Sonne sich genug gesenkt hatte, um ins Fenster zu scheinen, schreckte Rosalba aus ihrer Lektüre auf, weil die Hitze nun wirklich unerträglich wurde. *Himmel, es war schon spät, und diese kleine Nymphomanin kam immer noch nicht aus der Dusche!* Sie hörte immer noch das Plätschern des Wassers.

„Cllaauuudiaaaa, es ist fünf vorbei! Jetzt hast Du das ganze warme Wasser aufgebraucht und ich muss mir für den Abwasch erst welches auf dem Herd kochen!"

Jetzt hörte das Plätschern auf. Claudias resolute, rauchige Stimme erscholl. Sie wirkte erwartungsfroh und aufgekratzt.

„Lass doch den Abwasch liegen! Carmens Mutter soll sich doch auch nützlich machen, hehehehe! Komme gleich. Mach Dir keine Sorgen wegen des warmen Wassers. Meinst Du, ich will gekocht bei den Gringos ankommen? Wer duscht sich hier schon mit warmem Wasser! Mach mal die Musik leiser, ja? Ich will nicht, dass Ana jetzt noch aufwacht."

„Sag mal, Claudia, hast Du irgendwelche Witzpillen eingeworfen? Die Komikerstunde im Fernsehen ist samstags. Carmens Mutter als Hausmädchen! Wir bezahlen ja nicht mal Miete hier! Mach schon. Die kommen doch gleich!"

„Nur noch ein Viertelstündchen!"

Daraus wurden dann eher 30 Minuten, bis endlich die Tür aufging und eine stolze Claudia sich im vollen Ornat ihrer Freundin präsentierte.

„Aber hallo! Willst Du etwa auf einen Hollywoodempfang? Aber das neue Make-up steht Dir, muss man neidlos anerkennen."

„Was ist mit dem neuen BH? Trägt nicht auf und gibt super Halt. Wie sehe ich aus?"

„Pass bloß auf, dass Dich Maribel Guardia nicht in diesem Aufzug erwischt! Die kratzt Dir die Augen aus. Nein, die kann ruhig abtreten. Die von Televisa sollten mit Dir drehen. Sag mal, glaubst Du wirklich, dass das nötig war?"

„Hahaha, Maribel Guardia! Da habe ich doch einiges mehr zu bieten! Aber so wie die renne ich bestimmt nicht rum. Sowas hab' ich nicht nötig! Aber hier kann ein wenig Extrarahm auf den Tacos nicht schaden. Hilfreich bei Schüchternheit! Sollen sich die beiden nur ein paar ‚Taquitos de ojo' genehmigen! Mit viiieell Rahm auf den Tacos!"

„Mehr ein Buffet, wie mir scheint! Mit Cantaloupe-Melonen! All-you-can eat. Du übertreibst, Claudia! Wie schaffst Du es eigentlich, dass man von der Unterwäsche nichts sieht, bei diesem Hauch von einem Kleid?"

„Na wie wohl! Man muss mit der Zeit gehen. Ganz klein und unsichtbar, aber man muss halt in Form sein!"

„Willst Du damit etwa sagen, dass ich außer Form bin?"

„Würde ich nie wagen, Rosy. Schon gar nicht bei Deinen versteckten sportlichen Talenten. Aber ich muss aufpassen, seit Ana. Ich will mir nicht die Taille ruinieren. Hatte eine Heidenmühe, wieder in Form zu kommen. Hast Du eigentlich noch von dem neumodischen Zeug von drüben? Diese Fruchtcooler, oder wie die bei den Gringos heißen!"

„Wine Cooler, Claudia! Ja, es gibt noch welche im Kühlschrank. Musst Dir wohl Mut antrinken, so allein gegen die zwei, was?"

„Ich will mich nur locker machen, und Bier mag ich nicht besonders. Und dann bin ich durstig. Wieso kommt einer bloß freiwillig in dieses heiße Nest. Zu dieser Jahreszeit, wo es jeden Tag noch heißer wird. Verfluchte Hitze, verfluchte Sonne, ich werd' noch ganz schwarz hier!"

„Da stehen die Gringos aber drauf! Und dem Jungen scheint die Hitze nichts auszumachen. Soll ganz allein da draußen rumwandern, irgendwelche Pflanzen suchen. So wie Du über die Kakteen instruiert bist, hatte ich bereits gedacht, Du wüsstest Bescheid über diesen Typen und wolltest ihn damit beeindrucken."

„Pflanzen, Blumen, in so einem Sandkasten! Na, viel Glück damit! Er braucht etwas anderes zu tun."

Rosy guckte Claudia in ihrem violetten Kleid nach. Sie hatte sich heute ganz besonders viel Mühe gegeben, das musste sie ihr neidlos zugestehen. Sie hörte die Kühlschranktüre aufgehen und hörte das charakteristische Ploppen des Blechdeckels, als sie das Fläschchen öffnete.

„Wenn der morgen noch an irgendwelchen Blümchen interessiert ist, kannst Du mich Bombon Asesino rufen!", schallte es übermütig aus der Küche.

Claudia kam zurück, trank nochmals vorsichtig, aber ohne abzusetzen von dem Getränk, um ihre sorgfältig geschminkten Lippen nicht zu ruinieren.

„Vielleicht ist er von der DEA wie dieser Camareno, den die Narcos erledigt haben. Vielleicht sucht er nach Drogenplantagen, ein richtiger Spion!"

„Hahaha, Du spinnst doch, Claudia! Es kommen immer mal wieder Touristen hierher, welche nur irgendwelche Tiere und Vögel sehen wollen. Er hat eine ganze Tasche mit Kamerazeugs dabei, das hat Luis scheinbar ziemlich Eindruck gemacht. Sauteuer!"

„Aber fährt mit einem Vocho rum!"

„Reicht doch für einen allein und die Straßen hier!"

„Auch wieder wahr. Aber zum Rummachen extrem unbequem!"

„Sie kommen mit Luis' Van, und zum „Rummachen" dürfte der Bungalow sicher reichen! Er wird doch wohl einen eigenen gemietet haben. Sag mal, willst Du wirklich aufs Ganze gehen? Etwa mit allen beiden?"

„Wäre mal was anderes! Aber am besten wäre es, sie würden sich um mich prügeln! Aber daraus wird nichts, wenn die so dicke Freunde sind."

„Hast Du alles dabei? Du weißt, was ich meine!"

„Mann, dass ich das vergessen habe! Wo ist mein Täschchen? Ich brauche dringend eine weiße, jetzt passt die schwarze Tasche nicht zum Outfit!"

„Glaubst Du im Ernst, die merken was? Die sehen bestimmt nicht auf Deine Handtasche. Die achten nicht mal auf Dein hübsches Gesicht. In diesem Aufzug sowieso nicht!"

Rosy verstummte als sie bemerkte, wie ein Anflug von Traurigkeit über Claudias Antlitz huschte. Sie wandte sich ab und ging wortlos in die Küche, um sich noch ein Fläschchen Wine Cooler zu holen. Auch dieses trank sie hastig, aber sorgfältig aus und als sie ins Wohnzimmer zurückkam, schien Rosy sich derweil ins Badezimmer verdrückt zu haben. Sie hatte es wohl ein wenig lange beansprucht. Es war nun ganz still geworden, der Wine Cooler stieg ihr bereits etwas in den Kopf und sie geriet wie von allein ins Sinnieren.

Schlaues Ding, die Rosy! Muss besser aufpassen, was ich rauslasse. Hab' mich beinahe mit den Pflanzen verraten, sie hat's sofort bemerkt. Aber ich bin auch nicht dumm. Von wegen „der ist das Hirn in die Titten gerutscht"! Alles weiß die auch nicht. Wenn die wüsste, dass ich den Jungen schon Anfang Woche gesehen hab'. Alle scheinen seither hinter ihm her zu sein … Wohlige Nebel krochen in ihren Geist. Sie erinnerte sich gern an den letzten Dienstag. Es war schon spät am Nachmittag gewesen. Sie war mit Gloria einkaufen, im Nachbarort. Sie hatte den Van dabei und kaufte auch noch für eine Bekannte in Kino Nuevo ein. Jetzt, als sie die Taschen abgeliefert hatten, schauten die beiden Frauen noch ein wenig aufs glitzernde Meer mit den Garnelenbooten und der Felseninsel im Hintergrund hinaus. Auf einmal brach Gloria das Schweigen und deutete an den Straßenrand.

„Sieh mal, wir haben Gesellschaft bekommen! Hahaha, ein Vochito, rot wie eine Mohnblüte!"

„Und staubig, als ob er ihn noch nie gewaschen hat!"

„Erwartest Du Besuch, Claudia?"

„Ich? Nöööö! Wie kommst Du denn auf so eine Idee! Was der wohl hier will?"

„Na, das Meer ansehen, wie wir. Oder er will was von Dir. Wie jeder hier. Er steigt aus. Scheint allein zu sein! Sieh mal einer an, Claudia! Was sagst Du dazu, hm?"

„Wie kommt Ihr dazu, so einen wie den hier frei rumlaufen zu lassen?!"

„Der ist doch nicht von hier, Dummerchen. Schau nur, das Nummernschild!"

„Das gibt's doch nicht! Chihuahua!"

„Ein Paisano, Claudia!"

„Niemals. Das ist eindeutig ein Gringo. Aber er ist allein. Wo hat er wohl seine Novia gelassen? Vielleicht haben sie sich bei Euch einquartiert!"

„Schön wär's, aber er scheint nach Hermosillo zu wollen. Aber was tut er denn jetzt? Geht über die Straße."

„Und steigt diesen Sandhaufen hoch. Uns hat er gar nicht gesehen, sonst hätte er wohl von uns ein Bild gemacht anstatt von diesen seltsamen Riesenrüben da oben. Gibt es bei den Gringos keine Rüben?"

„Hahaha, Claudia! Vielleicht keine solchen, die verkehrt herum wachsen! Was meinst? Der ist doch reif zum Pflücken, oder? Für Dich als Profi ein Kinderspiel! Du schnappst ihn Dir und bringst ihn rüber für die Nacht in die Bungalows. Dann haben alle was davon! Wollte schon immer mal sehen, wie ihr das mit den Typen macht, dass sie so auf Euch stehen."

„Hahaha, da irrst Du Dich, Gloria! Wir machen kaum je einen an. Und ich schon gar nicht! Hab' ich nicht nötig. Mal vielleicht einen Blick, wenn mir einer gefällt. Wer in die Cantina geht, will sich entweder betrinken oder eine anmachen. Erfolgreich, natürlich. Die schnappen sich uns, nicht umgekehrt. Aber ich lass nicht jeden ran!"

„Schon klar … Was ist mit dem da drüben? Würdest Du den … ‚ranlassen'?"

„Bei dem mach ich 'ne Ausnahme. Den würd' ich nicht nur ranlassen. Den werd' ich anmachen! Jetzt gleich!"

„Zu spät, meine Kleine. Er fährt ab, ohne uns Lebewohl zu sagen!"

„Soso, Gloria! Eher ein waschechtes U zurück zu Euren Bungalows! Fahren wir ihm nach? Ich muss wissen, ob er allein hier ist!"

„Spinnst Du, Claudia? Dann sieht Dich Luis. Und das will ich nicht. Muss ja nicht auf schlechte Gedanken kommen, und …"

„Jaja, bei mir kommt jeder auf schlechte Gedanken! Kannst aber ganz beruhigt sein. Dein Luis steht nicht auf meiner Einkaufsliste!"

„Schnapp nicht gleich ein. Komm, ich bring Dich rüber."

„Bin ja gar nicht eingeschnappt. Ganz im Gegenteil! Empfiehl dem Jungen unsere Cantina, sollte er bei Euch absteigen, ja?"

„Hahaha, Claudia. Das überlass' ich lieber Luis. Was soll der von mir denken, wenn ich ihm Deine Kneipe empfehle! Soll ich Dich wirklich nur bis zur Tankstelle bringen?"

„Ja, das reicht. Der Weg ist schrecklich. Da bleibt Dein Riesending im Sand hängen und Du kannst nicht mal umdrehen. Ist ja nur ein paar Schritte, da hinter dieser Häuserzeile … Wie kommst Du eigentlich auf die Idee, ich hätte was mit Deinem Luis?"

„Ich hatte mich erkundigt im Ort. In letzter Zeit will er ja kaum noch was von mir. Zu Beginn war's mir ja recht, aber vorher war er unersättlich und jetzt …? Da hab' ich 'ne Bekannte gefragt und die hat nur gemunkelt: „Hast wohl noch 'nie von der schönen Claudia gehört, was?"

„Er kommt tatsächlich öfter zu uns. Aber er tut lediglich heimlich mit dem Chef. Trinkt manchmal was, guckt uns beim Arbeiten zu und redet mit Jose Luis. Er kommt immer allein, das ist seltsam. Gelegentlich bringt er aber welche mit, und dann kriegen wir zu tun, manchmal gibt's dann eine Nachtschicht bei Euch drüben. Der Luis wird halt älter, Kerle in seinem Alter haben manchmal schon Mühe, hihihi!"

„Ich weiß von den Geschäften mit diesem Jose Luis, aber dass er dort keine anfasst – kaum zu glauben!"

„Ist aber so. Kommt uns auch seltsam vor, aber vielleicht mag er uns nicht, solche gibt's auch. Aber hör, Gloria! Eine Hand wäscht die andere! Lass mich wissen, ob der Junge von vorhin bei Euch logiert. Und wenn er alleine hier ist, gibst Du mir einen Zweitschlüssel zu seinem Raum, hihi!"

Sinnierend schaute Claudia dem großen Van nach, als Gloria ihn rasch den Sandweg hinunterlaufen ließ, der schwere Wagen schaukelte und schwankte wie im Sturm. Dann bog er inmitten einer Staubwolke schwungvoll auf die geteerte Mar de Cortes und verschwand röhrend aus dem Blick. Da hatte es aber jemand auf einmal ziemlich eilig! Angeblich wegen Luis …

Zu Yesis Häuschen war es tatsächlich nicht weit. Sie würde doch Gloria nicht zu Carmen bringen. Nur gut, dass Yesenia eingeweiht war, sollte Gloria einmal darauf bestehen, sie zu begleiten. War aber dienstags nicht der Fall gewesen. Claudia brauchte Yesis Haus als Scheinadresse, um etwaige Verehrer ins Leere laufen zu lassen. Das war Rosys Bedingung gewesen, um sie bei ihr und Carmen wohnen zu lassen. Keine Kerle! Jetzt wusste sie auch, wieso. Aber sie würde doch keine Typen anschleppen mit Ana Maria im Haus! Aber jetzt musste sie ihre Einkäufe den Sandweg hoch schleppen und zusätzlich noch durch das halbe Viertel …

Claudia guckte auf den hell ausgeleuchteten Sandplatz hinaus. Niemand hatte sich in die Nachmittagshitze hinausgewagt. *Gloria, Gloria …! Überlass den Jungen besser mir! Sie hielt sich wohl für besonders schlau! Hatte ihr nichts mehr über den Neuen gesagt.*

Wollte sie aushorchen, was denn ihr Luis so treibt! Und sich an ihm rächen, mit dem Jungen mit den grünen Augen!

Arme Gloria! Aber Claudia war keine Verräterin. Sie musste es selbst rausfinden … Claudia überlegte, ob sie sich noch ein Fläschchen genehmigen sollte, ließ es dann aber bleiben. Blöde Situation! Sie wohnte ausgerechnet in der „Casa chica" des Ehemannes ihrer neuen Freundin! Aber sie mochte auch Gloria, irgendwie, trotz der Neuigkeiten von vorhin. Aber sie war auch Carmen verpflichtet. Und vor allem ihrer Tochter. Sie konnte Carmen und Luis nicht verraten, sonst saß sie womöglich mit dem Kind auf der Straße!

Aber dienstags hatte sich ein Ausweg aufgetan! Hätte besser Rosy nichts von ihren Plänen gesagt, aber die hält dicht. Hat ja auch ein kleines Geheimnis …Das Schicksal oder was auch immer meinte es gut mit mir, überlegte Claudia. Rosy außer Gefecht, Yesi sauer auf den anderen, die Neue unabkömmlich. Und Carmen, welche ihr womöglich auch in die Quere kommen mochte, so gut wie die Englisch kann, sie war in Hermosillo bei ihrer Mutter!

Rosys Gerede von der Schüchternheit ihres „Auserwählten" begann sie zu beunruhigen. *Und wenn er gar nicht erst mitkommt? Nein, er MUSSTE mitkommen! Und sie würde sich ihn pflücken, wie Gloria sich auszudrücken wagte – sie war doch verheiratet! Pflanzen und Blumen fotografieren! So ein Unsinn. Wart Du nur! Wenn Du Dich morgen noch mit irgendeiner Blume beschäftigen willst, will ich nicht mehr Claudia heißen! Ich nehm' Dich zur Brust und leg Dich aufs Kreuz, auch ohne Karatekurs …!*

„Hey, was träumst Du auf den Platz hinaus, Claudia! Nervös, was? Soll ich vielleicht doch mitkommen? Kann mich ja mit einem Vorwand absetzen, sollte es ernst werden! Ich brauch keine 3 Stunden, um fertig zu sein!"

„Nervös, ich? Weshalb denn? Ist ja nicht mein erstes Mal, hahahahahaha."

„Trink halt noch was."

„Nein, dann muss ich den Mund nochmal nachziehen! Und der Lippenstift hält nicht ewig. Der ist von ‚drüben', weißt Du. Kriegst

Du so hier nirgends! Echte französische Importware. Mal sehen, ob er dem Jungen schmeckt!"

„Du spinnst, Claudia! Küssen ist in unserem Geschäft gar keine gute Idee, hab's Dir doch schon gesagt, warum."

„Vielleicht wirkt es aber gegen Schüchternheit!"

Rosy schüttelte nur resigniert ihren Kopf, lächelte dann aber doch. Es wurde wieder ruhig im Raum. Die Sonne brütete derart aufs Dach herunter, dass die Wärme wie von einem Heizstrahler ins Zimmer gedrückt wurde. Ein feines, dumpfes Wummern drang auf einmal durch die nachmittägliche Stille, das irgendwie nicht hierher zu gehören schien, gefolgt von einem Quietschen, das entsteht, wenn Blattfedern durch tiefe Dellen im Weg überbeansprucht werden.

„Da sind sie schon, Claudia, ich kann den Van hören! Typisch Luis, dieser Macho! Hupt, statt auszusteigen. Los geht's, Claudia. Lass Dich nicht unterkriegen und lass Dir von diesen Typen nichts bieten! Aber nicht übertreiben! Denk dran. Sei nicht so aggressiv, das wird Dir nicht bekommen!"

„Pass bitte gut auf die Kleine auf, Rosy!"

Sie ging zur Tür und öffnete, Rosy schaute sie zweifelnd an.

„Du musst das nicht machen, Claudia! Eine gegen drei. Keiner würde Dir was nachtragen."

„Ich schon! Was soll da schon passieren? Wir sehen uns morgen!"

Mit einer kleinen, lediglich angetönten Umarmung trennten sich die beiden jungen Frauen und Claudia drehte sich um. *Puh, was für eine Hitze! Aber Glorias Van hatte ja eine Klimaanlage. Der Junge MUSSTE einfach mitgekommen sein!*

Besame mucho …

… hallte Claudias Wunsch in meinem Geiste nach. Ich wusste nicht mehr, was ich tat. Lebte irgendwie gar nicht mehr richtig. Die 100-Watt-Birne strahlte ein gleißendes Licht auf die kleine freie Fläche inmitten des Raumes, als ob es sich um eine Bühne handeln würde. Immer noch waren unsere Augenpaare in einer innigen Umarmung miteinander verbunden. Claudia wartete. Auf mich. Alles Existente schien zu warten. Da stand sie. Wollte ihren Kuss. Von mir! Ja, irgendwie wusste ich es schon, ich würde es tun! Claudia küssen! Hier und jetzt, obwohl ich gar nicht wusste, wie das gemacht wird, ich würde es trotzdem tun, nein ich musste es tun, weil sie danach verlangte, und es gab keinen Versuch der Widerrede, nicht mal in Gedanken. Holen mochte sie sich den Kuss nicht, wozu sie wegen des Größenunterschieds zwischen uns beiden auch nicht in der Lage gewesen wäre. Sie könnte mich zwar auf das danebenstehende Bett schubsen – aber sie hat es nicht getan. Nein, ich würde anfangen müssen, eine Frau wie Claudia würde sich doch nicht dazu herablassen, sich einen Kuss zu holen!

Und tatsächlich! Schon begann ich, mich unbeholfen und langsam zu ihr hinunterzubeugen, wie von ganz allein, ohne mein Zutun geschah es, längst hatte sie meine Hände losgelassen und ganz sanft damit begonnen, mich zu umfangen, als wollte sie um jeden Preis vermeiden, mich mit einer brüsken Bewegung zu verschrecken, ich spürte kaum ihre Berührung. Ich bekam dann wie von selbst auf einmal ihre Schulterpartie zu fassen, als sie mir nun auf halbem Wege entgegenkam, indem sie sich auf die Zehenspitzen stellte, wohl um zu verhindern, dass ich es mir noch einmal überlegen wollte – oder weil sie es nicht mehr abwarten konnte. Unsere Lippen berührten sich nun.

Wir küssten uns tatsächlich.

Mein erster Kuss! Aber soooo überraschend ist das nun auch wieder nicht, nein nicht wirklich, ich hätte mir den ganzen Aufstand vorhin doch wirklich ersparen können, und überhaupt …

Wie aus dem Nichts und gänzlich unvorbereitet traf mich mit einem Mal ein ungeheurer Blitzstrahl bis in die Tiefen der Seele. *Was um Himmelswillen tat sie da mit mir?!* Das Leben an sich kam jetzt zu mir, ihre Lebendigkeit, Claudia überreichte sie mir, als ich plötzlich spürte, wie sie in mich eindrang, mit ihrer kleinen, festen Zunge, so, als ob sie eine Ewigkeit nur darauf gewartet hatte. Ich spürte, wie sie den Moment genoss, mich einfach auf diese Weise zu nehmen. Zuerst war sie sanft, aber sie ließ mich ihr unter jener Sanftheit lauernde Selbstvertrauen, ihre überlegene Vitalität merken, und ich erlebte sie nun immer mehr fordernd, lebhaft und bestimmt: „Du gehörst jetzt mir!" Jetzt war ich ihr zur Gänze ausgeliefert, konnte ihr nicht mehr weichen, als sie nun die Berührung mit meiner Zunge suchte, sie ohne Mühe fand und die ihre dagegen drückte! Ich wusste nicht, was geschah, was sie alles mit mir anstellte. Ich fühlte, wie sie mich hintenrum ergriff.

Es war auf jeden Fall zu viel! Unerträglich! Ich, eher mein Verstand, war sofort überwältigt, ausgeschaltet. Kein ich mehr da, um etwas Bewusstes zu tun. Ohne den kontrollierenden, übermächtigen Verstand gab es jetzt kein Halten mehr. Sie hielt mich fest in ihren Armen gefangen, ich spürte, wie sie ihren prallen, verführerischen Körper gegen meinen drückte, und zu allem Überfluss bemerkte ich jetzt, wie sich unten etwas von mir gegen ihren festen Unterbauch zu pressen begann, unkontrollierbar, gegen eine Stelle ihres Körpers, die ein findiger Genießer schon vor langer Zeit Venushügel genannt hatte. Das musste sie natürlich ebenfalls merken. Angst wallte auf, sie möchte jetzt angeekelt vor mir zurückweichen. Aber anstatt von mir abzulassen zog sie mich vielmehr mit einem ungeheuren Verlangen, Wollust gar, und voller schierer Gier nun mit aller Kraft gegen sich, und sie war überraschend kräftig, sodass ihr Busen in seiner ganzen Üppigkeit gegen meine Brust gepresst wurde. Da verging mir buchstäblich Hören und Sehen. Ein helles, gleißendes und goldenes Licht hüllte uns ein, in meinen Ohren ertönte nur noch ein die gesamte Geräuschkulisse des Raumes übertönendes Rauschen und Pfeifen wie bei einem Düsentriebwerk beim Durchstarten. Mein Herzschlag war längst im roten Bereich angelangt und hämmerte gegen ihren Körper. Claudia ließ gerade mein gesamtes bisheriges, so geordnet verlaufenes Leben in sich zusammenstürzen, und es war mir egal, was da darin alles kaputtgehen mochte, ich hatte meiner Claudia, der wilden Schönheit Chihuahuas, ja längst geantwortet, gab mich ihr ganz hin, während wir unsere Zungen einen engumschlungenen Tanz aufführen ließen, während meine Hände langsam von ihren Schultern ihrer V-förmig sich verengenden Taille entlang der verwegenen Kurvenführung ihrer Hüfte bis auf ihre Kehrseite liefen, wo sie ihre weiche und gleichzeitig feste Konsistenz ertasteten und sie dort festhielten und sie dann in wohliger Ektase kraftvoll gegen den Körper zogen. Wir hielten uns unter Aufbietung aller uns innewohnenden Kräfte umschlungen. Ich spürte eine nie zuvor verspürte Stärke aus meinem Inneren aufsteigen, als sich da unten etwas lang Gebundenes losmachte, und diese Lebenskraft wollte sich der ihren hingeben, sich ihr hingeben. Die ganze, vorhin stundenlang ausgestandene Angst sowie die gesamten 12 Jahre erzwungener Einsamkeit und Frustration legten sich nun in diesen, meinen ersten Kuss, den sie angefangen hatte und der nun nicht mehr zu stoppen war; jegliches Gespür für Ort und Zeit war verloren, mein ansonsten völlig ausgeschalteter Verstand blitzte nur einmal kurz auf, ich erfuhr, dass ich diesen Kuss auf ewig fortführen solle, für den Fall, dass es der Letzte sein würde, immer weiter küssten wir uns, wir glitten in die Ewigkeit ab, und verloren uns in ihr, wir waren im Paradies, und wenn es ein Paradies gab, musste es auch einen Gott geben. Wir verloren uns dort, es war, als ob sich unsere vibrierenden Seelen für einen Augenblick in Ektase verschmolzen. Ich war in ihr und sie in mir – als von irgendwo her ein Zittern und Beben durch ihren Körper ging. Sie erbebte förmlich, stand ja immer noch auf den Zehenspitzen, und hielt sich überdies an mir fest, dann verließen sie endlich ihre Kräfte und wir wurden schliesslich abrupt getrennt.

Wir waren aus jenem Wunderland zurückgekommen, so erstaunlich dies auch sein mochte. Claudia hatte mich dorthin geführt. Ich öffnete wieder meine Augen, um als erstes ihr überglückliches, schönes Gesicht zu sehen, engelhaft, strahlend. Sie strahlte mich dankbar und euphorisch aus ihren nun ganz groß gewordenen, wie kleine schwarze Sonnen wirkenden Augen an, welche nichts Herausforderndes mehr in sich trugen. Sie war nur noch eine wunderschöne, glückliche junge Frau, die erste junge, schöne und glückliche Frau, die ich zu sehen bekam. Ich hielt sie immer noch fest um die Taille, um ihren Körper nur recht lange gegen den meinen zu drücken, wie wenn ich solches schon immer getan hätte. Und sie ließ es geschehen, schien es zu mögen. Das Fordernde, Wilde in ihrem Blick war verschwunden, genau wie die Farbe von ihren Lippen. Ich hatte es tatsächlich geschafft, die schönste, begehrenswerteste Frau, welche ich in meinem Leben je zu sehen bekommen hatte, nicht nur zu küssen, sondern sie damit sogar noch glücklich zu machen! Nicht irgendeine Frau, nein, ich hatte die schöne Claudia, und sie war jetzt noch schöner als je zuvor, glücklich gemacht! Eine Welle des Stolzes türmte sich in mir auf, mein Selbstbewusstsein war ins Unermessliche gestiegen: Jetzt würde mir die ganze Welt gehören! *Ich hatte Claudia geküsst … Nein! Claudia hatte mich geküsst! MICH!*

Ich hielt immer noch ihre Taille umschlungen und ließ meine Hand besitzergreifend auf ihrem festen Unterbauch ruhen, als ich unvermittelt gewahr wurde, dass wir hier wie auf einer Theaterbühne, direkt unter der 100-Watt-Birne perfekt ausgeleuchtet für unser Publikum eine ganz große Show abgezogen hatten. Das Publikum bestand natürlich aus Luis und Gary. Vor allem Letzterer hatte einen Ausdruck im Gesicht, der sich mir unauslöschlich ins Gedächtnis graben sollte. Er saß da mit offenem Mund, gleichzeitig geschockt und durchaus auch verärgert, und vielleicht gar eifersüchtig. Angsterfüllt? Bei Luis überwog eindeutig ungläubiges Staunen und Verblüffung, Bewunderung. Ich schaute Gary zuerst an wie ein Hund, der einen neuen Trick gelernt hatte und auf Anerkennung hoffte, als mir siedend heiß bewusst wurde, dass er ja seine Ansprüche vor mir angemeldet hatte, sich die beiden möglicherweise bereits kannten, ich also soeben seine Freundin vor seinen Augen geküsst haben mochte. Aber es tat mir in Wirklichkeit kein bisschen leid, ich stand sogar stolz vor den beiden, besitzergreifend meinen Arm um Claudias Taille geschlungen, und das bedeutete unmissverständlich: **„Mine“!**

Claudia machte indessen allerhand Zeichen und Bewegungen. Sie zwinkerte mir herausfordernd zu! Sie befand sich in einer überschwänglichen, sprudelnden Champagnerlaune! Ich konnte ihre Gedanken lesen und verstehen. *Komm schon, wir beide haben noch was vor!* Das lief eindeutig darauf hinaus, dass sie diesem ersten

Kuss noch weitere folgen lassen wollte und dass dieser allerdings sehr üppig ausgefallenen Vorspeise auch noch der Hauptgang zu folgen hätte, mitsamt Nachschlag und Dessert. Wenn sie auch nur ein einziges Wort in diese Richtung gesagt hätte, ich wäre wohl willenlos mit ihr gegangen, und hätte getan, was immer ihr in den Sinn kommen mochte, bis zum Delirium und darüber hinaus, ohne den daraus sich ergebenden Konsequenzen auch nur einen einzigen Gedanken zu würdigen. Oder vielleicht auch nicht.

Im Gegensatz zu ihr begann ich zu fühlen, wie mich meine Kräfte verließen. Es fühlte sich irgendwie taumelig an, als wäre ich zutiefst ausgelaugt. So wie ich vorher genau wusste, dass ich hier meine Claudia küssen würde, wusste ich jetzt mit ebenso absoluter Hellsichtigkeit, dass ich auf keinen Fall mit in meinen Bungalow nehmen, und sie somit ohne ihr Festmahl auskommen werden müsste ohne mir über den Grund klar werden zu können.

Claudia wurde jedoch der zunehmenden Spannung gewahr, welche sich wieder langsam in den Raum zu legen begann. Sie wurde zunehmend unruhig und nach einem letzten Versuch, mich aus meiner unentschiedenen Lethargie und emotionalen Leere zu reißen, ergriff sie auf einmal ihre auf dem Bett stehende kleine schwarze Tasche, machte die paar Schritte zur Tür und verschwand rasch in die dunkle Nacht hinaus, nur den Duft ihres schweren Parfums und das Klappen der Fliegengittertür zurücklassend. Ich sah ihr teilnahmslos nach. Die Figur aus lauter Dominosteinen, die mein bisheriges Leben darstellte, war immer noch am Umfallen und mein Geist hatte auf „Safe Mode" geschaltet, um ein Update zu laden. So zumindest mochte sich ein Computer fühlen, wenn etwas Unerwartetes in das System eingedrungen war. *Das gefährliche Claudia-Virus!*

Gary entlastete sich seiner kaum noch zu kontrollierenden Anspannung, indem er seinen Lungen einen langanhaltenden zischenden Luftstrom entströmen ließ, wie aus einem Dampfkessel eines Ozeandampfers, und schüttelte schweigend den Kopf. Es wurde dann ganz still. Die Cumbia-Kassette war schon lange abgelaufen. *Wie spät mochte es wohl sein? Vorhin war es doch noch strahlend*

hell gewesen und jetzt mauerte schwarze Dunkelheit vor der Flie-
gengittertür! Was mochte eigentlich wirklich hier vorgefallen sein?
Was hatte Claudia bloß mit mir gemacht? Was hatte ich ihr ge-
tan? Aber zumindest die Kleider hatten wir doch anbehalten! Ich
konnte kaum einen geraden Gedanken fassen. Was war um Him-
melswillen hier passiert? Niemand gab eine Antwort. Vielleicht
gab es keine. Wir begannen dann schweigend, die leeren und halb
ausgetrunkenen Flaschen wegzuräumen.

„*I guess the party is over*", meinte Gary dann resigniert als
Stück um Stück die äußeren Anzeichen von Claudias Anwesenheit hier im Raum verschwanden, aber in meinem Innenleben hatte sie ein fürchterliches Durcheinander angerichtet, was mir aber
gar nicht mehr groß auffiel. Jetzt befand ich mich ganz wohl in
diesem etwas nebulösen, abgehobenen und taumeligen Zustand.

Luis schien doch ein bisschen stolz auf seine Party zu sein und
ich hörte wie durch Watte hindurch, wie er Gary nach seiner Meinung fragte: „Nicht wahr, ich hatte recht, sie ist wirklich großartig,
oder etwa nicht?" Gary war immer noch ein wenig verstimmt und
antwortete nur mit einem langgezogenen „Weeeelll", und dann etwas von einer großartigen Persönlichkeit anfügend – nur um etwas
einigermaßen Neutrales beizusteuern. Ich sagte nichts. „*Mucha pe-
schonalidad*", nuschelte Luis, was aber keiner von uns beiden Spa-
nischexperten mitkriegte, schon gar nicht ich, wo mein Verstand
immer noch ein wenig abwesend war. Erst Jahre später würde ich
diese Anspielung auf die imposante Oberweite Claudias verstehen.

Diese Party hatte wirklich mit einem Donnerschlag geendet!
Luis und ich verabschiedeten uns von Gary, der sich noch ein Bier
genehmigen wollte, und Luis ging schweigend hinaus. Ich folgte
ihm. Er ging langsam hinüber zur Rezeption mit der angegliederten
Wohnung, ohne sich nach mir umzusehen. Ich verhielt einen Moment und lauschte, wie das Knirschen seiner Schritte verstummte.
Wie still es draußen war! Der klare Himmel war übersät von Sternen, welche von den wenigen funzeligen Außenlichtern des Ortes
kaum ausgeblendet wurden. Sie standen wie immer ganz ruhig da
oben, als ob sich nichts Weltbewegendes ereignet hätte. Rechts vor-

ne stand der dunkle Schatten des Riesengummibaums. Ich schaute mich im Hof um, halb enttäuscht aber dann auch wieder fast erleichtert, weil ich nichts Violettes im Hof erkennen konnte, keine Silhouette mit üppigen weiblichen Formen stand da neben dem Baum, um ihr „Nachtessen" einzufordern. Es war überaus ruhig, eigentlich noch ruhiger als sonst. Nicht das leiseste Plätschern des Meeres drang von der Straße herüber, als ob es gar nicht da wäre, kein Grillengezirpe, kein Säuseln des Landwindes aufs Meer hinaus, es war, als ob Bahia Kino den Atem angehalten hätte, nein, als ob das ganze Universum konspiriert hatte, damit es zu diesem Ereignis kommen konnte.

Ich ging langsam auf meinen Bungalow zu, wo der VW parkte, beinahe wegen des wahrlich ohrenbetäubenden Knirschens erschreckend, das beim Gehen auf dem gekiesten Boden entstand. Aber keine Claudia hörte meine Schritte, niemand trat plötzlich aus dem dunklen Schlagschatten des Gummibaumes, um sich an mich zu hängen, und auch an der Tür hier stand sie nicht, um mich resolut in den Raum hineinzudrängen, was ich auch nicht erwartet, aber vielleicht eher ein wenig befürchtet hatte. Ich öffnete die Tür und ging dann hinein ins Dunkle.

Neuer Tag – neues Glück.
Neues Leben – neue Welt!

Der Leichtmatrose

Am Morgen wurde ich von der wie immer grellweißen Sonne vor der abgemachten Zeit geweckt. Gary wollte mich ja zu einem irischen Frühstück einladen. Da konnte ich mich noch ein wenig umsehen. Es war ein makelloser Morgen. Trotz der kristallklaren, trockenen Luft hatte es kaum abgekühlt, da ein kaum feststellbarer Seewind aus Südwesten vom Meer her wehte. Es musste sich um eine großräumige Strömung aus dem offenen Pazifik handeln, welche ihre Feuchtigkeit über dem kalten Wasser als Nebel verloren hat, der gegen das Zentralgebirge Niederkaliforniens gedrückt wird. Der Golf war dann zu schmal, um die Luft wieder anzufeuchten. Die Strömung stammt direkt aus der sogenannten subtropischen Hochdruckzelle von Hawaii. Laut meinem Naturführer verlagert sich diese Zelle jedes Jahr im späten Frühling bis zum Hochsommer über Nordmexiko. Während dieser Zeit gibt es im gesamten Areal bis weit in den US Südwesten kaum Wolken.

Im Garten, wo mein VW parkte, stand ein enormer Gummibaum, wohl an die 5 m hoch und breit, mit ganz dunkelbraunen Blättern, die nicht etwa abgestorben waren, sondern ihre normale Farbe zeigten. Der Baum stand in einer Senke, wo das Ende eines Gartenschlauches darauf hindeutete, woher die vorhandene Feuchtigkeit in dieser Senke herkam. Luis musste den Baum wohl bewässert haben. Wo sie allerdings in dieser ausgedörrten Region das Wasser für den Schlauch herbekamen, war mir damals nicht bewusst geworden. Es musste eine Wasserversorgung geben, es kam jedenfalls ohne Unterbrüche aus den Hahnen der Bungalows und sah eigentlich trinkbar aus, obwohl man in den Reiseführern dazu geraten wird, dies nicht zu tun und sich an Bier, Saft und Cola zu halten.

Ich ging langsam zu Garys Bungalow hinüber. *Seltsam.* Er war abgeschlossen, alles wirkte irgendwie verlassen, selbst die Bierflaschen vom Vortag waren weggeräumt. Er mochte noch schlafen, ich würde halt ein wenig warten müssen. Dabei kam ich ein wenig ins Sinnieren. Ein seltsames, nicht unangenehmes Ziehen aus der Magengrube erregte meine Aufmerksamkeit. Das kam jedenfalls nicht vom Bier. Ich hatte sehr gut geschlafen, wie immer eigentlich, aber da war eine Art Schatten eines Traumes übriggeblieben, was nicht oft geschah. Noch viel seltener konnte ich mich an Träume wirklich erinnern, außer, wenn irgendein Albtraum mich auffahren ließ. Was war das noch gleich gewesen? Irgendetwas Seltsames, aber kein Albtraum, da war ich mir sicher.

Vielleicht sollten wir die Biermarke wechseln. Oder einen Abstinenztag einlegen. Seit Tagen hatte ich mich hauptsächlich von Bier ernährt. *Auch im Traum waren wir an eine Party gegangen. Sie hatte hier im Bungalow von Gary stattgefunden. Ja, aber da war noch diese überaus attraktive, junge Frau, wie war gleich ihr Name gewesen? Sie und wir drei Typen. Kann nur in einem Traum passieren. Aber das war nicht ein für mich bestimmter Traum gewesen! So ein Traum wäre doch eher für Gary passend! Jetzt drängte er mir also schon seine verrückten Träume mit diesen Tussis von hier auf! Wie war doch gleich ihr Name gewesen? Sie trug ein lila Kleid, wunderschön hatte sie darin ausgesehen. Claudia im lila Kleid! Ja so hieß sie! Und sie hatte mich so seltsam angesehen, dass ich völlig unter ihren Bann geriet und ich hatte diese Claudia doch tatsächlich geküsst, richtig geküsst, nicht nur so auf den geschlossenen Mund wie an der Fasnacht am Hilaritag.*

Nein, so war es nicht! Sie hatte vielmehr mich geküsst. Aber das würde keine je tun, höchstens im Traum. Egal! Das musste ich sofort Gary unter die Nase reiben. Nein, besser nicht! Der wäre imstande, diese Claudia suchen zu gehen statt mich auf die Tiburón Insel rauszuschippern! Wo er bloß so lange blieb?

Die hochkommende Sonne wärmte nun rasch den Hof, und mir stieg auf einmal ein feiner Duft eines starken Parfums in die Nase, den ich zu kennen glaubte, aber dessen Vorhandensein nicht richtig zu erklären war. Ich hatte nie Parfum gebraucht, und das T-Shirt war nicht frisch gewaschen, der Duft also fehl am Platze. Wie kam dann der Duft aufs Shirt? Oder in meine Nase? Ich sah gegen die ebenfalls verlassene Lobby hinüber und betrachtete den burgunderroten Chevy Van, der eigentlich nicht in die Szenerie passte. Ebenso wenig das eigenartige luftige Gefühl in der Magengrube, ich fühlte mich seltsam beschwingt und ausgesprochen guter Laune, obwohl es dazu keinen Anlass gab, weil ich inzwischen schon um eine halbe Stunde von Gary versetzt wurde.

Wieder dieser Parfümgeruch. *Ein Parfüm für Frauen*, glaubte ich als alter Experte zu erkennen. *Oder doch eher Blütenduft?* Aber es war keine Blume zu sehen! Dann aber kroch wieder die Erinnerung an diesen seltsamen Traum in mir hoch. *Dieses Mädchen im kurzen lila Kleid mit den schwarzen Augen im schönen offenen ovalen Gesicht. Die hatte doch so gerochen! Es war ihr Parfum, diese Traum-Claudia schien ihr Parfum auf meinem Shirt hinterlassen zu haben! So ein Unsinn. Das hätte eigentlich nur eines bedeuten können. Der ganze Wahnsinnstraum war Wirklichkeit gewesen! Auch der Kuss musste dann aber real gewesen sein, obwohl es völlig absurd war. Ich konnte ja gar keine geküsst haben, weil das keine je zulassen würde. Und ich wusste gar nicht, wie das gemacht wird. Und diese Claudia war außerordentlich schön gewesen, so jemanden konnte es gar nicht geben, mit diesen perfekten Körperformen.* Als ich daran dachte, stürmten alle Details wie eine Sturmflut, ein Tsunami gar, auf mich ein und ich wusste wieder alles, den ganzen Traum bis ins kleinste Detail. Aber ich konnte gar nicht küssen, hatte ich noch nie gekonnt, und wenn diese Claudia auch nur halb so gut aussah, wie ich sie nun glasklar in meiner Erinnerung vor mir hatte, dann würde sie mich wohl nicht einmal auf 3 Schritt in ihre Nähe lassen. Aber ich erinnerte mich sogar noch daran, wie sie sich angefühlt hatte, wie sie sich an mich gedrückt hatte und dabei ihr großzügig ins Dekolleté applizierte Parfum auf mein T-Shirt übertragen haben mochte. *Claudia! Ich habe Claudia geküsst! Es war so!* Das war die Wirklichkeit. Dann war ich ja bereits auf der Insel gewesen, gestern schon, aber die Erinnerung daran war längst in einem nebulösen, fernen Land verschwunden, wie einen Traum, den man langsam vergisst, und angesichts des von Claudia entfachten Sturms in meiner Seele war diese Insel auch nicht mehr von Bedeutung. Ja, ich hatte sie nicht nur geküsst, sondern es hatte ihr sogar gefallen. Vielmehr hatte sie ja eigentlich mich geküsst, mich dazu verführt, mit ihren seltsam bannenden und jeglichen Widerstand zwecklos machenden intensiven Blicken, bis hinab auf den Grund meines Herzens reichend.

Aber Gary hatte unsere Vorführung nicht gefallen! Seinen Blick konnte ich ebenso wenig vergessen, wie schockiert und dann auch verärgert er gewirkt hatte. Wo mochte er abgeblieben sein? War er etwa deswegen allein aufs Meer hinausgefahren, um seinen Ärger zu vergessen? Sollte ich mich vielleicht nach Kino Viejo aufmachen, um nachzusehen, was aus Claudia geworden war? Sie hatte sich aber am Schluss bestimmt über meine Unentschlossenheit, mit ihr rauszugehen, geärgert. Sie war noch nicht zufrieden gewesen, sie wollte, dass ich sie an einen Ort bringe, wo wir allein wären, aber das hatte ich nicht fertiggebracht. Ich wagte es schließlich nicht, allein zu fahren, ich würde den Weg sowieso nicht finden. Aber Gary würde mich kaum auf einer Suchaktion nach Kino Viejo begleiten wollen. Meine Erinnerung an die Fahrt dorthin war nur noch bruchstückhaft vorhanden, ich war ja vor Nervosität und Furcht, ja eigentlicher Angst vor dem Unvermeidlichen, dem Verhängnis, vor der sicheren Blamage, derart abgelenkt gewesen, dass ich nicht auf die Szenerie achtete. Sonst finde ich jeden Ort unfehlbar wieder, den ich jemals besucht hatte. Auf die naheliegende Idee, einfach Luis zu fragen, bin ich aus überhaupt nicht naheliegenden Gründen gar nicht gekommen.

Aber wozu denken, an einem so außerordentlich stillen, herrlichen Morgen? Die Zeit lief auseinander und plätscherte ziellos vor sich hin und trug mich in sanften wellenförmigen Bewegungen dorthin, wo eigentlich nichts wirklich dringend war.

Wo mochte bloß Gary abgeblieben sein? Er musste wissen, was von meinen Erinnerungen real war und was ich mir dazu ge-

träumt hatte. Der aber war mit seinen eigenen Erinnerungen mehr als ausgelastet …

Man, what a night! So bin ich schon lange nicht mehr vorgeführt worden! Es ist doch wie verhext, alles geht schief! Ich werde wohl wieder keine abkriegen, sind einfach zu anspruchsvoll, die Weiber, selbst hier. Aber was diese Claudia an diesem Kakteenfreak gefunden hat, ist mir ein absolutes Rätsel. Da muss doch etwas faul sein. Die haben sich von irgendwoher gekannt. Tauschten heimlich diese Blicke aus und dachten, ich würd's nicht merken. Er muss sie am Mittwoch aufgabelt haben, als er angeblich schwimmen war. Rührte sich vorhin nichts da drüben. Seltsam. Sonst ist Dieter doch vor 8 munter! Musste wohl die Claudia nochmal küssen, im Traum! Oder sollte er sie am Ende doch noch abgeschleppt haben, oder, was wahrscheinlicher war, sie mochte ihm aufgelauert haben! Dass ich das nicht bedacht hatte! Hoffe, die beiden sind okay da drin. Wenn sich bis 12 nichts rührt, sag ich Luis Bescheid. Gibt eine dicke Schlagzeile für den Enquirer. Junger Ausländer von üppiger mexikanischer Schönheit zu Tode geküsst!

Inzwischen war es mir hier definitiv doch ein wenig langweilig geworden und wollte endlich mit jemandem über Claudia reden. Eine Erklärung für die vergangene Nacht brauchte nämlich auch ich. Und da kam mir kein besseres Opfer in den Sinn als Gary! Ich ging nachsehen, ob er vielleicht ausgefahren war oder ob sein Boot an seinem üblichen Liegeplatz wartete. Das Meer war nicht zu hören, das war definitiv neu und erregte zusätzlich meine Neugier. Sonst hörte man immer ein ganz leises Plätschern durch die Stille des Morgens.

Aber als ich an der Straße stand, war da überhaupt kein Meer zu sehen! Es war weg, verschwunden! Es war, als ob sich die Wüste weit in die Bahia hinaus ausgebreitet hatte, erst weit draußen gab es einen aquamarinblauen Strich, davor war die gestern noch wasserbedeckte Bucht eine einzige von einigen Pfützen bedeckte Sand- und Schlammfläche. Die Boote, darunter auch Garys Cat's Paw, standen und lagen schief und traurig im Schlamm.

Da sah ich den lange Vermissten auch endlich, er machte sich dort draußen gerade auf seinem Boot zu schaffen, er saß auch an diesem Morgen auf dem Trockenen, wieder auf Grund gelaufen! Ich ging langsam hinaus über das verschwundene Meer zu seinem Boot und wurde von ihm eher lauwarm begrüßt. „Ach, da bist Du ja! Kriegst das Lächeln noch immer nicht von Deinem Gesicht runter, was?" Er war also immer noch etwas sauer wegen gestern, wie es schien. *Es war also doch wahr gewesen. Aber wie viel davon, das war die Frage! Das meiste muss ich doch geträumt haben! Aber wie kann man etwas träumen, was man nicht kennt? Gary musste es wissen.*

Ich fragte ihn aber lieber erst unschuldig, wo denn das Wasser geblieben wäre. Da antwortete er wieder freundlicher – wie immer, wenn er übers Meer, Fische und Boote reden konnte – dass wegen des Neumonds gestern heute, Samstag, eine Springflut anstünde, und das Meer zuvor umso weiter zurückweichen würde. Oben in Rocky Point, wie er Puerto Peñasco nannte, würde der Unterschied zwischen Ebbe und Flut 5 Meter betragen, dozierte er. Heute würden wir vor dem späten Nachmittag nicht hinauskommen. Er hieß mich, hinaufzukommen, wo ich schon mal da wäre. Er war damit beschäftigt, die beweglichen Teile, wie Echolot und Navigationssystem mitzunehmen, damit sie ihm nicht davonlaufen würden, wie er sich ausdrückte. „Da, nimm die Werkzeugkiste, sonst fehlt bald mehr als der Schraubenzieher!" Das Ding war schwerer als gedacht, als ich es anhob. Gary brütete nun schweigsam vor sich hin. *Ob er auch an den gestrigen Abend dachte …?*

Als er sah, dass von mir nichts über diese Party kommen würde, hielt Gary es aber doch fur angebracht, mir ein paar Vorwürfe angedeihen zu lassen. So war die Sache schließlich nicht geplant gewesen, auf gar keinen Fall!…

„Mann, was sollte das da gestern Abend eigentlich werden?"

„Wir haben uns halt geküsst!"

Er machte ein verblüfftes Gesicht, das er dann zu einer Grimasse verzog.

„G-E-K-Ü-S-S-T! Das nennst Du küssen? Das war kein simpler Kuss! Auch in der Schweiz nicht, das war was gaaaanz anderes! Es war, als ob ihr Euch gegenseitig bei lebendigem Leib auffressen wolltet! Wir waren drauf und dran, rauszugehen, damit Ihr Euch da drin verlustieren könntet. Ihr habt euch ja beinahe gegenseitig die Kleider von den Leibern gerissen! Von dieser kleinen Wildkatze kann ich's ja noch verstehen, aber Du? Du bist ja nur wegen der Kakteen hier, das konnte man ganz deutlich sehen! War aber bestimmt angenehmer, diese Claudia in den Armen zu halten als einen Kaktus zu umarmen, was?"

Er lachte nun doch laut zu seinem alten Scherz. Mir war es aber nicht mehr nach Lachen zumute. *Ich hatte letzte Nacht gar nicht geträumt, sondern mich am Morgen an die Wirklichkeit erinnert! Der ganze sogenannte Traum war tatsächlich geschehen, mehr noch, ich schien jetzt in dieser Traumwelt zu leben und die sogenannte Wirklichkeit der vergangenen 27 Jahre war womöglich nur ein Albtraum gewesen!* Garys Bemerkungen brachten die Erinnerung derart deutlich zurück, dass ich mich sogar erinnerte, wie es sich Claudias Zunge in meinem Mund angefühlt hatte, während wir uns minutenlang – *Oder waren es Stunden gewesen?!* – in den Armen gelegen hatten und sie versucht hatte, mir die Seele aus dem Leib zu küssen … *Hatte sie das am Ende gar geschafft? War da am Ende gar mehr passiert, an das ich mich nicht mehr erinnern konnte?* Aber Gary sagte nichts mehr. *Aber DAS vergessen, mit Claudia, ist eigentlich unmöglich, oder?*

Aber Gary brachte mich abrupt wieder aus diesem Gedankengang zurück:

„Was willst Du denn jetzt tun?"

„Na, was wohl? Ich muss losfahren und sie suchen. Gleich, nein, SOFORT! JETZT! Komm!"

„Spinnst Du? Hast Du noch nicht genug gekriegt?! Das lass besser bleiben! Du solltest diese Geschichte nicht überinterpretieren!"

Der konnte gut reden, sie hatte ihn ja rundweg abblitzen lassen, wie ich und er wohl wussten, ich fragte mich, wie er sich an meiner Stelle verhalten würde, ach was, ich wusste es genau. Da gab es üüüüberhaupt nichts zu interpretieren!

„Wir machen jetzt erstmal Frühstück, dann können wir meinetwegen ins Dorf fahren und uns ein wenig nach Deiner Claudia umsehen. Aber ich rate Dir, vergiss sie! Die ist nichts für Dich! Zu viele Probleme. Musst ja als Anfänger nicht gleich in einen Hurrikan segeln. Es gibt noch andere Mädchen hier. Wir legen uns einen gepflegten Biervorrat zu und verbringen den Tag auf die gute alte irische Art. Wir betrinken uns und stoßen auf die Gesundheit der hiesigen Mädchen an, bis ich wieder flott bin. Mal sehen, was danach läuft!"

Diese Worte verfehlten ihre Wirkung nicht. Ich war mir bereits nicht mehr so sicher, was Claudia zu mir sagen würde, sollten wir sie tatsächlich antreffen. Ich hatte schließlich gestern ihren eindeutigen Wunsch ausgeschlagen, und sie war am Schluss nicht mehr glücklich, sondern enttäuscht gewesen, als sie abrupt den Raum verlassen hatte. Ich hatte damals mit keinem auch noch so flüchtigen Gedanken auf die Frage aufgewendet, auf welche Art und Weise Claudia so ganz allein mitten in der Nacht die 10 km nach Kino Viejo zurückgekommen war, und sie wohl noch viel gewichtigere Gründe haben mochte, über mich und meine Kollegen verärgert zu sein. Aber ich lebte damals vollständig in der Gegenwart und war das erste Mal richtig glücklich. War ganz mit mir selbst beschäftigt. *Diese traumhaft schöne, selbstbewusste und eigensinnige Frau hatte mich attraktiv genug gefunden, minutenlang eine unglaublich stürmische Kussorgie mit mir zu veranstalten! Sie hatte mir innerhalb eines Augenblicks gelehrt, wie man es richtig tut und eine Frau küsst, etwas, das noch vor 24 Stunden für mich unüberwindbar schwer gewesen war.*

Aber jetzt gab es nur noch eines, was für mich wichtig war: Das Genossene unbedingt nochmal zu bekommen, es war wie eine unwiderstehliche Sucht, eine Droge, ja, sie hatte mir die stärkste aller Drogen eingeflößt, sie selbst war diese Droge, ich war süchtig nach ihr geworden, ein totaler Junkie, mich beherrschte ein einziges Streben nach ihrer Nähe, nach ihren Augen und vor allem nach noch einem Kuss! In meinem ganzen bisherigen Leben hatte ich mich noch nie so gut gefühlt wie an jenem Morgen. Und selten genug danach. *Die schönste Frau der Welt hatte mich geküsst. Und wie! Und sie war glücklich gewesen danach.* Ich konnte jede kriegen, dachte ich Tölpel in jenem ersten Rausch. *Mir stand die ganze Welt offen. Konnte tun was ich wollte. Und am meisten wollte ich Claudia wiedersehen!*

Und tatsächlich waren wir bald wieder unterwegs, der Strandpromenade entlang nach Kino Viejo, wie gestern. Es schien ewig her zu sein seit dem letzten Mal. Ich war aber bald wieder genauso zittrig wie gestern im Van, als wir jetzt auf die berüchtigte Sandstraße zur Tankstelle abbogen und zum Deposito fuhren. Ich bezahlte die 3 Kisten Dos Equis mit je 24 Flaschen und einen Sack Brucheis. Danach drehten wir kurz eine halbherzige Runde durch den Ort, fanden aber das Haus von gestern nicht. Gary mochte als Seemann an Land keinen Orientierungssinn haben, bestimmt war aber sein Interesse, Claudias Haus zu finden, auch nicht sehr ausgeprägt. Und ich hatte ja in meiner Aufgeregtheit im Gegensatz zu meinen Gewohnheiten gar nicht auf den Weg geachtet. Ich war in keiner Verfassung, eine systematische Suche aufzugleisen. Es wäre leicht gewesen, ihr Haus zu finden, Kino Viejo war ja nicht groß. In ein paar Stunden hätte man alle Straßen abgefahren gehabt. Von Claudia war keine Spur zu entdecken, es war, als ob sie der Erdboden verschluckt hatte. Gary spürte meine Enttäuschung, meine Aufgeregtheit oder meine Nervosität und erkundigte sich:

„Sag mal bist Du okay? Hast Du sie etwa doch noch zu Dir genommen? Nein? Gut! Dich scheint es trotzdem ordentlich erwischt zu haben, aber Du solltest die Geschichte nicht so ernst nehmen. Okay, sie sieht toll aus, küsst gut und scheint eine Menge auf Dich zu halten. Aber Du musst aufpassen hier, sonst erlebst Du eine böse Überraschung! Das solltest Du wissen, jetzt wo Du Dich für die Mädchen hier interessierst. Lass Dir bloß nicht von jeder den Kopf verdrehen! Ich bin mir zwar nicht mehr so sicher, seit ich Euch beim … naja … Küssen zugesehen hab', aber punkto hiesige Frauen kenn ich mich ein bisschen besser aus als Du. Da kannst Du nicht mit jeder was Ernstes anfangen wollen, sonst wirst Du großen Kummer bekommen. Das ist Dir bis jetzt erspart geblieben. Sei froh darum! Das wollte ich schon gestern erzählen, gerade als der Motor ausstieg. Hör also zu! Ich war also neulich mit dieser Tussi zusammen die war auch so …"

Er machte mit den Händen eine Silhouette einer vollbusigen Frau mit runden Hüften in die Luft. Ich schaute ihn wohl etwas sonderbar an, weil er dann meinte, er müsste diese Zusatzinfo anfügen:

„Nein, nein, es war nicht Deine Claudia, brauchst nicht eifersüchtig zu werden, habe ihren Namen vergessen, also ich hab' sie in einer Bar getroffen und mit zum Bungalow genommen. Sie war wirklich gut. Am anderen Morgen, als ich schon daran dachte, wie ich sie überreden könnte, mit mir nach Minnesota zu kommen, fragte die mich doch tatsächlich, was ich ihr geben würde! Ich konnte es nicht glauben, dass sie Geld von mir wollte, wir hatten nichts Derartiges abgemacht in der Kneipe. Ich hatte keine Ahnung, dass sie eine Professionelle war. Sie ließ sich aber nicht abwimmeln, am Schluss wollte sie mir sogar mein Fahrrad wegnehmen. Hab's ihr nicht gegeben, sonst wäre ich ja an Land nicht mehr mobil gewesen. Ich offerierte ihr ein Frühstück, aber die Schlampe ist einfach auf und davon. Ich sage Dir, das hat mich noch lange gewurmt danach, dass ich das nicht gleich geschnallt hatte. Die hatte mich abserviert wie einen Leichtmatrosen auf seinem ersten Landgang, hohoho! But if something seems too good to be true …"

„… then it IS too good to be true", vervollständigte ich das auch mir bekannte amerikanische Bonmot. Ich war in keinster Weise beleidigt, weil mich Gary für einen Anfänger hielt oder auch nur überrascht, dass er antönte, Claudia wäre nur an Geld interessiert gewesen. Ich wusste es besser. *Sie hatte meinen Kuss gemocht. Und ich ihren. Wir mochten uns beide! Der Rest war egal. Ich wusste irgendwie, wie glücklich sie gestern nach dem Kuss gewesen war. Und wie sehr sie mehr haben wollte! Und wenn sie wirklich derart erfahren in diesen Dingen war, wie Gary in seinen Andeutungen verlautbaren ließ, und der Kuss sie derart in Glückseligkeit strahlen ließ, nun dann … konnte das nur bedeuten, dass mein Kuss sehr gut gewesen war. Dann würde ein zweiter Kuss nicht schaden! Und wenn sie immer noch wollte, könnten wir ja …*

„Also ich bin mir sicher: Ich hätte es umsonst von Claudia bekommen!", gab ich auf einmal im Brustton meines neu gefundenen Selbstvertrauens zurück. Ich erntete wieder einen von Garys geschockten Gesichtsausdrücken. Er schwieg für einen Moment und meinte dann: „Naja, well – hm – das könnte vielleicht tatsächlich sein, wenn Du darin auch nur halb so gut bist wie beim Küssen."

Dann wieder Schweigen. Vielleicht meinte er, dass ich seine Qualitäten als Liebhaber in Zweifel ziehen wollte, woran mir aber gar nichts lag. Ich wusste halt, wer da wirklich angefangen hatte zu küssen, und dass sie es war, welche mich mit ihren Augen-Blicken überhaupt zu einem Annäherungsversuch gebracht hatte. Aber egal, wer oder was sie sein mochte, ich hatte außer ihres lauten, selbstbewussten und beinahe aggressiven Charakters auch eine andere Claudia gesehen, ganz kurz war sie lediglich ein junges, wenn auch sehr leidenschaftliches Mädchen gewesen. Während wir uns gegenseitig um den Verstand küssten, hatte sich mir ihr Wesen erschlossen. Ich fühlte mich ihr sehr nah, Sie mochte trotz aller ihr innewohnenden, überschäumenden Lebendigkeit und flatterhaften Leichtigkeit ein gutes Herz haben und wollte mich mein „erstes Mal" vielleicht nicht mit einem gebrochenen Herzen bezahlen lassen.

Trotz dieser Enthüllungen seitens Garys, der es ja wissen musste, so lange wie er hier war, ich fühlte mich weiterhin von derselben luftigen Leichtigkeit erfüllt wie vorhin. Vom Selbstvertrauen gar nicht zu reden, als ob sie eine Portion von ihrem auf mich übertragen hätte. Alles schien einfach geworden zu sein, es gab weder Probleme noch Pläne, einfach die Dinge laufen lassen, wie sie mochten, ich war mir ganz sicher, dass es dann am besten für mich herauskommen würde.

Aber damit war das Thema Claudia einstweilen abgehandelt, es gab für uns beide im Grunde nichts mehr zu ihr oder über sie zu sagen. Nie mehr würden wir über sie oder den Abend des fünften Mai 1989 miteinander sprechen.

Eine Königin für die Nacht?

Gary zog es vor, auf der Rückfahrt weiterhin beharrlich zu schweigen, als wäre er ganz in Gedanken, während ich jetzt seine Rolle übernommen hatte, allen einigermaßen jungen Frauen nachzusehen, um Claudia vielleicht doch noch unter ihnen zu entdecken aber vergeblich. Ohne großes Bedauern, vielleicht sogar erleichtert bog ich schließlich auf die Mar de Cortés ein und stellte dann den VW wieder in den Hof, wir packten eine Schachtel Bier in die Eiskiste und die zweite in den Kühlschrank und gingen zum Strand um nachzusehen, was das Meer machte. Es war bereits wieder in die Bay aufgelaufen, aber noch zu seicht, um die Boote zu heben, als ob es mit dem Verlauf dieses Morgens ganz einverstanden wäre.

So gingen wir zurück zum Bungalow und setzten uns auf die schattige Veranda. Es war bullig heiß geworden, die Sonne brannte womöglich noch heißer vom wolkenlosen, kristallklaren Himmel als gestern. Da käme ein Bier gerade recht! In den folgenden, beinahe endlos auseinanderlaufenden Nachmittagsstunden vertieften wir uns in ein immer ernsthafter werdendes Gespräch, wo wir uns unsere Träume, vergangene Erlebnisse und die Geschichte unserer Länder erzählten. Ich erfuhr so einiges darüber, wie die alten Iren vor 1500 Jahren Nordeuropa missioniert hatten, angeblich soll sogar einer dieser bärtigen Mönche in einem kleinen, aber hochseefesten Boot bis nach Yucatan gesegelt sein, wo er als Quetzalcoatl verehrt geworden sein soll. Und als dann der ebenfalls bärtige Cortés auf die Azteken traf, meinten diese, ihr Gott sei zurückgekommen, wie er versprochen hatte.

Ich für meinen Teil fand es angebracht, Gary davon zu überzeugen, dass Wilhelm Tell nur eine Sagengestalt war, aber dass die alten Eidgenossen gegen gut bewaffnete Ritterheere gesiegt hatten stimmte ja, und hat Gary sehr amüsiert, er mochte sich die Ritter ja kaum anders als Engländer vorstellen, von welchen er, vorsichtig ausgedrückt, nicht viel hielt. Er wollte dann auch noch wissen, ob ich im Militär gewesen war, weil ich immer dieses Armeemesser mit mir rumschleppte. Er dachte natürlich an gestern, als er damit seine Abdeckung aufgeschraubt hatte. Ich sähe so gar nicht nach Militär aus, meinte er. Aber ich erklärte ihm, dass wir jedes Jahr eine Aushebung machten und etwa 90 % der männlichen Bevölkerung eingezogen werde. „Da ist halt nicht jeder ein Rambo, wenn Du darauf anspielen solltest", meinte ich amüsiert. „So einer würde bei uns nicht weit kommen. Bei uns muss einer gut zu Fuß sein, keine Panzer oder Transporter in unseren Bergen, und für Helikopter ist oft das Wetter zu schlecht. Da marschierst Du 50 km zu Fuß am Stück, im Hochgebirge, und das geht mit 70 kg besser als mit 120."

„Und Du kannst richtig schießen? Stimmt es, dass jeder seine halbautomatische Waffe im Schrank stehen hat?", wollte er noch wissen. Das schien in den waffenvernarrten USA ein Dauerthema zu sein. Ich wurde das dort ständig gefragt, wenigstens nicht immer nur das Kuh-, Schokolade- und Bankthema! „Ja, bei uns wird viel rumgeballert, man muss selbst in der Reserve jedes Jahr seine Schießpflicht erfüllen." „Und, triffst Du auch?" „Ich bin kein Tell, wenn Du darauf anspielen solltest, auf 300 m wäre es schwierig, einen Apfel zu treffen! Aber das Ziel treffe ich schon." Gary fiel es schwer zu glauben, dass man ohne Zielfernrohr eine Zielscheibe in 300 Metern Entfernung treffen konnte. „Nicht nur die Scheibe, Du musst auch punkten, sonst musst Du einen Kurs besuchen. Sie sagten uns, es wäre besser, den Gegner zu verwunden als umzubringen, einen Toten lassen sie liegen, ein Verwundeter beschäftigt 2, 3 andere." „Das haben sie gesagt? Kein Wunder, dass Hitler Euch nicht angegriffen hatte!" „Jaja, ein Wunder, das sich Bankkonto von Nazigrößen nennt", sagte ich lachend.

Aber mein Vater war immer gegen das Militär. Er meinte immer, Krieg sei Schwachsinn, da würden Leute aufeinander schießen, die besten Freunde sein könnten. Er erzählte oft, dass er einen gleichaltrigen Jungen aus Russland zum Freund hatte, der als „Ostarbeiter" mit seinem Vater dorthin verschleppt worden ist. Das sei illegal gewesen, meinte er jeweils stolz. Aber ich solle die Propaganda gegen die Russen vergessen, das wären freundliche, angenehme Leute.

„Da hat er wohl nicht ganz Unrecht, Dein alter Herr."

Er erzählte mir dann von seiner Jugend in Irland, welche als Fischersohn mehr als hart gewesen war und seine Auswanderung nach Amerika, in die Neue Welt, um der Armut zu entkommen. Er hatte dann in Amerika wirtschaftlich durchaus Erfolg gehabt und hatte sein Bootsunternehmen aufgezogen, aber im Privatleben sah es düster aus. Das erstaunte mich nicht gerade wenig, ich hatte ihn doch für einen Experten mit den Frauen gehalten. Und jetzt konnte er nicht mit mir mithalten! Er schien darunter nicht gerade wenig zu leiden und mochte es wohl kaum verstehen, dass ich mein Dasein als Solist in dieser Beziehung so locker nahm.

Ich hatte ihm von meinen Erfahrungen während der großen USA-Reise 1987 erzählt, und er meinte, dass ich es doch auch versuchen sollte.

„Du mit Deinem Englisch und Deiner Ausbildung als Chemiker hättest bestimmt keinerlei Probleme, in die USA einzuwandern. Hast ja nichts zu verlieren! Du suchst Dir ein nettes Mädchen hier, heiratest sie und bringst sie nach Amerika!"

Er schien eine gehörige Portion Achtung vor mir gewonnen zu haben, seit ich von Claudia eine derartige Vorzugsbehandlung angediehen bekommen hatte. Er wurde nun zusehends mehr und mehr unstet und seine Aussprache ein wenig undeutlich, er sah von den vielen Dos Equis ziemlich mitgenommen aus. Wir hatten die leeren Flaschen vor uns wie 2 Kolonnen Soldaten aufgestellt, die schweizerische Flaschenarmee war ein bisschen länger als die irische, als ich vermeldete, die Eiskiste wäre leer.

„Hol den zweiten Karton aus dem Kühlschrank. Und stell die Flaschen des dritten rein! Aber Du kriegst einfach nicht genug! Ich will mal nach dem Boot sehen. Kommst Du?"

Er hatte zu meinem heimlichen Vergnügen ziemlich Mühe, gerade zu gehen. Trotz der 12, 13 Flaschen fühlte ich außer dem mittlerweile zum Dauerzustand gewordenen leichten Druck in der Magengrube und der sonnigen Stimmung, welche ich Claudia zu verdanken und die ich trotz des vielen Bieres nicht vergessen hatte, kaum groß eine Veränderung. Wir sahen bald, dass das Meer die Bahia längst wieder aufgefüllt hatte und nun die Springflut immer höher den Strand hinauflief. Sein Boot war längst wieder flott. Er nahm das wohl als gutes Zeichen und meinte befriedigt: „Ich fühle, dass ich einen zweiten Wind bekomme. Lass uns zurückgehen und mit der zweiten Schachtel anfangen. Wetten, dass ich Dich noch einhole?"

Flor hatte sich kaum satt sehen können an der fernen Insel, den Pelikanen und dem tiefblauen Meer, dass sie darob das etwas unangenehme Gefühl, das sie beim Anziehen des neuen pinken Badeanzugs beschlichen hatte, ganz vergessen hatte. Das beinahe warme Wasser, die spiegelglatte See, die gleißende Sonne und das Fehlen des Sonnenschutzes hatten Spuren in ihrem Gesicht hinterlassen. Etwas Trinkbares und ein Mittagessen – eher das Abendessen, so tief wie die Sonne schon stand – würden auch nicht schaden.

„Hör mal, Paty, lass uns hochgehen und nachsehen, was ich mir zwischen die Rippen schieben kann. Die paar Burritos heute früh in Hermosillo halten nicht ewig!"

„Ganz unrecht hast Du nicht – aber ich wollte, ich könnte auch ständig ans Essen denken und immer noch so aussehen wie Du in diesem pinken Ding!"

Darüber langten sie am Straßenrand an, überquerten den flimmernden Asphalt, der von keinem Auto beansprucht wurde und erreichten den gekiesten Platz zwischen den einzelnen Bungalows. Ein verstaubter knallroter „Vocho" parkte bei einem riesigen Gummibaum, der war ihnen vorhin beim Augenschein nehmen ob der Müdigkeit gar nicht aufgefallen. Es war aber niemand in der Anlage, alles wirkte verlassen und die nachmittägliche Stille lag wie die Hitzeglocke über den Dächern.

„Schau mal, Flor, da hat aber jemand mächtig Durst gehabt! Hihi! Ob sie uns ein paar Fläschchen abgeben?"

„ICH frage sie bestimmt nicht!"

Eine kurze Dusche, um das Salz und den Sand loszuwerden, und die Badeanzüge ausgespült. Komfortable Klamotten hatten sie auch dabei, ideal, um auf der Veranda den Tag ausklingen zu lassen. Dann knirschende Schritte auf dem Kies und lautes Geplapper.

„Hörst Du? Das sind bestimmt die Gringos, von denen der Verwalter gesprochen hat!"

Sie setzten sich lautstark auf die Stühle auf der Veranda zu ihrer Eiskiste. Sie waren derart ins Bier und ihr Gespräch vertieft, dass sie gar nicht bemerkten, wie die beiden jungen Frauen sich ebenfalls auf die zusammenhängende Veranda setzten, getrennt nur durch ein Geländer.

„Was sagst Du dazu, Flor? Die haben uns gar nicht gesehen!"

„Sehen aus wie Vater und Sohn. Der Ältere scheint dem anderen etwas zu erklären. Ich wollte, ich hätte auch so einen Vater. Was die wohl am Strand getan haben, wir haben sie ja nirgends gesehen!"

„Sieht eher wie ein Wetttrinken aus! Ich setze auf den Jungen! Seine Flaschenreihe ist länger."

„Seltsam, dass sie nicht übermütig werden nach all dem Bier! Aber vielleicht ist die Mutter im Bungalow und hält eine Siesta!"

„Hm. Das Auto hat Chihuahua-Schilder und parkt dort drüben! Aber wie entlaufene Mennoniten sehen die beiden wirklich nicht aus!"

„Sei still! Man hat uns bemerkt, Paty!"

„Also mir ist es egal, wenn der Junge gelegentlich mal vorbeischaut!"

Bald waren wir wieder im Schatten in der Veranda angelangt. Nun erzählte mir Gary weitläufig über die große Kartoffelhungersnot in Irland vor kaum mehr als 100 Jahren, woran seiner Meinung nach die Engländer einen großen Teil der Schuld traf, und dass deswegen die Iren nach Amerika ausgewandert wären, und es neuerdings wieder tun würden, um vom Wirtschaftsaufschwung der Reagan-Jahre zu profitieren. Aber inzwischen war der Trickle-Down-Effekt verpufft und sein Sportfischereiunternehmen hatte Mühe, über die Runden zu kommen, weshalb er überhaupt auf die Idee gekommen war, während der langen Wintermonate, wo der Obere See zugefroren war, seine Cat's Paw nach Mexiko zu überführen, um einerseits Geld für Heizung und Essen, vom Bier gar nicht zu reden, zu sparen und andererseits etwas dazuzuverdienen. In dieser Zeit hatte er sich zu einem Bewunderer der hiesigen Schönheiten gewandelt und ließ nichts unversucht, eine von ihnen zu sich nach Duluth zu lotsen.

Ich erzählte ihm, weshalb ich hierhergekommen war. Wegen der Cirios, ja genau! Er gab mir einen verständnislosen, glasigen Blick zurück. Darüber wurden unsere Flaschenreihen immer länger, und langsam kam das grellweiße Sonnenlicht immer näher an die Veranda heran. Trotz seines zweiten Windes, wie er sich ausdrückte, konnte er meinen Vorsprung nicht mehr einholen, worauf ich ein wenig stolz war, weil die Iren ja für ihre Trinkfestigkeit bekannt sind. Und gestern hatte ich ihn, den alten Seewolf, auch, naja ausgestochen ist ein bisschen viel gesagt, aber ausgeküsst würde es schon treffen! Er konnte nun nur noch mit Mühe weitermachen und schaute sich ein wenig um, war aber tatsächlich wieder auf dem aufsteigenden Ast, wie ich gleich merken sollte.

„Heeeyy, hast Du schon mal nach drüben geschaut? Wir haben Gesellschaft bekommen!", machte er mich mit wieder klar gewordener Aussprache auf eine Veränderung aufmerksam. Den ganzen Nachmittag hatte er sein sonstiges Lieblingsthema – Frauen anmachen – nicht mehr aufs Tapet gebracht. In der Tat saßen nebenan nun zwei schemenhafte Silhouetten unter der durchgehenden Veranda, etwa 20 m entfernt von uns, im dunklen Schlagschatten. Wir hatten nicht bemerkt, wann sie aufgetaucht waren. Es waren zwei Frauen, wie man an den Frisuren sehen konnte.

„Jetzt gehen wir rüber und laden sie auf ein Bier ein!"

„Spinnst Du, das muss jetzt nicht wirklich sein, oder? Die lehnen doch bestimmt ab. Die haben uns bestimmt beobachtet, wie wir die Flaschen aufreihten, halten uns für Säufer!"

„Nein, werden sie nicht. Ich spüre den zweiten Wind, und das Boot ist flott. Ich gehe rüber und Du kommst mit. Ich will auch meinen Teil! Oder willst Du etwa behaupten, Du traust Dich nicht? Komm schon, und vergiss die Nummer mit Deiner Schüchternheit. Nimmt Dir kein Mensch mehr ab nach Deiner Show von gestern Abend, hahaha. Das weiß bestimmt schon der ganze Ort, so wie ich Luis kenne! Na los, heute ist das Verhältnis gerechter, wir machen 2 Paare und fahren mit dem Boot in den Sonnenuntergang!"

„Also ich weiß nicht …"

„Come on …", rief er mir laut lachend beim Aufstehen zu. Na gut! Wir gingen also rüber. Dass wir nach all diesen Bieren noch gerade laufen konnten, war als regelrechtes Wunder zu bezeichnen. Nun erkannte ich durch den Bierdunst hindurch, dass die beiden Frauen tatsächlich sehr jung waren, vielleicht Anfang 20. Wo mochten die auf einmal hergekommen sein? Die eine, die kleinere, trug ihre eher hellbraunen Haare nach der damaligen Mode, also ziemlich lang und gewellt. Die zweite aber hatte eine Frisur, welche ich hier noch bei keiner anderen gesehen hatte, schwarzes, ganz glattes Haar, wie bei Kleopatra geschnitten. Es reichte ihr nur bis knapp an den Hals. Sie wirkte recht groß, *einfacher im Stehen zu küssen*, durchfuhr es mich unwillkürlich. Sie mussten gerade vom Strand zurückgekommen sein. „Kleopatra" hatte Bekanntschaft mit der starken Sonne von Sonora gemacht, wie ich etwas belustigt feststellte. Sie hatte ein schönes Milchkaffeebraun, weshalb sie ein wenig empfindlich sein mochte. Sie musterte uns ein wenig misstrauisch aus großen, klugen Augen, während die kleinere etwas lockerer war und dem unverhofften Besuch nicht abgeneigt schien. Sie hatten bestimmt keinen Besuch mehr erwartet, auch schienen sie keinen Ausflug in den Ort geplant zu haben. Es gab ja auch nicht viel von einem Nachtleben hier. Vielmehr hatten sie es sich für den Abend bequem gemacht, die kleinere trug ein relativ knapp sitzendes, gestreiftes Poloshirt zu ihren Bermudas, während die zurückhaltende „Kleopatra" ein sehr weit geschnittenes helles Oberteil trug, welches keine Rückschlüsse auf etwa vorhandene körperliche Vorzüge zuließ. Dazu trug sie hellrosa, nicht zu knapp sitzende Bermudas. Die jungen Frauen trugen weder Make-up noch den sonst hierzulande sehr beliebten Modeschmuck.

Wir stellten uns einander vor. Paty und Flor aus Ciudad Juarez! Sie kamen also aus der großen Grenzstadt, wo ich eingereist war, aber wegen der schlechten Presse im Reiseführer nur so lange geblieben war, um ein Flugzeug nach Chihuahua zu nehmen. Nochmals zwei Norteñas! Wenn das der Mazatlán-Luis wüsste! Sie hatten die beschwerliche Busfahrt über 1'000 km quer durch die Wüste und die Sierra Madre nicht gescheut, um für ein Wochenende das Meer kennenzulernen. Als Gary das erfuhr, kam er auf seine altbewährte Masche, um hier Frauen kennenzulernen, mit der er allerdings gestern komplett Schiffbruch erlitten hatte. Er lud sie also, wie vorhin angetönt, auf eine kleine Abendkreuzfahrt auf seine Cat's Paw ein.

Das wird nichts, Gary D.!, dachte ich, *wenn die selbstbewusste, leichtlebige Claudia gestern nichts davon wissen wollte, würden Flor und Paty wohl erst recht ablehnen!* Aber da täuschte ich mich. Paty zeigte sofort Interesse und auch Flor war nicht abgeneigt. „Aber Ihr müsst anständig bleiben! Du hast ja diesen Karate-Kurs genommen, stimmt's Flor?" stellte Paty ihre Bedingungen, während Flor zustimmend nickte und dazu ein wenig verlegen lächelte. Diese Ankündigung machte aber gehörigen Eindruck auf Gary. Nachdem er sich schon gestern von Claudia hatte den Meister zeigen lassen müssen, traf er heute auf Mädchen, welche Karate konnten! Das wurde ja immer schlimmer, aber Hindernisse waren dazu da, um sie zu überwinden! Er ließ ein raues, anerkennendes Lachen hören und sagte zu mir: „Hast Du das gehört? Wir müssen aufpassen, aber ganz besonders Du!"

Dann meinte er beruhigend zu den beiden, dass er ihnen das Fischen beibringen würde. Wenn wir Glück hätten, gäbe es danach ein schönes Nachtessen. Er war ganz anders als gestern und hatte auch Erfolg. Wir wurden uns einig und waren alsbald unterwegs zum Strand hinunter. Flor hatte sich einen schönen Strohhut mit dunkelblauem Band aufgesetzt, welcher ihr ausgezeichnet stand, während Paty ihre Haare nun nach hinten dressiert und zusammengebunden hatte. Wir beide waren wie immer mit unseren Baseballmützen, T-Shirts und Jeans ausgerüstet, dem damaligen männlichen Modestatement dem amerikanischen Westen entsprechend. Bald waren wir unten an der Mole angekommen, ich und die Mädchen schauten Gary beim Starten des Bootsmotors und dem Heben des Ankers zu. Bald kam er herübergetuckert und hieß uns willkommen an Bord. Er suchte das Angelzeug heraus, während ich die Gelegenheit ergriff und mich an die lebhafte Paty heranmachte und sie einlud, sich hinten im Boot an meinem Stammplatz hinzusetzen. Ich dachte mir rein üüüberhaupt nichts dabei und hatte mich völlig vergessen. Bald verließen wir langsam das mehr als gut gefüllte Becken der Bahia in Richtung der bereits recht tief stehenden Sonne.

Bald wurden wir beide mit der Aufsicht einer Angel betraut, während Gary nun Flor ersten Unterricht im Fischen gab. Er meinte, dass ich ja schon wüsste, auf was es ankäme, er würde uns aber beim allfällig notwendig werdenden Lösen des Fanges dann helfen. Es war ein ruhiger, aber heißer, wiederum wolkenloser und sehr klarer Abend. Keine auch noch so geringe Wellenbewegung war im Boot bemerkbar, das Meer spiegelglatt und dunkelblau, vor einem ebenfalls tiefblauen Himmel. Bald blieb Bahia Kino am Horizont zurück. Obschon wir vorhin gesagt hatten, wir würden anständig bleiben, waren ich und Paty bereits ein bisschen näher aneinandergerückt, dabei hatten wir kaum miteinander gesprochen. Ich fand nichts dabei, sie schließlich ein wenig um die Taille zu fassen, während wir darauf warteten, dass endlich ein Fisch anbeißen wollte. Das war auf eine ganz selbstverständliche Weise geschehen. Sie hatte nicht nur nichts dagegen, sondern blieb freundlich und locker dabei, bis tatsächlich etwas an der Angel ruckelte und Gary mir zurief, die Leine zu setzen und einzuziehen. Gary beschränkte sich derweil ganz auf seine Rolle als Lehrer. Er zeigte Flor, wie man fischt. Mit Erfolg! Auch er und Flor hatten vorhin bereits einen der schwarzweißen, rundlichen Fische erwischt.

Er guckte mich ein wenig überrascht an, als er wie eben unseren Fisch vom Haken nahm, von der gleichen Art, und ehe wir es uns versahen, hatte er ihn mit flinken, geübten Bewegungen ausgenommen und filetiert. Die beiden Filets wanderten in die Eiskiste, ein paar Stücke sollten als Köder dienen und der Rest ging über Bord. Jetzt war Gary voll in seinem Element. Sofort waren die Angeln wieder mit Ködern versehen und ausgeworfen worden.

Aber jetzt fand er es an der Zeit, auch Paty seine Fähigkeiten als Angellehrer angedeihen zu lassen. *Oder hatte er gesehen, dass sie sich meinen Annäherungsversuchen nicht widersetzt hatte und wollte sein Glück ebenfalls versuchen? Er schien schlauer gewor-*

den zu sein seit gestern! Er hatte mich vorgeschickt, um das Wasser zu testen, mit der Idee, dass, wenn schon, heute ich die Abfuhr erhalten würde. Wir machten also einen Partnerinnen-Tausch. Ich ließ die hübsche Paty etwas widerwillig, aber doch gutmütig ziehen. An Flor schien er sich nicht recht ranzutrauen, sie hatte am Anfang etwas schüchtern gewirkt, war aber jetzt enthusiastisch bei der Sache gewesen.

Jetzt stand sie aber wieder etwas verlegen vor mir. Sie wirkte größer als sie wirklich war. Aber auch tatsächlich ein wenig schüchtern. Oder sollte sie etwa gar nervös sein? Aber jetzt sah sie mich mit ihren großen, mandelförmigen, dunkelbraunen Augen an. Ich erwiderte ihren Blick. Ich konnte problemlos ihre Augen betrachten, da lag nichts Forderndes, Gefährliches oder Besitzergreifendes in diesem schönen Dunkelbraun. Ich fasste sogleich Vertrauen zu ihr. Ihr Gesicht war rundlich, wie der volle Mond, eingerahmt durch ihre etwa bis zum Hals reichenden glatten und in der weißen Sonne fast schwarz wirkenden Haare. Wie voll ihre Wangen waren! Sie hatte einen breiten, allerdings nur gelegentlich ein Lächeln zeigenden Mund mit sinnlichen, großen abermit keinem Lippenstift verzierten Lippen umrahmt, wie geschaffen zum Küssen.

Komm ruhig her und setz Dich hin, ich werde Dir nichts tun!, dachte ich noch, bekam aber dann doch ein wenig Herzklopfen. Irgendwie beruhigten wir uns durch das gegenseitige Ansehen gegenseitig wieder und saßen bald nebeneinander im Heck des Bootes. Ihre Kleidung ließ vorhin definitiv keine Rückschlüsse auf ihre Physis zu, aber jetzt beim Sitzen kamen ihre langen, schlanken aber wohl geformten Beine zur Geltung. Ihre ebenso langen, geschmeidig wirkenden Arme und schlanken, recht großen Hände ließ sie auf der Reling im Heck ruhen. Sie wirkte tatsächlich ein wenig nervös, während ich mir gar nichts dabei dachte, jetzt so neben ihr zu sitzen, ja nicht einmal mehr an die gestern ausgestandene Angst denkend, als wir etwa um dieselbe Zeit in Luis' Van nach Kino Viejo fuhren.

Aber für meine ersten unbeholfenen Gehversuche im Flirten war jetzt keine Zeit, da jetzt die Fische unsere ganze Aufmerksamkeit erheischten. Nach dem „Frauentausch" kamen sie in Massen, oder vielmehr wir fuhren in einen Schwarm dieser schwarzweißen Fische hinein, und wie weiland Petrus auf dem See Genezareth, als er die richtige Besatzung auf seinem Fischerboot hatte, zogen wir alsbald Fisch um Fisch aus dem Meer. Diese Fische mochten kannibalisch veranlagt zu sein, weil sie so wild auf die Köder aus dem Fleisch ihrer unglücklichen Artgenossen zu sein schienen. Nach den vergangenen Tagen ohne Petri Heil war der heutige Fischzug wirklich fast ein biblisches Wunder, auch wenn sich hier die Fische nicht nach Art und Größe von selbst sortierten. Das war aber auch völlig unnötig, es waren ja alles diese runden, schwarzweißen, als Delikatesse angesehenen Tiere.

Unsere Damen hatten sich beim Fischen großartig amüsiert, sie wurden nun lockerer und die Stimmung wurde gelöster. Lautes Lachen von Flor erscholl durch das Boot, wenn wieder einer anbiss. Bald befand Gary, dass wir für das versprochene Nachtessen vom Meer mehr als ausreichend bedient worden waren, und begann, das Angelzeug zu verstauen. Jetzt sollte der gemütliche Teil beginnen! Und meine Angst, die sich doch sonst immer zuverlässig bei solchen Anlässen einzustellen pflegte? Es wurde mir nicht einmal bewusst, dass sie gänzlich verschwunden war. Wir setzten uns in der jetzigen Aufteilung wieder an unsere Plätze, Paty und Gary– die er inzwischen Patricia nannte, weil ihr Name ihn bestimmt an den Nationalheiligen Irlands, St Patrick, erinnerte, von welchem er mir vorhin erzählt hatte – in der „Kommandozentrale", in der Nähe des Steuers, ich und Flor wieder im „Stern" des Bootes, nach achtern schauend, wo jetzt die untergehende Sonne einen goldenen Farbton annahm.

Gary ließ das Boot ganz kleine Fahrt machen und wir kreuzten zwischen Küste und Insel weit draußen im ganz glatten Meer der Bahia. In der Ferne, aber völlig dunstfrei schimmerte die kahle Insel im späten Sonnenlicht. „Alcatraz Island" nannte sie Gary, nach der Gefängnisinsel vor San Francisco, was aber ein Irrtum war. Alcatraz heissen die in der Gegend nistenden Tölpel, eine Seevogelart. Flor hatte vorhin ihren Strohhut beiseitegelegt und schaute nun sinnend und verträumt auf das jetzt goldschimmernde Meer hinaus. Sie liebte das Meer, das sie zum ersten Mal richtig sah. Bald waren wir unbemerkt und wie von selbst in ein intimes Zwiegespräch gerutscht. Ich weiß nicht mehr, wer angefangen hatte, Flor oder ich. Wahrscheinlich sie, weil ich niemals eine Frau ansprechen konnte, weder vor noch nach Claudias Kuss. Aber eine Konversation führen konnte ich jetzt, ohne mich nervös zu fühlen! So etwas hatte ich noch nie zuvor getan, nicht einmal versucht, aber bei ihr hatte ich eben nicht den kleinsten Anflug von Angst, mich auf eine solche Weise zu öffnen. Flor hatte die wohl sinnlichste und angenehmste Stimme, die man sich vorstellen konnte, ein wenig dunkel klingend, eine Stimme wie Samt und Seide, ruhig und dennoch klar. Ich würde ewig weiterreden, nur damit ich ihr weiterhin zuhören konnte!

„Wie heißt Du nochmals? Hab's vorher nicht ganz mitgekriegt!"

„Dieter. D-I-E-T-E-R!"

„Was ist das für ein Name?"

„Aus Deutschland. Aber ich bin aus der Schweiz!"

„Suiza! Und ihr redet Deutsch dort? Ich dachte immer, man redet dort französisch!"

„Tut man auch. Im Westen, in Genf!"

„Ginebra! Wo die UNO sitzt. Früher, als Kind, dachte ich immer, so ein Land gibt es gar nicht, hihi! Aber wo kommst Du denn genau her? Ich bin aus Ciudad Juarez, an der Grenze zu El Paso in Texas."

„Da bin ich durchgekommen."

„Aber nicht geblieben! Ist ja auch nichts für Touristen!"

„Ich komme aus einem ganz kleinen Ort. Olten. Zwischen Zürich, Basel und Bern."

„Ach ja, Suiza-Berna! Die Hauptstadt der Schweiz ist Bern! Bist Du in diesem Ol… geboren?"

„Ja, 1962, dem 23. April!"

„Dann bist Du hm …"

Ich dachte, sie würde mein Alter ausrechnen aber …

„Tauro!"

„Stimmt, bin ganz knapp noch im Stier geboren!"

„Ich am 13. Januar 1967!"

„Das ist Steinbock, wie mein Großvater!"

„Dein Großvater ist auch Steinbock?"

„Nicht nur. Er ist am selben Tag geboren wie Du!"

„Echt?"

„Ja, natürlich!"

„Lebt er noch?"

„Nein, er ist 1982 gestorben, mit 82 Jahren."

„Ich habe meine Großmutter noch. Ich weiß aber nicht richtig, wie alt sie ist. So um die 75 wird sie schon sein."

„Etwa so wie meine. Sie lebt in Deutschland."

„Wieso denn?"

„Mein Vater ist dort geboren. Wir besuchen sie oft."

„Genau wie wir! Schon seltsam, dass ich am selben Tag geboren bin wie Dein Großvater. Sag mal, Du bist ja jetzt … 27! Und treibst Dich allein so weit weg von zu Hause in der Welt herum? Warum hast Du denn Deine Novia nicht mitgebracht?"

„So jemanden gibt es nicht in meinem Leben."

„Sag bloß, Du bist geschieden!"

„Ach wo. Mit 27 ist man in doch noch nicht verheiratet! Aber mich will irgendwie keine. Oder mir hat noch keine richtig gefallen, vielleicht ist es das."

„Magst Du denn keine Mädchen?"

„Hier schon …"

„Hier? In Bahia Kino?"

„Ja, ich habe ein Mädchen getroffen. Sie hatte mir schon gefallen."

„Gefalle ich Dir auch? Wenigstens ein bisschen?"

„Ja. Ich mag Dich sogar sehr, Flor!"

Sie antwortete nicht mehr und schaute mit verlorenem Blick aufs Meer hinaus. Wir schwiegen nun das stille Wasser an, als sie sinnend bemerkte:

„Es ist wunderschön, nicht wahr?"

„Ja, wunderschön!"

„Schau, die Insel da drüben! Wer da wohl wohnt?"

„Pelikane und Kakteen!"

„Woher willst Du das wissen?"

„Ich war gestern mit Gary da draußen."

„Da hattet ihr bestimmt dieses Mädchen dabeigehabt!"

„Nein, nein! Sie wollte nicht mitkommen. Sie war ja allein, vielleicht wollte sie deswegen nicht mitkommen."

Gary ließ das Boot einen sanften, weiten Bogen fahren, das dumpfe, regelmäßige Pochen des Motors wirkte beruhigend. Wir hatten nun freien Blick nach Westen und fuhren langsam in die heraufziehende Nacht hinein. Wir machten uns auf die soeben abgetauchte Sonne aufmerksam und bewunderten die sanften pastellenen Tönungen, die der Himmel anzunehmen begann. An der Stelle, wo vorhin die Sonne im Nordwesten verschwunden war, sahen wir zu, wie sie noch weiße, gelbe goldene und himmelblaue Farben in konzentrischen Kreisen an den Himmel malte, während aus Osten, von der nicht sichtbaren Sierra Madre her, die Nacht zuerst als graues und dann zunehmend samtblaues und schließlich ultramarines Tuch heraufgezogen wurde und dort die ersten Sterne aufblitzten. Hinter uns war es auf einmal ruhig geworden, weshalb ich mich kurz umsah, um zu erfahren, was den beiden hinter uns die Sprache verschlagen hatte.

Ich hätte es mir denken können! Paty, jetzt Patricia, schien ihren Anständigkeitszaun ziemlich weit gesteckt zu haben. Die beiden tauschten einen innigen Kuss miteinander aus! Ich freute mich für Gary. Seine Geduld und Ausdauer hatten sich endlich doch gelohnt. *Aber würde Flor vielleicht ebenfalls nicht abgeneigt sein?* Sie sollte sich nicht beklagen dürfen! Der Biernebel hatte sich zunehmend verzogen und ich konnte sie ein wenig besser erkennen. Ich schaute sie von der Seite an, als sie träumend aufs Meer hinausblickte. Sie hatte sich entspannt zurückgelehnt und hatte ihren Oberkörper gestrafft und aufgerichtet.

Sieh mal einer an! Sie hatte da unter ihrem weit geschnittenen Gewand zwei ansehnliche, süße Geheimnisse versteckt gehalten! Sie hatte vorhin doch so zerbrechlich gewirkt, als sie ein wenig scheu vor mir im Heck des Bootes stand! Ich ließ meinen Blick von ihrem Busen hinabwandern, der Taille entlang gleiten, welche leider unsichtbar blieb, dann über die sanft gerundete, form-vollendete Hüftpartie die langen straff wirkenden Beine entlang. *Nein, zerbrechlich war sie nicht!* Sie wirkte vielmehr durchtrainiert und kräftig mit ihren schräg einfallenden breiten Schultern, langen geschmeidigen Armen und den gutgeformten Beinen. Es baute sich eine Art Spannung zwischen mir und ihr auf, wie vor einem Gewitter. Ich versuchte, mir eine Umarmung mit diesem starken Mädchen vorzustellen, wie sie mich umschlang, nicht mehr loslassen würde und küsste, und mich dann auf den Rücken legte, und anfing, sich das Oberteil auszuziehen. Dann lief mein Blick wieder hoch bis an den Hals, als ich jetzt ihr außergewöhnlich schön geschnittenes Gesicht bemerkte. Meine „Blume" war kein Mauerblümchen, wie ich vorhin fast gedacht hatte, sondern war eine Königin der Nacht, welche erst abends richtig aufblühte! Jetzt schien sie gemerkt zu haben, dass ich mir ein paar „Taquitos" genehmigt hatte und drehte mir ihr volles Gesicht zu. Sie war darüber aber keineswegs böse.

„Was machst Du eigentlich, wenn Du nicht gerade wochenlang Ferien machst?"

„Naja, ich arbeite in einem Chemielabor der pharmazeutischen Industrie. Bei Ciba Geigy."

„Ein Laboratorio für Medikamente! Dann bist Du Chemieingenieur."

„Nein, hm …"

Ich zerbrach mir kurz den Kopf, wie ich Flor erklären konnte, was eine Lehre sei.

„Fürs Chemielabor brauchst Du in der Schweiz kein Ingenieurstudium, sondern besuchst eine Schule nur für Chemie, 2 Tage pro Woche. An den anderen 3 Tagen machst Du Deine praktischen Erfahrungen im Labor."

„Aber ein Chemiker bist Du. Du weißt also Bescheid über diese komplizierten Kohlenstoffketten mit den unmöglichen Namen, die sich keiner merken kann."

„Ja, aber das ist nicht besonders wichtig, um im Chemielabor zu arbeiten."

„Das ist das Einzige des Chemieunterrichts an der Preparatoria, woran ich mich erinnern kann, und wollte dann nichts mehr davon wissen. Ich dachte, es würde das Vernünftigste sein, ich heirate mal einen Chemiker, damit er dann den Kindern bei den Aufgaben hilft. Ich habe mir was Einfacheres ausgesucht. Internationaler Handel, Zollbestimmungen, Import von Rohwaren, Export der Fertigprodukte. Ich werde nächstes Jahr damit fertig, arbeite aber wie Du bereits auf diesem Gebiet. Jeden Tag am Tag von 7 bis 5, dann geht's an die Uni bis um 10. Das Studium ist sehr teuer, und ich brauch' das Geld."

„Arbeiten UND studieren gleichzeitig?"

„Ja, meine Mutter kann mir nichts geben, ich lebe allein mit ihr und meinen Geschwistern. Hast Du eigentlich Geschwister?"

„Aber ja, eine Schwester und einen Bruder, ich bin der Älteste."

„Genau wie ich. Mein Bruder, er heißt Omar, ist 2 Jahre jünger und meine kleine Schwester Erika ist 7 Jahre jünger als ich."

„Genau wie bei mir!"

„Was meinst Du damit?"

„Naja, meine Schwester ist 2 Jahre jünger und mein Bruder 7!"

„Du flunkerst doch jetzt!"

„Nein, echt. Wir sind 2 und 7 Jahre auseinander!"

„Und Dein Vater?"

„Der ist 2 Jahre jünger als meine Mutter! Das ist ein wenig ungewöhnlich."

„Ich kenne meinen überhaupt nicht."

Das sagte sie ein wenig betrübt, sie verstummte und schaute gedankenverloren hinaus auf das nun fast schwarze Meer, welches gelegentlich glitzernde Reflexe zeigte. Im Unterschied zu mir hatte Flor also das Abitur geschafft und auch beinahe schon die Uni. Da konnte ich mit meinem Laborantenabschluss nicht mithalten, auch wenn sie meinte, Chemie wäre sehr kompliziert zu erlernen. Und sie hatte eine richtige, geregelte Arbeit, geradeso, wie man es in Europa auch tun würde. Wir waren unbemerkt immer näher aneinandergerückt. Jetzt drehte mir Flor ihr volles Gesicht zu. Wieder der wache Blick aus ihren großen Mandelaugen. *Verlangend?*

„Sag mal, wo hast Du denn eigentlich Spanisch gelernt? Du sprichst es recht gut!"

Misstrauisch! Aber das war mir noch gar nicht aufgefallen! Ich sprach ja auf einmal die längste Zeit mit einem fremden jungen Mädchen in einer Sprache, welche ich laut meiner Kurslehrerin nie lernen würde. Ich hätte sie am liebsten sofort geküsst, um den beiden Hinterbänklern zu zeigen, wie so etwas richtig gemacht wird, aber irgendetwas hielt mich dann doch davon ab. Flor gab nämlich außer diesem ruhigen, aber bestimmten Blick keinen Hinweis, dass sie so etwas erwarten würde, und ich wollte es auf keinen Fall mit ihr verderben. Stattdessen rückten wir noch ein wenig näher, steckten die Köpfe zusammen und ich deutete eine sachte Umarmung an, welche sie sich gerne gefallen ließ.

„Ich habe einen Kurs besucht in der Schweiz. Meine Lehrerin ist aus Madrid."

„Aha! Eine Spanierin! Lass mich raten: Sie ist groß, schlank und jung mit blauen Augen!"

„Nicht wirklich. Eher klein, schlank stimmt, aber schon ziemlich alt, so um die 40, 45. Um die Augenfarbe habe ich mich nie gekümmert. Sie ist verheiratet, glaub' ich …"

„Das sagen alle! Du hast es so gut gelernt, um sie zu beeindrucken!"

„Ach wo! Sie hat immer gesagt, dass ich es nie lernen würde. Niemand aus unserer Klasse eigentlich."

„Und wo hast Du Deine Novia gelassen?"

„Ich habe keine ‚Novia'!"

„Kann ich mir nicht vorstellen! Aber eine Freundin! Oder mehrere!"

„Freundinnen schon. Nein, keine Freundinnen. Eher Kolleginnen.

„Kolleginnen … Und was treibst Du so mit Deinen … Kolleginnen?"

Ich erklärte ihr, was ich in meiner Freizeit so machte. Sie schenkte mir jetzt doch ein kleines Lächeln. In der Zwischenzeit musste Gary das Boot einen unmerklichen Bogen fahren lassen, denn jetzt hatte ich die Insel auf meiner Seite und tief im Südwesten hing in überwältigender Pracht der Orion. Man konnte nicht nur die 6 Hauptsterne, darunter der rötliche Schulterstern Beteigeuze und Fußstern Rigel, ein blauer Riese, ausmachen, sondern auch die 3 hellen Gürtelsterne und das darunter hängende kurze Schwert des Himmelsjägers aus lauter kleinen Sternen. Ich erklärte die Details des Sternbildes meiner Flor und sie war fasziniert davon. Wozu einem doch das Lesen einer Science-Fiction-Romanserie nutzen konnte! Von Minute zu Minute kamen in dieser dunklen Neumond-nacht mehr Sterne dazu, auch ganz kleine, bis der ganze Orion von einem Nebel aus lauter kleinen Diamanten ausgefüllt wurde. Die Sterne, selbst die des tiefstehenden Orions, brannten wie Lichter in regungsloser Pracht, ohne das geringste Flackern in der ruhigen Abendluft über dem regungslos daliegenden Meer, so, als ob Meer und All den Atem anhielten. Zu hören war lediglich das langsame Pochen des Herzens der Cat's Paw, welches fast im Takt zu den unsrigen sein mochte.

Wir waren nun wie fast von selbst auf Tuchfühlung gegangen, wieder einen Schweigemoment einlegend. Eine seltsame Zuneigung zu diesem Mädchen begann sich in mein Herz zu schleichen, von der ich nun bereits viel mehr wusste als über alle anderen Frauen, meine Mutter eingeschlossen. Das Gefühl, dass die Zeit irgendwie langsamer verstrich, die Gedanken kristallklar wurden und das Herz schneller zu schlagen anfing. Ziemlich viel schneller sogar, so richtig tief aus der Magengrube heraus mit kräftigem Pochen, bald das Atmen erschwerend. Ich verspürte ein Verlangen nach ih-rem Körper, ich wollte wissen, wie es unter diesem weiten Gewand aussah. Und ich wollte sie küssen. Und dann, dann würde ich mit ihr in meinen Bungalow gehen … Aber heute gab es keine unkon-trollierte Eruption, sondern ein langsames Herantasten, ein lang-sames Erkunden ihrer Hüfte, dann des entblößten Oberschenkels, wo meine Hand wie von selbst liegenblieb um ihre samtig-weiche Haut ihrer festen Beine auf die Fingerspitzen wirken zu lassen. Ich wusste nicht woher, aber mir war bewusst, dass ich auf ihre Re-aktion warten sollte. *Nimm mich doch, meine Flor!* Ich erwartete, dass sie ihren Arm um mich legen würde und mich an ihre Brust ziehen würde, damit ich sie dann küssen könnte! Oder eine Geste, ein Gesichtsausdruck, der mir sagen würde: „Küss mich!"

Aber nicht heute. Nichts dergleichen geschah. Aber vielleicht war es besser so. Wer weiß, wie es diesmal geendet hätte! Die Spannung stieg ins Unerträgliche, bis ich eine sanfte Berührung verspürte. Unendlich sachte, ganz langsam, fast kaum spürbar, näherte Flor ihre rechte Hand der meinen, berührte sie, ergriff sie ganz sanft, verhielt einen kurzen Moment, als ob sie nicht wusste, wie weiter, und hob sie dann langsam an, um sie dann zärtlich dicht neben ihr wieder abzulegen! *Zu weit gegangen! Es sollte das letzte Mal gewesen sein! Nie wieder würde ich einen derartigen Annäherungsversuch bei einem anderen Mädchen machen!*

Wir schauten derweil weiter aufs Meer hinaus und fanden sogleich wieder den Gesprächsfaden, als ob nichts geschehen wäre. Ich ließ die Hand genau an der Stelle liegen, wo Flor sie hingelegt hatte, als sie mir jetzt ihr schönes Gesicht zuwandte. Ihre klugen, großen Mandelaugen schauten mich zuerst etwas melancholisch an, dann aber wurden sie größer. Ich gab mich nur allzu gern ihrem Bann hin. Es dauerte aber nur für einen Moment, bis sie mir fast bedauernd eröffnete, dass sie einen Freund habe, der jetzt oben in Chicago weilte! Ich sah nun so etwas wie Traurigkeit in ihren Augen. Sie schlug sie nieder und senkte ihren Kopf ein wenig, um ihn in ihre offenen Hände zu legen. Zu spät! Sie konnte ihre Worte nicht mehr zurückholen. Aber diese unerwartete Neuigkeit machte mich weitaus weniger betroffen als man vielleicht denken mochte. Auch Flor blieb nämlich genauso wie vorher und obwohl ich mit dem irgendwie auf Stand-by dösenden Verstand hätte erkennen können, dass sie vergeben war, spürte ich mit meinen neu erworbenen, umso aktiveren Sinnen, dass ich bei ihr sehr wohl gelitten war. Sie war wegen meiner Avance keinesfalls verletzt gewesen, sie schien meine Hand beinahe bedauernd weggenommen zu haben.

Jetzt begann Flor auf einmal ganz hastig zu sprechen, als wolle sie die Erinnerung an vorhin damit verblassen lassen. Sie wollte nun alles Mögliche über die Schweiz wissen. Sie hatte nicht nur eine klare Vorstellung, wo das Land zu suchen war, sie erkundigte sich auch ob es vielleicht etwas mit Suecia (Schweden) zu tun habe, worauf man wegen der sehr ähnlichen Aussprache schon kommen konnte. Sie kannte selbst den Namen der Hauptstadt. Aber wirklich interessiert war sie jetzt an der Schokolade, was ich ihr nicht verdenken konnte. Natürlich würde ich ihr eine Kollektion davon zukommen lassen wollen, und schreiben würden wir uns auch, keine Frage!

„… Und was gedenkst Du zu tun, nachdem wir morgen von hier abreisen, Dieter?"

„Montagmorgen werde ich ebenfalls fahren. Hoch zum Pinacate, vielleicht Baja. Aber es wird knapp mit der Zeit. Ich habe nur noch drei Wochen."

„Drei Wochen sind viel Zeit. Da kann alles Mögliche passieren. Was ist der Pinacate?"

„Ein toller Wüstenpark, eine große Sandwüste, Vulkankrater, Kakteen! Dazu brauche ich ein paar Tage, und die letzte Woche ist auch verplant, da fahre ich mit dem Zug durch die Sierra Madre Occidental!"

„Das hört sich ziemlich abenteuerlich an. Pass bloß auf in dieser Wüste, allein hilft Dir niemand, wenn Du stecken bleibst! Aber durch die Sierra fährst Du wenigstens mit dem Zug!"

„Ja, genau. Ich werde mir das Ticket drüben am Flughafen von Chihuahua besorgen, wo ich den VW abgeben werde. Zuvor will ich aber noch unbedingt einen ganz speziellen Ort aufsuchen, ein einsames Wüstental, ganz unbekannt."

Jetzt würde Flor bestimmt beeindruckt sein!

„Ich glaube nicht, dass Du davon gehört hast. Ein Wüstenbecken, es heißt ‚Auge des Teufels'. Deswegen brauche ich ein paar Tage Reserve, es wird sehr schwierig sein, dort hinzukommen! Ich muss es unbedingt schaffen, das werde ich keinesfalls verpassen!"

Sie antwortete nicht, sondern schaute nun tief versunken in ihre Gedanken auf das Meer hinaus. Ich mochte ihre Gedanken nicht stören. Wir schwiegen, während der Diesel sachte vor sich hin pochte.

Dann drehte sie mir ihr ebenmäßiges, rundes Gesicht zu. Ich konnte darin lesen, wusste alles, was ich je wissen musste. Ich blickte in ihre Augen und wusste, dass sie mich liebte. Und ich wusste, wie verletzlich ihre Seele jetzt war – und dass ich immer auf sie aufpassen würde, damit ihr nichts geschähe.

„Woher kennst Du diesen Ort? Ich kenne ihn auch! Er liegt draußen in der Wüste in der Nähe vom ‚Rancho' meiner Großmutter und Onkel. Mein Onkel Humberto hat uns einmal hinausgefahren, in seinem Pick-up. Man braucht mehr als eine Stunde auf der ‚Brecha', und kommt an einen Ort, wo aller Pflanzenwuchs aufhört. Man sieht ein großes Tal, wo ein gewaltiger See drin liegt, ganz blau wie hier das Meer. Der ‚Cerro Chino' ragt wie eine Insel aus dem Wasser, wie hier in Bahia Kino. Das Ojo del Diablo hat nichts mit dem Auge des Teufels zu tun, es ist eine Quelle. Sie liegt am anderen Ufer des Sees. Der Onkel fuhr mit dem Pick-up den Feldweg hinunter – und mit einem Mal zerflatterte der See vor meinen Augen! Da unten gab es keinen Tropfen Wasser, sondern nur eine helle Fläche, die von der Sonne so hart geworden war, dass man darüberfahren kann, grad so wie wir hier mit dem Schiff auf dem Meer fahren. Drüben gibt es einen kleinen Berg, der ist oben ganz grün – und da oben ist die Quelle. Eine ganz besondere Quelle! Das Wasser kommt kochend heiß aus dem Boden, ein ganzer Bach. Es gibt Teiche, Wasserlöcher und frisches Gras und drumherum stehen die Mezquites so dicht und hoch, dass man meint, in einem Wald zu gehen. Dies ist mein allerliebster Platz und Du kennst ihn auch! Woher weißt Du davon?"

„Ich habe den Namen des Ortes auf der Landkarte gesehen und ich wusste, dass ich unbedingt dort hinfahren würde. Er wirkt faszinierend auf mich, geheimnisvoll."

Sie schwieg. Sie wirkte gelöst und selbstvergessen, als sie ihren Blick wieder aufs Meer gleiten ließ. Ihre Beschreibung war so eindringlich gewesen, dass ich wusste, dass sie denselben Ort meinte. Irgendwie hatten wir dann unser Gespräch von vorhin wieder aufgenommen, es galt nun, uns so viel wie möglich über unser jeweiliges Leben und Streben zu erzählen. Ich ergötzte mich wieder an ihrer samtenen Stimme und redete immer weiter, nur damit sie nicht mehr zum Schweigen kam, ließ meine Hand auch jetzt noch an der von ihr ausgesuchten Stelle, als die auf Autopilot laufende Cat's Paw längst unmerklich langsam auf Bahia Kino zuglitt. Ich hielt sie immer noch wie von selbst in jener lediglich angedeuteten, aber feststellbaren Umarmung, gerade fest genug, dass sie es spüren mochte, ohne aufdringlich zu sein. Wir hatten uns bereits so aneinander gewöhnt, dass wir am Ende gar nichts mehr dabei dachten.

Diese paar Stunden „Sternfahrt" im Golf von Kalifornien waren bestimmt bis zum damaligen Zeitpunkt die einzigen, in denen ich uneingeschränkt glücklich war. Es gab keinen einzigen Misston, keine Unannehmlichkeit und kein Missverständnis. Ihr Freund, an welchen ich kaum noch einen Gedanken verschwendete, war Tausende von Kilometer weit weg, er mochte längst eine andere gefunden haben, sonst hätte er sie doch mitgenommen, oder sie wäre kaum allein auf eine derartig weite Reise gegangen. Sie mochte meine Eröffnung von vorhin über „das Mädchen, das mir gefallen hatte" ebenfalls so gut wie ich vergessen haben – dabei konnte ich von Glück reden, dass mich niemand am Pier oder bei den Bungalows erwartete.

Ich lebte diesen einen gewaltig langen Augenblick mit ihr aus, ohne irgendetwas zu denken oder zu planen und war auf eine Weise glücklich damit, dass ich hoffte, dieser sanfte Rausch würde nie aufhören. Aber jetzt waren die wenigen Lichter von Bahia Kino schon größer geworden, wir hatten uns weiter ausgetauscht und ich hatte inzwischen auch herausgefunden, welche Ausflüge und Reisen Flor geplant hatte, sie teilte diese ausgesprochene Reiselust mit mir. Aber dieser hier fand unweigerlich sein Ende, was aber insofern sein Gutes hatte, dass wir bald etwas zu essen bekommen sollten.

Für dieses würden wir europäischen Küchenchefs sorgen, während unsere Damen uns dabei neugierig begutachteten. So etwas war ihnen wohl noch nicht untergekommen, aber wir beide erfahrenen einsamen Wölfe wussten ja durchaus, mit Herd, Pfanne und Kochlöffel umzugehen, und im Nu standen 4 exquisite Fischgerichte auf dem Verandatisch. Dazu musste statt des standesgemäßen Weißen eine weitere Fuhre Dos Equis ausreichen. Gary hatte nicht zu viel versprochen, die fangfrischen Filets kamen allgemein sehr gut an und das Bier trug zu einer nun sehr aufgeräumten Stimmung bei Flor und Paty bei. Sie wurden von uns nach allen Regeln der Kunst verwöhnt. Paty wich nicht von Garys Seite und Flor hatte nun Papier und Kugelschreiber herausgebracht, damit wir unsere Adressen austauschen konnten. *Es war ihr also ernst damit!* Sie wirkte allerdings ein wenig skeptisch, als sie meine aus lediglich 3 Zeilen bestehende Adresse sah. Braucht es keinen Bundesstaat und kein Stadtviertel? Ihre war dafür umso länger, es machte eben einen Unterschied, einen Brief in ein 80 Mio. Land in eine Stadt mit einer ¾-Mio. Einwohner zu schicken, oder in dieSchweiz mit damals 6 1/2-Mio. Einwohnern und ein 4'000-Seelen-Kaff, was ihr durchaus einleuchtete. Ihr war das Bier ein wenig zu Kopfe gegangen, und es amüsierte mich, wie wenig es dazu gebraucht hatte. Ich bildete mir ein, bereits wieder stocknüchtern zu sein, ich merkte vom Wetttrinken mit Gary vom Nachmittag schon eine ganze Weile nichts mehr.

Dann beratschlagten sich die beiden Mädchen kurz und das Ergebnis dieses Austausches war eine Einladung in ihren Bungalow zum Frühstück am nächsten Morgen! Mit Betonung auf nächsten Morgen! Heute mussten wir beide uns jedoch in unsere eigenen Höhlen zurückziehen, und ich leider ohne Gutenachtkuss. Ich hatte mich auf ungeahnte Weise zu ihr hingezogen gefühlt, auf eine Weise wohl und geborgen an ihrer Seite. Ich hatte nicht die Spur von Angst vor ihr gehabt, niemals. Ich wusste, dass ich sie nach einem allfälligen Kuss nicht allein gelassen hätte, falls dies ihrem Wunsch entsprochen hätte. Was es leider nicht tat und ich begann bereits, ihre Gegenwart zu vermissen. Aber ich freute mich schon darauf, sie morgen wiederzusehen!

El Muchacho de los ojos tristes

Am folgenden Morgen gingen Gary und ich erwartungsfroh zum ersten Bungalow hinüber, wo heute leise Musik aus der Fliegengittertür in den stillen Morgen hinausdrang. Das glaubte ich doch schon gehört zu haben, konnte es jedoch nicht gleich einordnen, es war allerdings kein einheimisches Schaffen. Bei der Sängerin war kaum Stimme vorhanden und die von Synthesizern untermalte Begleitmusik schlicht uninteressant. Aber wir wurden sogleich von unseren Freundinnen in Beschlag genommen. Flor trug heute ein luftiges Kleid, das ihre Figur ein wenig besser zur Geltung brachte, und machte sich am Herd zu schaffen, während Paty, nein Patricia, den Tisch deckte. „Ah, Ihr seid schön pünktlich! Keine Mühe mit dem Aufstehen gehabt, nach dem ganzen Bier?", meinte sie. „Aber setzt Euch doch hin!" Der Recorder ließ irgendetwas von einem Typen mit einem Herz eines Poeten in den Raum strömen. Ganz schön kitschig, wenngleich ich den spanischen Text kaum verstehen konnte. Ich konnte zwar Flor sehr gut verstehen, aber die kastilische Aussprache, der Wortschatz und Grammatik ist mir zeitlebens fremd geblieben. Wir ließen uns heute von unseren beiden Dulcinéen nach Strich und Faden zum Frühstück verwöhnen und es blieben keine kulinarischen Wünsche offen. Sie hatten Rührei mit dem eingedosten amerikanischen Kochschinken gemacht, welcher in Nordmexiko damals außerordentlich beliebt war, dazu gab es angebratenen Bohnenbrei und natürlich Saft und Kaffee. Ich fragte mich, wer von den beiden in der Küche wohl den Ton angegeben haben mochte; von Flor wusste ich, dass sie mit ihrer Familie wohnte, und wohl kaum oft zum Kochen kam bei ihrem vollen Programm. Sie war heute irgendwie verändert und wich kaum von meiner Seite. *Sollte sie es etwa gar bedauern, mich gestern so kurz gehalten zu haben?* Ich war bereits wieder halbwegs froh, dass ich ihr gestern nichts zu beweisen brauchte, wovon ich keine Ahnung hatte, und sie mir immer noch wohlgesinnt war. *Was mochten die beiden Frauen über uns bloß getratscht haben?!* „Warum hast Du ihn nicht rangelassen gestern Abend, Flor?", mochte die freche Paty ihr gesagt haben. Jetzt erklang ein Lied, wo ich den Text etwas besser verstehen konnte: „El muchacho de los ojos tristes", hauchte diese Tussi aus dem Kassettenrecorder. *Was sollte das schon wieder heißen?* Flor bemerkte meine Aufmerksamkeit auf das Lied und meinte: „Das Stück scheint Dir zu gefallen! Das ist eine meiner Lieblingskassetten." Tat es natürlich nicht. Aber das würde ich ihr doch nicht sagen! „Ja, es ist ganz nett." „Das ist Jeanette, sie kommt ja aus Europa, aus Spanien. Warst Du da etwa schon? Ich würde wahnsinnig gerne mal da hinfahren!" *Ja, richtig, da gab's doch dieses unsägliche Duo vor ein paar Jahren –, Baccarat!*, glaubte ich mich zu erinnern. *Eine Eintagsfliege. Untalentiert. Was den Musikgeschmack angeht waren wir meilenweit voneinander entfernt. So etwa 8'000, die volle Distanz Europa-Mexiko!* Das hätte Flor genauso gut, wenn nicht besser, gesungen, und tatsächlich, sie begann jetzt die Melodie mitzuträllern, als ob sie meine Gedanken erraten hätte. Auf einmal war ihre sonst so samtig-verführerische dunkle Stimme in den Sopran abgewandert. *Wer sollte denn nach ihrer Meinung dieser Junge mit den traurigen Augen sein?* Ich sah diesen Morgen wohl kaum traurig aus. Aber das konnte ich gar nicht wissen. Ich habe mich zeitlebens davor gescheut, meinem Spiegelbild zu begegnen. Vielleicht verrieten meine Augen tatsächlich so etwas wie Traurigkeit, weil Flor einen Freund hatte, während meine liebestrunkene Seele davon nichts verspürte. Aber ein Herz eines Poeten? Das Allerletzte, was ich in mir vermutete, war, dass ich ein Poet wäre. Aber Flor mussten meine astronomischen Ausführungen wie Poesie angemutet haben. *Sie würde ja wohl kaum an ihren Novio denken!*

„Ich kenne diese Interpretin als Duo, Baccara!"

Ich hatte so viel Vertrauen zu Flor gefasst, dass ich meine Besserwisserei zum Vorschein zu bringen für nötig befand! Flor übersah den Unsinn, welchen ich hier verzapfte, jedoch großzügig. Außer dem Gesangsstil bestand keine andere Beziehung, als dass beide aus Spanien waren.

„Eine reicht Dir wohl nicht, was?", scherzte sie. Aber dann drehte sie mir wieder ihr volles Gesicht zu, das ich so an ihr mochte, sie sah mich nun direkt an, ihre großen Augen blickten nun ganz anders als gestern, es war jede Scheu aus ihnen vertrieben. Auch sie hatte mich an meinem wunden Punkt erwischt! Wer mich so in die Augen schaut, der würde ich alles geben …

„Du schreibst mir doch, Dieter? Wie Du es versprochen hast!"

„Natürlich, gleich, wenn ich zurückkomme!"

„Wann wird das sein?"

„Am 28. Mai komme ich am Vormittag an."

„Was willst Du denn bis dahin noch tun? Das sind ja 3 Wochen!"

„Schreib mir doch zuerst einen Brief, wenn Du ankommst, der braucht weniger lang!"

„Ich schicke Brief und Paket gleichzeitig weg!"

„Bist Du jetzt traurig, weil Du nicht mehr nach Baja California fahren kannst?"

„Ach wo! Ich gehe halt nur noch bis Puerto Peñasco und seh' mir die Wüste dort oben an, bevor ich zurück nach Chihuahua fahre, um den Zug durch die Barrancas zu nehmen."

„Davon hab' ich gehört. Soll durch die Sierra gehen, Wälder, Felsentäler, Wasserfälle und Seen. Wie die Schweiz, vermute ich. Los Alpes!"

„Nein, in der Schweiz gibt es keine Barrancas und die Alpen haben selbst im Sommer immer Schnee."

„Wie in Alaska!"

„So ähnlich."

„Ich mag kaltes Wetter lieber als diese Hitze hier …"

Sie war eine rechte Wundertüte, überhaupt nicht einzuordnen. Zuerst ungemein schüchtern, dann erwähnte sie auf einmal ihren Freund, und sie hatte ihn nicht etwa als Amigo sondern Novio bezeichnet, als ihren Liebhaber also. Davon war heute keine Rede mehr. Sie war vielmehr irgendwie anhänglich, fast zärtlich mir gegenüber geworden und schien nichts dabei zu finden, einen Briefwechsel mit mir anzufangen. Jetzt schien sie gar ein wenig traurig zu werden, umso mehr, je mehr der Mittag heranrückte, wo der Bus die beiden auf die lange Wüstenfahrt mitnehmen sollte. Paty und Gary hatten derweil ihren eigenen intensiven Austausch gehabt, den ich kaum verfolgt hatte. Sie würden sich bestimmt weiter sehen, soviel war klar, was für Gary relativ einfach war. Er meinte gestern schon, er würde beim Hochfahren nach Duluth genauso gut über El Paso fahren können, das genau gegenüber von Ciudad Juarez in Texas liegt. Aber die Reisetaschen unserer neuen Freundinnen („Amigas …") standen schon bereit, als wir jetzt alle gemeinsam den Abwasch machten. Eine unangenehme Hitze begann durchs Dach ins Rauminnere abzustrahlen, als wir dann um den Tisch herum saßen.

„Es wird langsam Zeit!", meldete Paty, und Flor summte leise das Lied von den traurigen Augen, das ihr im Ohr geblieben war. Ich wollte nicht, dass meine Blume zu welken anfinge und traurig wäre. Auf einmal hörte ich, wie jemand verlauten ließ:

„Ich kann Euch doch genauso gut nach Ciudad Juarez fahren! Dann können wir noch ein paar Stunden hier zusammenbleiben!"

Hatte ich etwa diesen unsinnigen Vorschlag gebracht? Was brachte mich bloß dazu, eine derartige Idee vorzubringen? Ich wollte also meine Fahrt zum Pinacate so einfach sausenlassen, um stattdessen die 1'000 km Reise nach Nordosten an die Grenze anzugehen?! War ich denn vollkommen verrückt geworden? Aber ich hätte alles getan, um weiter mit Flor zusammen zu sein. *Was wir da alles hätten bequatschen können! Aber das ging natürlich nicht, Paty würde kaum einwilligen, von Gary gar nicht zu reden …* Und Flor tat es auch nicht:

„Nein, das geht nicht, das ist viel zu weit. Ich muss morgen um 7 wieder an der Arbeit sein. Der Bus braucht 12 Stunden und hält dabei nur einmal an."

Sie würde kaum mit mir allein eine Nachtfahrt durch die Wüste machen wollen, da mochte alles Mögliche passieren … Aber sie sah mich dann doch ein wenig bedauernd aus ihren Mandelaugen an. Und natürlich hatte sie auch sonst recht. Wenn der Bus 12 Stunden braucht, musste ich mindestens 14 rechnen, nachdem ich in Sinaloa gesehen hatte, wie die über die Landstraße brettern. Da hätte ich außer dem Lenkrad kaum etwas anderes zu fassen gekriegt … Es gab also einen großen Abschied an der Straße, als Flor und Paty in ihren Bus stiegen und uns beide zurückließen. Ich kam doch noch zu meiner gestern erträumten Umarmung von Flor. Halt eine amerikanische Umarmung, bei der man nur die Arme auf des anderen Schultern und Rücken legt! Und natürlich ohne Abschiedskuss! Vielleicht würden wir uns deshalb wiedersehen! Wir winkten uns nach, als der Fahrer den ersten Gang einlegte, und der starke Motor des Dina Busses ein kreischendes Geräusch hören ließ, eine dicke schwarze Qualmwolke ausstieß und trotzdem wegen der ganz kleinen Übersetzung nur langsam anfuhr. Dann der zweite, der dritte und der vierte Gang dicht hintereinander, der Bus gewann langsam an Fahrt, der Qualm wurde dünner und weniger schwarz, und der Lärm ein wenig gedämpfter. Bald war der Bus kaum noch zu sehen, als der Fahrer die weiteren Gänge einlegte und es wurde still.

„Du solltest das Geschehene nicht überinterpretieren ..."

Wir beiden Zurückgebliebenen schauten uns an und gingen nun schweigend zurück zu Garys Bungalow. Er brachte zwei Dos Equis vom Kühlschrank mit. Wir setzten uns auf die Veranda. Man konnte ihm sein offensichtliches Glück von Weitem ansehen, als er jetzt unbedingt etwas loswerden musste:

„Jetzt sind sie weg, auf dem Weg zurück an die Grenze. Ich will meine Zelte hier auch abbrechen, ich muss so schnell wie möglich rauf nach Juarez. Vielleicht kommt Patricia gleich mit mir nach Duluth. Wenn alles so weiterläuft, wie wir es uns wünschen, werden wir heiraten! Hey ... Vielleicht gibt es eine Doppelhochzeit! Ich heirate Patricia und Du Flor! Ja, das wäre wirklich irre, stell Dir nur vor!"

Er strahlte und wirkte gleich mehrere Jahre jünger.

„So einfach ist das nicht!"

„Natürlich ist es das. Ich habe Euch doch gestern und heute zugesehen, da wart ihr ein Herz und eine Seele. Du magst sie, das war deutlich genug. Und sie Dich auch. Oder solltest Du etwa immer noch ..."

„Flor hat einen Freund oben in Chicago. Hat sie mir gestern gesagt."

„Oh!"

Wir schwiegen und er trank einen tiefen Zug von seinem Bier, um das Gehörte zu verarbeiten. Diese Möglichkeit schien er gar nicht in Betracht gezogen zu haben.

„Das tut mir aber leid, na so ein Pech. Aber sie wollte doch, dass Du ihr schreibst. Das hast Du ihr versprochen und solltest es auch halten!"

„Sie bekommt ihre Schokolade und schreiben werde ich ihr auf jeden Fall!"

Wir sahen gegen das Kap im Westen hinüber, links davon, aus dem Südwesten, sandte der Pazifik ein paar dünne Schleierwolken hinüber, die ersten richtigen Wolken seit Tagen. Bei Frauen und bei Zirren kann man sich manchmal irren, heißt nicht nur eine Wetterregel. Ich wusste damals weder über erstere noch über das nordmexikanische Wetter wirklich Bescheid. Aus Westen aufziehende Zirren bedeuten hier im Frühsommer immer große Hitze, aber so gut wie nie Regen, höchstens starken Wind. Die Hitze wurde auch draußen rasch so stark, dass Gary meinte, wir müssten unseren Biervorrat aufstocken. Er fand wohl vor allem, es wäre wieder mal an der Zeit, dass ich auf andere Gedanken käme.

„Komm, wir fahren rüber nach Kino Viejo. Da holen wir Eis und Bier, und wer weiß, vielleicht läuft uns da Deine alte Bekannte über den Weg!"

Ach ja, Claudia! Wie konnte ich sie die ganze Zeit so einfach vergessen haben! Alte Bekannte war aber schon ein wenig übertrieben, war es wirklich erst vorgestern, als ich Claudia getroffen hatte? Da schien doch eine Menge mehr Zeit dazwischen zu liegen. Aber ich kannte sie überhaupt nicht, mir begann aufzufallen, dass ich kein Wort mit ihr geredet hatte. *Wieso eigentlich nicht?* Aber ich wusste auch jetzt nicht, was ich ihr sagen würde, sollte ich sie wirklich antreffen.

Ich dachte auch gar nicht weiter daran, mir etwas zurechtzulegen, sondern war vielmehr damit beschäftigt, die Kussszene von Freitagabend nochmal Revue passieren zu lassen. *Komische Sache! Mit Flor konnte ich stundenlang reden, aber ich konnte sie nicht küssen. Mit Claudia konnte ich kein Wort reden, aber den Mund kann man ja auch noch anderweitig benutzen!*

Im Ort war dann zwar viel Volk in den Straßen, aber hauptsächlich männlichen Geschlechts, die alle dasselbe suchten wie wir, nämlich, den Durst zu löschen. Ich hielt schon Ausschau nach ihr und bekam auch prompt wieder Herzklopfen, aber um der Wahrheit zu entsprechen war ich nicht wirklich traurig, dass keine Spur von ihr zu entdecken war. *Vielleicht würde sie mir eine Szene machen, oder noch schlimmer, mich als Versager zurückweisen. Oder – worst case –: Sie würde mich zu sich nach Hause mitnehmen, um nachzuholen, was sie am Freitag versäumt hatte!* Aber nein, nichts von alledem geschah, und wir machten uns alsbald mit unserem neuen Vorrat in Richtung Westen davon.

Gary wollte nun unbedingt seine Kumpels aus dem Wohnwagen sehen, der unten auf dem Strand parkte, wo dieser vom Kap scharf unterbrochen wurde und in eine Steilküste überging. Er musste sein neugefundenes Glück jetzt auf alle Fälle mit aller Welt teilen. Ich für meinen Teil wollte die Gelegenheit nutzen, um mir über die Straßenverhältnisse auf der Küstenstraße Klarheit zu verschaffen. Ich hatte ein gewaltiges Durcheinander im Kopf, oder vielleicht im Herz, aber das konnte ich mangels Gebrauch desselben nicht beurteilen. Ich hatte es bisher nur als Pumpe benutzt. *Sollte das Liebe sein? Wer wollte das wissen?* Ich fühlte nach wie vor unendliches Begehren nach Claudia, der berauschenden Schönheit. Aber als Mensch war sie mir fremd geblieben. Ich dachte an Flor, und wie wir uns unsere Geheimnisse erzählt hatten und ich ihr die Sterne des Nachthimmels genannt hatte. Ich verspürte eine Welle von Zärtlichkeit ihr gegenüber. „Du schreibst mir doch ganz bestimmt, Dieter?", flüsterten mir ihre großen Mandelaugen zu! Claudias schwarze Augen dagegen waren wild und fordernd: „Küss mich! Küss mich und Du musst nie mehr einsam sein!" *Ja, das war das Versprechen, das sie mir vielleicht gemacht hatte! Und es schien wahr zu sein!* Ich war inzwischen gar ein wenig stolz auf meine beiden unverhofft erworbenen Bekanntschaften. Ich hatte nicht die Spur eines schlechten Gewissens, weil ich mich gleichzeitig für zwei Frauen interessierte. Ich musste am Verhungern nach menschlicher, genauer gesagt, weiblicher Zuwendung gewesen sein und war noch lange nicht satt! Ich glaubte bald, Claudia zu lieben und fühlte mich gleichzeitig Flor nahe. Der Stolz wich dann aber tiefer Traurigkeit, weil ich bei Claudia nicht mehr gewagt hatte, und war doch wieder froh, dass die Dinge so lagen, wie sie eben waren. Jetzt mochte Flor bereits in Richtung Sierra Madre unterwegs sein. Flor! *Wie schön wäre es, wenn nur wir beide im VW unterwegs wären, sie mit fliegendem Haar bei offenen Fenstern auf dem Beifahrersitz, während sich die Felsenberge rötlich im Abendlicht verfärbten …* Von irgendwoher schlich sich ein kleiner Gedanke in mein Hirn, wie eine winzige Wolke am Himmel über der Sierra Madre war er aus dem Nichts aufgetaucht. Und wuchs heran zu einer lebensspendenden Gewitterwolke: *Flor liebte mich! Aber nein, so ein Unsinn! Dann hätte sie sich einen Kuss von mir zum Abschied gewünscht, keine Schokolade!* Und auf dem Beifahrersitz saß ja der glückliche Gary, mit einer Flasche Dos Equis in der Hand, mir den Weg erklärend. Es war nicht weit.

Rasch waren wir mit unserer Eiskiste und dem Bier bei Carlos und Karen angelangt und ich kehrte aus meinen Träumereien nach Bahia Kino zurück. Er, angeblich ein echter Indianer aus Oklahoma; sie mochte in ihren jungen Jahren mit einer Blume im Haar nach San Francisco gepilgert sein, auf der Suche nach freier Liebe und Frieden. Carlos war nach dem Nummernschild am Wohnwagen zu schließen tatsächlich aus Oklahoma, würde aber problemlos als Mexikaner durchgehen, er war so Mitte Vierzig, ziemlich dunkelbraun und bis auf einen Bauchansatz eher dürr. Sein Gesicht zeigte kaum Falten. Ein ganz dünner Schnurrbart verzierte seine Oberlippe. Sein Haar war dafür sehr üppig, etwa knapp bis an die Schultern reichend und leicht gewellt. Es war pechschwarz. Dazu trug er eine Brille mit runden Gläsern, wie John Lennon. Kurze Bermudas, ein fleckiges, altes T-Shirt, aber keine Baseballmütze, dafür ausgeleierte Strandlatschen machten seinen Sonntagsstaat aus. Seine Lebensgefährtin, so wurde sie uns präsentiert, mochte Ende dreißig sein, mit blonder Farrah-Fawcett-Mähne, sonnengebräunt und früher bestimmt attraktiv, heute jedoch von der kalifornischen Sonne schon früh angewelkt und ein wenig außer Form. Kein Vergleich zu meinen beiden Bekanntschaften, welche großen Wert auf ihr Äußeres zu legen schienen. Sie hatte eine Zigarette angesteckt und begrüßte uns mit einer etwas rauchigen, sonoren Stimme. Gary übernahm sogleich das große Wort: Er rief, strahlend übers ganze breite stoppelige Gesicht:

„Hey, Karen, Carlos! You gotta hear this!"

„Was gibt es denn? Hast Du einen Blue Marlin erwischt?"

„Besser. Viiieel besser!"

„Sag schon. Ein Piratenschatz? Die Perlen der Calafia?"

„Eine Frau. Meine Traumfrau!"

„Das wird eine Sirene gewesen sein, Gary. Du solltest Deine Biermarke wechseln. Oder rauch' mal eine von Carlos' Zigarren!"

„Nein, Karen. Eine Einheimische. Patricia. Schön dunkel, wie alle Mexikanerinnen hier! Wunderschön!"

„Here we go again! Nicht schon wieder! Du wirst es bereuen! Wo hast Du denn die aufgegabelt? In einer Bar, wie beim letzten Mal? Wie viel wollte sie denn diesmal?"

„Nein, nein, gleich hier in den Bungalows. Sie war übers Wochenende hier."

„Aah, sie ist von auswärts. Und reist allein rum, schon klar. Woher denn, wenn man fragen darf? Oder ist das wieder eine dieser Geschichten von Dir, die halb erfunden und halb gelogen sind?"

„Nicht diesmal. Dieter hier kann's bezeugen. Er war auch dabei und hat sich um ihre Freundin gekümmert!"

„Jetzt hast Du also schon den Jungen mit Deinem Hobby angesteckt! Der hat doch bestimmt schon eine Freundin! Oder eine Ehefrau! Oder beides, wenn er es mit Dir aushält!"

„Hat er tatsächlich, aber das tut doch nichts zur Sache, hohoho!"

„Was?! Hat eine Freundin und Du stiftest ihn zu Untreue an! Das geht zu weit, Gary D.! Und warum überhaupt ist sie nicht mitgekommen?"

„Sie ist doch hier. Drüben in Kino Viejo. Stimmt's, Dieter?"

„Jetzt hast Du ihn ganz verlegen gemacht. Noch eine Einheimische! Ist doch alles nicht wahr!"

„Doch! Wir sind mit ihnen auf dem Boot gewesen. Haben gefischt."

„Und wie heißt Deine Auserwählte?"

„Patricia. Sie ist von Ciudad Juarez."

„Ausgerechnet von dort! Da hast Du Dir ja die Richtige ausgesucht! Und jetzt?"

„Wir werden heiraten! Sobald wie möglich. Ich hau hier schnellstmöglich ab und besuche Patricia."

„You gotta be nuts!"

„Und was ist mit Dir, Dieter? Was sind Deine Pläne?"

„Hm, Carlos … Ich will an der Küste hochfahren nach Rocky Point und von dort vielleicht über die 2 nach Baja!"

„Keine Heiratspläne? Hat's nicht geklappt mit Deiner Mexikanerin?"

„Ich weiß nicht recht. Flor scheint einen Freund zu haben. In Chicago!"

„Soso! Und da kommt sie allein in Urlaub und fährt nachts Boot mit einem wildfremden Ausländer!"

„Tu doch nicht so, Carlos! Ihr Männer seid doch alle gleich. Wieso soll sie nicht Boot fahren dürfen?"

„Weil der Freund was dagegen haben dürfte, wenn seine Freundin da auf Männer trifft!"

„Er wird es nicht wissen. Er ist oben in Chicago."

„Armes Mädchen. Hat sie sitzenlassen, ganz bestimmt. Der Kerl ist schwarz über die Grenze und wird kaum noch zurückkommen. Sie wird Dir bestimmt zurückschreiben, wenn Du es zuerst tust!"

„Hahaha, Carlos, alter Romantiker. Sowas gibt es im wirklichen Leben nicht! Kannst Du denn überhaupt Spanisch?"

„You bet, Karen!", brach sich Gary Bahn.

„Hättest den gestern sehen sollen! Die haben den ganzen Abend durchgequatscht, ganz nah aneinander. Glaube gar, Du hast ihr die Sternbilder erklärt, bist ja so eine Art Wissenschaftler, hahahaha. Aber das ist noch gar nicht alles, Leute! Hättet ihn vorgestern erleben sollen! Da hat er mir altem Seemann die Schamesröte ins Gesicht getrieben mit seinen Eskapaden! Er hat mich drangekriegt wie einen blutigen Anfänger! Ich hatte Euch doch erzählt, dass ich diesen Typen getroffen hätte, aus der Schweiz, der so Wüstenpflanzen sucht, die wie umgekehrte Karotten aussehen sollen. Mit diesem Unsinn hat er mich reingelegt, wollte mich in Sicherheit wiegen, denn als wir am Freitag ausgegangen waren, traten plötzlich ganz andere Vorlieben und Talente in den Vordergrund!"

„Nanana, Gary. Die Pflanzen gibt es wirklich. Drüben auf der anderen Seite auf Baja! Heißen Boojum Trees! Dieter sieht jetzt nicht wirklich wie ein Frauenheld aus. Was denn für Talente? Was hat er denn angestellt?"

„Wir waren da mit einer zusammen, das glaubst Du jetzt nicht, die war so richtig …"

„Hör auf, wir wissen, was Du meinst! Du bringst meinen Carlos nur auf schlechte Gedanken."

„Also diese Claudia, so hieß sie wohl, war richtig scharf auf Dieter hier und hat ihn richtig zur Brust g'nommen! Und davon gab's da eine ganze Menge!"

„Hör mit diesem Sexquatsch auf, Gary! Was war denn genau los? Aber nur das Wesentliche!"

„Ich habe in meinem ganzen Leben noch niemals sowas gesehen! Und noch keine, die so unglaublich gut aussah, wie diese Claudia. Und gestern wolltest Du bei Flor landen, nur hat sie Dich nicht rangelassen!"

„Das kannst Du unmöglich wissen. Du wirst mich kaum beobachtet haben, als Ihr am Knutschen wart, Gary! Hahaha!"

„Ich küsse nicht so lang wie Du. Davor und danach war genügend Zeit, um zu sehen, wie Du Dich an sie herangetastet hast, wie ein Tiger im Dschungel! Ganz schön mutig! Das war doch die mit dem Karatekurs! Flor hätte Dich ins Wasser geworfen, wenn Du sie so geküsst hättest wie die Claudia am Freitag!"

„Glaub' ich nicht!"

„Wieso? Hättest Du Dich denn wehren können?"

„Wäre nicht nötig gewesen. Das mit dem Karatekurs haben sie nur so dahingesagt. Damit wir anständig wären. Flor hat mir danach nichts mehr davon erzählt. Aber wenn ich sie geküsst hätte, wäre sie danach mit mir in meinen Bungalow gegangen!"

„Angeber! Das funktioniert aber nicht immer, Freundchen! Bild Dir bloß nichts ein, Mr. Irresistible. Mann, Du hattest bestimmt zu viel Dos Equis, was meinst Du Karen, als Frau? Dieter wirkt doch nicht wirklich wie ein Herzensbrecher auf Dich, oder?"

„Hm. Nur kein Neid, Gary! Hässlich ist er nicht gerade!"

„Diese Claudia hat Dieter mit ihrer Küsserei die Sinne vernebelt! So kenn ich den gar nicht. Seit Samstagmorgen führt er sich auf wie der Sohn von Don Juan!"

„Das ist Deine Schuld, Du hast ihn ja dazu angestiftet, Gary! Er sieht eigentlich ganz anständig aus, aber jetzt hast Du ihn verdorben. Jetzt hat er zwei Freundinnen! Flor und diese … Wie war doch gleich der Name?"

„Betty Boop? Ja! Das Tittengirl! Die mit den großen Möpsen!"

„CARLOS! Du bist sooo kurz davor, heute Nacht auf der Veranda zu schlafen! Ist das das Einzige, das Du von der ganzen Unterhaltung mitgekriegt hast?"

„Beruhig Dich bitte, Karen! Wirst ein Späßchen doch vertragen können!"

„Bring mir eine von Deinen Selbstgedrehten, dann vergesse ich vielleicht den Unsinn, den Du von Dir gibst! Die sind wenigstens gut, im Gegensatz zu Deinen Witzchen!"

Ich ging mit Carlos in den Wohnwagen, um eine Schachtel mit 24 Dosen Bud Light aus dem Kühlschrank mitzubringen, während er 2 von seinen Spezialzigarren aus seiner Kaffeedose holte. Wir benutzten die Gelegenheit, um das Prozesswasser vom vielen Bier loszuwerden. Als wir wieder hinaus zu Gary und Karen kamen, hatten sie wohl weitergetratscht. Sie schauten kurz in meine Richtung.

„Was mir nicht klar geworden ist, ist, wie Ihr diese … Wie war doch gleich ihr Name? Ist ja auch unmöglich auszusprechen! **Carlos, Dein Einsatz!**"

„Claudia Cardinale!"

„Na siehst Du, geht doch!"

Carlos' Mundwinkel zuckten verräterisch, Karen kriegte davon jedoch nichts mit, weil sie Gary und mir zugewandt war. Dieser machte jedoch zuerst ein verblüfftes, dann ein heiteres Gesicht, sagte aber nichts. Aber Karen war etwas aufgefallen und schaute ärgerlich zu Carlos hinüber.

„Moment mal, Du Schwerenöter! Woher kennst Du denn auf einmal ihren Nachnamen, Freundchen? Los, erklär mir das! Wusste gar nicht, dass Du auf solche stehst! Woher und seit wann kennt Ihr Euch?!"

Jetzt gab es kein Halten mehr, Gary prustete los und Carlos brach seinerseits in schallendes Lachen aus. Claudia Cardinale!

„Mann, Carlos, Du bist total krank! So kenn ich Dich gar nicht, hahaha. Was meinst Du, Dieter als Sachverständiger, kann Deine es mit Claudia Cardinale aufnehmen?"

„Hör auf, Carlos, das ist nicht lustig!" Karen warf mit einer leeren Bierdose nach ihm, die jedoch nicht traf, sondern scheppernd in den Sand fiel.

„Kenne diese Tussi doch gar nicht!"

„Die Cardinale eine Tussi? So viel zu den kultivierten, gut ausgebildeten Europäern! Das ist eine italienische Schauspielerin! Eine der 50 schönsten Frauen der Welt, so sagt man!"

„Kann mir nicht vorstellen, dass diese Italienerin es mit ihr aufnehmen kann, Carlos! Never in my life! Und Sophia Loren dürfte nicht mal in ihrem Schatten stehen, und die hab' ich schon abgebildet gesehen! Die hat's nötig, mit einem alten Knacker rumzumachen."

„Angeber! Und so eine Traumfrau ist hier in Bahia Kino und wollte ausgerechnet Dich küssen? Was rauchst Du denn für Zeug? Aber wie habt Ihr die überhaupt kennengelernt, Gary?"

„Ja weißt Du Karen, der Luis, weißt ja, der von den Bungalows, hatte eine Party organisiert am Cinco de Mayo. Er sollte ursprünglich 2 Mädchen auftreiben, und seine Dauerfreundin dazu."

„Und die beiden anderen haben ihn versetzt. Geschieht euch recht, ihr Casanovas. Schade, dass ihr euch nicht um diese Claudia geprügelt habt!"

„Nun ja, weeelll, you know, Karen, sie war ja eigentlich gar nicht mein Typ und hab sie …"

Schallendes Gelächter von Karen und Carlos verschluckte den Rest von Garys faustdicker Lüge, wie wenn plötzlich starke Brandung herrschen würde.

„Nicht mein Typ! Der Witz des Abends, Gary! Nachdem Du uns die ganze Zeit die Ohren vollgeheult hast, wie toll die Flittchen von hier sind, hast Du endlich eine gefunden, die Dir NICHT gefällt! Die laut Dieter besser aussehen soll als diese italienische Filmschauspielerin! Hahahaha, das gibt's nicht. Ihr beide seid nicht zu retten! Sag, Dieter, wie war das wirklich abgelaufen? Hat Gary seinen Bart stehenlassen, damit man die Kratzspuren in seinem Gesicht nicht sieht?"

„Nein' nein, so schlimm war's gar nicht. Aber sie wollte irgendwie unbedingt einen Kuss von mir!"

„Einen Kuss! Sag mal, wofür hältst Du mich? Und wieso nicht von den anderen beiden?"

„Weiß nicht. Ich hab' sie nicht gefragt. Aber vielleicht waren Gary und Luis nicht ihr Typ!"

„Als ob es bei so einer auf das ankommen würde!"

„Für Claudia hat es eine Rolle gespielt. Sie hat mich irgendwie gemocht!"

„Woher willst Du denn das wissen? Hat sie es Dir gesagt?"

„Ich habe überhaupt nicht mit ihr geredet. Ich kann ja gar kein Spanisch, jedenfalls nicht genug, um …"

„Das ergibt überhaupt keinen Sinn! Du hast sie einfach geküsst, ohne ihr was zu sagen?"

„Ich hatte es in ihren Augen gesehen! Ich sollte sie küssen!"

„Was?"

„Na, dass sie einen Kuss von mir will."

„Und dann?"

„Dann hat sie mich … Dann haben wir uns halt geküsst!"

„Der macht keine Umstände, wie mir scheint."

„Ja, und sie haben uns beide dabei zusehen lassen!"

„Was ist schon dabei, wenn ihr zuseht, wenn sich zwei ein Küsschen geben? Bist doch sonst nicht so prüde!"

„Du warst nicht dabei, Karen! Die sind regelrecht übereinander hergefallen und konnten gar nicht voneinander ablassen – im Stehen! Haben alles rundherum um sich vergessen und … Nein, lassen wir das!"

„Ja, das erste vernünftige Wort von Dir heute Abend, Gary! Aber hey, Dieter! Was soll das von vorhin von wegen ‚nicht genug Spanisch'?! Vor fünf Minuten hat Gary behauptet, Du hättest gestern und heute wie ein Buch mit diesem anderen Mädchen geplaudert!"

„Ja, mit Flor war es was anderes. Wir waren uns so … hm, vertraut, vielleicht? Ich rede sonst nicht mit attraktiven Frauen, aber es war irgendwie seltsam, ich konnte ohne nervös zu werden stundenlang mit ihr reden. Weiß jetzt mehr über sie als über meine eigene Mutter."

„Hahahaha, ihr beide sind einfach zuviel! Redest nicht mit fremden Frauen, aber küssen tust Du sie schon, was?"

„Geküsst hab ich nur Claudia, und das tu ich sonst …"

„Jetzt ist er ganz verlegen geworden! Und was war eigentlich NACH diesem berühmten Kuss?"

„Nichts mehr, Karen! Sie ist ganz plötzlich gegangen!"

„Hättest halt mitgehen sollen! Sie hatte bestimmt auf mehr gehofft!"

„Ist bestimmt besser so, Karen. Die führte irgendwas im Schilde, das steht für mich fest."

„Ach, Gary, was sollte das denn schon sein, außer mit diesem Jungspund hier ein paar Nummern zu machen. Kann diese Claudia ganz gut verstehen, Gary. Nur kein Neid!"

Inzwischen war die Sonne war schon eine Weile hinter dem hier hoch aufragenden Kap verschwunden. Jetzt kamen mehr Wolken herangezogen, welche sich in der von hier nicht einsehbaren hinter dem Kap untergehenden Sonne zunehmend orange und dann rot verfärbten. Der Himmel sah aus, als ob er in Flammen stünde.

Gotitas de Sangre

Auch ein wenig östlich von dieser fröhlichen Zecherrunde kamen die hier angetönten heißen Szenen vom Freitag nochmals aufs Tapet. Die Hauptrolle spielte hier natürlich die weibliche Hauptdarstellerin, Claudia! Die drei Freundinnen hatten sich am Küchentisch eingefunden. Carmen, in ein luftiges, cremeweißes, bis knapp an die Knie reichendes Kleid gehüllt, welches ihre schlanke Figur bestens zur Geltung brachte, war eben von Hermosillo zurückgekommen, wo sie ihre Mutter auf den Busbahnhof gebracht hatte. Als Mitbringsel hatte sie eine neue, aufwändig geschnittene und leicht dauergewellte Frisur und einen Papierbeutel mit Süßbroten und Milch sowie Orangensaft dabei. Auch Rosalba, welche ihre langen, gutgeformten Beine in knallenge Jeans gesteckt hatte und als Oberteil eine ärmellose rosa Trägerbluse, ebenfalls hauteng sitzend, präsentierte, war bester Stimmung. Claudia schließlich hatte es sich in einer weißen, ihr formvollendetes Gesäß eng umschließenden knappen Shorts und einem ganz kleinen, quietschgrünen und engen Oberteil nicht allzu bequem gemacht, das ihre schmale, fest wirkende Taille frei sichtbar ließ. Einen BH hielt sie heute für überflüssig. Ihre kugelrunden Brüste fanden in dem engen Oberteil auch so genügend Halt. Sie hatte ihr wildes Haar wegen der Hitze wieder streng nach hinten gebunden. Die kleine Ana hatte ein einfaches, geblümtes lila Kleidchen an und Claudia hatte ihr ganz glattes, recht helles, schulterlanges Haar, ein „Erbstück" ihres Vaters, mit lila Schleifchen zu zwei recht dicken Schwänzen frisiert, sie trug ansonsten das Haar auf dieselbe Weise nach hinten gekämmt wie ihre Mutter. Ana saß mit am Tisch, mümmelte an einem schokoladigen Süßbrot, das wie eine Muschel aussah, und hatte ein Glas von dem künstlichen Saft bekommen. Sie hatte ihre Ohren gespitzt. Hoffentlich waren die Neuigkeiten interessanter als das Fernsehprogramm!

Carmen rief vom Tresen her:

„Kaffee allerseits?"

„Kaffee bei dieser Affenhitze? Neee, nicht mit Claudia. Und Süßbrot, vielen Dank Carmencita, aber Du weißt, das geht ganz schön an die Linie. Hast Du nicht noch Melonen?"

„Nein, sie sind alle! Die hast Du Dir doch unter die Bluse gesteckt, Claudia!"

„Geht das jetzt schon wieder los, Rosy?! Es ist unfair, mich immer bei den Titten zu nehmen!"

„Die kannst Du selbst tragen … Aber lass gut sein und ent-
spann Dich. Nimm Dir einen dieser Wine Cooler zu Deinen Melonen! Hihihihi. Lass stecken! Ich meine die aufgeschnittene im
Kühlschrank! Aber Du hast recht. Kaffee muss nicht unbedingt
sein. Lass uns besser von dem Fruchtsaft trinken."

„Es hat ja auch noch Bier!"

„Welches, Carmen?"

„Mal sehen. Hm … Dos Equis und Tecate."

„Gerardos Hausmarke!"

„Woher willst Du denn das wissen, Claudia? Ach ja, stimmt.
Du warst ja mit ihm aus am Freitag. Da wäre ich auch lieber dabei
gewesen als mit meiner Mutter in Hermosillo auf Familienbesuch.
Und? Hat er's gebracht, der alte Seebär? Rosy hat sich bestimmt
den Jungen geangelt, so wie ich sie kenne!"

„So hattet Ihr Euch das also ausgedacht?! Das ganze Kaff scheint
hinter ihm her zu sein! Ich mit Gary und Rosy mit dem Jungen!
Und Du natürlich mit Luis. Sieh mal einer an. Man lernt dazu, wie
mir scheint! Die Sache verlief dann allerdings ein wenig anders!"

„Ich war an dem Abend nicht wirklich fit …"

„Und dann hast Du Claudia allein mit denen gehen lassen? Also
wirklich, das war ganz schön fies von Dir! Hättest doch Yesi übernehmen lassen können und Du ihre Schicht in der Kneipe!"

„Ja, aber Du weißt schon, Yesenia und Gerardo gerieten vor
Kurzem ein wenig aneinander."

„Ja, der Gary ist ziemlich knapp bei Kasse. Sagt er zumindest.
Für mich ist der nur geizig. Auf diese Weise kriegt der keine. Wie
ist es gelaufen, Clau? Also ich und Rosy sind ganz Ohr. Hat er Dir
wenigstens ein Dos Equis spendiert?"

„Ja, der ist vielleicht 'ne Marke! War ganz schön aufdringlich!
Hatte einen Heidenjob, mir den vom Leibe zu halten!"

„Claudia hat ihr lila Kleid ausgeführt, ich hab's ihr ja gleich gesagt, das wäre too much …"

„Hihi Claudia, hast den alten Knaben ins Schwitzen gebracht, was?"

„So alt ist der noch gar nicht, der ist noch keine 40. Oder? Sag
schon, Claudia, wie war er? Man sagt, er wäre eigentlich ganz gut.

Was sagt die Expertin? Hast Du ihn Dir zur Brust genommen, hi-hihihi? Stell Dir vor, Carmen, die hat bis jetzt kein Sterbenswört-chen rausgelassen!"

„Ich erzähl's Euch ja. Aber nur wenn die faulen Witze über mei-ne Schätzchen aufhören und mich keine unterbricht."

„Wir sind ja schon still, Claudia!"

„Also hört zu. Ich muss schon sagen, das war eine seltsame Sa-che! Werdet es kaum glauben. Hast was verpasst Rosy! Da hättest Du noch was lernen können! Also … Rosy und ich hatten an jenem Nachmittag vorher noch eine Menge gequatscht und sie hatte mich am Ende doch glatt ein bisschen nervös gemacht! Und es stand ja 2 gegen eine. Ich machte mir wieder Mut, weil Luis ja' auch noch da wäre, wenn's hart auf hart gehen würde. Hatte an eine ihrer fie-sen Bemerkungen gedacht. Nun, es stimmte ja schon. Keiner guckt mir ins Gesicht, alle wollen mir immer nur gleich an die Titten und dann in die Kiste. Die meisten taugen nicht mal was! Das musste aufhören! Stand da am Eingang in dieser Mordshitze direkt in der Sonne, konnte am Anfang kaum was sehen. Ich stand da wie im Scheinwerferlicht und stellte mir vor, wie sie da drin am Glotzen wären. Schaut mal her, was ich hier habe! Sollten nur Augen ma-chen, alle drei! Vor allem der Junge, hihihi! Der Ältere machte auf Caballero und half mir einsteigen. Ich erwischte den Jungen beim Gucken, als ich mich drin umsah. Ich fand es irgendwie süß, dass der sich nicht getraute, mich richtig anzusehen! Aber jetzt trat Ge-rardo, oder Gary, wie Luis ihn nannte, in Aktion! Puh! Kann kaum ein rechtes Spanisch, aber die Anmache beherrscht er wie ein alter Macho. Schon wieder die gleichen Sprüche! Schon zu oft gehört! Der wollte mich zudem nicht nur ansehen, sondern gleich in den Clinch gehen! Das ging mir aber zu schnell jetzt. Was denkt sich denn dieser Kerl, wer ich bin? Hab' mich dann flugs neben Luis installiert. Der andere sagte gar nichts. Er saß ja gerade hinter dem Co-Pilotensitz. Naja, immer noch besser als dieses Anmachgequat-sche! Ich wollte mich vergewissern, was er so trieb. Luis hatte ei-nen ganz praktischen, großen Spiegel im Van. Da konnte ich auch ein paar Taquitos bekommen! Aha, da steckte ja mein kleiner Leckerbissen! Er schien auf meinen Hals zu starren. Anstatt hier nach oben! Schau mir doch ins Spiegelbild! Aber nichts. Konnte ihn dafür unbemerkt beobachten. Er sah eigentlich zu gut aus für einen ohne Ehering und ohne Begleitung! Der hätte wirklich keine Mühe, hier eine abzuschleppen. Aber der andere war eigentlich auch gut, kräftig und bestimmt ausdauernd. Und erfahren! Aber wieso war er nur so aufdringlich! Er war sich seiner Sache allzu sicher, meinte, dass er nur zuzugreifen brauchte, um mich zu bekommen. Das ging mir auf den Keks. Aber trotzdem! Ich dachte an Dich Rosy, da hattest echt was verpasst. Kein Vergleich zu dem, was sich sonst so in der Cantina rumtreibt. Aber mit Hermosillo wurde es nichts. Kein Benzin an der Tankstelle. Wenigstens kamen sie nicht auf die Idee, den Jungen wegen seines Vochos anzugehen. Das wäre zu eng geworden für meinen Geschmack. Wir fuhren dann hinüber nach Kino Nuevo zu Luis Bungalows."

„Einfach so? Ohne was zu trinken? Hättet ja in die Cantina gehen können!"

„Die hatten bereits vorgesorgt von wegen Bier und so. Und in der Cantina war Yesi."

„Und die Neue! Und da hattest Du Dir gedacht, die könnten Dir Deine Süßigkeit vor der Nase wegschnappen, weil sie ja sicher nichts mit Gerardo anfangen würden, verdad, Claudia!"

„Ach wo, die Yesi und mir Konkurrenz machen? Da bräuchte ich keine Angst zu haben! Die Situation war aber schon ein wenig doof. Der eine, den ich mochte, war zu schüchtern, um sich an mich heranzuwagen, und der andere war nur zu begierig, auszunutzen, dass er freie Bahn hatte!"

„Jaja, und was war dann?"

„Auf der Fahrt hinüber zu den Bungalows hatte ich ja, wie gesagt, den Jungen über den Spiegel aufs Korn genommen. Was ich dann jedoch sah, war schon ein wenig überraschend. Der sah gar nicht glücklich aus, so, als ob er lieber ganz woanders wäre! Sagte kein Wort, zu niemandem! Irgendwie melancholisch. Was wohl mit dem los sein mochte? Hm, also wenn einer nicht verheiratet war und ohne Freundin rumreiste, gab es nur noch zwei Möglichkeiten: Er mochte keine Frauen. War nicht der Fall, zumindest auf mich steht er, hehe! Und das reicht! Aber vielleicht war er geschieden und trauerte seiner Ex nach? Ja, könnte ja sein. Er tat mir ein bisschen leid. Traut sich nicht ran und ist gleichzeitig einsam! Ich drehte mich dann nach ihm um. Er sollte mir endlich ins Gesicht sehen! Knie mich also während der Fahrt, für ihn völlig überraschend, wie ich an seinen plötzlich noch größer werdenden Augen sah, rückwärts auf den Sitz. Da hatte er auch gleich was zum Gucken, das müsste ihn doch aufmuntern! Na, los, lächle doch mal, mein trauriger Junge! Er spürte meinen Blick, und er löste den seinen von meiner Brust und schaute hoch. Und diesmal wandte er sich nicht mehr ab. Schaute mir direkt ins Gesicht. Ich tauchte in seine grünen Augen ein und mir wurde auf einmal ganz anders. Hatte ich ja auch noch nie getan. Wir hatten uns nur angeschaut, er machte keine Anstalten, mich anzufassen. Und hat nichts gesagt, gar nichts!"

„Hihi, Claudia, hast eine neue Erfahrung gemacht. Dir hat einer ins Gesicht gesehen!"

„Ja, Carmen, ganz im Gegensatz zu Rosys Vorhersage."

„Siehste, und er mag keine Melonen, hihihihihi!"

„Doch! Hättest bei ihm keine Chance gehabt, Rosy! Warts nur ab und Du wirst schon mitkriegen, was er sonst noch so an mir mochte!"

„Weiter!"

„Dann sind wir angekommen und in Garys Bungalow rein!"

„Mann, Clau! Du hast Mumm in den Knochen, mit zwei gänzlich unbekannten Typen in ihr Zimmer zu gehen!"

„Der andere hatte doch einen eigenen Raum nebenan. Sah dort seinen Vocho parken. Immer noch total verstaubt. Wo der sich rumgetrieben haben musste!"

„Und? Hat sich der Junge da hinein in Sicherheit gebracht?"

„In sein Zimmer? Leider nicht, denn dann wäre ich gleich hinterher! Darauf hatte ich ja insgeheim gehofft, dass die beiden sich endlich trennen würden. Aber der Junge ist diesbezüglich ziemlich dusselig, er wusste seinen Vorteil nicht zu nutzen. Dann nämlich hätte ich ihn mir zur Brust genommen und ihn seine Traurigkeit vergessen lassen!"

Im Hintergrund war jetzt Geflüster und nervöses Gekicher zu vernehmen, was Claudia verärgert auffahren und aufstehen ließ:

„Ich weiß genau, was ihr jetzt wieder zu lachen habt! Aber ich habe nicht nur die beiden hier, nein, ich bin ein komplettes Paket! Inklusive meines Gesichts! Wollt ihr den Rest hören oder nicht?"

„Flipp doch nicht immer gleich aus! Klar, mach endlich! Aber ohne die ganzen Ausschmückungen! Was war denn da drin los?"

„Los war am Anfang erst einmal nicht viel! Gerardo brachte eine Menge Bier zum Vorschein und stellte die Musik an. Guuut, dachte ich, der Junge braucht unbedingt etwas, das ihn ein wenig die Kontrolle verlieren lässt, hehehehe. Aber dann, als ich seine Musik hörte … Da schläft er gleich wieder ein! Stellt Euch vor, ein Gringo mag Mariachi-Musik! Der Brüller! Und dann erst noch mit dieser Tussi Gabacha, die sich einbildet, Rancheras singen zu können!"

„Hey, Claudia, die Ronstadt singt nicht ganz so schlecht, wenn Du sie meinst, und immerhin ist ihr Vater von hier!"

„Waaas, Du kennst die? Woher denn, Carmen? Aber ihre Stimme ist zu künstlich. Und zu zart!"

„Sie ist aus dem nördlichen Sonora. Lebt jetzt oben in Tucson. Und wieso zu zart?"

„So geht das: *Por un amor … He llorado gotitas de sangre de mi corazon …*'"

„Haaaaalt.! Stop! Hör auf, Claudia! Los, Ana, sag's Deiner Mami! Sie soll aufhören! Du bist als Sängerin unmöglich, triffst ja keinen To!. Und mit dieser Reibeisenstimme tönst Du wie Lucha Villa! Hahahahaha!"

„Ihr versteht nichts davon! Die Rancheras muss man als Frau energisch und mit rauchiger Stimme vortragen! Ja, so wie Lucha Villa. Die ist auch von Chihuahua, wie ich!"

„Nein Claudia, mit Verlaub. So wie Lola Beltrán singt keine die Rancheras – und sie ist aus Sinaloa! Aber sonst geb' ich Dir Recht. Ein wenig „ronca" darf es schon klingen. Aber Du? Dein Talent liegt definitiv woanders!"

„Egal, wir stehen da so im Zimmer, Gary und Luis sitzen auf einem Bett, Bier in der Hand, während ich und der Junge da so neben einem Tischchen stehen. So richtig Lust zum Trinken hatte "mi muchacho de los ojos tristes" auch nicht, kam aber gar nicht mehr dazu, mich weiter um ihn zu kümmern, denn jetzt legte Gary erst richtig los. Ich musste erst diese lahme Musik ausmachen, verzog mich hinters Bett, wo der Recorder stand, um was Tanzbares zu suchen, was auch gelang! Hatte gerade ein lausiges Tape mit richtiger Musik! Ich verbrachte dann eine halbe Ewigkeit damit, ihm auszuweichen, dass er mich nicht erwischen konnte, das war wie bei der Lidia, hihihi, Claudia, la Matadora! Habe noch keinen getroffen, der ein größeres Talent an den Tag legte, um mich auf die Palme zu bringen! ‚Ay Chihuahua', brüllte er andauernd. Kann ich auf den Tod nicht vertragen, vor allem nicht, wenn es die Gringos tun. Machte aber doch fast ein bisschen Spaß, ihn meinerseits aufzuziehen; wie er durch die Luft griff, um mich zu erwischen! Aber dann, als ich ein bisschen zu übermütig war und ihn ausschimpfen wollte, wie ich's manchmal mit Ana tue, kriegte er mich doch bei der Hand. Und ich es mit der Angst! Der war ja wie ein Bär und würde mich jetzt wohl vernaschen. Die Angst verlieh mir Kräfte, und ich riss mich mit aller Gewalt los. Jetzt war ich fuchsteufelswild! Da ließ er von mir ab. Der hätte mich glatt mit Gewalt genommen!"

„I wo, Claudia! Der hätte Dir nichts getan. Er ist zwar ein bisschen tölpelhaft, wenn er zu viel trinkt, aber er würde nie so weit gehen. Er ist halt groß und kräftig. Hatte er Dich nicht auf sein Boot eingeladen? Dann wird er ganz anders, ein richtiger Caballero, wie ein Kapitän halt, auch wenn er weitertrinkt."

„Eingeladen hatte er uns schon, Rosy, aber das wollte ich nicht. Mit so einem kleinen Boot aufs Meer raus, ich weiß nicht. Kann nicht schwimmen! Und dann hätte ich dem Gerardo erst recht nicht mehr ausweichen können. Der war richtig begierig, mich zu kriegen."

„Richtig begierig war da scheinbar jemand anders, meine Kleine! Wüsste bloß gern, wozu! Hättest es ja mit Gary viel leichter haben können. Aber was war mit dem Jungen? Hat er Dich am Ende verteidigt, wie ein Ritter ohne Fehl und Tadel in seiner glänzenden Rüstung?"

„Hahaha, Carmen! Eher wie der Ritter von der traurigen Gestalt!"

„Woher willst Du denn den kennen?"

„Hey! Ich war auch an der Prepa! Nur weil meine Titten groß sind, muss noch lange nicht bedeuten, dass es bei mir nicht für Hirn gereicht hätte! Werdet es gleich sehen!"

„Miren! Ich hatte jetzt das erste Mal an diesem Abend Glück. Beim Losreißen bin ich nämlich direkt neben ihm gelandet. Gab ihm die Gelegenheit, dass er mich in den Arm nimmt, um dem anderen seine Ansprüche zu zeigen. Und ich würde ihm zeigen, dass ich damit einverstanden wär! Aber nichts. Ich rückte ihm auf die Pelle, bis wir uns berührten, ich spürte, wie er förmlich zusammenzuckte. Da bin ich von ihm weg. Jetzt wusste ich nämlich auf einmal, was mit dem los war! Kennt ihr die Typen aus der Prepa, die immer nur am Lernen sind und keine Freunde haben?"

„Nein, Claudia, in den Bergen von Sinaloa gab's damals nur Secundaria! Aber ich weiß, was Du meinst! Da gibt's ein neumodisches Wort dafür, erinnere mich aber nicht mehr. Hatten wir bei uns auch ein paar. Brillen, nur Bücher im Kopf, bei den Feten quasseln sie nur rum und tanzen nicht. Und kriegen keine Freundin, nie! Sehen ja auch zu komisch aus und sind so ungelenk und tollpatschig. Und den Quatsch, den sie reden, versteht kein Mensch! Aber lauter Zehner in Mathe und so."

„Ja genau. Und lassen Dich nicht mal abschreiben! Jetzt weiß ich, was aus denen wird, wenn sie älter werden! Die machen genau so weiter. Haben keine Ahnung von Frauen! Machen seltsames Zeug. Wie die Masche mit den Pflanzen! Aber den hier fand ich süß! Wie er so unbedarft und unschuldig aus seinen grünen Augen guckte und sich nicht traute, mir an den Hintern zu fassen! Jetzt baute ich mich direkt vor ihm auf, und wahrhaftig, er schien sich vor mir zu fürchten! Dabei ist er ja viel größer als ich, und wohl auch älter!"

„Hahaha Claudia, ich hab's Dir doch gesagt, erschrick mir den armen Kerl nicht!"

„Dachte nicht mehr an Deinen Rat, Rosy, aber ich fühlte auf einmal seine Traurigkeit und Einsamkeit. Ich wollte ihn trösten und aufmuntern und dazu musste ich ihn wenigstens zum Reden bringen. Ich streckte ihm die Hand hin, auf dass er sich beruhigen würde. Die hatte er dann genommen, das erste Mal, dass er mich berührt hat. Aber reden wollte der nicht! Stumm wie ein Fisch. Schaute mich nur an. Zuerst dann doch wieder auf meine beiden Hübschen hier, was Geschmack beweist, aber dann wieder ins Gesicht, Rosy, ins Gesicht, nein direkt hinein in meine Augen! Und damit hatte er irgendwie etwas bei mir ausgelöst. Ich fühlte auf einmal eine Begierde, ihn zu nehmen! Umarmen, küssen, was weiß ich! Dem wollte ich diese Unschuld schon austreiben! Aber er musste anfangen! Ich wollte nicht mehr Claudia heißen, wenn ich den nicht rumkriegen würde, wo waren wir denn hier! Er hatte keine Ahnung, was er mir antat, mich so auf kleiner Flamme köcheln lassen, wie das Wasser im Topf auf dem Holzofen meiner Großmutter, das sie ständig für die Schokolade bereithält. Wie konnte der das nur aushalten?! In seinem Inneren musste ein Kampf zwischen seiner Furcht und seiner Begierde nach mir ablaufen.“

Damit stand sie vom Tisch auf und streckte sich. Claudias Stimme war ganz samtig geworden. Die anderen beiden sahen sie an und bemerkten, dass sich Claudia bei den letzten Worten erregt hatte, ihre Brüste und Nippel zeichneten sich nun prall und voll unter ihrem knappen Top ab. Ein plötzlicher Windstoß fauchte draußen um die Leitungen, sauste um die vereinzelten Kakteen und drang ins Küchenfenster ein, heiß und trocken wie aus einem Ofen. Der Windstoß blähte die bunten Vorhänge, welche anstelle der Türen angebracht waren, wie Segel. Die losen Fensterscheiben klapperten, irgendwo schepperte eine Dose draußen vorbei. Es war längst dunkel geworden.

„Was zum Teufel ist denn das, Carmen? Brennt es da draußen irgendwo? Diese Hitze ist ja abartig!“

„Das ist der Teufel, der Deine heiße Story nicht verpassen will!“

„Santa Madre de Dios! Lass uns die Fenster schließen und das Licht ausmachen!“

„Hahaha, hast Du etwa Angst? Vor dem Teufel?"

„Du erschrickst die Kleine mit Deinem Geschwätz. Los mein Schatz, geh' besser schlafen!"

„Ach nööö Mami, Deine Novela ist aber noch nicht aus! Am Schluss zieht sich die Dame immer ein langes, weißes Kleid an und es gibt ein großes Fest! Eine Hochzeit!"

„Hahahaha, schaut Euch die Kleine an! Noch nicht 5 und schon eine richtige Novelera!"

„Aber Mami kann gar nicht heiraten!"

„Ach was, wieso denn nicht? Etwa weil der Novio fehlt, Ana?"

„Nööööö. Aber alle ihre Kleider sind viel zu kurz. Sie hat kein einziges langes Kleid, das sagst Du doch selbst, Tia Carmen!"

„Es ist nicht mehr zum Aushalten hier. In meinem ganzen Leben habe ich keine solche Hitze erlebt. Los Anita, Du bist fällig. Ab ins Bett mit Dir!"

„Aber ich fürchte mich vor dem Teufel draußen! Ich störe Euch bestimmt nicht, bitte Mami!"

„Claudia, das ist nur der Wüstenwind, der von Hermosillo her gegen die Küste bläst! Der Sommer steht vor der Tür!"

„Der Sommer? Und was war das bis jetzt, Carmen?"

„Na, der Frühling. Siehst Du doch an den Blumen!"

„Spinnst Du, Carmen? Blumen hier? In diesem Sand? Ich hab' noch nie eine Blume hier gesehen. Hier gibt's keine Blume und es wird auch nie eine geben. Es hat ja noch nicht einmal geregnet, seit ich hier bin!"

„Du bist so heißblütig, dass Du ihn vertrieben hast. Du hättest halt Deinen ‚Galan' fragen sollen, statt ihn zum Küssen zu bringen. Der soll sich doch damit auskennen! Aber lass jetzt hören! An das bisschen Hitze bist Du bald gewöhnt."

„Lass mich noch einen Cooler holen! Jetzt kommt die Werbung. Und es ist Freitagabend! Die Novela geht erst am Montag weiter! Wegen der Spannung, hehehe!"

„Nein, jetzt! Ich will sofort wissen, ob der Dich geküsst hat! Ohne literarische Umschweife!"

Sie holte drei Flaschen Wine Cooler und einen Fruchtsaft vom Kühlschrank und blieb, Flasche in der Hand, stehen.

„Also, wir haben uns da so eine Ewigkeit angeguckt, bis mir ganz kribbelig davon wurde, und endlich, endlich begann er sich langsam zu mir runterzubeugen, es war ziemlich schwierig, weil er so groß war, so stellte ich mich auf die Zehenspitzen, um ihm entgegenzukommen, und fasste ihn hintenrum so richtig an. Etwa so. Und er hat's dann getan, zumindest fast!"

„Komm jetzt Claudia, hat er oder hat er nicht?! Und lass den Kühlschrank los. Der kann nichts dafür!"

„Ich stehe also da so vor ihm und wir sehen uns in die Augen. Ich merke, wie sein Widerstand bricht und er endlich begreift, was ich von ihm will. Einen Kuss auf den Mund! Und er tut es! Will es aber „trocken" tun, wie ein Schuljunge, der sich nicht traut, seine heimliche Liebe richtig zu küssen. Er traute sich dabei nicht mal, mich richtig anzufassen. Angefangen hatte er wenigstens. Das hatte er mit größer Mühe noch hinbekommen. Aber der hatte keine Ahnung, wie man es macht. Hab' ihm dann geholfen, hihihihihi!"

„DU … hast ihm den ersten Kuss verpasst, Claudia! DU hast ihn geküsst, nicht er Dich! Hahahaha, das gab's noch nie. Das glaubt mir kein Mensch! Die schöne Claudia stiehlt sich einen Kuss, weil ihr Auserwählter sich nicht traut!"

„Ja, ganz genau, Rosy. Und weißt Du was? Es hat mir Spaß gemacht, ihn auf diese Weise zu ‚entjungfern'! Da komm ich ja sonst nie dazu. Dann überkam es mich einfach! Ich hatte ihn ja bereits hintenrum umarmt, während er mich immer noch steif und ungelenk an den Schultern berührte. Der sollte mir nicht wieder entwischen! Ich musste ihn haben. Jetzt gleich! Und ich nahm ihn mir. Den hätte ich am liebsten flachgelegt, wir waren ja gleich neben dem anderen Bett. Hätt' ich es bloß getan! Stattdessen küsste ich ihn, aber so richtig, mit vollem Zungeneinsatz. Ich konnte mich nicht mehr zurückhalten. Ich steckte ihm meine Zunge soweit es ging in seinen Mund und suchte die seine, um sie zu umarmen. Damit hatte er nie im Leben gerechnet. Für einen kleinen Moment schien er förmlich zu erstarren. Für diesen winzigen Moment hatte er ganz mir gehört. Aber dieser Junge kam danach wie ein Tiger. Ist da unten ganz gut ausgestattet, der kleine Heimlichtuer. Ich merkte, dass er plötzlich voll erregt war und habe mich völlig vergessen. Ich fasste ihn so richtig an und presste ihn mit voller Kraft gegen mich, damit er merkt, was ich von ihm wirklich will. Aber jetzt war es zu spät, ihn umzulegen. Jetzt hatte er mich nämlich auch gegriffen. Ich dachte nur noch, ja, nimm mich! Ist alles für Dich. Um die Schultern herum hielt er mich fest. War mir quatschegal, ob uns die anderen beiden dabei zusahen! Er aber hatte nun sofort verstanden, um was es ging! Der wollte mich gar nicht mehr loslassen, hatte mir von oben bis unten alles angefasst, gestreichelt und mich dann da hinten die längste Zeit gehalten und gegen sich gezogen, um ja möglichst viel davon zu haben! Und möglichst lang. Genau am richtigen Ort! Muss ihm gefallen haben, denke ich. Ich fühlte sein rasendes Herz auf meinem Körper, durch die Kleider hindurch! Der hatte vorher noch keine gehabt, dessen bin ich mir völlig sicher. Er wirkte völlig ausgehungert, hatte sich wohl auch noch nie verliebt. Ich war seine erste Frau. Und ja, das war sein erster Kuss! Scheint ein Glückskind zu sein! Habe noch keinen gehabt, der noch nie geküsst hat. Aber er kann küssen, meine Lieben! Er legte alles, was er aufzubieten hatte, in diesen ersten Kuss, alles! Ich kann mich nicht erinnern, je einen so lange und derart intensiv geküsst zu haben. Als ich ihm den Kuss verpasste, war es, als ob sich irgendetwas in ihm losgemacht hätte. Habe ich so noch nie erlebt. Wir waren da eine ganze Weile ganz ineinander verschlungen, während sich unsere Leidenschaft hemmungslos austobte. Aber schließlich konnten wir nicht mehr. Ich konnte mich nicht mehr auf den Zehen halten, oder er musste mal atmen, weiß nicht, jedenfalls trennten sich unsere Lippen. Warum sind wir bloß nicht aufs Bett gefallen? Jetzt machte er seine Augen wieder auf. Schaute mich an. Kann den Blick nicht aus dem Kopf kriegen. Er hat mich angeschaut, als ob er einen Engel vor sich hätte! Ich wollte aber kein Engel sein! Ich wollte, dass er mich endlich ganz nimmt! Ich habe noch nie jemanden mehr begehrt als diesen Jungen in diesem Moment. Und wisst Ihr was? Ich hätte mir von ihm ein Kind machen lassen. In diesem Moment war ich nach langer Zeit wieder einmal total glücklich. Vielleicht war ich noch nie so glücklich wie in jenem Augenblick, außer als Ana zur Welt kam. Ja, genau an das erinnerte ich mich! Ich schaute ihn an, wollte, dass er mich von dort wegbrachte, an einen Ort, wo wir allein wären, aber musste erkennen, dass sein Blick immer leerer wurde, als ob er irgendwie high sei. So, als ob ich ihm bereits alles gegeben hätte! Und er mir. Ja, so war's! Weiß nicht, wie das möglich sein soll, aber ich war schon mit Kerlen im Bett, da hab ich weniger davon gehabt als von ihm. Ein wahres Erdbeben! Aber ich, ich hatte es doch versiebt! Hab' ihn geküsst wie noch keinen, aber kein Wort zu ihm gesagt, ich Idiotin! Hätte ihn mitschleppen sollen, nicht mehr aus den Augen lassen. Aber er hatte sich ja komplett verändert. Dachte, er würde es checken und mit mir hinübergehen. Von seiner Schüchternheit war ja keine Spur mehr übrig. Angst hatte er auch keine mehr, obwohl da Grund genug dagewesen wäre. Jedenfalls mehr als vorher, als er förmlich gebebt hatte vor Furcht. Er hielt mich im Arm auf eine Weise, wie ich es noch Minuten vorher nie für möglich gehalten hätte, und schaute stolz und aufrecht hinüber zu den anderen. Jetzt war er stark und selbstbewusst geworden. Aber da war Gerardo. Mann, war der wütend. Oder erschrocken. Sicherlich eifersüchtig. Was weiß ich. Hatte sich von meinem tapferen Prinzen hier vorführen lassen! Das konnte er nicht ertragen. Ich kriegte es mit der Angst zu tun, und ich machte mich aus dem Staub. Ich hoffte ja noch, er würde mir folgen, dann konnten wir in seinen Bungalow gehen! War aber nichts. Ich stieg in den Van, den Luis offengelassen hatte – falls Gary mich suchen würde. Es blieb aber alles ruhig. Ich sah nur noch, wie nach einer ganzen Weile die Tür aufging und Luis zur Rezeption schlurfte. Dann ging jemand hinüber zum anderen Raum. Es war vorbei! Ich wusste, dass heute nichts mehr gehen würde, hatte es im Grunde schon gewusst, als ich ihn nach dem Kuss in die Augen gesehen hatte. Luis hatte mich dann später hierher zurückgebracht, wie es ausgemacht war. Kann's einfach nicht glauben. Ist mir noch nie passiert, dass einer einen voll servierten Teller mit Chile en Nogada ausschlägt!"

„Einen Teller mit WAS? Wann willst DU denn Chiles en Nogada gegessen haben? Hahahaha! Jetzt reicht's aber Claudia! Fabuliert Du Dir das etwa alles aus dem Stegreif zusammen oder ist das eine Art Lesung? Außer Taquitos de Ojo kannst Du bestimmt nichts Genießbares kochen!"

„Hast in diesem Buch gelesen und ihr davon erzählt, was Rosy? Oder wieso liegt es hier in der Küche rum? Chiles en Nogada! Wolltest Du das etwa nachkochen?"

„Como Agua para Chocolate? Das ist Claudias Zeitvertreib! Sie liest ständig darin, da bin ich neugierig geworden. Durften wir das nicht?"

„Los chiles en Nogada le habían quedado a Claudia como nunca!"

„Siehst Du, jetzt zitiert sie sogar schon daraus!"

„Sieh mal einer an. Claudia, die Intellektuelle! Seit wann interessierst Du Dich für Literatur?"

„Ist doch nur wegen den Liebesszenen, Carmen!"

„Hast wohl gedacht, ich könne nicht lesen, was? Fehlanzeige. Ich war nicht nur zum Anbandeln auf der Prepa. Ich habe solche Romane schon seit der Secundaria gemocht. Wie Novelas ohne die ständige Werbung, und Du kannst Dir die Typen nach Deinem Geschmack ausmalen!"

„Aber wenn Du Dich mit Tita vergleichst, ist das schon ein wenig, hm, weit hergeholt? Von wegen ‚ich fühl mich wie das Wasser im Topf für die Schokolade auf dem Herd meiner Grossmutter'! Du Hobby-Literatin! Die Tita war ja eine lebenslange Jungfrau. Und pflegte ihre Mutter!"

„So fühl ich mich auch gerade."

„Muuahhahahahahahaha? DUUU? Eine Jungfrau?! Der Witz des Abends! Die Jungfrau hat ein Kind geboren, hahahaha! Ein Wunder!"

„Warum hat er mir das nur angetan? Mich so zu küssen und dann lässt er mich einfach gehen!"

„Vielleicht weil er keine Lust auf Deine Chiles hatte. Du weißt ja, das kann bös' ins Auge gehen, wenn ihr zwei Jungfrauen übereinander herfällt!"

Claudias Augen weiteten sich und das Licht der nackten Birne in der Küche spiegelte sich in ihren schwarzen Augen. Sie fuhr sich gedankenverloren durchs Haar und ließ unbewusst ihre Zunge langsam über ihre Lippen fahren.

„Hahaha, Claudia! Hast wohl Lust auf Deinen Leckerbissen bekommen! Die Saison für Chiles en Nogada ist aber erst im September!"

„Glaubst Du etwa, dass man vom Sex wirklich sterben kann, Carmen?"

„Komische Frage, ausgerechnet von Dir. Ach ja, hab's vergessen. Du bist ja noch Jungfrau! Hahahaha. Das ist einfach der Brüller, Clau! Was hast Du denn wirklich mit dem angestellt mein Schatz? Hast ja angeblich sein Herz gespürt. Der muss ja auf 200 gewesen sein!"

„Neee, Du warst höchstens nahe dran, herauszufinden, ob man sich zu Tode küssen kann!"

Allgemeines Gelächter folgte auf Rosys letzten Scherz. Als wieder Ruhe eingekehrt war und die nächste Runde Cooler auf dem Tisch stand, spann Claudia den Faden der Geschichte wieder an.

„Dachte ja, dass er am folgenden Tag hier angeschlichen käme, mich suchen würde, wie es ja viele versuchen und dann bei Yesi landen. Er aber wusste ja schließlich, wo ich zu finden bin. Aber Fehlanzeige. Hat sich nicht mehr her getraut. Keine Ahnung, was mit dem los war. Komm mir wirklich wie 'ne Jungfrau vor! Gute Küsser sollen ja auch im Bett gut sein, sagt man! Da kann ich lange warten, bis den einer toppen kann!"

„Ach deshalb wolltest Du am Samstag gar nicht raus zum Einkaufen wie sonst! Schon am Abend warst Du so seltsam, hast kaum was rausgebracht!"

„Meine Mami hat den ganzen Abwasch gemacht, während Rosy einkaufen war! Und ich hab' ihr dabei geholfen!"

„Das gibt's ja nicht. Und dann? Bist Du ihn suchen gegangen?"

„Wie denn, Carmen? Und überhaupt! Ich ihn? Ich renne keinem nach, niemals! Auch ihm nicht! Ist ja auch viel zu weit von Kino Viejo. Aber ich hatte den ganzen Tag gehofft, er würde doch noch hier auftauchen."

„Oooooch, und er wartete dort bestimmt den ganzen Tag auf Dich, Claudia!"

„Weiß nicht. Er hat so abwesend ausgesehen danach. Als ob er von mir nichts mehr zu erwarten hätte. Aber irgendwie dankbar. Das ist alles so seltsam. Samstagabend stand dann ja wieder die Cantina auf dem Programm, und es war brechend voll! Die hatten alle viel mehr Sehnsucht nach mir, aber ich war nicht in Stimmung. Zum Glück hatte Jose Luis mich zum Cubeta-Dienst verdonnert, weil ich ja freitags gefehlt hab. Ich wollte nicht alle Nase lang von den Kerlen angetatscht werden, könnte ja sein, dass …"

„Mann Claudia, Du dachtest echt, der würde in Eure Cantina gehen, um Dich zu suchen?"

„Luis hätte die beiden ja einladen können, um ein paar Bier zu trinken, und dabei treffen sie zuuuufällig auf die schöne Claudia!"

„Beim Bierschleppen inmitten einer Horde erregter Typen! Mann, Claudia, Du laberst aber einen Scheiß zusammen! So kenne ich Dich ja gar nicht. Dir sind diese Wine Cooler zu Kopfe gestiegen. Zu denken, dieser Typ würde hergehen und Dich aus denen herauspflücken! Du hast uns gar nicht erzählt, dass er der kleine Bruder von Chuck Norris ist! Die hätten ihn das Meer austrinken lassen, hätte er nur zu Dir rübergesehen! Mann, Du spinnst total Claudia! Dir hat dieser Kuss irgendwie das Gehirn ausgerenkt, dem Unsinn nach, den Du hier von Dir gibst!"

„Claudia tiene Novio, Claudia tiene Novio", trällerte Carmen unschuldig vor sich hin, worauf die kleine Ana ihre Ohren spitzte und neugierig auf ihre Mutter schaute.

„Sag mal Carmen, bist Du übergeschnappt? Wen hast denn Du geküsst?! Ich wollte den nur rumkriegen. Wenigstens zu einem weiteren seiner Küsse!"

„So fängt es an, meine Liebe! Genau so!"

„Nein, so hatte es leider aufgehört. Weiß der Teufel, wo der steckengeblieben ist. Hier endet die Novela, meine Lieben!"

Jetzt lächelte Carmen überlegen und stand nun auf, um sich Zigaretten zu holen. Sie steckte sich eine an, zog eine zweite heraus, welche sie an ihrer zum Glühen brachte, wie, wenn sie sich küssen würden, und übergab sie an Claudia.

„Nein, die Novela endet noch nicht, Claudia-Schätzchen. Wegen des großen Erfolges gibt es ein paar Extrakapitel!"

„Kann nicht sein, Carmen! Oder hast Du ihn etwa … Nein, das kannst Du mir nicht antun! Du bist ja gar nicht sein Typ Frau, und … Ich liebe ihn, nein … Er muss mich doch auch lieben, ach Unsinn …"

„Was Du immer denkst, Clau! Wenn man diesen Unsinn denken nennen will. Du verträgst überhaupt nichts! Aber die Geschichte geht trotzdem noch weiter! Ich weiß, wieso Dein Novio weder am Samstag noch heute zu Dir gekommen ist!"

„Ach nee! Du warst doch bei Deiner Mutter am Samstag. Oder? Und hör mit dem Quatsch von Novio auf, klar? Und ich bin keineswegs betrunken …"

„Sonnenklar … Vielleicht eher liebestrunken! Ich bin am Sonntagmorgen hierher rausgefahren mit meiner Mutter. Sie wollte noch unbedingt ans Meer. Sie hat sich dann mit meiner Tante und deren Kindern an den Strand gesetzt. Und ich bin zu Luis gegangen, unter dem Vorwand, schnell etwas aus dem Laden zu holen. Und da hab' ich's selbst gesehen! Großer Abschied an der Straße. Voll sentimental, wie in den alten Filmen! Gary und Dein Liebster beim Umarmen von zwei jungen Mädchen. Mitten auf der Straße!"

„Waaaasssss! Gary UND der Junge? Kann nicht sein! Das muss jemand anders gewesen sein. Wie sollen denn die beiden diese Tussis aufgegabelt haben? Ist doch nicht wahr. Willst mich nur reinlegen, Carmen!"

„Nein, mein Schatz, Gary ist nicht zu verwechseln, den kenn' ich schon lang, und der andere konnte nur sein treuer Begleiter sein! Luis hat's mir bestatigt, hat mir sogar den Namen verklıckert. Hab' ihn aber vergessen, weiß nur noch, dass es kein Gringo-Name ist. Na, diese Neuigkeit hat Deine Aussprache aber rasch geklärt! Hast aber einen guten Geschmack, Claudia, das muss man Dir lassen. Der könnte mir auch gefallen, hihihi!"

„Dass sich eine den Jungen geschnappt hat, kann ich noch glauben, aber Gary?"

„Ja, Rosy, ein ganz junges Mädchen. Erst noch hübsch. Machen ein seltsames Paar, hihihi. Aber es war nett, ihnen zuzusehen. Eure Verehrer vom Freitag waren laut Luis den ganzen Samstagnachmittag beim Biertrinken und dann wahrscheinlich mit den beiden Mädchen auf dem Boot, am Abend. Deswegen war der andere nicht hier und auch nicht in der Cantina! Fischen, Sonnenuntergang, Sternenhimmel, das ganze Programm von Gary halt."

„Siehste Claudia, und auf dem Boot wird aus Gary ein anderer Mensch! Ein richtiger Caballero!"

„Wo mögen die auf einmal hergekommen sein, Rosy?", fragte Claudia mit einer ungewohnt sanften, ruhigen Stimme.

„Denk an das, was ich Dir freitags gesagt habe. Touristinnen. Ciudad Juarez. Na, klingelt's? Aber ‚die beiden hier' haben ja keine Konkurrenz, nicht wahr, Claudia?"

„Wie sah sie aus, Carmen?"

„Schon sehr gut. Gute Figur, die Kleine, schlank, aber proportioniert! Kenne aber ihre BH-Körbchengröße nicht, hab sie nicht danach gefragt! Sie läuft auch nicht in Deinem Aufzug auf der Straße rum! Aber ganz glatte, dunkle Haare hat sie, moderner Schnitt, ging ihr nur bis zum Hals. Atrevida! Traut sich ganz allein mit einer Freundin hierher von so weit weg! Ist wohl ein Stück größer als Du, Clau, da hatte er weniger Mühe, sie im Stehen zu küssen!"

„Pah! Von Chihuahua allein hierher! Das hab' ich doch auch getan, und erst noch mit Ana! Aber HAT er sie geküsst?"

„Zum Abschied zumindest nicht. Luis hat mir ein paar Andeutungen gemacht, was sich der Junge am Freitag geleistet hatte. Er lerne schnell, hatte er noch gemeint. Aber die beiden waren ja auch viel zu beschäftigt. Sie haben die ganze Zeit geredet miteinander, als ob sie sich schon lange kennen würden. Wie zwei Turteltäubchen sahen sie aus, so wie frisch verliebt! Klebten aneinander wie der Schmutz am Fingernagel, wie man so schön sagt, waren kaum zu trennen. Machen ein nettes Pärchen, auf jeden Fall."

„GEREDET? Der Junge hat mit ihr geredet?"

„Ja, natürlich, und?"

„Der hatte freitags kein Wort gesagt! Ich dachte, der kann kein Spanisch!"

„Dann war's halt Englisch. Oder Du hast ihm die Zunge mit Deinen Kusskünsten gelöst, mit denen Du vorhin so angegeben hast. Wie sollte der arme Kerl mit Dir reden, wenn Du ihn so küsst und Dich auf ihn werfen willst? Jedenfalls sind die beiden Mädchen dann in den Bus gestiegen, um nach Juarez zurückzufahren. Die beiden Typen schauten dem Bus nach wie zwei verliebte Kater!"

„Ausgerechnet von dort! Da haben sich die beiden ja die Richtigen ausgesucht! Der Junge könnte es hier viel besser haben!"

„Nur kein Neid Claudia! Bist ja selbst von dort oben!"

„Heee, ich komme aber nicht von der Grenze, das macht einen Riesenunterschied! Die hätte sich doch auch einen Gringo schnappen können, die sitzen ja direkt an der Quelle!"

„Hahaha. Hat sie doch! So mexikanisch wirkt Dein Typ gar nicht! Die beiden waren aber nett, ganz normale, junge Mädchen, etwa in unserem Alter, vielleicht etwas jünger. Sahen so gar nicht danach aus, als ob sie Kolleginnen von Euch beiden wären!"

„Dann arbeiten sie in den Maquilas. Und der Junge ist kein Gringo, jedenfalls keiner aus El Paso. Aber wieso hat sie sich nicht mit seinem Vocho heimfahren lassen?"

„Maquinas, Claudia? Bei der Eisenbahn? Also danach sahen sie erst recht nicht aus!"

„Nein, Rosy, Fabriken. Maquiladoras. Gehören den Gringos, deswegen konnten die Englisch!"

„Aber der Weg ist für einen allein nicht zu schaffen, viel zu weit, Clau! Schon gar nicht in dem winzigen Ding. Sollen 12 Stunden im Bus sein! Und dann findet ihre Familie raus, was sie angestellt hat!"

„Für den Jungen schon! Er hat Chihuahua-Schilder am Auto. Also muss er auch hergefahren sein. Allein! Und zurück muss er auch wieder. Die beiden haben denselben Weg, und … vielleicht ist er nur ihretwegen hierhergekommen!"

Sie stockte, während ihre sonst so sichere, raue und lebhafte Stimme unstet wurde. Unwillig drückte sie in den Augenwinkel, um eine heimliche Träne zu entfernen.

„Komm her Ana Maria, mi amor. Bist müde, los, ich bring Dich rüber. Die Novela ist jetzt endgültig aus!"

Sie hob das Kind auf, das übermannt von Hitze und Müdigkeit den Kopf auf den Tisch gelegt hatte. Das Mädchen gähnte herzhaft, legte ihren Kopf an Claudias Schulter und schlang ihre Arme um den Hals ihrer Mutter. Diese wandte sich ab und ging mit ihr raschen Schrittes ins Nebenzimmer. Sie sagte leise: „Angel de mi guarda …", worauf das Kind mit „Dulce compañia" antwortete. Der Rest des Abendgebets war dann als leises Murmeln im Nebenzimmer zu vernehmen, untermalt vom hohlen Brausen des Wüstenwindes in den Ritzen der Tür und dem Rohr für den alten Holzofen, den sie schon lange gegen einen mit Propangasbetrieb ausgetauscht hatten. Carmen und Rosalba blieben etwas betreten zurück und sahen sich überrascht an.

„Was sagst Du dazu, Rosy? Hätte ich bei der zuallerletzt gesucht!"

„Da dürfte Beten auch nicht mehr helfen. Was musstest Du ihr denn von der anderen erzählen! Hast Du nicht gemerkt, dass Claudia auf den Jungen steht?"

„Das ist doch ein Gebet für den Schutzengel der Kleinen, Dummerchen! Aber sie hätte es ja doch erfahren. Gary tratscht bestimmt schon im ganzen Kaff damit rum. Von Luis gar nicht zu reden. Und dann tut es der kleinen Serienherzensbrecherin mal ganz gut, ein wenig von der eigenen Medizin zu kosten."

„Ja manchmal nervt sie mit ihrem übertriebenen Getue um ihr Äußeres. Wie eine Nymphomanin. Gebracht hat es ihr ja nicht viel. Aber ich bewundere sie, wie sie mit dem Kind klarkommt. Sie gibt sich wirklich Mühe. Ich weiß nicht, ob ich das schaffen würde!"

Von drüben waren immer noch leise Stimmen zu hören, dann drang das leise Fauchen eines Bodenventilators in die Küche und es ging eine Tür zu. Leises Plätschern von Wasser folgte.

„Los hol den Rest des Cooler-Vorrats raus, Carmen. Sie soll sich mal richtig gehenlassen und sich bei uns ausheulen, wenn ihr danach ist. Sie spielt ja immer auf harte Braut, der alles egal ist und die alles im Griff hat. Dabei ist sie gar nicht so, wie mir scheint, sie hat im Grunde ein weiches Herz."

„Seit wann hat sie sowas dort unter ihren angesammelten Massen?"

„Ein verwundetes Herz! Aber auf diesen Ausländer lässt sie überhaupt nichts kommen. Sonst ist sie ja ganz anders. Eine richtige kleine Sadistin. Manchmal denke ich, sie lässt den Frust wegen ihres Carlos' an den Typen aus, die sie abschleppt. Scheint es darauf abgesehen zu haben, dass sie sich in sie verlieben, um sie dann für einen anderen sitzenzulassen und obendrein lacht sie sie auch noch aus. Aber sie muss früh hier angekommen sein, nicht erst am Morgen wie üblich. Hab' sie erst gar nicht bemerkt, war ja außer Gefecht am Freitag und ging früh in die Falle."

„Sie wird ihr Gift schon noch verspritzen!"

„Shshsh, sie kommt!"

Sie kam leise aus dem Schlafzimmer durch den Vorhang in die Küche. Sie hatte sich abgeschminkt und sich ein T-Shirt übergeworfen.

„Nanu, Clau, willst Du etwa auch schon schlafen gehen? Es ist kaum acht vorbei! Ist Dir unter dem Top doch ein wenig eng geworden, was?"

„Ist nicht das Richtige in dieser Hitze, soviel ist klar – und der Schweiß hat mir die Lidschatten verwaschen. Mir ist was ins Auge gekommen und ich musste es abwaschen. Brauch' die Schminke ja jetzt wohl nicht mehr! Wisst Ihr was? Man weiß manchmal echt nicht, für wen man eigentlich arbeitet!"

„Aha, Du bist wieder obenauf, wie mir scheint!"

„Ich? Immer! Zumindest, wenn die Kerle was davon verstehen!"

„Du meinst aber nicht etwa diese Art von Arbeit?"

„Nein. Sondern die, welche ich am Freitag getan habe!"

„Versteh ich nicht."

„Ist doch ganz einfach Rosy. Der wird mich und meinen Kuss sein Lebtag nicht vergessen können, egal, wie viele er noch treffen wird!"

„Claudia, die alte Angeberin, wie sie leibt und lebt!"

„Ihr habt ihn ja nicht geküsst. Ich schon! Und da hab' ich eine Menge über ihn rausgefunden! Hab' Euch ja schon verklickert, wie er so linkisch und unbeholfen war und sich so gar nichts traute!

Aber jetzt küsst er geradezu unglaublich gut! Weil ich's ihm beigebracht habe. Jetzt traut er sich endlich was zu bei den Frauen, braucht nicht mehr einsam zu sein. Tja, wenn Claudia ein Auge auf einen Typen wirft, kommt was dabei raus! Die andere wird sich nicht beschweren können!"

„Die sehen sich bestimmt nicht wieder, Claudia!"

„Rosy, wenn der sie geküsst hat, ist alles möglich!"

„Es sah nicht danach aus, Clau! Dann hätten sie es beim Abschied wieder getan! Aber Luis wurde nicht müde, mir weiszumachen, was für ein nettes Pärchen die beiden machen würden. Er hörte gar nicht mehr auf mit dieser Flor. Florecita hier, Florecita da, das machte mich stutzig, wisst ja wie Luis ist!"

„Echt jetzt? Sie heißt Flor?"

„Ja, ich begann mich zu nerven. Luis kam dann mit seiner Verantwortung als Hotelmanager an, wie er angeblich alle Gäste registrieren muss, als er merkte, dass ich wütend wurde."

„Um eine Ausrede ist der nie verlegen!"

„Sie heißt also Flor! Eine Blume aus der Wüste. Und er kam hierher, in diese Wüste, wegen Pflanzen und Blumen! Es ist wahr! Er kam hierher wegen IHR, nicht meinetwegen. Er hat seine Wüstenblume gesucht und auch gefunden. Er kam nicht wegen des Zeugs, das da draußen vertrocknet. Er kam von so weit her, um sie zu treffen. Und sie auch. Es war den beiden vorherbestimmt, sich hier kennenzulernen. Das ist eben Schicksal, die Vorsehung, kann man nichts machen. Er wird sie wiedersehen, er fährt bestimmt hinter ihr drein! Oder schreibt ihr einen Brief! Sie werden heiraten!"

„Ach nööö, Claudia. Mach jetzt endlich einen Punkt und hör auf, Dich damit verrückt zu machen! Meinst Du etwa so wie in den romantischen Hollywoodfilmen, mit Liebesschwüren und so? Als Märchenprinz auf der Suche nach seiner Prinzessin, hahaha! Alles totaler Kitsch. Das passiert im richtigen Leben nie. Und das mit dem Heiraten ist Garys fixe Idee! Der andere ist ja von der anderen Seite des Meeres. Weiß der Teufel, wie lange man da braucht, um hinzukommen. Und was das kostet. Nein, nein, die werden sich nie wiedersehen! Stell Dir nur seine Eltern vor, wenn er mit so einem Souvenir dort ankommen würde!"

„Ich weiß, wo er herkommt! Das wär' mir egal. Weit weg von hier, wo es keine Cantinas gibt!"

„Wieso auf einmal so zynisch, Carmen?"

„Ach Rosy, ist doch wahr. Wie soll sowas denn gehen? Man lernt ja kaum unsere Typen hier kennen, welche wie wir sprechen. Ich sprech' da aus Erfahrung, könnt mir ruhig glauben. Und Du solltest das ja auch bemerkt haben. Nein, der zieht bestimmt morgen ebenfalls Leine. So lange kann der doch keinen Urlaub machen, der kam bestimmt nicht nur wegen Bahia Kino nach Mexiko. Und auch nicht wegen dieser Flor!"

„Es spielt keine Rolle mehr, da habt Ihr wohl Recht. Aber vielleicht kommt er ja doch noch vorbei. Wenigstens Dankeschön sagen könnte er mir doch, bevor er abhaut. Aber damit käme er mir nicht davon, hehehe."

„Vielleicht kommt er deswegen nicht!"

„Der weiß gar nicht, was er verpasst! Ich weiß allerdings nur zu gut, was ich verpasst habe! Aber vielleicht ist es besser so. Wenn er nur die Hälfte von dem empfindet, was ich gefühlt habe, wird er daran eine ganze Weile zu kauen haben!"

Claudia schwieg jetzt und schaute wie abwesend zum Fenster hinüber, wo der Wüstenwind noch immer ein wenig an den Fliegengittern rüttelte. Draußen war in der Distanz nervöses Hundegebell zu hören. Es war jetzt finstere Nacht. Sie ging zur Tür und öffnete sie, um für Durchzug zu sorgen. Sie schaute sehnsüchtig dem Weg entlang durch die Veranda zur Schmiedeeisentür, wo sie am Freitagnachmittag ihren großen Auftritt gehabt hatte. Der Hund war still geworden. Sie drehte sich dann aber abrupt um und kam zurück zu ihren Freundinnen. Ihre schwarzen Augen schimmerten und reflektierten wieder die nackte Birne an der Decke. Ihr Gang, sonst so energisch und stolz, schien schleppend und müde geworden zu sein. Sie wirkte ob ihrer nun etwas gebeugten Haltung noch kleiner als sonst, es war, als ob ihr ihre üppige Oberweite auf einmal doch zu schwer geworden wäre. Ihre raue, selbstbewusste Stimme war wieder leise, sanft und dunkel, ein wenig schwankend.

„Was meint Ihr dazu? Da habe ich wohl doch einmal etwas Gutes zuwege gebracht, nicht wahr? Er hatte mich am Ende wie einen Engel angesehen! Er hielt mich für jemand ganz Besonderes!"

„Ja, Claudia. Wenn der wirklich so schüchtern und tölpelhaft war, wie Du sagst, als ihr euch getroffen habt, ist er nicht wiederzuerkennen. Zumindest dieses Problem hat er jetzt nicht mehr!"

„Mein Vater hatte mir immer und immer wieder vorgehalten, dass ich zu nichts anderem zu gebrauchen wäre, als die Ehre der Familie in den Schmutz zu ziehen. Ich sei eine, die es mit jedem trieb, eine, die an den Ecken steht, eine Sünderin, eine Verlorene und anderes schreckliches Zeug!"

Und jetzt brach es aus ihr heraus und sie schluchzte laut auf, so dass Rosy und auch Carmen erschrocken aufschossen. Rosy hatte Claudia in all den Monaten noch nie weinen sehen und war einigermaßen erschüttert von diesem Ausbruch, zumal sie so gar keine Übung darin hatte. Sie hielt sie fest umarmt, Tränen standen auch in ihren Augen, während Claudia ihrerseits ihrer aufgestauten Traurigkeit nun freie Bahn ließ. Sie brachte unter weiteren, geradezu maßlosen Tränen hervor, wie ihr Vater sie rausgeworfen hatte und ihre Mutter nur schweigend dabeistand, wie sie das heulende Kind an die Hand nahm und nur mit dem Nötigsten zur Busstation ging, an ihre erste und einzige Liebe Carlos denkend, der sie im Stich gelassen hatte. Nach einem letzten Schluchzer, der mit einem letzten Erbeben ihrer Schultern endete, hob sie ihren Kopf und sah zu Carmen hinüber, welche schweigend und etwas schuldbewusst dastand, während Rosy versuchte, beruhigend auf Claudia einzusprechen. Carmen versuchte ein kleines Lächeln.

„So ist es gut, Clau! Das musste jetzt einfach mal alles raus!"

„Du hast Recht, Carmen. Entschuldigt bitte! Ich tu das sonst nie. Ich brauch einen Neuanfang. Meine Familie hat mir nur Verdruss und Tränen gebracht. Jeden Sonntag trieb uns mein Vater in die Messe, aber von Barmherzigkeit ist bei ihm keine Spur vorhanden. Mir tun nur meine Brüder leid. Aber wenn sie groß sind, können sie ja ausziehen, das dauert nicht mehr so lange. Aber ich …"

Schwere Tropfen erschienen in Claudias Augenwinkeln und es war ihr diesmal egal. Als Rosy sie ansah, wie sie so verlassen, einsam und todtraurig dastand, ein Schatten ihrer selbst, da spürte sie, wie auch in ihr eine unerklärliche Traurigkeit aufstieg, wie nichts mehr passen wollte, was sie sagen könnte und auch ihre Augen feucht wurden. Sie fielen sich in die Arme während Carmen hilflos dabei stand und sich dann seufzend an den Tisch setzte. Sie sah, wie Claudia erbebte in stillem Weinen, das nicht aufhören mochte, während Rosy ihr etwas zumurmelte. Es mochte eine Frage gewesen sein, denn Claudia hatte nur genickt und sah dann auf. Rosy wischte sich übers Gesicht und schaute auf Carmen, machte ihr Zeichen, dass sie still sein solle. Aber sie wusste es nun auch und senkte ihren Blick. Sie war zu weit gegangen und es tat ihr leid.

„Komm Claudia. Ist ja gut. Du bist doch gar nicht allein. Ana ist doch bei Dir. Sie wird Dich immer lieben. Sie ist Deine Familie!"

„Und wir!"

„Ja, Ihr auch. Hoffentlich hat Ana nichts von alledem vorhin mitgekriegt, ich will nicht, dass sie sich Sorgen macht oder traurig ist."

„Was für einen Neuanfang meintest Du denn?"

„Naja, weiß nicht so recht. Ich muss an Ana denken. Sie kommt ja bald in die Schule. Ich hatte ja eigentlich viel Spaß in letzter Zeit hier, keiner redet mir rein und macht Vorschriften, wisst Ihr, und ich fühlte mich irgendwie wichtig und geliebt, so wie sich die Typen um mich reißen und mir Geschenke machen. Bis am Freitag."

„Wenn das nur zur Hälfte stimmt, was Du uns vorhin weismachen wolltest …"

„Ich mache Euch nichts weis! Es ist wahr. Ich habe es nicht nötig, auf diesem Gebiet anzugeben oder zu übertreiben."

„Wissen wir, Claudia! Aber lass mich Dir einen Rat geben. Du solltest das Geschehen vom Freitag nicht derart überinterpretieren. Ihr seid zusammengetroffen, habt Euch gefallen und das war's!"

„Nein Carmen, ich interpretiere nichts. Der hatte mich wie ein normales Mädchen behandelt, nicht wie eine … Nicht so, wie mich alle anderen immer behandeln! Ich hatte mir gedacht, wie schön es wäre, einen wie den ganz für mich allein zu haben. Ich hatte geglaubt, er würde sich in mich verlieben. Dann könnten wir weggehen, dahin, wo mich keiner kennt! Aber da hab' ich mich wohl getäuscht. Daraus wird ja nun wohl nichts! Hab's mir selbst zuzuschreiben, wenigstens hat niemand anders schuld. Ich hab ihn ja stehenlassen, ließ ihn dort zurück, reif zum Pflücken! Und diese Flor hat ihn sich genommen! Aber wenn sein Blümchen beginnt zu verblühen, wird er sich an seine schöne Claudia erinnern! Und an das, was wir miteinander gemacht haben und auch an das, was er verpasst hat!"

„Nanana, lass jetzt gut sein. Du bist einfach ein wenig zu stürmisch, Claudia, zu intensiv, zu heißblütig. Aber nachtragend brauchst Du nicht zu werden. Gut, der intensive Part mag Deinem Küsser ja gefallen haben. Aber wenn Du was Längerfristiges suchst, kannst Du nicht gleich derart auf ihn losgehen. Finde zuerst raus, ob ihr Euch mögt, DANN versucht ihr rauszufinden, wie es im Bett klappt! Nicht umgekehrt! Machst es ihm zu einfach. Nach derart kurzer Zeit wolltest Du ihn schon vernaschen! Was soll er denn von Dir denken? Und was soll denn danach folgen? Habt ja Deiner Erzählung nach schon fast alles voneinander gehabt, das man haben kann. Glaubst Du im Ernst, ein zweiter Kuss wäre nur annähernd so überwältigend wie der erste? Er hat Dir ja nicht mal seinen Namen gesagt!"

„Da ist was dran, Carmen. Meinst Du, Luis weiß, wie der heißt?"

„Hab's Dir doch gesagt. Aber wozu willst Du es jetzt noch wissen? Er weiß ja Deinen Namen auch nicht!"

„Doch. Ich hatte ihn Gary verraten. Er weiß, wer ich bin und wo ich zu finden bin. Aber wahr ist's doch. Gekommen ist er nicht."

Sie zeigte jetzt wieder ihr kleines, selbstbewusstes Lächeln, während ihr Blick sich ein wenig in der Ferne verlor und sie sich wieder etwas in Pose setzte. Carmen schaute zweifelnd zu ihr hinüber. Sie war nachdenklich geworden, hatte wirklich ein wenig Mitleid mit der „Serien-Herzensbrecherin" bekommen. Anstelle einer leicht unterbelichteten, ungebildeten Cantinera, welche jede Nacht mit einem anderen schlief, hatte sie heute eine sehr leidenschaftliche, freiheitsliebende und auch geistig sehr präsente junge

Frau kennengelernt, welche tat, was sie für richtig hielt. Jetzt erkannte sie in ihr auch noch eine liebevolle, junge Mutter, einer allem Anschein nach gut erzogenen, folgsamen Tochter.

Sie war ein bisschen neidisch auf Claudia deswegen, kinderlos, wie sie geblieben war und langsam gegen die 30 zuging. Im Grunde tat sie ja auch nichts anderes als Rosy und Claudia. Sie schlief mit einem verheirateten Mann, der sie aushielt. Vielleicht wäre es günstig, Claudia als Freundin zu gewinnen. Sie mochte zudem ein paar Tricks kennen, um sich für Luis noch interessanter zu machen! Dann würde er vielleicht einverstanden sein, mit ihr ein Kind zu haben, vielleicht würde es ein Mädchen werden. Sie nahm sich vor, ihr ein wenig beizustehen, wenn sie einen Rat gebrauchen konnte.

Aber sie wusste sich zu helfen. Schlaues Ding, wirklich! Und sogar loyal. Kurvte mit Gloria rum und hatte ihr nichts von Luis' Eskapaden gesagt. Hatte sogar ein „Ausweichdomizil"! Darauf muss man erst mal kommen! Da wunderte es sie beinahe, dass sie noch nicht auf den Gedanken gekommen war, es einmal mit diesen Fabriken zu versuchen, von denen alle in Hermosillo sprachen. Es schien ja auch welche oben in Chihuahua zu geben, und Claudia wusste darum.

Mochte da diesmal mehr dahinterstecken als das übliche Politikergeschwätz und leere Versprechen vor den Wahlen? Ausgerechnet Salinas de Gortari, dieser Wahlbetrüger, sollte die Wahrheit gesagt haben?! Die große Ford-Fabrik in Hermosillo soll ja immer Leute suchen, auch wenn sie nichts von Motoren verstehen, sogar Frauen. Sie hatte beim Besuch bei der Mutter und Tante Lust bekommen, sich das einmal anzusehen. Vielleicht hatten Rosy und Claudia ja genug Bier geschleppt, zu dritt würde der Neuanfang sicher mehr Spaß machen.

Leise begann sie eine Melodie zu summen. Rosy schaute erstaunt zu ihr hinüber und stimmte dann sanft ein. Sie kannte den Text des alten bittersüßen Liebesliedes:

Besame, besame mucho. Como si fuera la noche la ultima vez.

Bésame, bésame mucho que tengo miedo a perderte perderte después …", gab Carmen mit ihrer sanften Stimme dazu. Sie schauten zu Claudia hinüber, ihre Augen blitzen bereits wieder auf und sie erhob sich.

Besame, besame mucho. Como si fuera la noche la ultima vez.

Besame, besame mucho, besame – para que nunca mas solo estés …

Überrascht schauten sich Carmen und Rosy an, als Claudia ungewohnt sanft eine leicht abgeänderte Strophe in ihrer rauchigen Altstimme dazugab.

„Hey Claudia! Geht doch! Das tönt richtig gut. Woher hast Du denn das?"

„Ist mir grad eben in den Sinn gekommen. Küss mich, küss mich aber richtig! Küss mich und Du brauchst nie mehr allein zu sein! Es ist wahr. Ich hab ihn kuriert von seiner Schüchternheit. Er kann jetzt jede bekommen … Er wird sein wie ich. Und ich bin schuld daran! Ich hoffe, diese Flor passt gut auf ihn auf und lässt ihn nicht zu lange allein. Zumindest sein Herz ist heil geblieben, ich will nicht, dass er meinetwegen leidet oder unglücklich ist. Wenn er sich meiner erinnert, soll es ihn glücklich machen, nicht traurig."

Lass gut sein, Claudia. Es ist vorbei. Komm, ich mache uns die letzten Cooler-Flaschen auf."

„Wie hast Du denn Luis getroffen, Carmen? Stört es Dich nicht, bei ihm nur „die Andere" zu sein?"

„Nööö, nicht die Spur, Rosy. Zu mir kommt er, wenn ihm danach ist. Gloria bekommt ihn, wenn ihm nicht danach ist, hahahahaha!"

„Du bist gemein, Carmen!"

„Hab' ihn im Laden getroffen. Er hat dann ein paar mal mit mir geredet und mich zum Mittagessen eingeladen. Ich mochte ihn sofort. Intelligent, kultiviert, aufmerksam. Und großzügig. Leider vergeben. Aber wir sehen uns oft. Ich bin nicht unzufrieden, hab' an den anderen Tagen meine Ruhe."

„Und Gloria?"

„Naja, sie wird es ja wohl wissen. Ich bin nicht die Erste, mit der er was hat! Die Kerle sind eben so. Müssen sich immer beweisen, dass sie es noch draufhaben. Kann man nichts machen."

„Doch, kann man! Du musst ihn halt ‚trockenlegen‘! Man macht es, bis er nicht mehr kann. Notfalls jeden Tag, mehrmals! hehehe! Dann hat er nicht genug Saft übrig, um die andere zu bedienen! Glaubst Du, von mir geht einer weg und kann hinterher seine Alte beglücken?"

„Claudia wie sie leibt und lebt! Du hast sie nicht mehr alle, Claudia!"

„Nein. Das macht total Sinn! Da könnt Ihr mal was von mir lernen! Oder wird er etwa mit der Ausrede kommen, er hätte Kopfweh?"

Es trat eine kurze Pause ein. Der Wind hatte nun völlig nachgelassen und man konnte leises Grillengezirpe und das Rauschen vom Ventilator hören. Es war völlig still geworden.

„Was meinst Du, Rosy, was er wohl jetzt macht?"

„Vermutlich dasselbe wie wir. Sich betrinken. Mit Gary!"

„Schon eine seltsame Geschichte. Kommt da einer an in diesem Nest, von weiß der Teufel wo und wozu, und kriegt von mir seinen ersten Kuss! Das muss was zu bedeuten haben!"

„Claudia, wie gesagt, Du solltest diese ganze Geschichte nicht überinterpretieren! Ich rate Dir, vergiss diesen Typen. Der ist nichts für Dich. Wird nicht der Letzte gewesen sein, der sich mit Dir küssen will. Du sagst selbst, dass er keinerlei Erfahrungen mit Frauen hat. Was meinst Du, hätte der zu Deiner bezaubernden Kleinen gesagt? Oder zu Deinem Arbeitsplatz. Oder denkst Du, Gary hat ihm nichts davon erzählt?"

„Mach Dir übrigens keine Sorgen über das, was Rosy Dir wegen Deiner Freundschaft mit Gloria verklickert hat. Ich werde mit Luis darüber reden, und er ist mir ja noch was schuldig. Seine ‚blumigen‘ Tagträumereien soll er mir bezahlen. In meinem Haus bestimme ich."

„Hey, ich hab eine Idee. Wir fahren morgen früh nach Hermosillo!"

„Ach vielen Dank, Carmencita! Hab' mir ein wenig Sorgen gemacht, wegen Ana. Hm. Hermosillo! Klingt gut. Aber wie sollen wir da hinkommen?"

„Na, Du brauchst ja nur Deinen Bekannten mit dem roten VW fragen! Andernfalls nehmen wir ganz einfach den Bus. Wir fahren zeitig los und ihr seid am Abend rechtzeitig zurück, um die Cantina aufzumachen. Jose Luis wird ja erst gegen sieben dort sein. Da macht es ja nichts, wenn die Säufer eine halbe Stunde warten."

„Shoppen in Hermosillo! Ich bin dabei. Ich könnte ein paar Outfits gebrauchen. Was meinst Du, Carmen? Kannst Du mir beim Aussuchen helfen?"

„Haha, Claudia. Du kaufst doch immer dasselbe! Kurz und obenrum viel zu knapp! Wie den Fummel von vorhin. Die Shorts sind ja okay, aber das Top geht gar nicht. Nicht mal in der Cantina. Ich hoffe, Du hast noch was anderes als Deine üblichen Badeanzüge, die Du Kleid nennst."

„Hm, punkto Blusen sieht es ziemlich mau aus …"

„Wer hätte das gedacht!"

Kannst eine von meiner Mutter anprobieren, das sollte gehen."

Ich denke, ich könnte tatsächlich mal was anderes brauchen, etwas, hm, weniger Auffälliges und Luftigeres vielleicht?"

Die beiden anderen schauten sich erstaunt an und verstummten einen Moment. Was war denn nun mit der los?

„Hey! Am Mittwoch ist ja Mami-Tag. Da will ich doch der schönsten aller Mamacitas auch etwas schenken! Bist Du dabei, Rosy?"

„Klar. Und bring die Kleine ruhig mit, Claudia. Dann gehen wir vor der Rückfahrt noch ein Eis essen!"

„Gut! Und jetzt erzähl' ich Euch noch, was sich Javier geleistet hat. Deswegen muss ich ja auch nach Hermosillo! Es ist aus, sage ich Euch. Danach lasst uns austrinken, damit wir morgen nicht verschlafen!"

„Pah! Dann gehen wir halt erst am Dienstag. Hauptsache es ist vor dem 10. Mai!"

„Willst wohl Deinem Typen noch einen zusätzlichen Wartetag einräumen, was? Aber der haut morgen Montag ab, verlass Dich drauf!"

„Oder auch nicht. Wenn er sich betrinkt, kann er morgen nicht Auto fahren! Könnte ich auch nicht. Diese Fruchtdinger hauen mich voll um. Wo der wohl hinwill, wenn er von hier weggeht?"

„Du stellst Fragen, Claudia! Hast's ja vorhin selbst gesagt. An die Grenze natürlich. Nach Chihuahua! Blumen pflücken! Die einzige Straße von hier dorthin geht über Hermosillo! Wir haben denselben Weg! Aber schau Dir dann nicht die Augen nach dem roten Vocho aus!"

Der Biervorrat bei Carlos und Karen war inzwischen wieder enorm zusammengeschrumpft. Zusätzlich hing ein süßlicher Geruch von Carlos' Spezialzigarren in der trägen, feuchtwarmen Luft. Ich brachte gerade die letzten vier Dosen aus der Eiskiste an den Tisch und sorgte als Jüngster nochmal für Nachschub aus dem VW. Hier war derweil die Unterhaltung wieder auf Garys neue Freundin zurückgesprungen.

„Schau, Gary, Du solltest Deine Erfahrung mit dieser Patricia nicht überinterpretieren. Schau doch nur auf den Altersunterschied! Und Mexikanerinnen in diesem Alter sind längst vergeben!"

„So alt waren die gar nicht, Karen. Mitte 20 ist doch nicht alt!"

„Hier ist das was anderes, so ab 23, 24 gilt man als alte Jungfer! Und die verarschen Euch doch nur. Die wollten nur einen Gratistrip auf Deinem Boot!"

„Also Flor hatte mir ja erzählt von ihrem Freund, der in Chicago sein soll."

„Siehst Du. Seine war wenigstens ehrlich genug, es zuzugeben!"

„Nein, das hat sie nur so dahergesagt, damit er sie in Ruhe lässt!"

Carlos hatte indessen bei diesem Austausch lieber in die Liege geknallt und an seinem Bier gesogen, kam aber jetzt mit der Bemerkung zurück ins Spiel, dass ich „damit", er meinte natürlich den oben am Strand parkenden VW, niemals die Küstenstraße hochkommen würde.

„Schon gar nicht allein. Du musst immer einen Kameraden mitnehmen, mit einem zweiten Wagen. Man braucht 4 x 4, eine Winde, Extrabenzin, Wasservorräte und alles Mögliche dazu, vor allem Reservereifen, Pumpe und Schläuche. Du solltest auch etwas von Reparaturen verstehen. Da draußen wirst Du keinen Pannendienst zu sehen bekommen und wenn Dich eine Schlange erwischt, gibt es keinen Arzt. Und Deine Karottenpflanzen wirst Du in Sonora nicht finden, die gibt es nur auf Baja. Fahr besser über die einigermaßen glatte Piste nach Puerto Libertad, wenn Du die Wüste sehen willst, oder nach Punta Chueca, ist alles dasselbe. Kakteen ohne Ende. Von Puerto Libertad aus gibt es keine rechte Piste mehr, Du kehrst um und fährst über Hermosillo über die 2 nach Baja."

„Laut meiner Karte gibt es aber einen Fahrweg nach Caborca!"

„Soso, ein Fahrweg. Nein, es gibt einen ganzen Irrgarten von Wegen da draußen. Viel Glück, wenn Du den richtigen finden willst. Du biegst falsch ab und bis Du es merkst, bist Du entweder festgefahren oder hast kein Benzin mehr. Wenn Du wirklich so auf Blumen stehst, bleib besser bei Deiner neuen Freundin. Musst nur am Ball bleiben! Dann vergisst die ihren angeblichen Freund. Die heißt doch Flor, oder? Hörst Du, Karen, ein Blumenkind, wie Du!

„Hör auf, Unsinn zu quasseln, Carlos, und schieb noch eine von den Selbstgedrehten rüber. Ich will mich ein wenig entspannen."

Er tat wie geheißen. Die Freunde des frischverliebten Gary – sie waren schon lange zusammen – waren keine begeisterten Zuhörer für sein Lieblingsthema, und die Unterhaltung glitt zunehmend ins Politische ab, längst waren die Sterne herausgekommen und unsere Eiskiste wurde darob wieder langsam leer. Karen dozierte in Längen über die Unfähigkeit des unlängst von George Bush dem Älteren abgelösten Ronald Reagan, welcher die Welt an den Rand eines Atomkriegs gebracht haben soll. Auch an Bush ließ sie kein gutes Haar. Ein Kriegstreiber sollte er sein, der sich das kuwaitische und irakische Öl unter den Nagel reißen wolle, um das von Reagan angehäufte Defizit abzutragen. Karen war ein großer Fan von Michail Gorbatschow, er würde der Welt mit seiner neuen Politik den Frieden bringen und den Kalten Krieg beenden. Damals, im Frühjahr, war es ja bereits zu ersten Befreiungsversuchen in Polen um Lech Walesa gekommen, aber hier in Kino waren wir praktisch aus der Welt herausgefallen, keine Nachrichten, keine Zeitung, man könnte hier vermutlich sogar einen Atomkrieg verpassen. Karen begann ihren Vortrag gegen Reagan von Neuem:

„Ja und dann diese Nancy, die machte doch in Wirklichkeit die Politik. Sie fragt ihren Astrologen um Rat. Ronnie ist doch als Drittklass-Schauspieler gar nicht schlau genug für den Job."

„Ach Karen, Reagan ist doch seit Januar weg!"

„Ja, aber George Bush, sein Ex-Vize, ist nachgerückt, ein Ex-CIA-Direktor, der Salvador Allende in Chile abserviert hat. Der demokratisch gewählte Präsident Chiles! Georgie Boy ist nur das Schoßhündchen der Leute um Reagan und der Chicago Boys mit ihrer Ausbeuterideologie."

„Ich für meinen Teil habe unter Reagan nicht schlecht gelebt, mit meinem Bootsunternehmen, aber jetzt ist es schwieriger geworden."

„Reagan hat halt für seine Militärausgaben ein Riesendefizit angehäuft, und gespart wird jetzt bei uns."

Ich kannte viele der angesprochenen Themen noch von der 1987er Reise und vervollständigte Karens miesen Eindruck von Ronald Reagan mit den Vorkommnissen rund um die Iran-Contra-Affäre und den Missetaten eines gewissen Oliver North in Zentralamerika.

„In Europa mag keiner die Republikaner, oder fast keiner. Sogar Spanien ist jetzt eine Demokratie."

„Und ganz Europa einigt sich in der EU!"

„Nicht ganz, gewisse Nordländer und die Schweiz bleiben draußen."

„Wieso denn das?"

„Wir wollen uns halt nicht dreinreden lassen!"

„Und weiterhin allen Diktatoren helfen, das geraubte Geld zu verstecken."

Das war typisch Karen. Ich hatte nichts gegen ihre Ansicht, was sie in Erstaunen versetzte. Das ständige Erwähnen der Banken nervte. Ich selbst hatte ja nichts davon, wenn die in Zürich Geld scheffelten. Auf einmal kam jetzt ein Wind auf, der zu der bereits vorhandenen noch mehr Wärme mitbrachte, ein ablandiger Wind aus der ausgeglühten staubtrockenen Wüste, der immer stärker wurde.

„Ich hasse diese Santa Ana Winde. Sie sind des Teufels, wenn es den überhaupt gibt. Oben in Frisco nennt man ihn sogar Diablo-Wind."

Sie kannte sich mit diesen trockenen Fallwinden in Kalifornien aus. Hier stiegen sie aus der Sierra Madre herunter, erwärmten sich föhnartig und brachten zusätzlich die Wüstenhitze bis an die

Küste. Jetzt war es noch heißer als am Nachmittag, der Wind war wärmer als Körpertemperatur. Es mochte um die 40 Grad haben. Das bislang so paradiesische Bahia Kino ließ seine Krallen heraus, wie man in Nordmexiko zu sagen pflegt, wenn etwas oder jemand seine wahre Natur enthüllt. Ich würde natürlich trotz Carlos' Warnung nach Caborca fahren, auf der direkten Route, aber die Küstenstraße würde ich sausenlassen. Die Cirios mochte ich bei Puerto Libertad antreffen, oder auch nicht. Wir verabschiedeten uns von Karen und Carlos und versuchten dann, unter der durch den Fallwind erzeugten Hitzeglocke zu schlafen. Der Wind hatte inzwischen ein wenig nachgelassen, die Sterne flackerten unruhig in der heißen Nachtluft als ich meinen Bungalow aufschloss.

Am folgenden Tag, der Himmel war angefüllt mit allen Arten von Zirren und die Sonne ungewohnt diesig, befanden Gary und ich uns weit draußen auf dem Meer vor Bahia Kino. Es war unangenehm heiß, selbst auf dem Wasser. Kein „Licht der Wahrheit" stand mehr an einem wolkenlosen, sattblauen Himmel, der Inspektor schien meine Befragung beendet zu haben, meine Geständnisse waren wohl befriedigend ausgefallen. Weshalb war ich denn noch hiergeblieben? Zumindest wurde mir an jenem sich grausam in die Länge ziehenden Tag bewusst, dass die Episode hier unweigerlich zu Ende war. Von Garys gestriger überschäumenden Champagnerlaune war ebenfalls nichts übriggeblieben außer einem riesigen Kater. Die Bemerkungen Karens oder die Trennung von Paty hatten Zweifel in sein Herz gesät. Er bedauerte es von Moment zu Moment mehr, nicht gleich mit Paty mitgefahren zu sein. Das Boot konnte er ja später immer noch abholen und derweil bei Luis unterstellen, wiederholte er ständig.

Aber wieso war ich überhaupt noch länger hier geblieben? Ich wollte doch längst unterwegs auf der Piste nach Norden sein! Aber hier saß ich, ebenfalls verkatert und missmutig auf Garys Cat's Paw, Bierflasche in der Hand. Man konnte die Küste in der schwülen Hitze nicht mehr sehen, als ob der Ort, wo ich letzte Woche so glücklich gewesen war, gar nie existiert hatte. Dort hätte ich sein sollen, an Land, wo noch ein unerledigtes Geschäft meiner wartete, das mich seit heute früh über alle Maßen beschäftigt hatte. Ich war in Gedanken bei Claudia, den ganzen Morgen schon. Gary hatte am Morgen beim Frühstück auf mich eingeredet, noch einen Tag zu bleiben, um mit ihm rauszufahren, zum Angeln und Trinken. Und ich war nur zu gerne mit ihm gegangen, denn in Wahrheit traute ich mich ja gar nicht, Claudia noch einmal unter die Augen zu treten! Anstatt mich ihrem Zorn, ihrer Verachtung oder sonst was von ihr auszusetzen, waren meine Gedanken wieder abgeglitten in angenehmere Zeiten. Ich rief mir wieder und wieder die Szene am Abend des Fünften ins Gedächtnis zurück, bis ich vor Sehnsucht nach ihr ganz taumelig wurde. Wie sie aussah, wie sie mich angesehen hatte mit ihren schwarzen Augen, wie sie sich in eine kussgerechte Pose warf und mich schließlich packte und mich einfach küsste, als ich zu lange gezögert hatte. Ich glaubte bald, ihren festen, aber gleichzeitig weichen und warmen Körper zu spüren und ihren ausladenden Kurven mit den Händen nachzufahren. Curvas peligrosas!

Wir lauschten den bald ermutigenden, meist aber verzweifelten Liedern von Linda Ronstadt, diejenigen über unmögliche oder zerbrochene Liebschaften, oder über zwei feurige Augen, welche meine Seele vor Liebe erbeben ließen.

Oh ja, ich ahnte nun, dass sowas tatsächlich möglich ist. Wir wurden davon endgültig melancholisch, wobei auch der völlige Misserfolg beim Angeln und eine wahrhafte Sintflut von Dos Equis nicht unerheblichen Anteil hatten. Ich war jetzt bald 24 endlose Stunden wieder allein. Ohne Mädchen an der Seite. Ich hatte an den vergangenen zwei Tagen kaum mehr an Claudia gedacht, außer in den Momenten, wo meine Gedanken für einen Moment Ruhe fanden, oder ich von den anderen auf sie gestoßen wurde. Geträumt hatte ich nicht von ihr und auch nicht von Flor, das hielt ich für seltsam, unerklärlich. Aber jetzt, als Flor fort und ich wieder allein war, fiel ich wieder auf den letzten Freitag zurück. Claudia hatte schließlich keinen Freund, keine Novios, wie sie behauptet hatte. Und von ihr hatte ich diesen Kuss bekommen. Ohne dass wir das Mindeste gesprochen hätten oder auch nur wussten, wer wir waren.

Was auch immer für Hintergedanken diese Claudia gehabt haben mochte, sie hatte mich dazu ausgesucht, und sie hatte mich küssen wollen, wohl kaum ahnend, was sie anrichten würde. Aber es hatte ihr hernach gefallen, das wusste ich mit erstaunlicher Klarheit genau.

Aber etwas Anderes war viel wichtiger gewesen! Wie konnte sie nur derart über mich herfallen? Und wie war es möglich, dass ich mich derart gehen ließ? Sie so einfach vor aller Welt derart abzuküssen! Wieso konnte ich sie überhaupt küssen? Ich wusste immer noch, wie sie sich angefühlt hatte! Claudia war danach richtig gierig nach mir gewesen, und ich nach ihr. Die Erinnerung an diese Szene brannte sich je länger desto tiefer in meine Seele hinein, und auf einmal verspürte ich unten in der Magengrube irgendein Etwas, das vorher nicht dagewesen war und einen erheblichen Druck ausübte, als ob das Herz keinen Platz mehr in der Brust fand. Es machte das Atmen schwer und brachte mich zum Aufseufzen, und mir dämmerte ein fürchterlicher Verdacht herauf. Das war doch diese Herzkrankheit! Wie hatte ich doch heimlich über den armen David gelacht, mich ihm so überlegen gefühlt, weil mir das bestimmt nie passieren würde. Er trank sich dort unten in Mazatlán in dieser Spelunke langsam um Verstand und Leber, er brachte sich langsam um, zusammengesunken auf einem Klappstuhl, bis sie ihn mit einem Wasserstrahl zur Tür hinausjagten.

Aber jetzt hatte ich ihm nichts mehr voraus. So fing es also an. Ich war nie verliebt gewesen, bis jetzt. Und es fühlte sich unheimlich an, nicht schön. So ganz allein, niemand da, um darüber zu reden. Es war nicht zu kontrollieren, es drängte mich alles, immer wieder an Claudia zu denken, an den Moment, als sie mir das Leben noch einmal schenkte. Ich fühlte an jenem 8. Mai eine nie gekannte Traurigkeit, die ich mir kaum erklären konnte. Ich fühlte mich auf eine vorher nie gekannte Weise einsam. Aber ich hatte jedenfalls auch viel zu viel getrunken, war kaum je nüchtern gewesen seit einer Woche. All das musste nun ein Ende finden, und zwar so schnell wie möglich. Ich musste unbedingt von hier verschwinden. Ich sprach nun Gary darauf an:

„Du, ich haue morgen früh ab!"

„Wirst Du zurechtkommen?", fragte er mich, wohl meinen schlechten Zustand erahnend.

„Ich denke schon."

„Immer noch nach Baja?", fragte er mit ungewohnt sanfter Stimme. Jegliche Lustigkeit und Übermut war aus seinem Wesen verschwunden.

„Vielleicht, vielleicht auch nur bis zum Pinacate. Es wird langsam spät, ich muss ja Ende Monat zurück!"

Ich versuchte, möglichst unbekümmert zu antworten. Er sollte sich keine Sorgen machen. Aber er wusste, wie es um mich stand, und mochte sich auch Vorwürfe machen. Aber es wurde Zeit für mich.

Der Abend mit Flor! Mit ihr war alles so selbstverständlich gewesen, leicht und einfach. Keine Angst, weder bei ihr noch bei mir. Vielleicht Traurigkeit, als sie von der anderen gehört hatte. Ihre Zurückweisung, die sie sogleich bedauert hatte. Aber alles hatte ganz einfach auf eine gänzlich unerklärliche Weise zusammengepasst, sogar die Fische hatten angebissen – nur an genau jenem Tag. Keine Angst, keine Zweifel, alles war klar, einfach und schön.

Nein, ich würde nicht mehr nach Baja fahren. Hoch zum Pinacate, und dann hinüber nach Chihuahua, dem Teufel ins Auge schauen! Seltsame Sache. Flor wusste, wo dieser geheimnisvolle Ort lag, Ojo del Diablo. Eine Quelle also. Eigentlich unfassbar in dieser Einöde. Wenn ich auf dieser Reise noch etwas wirklich tun wollte – es war der Besuch dieses allem Anschein nach außergewöhnlichen Ortes. Das ebenmäßige Gesicht von Flor tauchte in meinem Gedächtnis auf. Ihre großen Mandelaugen, wie sie mich angeschaut hatten, als ich ihr von diesem Ort erzählt hatte. Ich konnte bis in ihre Seele hinabschauen ohne zu erstarren oder erschauern und hatte gewusst, dass sie mich liebte. *Liebte ich auch sie? Kann man sich zweimal verlieben? Eher nicht! Entweder-Oder – oder am Ende gar keine! Es konnte keine schönere Frau geben als Claudia, nur sie hatte es geschafft, mich zum Küssen zu bringen. Sie war alles, was ich mir wünschen konnte – aber mit ihr in den Bungalow zu gehen, das konnte ich nicht. Mit Flor schon! Sie hätte es nur zu wollen brauchen. Ich hätte sie geküsst und dann …*

Aber wie kam ich überhaupt dazu, so einfach mit ihr anzubandeln, kaum einen Tag nach diesem wahrhaft überwältigenden Kusserlebnis mit Claudia? Das war nun wirklich nicht wer ich zu sein glaubte. Seit Freitag war irgendwie alles anders geworden, so, als ob Claudia mit ihrem Kuss etwas von ihrem leichtlebigen Wesen auf mich übertragen hätte. Oder eher etwas aus mir herausgesaugt! Nämlich meine Schüchternheit Frauen gegenüber. Verrückte Idee. Zu viel Bier. Der Kuss. Zu viel von allem! Zu viel Claudia! Ich fragte mich, ob das jetzt immer so weitergehen würde. *Ich würde wie ein Irrlicht durch die Wüste ziehen und überall Frauen verführen* – blitzte ein absurder Gedanken durch meinen Geist – und ich begann mir wirklich, mein voriges Leben zurückzuwünschen, das so ruhig und vorhersehbar in geordneten Bahnen verlaufen war. Da hatte ich noch die Kontrolle ausgeübt, und konnte Pläne konstruieren, die sich dann auch meistens erfüllen ließen. Es wurde wirklich Zeit, mein Leben wieder selbst zu führen, und es nicht um andere kreisen zu lassen.

Heute Abend würde ich die Route ausarbeiten, welche mich von hier wegbringen würde und schwierig genug war, meine Gedanken zurück ins gewohnte Fahrwasser zu bringen, bevor dieser seltsame Ort mit ein paar gräulichen, einstöckigen Häusern aus nackten Zementblocksteinen, inmitten einer mit bizarren Gewächsen angefüllten grellweißen Zauberwelt gelegen, am Anfang vom Ende der Welt, mir nochmals einen letzten unvermuteten Streich spielen konnte.

Ein Labyrinth in der Einsamkeit

El Chubasco

Am anderen Morgen wachte ich enttäuscht auf. Noch eine einsame, in traumloser Betäubung verbrachte Nacht! Draußen hatte es wieder fast völlig aufgeklart und nur noch wenige Zirren standen im Nordosten. Die Sonne zeigte wiederum ihre grelle Strahlkraft und es war bereits jetzt, um 9 Uhr morgens unangenehm heiß. Ich hatte den Bungalow bereits am Vortag abgegeben, Luis wollte früh nach Hermosillo fahren. Ich bedankte mich nochmals bei Gary, war aber irgendwie nicht ganz bei der Sache. Es war weder ein herzlicher noch besonders fröhlicher Abschied. Zu viel war in den letzten paar Tagen hier passiert. Ich musste einen ziemlich schlechten Eindruck auf ihn gemacht haben, weil er so ganz anders war als sonst, als ob er sich für meinen miserablen Zustand verantwortlich fühlte. Er machte wohl noch einen Versuch, mich zu ein paar Zusatztagen zu überreden, so wollte er mich nicht ziehen lassen, oder wollte nicht allein auf seinen Buddy warten, in Gedanken bei Patricia. Aber ich hatte mich entschieden, und dabei musste es bleiben. Ein letztes Winken, als ich aus dem Hof kurvte und auf die Hauptstraße Mar del Cortés gen Osten fuhr. Ich suchte eine Radiostation, wo sie vielleicht „La Hora de Vicente Fernandez" hatten, es ging ja schon auf 10:00 zu. Ich erwischte eine aus Hermosillo, der Werbung nach zu schließen. Aber dann hatten sie eine andere „Hora", nämlich die mit einem Antonio Aguilar. "Y Andale" hatte derPräsentator angekündigt und schon schallte es aus dem Autoradio. Das kannte ich doch! Aber ja! Auf Garys Linda Ronstadt-Tape! Don Antonio sang es viel fröhlicher, als ob er gerade in einer Cantina sitzen würde. Aber da hätte die Banda Sinaloense nicht reingepasst, welche die Begleitung machte! Die Sache besserte bereits zusehends!

Ich fuhr durch das staubige Örtchen mit seinen grauen, schlichten Häusern. Alles grau und voller Staub. Weit draußen schimmerte dafür die Alcatraz-Insel im strahlenden Morgenlicht im tiefblauen Meer. Das nächste Stück! Es war langsamer, diesmal mit Mariachi. Ich verstand nicht, was der Titel war, weil ich gerade durch einen Pick-up abgelenkt war, der vor mir einbog. Er schlich nur so dahin in Richtung Hermosillo. Egal! Etwas von einem Chubasco? Er wollte also einen Chubasco, wie hier am Golf von Kalifornien die Tropenstürme genannt werden, heraufbeschwören, damit seine Liebste nicht mit dem Boot davonfahren konnte! Ja, das konnte ich jetzt nachvollziehen! Flor war vorgestern mit ihrem Bus aufgebrochen, und hatte mich hier zurückgelassen, und Claudia, nun, sie war seit Freitagabend wie vom Erdboden verschluckt. Sie mochte ebenfalls nach Chihuahua unterwegs sein! Das würde ihr spurloses Verschwinden erklären, so groß war der Ort ja nun auch wieder nicht. In Kino Viejo bog ich auf die mir inzwischen sattsam bekannte Sandstraße rechts von der Teerstraße ab und steuerte die Pemex-Station an. Ich füllte den Tank buchstäblich bis zum Überlaufen voll; mit einem Rülpser spuckte der VW einen Schluck Benzin auf den Betonboden der Tankstelle. Weiter vorne war das Deposito. Ich würde dort noch Wasser und Proviant kaufen. Der VW tuckerte langsam die sandige Straße gegen die Hauptstraße hinunter, wieder an jener Schule oder einem Kindergarten vorbei. Ich hatte vorhin den Heidenlärm der Kinder gehört, sie mussten gerade in der Pause sein. Es gab einen Maschendraht, der den gleichfalls sandigen Schulhof von der mit tiefem Sand bedeckten Straße abtrennte. Ein Trio junger Frauen hatte sich an einer Düne eingefunden. Sie schienen auf etwas zu warten, vielleicht einen Bus, der sie nach Hermosillo bringen mochte, oder vielleicht machten sie auch nur einen Schulbesuch. Eine der drei hatte sich elegant in der Hocke bequem gemacht. Ihre enge, neongrüne Hose leuchtete von Weitem im grellen Vormittagslicht. Sie hätte ich aus Tausenden heraus wiedererkannt und wusste schon von Weitem, wer sie war. Unvermutet und wieder wie aus dem Nichts heraus war sie vor mir aufgetaucht, und wie beim ersten Treffen traf mich ihr Anblick wie ein Donnerschlag! Sie war wunderschön! Einfach unverwechselbar, zimtbraune Samthaut, üppige Oberweite, obwohl ihre blütenweiße, geschlossene Bluse heute viel weiter war als ihr lila Kleid vom Freitag. Sie sah heute ganz anders aus. Die neongrüne, allerdings körperbetonende Hose und diese weiße kurzärmelige Bluse mussten heute genügen, aber auch darin sah sie einfach hinreißend aus. Eine einzige Versuchung. Sie trug ihr Haar offen, wild, eng gelockt, ganz schwarz. Die Lippen trugen wieder dieselbe Farbe, die ich ihr am Freitag weggeküsst hatte. Längst hatte sich der Zeitstrom wiederum zu Schneckengeschwindigkeit verlangsamt, als ich zu ihr und ihren Freundinnen hinübersah. Sie beachtete den roten VW überhaupt nicht, als ich ihn an ihr und ihren Begleiterinnen vorbei weiterrollen ließ und ihn an einer etwas breiteren Stelle unter eines der sonnenschirmartig wirkenden, dichtbelaubten Bäumchen stellte. Ein unerträglich starkes, bis an den Hals sich ausdehnendes Herzklopfen, nein, eher den ganzen Körper erschütternde Schläge erfüllten die innere Leere, welche sich schlagartig ob ihres Anblicks breitgemacht hatte. Was würde sie jetzt sagen? Was sollte ich zu ihr sagen? Zumindest freundschaftlich sollten wir doch auseinandergehen! Ich würde sie sowieso nie mehr vergessen. *Claudia! Von Dir habe ich meinen ersten Kuss bekommen!* Sowas vergisst man doch nicht. So etwas kann man doch nicht vergessen! Als ich langsam zu dem Trio hinüberging, wurde Claudia auf mich aufmerksam, sagte etwas zu ihren Begleiterinnen und stand in ihrer geschmeidigen Art auf. Schon konnte ich ihre schwarzen Augen sehen, als sie mich ein wenig herausfordernd, Arm in der V-förmigen, engen Taille, aber nicht unfreundlich ansah und …

CUT!

„He, wir haben diese Szene doch am Samstag umgestellt! Wir machen keine Novela hier! Das ist viel zu normal. So hätte es im richtigen Leben ablaufen können, so würde es jeder machen! NOCHMAL!"

In irgendeiner anderen Lebenswirklichkeit hätte diese Szene so ablaufen mögen, nein, so hätte ich vielmehr diese Situation angehen sollen! Ich hätte endlich ein paar Worte mit Claudia sprechen können und mir zumindest eine nette Freundschaft eingehandelt. Oder klare Verhältnisse! Aber es war der 9. Mai 1989. So einfach war es für mich trotz allem nicht, völlig nüchtern eine Frau anzusprechen, schon gar nicht eine, mit der ich dieses unwirkliche Erlebnis gehabt hatte. Der ich so viel schuldig geblieben war, so viel verdankte! Hier begann es also. Meine bisher so gradlinig verlaufene Straße des Lebens war in eine Wüstenpiste übergegangen und jetzt gingen immer mehr unmarkierte Abzweigungen von der Piste ab. Einige mochten passierbar sein, wunderschöne Erlebnisse versprechend, andere endeten blind oder man blieb gar unwiderruflich stecken. Man muss sich in der Wüste oft von der Intuition leiten lassen und auch hier schien die Entscheidung, wie mein Lebensweg weitergehen sollte, anderswo gefallen zu sein. Der Abschied von Claudia verlief nämlich vielmehr so:

In Kino Viejo bog ich auf die mir inzwischen sattsam bekannte Sandstraße rechts von der Teerstraße ab und steuerte die Pemex-Station an. Ich füllte den Tank buchstäblich bis zum Überlaufen voll; mit einem Rülpser spuckte der VW einen Schluck Benzin auf den Betonboden der Tankstelle. Weiter vorne war das Deposito. Ich würde dort noch Wasser und Proviant kaufen. Der VW tuckerte langsam die sandige Straße gegen die Hauptstraße hinunter, wieder an jener Schule oder einem Kindergarten vorbei. Ich hatte vorhin den Heidenlärm der Kinder gehört, sie mussten gerade in der Pause sein. Es gab einen Maschendraht, der den gleichfalls sandigen Schulhof von der mit tiefem Sand bedeckten Straße abtrennte. Ein Trio junger Frauen hatte sich an einer Düne eingefunden. Sie schienen auf etwas zu warten, vielleicht einen Bus, der sie nach Hermosillo bringen mochte, oder vielleicht machten sie auch nur einen Schulbesuch. Eine der drei hatte sich elegant in der Hocke bequem gemacht. Ihre enge, neongrüne Hose leuchtete von Weitem im grellen Vormittagslicht. Sie hätte ich aus Tausenden heraus wiedererkannt und wusste schon von Weitem, wer sie war. Unvermutet und wieder wie aus dem Nichts heraus war sie vor mir aufgetaucht und wie beim ersten Treffen traf mich ihr Anblick wie ein Donnerschlag! Sie war wunderschön! Einfach unverwechselbar, zimtbraune Samthaut, üppige Oberweite, obwohl ihre blütenweiße, geschlossene Bluse heute viel weiter war als ihr lila Kleid vom Freitag. Sie sah heute ganz anders aus. Die neongrüne, allerdings körperbetonende Hose und diese weiße kurzärmelige Bluse mussten heute genügen, aber auch darin sah sie einfach hinreißend aus. Eine einzige Versuchung. Sie trug ihr Haar offen, wild, eng gelockt, ganz schwarz. Die Lippen trugen wieder dieselbe Farbe, die ich ihr am Freitag weggeküsst hatte. Längst hatte sich der Zeitstrom wiederum zu Schneckengeschwindigkeit verlangsamt, als ich zu ihr und ihren Freundinnen hinübersah.

Ich sah sehnsüchtig zu ihr hinüber und bemerkte erst dann, und völlig schockiert, dass Claudia ebenfalls vergeben sein musste. Einem Freund hätte sie vielleicht nach unserem Kuss den Laufpass gegeben (Heilige Einfalt, die meine, aber immerhin …) eine Verlobung kann man auflösen. Im alleräußersten Fall kann man einen Ehemann verlassen. Aber Claudia war in einer Beziehung, welche man niemals auflösen kann! Sie war auf eine Art vergeben, die endgültig war. Es war endgültig aus, bevor auch nur irgendwas hätte anfangen können! Die Gruppe setzte sich statt aus einem Trio, wie ich zuerst gedacht hatte, vielmehr aus einem Quartett zusammen. Claudia hatte nämlich nur Augen für ein kleines Mädchen, das vor ihr im Sand spielte! Ich wusste sofort, was ich im Grunde ohne zu fragen gar nicht wissen konnte, nämlich, dass es sich um ihre Tochter handeln musste. Bei ihr gab es jedoch solche Zweifel nicht. Ich wusste einfach, Claudia hat eine Tochter!

Und ich wusste sogar noch mehr: Ich würde nicht anhalten, der VW schien ein Eigenleben entwickelt zu haben und wollte nicht stoppen, es gab nichts mehr zu bereden. Sie mochte einen richtigen Abschied verdient haben, vielleicht sogar eine Entschuldigung meinerseits, gewiss ein Dankeschön, aber sie sah so zufrieden und unbekümmert aus, sie würde mich vielleicht schon lange abgehakt haben, höchstens ein weiterer bunter Punkt in ihrem farbenfrohen Leben darstellend. Ich habe ihr viel zu verdanken, sie hatte mir wohl völlig unbewusst einen großen Dienst erwiesen. Aber mochte eine höhere Macht ihr diese gute Tat, welche sie ohne es zu wissen zuwege gebracht hatte, gebührend vergelten.

Ach Claudia! Dich zu lieben bereitet mir zu viele Schmerzen! Dafür war ich nicht gemacht. Ich wusste nun, dass es mit ihr niemals etwas werden konnte, als ich sie mit dem Mädchen spielen sah. Ich sah mit großer Befriedigung, wie sie ganz ruhig und in gelöster Stimmung entweder zu dem Mädchen oder zu ihren Freundinnen sprach. Sie machte einen glücklichen, zufriedenen Eindruck. Ich hatte zwar keine Ahnung, was ich mit meinem Leben anfangen würde, aber ich wusste mit Bestimmtheit, was ich niemals tun konnte und ganz sicher nicht tun wollte, nämlich ein fremdes Kind aufzuziehen. Auch Claudias Kind nicht! Das traute ich mir nicht zu, nicht damals, als ich noch vor vier Tagen überhaupt nie auch nur im Traum daran gedacht hätte, dass ich heute solche Gedanken wälzen würde. Und auch im restlichen Leben nicht, schon gar nicht, wenn eigene dazukommen würden, weil unbewusst immer ein Unterschied da wäre. Wenn es ein anderer kann, gut für ihn und er mochte mit dieser Schönheit hier glücklich werden. Ich erkannte auch, wie haarscharf ich an einer Katastrophe vorbeigeschlittert war. Wenn sie nur ein Wort gesagt hätte an jenem Abend, jenem 5. Mai, ich wäre wohl widerspruchslos mit ihr gegangen und hätte getan, was immer sie wollte. Dann hätten vielleicht nächstes Jahr 2 Kinder hier im Sand gespielt. *Oder hatte Claudia mit mir am Ende doch noch etwas Anderes gemacht? Von einem Kuss kann man doch nicht so durchdrehen, oder? Und wieso sahen Gary und Luis so geschockt drein danach? Wegen eines Kusses?! Nein, kann nicht sein, obwohl ein paar Lücken doch vorhanden zu sein schienen. Es war so schnell dunkel geworden … Wie lange kann man sich eigentlich küssen …Nein, kann nicht sein! Das hätte ich niemals vergessen können! Nicht mit ihr …Egal … Ich musste von hier weg!* Ich schaute Claudia noch ein letztes Mal an, es musste ein Abschied für immer werden.

„Lieber Gott, sie zu lieben bereitet mir zu viele Schmerzen. Lass sie mich bitte nie wiedersehen!"

Dazu musste ich ein gehöriges Stück Land zwischen uns bringen, sie war wie die stärkste aller Drogen und brachte mein Leben komplett durcheinander. Da half nur strikte Abstinenz! Jetzt fuhr ich ganz nah an ihr vorbei, ein allerletzter Blick noch! Trotz aller Mühen sie zu vergessen blieb sie mir jedoch wie ein fiebriger, lila Traum lebenslang erhalten, obschon sie mir auch im Traum auf Jahrzehnte nie so erschienen ist, dass ich sie erkannt hätte. Niemand vergisst einfach seinen ersten Kuss, schon gar nicht, wenn man ich volle 12 Jahre darauf warten musste, und ihn von der schönsten Frau, die ich im Leben je gesehen hatte, bekam, und ohne dass wir ein Wort miteinander gewechselt hatten. Ich hatte keine Ahnung, was ich im Begriffe war zu tun und was es für die folgenden Tage bedeuten würde. Aber wahr ist es doch: *„So machte mich, gleich vielen andern, die erste Liebe zum Narrn!"* (Ulrich Bräker)

Dann, als mir bewusst wurde, dass ich gerade Abschied für immer von ihr nahm, und mein VW, der eigensinnig und ohne mein Zutun langsam an ihr vorbeischlich, um sie und ihre Tochter ja nicht mit Staub zu belästigen und ich ihr nun durch den Rückspiegel nachblickte, da spürte ich, wie meine Seele in einem Meer von Schmerz versank und mein Herz brach. Jetzt zog ganz plötzlich ein Chubasco herauf und ihr Anblick wurde mir von einem plötzlich auftretenden Regenvorhang entzogen. Der Regen fiel so dicht, dass ich kaum die Straße erkennen konnte, als der VW, der den Weg wie von selbst zu finden schien, unten rechts auf die Landstraße nach Hermosillo einbog. Wie von einem heftigen Wind geschüttelt schlingerte der Wagen über die Landstraße. Ich sah so gut wie nichts, bis ein nach links weisendes Schild nach etwa 10 Minuten in der Wüste auftauchte:

„Puerto Libertad 169 km"

Der Hafen der Freiheit! Der Regen hörte jetzt sofort auf und ich ließ mein Gesicht von der heißen trockenen Wüstenluft wieder trocknen. Mit einem letzten Aufseufzen war es vorbei. Wenigstens waren keine Blutstropfen aus meinem Herzen dabei gewesen, wie es bei Linda Ronstadt heißt, aber der Knoten in der Magengrube war weg und ich fühlte mich erleichtert, als ich meine treue, rote Rocinante mit Höchsttempo über die Nebenstraße sausen ließ. Das Auto schien froh zu sein, dass es endlich wieder Auslauf bekommen sollte.

Ich wollte als wahrer Ritter von der traurigen Gestalt es hier draußen mit den Windmühlen aufnehmen, welche meine Gedanken zermahlen wollten! Ich wusste jetzt, dass ich Claudia liebte, denn Tränen lügen nicht! Aber ich wusste nichts damit anzufangen. Ich wollte sie so rasch wie möglich wieder vergessen. Ich blickte in die flimmernde trostlos-trockene Einöde. Vertrocknete, staubige Kakteen wechselten mit schütteren, oft bereits aufgegebenen Landparzellen ab, als die Straße plötzlich scharf links nach Westen abbog und ich den Wagen kaum unter Kontrolle behalten konnte. Mit einem Satz und einem unwilligen Rumpeln und Schlingern schoss er von der Teerstraße herunter auf eine breite Wüstenpiste. Unbewusst schaute ich auf den Kilometerzähler. Eine gute Gelegenheit, einmal innezuhalten. Ich notierte den Kilometerstand, um zu wissen, wie weit ich es zurück zur Teerstraße hatte, falls ich liegenbleiben würde. Obwohl es niemand gesehen hatte, war mir mein tränenreicher Abschied von vorhin schon ein wenig peinlich, hatte so gar keine Übung damit, aber ich fühlte mich wenigstens erleichtert. Ich hatte noch niemals in meinem bewussten Leben so viel geweint wie gerade eben. Jetzt sah ich meine Situation bereits ein wenig klarer. Das Praktische gewann die Oberhand. Nämlich dergestalt, dass ich ob dieses unvermuteten Wiedersehens mit Claudia vorhin doch glatt vergessen hatte, mir Getränke und Proviant zu besorgen! Aber Flüssigkeit hatte ich scheinbar genug in mir, wie man vorhin sehen konnte, und es würde in diesem Marinestützpunkt schon einen Laden geben. Ich wollte keinesfalls nochmal nach Bahia Kino zurück, wenn ich schon bald 50 km von dort weg war. Es war, als ob es dort etwas gab, das mich zurückholen wollte. Oder jemand.

Diese Erkenntnis veranlasste mich, einen Plan auszuarbeiten, der verhindern würde, dass ich zurückkehren konnte, ohne wenigstens eine Nacht darüber geschlafen zu haben. Ich würde so lange weiterfahren, bis der Tank mehr als halb leer war und dort mitten in der Wüste übernachten. Dann musste ich einfach weiter nach Desemboque oder Caborca fahren, wenn ich nicht ohne Benzin hier draußen liegenbleiben wollte. Ich hoffte, dann aber wieder so weit zu sein, mein früheres Wanderleben durch die nordamerikanischen Wüsten erneut aufnehmen zu können.

Die Stille! Die schneeweiße Piste zog sich endlos in den Nordwesten hinein, durch ein flaches, weites, von niedrigen Bergzügen umrahmtes Becken. Alles war von einem wahren Säulenkakteenwald aus mindestens 3 Arten bedeckt. Ich bekam Lust, mich hier ein wenig umzusehen. Tatsächlich fanden sich hier sowohl der die Küstenstriche bevorzugende Cardón als auch der wärmeliebende Orgelpfeifenkaktus und sogar der eher die kühleren, höher gelegenen Bezirke besiedelnde Saguaro. Auch Jungpflanzen der drei großen Säulenkakteen ließen sich in großer Zahl finden. Ansonsten gab es kaum Vegetation, einmal die etwas dichter bewachsenen Ränder der Piste zurücklassend befand ich mich in einer sehr lückig mit Säulenkakteen bestandenen Vollwüste aus lauter kleinen, rötlichen Steinen. Ein kleiner Cardón erregte meine Aufmerksamkeit: „Na Du kleines Stacheltier, hat man Dir hier in Kino auch übel mitgespielt?" Die Jungpflanze bestand nur noch aus einem Geflecht aus langen, kreideweißen Dornen, alles Grüne war mumienhaft eingeschrumpft in der gnadenlosen, grellweißen Sonne. „Na komm, ich nehm' Dich mit und bringe Dich an einen besseren Ort", murmelte ich zu dem bedauernswerten Kakteenkind, und legte die Wurzel frei, was angesichts des staubtrockenen, eine mehlartige Konsistenz aufweisenden Bodens nicht schwierig war.

Es war mir nicht bewusst, dass sich längst ein Samenkorn im staubtrockenen Grund meines Herzens niedergelassen hatte, vom vorigen „Regen" notdürftig am Leben gehalten. Es würde sich noch Monate gedulden müssen, bis nach den starken Sommerregen, bis es keimen und wachsen konnte. „Wasser gibt es erst in Puerto Libertad", sagte ich zufrieden, angesichts meines allerdings illegalen Souvenirs aus Bahia Kino.

Das Autoradio war leider längst verstummt. Kein UKW-Empfang mehr so weit draußen! Und auch die Mittelwelle schaffte es tagsüber nicht hierher. Aber trotzdem drang jetzt diese seltsame Melodie von dem Jungen mit den traurigen Augen in mein Bewusstsein zurück: Ich begann, es leise vor mich hinzusummen. Oh, ja, da hatte jemand tatsächlich meine Zukunft vorausgesehen! Auf einmal hatte ich mich wieder ziemlich einsam gefühlt und flüchtig an Flor gedacht, wie aus dem Nichts hatte ich mich an sie erinnert. Nicht wahr, Du schreibst mir ganz bestimmt, baten ihre großen Mandelaugen. Sie mochte wohl gerade an ihrem Schreibtisch fleißig sein. *Ob sie auch an mich dachte? Sie hätte an meinen vorhin wegen Claudia vergossenen Tränen sicher keine große Freude gehabt, oder waren sie etwa gar nicht für sie gewesen, sondern für mich selbst? Als Flor wegfuhr, hatte ich nicht geweint. Wir würden uns ja nicht verlieren. Oder war es, weil es keine Rolle mehr gespielt hatte, als ich das mit ihrem Typen erfuhr? Ich hatte ja noch Claudia, welche meinen Kuss gemocht hatte! Aber jetzt hatte ich gar nichts mehr. Oder doch? Vielleicht ließ sich der Kontakt ja aufrechterhalten …*

Wie auch immer, es war noch weit nach Puerto Libertad. Jetzt würde ich kaum über 30 km pro Stunde hinauskommen. Wenn dem Wegweiser von vorhin zu trauen war, waren es noch rund 150 km Piste, oder 5 Stunden. Es würde bereits später Nachmittag sein, bis ich dort ankommen würde. Ich schaute in die verlassene, weißlich schimmernde Weite. Hier konnte nichts wirklich leben, selbst die Kakteen sahen wie abgemagert, geradezu leidend aus. Sie wirkten hier viel kleiner als ihre Kollegen an der Küste, was wohl der Hitze geschuldet sein mochte. Hier, ohne die kühlende Wirkung des Meeres, war es jetzt, als es gegen Mittag zu ging, bereits unangenehm heiß geworden. Der Boden strahlte nun die von der weiß strahlenden Sonne empfangene überschüssige Hitze wieder nach oben ab. Es wurde Zeit, wenigstens ein wenig Fahrtwind abzubekommen.

Bahia Kino, Bungalow-Anlage, 12:30

Gary hatte sich ob der Mittagshitze wie üblich unter der Veranda installiert und hatte die Eiskiste mit den Dos Equis-Flaschen versorgt, welche übriggeblieben waren. Heute würde er Luis bitten müssen, ihn zum Ort zu fahren, um Nachschub zu bekommen. Allerdings würde der Verbrauch auch geringer sein, jetzt, wo Dieter weg war. Er war jetzt schon eine ganze Weile weg. *Wo bloß Luis so lange blieb? Er wollte ja Gloria vom Busbahnhof in Hermo-*

sillo abholen und gleich den Wocheneinkauf erledigen, das würde dauern. Gary musste seinen Kollegen oben in Duluth anrufen und dazu brauchte er das Telefon in Luis' Rezeption. Er müsste so rasch wie möglich kommen, um das Boot heimzubringen. Seine Gedanken waren jedoch vor allem bei Patricia in Ciudad Juarez. Er musste sie unbedingt so schnell wie möglich wiedersehen! Sonst dachte sie am Ende noch, er hätte es nicht ernst gemeint. Oder ihre Familie, Bekannte, die würden sie so lange bequatschen wie ihn am Sonntag Karen, bis ihr Herz von den ganzen ausgesäten Zweifeln überwuchert würde und wieder alles aus wäre. Seine Gedanken begannen in der Mittagshitze unbemerkt abzugleiten und verfingen sich an Patricias Freundin Flor. *Ob die wirklich vergeben war? Jedenfalls hatten die beiden samstags auf dem Boot Gefallen aneinander gefunden! Wenn er dranbleibt, könnte daraus immer noch etwas werden. Aber wenn er natürlich vorhin wieder mit dieser Claudia zusammengerasselt war – aus was für Gründen auch immer, aber solche Zufälle gibt's – möchte alles Mögliche passieren. Dann kam er vielleicht nie mehr von hier weg. Aber immerhin ist vom VW nichts zu sehen. Sollte er ein Zimmer brauchen, würde er bestimmt hierher zurückfinden, hehehehe …*

Statt des blubbernden, knatternden Geräusches aus dem kleinen Boxermotor unterbrach aber jetzt ein dumpfes Wummern die bleierne Mittagsruhe, es holte Gary jäh aus seinen Tagträumen. Richtig, Luis' Van mit dem großen V8 bog auf den Hof ein! Heraus purzelten seine Söhne in ihren Schuluniformen und Luis stieg aus, um seiner Gloria galant die Tür zu öffnen. Gemeinsam schafften sie die Plastiktüten mit den Einkäufen ins Haus. Luis grinste kurz hinüber und machte ein Zeichen, dass er bald vorbeischauen würde. Gut! Dann kann er mir das Telefon ausleihen und mich danach nach Kino Viejo zum Bierkaufen fahren! Das dauerte aber dann doch noch eine ganze Weile, bis er endlich herauskam.

„Na, alles klar bei Euch? Was sagt denn Gloria?"

„Sie scheint ganz froh zu sein, wieder zu Hause zu sein. Hab' das Mittagessen gekauft, da musste sie nicht kochen. Sehe gerade, dass Dein Kollege es doch geschafft hat, von hier wegzukommen."

„Ja, er fuhr so um 9 los, musste noch auftanken, wie er sagte."

„Ja, nach Ciudad Juarez ist es eine lange Strecke!"

„Wie kommst Du denn darauf, dass er ausgerechnet dorthin will?"

„Also wenn er bei der nicht zugreift, ist ihm nicht zu helfen!"

„Mann Luis, weißt Du das etwa auch schon?!"

„Klar! War ja nicht zu übersehen am Sonntag. Großer Abschied. Und Eure beiden Dulcinéen sind ja von dort oben! Hab' sie ja schließlich am Freitagabend in den Bungalow gleich neben Deinem einquartiert. Dachte Dir damit einen Gefallen zu tun, hahaha! Carmen hat's auch gesehen, und jetzt weiß es das halbe Kaff. Ich sag Dir was, die eine könnte mir auch gefallen, die dunkle, die mit den kurzen Haaren!"

„Flor? Du alter Lustmolch! Vor Dir ist wirklich keine sicher. Dir gefällt wohl jede!"

„Nicht jede, aber sie schon! Du hast sie ja auch nicht im Badeanzug gesehen, oder? Ja, Florecita macht ganz gute Tacos!"

„Wann hat sie Dich denn zum Essen eingeladen?"

„Tacos de ojo, Schlaumeier. Oder wie ihr sagt: Einstein! Eye candy. Klar genug jetzt?! Die ist in Topform! Rosa, hautenger Badeanzug, sportliche Figur, wie ein Fotomodell! Lass Dir doch mal die Bilder von Paty zeigen, die hatte ja 'ne Kamera dabei! Aber ich wette mit Dir um meinen Van gegen Dein Fahrrad, dass sie Dir das Bild nicht zeigt!"

„Also ehrlich, Deine Beschreibung passt eher zu einer anderen! Flor wirkte ganz anders auf mich am Samstag. Eher schüchtern. Unscheinbar. Ließ kaum was von sich sehen."

„Die beiden sind gar nicht so verschieden. Keine Angst vor nichts. Sind beide von da oben, aus Chihuahua! Beide sehen toll aus und sind in Topform. Da hängt nichts runter! Ist schon klar, so eine wie Claudia mit ihrer Traumfigur, so eine kriegt man selten zu sehen. Aber trotzdem! Die andere sieht auf jeden Fall auch toll aus. Sie bildet sich aber nichts drauf ein, die andere dafür umso mehr. Aber wenn es einer diese Flor wissen lässt, dann geht die Post ab. Dann blüht das kleine Blümchen auf! Dein Kumpel wird Augen machen, wenn die sich ihn vornimmt, hehehe! Dann muss er aufpassen. Die hat's in sich!"

„Mann, hör endlich damit auf. Du bist ja total horny. Bist wohl in Flor verliebt, alter Narr. Vielleicht kriegst Du die Adresse von Dieter, falls er sie nicht mehr braucht."

„Schnapp nicht gleich ein. Was soll das Gerede mit verliebt und so? Aber für eine Nacht würde ich nicht nein sagen! Aber wie habt ihr die beiden denn kennengelernt? Lass mich raten. Bootsfahrt in den Sonnenuntergang!"

„Genau! Wir haben sie eingeladen zum Bootfahren am Samstag. Wir haben geangelt."

„Nein, SIE haben geangelt! Euch. Hahaha! Ich lach mich weg, das glaubt mir keiner!"

„Von mir aus! Auf jeden Fall will ich jetzt so schnell wie möglich hoch nach Juarez."

„Oho! Es ist Dir also ernst!"

„Ja, ich möchte sie am liebsten gleich nach Duluth mitnehmen!"

„Und Dieter ist bereits los an die Grenze! Hab' aber unterwegs seinen roten VW nicht gesehen. Der wäre mir bestimmt aufgefallen. Wir hätten uns sehen müssen. Bin um 11 in Hermosillo weg und es sind anderthalb Stunden. Vor 10 war der bestimmt nicht auf der Straße. Und es gibt nur diese."

„Vielleicht ist er in Kino, hm, aufgehalten worden!"

„Meinst Du etwa von Claudia? Was sollte er von der noch wollen? Ist ja jetzt auf einen besseren Fang ausgelaufen."

„Naja, scheint aber Schonzeit zu haben!"

„Wie meinst Du das?"

„Sie hat ihm was von einem Freund gesagt. Oben in Chicago!"

„Hm. Und er hat es ihr geglaubt?"

„Wieso nicht? Wo sie doch laut Dir so toll ist. Könnte doch sein!"

„Das war doch nur eine Ausrede, um ihn sich vom Leibe zu halten. Weißt ja, was der unter einem Kuss versteht. Und überhaupt, was soll's. Verheiratet ist sie ja nicht!"

„Glaube nicht, dass die eine Ausrede braucht, um ihn auf Distanz zu halten. Hast doch vorhin über Flors sportlichen Modelkörper gefaselt. Damit hattest Du sogar recht! Patricia hat eine Bemerkung fallenlassen über Flors Karatekurs! Die hätte ihn über Bord gehen lassen, damit er sich abkühlen kann, der Heißsporn!"

„Und da hat er sich trotzdem an sie herangewagt?! Weißt noch, letzten Donnerstag? Was haben wir gelacht! Wir dachten, der hätte noch keine abgekriegt und jetzt macht er mit zweien rum!"

„Ja, damit hatte er uns beide sauber reingelegt! Schüchterner Junge und so. Selbst die Claudia ist drauf reingefallen, hahaha. Mann, was die wohl gedacht hatte, als er sie auf einmal in die Mangel genommen hatte!"

„Gary, my friend, da ist bei Dir einiges durcheinandergeraten! Der hat nicht geschauspielert, sonst könnte er in Hollywood anfangen. Der war wirklich ein Frischling! Weißt Du noch, der Kuss …?"

„Nein. Welcher Kuss denn? Mann, Du stellst Fragen! Wie sollte ich das je vergessen! Aber das war kein Kuss eines Greenhorns!"

„Schon klar. Der Kuss war allererste Sahne. Wie alles von Claudia! Als sie ihn küsste, da ist es passiert!"

„Moooment. Er hat SIE geküsst. Ich weiß noch ganz genau, wie ich ihn beinahe angeschrien hatte, er möge sie doch endlich küssen, als sie sich in Pose warf, richtig zum Anbeißen, das kleine Luder!"

„Er war zu schüchtern, um sie richtig zu nehmen! Hab' sein Gesicht gesehen, als er anfing. Das wollte ich mir nämlich nicht entgehen lassen! Seine Augen waren erst zu und dann riss er sie plötzlich auf. Da musste sie ihn voll erwischt haben! Mitten hinein ins Herz, er sah aus wie ein sterbender Stier, den die Estoca getroffen hat, zu Tode erstaunt, ja, dem kullerten fast seine grünen Murmeln raus, welche Claudia so mochte! Die hat ihn regelrecht entjungfert. Aber Du hast ihr nur auf den Hintern gestarrt und dabei das Beste verpasst! Dein Kumpel hat vor unseren Augen seine Unschuld verloren!"

Gary schüttelte nur langsam den Kopf und sagte nichts mehr. Luis wollte dann noch wissen, wie der Samstag danach verlaufen war, aber Gary brachte lediglich hervor, dass sein Kumpel am Morgen so ganz anders gewesen wäre, als ob er nicht mehr ganz richtig im Kopf sei. Aber am Nachmittag begann, sich Garys Blatt zu wenden …

„Schon am Nachmittag verspürte ich den ‚zweiten Wind‘, so sagen wir, wenn Du von irgendwoher Hilfe bekommst, die Du dringend brauchst. Ich hatte die beiden auf eine Bootstour eingeladen und sie haben angebissen! Einmal draußen, begannen jetzt auch die Fische endlich zu beißen, Wahnsinn, bei uns und auch bei Dieter und Flor! Da blieb dem keine Zeit mehr, seine neuerworbene Kusstechnik bei ihr unter Beweis zu stellen!"

„Machte er sich denn auch an sie ran?"

„Was denkst Du denn?! Natürlich! Ich dachte, das wird Dir nicht bekommen, ich hatte nämlich schon ein wenig Respekt vor diesem Mädchen, stilles Wasser, weißt Du. Mit denen ist nicht zu spaßen!"

„Und Du?"

„Bingo! Nach dem Sonnenuntergang haben wir uns geküsst! Die soll mir nicht mehr entgehen! Und diesmal hat Dieter zusehen müssen!"

„Ich dachte, der hätte es auch versucht bei Flor!"

„Es blieb beim Versuch. Sie ließ ihn nicht ran. War ihr wohl zu forsch, die ‚neue, verbesserte Version‘ unseres Kakteenfreundes! Aber gestritten haben sie nicht, im Gegenteil. Der ist ein richtiger Ladies' Man, wie man bei uns sagt. Findet bei jeder den richtigen Ton. Aber eben erst seit jenem Samstag! Hat ihm ihre Adresse gegeben! Gleich hinterher. Hat's aber irgendwie nicht geschnallt, was das bedeuten kann. Die würden ein schönes Paar abgeben!"

„Hast Du auch gesagt, als er die Claudia im Arm hielt! Aber der kann hier jetzt jede kriegen!"

„Wer, Dieter? So besonders ist der auch wieder nicht. Soll sich bloß nichts einbilden."

„Du kennst die Weiber hier nicht. So einer ist wie ein Statussymbol! Aus Europa, noch jung, diese grünen Augen, helle Haut! Nicht vergeben! Da gehen die voll drauf ab, und jetzt, wo er's weiß …"

„Mann Luis, wir haben ein Monster kreiert, was?"

„Ja, stimmt schon. Aber er wird sich nicht beschweren, glaub' mir. Den Kuss vergisst er jedenfalls nicht so schnell!"

„Den Gefallen hat ihm ja eher Claudia getan, wenn es stimmt, was Du eben erzählt hast. Und Du musst es ja wissen, alter Frauenversteher."

„Aber sie wird ihn auch nicht so schnell vergessen!"

„Du meinst, sie hätte jetzt auch Liebeskummer? Geschähe ihr recht, dieser …"

„Da kennst Du sie schlecht. Die nimmt sich jeden, den sie an sich ranlassen will. Die hat Erfahrung in diesem Metier, und einen ganzen Hofstaat, wie eine Königin, hält sie Hof bei Jose Luis. Alles Trottel. Die bezahlen sogar, um mit ihr zu tanzen, kannst Du das glauben? Wenn das so weitergeht, kauft sie Jose Luis an Weihnachten die Cantina ab. Aber irgendetwas führte sie freitags im Schilde. Krieg' es nicht mehr aus dem Kopf seit jenem Abend. Weißt ja noch, Du warst ziemlich sauer und hast mich angestänkert von wegen, ob die beiden sich kennen und so. Mir ist da ein kleines Licht aufgegangen."

„Soso, ein Licht ist Dir aufgegangen, als Du sie angesehen hast. Bei mir war's ganz was anderes, das mir aufgegangen war, hohoho!"

„Witzbold! Aber im Ernst, ich hatte nachgedacht. Die hatte ihn von Anfang an im Visier. Als ob sie genau gewusst hatte, wer im Van sein würde. Das war das Seltsame. Normalerweise wartet die nämlich ab, dass einer oder mehrere sie angehen und trifft dann ihre Wahl. Hast's ja selbst erlebt. Die braucht keinen zu verführen."

„Deshalb war sie bei mir so abweisend! Und woher sollte sie wissen, wer im Van war?"

„Das ist es ja eben. Sie muss es irgendwie von Gloria erfahren haben. Sie ist die Einzige hier am Ort, die wusste, wer hier einquartiert war. Wenn die Weiber sich zusammenrotten, hat unsereiner schlechte Karten, das kann ich Dir sagen. Vor allem jetzt, wo Du mit einer von unseren „Cabronas" liiert bist. Wirst es schon noch lernen, hehehehe!"

„Du übertreibst. Wieso soll Gloria sich mit so einer wie Claudia abgeben?"

„In letzter Zeit war sie ziemlich unausstehlich, vertraut mir nicht mehr, will ständig wissen, wo ich hingehe. Ich weiß von Jose Luis, dass sie mit einer seiner Cantineras gesprochen hat. Rosalba, die uns am Freitag versetzt hatte. Schau, Rosalba wohnt bei Carmen im Haus. Ich hatte nichts dagegen, damit Carmen nicht so allein ist.

Kennst ja das Haus in Kino Viejo. Auch Deine spezielle Freundin Claudia ist dort vor Kurzem eingezogen, ein richtiges Dreimäderlhaus! Die Rosy ist schlau, sie plaudert nichts aus. Bei der anderen ist das nicht unbedingt sicher. Wenn die sich bei Gloria verplappert, und sie schwatzt gern und viel, bin ich geliefert. Hatte mit Carmen gesprochen, bevor sie am Freitag wegfuhr. Wenn was rauskommt, fliegt sie bei Carmen raus!"

„Und Du meinst, Rosalba hat dann Claudia den Mund wegen dieses jungen Gringos wässrig gemacht, der immer so allein ist?"

„Haargenau. Oder Gloria. Weiß nur nicht, wozu. Sie war ganz anders als sonst am Donnerstag, als ich Jose Luis fragte, ob er zwei seiner Mädchen entbehren könnte. Rosalba hätte am Freitag frei, und die Neue, *die sei noch nicht so direkt, gut für einen Anfänger*. Ich redete mit Jose Luis über Dieter, und da ist die Claudia ständig um uns rumgetänzelt, um uns auszuhorchen. Sie hatte dann Jose Luis gebeten, ihr am Fünften freizugeben, sie würde das gerne übernehmen. Kam mir seltsam vor, die macht das sonst nie, sie scheffelt mit den Trinkgeldern mehr als von einem Typen für die Nacht. Auch am Freitag war sie seltsam. Versuchte, Deinen Freund zu verführen. Das hat sie nicht nötig, hab's Dir ja schon erklärt. Und der war eine harte Nuss, selbst für sie! Das hat sie bald verrückt gemacht. Die war am Ende richtig scharf auf ihn, konnte es nicht ertragen, dass sich ihr einer verweigert. So hab' ich die noch nie gesehen. Aber küssen kann sie, alle Achtung! Sie hat es irgendwie dennoch geschafft, wie mir scheint, zumindest fast. Aber keine Beschwerde über ihn, nichts, obwohl er sie hat ziehen lassen!"

„Der Kuss hat sie eben auch beeindruckt, Luis!"

„Aber sie wollte mehr. Viel mehr! Irgendwas führte die im Schilde. Die kennt ja keiner hier richtig. Rosy und Carmen haben sie letzten Herbst in Hermosillo aufgegabelt. Hat bei Jose Luis eingeschlagen wie eine Bombe. Er hält große Stücke auf sie und hütet sie wie seinen Augapfel. Denn Geld liebt der alte Geizhals mehr als seine Mutter. Deswegen ist sie auch so forsch und beinahe arrogant. Keiner legt sich mit der an, weil er es dann mit Jose Luis zu tun bekommt. Der macht seine eigenen Gesetze hier!"

„Sprich halt mit ihm darüber. Stehst ja gut mit ihm, oder?“

„Stimmt! Er empfiehlt meine Bungalows, wenn einer seiner Kunden ein Zimmer braucht, ich organisier' Partys für die Mädchen mit meinen Gästen, wenn sie nicht in eine Cantina gehen wollen. Daneben bring ich ihm immer mal eine Van-Ladung amerikanisches Bier, Whisky und Cola aus Arizona mit, wenn ich meine Schwiegermama in Peñasco besuche.“

„Ach ja, da wollte ja unser Neu-Casanova hin, jetzt erinnere ich mich wieder! Deswegen hast Du ihn nicht auf der Straße getroffen!“

„Wohl kaum, Gary. Auf dem Land kennst Du Dich nicht recht aus, wie mir scheint. Ich sage Dir, die einzige Straße nach Peñasco geht über Hermosillo. Man braucht den ganzen Tag. Ich mach' das mehrmals im Jahr!“

„Nun, was ist mit der Küstenstraße? Dieter hatte am Sonntag mit meinen Freunden unten am Strand darüber geredet. Hörte nur noch was über eine Wüstenpiste, Kakteen und irgendwelche Wunderbäume und hab nicht weiter zugehört.“

„Meinst Du die Straße nach Punta Chueca?“

„Nein, die nach Puerto …“

„Libertad!“

„Ja genau. Port of Freedom!“

„Die hört aber dort auf. Zumindest für Deinen Freund im Vocho.“

„Er wollte aber woandershin. Piñata, Pinacate weiß nicht mehr recht. Kennst Du das?“

„Pinacate! Piñata ist für den Kindergeburtstag.“

„Kann sein. Soll oben an der Grenze liegen bei Rocky Point. Puerto …“

„Peñasco! Pinacate heißt ein schwarzer Berg gleich hinter Peñasco. Ziemlich üble Gegend. Lauter Sand. Dazu muss er dann doch wieder nach Hermosillo. Es gibt keine Straße, die er nehmen könnte, welche von Puerto Libertad nach Puerto Peñasco führt.“

„Für ihn schon. Er wollte Carlos deswegen ausfragen. Er hatte ihm allerdings davon abgeraten.“

„Mit gutem Grund. In Puerto Libertad gibt es keine Tankstelle. Hast Du ihn etwa dorthin allein fahren lassen? Wenn ihm da draußen das Benzin ausgeht, dann gute Nacht! Wirst nie mehr was von ihm hören!"

„Du übertreibst. Das ist doch nicht die Sahara dort draußen! Und Dieter kennt sich in der Wüste aus. Hat mir immer in den Ohren gelegen damit, wie er durch ganz Baja allein gefahren ist. Der wird nur noch ein bisschen rausgefahren und dann umgekehrt sein. So wie es Carlos ihm geraten hatte. Er ist nicht mal halb so dumm, wie er aussieht. Nicht mal mit den Frauen, soviel steht fest."

„Hättest ihm die Claudia ausreden sollen. Du wusstest ja Bescheid!"

„Hab' ich doch! Wir fuhren samstags kurz nach Kino Viejo. Ich wegen des Bieres und er wegen Claudia. Hat sich den Hals fast umgedreht nach allen Mädchen, war nicht wiederzuerkennen, aber umsonst. Er kam seltsamerweise gar nicht auf die Idee, das Haus zu suchen. Ich hätte es sowieso nicht gefunden, aber er hat nicht mal gefragt."

„Und wie hat er es aufgenommen, als er erfuhr, dass seine Angebetete eine Cantinera ist? Du hast es ihm doch gesagt, oder?"

„Natürlich, gleich als ich merkte, dass Claudia da etwas in seinem Herzen zurückgelassen hatte, das überflüssig ist. Er blieb aber ganz cool. Es schien ihn nicht im Geringsten zu stören. Im Gegenteil. Er war irgendwie auf einmal ganz anders als an den Tagen zuvor. So selbstbewusst, angeberisch gar! Hat groß getönt, dass er's umsonst bekommen hätte von ihr! Und das war's! Aber er hatte nichts auf diese Claudia kommen lassen. Wir haben es uns dann auf der Veranda gemütlich gemacht."

„Bis ihr Eure Dulcinéen entdeckt hattet!"

„Jetzt muss er nur noch rausfinden, welche der beiden er wirklich mag. Die beiden sahen nett aus am Samstagabend auf dem Boot, als er ihr den Sternenhimmel erklärte und versuchte, sie an sich zu drücken. Und sie nahm ihm mit größtmöglicher Vorsicht die vorwitzige Hand weg von ihr! Und dann sprachen sie einfach weiter, als ob nichts gewesen wäre! Und anderntags wich sie nicht mehr von seiner Seite und sagte alle paar Minuten, dass er ihr doch schreiben solle … Und jetzt ist er allein dort draußen. Das ist nicht fair!"

„Komm, Gary, lass Dich nicht so gehen. Hier, trink noch was. Dann bring ich Dich rein. Ruf Deine Patricia am Abend an, wenn Du halbwegs nüchtern bist. Vielleicht kehrt Dieter ja wirklich um. Der sucht bestimmt nur wieder seine Cirios. Lass uns anstoßen auf die Gesundheit von Euch Vieren!"

„Ja, das tun wir. Aber jetzt muss ich aber sofort nach Juarez anrufen. Mit einem Kater wird das nichts. Ich muss wissen, was Patricia macht, will sie fragen, was sie so am Abend in ihrem Bungalow getratscht haben! Und mein Buddy oben in Duluth. Er soll so rasch wie möglich mit dem Bootsanhänger kommen. Ich bezahl Dir natürlich die Anrufe, damit Du keinen Ärger mit Gloria kriegst."

„Geht klar, Gary!"

Eine Reise ohne Wiederkehr

Stundenlang zogen relativ klein bleibende, ausgetrocknete Säulenkakteen vorüber, als mein VW über die recht gut planierte Piste rumpelte, eine weithin sichtbare, fast wie ein Kometenschweif wirkende Staubfahne nach sich ziehend. Die Piste versuchte, so lange wie immer möglich in den weiten, wannenförmigen Becken zu bleiben und wand sich in alle möglichen Himmelsrichtungen durch die ausgesprochen karge Landschaft, in der sich kaum etwas auch nur annähernd Grünes sehen ließ. Es war hier viel trockener als es auf Niederkalifornien entlang der Mexiko 1 je gewesen war. Ich hatte gelegentlich an einer erhöhten Stelle haltgemacht und wurde jedes Mal von der brütenden, lähmenden Stille überwältigt. Kein Windhauch vertrieb die bleierne, geradezu brennende Hitze. Die Wüste zeigte ein gräuliches Weiß, selbst die Kakteen waren oft von dem weißen Staub wie mit Mehl bestäubt.

Endlich schien sich die Piste aber doch nach Westen zu neigen, die ganze Zeit über war mir weder ein Fahrzeug begegnet noch hatte mich jemand überholt. Die Sonne schien jetzt schräg von oben ins Auto hinein, nicht mehr so grell und gleißend, vielmehr erneut durch einen dünnen Cirrenschirm hindurch. Schließlich tauchte links vorne der dunkelblaue Golf am Horizont auf und eine Ansammlung lauter gleicher Häuschen am Hang vor mir verriet, dass ich mich dem Marinestützpunkt näherte. Hier konnte man auf die Küstenstraße nach Bahia Kino zurückfahren, und dort mochten sie wohl aufzufinden sein, die Fouquieria columnaris-Bestände, deren von mir vermutete und von Carlos ausgeschlossene Existenz an dieser Küste mich überhaupt erst hierher gebracht hatte.

Aber gefunden hatte ich ja etwas ganz anderes, und geendet hatte es in Tränen. Aber für Traurigkeit war keine Zeit, keinesfalls durfte ich vergessen, Proviant und vor allem Flüssigkeit für heute und den folgenden Tag zu finden. Ich stieß auf einen kleinen Laden. Er war noch offen, und ich fühlte, wie langsam mein Geschick einen etwas vorteilhafteren Kurs zu nehmen schien. Ich fühlte den „zweiten Wind", wie Gary sagen würde. Er würde mich weg von Claudia führen. Die kleinen Lebensmittelhandlungen, welche in Mexiko Abarrotes heißen und oft von älteren Leuten geführt werden, um ihre etwa vorhandene Pension aufzubessern, gab es an Orten, wo man es am wenigsten erwarten würde. Hier, mitten im Nichts, wo niemand je vorbeizukommen schien, gab es wenigstens ein paar Süßbrote, Dosencola, einen Halb-Gallonen-Behälter des viel zu süßen, künstlichen Orangensaftes und auch Trinkwasser zu einer Gallone, welche man auch in den USA kennt.

Jetzt galt es, die richtige Piste nach Norden zu finden, ich verspürte keinerlei Verlangen mehr, die Cirios zu suchen. Das Benzin war ja auch zu knapp für Extratouren. Bald befand ich mich wieder auf der Piste, auf welcher ich hergekommen war. Der Abzweiger nach Puerto Libertad befand sich laut meiner Karte genau in einer Spitzkehre, mit welcher die Piste einen entschlossenen Bogen zurück nach Osten zu machen schien. Ich folgte ihr trotz der anscheinend falschen Richtung weiter; laut der Pemex-Karte würde sie bald einen rechtwinkligen Bogen nach Norden machen und schließlich in genereller nordnordöstlicher Richtung durch eine eher gebirgige Gegend führen. Wegweiser gab es hier natürlich keine, wer sich hier hinaus wagte, wusste, wohin die vielen Pisten führten – oder hatte nichts zu verlieren! Hier galt es, nicht zu weit nach Osten zu geraten, sondern auf der kürzesten Route auf die Teerstraße zwischen Caborca und Desemboque zu gelangen.

Das Gelände stieg allmählich um mehrere hundert Meter an, was daran bemerkbar wurde, dass sich die Vegetationsstruktur änderte. Die weitgespannten, von Cardón, Saguaro und den kleinen Orgelpfeifenkakteen nur sehr locker bestandenen Ebenen verwandelten sich langsam in einen Landschaftstyp, den man aus der Umgebung von Phoenix in Arizona kennt, es gesellten sich grüne Paloverdes und die bekannten Kreosotbüsche in den Mix, welche wegen ihrer Dominanz in Mexiko Gobernadora heißen. Die Landschaft, obschon immer noch wüstenhaft, wirkte freundlicher im Gegensatz zu der sehr kargen, oft blendend weiß leuchtenden Sektion weiter unten. Ich hatte die Bahia-Kino-Wüste verlassen! Das Florenreich der zentralen Golfküste, wie es richtig heißt.

Langsam wurde es Zeit, nach einem Nachtlager Ausschau zu halten. Von Westen schoben sich immer dichter werdende Altostratus-Wolken heran, welche die Sonne gelegentlich abdeckten, das erste Mal seit Wochen. Die Piste wurde derweil immer schmaler und kurviger und als die erwartete Biegung kam, wo noch zwei kleinere Wege in der alten Richtung weiterführten, bog ich in Nordrichtung ab. Die Vegetation war generell nicht höher als 1 Meter, ausgenommen die daraus aufragenden Saguaros. Die Cardóns hatten sich bereits von mir verabschiedet. Hier oben hatte man nun einen guten Überblick auf die gesamte Piste, welche sich nach Norden hin wieder abzusenken begann. Ein hoher, kahler und abweisender Bergzug lagerte im Norden. Laut Karte durfte ich den nicht übersteigen, sondern musste einen Weg finden, der im Westen drum herum führt. Aber damit wollte ich mich morgen herumschlagen.

Jetzt bog ich nach rechts auf einen kleinen Seitenweg ab. Die Tankanzeige stand auf weniger als halbvoll. Jetzt würde ich morgen auf jeden Fall weiter nach Norden fahren müssen, und es war unmöglich, wieder nach Bahia Kino zurückzufahren, egal, was für verrückte Träume mir nachts eine derartige Entscheidung nahelegen wollten! Von rechts kam ein sogenanntes Arroyo, ein Trockental vom Berghang herunter, wo die Vegetation viel höher und dichter stand. Dieses Gestrüpp mochte mir als Sichtschutz dienen, der knallrote VW war ja meilenweit zu sehen. Ich bog einfach vom schmalen Fahrweg ab und bugsierte den VW über den sandigen Boden ein paar Dutzend Meter das Bachbett hinauf auf eine weite, ebenso mit festem Schwemmsand bedeckte Fläche unter einen großen Palo Verde-Strauch. Da konnte er trotz seiner roten Farbe weder vom Hauptweg aus noch vom Seitenpfad her leicht entdeckt werden, schon gar nicht nachts.

Es gibt Intelligenteres, das man in einer Wüste tun kann, als sein Auto in ein Trockenbett zum Übernachten zu parken, zumal jetzt von Nordwesten dichte dunkle Wolken heraufzogen, aber das war jetzt egal. Es würde schon gutgehen, in der Sonora-Wüste ist der monatliche Niederschlag im Mai kaum 2 mm, im Juni sogar Null. Im Durchschnitt. Davon würde keine braune, nächtliche Wasserwand meinen VW mit mir drin den Abhang hinunterspülen. Jetzt gab es erstmal ein frugales, sehr spätes Mittagessen, bevor die Colas allzu warm wurden, und darüber bekam ich doch Lust, mir ein wenig die Wüste anzusehen. Hier befand ich mich bereits in derjenigen Sektion, die als Arizona Upland gelten mochte, wie es für die Gegend um Tucson und auch den höher gelegenen Regionen des Organ Pipe Cactus National Monument typisch war und im Osten Sonoras bis fast nach Hermosillo herunterkam. Ich musste da unbedingt wieder hinaus, sonst würde es eine Reise ohne Wiederkehr. Es mochten an die 200 km bis zur MEX 15 sein, wenn es denn eine Piste dorthin geben sollte, und so weit reichte das Benzin keinesfalls.

Wie ein gewaltiger Vorsprung, der zungenförmig in die flache Küstenwüste hinaus vorstößt, ragte das horstartige Hochland empor, und erlaubte im Sommer wohl, die vom Golf her durch den Seewind landeinwärts verfrachtete Feuchtigkeit zu Gewitterwolken zu kondensieren und die vergleichsweise gesund wirkende Vegetation zu ernähren. Es gab hier viel mächtigere Saguaros, welche bereits in Blüte standen. Ich fand sogar eine der seltenen skurril wirkenden, als Cristate bezeichneten Pflanzen, der Saguaro sah aus, als stände er mit erhobenen Armen wie bei einem Überfall vor mir, die aufgefächerte Cristate des Haupttriebes bildete den Kopf. Wenn der so unvermittelt nachts vor einem auftauchen würde, konnte man schon erschrecken. Auch eine weitere Cristate fand sich bei einem der fassartigen Ferokakteen mit den knallroten Dornen.

Inzwischen war ich wieder bis auf den Hauptweg zurückgegangen, die Sonne blinzelte unter dem aufziehenden Cirren und Altostratusschirm hervor und ließ eine seltsame, irgendwie bedrohlich wirkende Abendstimmung aufkommen. Die Sonne musste in einem wolkenlosen Gebiet, viele hundert km entfernt auf dem offenen Pazifik stehen. Morgen mochte es somit wieder aufklaren, aber jetzt tauchte die untergehende Sonne die Gobernadora-Sträucher am Wegesrand in goldenes Gegenlicht, während darüber eine dunkelgraue, dräuende Wolkenschicht lagerte. Ein leichter Wind kam vom nicht sichtbaren Pazifik herüber und sauste durch die sperrigen Büsche und die dicht stehenden, dornigen Paloverdes.

Es wurde Zeit, nach dem VW zu suchen, der irgendwo da unten in jenem als grünes, unregelmäßig sich durch die braune Einöde schlängelnden Band parken musste. Mein Orientierungssinn war zumindest noch, oder wieder, da, nach einer kurzweiligen halben Stunde setzte ich mich schließlich noch ein wenig in den VW und schaltete das Radio ein. Jetzt am Abend gab es guten Mittelwellen-Empfang. Ich lauschte eine Weile den Norteño-Klängen irgendeiner Station aus Hermosillo und dem noch immer pausenlosen Drängen, man möge doch der lieben Mama doch bitte ihre neue Küche kaufen. Dann musste ich daran denken, dass ich die Autobatterie am nächsten Morgen noch zum Starten des Motors brauchen würde, ich stellte das Radio also aus und zog den Schlüssel ab, um sicherzugehen, dass kein Verbraucher mehr an der Batterie hing. Ein kurzer Kontrollgang, alle Lichter aus, alles gut!

Es gab natürlich kein Lagerfeuer. So etwas würde auf gut 50 km sichtbar sein und dass etwaige nächtliche Reisende, vom Licht angelockt, mir einen Kaffee vorbeibringen würden, glaubte ich trotz meiner damals noch unbegrenzt großen Naivität nicht mehr, seit mir im Sommer des Jahres 1987 ein paar Witzbolde in der Wüste von Nevada einen Höllenschrecken eingejagt hatten, als sie nachsehen wollten, was dieses kleine Licht, das ich damals zum Lesen angesteckt hatte, zu bedeuten hatte. In einem Höllentempo hatten die Dune Buggies damals meinen Camper umkreist und waren glücklicherweise wieder abgezogen.

Hier hatte ich den großen Fahrweg gut im Blick, und würde jedes Fahrzeug schon von Weitem an seinen taumelnden Scheinwerfern erkennen können. Für den Fall, dass er auf den Nebenpfad abbog, blieb genug Zeit, aus dem Auto auszusteigen. Für meine Sicherheit war also alles getan und ich konnte ungestört meinen Gedanken nachsinnen. So ein Wüstenabend hatte ja kein Ende. Ich hatte die Rückenlehne so weit wie möglich heruntergedreht und versuchte, hier drin zu schlafen. Ich mochte nicht so unmittelbar draußen auf dem Sandboden schlafen, so ganz ohne Decke.

Ich dachte ans Jahr 1987 zurück, wohl wegen der Vorbereitungen fürs Nachtlager und dem nächtlichen Besuch damals. Danach hatte ich noch einmal wild campiert, noch mehrmals sogar, eine Nacht war besonders unvergesslich geblieben. Ich fuhr weit, Dutzende von Kilometern weit, auf die gewaltige Lehmfläche des als Black Rock Desert bekannten Trockensees hinaus, wo heute alljährlich das Burning Man Festival abgehalten wird. Ich wollte dort draußen übernachten, da, wo es keine Straße gab. Damals war mir zum ersten Mal meine Einsamkeit richtig bewusst geworden. Ich war zuvor bei einer Mormonenfamilie in Utah zu Besuch gewesen, der auf meine Antwort auf sein „Woher kommst Du?" antwortete, dass ich aus einem Land mit Hirtentradition käme. Auf meine Frage „Shepherds?" antwortete mir der zwar noch junge, aber bereits patriarchalisch wirkende mehrfache Vater mit einer Gegenfrage „Liest Du denn nicht in der Bibel? Hirten, wie bei Jesu Geburt! Du kannst gerne morgen Sonntag an der Bibelklasse teilnehmen!" Ich antwortete ausweichend mit einem ja natürlich habe ich in der Bibel gelesen, was auch stimmte. Nur versuchte ich, sie als Roman zu lesen und war jämmerlich am Anfang des Alten Testamentes steckengeblieben, dort wo es lauter Zahlen und Namen gibt wie in einem Telefonbuch. Ich konnte nicht einmal ein Vaterunser herunterbeten, aber damals, auf dieser vollkommen öden Fläche und dem gewaltigen Sternenhimmel, da wollte ich nicht mehr allein sein und bat Gott, er möge mir doch eine Gefährtin zukommen lassen, es musste ja nicht sofort sein!

Am folgenden Tag hatte ich nicht mehr daran gedacht, und ich machte mich fröhlich wieder davon, am Fly Geysir vorbei noch über die Smoke Creek Desert und am außerirdisch türkisgrün schimmernden Pyramidensee vorbei, hinunter bis in die gewaltige Hitzeglocke der Coloradowüste, nicht unweit des jetzigen Zieles Pinacate gelegen. Ich hatte meine Bitte längst wieder vergessen. Sie musste aber angekommen sein. Sollte sowas möglich sein? Die Mormonen glauben daran. Ich eigentlich nicht.

Aber seit Ende April geschahen die seltsamsten Dinge. Ich hätte mich zwar wehren können, hätte aber eines gewaltigen Efforts bedurft. Etwa, als ich nicht auf die Fähre kam. „Ungeküsst wirst Du nicht nach La Paz kommen", hatte man mir prophezeit. Ich sollte dort diese Leticia küssen, hatte es aber nicht getan. Ich habe es vielmehr versucht zu erzwingen, auf dem Landweg nach La Paz zu kommen, ungeküsst, natürlich, das wäre ja noch schöner! Und dann dieser völlig ungeplante Abstecher nach Bahia Kino! Der ganze Besuch dort war ein einziges Déjà-vu. Schon wieder das Problem, auf ein Schiff zu kommen. Schon wieder sollte ich mit Mädchen rummachen. Derjenige, der mir dazu verhelfen sollte, hieß natürlich zufällig wieder Luis. Aber diesmal hatte er Gary als Verstärkung dabei. Wieder das maßlose Trinken, tagelang. Ich sollte mich wohl nicht aus dieser Endlossschleife befreien können, ohne den mir vorbestimmten Weg zu gehen. Lety oder Brenda hatten scheinbar nicht genügend Provokation aufbieten können, um meinen Panzer zu brechen, weshalb nun schwerere Geschütze aufgefahren wurden.

Was hatten die beiden Gauner, Luis und Gary, sich dort in Kino bloß dabei gedacht, mich derart in die Enge zu treiben, was ging es sie an, ob ich mich mit Frauen abgab oder nicht, aber nein, sie glaubten partout, mir zu meinem Glück verhelfen zu müssen. Oder sie wollten mir einfach einen Streich spielen und sich ob meiner vermuteten Ungeschicklichkeit halbtot lachen. Oder auch nicht. Es war immerhin möglich, dass es bei Luis' Party nur um eine etwas erweiterte Trink- und Spaßrunde handelte, wie es dort üblich sein mochte, wo es wenige Fernseher gab und nur einen Sender. Es sollten ja drei Mädchen mitfeiern. Aber sie würden kaum erahnen können, welcher Typ Frau mich derart die Kontrolle verlieren ließ. Das waren ein paar Zufälle zu viel. Es hat irgendwie alles genau zusammengepasst. Alles schien abzulaufen wie in einem lange zuvor schon geschriebenen Stück.

Wie viel Handlungsspielraum hatte man eigentlich im Leben? Wie viel war vorgegeben? Hier schien offensichtlich, dass mir diese Claudia nur aus einem Grund über den Weg gelaufen war: Jemand hatte sie eigens herbestellt, sie war mit geradezu überirdisch anmutenden Fähigkeiten ausgestattet, um mich zu verführen, und tat, was getan werden musste. Nämlich, um mir zu zeigen, dass ich mich vor den Mädchen nicht zu verstecken brauchte, dass ich im Grunde ganz leicht zu verführen war, obwohl ich mich immer für eine Art Mr. Spock aus Raumschiff Enterprise hielt, welcher sich der Logik und Wissenschaft verschrieben hatte und keine Liebe zum Leben brauchte. Aber Claudia schien meine Schüchternheit weggeküsst zu haben, hatte jeden Rest davon aus mir herausgepresst, ich hatte mich danach wie komplett aus dieser Welt herausgefallen gefühlt.

Konnte man eigentlich von einem Kuss umgebracht werden? Diese absurde Frage setzte sich fest in mein Gehirn. Aber eigentlich war das ja gar nicht mein erster Kuss gewesen, versuchte ich mir jetzt selbst das Ereignis kleinzureden. Wieder diese unselige Episode, am Hilaritag, vor ein paar Jahren, als man den weiblichen Gruppenmitgliedern jeweils mit einem Wangen-, oder gar vorsichtigen „trockenen" Lippenkuss eine schöne Fasnacht wünscht. Ja, ich fühlte mich dazu getrieben, zu versuchen, damals diese Claudia zu küssen. Da war ich wohl ein wenig zu früh drangewesen und hatte mir die Falsche ausgesucht.

Und täglich grüßt das Murmeltier! Ich hatte mich damals in Grund und Boden geschämt und danach nie mehr versucht, irgendeine zu küssen. Bis jetzt, als die Richtige vor mir stand. Aber diesmal war es umgekehrt gewesen. Ist schon eine Überraschung, so plötzlich etwas Lebendiges in den Mund geschoben zu bekommen!

Aber das war unwiederbringlich vorbei. Ich nahm mir vor, dass ich nur dann versuchen würde, zurückzufahren, wenn ich heute Nacht von Claudia träumen würde. Aber dann wäre da ja immer noch die Sache mit dem Kind …

Am besten wäre es, das Schicksal weiterhin für mich entscheiden zu lassen, und über diesen melancholischen Gedanken feuchteten sich doch tatsächlich wieder die Augen an. Das sollte sofort aufhören! Ich tat mir Gewalt an und verbiss meinen Schmerz und versuchte, an etwas Anderes zu denken.

Wie still es draußen wieder war. Durch das offene Fenster, ich hatte beide unten gelassen, um jegliches Pick-up-Geratter schon lange vor seiner Ankunft hier zu bemerken, drang nicht der geringste Laut. Draußen lastete schwerste Dunkelheit über dem Land, kein Stern war zu sehen und der Wind hatte sich längst schlafen gelegt. *Heute hätte ich Flor nicht den Sternenhimmel erklären können*, dachte ich mit einem Mal. Auch wieder so ein Zufall. Ich traf auf Flor an einer Neumondnacht, kristallklar, und sie interessierte sich auch noch für meine sternkundigen Ausführungen. Hätte ich versucht, mich an sie heranzumachen, wenn sie schon am Vortag auf dem Schiff gewesen wäre? Wohl kaum! Ich dachte ja, ich wäre ein hässliches Rumpelstilzchen.

Seltsame Zufälle, diese ganze Ansammlung von Zufällen war seltsam. Wie groß wäre wohl die Wahrscheinlichkeit, dass sich so eine Zufallsserie genauso abspielen würde? Mir fiel wieder die lähmende Stille auf. Das war ich nicht mehr gewohnt, konnte es kaum ertragen, da damit die Gewissheit unterstrichen wurde, dass ich wieder allein war. Und allein zu sein, das schien immer unmöglicher auszuhalten, es war sogar sinnlos, eine Verschwendung des Lebens gar. Es war wirklich sehr still hier, eine regelrechte Zona del Silencio.

Da war ich erst vor 3 Wochen gewesen, aber es schien weit entfernt passiert zu sein, zu einer anderen Zeit, in einem anderen Leben. Die Erinnerung schien gar weiter weg als diejenige an die 87er Reise. Da, in dieser Einöde Coahuilas, hätte ich mehr Grund gehabt zu weinen, ganz bestimmt! Ich hatte mich gerade wie jetzt auf einer Düne wohnlich eingerichtet gehabt, als ein kleiner Junge mit seinem Hund vorbeikam und mich zum Übernachten in das „Rancho" seines Vaters oder Onkels überredete. Sie waren mausarm, das Rancho bestand aus lediglich 2 Räumen aus Adobe Mauern, als Dach diente eine dicke Schicht aus dornigen Ocotillotrieben. Daran aufgehängt ein paar Gerätschaften, von denen ich nicht wusste, wozu sie gut waren, sowie ein paar seltsame, wie Schläuche aussehende gruselige Dinger. Wir hatten am wackligen Küchentisch ein paar trockene Tortillas und einen Löffel Bohnenbrei gegessen, ihr einziges Nachtmahl. Dazu Nescafé. Der Hund musste mit den kleinen Stückchen Tortillas vorliebnehmen, die heruntergefallen waren. Am folgenden Tag, die beiden hatten sich für die morgendliche Notdurft in die Büsche verzogen, wollte ich ihnen etwas Geld dalassen, was aber von dem alten, ausgemergelten Mann abgelehnt wurde. Da zog ich einen ganzen Beutel Mangos aus dem VW und teilte die Früchte mit den beiden. Da griffen sie gerne zu, und ich sah, dass man die Schalen der Mangos nicht mitisst. Die bekam nun der kleine Hund, mitsamt den Steinen. Er stürzte sich gierig darauf und war derart angespannt, dass ich sehen konnte, dass sein an vielen Stellen haarlos gewordene Fell derart durchscheinend geworden war, dass ich vermeinte, die nackten Rippen würden durch seine Haut brechen. Er würde es nicht mehr lange machen.

Von wegen diese Leute würden gar nicht merken, dass sie arm wären, wie es immer in den sozialromantischen Reiseberichten heißt, etwa bei Merian und Co. Wie konnte man einen Lebensstil als ursprünglich verklären, der es einem Vater nicht mal erlaubte, den Hund seines Sohnes vor dem Hungertod zu bewahren. Aber geweint hatte ich dort nicht, vielmehr war ich froh, dass im Auto nichts fehlte! Aber geschämt hatte ich mich schon wegen dieses unverdienten Verdachtes gegen meine Gastgeber und tat es jetzt wieder. Jetzt hatte ich, was ich damals wollte, nämlich eine Nacht im VW in der Wüste! Allein! Aber wie viel hatte sich doch in dieser Zeit geändert. *Würde etwa niemals mehr etwas so sein wie früher?* über allen diesen traurigen Gedanken schlief ich dann doch endlich ein.

Unvermittelt war ich hochgefahren! Irgendetwas hatte mich aufgeweckt, und zwar derart nachhaltig, dass ich keine Schläfrigkeit verspürte, fast als ob mich jemand wachgeküsst hätte. Irgendein Lichtblitz war es gewesen. Ich schaute nach draußen, lauschte in die stille Nacht hinaus. Kein Klappern, nicht mal ein knirschendes Schleichen, auch keine tanzenden Lichtkegel in der Distanz. Ich musste mich geirrt haben.

Ich kramte die Uhr aus der Kameratasche heraus und mit größter Mühe konnte ich die Zeit entziffern. Licht wagte ich keines zu machen, jemand mochte mit einer Taschenlampe draußen rumgeistern. 01:43! Noch viel zu früh zum Aufstehen. Ja die dunkle Nacht der Seele. Mir setzte das Alleinsein nun doch immer mehr zu. Ein dumpfes Verlangen nach Gesellschaft breitete sich aus der Magengegend aus und beengte die Brust, welche ich mit einem Seufzer erleichterte.

Wie schön dagegen die Nacht, welche ich mit Flor auf dem Boot verbringen durfte. Ich hätte sie mir zurückwünschen mögen, damit wir hier Seite an Seite liegend auf den Morgen warteten, aber das würde wohl nie passieren. Mir taten ob des unbequemen Lagers bereits alle Knochen weh und der Morgen war noch weit. Hätte ich bloß nicht auf die Uhr gesehen! Ich drehte mich auf die andere, die Nordostseite. Ich lag bisher nach Südwesten, weil da die Piste entlangführte, um die Lichter rechtzeitig zu sehen. Und da war es wieder! Ein flackerndes Licht, weit hinten am nordöstlichen Horizont, eine dichte Wolkenschicht von unten blauweiß ausleuchtend, als es sich in zahllose winzige Fasern auffächerte und erlosch. Es hatte also doch ein Gewitter gegeben! Es musste endlos weit entfernt sein, da von einem Donner nicht die Spur zu hören war, sogar als ich bis 100 gezählt hatte, um die Distanz auszurechnen. Das wären mehr als 30 km. Kein plötzlich aufkommender, feuchtkalter Wind verriet, dass irgendwo da vorne Regen fallen würde, das Gewitter mochte über der 300 km nordöstlich verlaufenden Sierra Madre stehen. Noch einmal züngelte ein winziger Blitz in der Ferne aus der Wolkenschicht, dann war wieder Ruhe. Die zurückgekehrte Dunkelheit erlaubte alsbald, dass ich weit im Westen einen

Stern auszumachen glaubte. Die Wolkenbank mochte somit bald abgezogen sein. Ich legte mich wieder hin. Wenn der Arroyo wirklich Wasser bringen sollte, wäre es mir auch egal, aber ich hatte ein tiefes Vertrauen gefasst, dass mir nichts passieren würde. Die ganze Bahia-Kino-Geschichte war nicht deswegen passiert, damit ich hier draußen in einer Schichtflut enden würde!

Mein schmerzender Rücken holte mich noch vor Tagesanbruch aus dem wiederum komplett traumlos verlaufenen Schlaf. *Oder war ich immer noch in einem gewaltigen Albtraum gefangen, welchen ich in Mazatlán träumte?* Aber der Schmerz schien real zu sein. Besser aufstehen. Es wurde nun langsam hell. Tief im Osten stand die sich ausdünnende Wolkenbank von gestern und die Sonne kam weißlich über die Berge. Es war kein Laut zu hören, auch nachts schien niemand die Piste befahren zu haben. Ich verzehrte den Rest des Proviants bis auf ein Süßbrot und die warmgewordene Cola und steckte mit etwas Bangen den Schlüssel ins Zündschloss. Ich hätte keine Angst zu haben brauchen. Der Motor sprang sofort an, der sprichwörtlichen Volkswagen-Verlässlichkeit Tribut zollend.

Ich rollte auf den Pfad zurück und auf diesem hinauf auf die Piste. Ich wendete den Wagen Richtung Norden, eine Anhöhe hinauf. Der Weg war nun durchweg schlecht, der VW rumpelte und schabte über die tiefen Karrengleise und Steine in kaum mehr als Schritttempo nach oben. Dort gab es dafür eine grandiose Aussicht auf ein wieder trockener und farblos werdendes, weites Wüstenbecken und eine noch etwas höhere Anhöhe. Da musste ich rasch hinauf, um mich umzusehen. Ich fuhr rechts ran und erklomm den Bergrücken. Dabei kam mir die vergangene Nacht in den Sinn. Ich hatte doch etwas geträumt! Nämlich eine Aussicht von einem Berg hinunter, sehr hoch. Ich breitete die Arme aus und nahm sie über den Kopf und ließ mich fallen. Wie ein Vogel drehte ich dann die Arme in den Fallwind, ließ diesen die Arme wie Tragflügel anströmen, bis ich tatsächlich wie ein Segelflugzeug kilometerweit über die Landschaft flog, alle Probleme zurücklassend. Wunderschön. Schon stand ich an der Kante über dem Becken und prüfte den Wind, aber die Szenerie passte nicht. Der Berg war auch viel zu flach. Nein, das war nicht hier, und ich wäre auch keinesfalls gesprungen, ich wollte nur das Gefühl nochmal erleben, wenn der Wind über die Arme streicht.

Da sah ich es unten auf einmal rubinrot leuchten! Ein Colorado-Wüsten-Ferocactus! Rasch stieg ich zu den beiden Pflanzen hinunter, es gab natürlich auch Bilder. Der erste Gruß aus der Tieflandwüste rund um die Coloradomündung. Ich war wohl auf der richtigen Straße. Sobald die ersten Senitas am Wegrand stünden, war es nach Desemboque und Puerto Peñasco nicht mehr weit. Es hatte sich also doch gelohnt, hier zu übernachten! Jetzt konnte ich wieder ungestört meinen Pflanzen nachgehen, ich hatte ja noch den ganzen Vormittag Zeit, um nach Desemboque zu kommen. Von dort würden es auf der neuen Küstenstraße nur ein paar Stunden nach Puerto Penasco sein.

Ich hatte mein altes Leben wieder gefunden, ich war in der Nacht vor allem Ungemach davongeflogen! In den folgenden Stunden fand ich dank meines Orientierungsvermögens und den alsbald auftauchenden Senita-Kakteen meinen Weg durch die Wüste, trotz der vielen Abzweigungen hatte ich mich nicht einmal verfahren. Ich umrundete den Bergzug im Westen und dann war der Blick frei in den Nordwesten, mein eigentliches Ziel! Drohend und unheilverkündend stand die schwärzliche Masse des schildkrötenhaft in der Distanz lagernden Pinacate-Schildvulkans vor mir. Davor ein grellweißer, wie ein morscher Backenzahn eines gewaltigen Urzeitviehs in der formlosen Ebene steckender Gebirgszug, der eine golden schimmernde dreieckige Masse davon abhielt, weiter nach Osten vorzustoßen. Das riesige Dünenfeld der Pinacate-Wüste, amtlich Desierto de Altar! Wohl an die 160 km Luftlinie entfernt. Davor links das blaue Bassin des nördlichen Golfes, direkt vor mir das weite, von nur wenigen Gebüschinseln dotierte Tal des Sonora-Flusses, welcher früher einmal bei Desemboque in den Golf mündete, deshalb der Name Flussmündung.

Ich ahnte noch nicht, dass ich die vor der Düne zu vermutende kleine Stadt Puerto Peñasco erst in der Nacht erreichen würde, also für die 160 km Luftlinie volle 8 Stunden Weg vor mir standen, reine Fahrzeit! Die Aussicht auf die völlig kahle Ebene vor dem Vulkan ließ meinen Mut gehörig sinken, eine solche Landschaft hatte ich noch nie gesehen, und so auch nie erwartet. In den amerikanischen Wüsten stehen immer Berge am Horizont, auch wenn sie 100 km weit entfernt standen. Aber hier war das anders. Außer dem flachen schwarzen Schildvulkan gab es in nordwestlicher Richtung nichts mehr. Ich schien am Ende der Welt angekommen zu sein, aus die Maus, hier würde ich nicht mehr weiterkommen! Jenseits des Golfes mochten die Berge Niederkaliforniens stehen, aber diese befanden sich bereits hinter der Erdkrümmung, auch hier schien die Welt ihr Ende im Weltenmeer zu finden. Nur in der Richtung, aus der ich gekommen war, gab es Land, einen Ort, wo jetzt vielleicht Gary am Fischen war und Claudia das Mittagessen für ihre Tochter zubereiten würde. Das würde mir auch gut bekommen! Mit einem Mal spürte ich seit Langem wieder so etwas wie Hunger, wohl, weil ich mich derart an die vom Bier gelieferten Kalorien gewöhnt hatte. Das letzte richtige Essen hatte ich wohl von Flor bekommen, oder vielleicht Paty, schwierig zu sagen, wer die Küchenfee gewesen war.

Die hatten auch etwas zu erzählen, wenn sie zurückkamen! Genau wie ich würden sie vielleicht mit dieser verrückten Geschichte keinen Glauben finden. Aber jetzt wurde es Zeit, in die Zivilisation zurückzukehren, außer ein paar Rindern, welche von einer unbekannten Kraft am Leben gehalten werden mussten, hatte ich keine lebende Seele gesehen. Die musste sich einer halten, der ziemlich viel Geld fürs Futter übrighatte. Die Tankuhr zeigte längst das letzte Viertel an, und wenn es bergauf oder bergab ging, schlug die Nadel bedrohlich gegen „leer" hinunter. Rumpelnd und schaukelnd ließ ich den VW auf der anderen Seite im Leerlauf die schnurgerade Piste hinuntersausen, darauf vertrauend, dass kein von hier unsichtbares Arroyo plötzlich ein nur langsam passierbares Hindernis bilden würde. Aber es ging alles gut.

Bald standen einzelne aufgegebene Parzellen am Pistenrand, ich passierte ein unsäglich armseliges, zur Hälfte aufgegebenes, sogenanntes Ejido, ein Gemeinschaftsfarmprojekt, und sah bereits die Teerstraße in der Ebene draußen. Ich bog entschlossen links ein und konnte endlich nach 30 Stunden wieder einmal den dritten Gang einlegen. Mein kleines rotes Wunder hatte sich gut gehalten. Die Tankuhr zeigte noch fast ein Achtel an, als das Pemex-Schild am Horizont über der schnurgeraden Straße auftauchte. Sie hatte an diesem Muttertag sogar offen, was eigentlich zu erwarten ist, weil die Tankstellen in Mexiko nur schließen, wenn das Benzin alle ist. Damit war auch diese Frage geklärt, es standen einige Fahrzeuge vor mir, durchweg Pick-ups, einige mit Kindern auf der Ladepritsche, welche große, fassförmige Eiskisten bewachten, welche wie ich später herausfand, zur Aufbewahrung und Kühlhalten von Trinkwasser dienten.

Mein VW war bald versorgt und bevor ich die Abzweigung nach Puerto Peñasco suchte, wollte ich endlich etwas Gescheites essen. Auf der Suche nach einer geöffneten Lokalität in diesem verschlafenen Nest kam ich an einer unmarkierten Abzweigung vorbei, wo eine sehr sandig anmutende, breite Piste ungefähr in meine gewünschte Richtung abging. *Das konnte es wohl kaum sein! Besser ich würde im Lokal nachfragen.* Bald war etwas meinen Wünschen Entsprechendes gefunden, ein einfaches Lokal mit den bekannt-berüchtigten quadratischen Blechtischen und ebensolchen Klappstühlen. Der Schriftzug über dem Eingang versprach Pescados y Mariscos, also Essen hoffentlich frisch aus dem Meer. Eine Alkohollizenz hatten sie nicht, aber das kam mir im Grunde entgegen. Ich hatte für eine ganze Weile genug Alkoholisches getrunken, von den anderen weitaus potenteren „Drogen" ganz zu schweigen. Ich wollte unbedingt die berühmten Garnelen aus dem Golf versuchen, und es gab welche auf der Karte! 4 Stück für 5 Dollar, man merkte, dass die Grenze nicht mehr weit weg war. Ich fragte den einzigen Angestellten, einen jungen Mann Anfang dreißig, eher kleinwüchsig und untersetzt, mit kurzem krausem Haar, wo der Abzweiger nach Puerto Peñasco wäre. Er legte kurz die Stirn in Falten und eröffnete mir, dass ich über Caborca bis zur 15 nach Osten müsse, und von dort die 15 nach Norden, um über Sonoyta schließlich Puerto Peñasco zu erreichen, eine Strecke von über

300 km, auf der Teerstraße. Das war nicht nach meinem Sinne, ich wollte die kurze Route durch die Küstenwüste nach Puerto Peñasco. Ich fragte ihn danach. Er riet jedoch entschieden davon ab: „Die bauen gerade an der Straße, sie ist kaum passierbar. Die Bauarbeiten sind unterbrochen, wer weiß, wann die Straße fertig wird. Viel Sand da draußen. Ist das Dein Vocho, der draußen parkt? Damit kommst Du auf keinen Fall durch, der Sand ist zu tief. Der Abzweiger ist ein Stück die Straße rauf, da kannst Du es ja selbst versuchen. Wenn der Sand zu tief wird, kehrst Du einfach um."

Immer hatten sie was gegen meinen VW. Aber der Ratschlag war nicht schlecht. Probieren konnte ich es ja, es würde schon gutgehen. Wenn jetzt die Garnelen genauso gut waren wie der Ratschlag, war der heutige Tag bereits ein Erfolg. Er verzog sich in die Küche und schon recht bald stand mein Teller auf dem Tisch. 4 wirklich riesige, fast Bratwurstdicke erreichende Exemplare, jedes etwa 10 cm lang! Sie schmeckten spektakulär gut, ich hatte sogar ein Foto davon gemacht. Eine richtige Henkersmahlzeit! Es war schon 2 Uhr vorbei, als ich die 6 Dollar inklusive Getränk bezahlt hatte.

Im Wagen hatte ich noch eine Gallone Wasser, eine allerdings warme Dose Cola und ein altes Süßbrot von gestern. Egal, ich musste mich sputen, ich konnte in 4 Stunden die 120 km schaffen, wenn ich nicht zu oft anhielt. Frohgelaunt schob ich mich wieder hinter das Steuer und lenkte den VW an der Abzweigung auf die Piste.

Anfangs lief es recht gut. Immer wieder standen bisweilen enorm große Senita-Kakteen an der Straße, diese in der Systematik als Lophocereus schottii benannten Pflanzen hatten einen seltsam anmutenden grauen Haarschopf aus lauter dünnen Dornen, woraus dann im Sommer die unangenehm riechenden Blüten herauskommen würden. Es sind die am weitesten im Norden wachsenden Kakteen mit diesem Pseudocephalium genannten Haarschopf. Diese finden sich sonst nur in tropischen Gegenden. Wegen der grauen Haaren werden sie hier Senita genannt, also wie die Koseform für „alte Frau". Aber im Allgemeinen wird Senita in den USA mit „alter Mann" übersetzt, und so heißt der Kaktus auch auf Deutsch. Ansonsten gab es sehr wenig Vegetation, ein paar Stellen ausgenommen, wo wohl ein Tropensturm vor ein paar Jahren besonders dichte Vegetation hervorgerufen hatte, wovon jetzt nur noch braungelbe, abgestorbene Pflanzenskelette zeugten. Ich hielt ein paarmal an, um immer wieder die Senitas zu fotografieren. Allmählich wurden sie seltener, und die bisher auch immer wieder locker mit kleinen Paloverdes und Kreosotbusch bestandene sandige Ebene bestand bald nur noch aus Sand und kleinen trockenen Grasbüscheln.

Immer wieder kreuzten kleine Zungen rippeligen Flugsandes die Piste, welche den VW jeweils ein bisschen schwanken ließen. Kein Auto kam entgegen und niemand drängelte im Rückspiegel, als das weiße Gebirge, das ich heute Morgen gesehen hatte und mit einem morschen Backenzahn verglichen hatte, langsam näherkam. Der Sand wurde tiefer und bot dem Motor zunehmend Widerstand. Es wäre blöd, so nach 2 Stunden wieder umzukehren, weshalb ich den Wagen weiter durch den Flugsand trieb. Ich hatte allerdings kaum 50 km geschafft. Da bemerkte ich weit vorne an der schnurgeraden Piste einen weiteren etwas dickeren Kaktus, von denen in der letzten Zeit kaum noch welche zu sehen gewesen waren.

Als ich näherkam, die Sonne stand bereits in der Windschutzscheibe und blendete, erkannte ich, dass da kein Kaktus stand, sondern ein Mensch! Wie kam der bloß hier raus, es war kein Auto zu sehen. Es war allerdings keine leichtgekleidete junge Autostopperin, sondern ein älterer hagerer Mann mit Dreitagebart, tief sonnengebräuntem faltigem Gesicht, mit bereits ergrauten Haaren unter der zerknautschten Baseballmütze. Er trug ein altes schmutziges kariertes Flanellhemd und staubige, wie mit Mehl bestreute uralte Levi's. Ein paar ausgelatschte, einmal weiß gewesene Turnschuhe rundeten das traurige Bild ab. Hier konnte sich keiner versteckt halten und ich wäre auch so nicht an dem armen Teufel hier in der Wüste vorbeigefahren. So viel Anstand musste sein. Ich hielt an und fragte, wohin er wolle. „Nach Peñasco, Amigo. Dich schickt der Himmel. Ich laufe schon den ganzen Tag, bin morgen früh von Desemboque los. Ich will zur Grenze. Bist Du etwa ein Gringo?"

„Komm rein, wir haben denselben Weg." Wenn der jetzt eine Waffe zog, war ich erledigt. Ich kriegte jetzt doch ein wenig Angst, aber das war unnötig. Kein halbwegs schlauer Straßenräuber würde sich hier so mutterseelenallein in die Wüste stellen, wo kaum je ein Fahrzeug vorbeizukommen schien. Er fragte mich nach etwas zu trinken. „Da hat es eine Gallone Wasser und eine allerletzte Dose Cola, allerdings warm. Es hat auch noch ein Stück süßes Brot irgendwo. Ist allerdings von gestern." „Die letzte Soda in der Wüste! Mann, da danke ich Dir dafür. Kann ich das Brot wirklich haben?" „Nur zu, in ein paar Stunden sind wir in Peñasco." „Das Brot ist nicht schlecht. Du musst wissen, ich bin Bäcker von Beruf, bin unterwegs auf die andere Seite. Will ein paar Dollars verdienen. Wo hast Du es denn her?" „Von Puerto Libertad." „Echt? Was wolltest Du denn ausgerechnet bei den Marinesoldaten?" „Nichts Besonderes, ich fuhr dort nur durch. Gestern Morgen bin ich aus Bahia Kino weg und habe draußen in der Wüste übernachtet." „Ah, Bahia Kino! Habe ich gehört davon. Ein Fischerort."

In der Zwischenzeit wurde der Sand noch tiefer und der VW begann, immer öfters zu mahlen und zu schlingern. Dichte orangegelbe Staubwolken wurden über die Haube geworfen, wir mussten trotz der heißen Sonne die Fenster schließen. Von Puerto Peñasco war nichts zu sehen. Jetzt schob sich eine veritable Düne auf die längst in einen Karrenpfad mutierte Piste, welche ich mit Anlauf zu nehmen trachtete. Vergeblich! Die Hinterräder begannen zu mahlen, das Fahrzeug wurde immer langsamer, bis es blockierte, die Räder mahlten, fassten wieder kurz und mahlten wieder. „Cloch", rief mein Mitfahrer, damit ich auskuppelte, um nicht hoffnungslos einzusanden. Zu spät! Wir saßen fest. Er aber stieg kurzentschlossen aus und stellte sich hinten an den VW. „Los, ich schiebe und Du lässt langsam die Kupplung kommen. Nicht zu viel Gas, sonst graben wir uns noch völlig ein." Gesagt, getan, es gelang uns auf Anhieb, den VW von der Düne auf wieder stabileres Terrain hinunterzubugsieren. Er stieg wieder ein und es ging weiter. Diese Flugsandzungen wurden häufiger und immer wieder sandeten wir ein, mal weniger tief, mal so tief, dass es uns eine Heidenmühe machte, wieder herauszukommen.

Mein Begleiter war inzwischen komplett eingestaubt, er war sich das vielleicht als Bäcker vom Mehl gewohnt. Ich hieß ihn, sich am

Wasser gütlich zu tun, er war ja schon den ganzen Tag hier draußen. Unsere Reisegeschwindigkeit hatte sich auf kaum noch 20 km/h reduziert, denn nach weiteren 2 Stunden fehlten wohl, nach der Größe des weißen Gebirges nach zu schließen, immer noch 40 km. Die Sonne stand bereits dicht über dem messerscharfen Horizont. Wir waren in einem Meer aus Sand gestrandet, keine Spur eines Ortes. Wir kämpften uns weiter durch den Flugsand, die Tankanzeige ging bereits bedrohlich gegen halb, wegen des ständigen Fahrens in kleinen Gängen und dem enormen Rollwiderstand. Immer wieder die Routine mit Einsanden, Anschieben, Kupplung schleifen lassen, banges, gespanntes Warten auf das gefürchtete Mahlen der Räder, erleichtertes Aufatmen, wenn die Räder fassten und die Reise weitergehen konnte, bis zur nächsten Sandfläche.

Jetzt war wenigstens die Sonne endlich weg, und man konnte am Horizont einen Felsen sehen sowie eine etwas dunklere Masse, die sich vom hellen Sand abhob. Das mochte endlich Puerto Peñasco sein, die dunkle Masse könnten Bäume sein, welche man in Nordmexiko überall als Schattenspender anpflanzt. Und tatsächlich, bald glimmten die ersten Lichter in der Dämmerung auf, obwohl im Nordwesten noch immer ein greller, weißer Halbkreis die Stelle markierte, wo die Sonne untergegangen war. Ich glaubte, in einer halben Stunde anzukommen, aber ich täuschte mich, es dauerte noch mehr als eine Stunde, bis ich den vollständig mit einer lachsroten Staubschicht bedeckten VW in den Ort lenken konnte. Wir waren völlig erledigt und ebenfalls komplett staubbedeckt. Ich fragte meinen Begleiter, den ich nie nach seinem Namen gefragt hatte, wo ich ihn absetzen solle, und er bat, ihn an der Busstation aussteigen zu lassen. Ich drückte ihm zum Abschied einen 50'000-Peso-Schein in die Hand, mein ganzes Bargeld, den er auch dankend annahm, nicht als Almosen, sondern als redlich verdienter Schieberlohn. Ohne ihn hätte ich diese Strecke unmöglich schaffen können. „Gönn Dir davon ein gutes Essen und denk dabei an mich, ich kann's gebrauchen", sagte ich ungewohnt impulsiv. „Muchas gracias y que Dios le bendiga", sagte er mir zum Abschied. Konnte man immer gebrauchen – aber ich wurde mir auch bewusst, dass ich mehr erhalten hatte als er.

Am Ort gab es auch ein günstiges Zimmer, das ich trotz meines staubigen Aussehens anstandslos bekam. Hier war man an Sand und Staub gewohnt. Jetzt eine ausgiebige Dusche und ein paar Bier! Trotz der vorigen Müdigkeit, welche wohl von einer beginnenden Austrocknung herrührte, weil ich die ganze Gallone Wasser dem Bäcker überlassen hatte, hatte ich Lust bekommen, mich hier ein wenig umzusehen. Ich ging frisch umgezogen die nächtliche Straße hinunter an diesem Muttertagabend, als ich aus einem Lokal Cumbia-Musik hörte. Da trat ich ein, worauf mich die drinnen herrschende Lautstärke fast umhaute. Es war angenehm kühl, und eher spärlich beleuchtet.

Ich setzte mich an einen freien Tisch und bekam bald mein Bier. Es hatte viele Tanzpaare auf der dazu freigelassenen Fläche inmitten der Tischchen. Außer ein paar wenigen Typen, welche allesamt Desperados, Glücksrittern oder anderweitig gescheiterten Existenzen glichen, waren lauter Frauen anwesend. Sie hatten sich zu Paaren zusammengefunden und schienen auf diese Weise Muttertag zu feiern. Ihre Männer mochten derweil zu Hause auf die Kinder aufpassen. Ich betrachtete dieses geheime Ritual und war über alle Masse verblüfft. Sowas hätte ich mir niemals vorstellen können. Dutzende von Frauen, durchaus auch ältere, fülligere darunter und natürlich viele jüngere in Festkleidung tanzten zu ausgelassener Musik durch die Nacht. *Der alte Cortés hatte also doch Recht gehabt!* Er schien nur ein paar Jahrhunderte zu früh hierher gesegelt zu sein, um seine Amazonen zu treffen. Hier war es also, das mystische Reich California, von welchem im alten spanischen Ritterroman „Sergas de Esplandían" die Rede ist, wo die Frauen die Herrschaft ausübten und gar in den Krieg zogen und sich mit schwarzen Perlen und Gold schmücken sollen. Davon war hier allerdings nichts zu sehen, obwohl sich die meisten der Damen aufwendig herausgeputzt hatten. Und ihre Königin, Calafia genannt? Die stolze Herrscherin, begnadet mit außerordentlicher Schönheit, großer körperlicher Kraft und voll erblühter, üppiger Weiblichkeit, wie es bei dem alten Spanier heißt? Ja, Calafia, vielmehr ihre Nachfolgerin, sie hatte ich schon getroffen, und ich schätzte mich glücklich, von ihr geküsst worden zu sein! Das konnte schließlich nicht jeder von sich sagen! *Cortés wäre an meiner Stelle bestimmt stolz auf sich gewesen.*

Hier wurde es aber Zeit, auszutrinken, bevor eine der Amazonen auf die Idee kommen mochte, es wäre jetzt Zeit für eine Damenwahlrunde. Ich wusste zwar jetzt, wie man küsst, aber glaubte nicht daran, deswegen nun auch tanzen zu können. Es würde besser sein morgen zeitig zu meiner Erkundungstour durch die Pinacate-Wüste zu starten. Ich war mir jetzt sicher, dass mein altes Leben weitergehen mochte, dass die Zeit der Prüfungen endlich vorbei war.

Nach der vergangenen unruhigen und von geistiger Schwerarbeit erfüllten Nacht draußen in der Einsamkeit und der mühsamen Fahrt durch den Treibsand war ich wohl viel müder gewesen, als vermutet und wachte viel später auf als während der letzten 10 Tage. Es war bereits hellster Tag, als ich das schmucklose Zimmer zurückgab, ein üppiges Frühstück genoss, welches für den ganzen Tag vorhalten sollte und eigentlich so schnell wie möglich zur Tankstelle und dann in Richtung Norden aufbrechen wollte. Nach einer erneut traumlosen Nacht glaubte ich endgültig, dass die Bahia-Kino-Episode ausgestanden wäre. Es war ein frischer, ganz klarer wolkenloser Morgen, die Sonne brannte in einem strahlenden Weiß aus einem aus sich selbst leuchtenden, makellos blauen Himmel. Wie geschaffen, um einen ganzen Tag in den gewaltigen Dünen zu verbringen, welche man ein wenig außerhalb des Ortes mittels einer Piste erreichen konnte.

Aber wenn alles wieder wie früher war, was tat ich denn noch hier in diesem unattraktiven, staubig-sandigen Ort? Ich hatte einen Laden entdeckt! Dort gab es alle Arten von Schallplatten, Abspielgeräte, Musikinstrumente und eine sehr umfangreiche Kassettenauswahl aller nur denkbaren Sparten. Der jüngere, mit einem Vollbart und langen gewellten Haaren ausgestattete, etwas untersetzte Verkäufer war drauf und dran, den größten Verkauf des heutigen Tages gleich nach der Öffnung des Ladens zu machen. Ich hatte sofort das unstillbare Verlangen nach der Linda Ronstadt-Kassette verspürt, und das obschon der VW gar kein Abspielgerät eingebaut hatte. Ich kaufte die Kassette gleich in doppelter Ausführung, wohl ahnend, dass diese wohl bald sehr viel laufen werden musste. Der Verkäufer war kein besonderer Fan dieser Sängerin, führte das Band aber vor allem, weil die Amerikaner dieses in jenem Jahr kauften, also ob es eine neuentdeckte Beatles-Platte sei. Der Ort wird ja gerne von den Leuten aus Arizona ausgesucht, welche übers Wochenende ans Meer fahren wollen. Er empfahl mir eher das einheimische Schaffen, wenn ich denn schon auf mexikanische Folklore aus sei. Vicente Fernandez kannte ich ja schon aus dem Radio, und nur zu gerne nahm ich mehrere Bänder mit ihm mit, ebenso ein paar Perlen mit Antonio Aguilar, mit begleitender Banda Sinaloense, natürlich einige Norteño-Sachen.

Nach diesem Großeinkauf war es laut Radio schon 10 Uhr vorbei, und als ich in Richtung Norden gegen das nun immer gewaltigere Formen annehmende „Dino-Backenzahn"-Gebirge strebte, schallte bereits „La Hora de Vicente Fernandez" aus dem Autoradio, heute nach Muttertag natürlich vor allem mit zu jenem in Mexiko sehr wichtigen und ausgiebig gefeierten Gedenktag passenden Liedern, alle ohne Ausnahme sentimental und eher traurig. Ich bekam beinahe so etwas wie ein schlechtes Gewissen, weil ich meine eigene ebenfalls nicht angerufen hatte. Aber bei uns war der schon am Sonntag gewesen, als ich gerade damit beschäftigt war, mit Flor zu frühstücken. Was sie wohl dazu gesagt hätte? Aber in Bahia Kino gab es sowieso kein Telefon, außer bei Luis in der Reception.

Die geteerte Straße führte bald aus dem winzigen Ort heraus und hinein eine in gelblichen Ockertönen gehaltene, völlig flache und mit Ausnahme von einigen wenigen vertrockneten Stauden vom letzten Sommer völlig vegetationslose Ebene. Irgendwo musste doch hier diese Piste abgehen! Im Westen standen bereits wahre Gebirge aus goldenem Sand. Wenn das Hernán Cortés gesehen hätte! Aber der sah halt die Gegend hier nur vom Schiff aus, so blieb er von einem weiteren Goldfieber-Anfall verschont, ebenso die hiesigen Ureinwohner von seinen Conquistadores.

Weit vorne stand ein einfaches Blechschild in der sandigen Ebene. Beim Näherkommen konnte ich lesen: „Dunas". In einem weiten Schwung und ohne abzubremsen ließ ich den VW auf die Piste hinunterrumpeln und notierte den Kilometerstand ein paar Dutzend Meter hinter der Abzweigung. Die Piste verlief zunächst schnurgerade und war glatt und einfach zu befahren. Bald kamen die ersten Sanddünen, worin vereinzelt Mezquite-Büsche standen, welche Sand mögen. Sie treiben ihre Wurzeln bis zu 50 m in den Untergrund, und an der Oberfläche reicht diese gewaltige Wurzelmasse nur gerade aus, einen Busch von kaum 150 cm Höhe zu unterhalten. Der Treibsand verfängt sich dann in den dornigen Ästen und langsam bildet sich ein Sandhaufen. Es ging im 2. Gang weiter, als die Piste anfing sich, um die immer größer werdenden Dünen zu winden. Es gelang mir, etwa 15 km auf der Piste zurückzulegen, bevor mir die Strecke zu sandig wurde. Ich stellte den Wagen einfach an den Rand. Von hier würde es zu Fuß weitergehen. Die ganze Umgebung hatte sich in eine orangegoldene eigentümlich leere Szenerie verwandelt, wo jegliches Grün zu fehlen schien. Ich plante, auf die hohe, recht nah von meinem Standort sich steil in den unwirklich blauen Himmel erhebende Düne zu steigen.

Aber ich wusste, dass die Düne weiter weg sein mochte als es den Anschein hatte. Ich hatte vorhin durch das große 1'200er Tele gegen das kahle weiße Gebirge fotografiert, weil vor dem schwarzen, recht nah scheinenden Lavastrom ein einzelner Saguaro stand. Auch in dieser Vergrößerung blieb der Kaktus recht klein, und das Gebirge dahinter erschien kaum näher. Es mochte Dutzende von km entfernt stehen, die nicht vorhandene Luftfeuchtigkeit machte die Luft eigenartig transparent. Der Anstieg war extrem mühsam, 2 Schritte vor, einen zurückrutschend, und die Düne mochte wohl volle 70 Meter hoch sein. Gegen oben war sie frei von jeglicher Vegetation. Aber vom Grat, der sichelförmig gebogen und scharf gegen Osten, also von meiner Seite her, anstieg, konnte ich nur in eine Art Tal hinuntersehen, im Nordwesten stand aber schwarz und imponierend der Pinacate. Im Westen dagegen erhob sich eine noch gewaltigere und vor allem höhere Düne. Die musste ich natürlich auch noch besteigen, obschon ich statt des Wasserkanisters lieber die Kameraausrüstung durch den Sand schleppte.

Aber heute war die Luft angenehm frisch, die Bewölkung vorgestern musste zu einer Kaltfront gehört haben. Nach einer weiteren halben Stunde war ich oben.

Die Rundsicht war beeindruckend, um nicht zu sagen Ehrfurcht einflößend. Von Westen her brandeten golden schimmernde, gewaltige Brecher aus purem Sand heran, bis weit hinten am Horizont eine noch gewaltigere Dünenkette die Sicht versperrte. Rechts davon drohte der flache, wie ein gewaltiger Pfannkuchen die ganze Nordwestseite dominierende Pinacate-Vulkan, der im Norden scheinbar in das weiße schartige Gebirge überging, welches fast völlig vegetationslos über die sandigen Weiten strahlte. Im Osten wurden die Dünen immer niedriger; ich suchte die Piste und fand sie erst nach einiger Zeit. Sogar den VW konnte ich ausmachen, ein winziger roter Fleck inmitten der von hier lachsroten Sandebene. Im Südosten erhoffte ich jenes Gebirge zu entdecken, von wo ich gestern Morgen gebannt auf die vor mir liegende Szenerie geblickt hatte. Aber heute betrug die Sicht keine 160 km, vielmehr schien sich dort ein ganz feiner Dunst ausgebreitet zu haben, der vom tief im Süden dunkelblau leuchtenden Golf aufgestiegen sein mochte. Ich konnte mich an der unwirklichen Szenerie kaum sattsehen und hatte längst den ganzen Film verbraucht und leider keine Ersatzpatrone dabei.

Längst war Mittag vorbei und die Sonne begann in den Westen zu sinken, und die zarten Rippelmarken der Dünen besonders plastisch hervortreten ließen. Ich wusste, dass diese Dünen sich über volle 200 km in den Westen erstreckten, ich stand am Rand der größten reinen Sandwüste beider Amerika! Das Land rund um den nördlichen Golf von Kalifornien ist vermutlich das trockenste Land Nordamerikas und derart unfruchtbar, dass selbst Kakteen und Kreosotbusch sich nicht halten können. Die hier dominierende Vegetation überlebt nur als Samen im Sand, und wartet bisweilen Jahre, um dann auf einen Schlag verschwenderisch aufzublühen, wenn es nur im Sommer sehr viel regnet, was etwa dann vorkommt, wenn ein Tropensturm hier auf Land trifft. Aber jetzt wurde es langsam Zeit, wieder zum Auto zurückzugehen, es mochten noch mehr Leute zu den Dünen wollen, und wenn da einer auf die Idee kommen sollte, das Auto mitzunehmen, würde ich wasserlos vor einem 15 km Fußmarsch durch die Nachmittagshitze stehen. Dazu brauchte man hier locker 4-5 Stunden, eher mehr, und es war nicht sicher, dass dann am Abzweiger gleich einer anhalten würde.

Also los! Ich erreichte dann den Wagen in gut einer Stunde, es war also doch weiter gewesen als ich gedacht hatte. *Jetzt erstmal trinken! Was jetzt? Nochmal Puerto Peñasco oder doch gleich Sonoyta?* Ich entschied mich für den letzteren Ort, weil er näher am Eingang zum Biosphärenreservat lag, meinem nächsten Ziel. Ich wollte nicht noch einmal die ganze Strecke zurückfahren und dann morgens wieder unter die Räder nehmen müssen. Ich musste zwar noch Film kaufen, in den Dünen hatte ich alles, was ich noch hatte, aufgebraucht. Aber das würde es in Sonoyta auch geben. Vielleicht blieb ich dort gleich 2 Tage. Ich hatte richtig Lust bekommen, das Reservat ein bisschen genauer unter die Lupe zu nehmen. Es schien hier viel interessanter zu sein als auf Niederkalifornien. 2,3 Tage am Pinacate und 4 Tage Reserve – man weiß ja hier nie! Dann blieben 2 Tage für die Fahrt nach Chihuahua und den Abstecher zum Ojo del Diablo. Und 3, 4 Tage für die Barranca del Cobre hatte ich auch noch übrig, bis am 27 dann der Rückflug anstand.

Nach Sonoyta war es nicht weit, und ich erreichte den schmucklosen, eher abweisenden und armseligen Ort gerade noch rechtzeitig zum Sonnenuntergang. Das erleichterte die Suche nach einer Unterkunft, ich hatte dann aber mehr Mühe als gedacht, ein einigermaßen passables Motel zu finden. Der Ort wurde bereits damals von den Migrantenströmen aus ganz Lateinamerika als eine Art Sammellager genutzt. Hier fanden die Auswanderer und ihre Schlepperbanden alles, was sie für einen mehrtägigen Fußmarsch durch die gnadenlose Wüste brauchen würden. Der Weg führte über den einfachen, kaum 120 cm hohen Drahtzaun direkt ins Organ Pipe Cactus National Monument, wo es selten Kontrollen gab. Man konnte auch ins Reservat der Papago-Indianer gelangen, wo Lateinamerikaner aufgrund ihrer äußerlichen Ähnlichkeit mit den Indianern erst recht nicht auffielen. Wer es auf eigene Faust versuchen wollte, ging durchs Biosphärenreservat und das Sperrgebiet der Armee in Arizona, und hoffte, dabei unterwegs nicht zu verdursten.

Ich buchte das Motel trotz seiner augenfälligen Unbequemlichkeit und des Umstandes, dass es von Pärchen frequentiert wurde, welche hier nicht auszuruhen gedachten. Gleich für 3 Tage, es mochte sich wegen des Wochenendes doch füllen. Die Suche nach dem gewünschten Diafilm war dann trotz Nachfrage und Abklappern der diversen Apotheken, in welchen damals Filme verkauft wurden, ergebnislos geblieben; ich wurde nach Lukeville in Arizona verwiesen. *So ein Mist!* Aber Migranten machen halt keine Fotos unterwegs, und Touristen gab es hier nur wegen der Bordelle.

Am folgenden Tag startete ich noch früh am Morgen statt in mein Abenteuer ins Biosphärenreservat missmutig Richtung Grenze. Meine Laune verschlimmerte sich erheblich, als ich mich alsbald in einer unübersehbar langen Autoschlange befand. Vom Grenzübergang war nichts zu sehen. Ich war bereits im Motel vorgewarnt worden, dass „la Linea" wie hier die Warteschlange genannt wurde, sehr lang sei und die „Gabachos" streng jedes Fahrzeug absuchen würden. Es kostete mich mehr als eine halbe Stunde in rasch zunehmender Morgenhitze, um endlich an der Zollstation anzulangen. Mein Visum und Aufenthaltsbewilligung waren ja noch gültig, ich rechnete nicht damit, lange ausgefragt zu werden. Das Gepäck und vor allem der Cardón waren natürlich im Motel geblieben. Aber der Grenzbeamte wollte alles Mögliche wissen, ob ich etwa mit dem VW von Chihuahua hierhergefahren wäre, wo es doch in El Paso auch einen Übergang gäbe, was ein Schweizer in einer derart üblen Gegend zu suchen habe, und was ich in den USA zu tun gedächte. Am einfachsten ist es hier immer, die Wahrheit zu sagen, auch wenn es noch so absurd klingt. Da verheddert man sich nicht in Widersprüche. „Film kaufen?! Haben die in Mexiko jetzt nicht mal das mehr?" „Diafilm haben sie nicht in Sonoyta." „Die ganzen Wetbacks haben sowieso keine Kameras." „Wieso Wetbacks? Hier gibt es kaum genug Wasser zum Trinken, zum Schwimmen bleibt da nichts übrig." „Bist ein schlaues Kerlchen was? Aber es stimmt. Wir kommen kaum nach, die vertrockneten Gestalten in der Wüste aufzulesen, aufzupäppeln und zurückzuschicken. Muss ein Tollhaus sein da unten." „Also mir hat es sehr gut gefallen. So arm wirkt das Land gar nicht, nur hier an der Grenze." „Wo warst Du denn? „Chihuahua, Coahuila, Sinaloa, Sonora." „Sinaloa? Etwa gar Mazatlán?" „Ganz genau." „Da würde mich keiner hinbringen. Alles voller Drogenschmuggler. Die haben einen von den Unseren zu Tode gefoltert." „Ja, hab davon gehört. Mazatlán ist ein unruhiges Nest, aber der Rest von Sinaloa ist nett. Die Leute auch." „Naja, jedem das Seine! Dann hol Dir mal Deine Filme hier. Good Luck!" Nach diesem seltsamen Gespräch war ich nach Lukeville entlassen. Die Kakteen wurden bald größer und saftiger, als ich mich den Ajo Mountains näherte. In Lukeville war es dann kein Problem, an Film zu kommen. Da ich schon einmal hier war, nahm ich gleich ein paar Bilder von der herrlichen Szenerie mit. Nach dem gestrigen Tag im Sand kam mir die Wüste Arizonas wie ein botanischer Garten vor. An eine Abreise in das Biosphärenreservat würde heute nicht mehr zu denken sein. Wieder ein ganzer Tag war somit verloren.

Am folgenden Tag, Samstag, 13. Mai, konnte ich endlich komplett ausgerüstet zu meiner Expedition in die Pinacate Wüste aufbrechen. Nach der langen Nachtruhe war ich zum Sonnenaufgang erwacht und konnte mich an der Tankstelle mit Benzin und einigen Lebensmitteln und vor allem Wasser versorgen. Der Adrenalinspiegel war derart hoch, dass er wie gewünscht für die notwendige Ablenkung gesorgt hatte. Aber die anderen physiologischen Säfte, deren Produktion vor einer Woche so abrupt und überraschend hochgefahren wurden, forderten ebenfalls ihren Tribut. Sie äußerten ihre Präsenz weiterhin durch ein übersteigertes Selbstvertrauen. Zusammen mit der Aufregung ergab sich eine für ein derartiges Unternehmen ungeeignete Mischung. Ich war für die Tour eigentlich immer noch vollkommen ungeeignet ausgerüstet, ohne die unbedingt zu empfehlende Begleitung, und es war nach Mitte Mai, was bedeutete, dass die heißeste und trockenste Phase des ganzen Jahres begann. Die Pinacate-Wüste war eine fast vollständig weglose und vor allem menschenleere Wildnis, wie es sie sonst in der amerikanischen Wüste nicht mehr gibt. Das Death Valley würde hier in eine Ecke passen, und dort gab es Rangerstationen, und jede Menge Touristen, selbst im Sommer. Kurz, es war extrem leichtsinnig, hier hinauszufahren, aber ich war der Ansicht, meine unfehlbare Pemex-Karte würde mich schon durch diesen Irrgarten führen. Am Anfang ging es noch ganz gut, als ich mit dem vollgetankten VW über die schmalen kurvigen Pisten strich, meist im zweiten, oft aber gar im ersten Gang. Bald veränderte sich die Farbgebung der Landschaft von lachsrotem Sand über relativ dicht bestandene, olivgrüne Kakteenwüste immer mehr zu einer eher gräulichen, langsam sich leerenden Szenerie. Lava aller Formen und Farben türmte sich zu bisweilen gewaltigen Schlackenhaufen, wo der Weg sich in zahllosen Schlaufen verlor, sodass ich kaum noch wusste, in welche Richtung es weiterging. Die Kakteen wurden immer weniger, und schließlich standen die letzten von ihnen leidend inmitten der scharfkantigen Lavablöcke. Es gab nun nichts Grünes mehr bis zum Horizont, welcher vom immer mächtiger werdenden und eine drohende Haltung einnehmenden Pinacate-Vulkan dominiert wurde. Hier konnte ich eine Standortbestimmung vornehmen und befand befriedigt, dass der Weg auf den Vulkan zu führen schien. Ich folgte diesem Weg über einige Dutzend km, obwohl er immer schwieriger wurde, je näher ich mich dem eigentlichen Vulkankörper näherte. *Aber immer noch besser als Sand!* Entschlossen trieb ich den armen VW schaukelnd und ruckelnd über die Lavasteine den Hang hoch, der jetzt wieder etwas Grün zeigte, nämlich weit verstreute Paloverdebüsche. Die einzigen Farben waren schwarze kleine Lavasteine, das stumpfe Grün der wenigen Büsche und das bleiche, vom hochgewirbelten Staub getrübte Himmelblau. Oben angekommen sah ich, dass der eigentliche Vulkan noch Dutzende von km in unerreichbarer Ferne lagerte, und die Straße auf eine Art Hochebene mündete. Ich war schon am Suchen, wo ich anhalten konnte, als ich urplötzlich vor einem gewaltigen kreisrunden Loch stand! Hier ging es nicht mehr weiter! Das Loch, wohl 1 km weit und an die 200 m tief, war ein vulkanischer Sprengkrater. Es gab sogar ein hölzernes Schild: „Crater Elegante". Er war wirklich kreisrund und wirkte tatsächlich elegant, mit seinen wie für ein gewaltiges Stadion angeordneten Lavaschichten. Also wieder zurück, und ich sah prompt, dass ich weiter vorne statt der weiterführenden Piste die Abzweigung zum Krater genommen hatte, welche halt viel mehr Reifenspuren aufwies. Die Piste führte von der Hochebene nur unwesentlich nach unten und endete in einer weiteren endlosen, grauen Ebene. Die Fläche schien vollkommen glatt zu sein. *Ideal, um ein wenig rauszufahren und dort unter dem Paloverde ein Picknick abzuhalten!* Die Idee schien ganz gut, aber auf einmal fing der Motor an zu würgen, und ich gab automatisch mehr Gas. Das bewirkte, dass die Räder sich im Nu durch die nachgebende dünne Steinschicht gruben, um sich dann sofort in den darunterliegenden mehlfeinen Staub zu fressen.

Eingesandet! Und kein gutmütiger Bäcker da, der mir beim Schieben hülfe. Verfluchte Scheiße! Aber es half nichts. Mir war Hunger und Durst vergangen. Ich musste den Wagen sofort wieder auf die feste Straße bekommen. Es waren zum Glück nur etwa 2, 3 Meter, bis der Boden wieder zu tragen schien. Wagenheber raus, Lavasteine unter die Räder legen, zu einer Art gepflasterter Schiene zusammenfügen und mit Schwung rückwärts auf festen Grund fahren! Es ging eine Weile, bis ich den Wagenheber verstanden und genügend flache stabile Steine zusammengesucht hatte, an denen hier kein Mangel bestand, und schließlich die Räder auf dem Gleis ausgerichtet war. Ich betätigte den Anlasser und ließ die Kupplung langsam kommen. Die Räder fassten die Steine, ich gab langsam Gas und als sich das Auto bewegte, gab ich mehr Gas, die Steine flogen scheppernd an die Bodenplatte, aber der VW dröhnte und fauchte in die gewünschte Richtung, die Räder fingen an, wieder zu mahlen, Vollgas, eine enorme Staubwolke, sie fassten und schließlich stand der VW mit einem plötzlichen Satz wieder befreit auf der stabilen Fläche. *Geschafft!* Erleichtert besah ich mir die knöcheltiefen Karrengleise und machte sogar noch stolz ein Bild von mir selbst und der ganzen Szenerie, mit der ich natürlich Flor gebührend zu beeindrucken trachtete. Jetzt war es Zeit für ein paar Dosen Cola und die mitgebrachten Sardinendosen und die guten mexikanischen Weißbrote! *Das war knapp gewesen! Nicht auszudenken, wenn ich hier hängengeblieben wäre!* Da wäre ich nie mehr zu Fuß rausgekommen, und es gab anscheinend keine Touristen, die sich für Crater elegante und seine 200 Kollegen interessierten, welche hier die Erde in einen außerirdischen Planeten zu verwandeln versuchten. Ich kam noch an einem weiteren, kleineren Krater vorbei und jetzt kam ich in die Nähe des weißen, schartigen Gebirges. Die Vegetation wurde noch lückiger und die Saguaros schienen aus den vulkanischen Felsen heraus mit erhobenen, ganz abgemagert wirkenden Armen den Himmel, um Wasser anzuflehen. Es gab nun welche, die wirkten ganz braun und abgestorben, an vielen Stellen gab es überhaupt keine mehr. Dann bog die Piste um einen Bergvorsprung in ein sehr weites Tal ein, das wieder ein wenig freundlicher wirkte. Das Gebirge mochte im Sommer mit seiner Thermik ein paar Gewitter erzeugen, deren abfließendes Wasser jedenfalls diese gewaltige Fließrinne schufen, welche in den USA als „Wash" bezeichnet werden. Er schien mehrere hundert Meter breit zu sein. Das Tal war rechts begrenzt durch jäh in die Höhe schießende Felsspitzen, an deren unteren Hängen standen wieder Kakteen. An einer Stelle, wo die Piste in die Nähe dieser felsigen Trutzburg führte, hielt ich an. Ich wollte trotz des Zeitpunktes früher Nachmittag den Aufstieg wagen. Der Tag war günstig; es war nämlich nicht besonders heiß, vielleicht 30 Grad, obschon die Sonne wieder mit der von Bahia Kino sattsam bekannten, weißlich-grellen Lichtflut die Gegend drangsalierte. Sogleich ging es eine sehr steile Schutthalde empor, welche mich im Nu etwa 30 Meter Höhe gewinnen ließ. Dann war ein erster Grat erreicht. Dahinter fiel der felsige Hang relativ sanft ein, welcher mir erlaubte, relativ flüssig emporzusteigen. Es war eine Lust, über die griffigen, rauen vulkanischen Steinplatten freihändig in die Höhe zu steigen. Das Gestein wies eine rötliche Färbung auf und der ganze Berg war ausgesprochen spärlich mit einzelnen Saguaros und Ocotillos bestückt, von einem Bewuchs konnte keine Rede sein. Bald kam die obere Kante in Sicht, welche jäh ins Vorland abbrach, wo die Piste durchführte. Aber bis ich oben war, brauchte es doch noch eine kurze Kletterei. Dann stand ich an der Abbruchkante. Der Ausblick war atemberaubend. Wie hoch ich gleichsam über der Piste zu schweben schien war kaum abzuschätzen, hundert Meter, oder gar zweihundert? Das Tal erstreckte sich über unübersehbare Weiten in beide Richtungen bis an den Horizont. *Hier war die Erde immer noch wüst und leer!* Der mohnrote VW war kaum noch auszumachen. Vor mir klammerte sich ein junger Saguaro an einem Felsen fest, dahinter nur der ungemein saugende, bannende Abgrund. Und da kam die Erinnerung zurück, an jene Nacht in der Wüste, der Traum vom Fliegen! *Hier war die Stelle!* Ein warmer Thermikwind kam von unten mir entgegen, man brauchte nur die Arme zu spreizen, sie in den Wind zu drehen und sich langsam vornüber kippen lassen. Der Fallwind und die Thermik würden dann den Körper tragen und einem erlauben, wie ein Vogel über die leere Wüste zu gleiten – wenn man zufälligerweise Ikarus heißen würde! Aber dann war dann doch ganz prosaisch den ganzen Weg wieder hinuntergestiegen.

Wieder auf festem Boden hatte mich die Erinnerung an die Nacht in der Wüste und den Flugtraum wieder in das bereits verlassen geglaubte Fahrwasser gebracht und hing ganz versonnen den zugehörigen Gedanken nach, während der VW gemächlich der schnurgeraden Piste folgte. Langsam wurde die Szenerie wiederum von lachsrotem Sand dominiert. Ich kam an einer mit alten Reifen notdürftig stabilisierten Düne vorbei und folgte dem bald danach von der Piste abgehenden Sandweg, in westlicher Richtung, genau in die langsam tieferrutschende Sonne hinein.

Vielleicht konnte man hier wieder in das Sandmeer hinausfahren, spekulierte ich. *Das würde ein paar großartige Fotos absetzen!* Der sandige Fahrweg führte über Dutzende von Kurven immer weiter in eine zunehmend vegetationslose, lachsrote Sandebene hinaus. Auf einmal fuhr ich an einem uralten windschiefen Zaun und einem auf den ersten Blick verlassenen Gehöft entlang. Ich schaute noch in den eingefriedeten Hof hinüber, um vielleicht auf etwaig vorhandene Zeichen von Bewohnern zu stoßen, als der VW längst zu mahlen angefangen hatte, und ich unwillkürlich aufs

Gas ging, um durch die weiche Stelle zu kommen. Aber hier gab es gar keinen Sandweg mehr, sondern nur noch Sand! Flugsand hatte den Weg längst auf unübersehbare Strecken zugedeckt. Der VW hatte sich so gründlich eingewühlt, wie es nur ging, nämlich bis auf die Bodenplatte! Ein mulmiges Gefühl breitete sich in der Magengegend aus, gerade so wie damals, als ich zum Treffen mit Claudia geführt wurde, wie ein Hinrichtungskommando einen Gefangenen zum elektrischen Stuhl führt. Aber diese Gedanken waren jetzt ganz unnütz, jetzt würde es nämlich tatsächlich an den Hals gehen! Ich schaute mich kurz um, die Panikattacke im Zaum haltend und sogar das Fluchen und Schimpfen vergessend. Wie ich gedacht hatte, in der ganzen Umgebung gab es nichts als Sand, keinen einzigen der dringend benötigten Steine ließ sich sehen. Etwas Weißes tauchte vor mir am Zaun auf. Ich ging in der Hoffnung, es mochten Kalksteine sein, darauf zu und sah, dass es ein Pferdeschädel sein musste. Das Gehöft lag natürlich schon seit geraumer Zeit verlassen da, hier würde keiner je rausfahren. Meine Spur war nämlich die einzige, welche auf dem Sandweg eingezeichnet war. Und die Kilometernotierung, um festzustellen, wie weit es zurück bis zur Hauptpiste war? Hatte ich natürlich vergessen, und war vermutlich sogar noch falsch abgebogen, auf einen nicht auf der Karte verzeichneten Weg, von denen es Dutzende gab. Ich schaute mich wild um. Keine Anzeichen von irgendwelchen menschlichen Spuren! Es gab überhaupt keinen vernünftigen Ausblick, ich lag vielmehr in einer Art sandigen, nach Südwesten offenen Wanne fest. Den Blick nach Norden verwehrte ein bis auf einzelne graue Büschchen und ausgetrocknete Ocotillos völlig kahl wirkender Bergzug aus ziegelrotem Rhyolithgestein mit Quarzeinschlüssen. Von dort oben mochte man einen Blick in Richtung der MEX 2 haben, der berühmte „El Camino del Diablo" nach Mexicali, volle 200 km ohne jegliches Wasservorkommen, früher 7-Tagesreisen. In der Wüste Gobi hatte damals Marco Polo alle 30 km eine Wasserstelle vorgefunden. Ich hatte noch 3 Colas und eine Gallone Wasser. Aber heute würde ich hier nicht mehr herauskommen. Die Sonne begann, sich dem kahlen Gebirge im Nordwesten zu nähern. Eine seltsame, kantige Struktur erweckte meine Aufmerksamkeit in der sandigen Fläche. Ich ging in der Hoffnung hin, das möchte ein anderes Fahrzeug sein, und sah auch bald, dass ich mich da nicht getäuscht hatte. Beim Näherkommen sah ich jedoch, dass dieses Auto definitiv nicht mehr fahren würde! Es war ein abgetrennter Kofferraum, der Lack von der gnadenlosen Sonne in ein undefinierbares Farbenmischmasch verwandelt, garniert mit unzähligen Einschusslöchern! Dahinter dieser kahle, unwirtliche Bergzug. Wie eine Filmkulisse aus einem dieser gruseligen amerikanischen Blutbadfilme, wo irgendwelche grässlich verunstaltete Mutanten nachts von den Hängen herunterschlichen und sich an den hier steckengebliebenen Touristen gütlich taten …

Ich ging enttäuscht zum Auto zurück. Völlig aussichtsloses Unterfangen, den VW ausgraben zu wollen. Damit würde ich nur der Austrocknung Vorschub leisten. Die Sonne verschwand hinter dem Bergzug und es wurde schlagartig wohltuend kühler. Eine bedrückende Stille breitete sich über dem traurigen Becken aus, nicht einmal eine Flugroute schien über dieses Tal der Verzweiflung zu führen, ich hatte weder ein Flugzeug gehört noch Kondensstreifen gesehen. Rasch drängte die samtblaue Dunkelheit aus Osten heran, und ich entdeckte die dünne Sichel des zunehmenden Mondes im langsam erlöschenden, weißlichen Widerschein der untergegangenen Sonne. Er schien der Sonne auf ihrem Weg zu folgen, hatte aber noch etwa 2 Stunden am Himmel zur Verfügung. Jetzt, als es dunkel genug war, damit man die ersten Sterne sehen konnte, konnte man den restlichen Mond, wie ein geisterhafter Schatten, welcher den von der Sichel vorgezeichneten Raum ausfüllte, ebenfalls erahnen. Groß und dominant hing der mächtige Orion im Südwesten, es würde nicht mehr lange dauern, und er würde unbeobachtbar im Taghimmel stehen. Traurig dachte ich an die Nacht in Bahia Kino mit Flor neben mir, genau vor einer Woche war das gewesen, als wir verträumt in das Sternbild guckten. Sie wandte mir ihr von ihren schönen, glatten bis an den Hals reichenden Haaren eingerahmtes Gesicht zu, ein Gesicht wie der volle Mond, sanft und ausgeglichen, mit ihrer sexy Stimme von Samt und Seide. Der Mond war damals nicht zu sehen, aber jetzt würde er sich auf den Weg zum Orion machen, jeden Tag würde er ein wenig voller sein, und gleichzeitig niedriger am Horizont stehen, bis die scheinbare Bahn durch den Orion gehen mochte. Aber den nächsten Vollmond würde ich nicht mehr sehen, wenn ich nicht hier herauskam. Vielmehr würde ich bereits morgen ohne Wasser dastehen, und dann würden meine Schritte immer langsamer werden, bis man einfach stehenblieb, ohne einen weiteren Schritt machen zu können, wie ein Auto, dem das Benzin ausgegangen war. Längst hätte man aufgehört zu schwitzen, ich würde ein leichtes Gefühl im Kopf bekommen wie unter Alkoholeinfluss. Längst am Boden sitzend würde man dann schließlich seltsame Dinge sehen, als ob sich die trockenen Kakteen dort drüben hinter dem aufgegebenen Gehöft zu bewegen scheinen, man konnte die flimmernde Luft nicht mehr unterscheiden von Wasser und am Schluss mochte eine wunderschöne Gestalt im knappen lila Kleid aus der weißglühenden Sonne treten und einen mit einem einladenden Lächeln zum Mitgehen in das helle Licht einladen … *Aber dann würde Flor ihren Brief nicht mehr bekommen!*, schreckte ich mich aus dieser tröstlichen Szenerie auf. „Nicht wahr, Du schreibst mir bestimmt?", hatte mich Flor eindringlich gebeten und mich aus ihren großen Mandelaugen angesehen. „Ja, ganz bestimmt, ich verspreche es, und Du kriegst auch die Schokolade", war meine Antwort gewesen. Jetzt begann, der Orion zu flackern, als wenn er elektrisch geladen wäre. Im ersten Moment an Einbildung glaubend bemerkte ich jedoch, dass draußen ein Wind aufgekommen war. Der würde die Atmosphäre durcheinanderbringen. Der Wind wurde stärker und begann, Sand mitzuführen, der über die leere Fläche huschte, über das Auto rieselte und an der Karosserie rüttelte. Auch das noch. Jetzt würden meine frischen Reifenspuren ausradiert werden und nie jemand auf die Idee kommen, dass da jemand draußen wäre. Aber die Aussicht, das an Flor gegebene Versprechen nicht halten zu können, ließ mich den Gedanken fassen, dass ich nicht untergehen würde, ohne einen guten Kampf gegen die derart eifersüchtig gewordene Wüste zu führen, welche mich nicht mehr hergeben wollte.

Der Fall der Mauer

American Airline Flug AA51;
59,41,39 Grad Nord – 43,30,34 Grad W;
4. März 1990

Das große dreistrahlige bereits in die Jahre gekommene DC 10-30 Flugzeug gab wieder einmal ächzende und knirschende Geräusche von sich, als es in den Turbulenzen über dem Nordatlantik erneut hinten hochging, sich ein wenig querlegte und schließlich vom Piloten wieder ausgerichtet wurde. Gelegentlich war ein leises Rumpeln zu spüren, als ob man von der Teerstraße unvermittelt auf eine Wüstenpiste hinunterfahren würde. Jetzt wurde ein mächtiges Rauschen der 3 großen Triebwerke vernehmbar, und das Flugzeug begann langsam zu steigen, obwohl wir die Reiseflughöhe von 36'000 Fuß bereits erreicht hatten. Eine Art Glockenton klang auf, der eine Mitteilung ankündigte. Ich schaute von meinem Fensterplatz auf der rechten Flugzeugseite auf den Atlantik, oder vielmehr eine kompakte Wolkenschicht hinunter.

„Good afternoon, ladies and gentlemen, your cockpit crew gladly welcomes you again on board of American Airline flight number 51 from London Gatwick to Dallas Forth Worth. We still are in somewhat rough air, but we hope, that soon we will be able to turn off the fasten seatbelt sign and allow the cabin crew to serve lunch. We currently are climbing to 39'000 feet to avoid the unusually strong headwind from the jet stream. We still expect to arrive only about 30 minutes late in Dallas Ft Worth, benefitting from the forecast strong tailwinds down to Texas to the west of this weather system along the east coast. Currently, we have reached our northernmost point on our route, those on the right side of the plane might catch a glimpse of the southern tip of Greenland. The weather forecast for Dallas at landing time calls for clear to partly cloudy skies with a temperature in the mid seventies. "

„Na, kannst Du die Eisberge erkennen?", fragte mich mein amerikanischer Sitznachbar. „Nope", gab ich kurz zurück, „Nur Wolken, alles zu, wie immer eigentlich." „Soso, wie immer. Wie ein Manager siehst Du aber nicht aus, der ständig die Nordatlantikroute fliegt!" „Stimmt, aber ich fliege jetzt zum fünften Mal rüber, immer als Tourist." „Was gefällt Dir denn so in den U.S.? Ich dachte immer, die Europäer hassten seit den Reagan-Jahren die Staaten." „Hassen ist ein bisschen viel gesagt! Aber mir ist die Politik egal. Ich mag das Land und die Leute. Aber jetzt bin ich eigentlich nach Mexiko unterwegs." „Dann musst Du in Dallas umsteigen. Hoffentlich schaffst Du Deinen Flug nach Mexiko, so wie die hier rumtrödeln!" „Heute geht es nur noch bis El Paso, und da geht jede Stunde ein Flug aus Dallas raus. Dann gehe ich auf dem Landweg ins nördliche Mexiko, morgen." „Was willst Du denn ausgerechnet dort? Eine ziemlich üble Gegend, sagt man. Alles Wüste. Da gibt es kaum koloniale Städte oder tropische Palmenstrände." „Dafür wartet dort meine Freundin auf mich", sagte ich stolz. „Wie bist Du denn an die geraten?" „Lange Geschichte, ich traf sie im letzten Jahr anlässlich eines 6-Wochen-Trips durch Nordmexiko." „Haha, Liebe auf den ersten Blick! Mann, wenn Du Dir da bloß keine Illusionen machst!" „Ich denke nicht, wir hielten Kontakt über die Post das ganze letzte Jahr und habe sie inzwischen auch angerufen." „Kann die ein derart gutes Englisch oder sprichst Du auch noch Spanisch?" „Ich habe ziemlich viel gelernt in den letzten Monaten", antwortete ich mit einem abwesenden Blick. „Na dann viel Glück mit Deiner Señorita aus Nordmexiko! Aber jetzt haben sie das Gurtzeichen endlich ausgemacht!" Damit stand er auf und gab auch mir den Weg frei. Der mittlere Sitz war nicht besetzt, das Flugzeug wies die 3-4-3-Bestuhlung auf und war ansonsten sehr gut ausgelastet. Bald bekamen wir das auch heute noch standardmäßige Hauptgericht serviert, man konnte auswählen zwischen „Chicken or beef". Die Beilagen waren dann identisch. Das Flugzeug lag jetzt ganz still in der Luft, wie damals die Cat's Paw von

Gary auf den ganz glatten, schimmernden Gewässern vor Bahia Kino. Wir hatten noch 8 Stunden Flug vor uns. Mein Sitznachbar nutzte die Ruhe zu einem Nickerchen, das Essen und der Whisky, den er sich extra bestellt hatte und bezahlen musste, hatten ihn wohl müde gemacht. Ich ließ den Schieber unten, von Grönland würde sowieso nichts zu sehen sein. Auch auf der linken Seite des Flugzeugs, von wo die Sonne grell in die Kabine hineinschien, gingen die Sonnenschutzschieber hinunter. Bald würden sie den Film zeigen, aber ich wurde vom Abschluss des vorigen Gesprächs in meinen eigenen Film zurückversetzt. *Es war eine unwahrscheinliche Wendung meiner Lebensgeschichte, da hätte man auch einen Film daraus machen können. Noch vor nicht einmal einem Jahr bereitete ich mich aufgeregt auf meine erste Nordmexikoreise vor, welche am 16. April losgehen sollte. Eine Freundin stand nicht auf dem Reiseplan, ganz bestimmt nicht. Es gab da nicht die geringste Illusion in diese Richtung, ich hatte damals sogar aufgehört, mir Illusionen über Frauen allgemein zu machen. Und jetzt wartete dort in der Wüste jemand auf mich! Ich hatte es vorigen Herbst gewagt, sie zu fragen, ob sie meine Freundin, meine „Novia", nicht „Amiga" sein möchte, etwa zu derselben Zeit, als die Mauer von Berlin so völlig überraschend plötzlich fiel und ich in der Folge vom Ende des Kalten Krieges und allen Folgen nichts mehr mitbekam. Aber wie kam es überhaupt zu dieser doch kaum zu erwartenden Wendung in meinem Leben?* Die Erinnerung führte mich unwillkürlich in das Inferno der Pinacate Wüste zurück, wie ich dort festgesessen hatte und an die Ereignisse zuvor, welche nicht unbeträchtlich daran beteiligt waren, mich zu einer derart schwierigen gar leichtsinnigen Wüstentour zu veranlassen. Ich war wirklich ziemlich schlecht drauf gewesen in dieser Nacht. Aber am darauffolgenden Tag war der Ausweg aus dem Irrgarten, gebildet aus aufgegebenen Sandwegen, Sackgassen, Wüstenpisten und vor allem dem Durcheinander in meinem Kopf dann gar nicht so schwierig gewesen …

Déjà-vu in Hermosillo

Der böige Wüstenwind hatte sich noch vor Mitternacht wieder gelegt, so wie er das meistens zu tun pflegt, und das Gerie sel und
Gerüttel am Auto hatte aufgehört. Trotz der unbequemen, nur teilweise umklappbaren Sitze hatte ich ein paar Stunden traumlosen
Schlaf gefunden, bis mich eine ungewohnte Kälte noch vor Tagesanbruch geweckt hatte. Im Osten kam bereits Licht heraufgekro-
chen, graues Morgenlicht, während vom Zenit nach Westen noch
die schwarzblaue, sternenübersäte Nacht herrschte. Langsam ging
das Grau in goldenes Gelb über und schließlich im Nordosten halb-
kreisförmig, weißlich strahlend den Ort anzeigend, wo bald die Sonne hinter den steinigen, kahlen Hängen aufgehen würde. Ganz im
Westen herrschte dagegen noch ein Rest samtiges Nachtblau. Diese unverhoffte Abkühlung, es mochte kaum 10 Grad haben, kam
mir entgegen, man würde weniger Wasser verlieren. Ich ging nach
draußen in die eisige, geradezu lähmend wirkende Stille. Der Sturm
hatte den Sand frisch angeordnet, schöne Rippelmarken verzierten den Fahrweg und hatten meine Fahrspuren derart zugedeckt,
dass man glauben konnte, hier wäre für Monate niemand rausgefahren. Nach Südwesten erstreckte sich die monotone Sandfläche
bis an den Horizont, während die wenigen dürren Pflanzen an den
steinigen Hängen geduldig auf den Sommerregen warten mochten, wohl ahnend, dass zuerst jedoch der Höhepunkt der Hitze und
Dürre noch bevorstand. Es gab nirgendwo auch nur die geringste Spur von frischem Grün. Diese Gegend war ein Ort des Todes
für jeden, der länger hierzubleiben gedachte. In der sandigen Fläche am Wegrand gab es einige Erhebungen, welche gestern nicht
hier gewesen sein mochten, und erregten meine Aufmerksamkeit,
als ich die paar Meter zurückging, um zum aufgegebenen und eingefriedeten Gehöft zu gelangen. Hier mochte es doch irgendwelche Dinge zum Unterlegen geben! Aber die Erhebungen am Wec-
gesrand machten ein diesbezügliches Eindringen ins eingezäunte
Areal überflüssig: Es gab hier ein paar große und vor allem feste
Steine, welche der Sturm von Sand befreit haben mochte! Wenn es

genug waren, war das Ausgraben des VW zu schaffen, auch ohne das Gehöft zu betreten. Ich wollte nicht unbedingt wissen, was es dort außer Knochenreste von Pferden noch geben mochte …

Jetzt ging es ans Aufbocken des VW, was erst durch Verwendung eines Steins als Unterlage für den Wagenheber gelang. Einen Stein darunter, dann dasselbe auf der anderen Seite. Je einen weiteren Stein neben den Unterlagen, etwa gleich hoch! Dann ablassen, und vorne aufbocken und das Zuviel an Sand unter der Bodenplatte wegschieben, platt auf dem Bauche liegend und hoffend, das Auto würde oben bleiben. Jetzt stand der VW wieder frei und ich konnte zurückstoßen. Inzwischen war die Sonne weißglühend hochgekommen und vertrieb die Kälte rasch. *Hoffentlich springt der Motor jetzt an!* Wie beim letzten Mal kam er jedoch beim ersten Versuch. Beim Zurückstoßen kam ich allerdings nicht weit, die Reifen fielen von den Steinen in den mehlartigen, trockenen Sand und die Steine verfingen sich an den Vorderrädern und im Nu saß ich nach kaum einem Meter wieder fest. Die weiche Stelle war vielleicht 5 m lang, höchstens 10, ich würde also auf diese Weise mindestens 2 Stunden brauchen, um wieder flott zu sein. Aber es würde gehen, auch ohne Frühstück. Nach 3 weiteren Versuchen nahm ich den VW diesmal mit Gewalt zurück und erreichte auf diese Weise zwar, dass die Steine am Bodenblech entlangschrammten, aber der Schwung reichte aus, um mit einem gewaltigen Staubwirbel endlich auf festen Grund zu kommen! Geschafft, und das war auch mein Zustand. Und erleichtert! *Das war nun wirklich knapp gewesen!* In der Erleichterung kramte ich die Ausrüstung hervor und machte noch ein paar Erinnerungsfotos, in der Annahme, das Schlimmste wäre jetzt vorbei. Trotz der Schwerarbeit und der unterdessen aufgekommenen Wärme hatte ich nicht den geringsten Schweißfilm im Gesicht. Das mochten die ersten Anzeichen einer Austrocknung sein. Flugs nahm ich etwa die Hälfte des verbliebenen, in der Nachtkälte angenehm kühl gewordenen Wassers zu mir. Jetzt nichts wie weg hier! Beim Wassertrinken war mir nämlich eine Eingebung von irgendwoher zugeflogen, dass es jetzt reichte mit Wüsteneinsamkeit, Steinen, Hitze, Trockenheit und schlechten Nachtlagern. Und ich hatte vor allen Dingen nicht die geringste Lust, weiterhin ohne Gesellschaft weiterzuleben. Weibliche Gesellschaft, um es genauer auszudrücken. Und zum allerersten Mal überhaupt anlässlich meiner Reisen durch Nordamerika wollte ich in eine Stadt fahren. Nicht nur zum Tanken, Filmkaufen und Travellerscheck einlösen wie sonst. Sondern um Leute zu treffen, mit jungen Frauen zu plaudern, etwas Neues zu unternehmen! *Und das ließe sich am besten in Hermosillo bewerkstelligen*, dachte ich mir. Zum Teufel mit Niederkalifornien und dieser sandigen Einöde hier! Ich würde weder ungeküsst noch mit Kusserfahrung dorthin gelangen, soviel stand fest! Ich ließ den VW gemächlich den Sandweg entlang in die Richtung schaukeln, wo ich gestern hergekommen war. Aber es dauerte länger als gedacht, bis ich wieder auf die Piste traf. Anhand der Karte fand ich heraus, wo ich etwa sein mochte, und entschied, der Piste nach Norden zu folgen, anstatt alles wieder zurückzufahren, wozu das Benzin nicht reichen mochte. Die Entscheidung war richtig gewesen. Bald konnte ich erleichtert auf des Teufels Highway, die MEX 2, einbiegen, welche mich glücklich von dieser Pforte der Hölle zurück in die freundlicheren Gebiete unweit der Quitobaquito-Quellen, bereits im Organ Pipe Cactus National Monument gelegen, brachte. Hier gab es eine Stelle, wo man an den Grenzzaun fahren konnte, wenige Dutzend Meter von der Teerstraße weg. Der Sand war überall mit Reifen- sowie Fußpuren übersät, dasselbe wiederholte sich jenseits des einfachen Zaunes, von wo ein Feldweg in Richtung Nordwesten führte. Am Zaun gab es ein Schild: „U.S. Government Property. Unlawful to cross the border outside of any official port of entry even with proper documentation. " Also besser nicht den illegalen Immigranten spielen hier! Nach der vorgestrigen Begegnung an der Grenze mit diesem Beamten wusste ich, dass die Amis keinen Spaß verstehen, wenn sie jemanden beim Zaunklettern erwischen. Aber ein Bild würde schon erlaubt sein. *Was jetzt?* Für die Fahrt nach Hermosillo fühlte ich mich zu ausgelaugt. Ich würde am besten erst morgen dorthin aufbrechen. Das Benzin reichte noch gut für einen kleinen Abstecher Richtung Westen, den ich dann jedoch bald einmal abbrach, weil die Szenerie rasch derjenigen zu ähneln begann, wo ich gestern derart in Schwierigkeiten gekommen war. *Deshalb am besten rasch nach Sonoyta zurück, wo man im Motel mein Ausbleiben gar nicht bemerkt hatte!* Einer mehr oder weniger spielte in diesem trostlosen Ort, wo alle möglichen Desperados aus halb Lateinamerika sich eingefunden hatten, nicht die geringste Rolle. Ich passte sehr gut zu diesem Volk. Nicht mehr viel zu verlieren, alles zu gewinnen … Eine ausgiebige Dusche und dann ein vernünftiges Abendessen, und ich würde mich zur Ruhe setzen. Es war ja Sonntag. Am folgenden Tag checkte ich endlich aus, und war froh, diesem Sandloch auf ewig Lebewohl sagen zu können. *Jetzt würde ich, wie hoffentlich auch mein hilfreicher Bäcker von der „Straße" nach Puerto Peñasco, ein neues Leben anfangen!*

Es ging bereits gegen 10:00 zu, als ich anderntags auf der MEX 2 zielstrebig durch endlose Saguarowüsteneien in Richtung Caborca flog. Ich hatte den VW in Anbetracht des warnenden Schildes – einer Tanksäule und 136 km – ausgangs Sonoyta wieder randvoll gemacht und verspürte einen veritablen Bärenhunger, was aufgrund der gestrigen Schwerarbeit und des Umstands, dass ich zwischen Samstag und Sonntag 24 Stunden nichts mehr gegessen hatte, nicht überraschend war. An der ersten besten Raststätte bog ich deshalb mit Schwung auf einen wohl sonst von Lastwagenfahrern besetzten aber jetzt völlig leeren Parkplatz ab. Es war ein wenig spät fürs Frühstück und noch zu früh fürs Mittagessen. Der Splitt spritzte auf, als ich vor dem Eingang anhielt. Ein einfacher Bau aus unverputzten, weißen Backsteinen und einer Fensterfront, flaches, leicht geneigtes Holzdach mit grüner Dachpappe garantierte eine mehr als gemütliche Wärme, selbst an diesem frischen Maitag in der Sonora-Wüste. Ich war der einzige Gast. Am Tresen gab es einige Barhocker, dahinter ein halbes Dutzend jener quadratischen Blechtische, welche die Brauereien umsonst an die Lokale abgaben, welche ihr Bier verkauften. Tecate hier, aus Niederkalifornien, genauer dem Ort mit demselben Namen. In der Küche hantierte ein untersetzter, etwa 35-jähriger, von der Wüstensonne satt braungebrannter Mann an den Pfannen und Töpfen herum. Er zeigte bereits einen deutlichen Bauchansatz, weshalb sich das weisse kurzärmlige T-Shirt hauteng um den Körper spannte. Der Bauch hing über den straff geschlossenen Ledergürtel mit einer großen, ovalen Schnalle mit einem Pferd drauf, der die unvermeidliche Jeans ordentlich in Position halten sollte. Spitze, bräunliche und abgenutzte Cowboystiefel rundeten das Bild eines typischen Nordmexikaners ab. Er fragte mich freundlich nach meinen Wünschen. Aus dem Nachbarraum erscholl ein Fernsehprogramm, wohl die „gute Stube" des gleichzeitig als Wohnung dienenden Gebäudes. Ich fragte nach den an der Wand aufgemalten Frühstücksoptionen. Das schien seine Befugnisse zu überschreiten: „Claaauuudiiaaa! Hast Du noch was übrig vom Frühstück?" Der laut in den Nebenraum gerufene Name rief natürlich sofort gewisse Assoziationen bei mir hervor. Es war zwar völlig unwahrscheinlich, dass meine Claudia so unvermittelt aus 500 km Entfernung hier auftauchen mochte, aber ich hatte inzwischen gelernt, dass das Allerunwahrscheinlichste genau das war, das am ehesten eintraf. „Ahorita vengo", erscholl ihr Organ. Eine gewisse stimmliche Ähnlichkeit schien vorhanden zu sein! Nach tatsächlich nur einer geringen Weile, das Programm strahlte, dem Halleffekt nach zu schließen, einen Werbeblock aus, kam Claudia aus dem Nebenraum. Der Name war definitiv hier nicht Programm! Aus dieser Claudia hätte man problemlos 2 machen können von der Statur derjenigen, welche mich in Bahia Kino geküsst hatte und es wäre noch Masse übriggeblieben! Ziemlich groß und von üppigen Körperformen, ebenfalls ziemlich dunkel, und einer dichten schwarzen Lockenpracht trat sie in die Küche, und kam an den Tresen. Sie hatte volle Backen, große freundlich blickende Augen. Ganz schwarz! Aber keine Spur Verführung drin. Gut! Ihr ganz glattes Gesicht glänzte leicht in der rasch zunehmenden Hitze. Sie mochte Anfang 30 sein. Freundlich sagte sie, sie könne Huevos Rancheros anbieten, allerdings auf Mehltortillas, die Maistortillas waren aus und es würde erst morgen wieder welche geben. Die Mehltortillas würde sie erst machen müssen, in der Zwischenzeit könne ich ja einen Kaffee trinken. Geschäftstüchtig war sie, diese Claudia hier! Ich sah ihr zu, wie sie ihre Schürze über das ein oranges Blumenmuster zeigende einfache Kleid zog und sich die Haare zu einem raschen Pferdeschwanz zusammenband. Ihr Mann – nahm ich an – brachte derweil den Kaffee, obwohl ich gar nicht bestellt hatte. Er schien seiner Claudia keinen Wunsch abschlagen zu können und nahm an, das gälte auch für mich! Sie nahm nun eine kleine Teigkugel aus einer Schüssel und legte sie in eine Art Presse, welche sie mit einem Hebel zusammendrückte. Es entstand eine relativ kleine Mehltortilla, welche auf einem heißen Blech rasch gebacken wurde. Sie machte etwa ein halbes Dutzend davon und frittierte 4 Stück in heißem Öl. Danach kam eine großzügige Portion bereits gewürfelter Kartoffeln in die Pfanne, und in einer zweiten wurden Spiegeleier und der Bohnenbrei gebraten. Alles ziemliche Mengen, viel zu viel für mich allein. Des Rätsels Lösung kam, als angerichtet wurde. Die zwei restlichen Tortillas wurden mit Bohnenbrei bestrichen und dann mit Kartoffeln und einer dickflüssigen Chilisauce gefüllt und aufgerollt. Dieselbe Sauce kam auch über meine Eier. Die immer noch großzügige Portion lag auf einem riesigen Teller. Ich bestellte einen weiteren Kaffee, wie der vorige einfach heißes Wasser, in welches man Nescafé und Zucker sowie den künstlichen amerikanischen Rahmersatz geben konnte. Meine Gastgeber begleiteten mich mit ihrem kleinen zweiten Frühstück. Das mit dem Fernfahrerlokal schien zu stimmen, Portionen und Qualität waren einwandfrei! Ob der Laden etwa gar wie die Köchin hieße? Ich hatte gar nicht darauf geachtet, aber es gab in Sonoyta zahllose Läden, vom Gemischtwarenladen bis zur Apotheke, welche nach ihren Besitzerinnen getauft wurden. Der Mann wollte wissen, von wo in den USA ich komme und wohin es gehen solle. Nicht USA, Europa, genauer aus der Schweiz komme ich, und ich würde nach Hermosillo fahren, gab ich zur Antwort. „Aaah von dort, wo diese Schokolade herkommt", meinte Claudia, und zeigte mit einen Riegel aus der Ablage: „Carlos 5to Chocolate de Leche Estilo Suizo" war auf der Verpackung zu lesen. „Ja, genau", sagte ich. „Bei uns gibt es viel Schokolade." „Aber was willst Du denn in Hermosillo? Puerto Peñasco ist doch viel interessanter, da kann man fischen, baden, Bootstouren machen!" „Hab' ich schon in Bahia Kino gemacht." „Von dort kommst Du hierher? Aber dann bist Du ja schon durch Hermosillo gekommen!" „Ich bin über die Piste nach Puerto Penasco und Sonoyta gefahren." „Unmöglich. Dort gibt es keine Straße! Du musst ziemlich verrückt sein, sowas auch nur zu versuchen." „Ja, das war wirklich eine schwierige Tour. Ich habe jetzt noch Sand überall, auch nach der Dusche heute früh." Beide lachten. „Nach Hermosillo hast Du es nicht mehr weit. Etwa 5, 6 Stunden mit Pausen zum Auftanken. Tu das an jedem Ort, wo Du eine Tankstelle siehst. Die sind in letzter Zeit ein paarmal trocken gewesen!"

Das war ein guter Ratschlag! Ich bezahlte, ließ das Wechselgeld dort und verabschiedete mich von dem freundlichen Wirtepaar. Beim Hinausgehen sah ich nach dem Schild. *Restaurant El Moro de Cumpas* stand da in großen, schwarzen Lettern auf einem Holzbrett. Darunter ein schwarzes Pferd, das durch eine saguarobesetzte Wüstenlandschaft rannte. Frei und ungezähmt mit wehender schwarzer Mähne. *Ob das Pferd wohl schwarze Augen hatte?* Beim Anblick dieses doch recht krude auf das Holzbrett gepinselten Bildes musste ich doch wieder einen Tränentropfen aus dem Augenwinkel drücken. Davon hatte ich Vicente Fernandez doch schon singen gehört!

Beim Einsteigen dachte ich bereits nur noch daran, eine Station mit Mariachi-Musik zu erwischen, welche vielleicht heute Nachmittag noch „La Hora con Vicente Fernandez" im Programm hatte. Das üppige Frühstück würde bequem bis Hermosillo vorhalten. Es war bereits Mittag vorbei, als ich den VW auf die völlig leere Landstraße nach Südosten lenkte. Bis Santa Ana, nach etwa weiteren 100 km, traf ich lediglich ein einziges Fahrzeug, natürlich einen lärmenden DINA-Bus! Mit einem Knall gegen das Fenster, hervorgerufen von der Druckwelle, schoss das schwere Fahrzeug an mir vorbei. Links und rechts gab es auf unübersehbare Weiten nichts als locker bestandene, steinige Kakteenwüste, meistens Saguaros und Orgelpfeifenkakteen. Die Sonne hatte sich schon weit in das Beifahrerfenster geneigt, als endlich vor mir am Horizont eine unübersehbare Stadtlandschaft auftauchte.

Das letzte Stück ging immer wieder durch große, bewässerte landwirtschaftliche Flächen, welche die Kakteen hier abgelöst hatten. Schnurstracks ging's ins Zentrum, als Zona Centro angezeigt, wo es laut Reiseführer die besten Hotels geben sollte. Ich suchte mir eines aus, welches unweit der Hauptkreuzung lag. Bahia Kino, zeigte ein Schild an, ein weiteres Nogales, die Richtung, wo ich hergekommen war, sowie Guaymas, wo ich auch schon hergekommen bin. Nur Hermosillo hatte ich immer ausgelassen. Ich war neugierig, was, oder besser wen, ich hier treffen mochte. Ich hatte zwar nicht den leistesten Schimmer, wie ich das bewerkstelligen würde, aber ich wollte Leute, und Mädchen treffen. Welch ein Unterschied zu vor nicht einmal 10 Tagen! Da hatte ich förmlich vor Angst gezittert, als der Vorschlag aufkam, nach Hermosillo zu fahren. Jetzt war ich freiwillig hier. Aber in ein Tanzlokal würde ich trotzdem nicht gehen. Nicht weil ich etwa befürchtete, dort etwa von Claudia mit dem lila Kleid zum Tanz aufgefordert zu werden, an sie hatte ich gar nicht mehr gedacht, sondern weil ich an so einem Ort wegen der Musik nie jemanden kennenlernen würde.

Ich gönnte mir ein Zimmer im Hotel Lucerna, unweit der großen Straßenkreuzung. Zuerst also einchecken und erfrischen, die Fahrt hatte mich mehr ermüdet als gedacht. Danach war es immer noch hell genug und ich fühlte mich wieder fit genug für einen ersten Augenschein. Ein paar hundert Meter vorher, wo die MEX 15 in irgendeine Avenida übergegangen war, hatte ich eine sehr eindrückliche, schneeweiße Kirche bemerkt, mit einem schönen Park daneben. Dort wollte ich den Abend ausklingen lassen. Das späte, langsam eine goldene Färbung annehmende Licht der untergehenden Sonne würde ein paar wunderschöne Bilder abgeben, eine willkommene Abwechslung zu den ganzen Wüstenbildern, welche ich in letzter Zeit gemacht hatte. Es gab noch ziemlich viel Betrieb an diesem milden Abend, da gab es ganze Gruppen von Leuten, welche aus den angegliederten Gebäuden kamen, während am Hauptportal der Kathedrale – ich hatte anhand eines Schildes herausgefunden, dass „Nuestra Señora de la Asuncion" als Kathedrale der lokalen Diözese fungierte – noch drei ältere Frauen in schwarzer Kleidung

noch für einen kurzen Schwatz zusammengeblieben waren. Sie er-
innerten mich beinahe ein wenig an meine deutsche Großmutter.

Sie mochten zum Beichten hier gewesen sein, ich wusste von früher, dass Katholiken das im Gegensatz zu uns Reformierten regelmäßig tun. Ich selbst fand den Weg nicht hinein in die Kathedrale,
obschon es mir eigentlich wahrlich nicht an Gründen gefehlt hätte,
ein paar Dankesgebete darzubieten. Aber zu solchen Überlegungen
hatte ich damals ein viel zu großes Durcheinander in Kopf, Herz
und Seele, alles war noch irgendwie im Fluss. Nach dem vergeb-
lichen Versuch, in der Wüste den Weg zurück in mein altes Leben
zu finden, war ich wieder in der Neuen Welt angekommen, einen
Ort, den ich nicht kannte und wofür ich folgerichtig auch keinen
richtigen Plan aufbauen konnte, was ich als Nächstes tun wollte.
Ich schaute hinauf zu den sehr hohen Türmen, welche mich genö-
tigt hatten, für ein paar Bilder recht weit vom Gebäude wegzuge-
hen, trotz 24er Weitwinkelobjektiv. Ein Schwarm Tauben stieg aus
dem einen Turm auf in den Himmel, umkreiste kurz den Turm und
ließ sich wieder im Glockenstuhl nieder. Es war sehr ruhig, wenn
man in Betracht zog, dass ich im Herzen einer großen Stadt stand.

Da erklang von der anderen Seite her, dort wo der Park war, Mariachi-Musik auf. Das durfte ich mir jetzt natürlich nicht entgehen
lassen! Und richtig! Im Park hatte sich eine mit blauweißen, bo-
denlangen traditionellen Kleidern ausstaffierte Folkloretanzgruppe
aufgestellt. Die Musik kam leider nur aus Lautsprechern. Aber hier
in Sonora regierte die Conjunto-Musik uneingeschränkt, eine Mariachi-Kapelle heuert man hier höchstens zu einer Serenade oder
einer Hochzeit an. Die Truppe, lauter junge Frauen und Mädchen,
baute sich in Formation auf und sie begannen, zur Musik einen wir-
beligen Tanz aufzuführen, wobei sie die Säume der Kleider ergriffen hatten und die weiten Kleider wie Schmetterlingsflügel wel-
lenförmig um ihre Körper schweben zu lassen. Sie hatten alle ihre
Haare streng nach hinten gekämmt, und ihre stolzen, aber freundlichen Gesichter strahlten im letzten Abendlicht. *Oh ja, auch andere Familien hatten schöne Töchter, obschon ein solches Kleid
keine abschließende Beurteilung zuließ*. Nach der Vorführung, es

wurde bereits dunkel, wurde es dann Zeit, ans Essen zu denken, ich versorgte mich an einem der noch offenen Ständen, anstatt im Hotelrestaurant ein allzu üppiges Nachtmahl einzunehmen.

In der Lobby des luxuriösen Eingangsbereichs fand ich einen gelangweilten, in einen dunklen eleganten Anzug gekleideten jungen Mann vor, welcher mir meine Fragen nur zu gerne zu beantworten suchte. Aber er empfahl mir, mich wegen den Sehenswürdigkeiten am besten im nahegelegenen Touristenbüro informieren zu lassen, die würden so um 9:00 aufmachen. Frühstück würde es ab 6:30 geben.

Das war ungewöhnlich, weil kaum ein Geschäft oder Büro in Mexiko vor 9 Uhr aufmacht. Mit dem Auftakt meines Besuchs in Hermosillo mehr als zufrieden verbrachte ich eine wohlverdiente Nachtruhe.

Am folgenden Tag, ein Dienstag, ließ ich mir das üppige Buffet sehr gut schmecken, es gab zu meiner Verwunderung schon um 8:00 –, oder noch?! – ziemlich viele Leute, meist gutgekleidete, wie Geschäftsleute aussehende Männer und wenige formell gekleidete Frauen, die ihr Frühstück schon beendet hatten und draußen in der gedeckten Auffahrt von großen Vans erwartet wurden. Ich hatte noch viel Zeit, bis das Touristenbüro aufmachen würde.

So um halb zehn stand ich jedoch bereits mit meinem VW in der Rio Sonora Sur-Straße und suchte nach der Einfahrt zum Parkplatz. Ich hätte genauso gut laufen können, so nahe war es gewesen. An diesem kristallklaren, wiederum erfreulich kühlen Morgen trübte keine Wolke den dunkelblauen Himmel, nicht einmal der allergeringste Dunstschleier verhüllte die weiß leuchtende Sonne, welche sich wieder als „Wahrheitslampe" zu produzieren suchte. Die Schatten, welche von Gebäuden und den angepflanzten Bäumen geworfen wurden, waren tiefschwarz. Ich ging in das eher unscheinbare ockerbraune Gebäude hinein. *Offen hatten sie, das war schon ein guter Anfang*, dachte ich. Drinnen hatte jemand bereits die Klimaanlage angeworfen, obschon man genauso gut ein Fenster hätte aufmachen können. Aber vermutlich konnte man hier die Fenster gar nicht öffnen, damit bei den hier für Mai üblichen Temperaturen die teuer produzierte kalte Luft nicht entweichen mochte. Im Empfangsraum war niemand außer mir anwesend, auch hinter dem Tresen war der Bürostuhl verwaist. Eine Tür, nur angelehnt, ging nach hinten ab. An den Wänden hingen ein paar Poster, Guaymas mit kakteenbestandenen Hängen am Strand, Puerto Peñasco mit dem felsigen Berg am Jachthafen für die reicheren Touristen, den ich gar nicht gesehen hatte, und natürlich Bahia Kino. Alcatraz Island im Hintergrund, dunkelblaues ruhiges Meer. Sonst nichts, auch keine lokale Schönheit im Bikini als Aushängeschild, die mir bekannt gewesen wäre.

Auf dem Tresen stand ein hölzernes Schild, mit einer eingelassenen, edel wirkenden Messingplatte. „Lic. Norma Beatriz Felix Rojo" war da zu lesen. *Eine Licenciada also!* Darunter verstand ich damals eine Person, welche Recht studiert hatte, wozu mochten die eine Notarin oder Anwältin in einem Touristenbüro brauchen? Vielleicht wegen der Beschwerden? Ich erwartete, dass in der Tür eine etwas gesetztere, ältere Dame, spitze Nase, mit Brille auftauchen würde, ausgezeichnet und sehr formell gekleidet, mit spitzen Lippen und strengem Blick. Sobald sie denn endlich ihren Kaffee austrinken würde, womit sie aufgrund der Wartezeit beschäftigt sein mochte. Ich langweilte mich jedoch überhaupt nicht, weil ich eine Karte von Sonora entdeckt hatte und meinem bisherigen Reiseweg darauf nachfolgte.

Endlich hörte ich rasche, gut markierte Schritte, wie sie von hohen Absätzen auf den harten Fliesen verursacht werden. *Aha, meine Licenciada war im Anmarsch!* Es erwartete mich jedoch eine ziemliche Überraschung. Meine Erwartung bezüglich formeller Kleidung wurde nicht enttäuscht, sie trug einen dunklen, fein gestreiften Zweiteiler aus Blazer und Hose, schwarze, glänzende Schuhe mit hohen Absätzen. Aber sie war jung, sehr jung sogar! Knapp schulterlanges dunkelbraunes, fast glattes Haar nicht unähnlich der Frisur, wie ich sie bei Flor gesehen hatte, nur ein wenig länger. Ein hübsches ebenmäßiges Gesicht, milchkaffeebraune Haut, zwei strahlende, trotz frühem Morgen fröhlich in die Welt blickende dunkle Augen und eine schlanke, gut proportionierte Figur, schön in Szene gesetzt durch ihren flotten Anzug. Sie fragte mich mit einer raschen munteren Stimme in geläufigem Englisch: „Oh, hello, good Morning, How can I help you? Did you just arrive from the United States this morning?" Ihr Englisch war gut, sie hatte lediglich einen schwachen, sympathisch wirkenden mexikanischen Akzent, ja tatsächlich, ihr Englisch war viel besser als mein Spanisch je sein würde, aber ich antwortete tapfer: „Buenos Dias, estoy buscando información sobre Hermosillo. He llegado ayer, pero de Puerto Peñasco, no de Estados Unidos." Sie schaute mich verblüfft an und ließ ein glockenhelles Lachen hören.

„Ein Amerikaner, der so gut Spanisch kann, na sowas!"

„Ich komme aber aus der Schweiz!"

„Suiza! Aber was tust Du denn ausgerechnet hier?"

„Eine Rundreise durch Nordmexiko, 6 Wochen. Und jetzt will ich mich ein wenig in Hermosillo umsehen. Was kann man hier so tun und lassen?"

„Hm, ich weiß nicht, aber wie heißt Du denn überhaupt. Ich heiße Norma!"

„Dieter."

„Was? Ist das ein deutscher Name?"

„Richtig, D-I-E-T-E-R", ich buchstabierte ihr den Namen, so wie ich es schon so oft getan hatte.

„D-II-EE-T-EE-RR", sprach sie jeden Buchstaben langsam und gedehnt nach.

„Ja, gut, jetzt hast Du schon ein Wort Deutsch gelernt."

„Ich würde gerne noch mehr lernen. Hast Du Zeit?"

„So viel Du willst."

„Na dann bleib doch ein wenig hier! Lass uns plaudern. Heute läuft nicht besonders viel hier, ich muss erst nach dem Mittag an eine Sitzung mit meinem ‚Jefe'!"

Es ging an ein munteres gegenseitiges Ausfragen. Ich erfuhr, dass sie 24 Jahre alt war, ihren Licenciada-Abschluss in Touristik gemacht hatte und dies ihre erste Stelle war. Sehr schnell hatte sie die gute Neuigkeit gebracht, dass kein Novio weit und breit in ihrem Leben vorhanden wäre. Sie musste meinen etwas skeptischen

Blick bemerkt haben, weil es mir unwahrscheinlich erschien, dass eine gutaussehende junge Frau wie Norma keinen Freund haben würde. Kontaktfreudig war sie ja.

„Dafür hatte ich keine Zeit. Die Schule war ziemlich streng und ich will ja auch arbeiten, nicht nur irgend so einem Typen hinterherputzen. Die Männer hier sind ziemliche Machos, weißt Du? Aber wie sieht es denn bei Dir aus? Hast Du etwa Deine Freundin zum Shoppen geschickt?"

Sie lehnte sich interessiert und mit einem Kichern über den Tresen, aufgeregt auf meine Antwort wartend.

„Nein, keine Novia in Sicht. Auch keine Ehefrau! Oder Ex."

„Mit 27? Aber wo hast Du denn Spanisch gelernt? Etwa in den paar Wochen hier?"

„Nein, nein, ich nahm einen Kurs. Meine Lehrerin ist aus Spanien."

„Aha, eine Spanierin! Lass mich raten: Jung und hübsch, wahrscheinlich, blaue Augen, groß, schlank, helle Haut!"

Schon wieder hielt jemand die Spanierinnen für hübsch!

„Schon älter und überdies verheiratet. Und Du bist bestimmt größer als sie!"

„Und noch gar keine Pläne mit Familie und so?"

„Dafür bin ich doch noch viel zu jung."

„Ja, davon hab' ich gehört. Ihr Europäer habt scheinbar kaum noch Kinder und viele sind Single bis 30."

„Stimmt genau, man will ja vorher noch was unternehmen."

„Wo bist Du denn bisher gewesen in Mexiko?"

„Naja, ich mietete den Wagen in Chihuahua an und fuhr runter nach Torreón, durch die Wüste rüber nach Cuatro Cienegas und hoch nach Durango, von dort über den Espinazo runter nach Mazatlán und von dort die Küste hoch bis Puerto Peñasco und dann hierher."

„Da hast Du mehr vom Land gesehen als ich je kennenlernen werde! Und das alles in diesem kleinen roten Vochito, der draußen parkt?"

„So ist es, er hat sich auf den Pisten bewährt, ich habe ihn allerdings zweimal ausbuddeln müssen oben am Pinacate."

„Aaah, El Pinacate. Biosphärenreservat und die größte Sandwüste Nordamerikas! Schade, dass Du nicht vorher hier vorbeikamst. Dann hätten wir zusammen fahren können. Ich wollte schon immer mal dorthin gehen."

„Ich bin froh, dass ich da wieder rausgekommen bin, wenn ich ehrlich sein soll. Ich habe mich auf den vielen Pisten völlig verfranst."

„Solche Abenteuer kannst Du in Hermosillo nicht erleben, fürchte ich. Vielleicht am ehesten da!"

Sie zeigte auf das Bahia-Kino-Plakat. *Nicht wirklich, Norma! Du willst mich nicht dorthin zurückschicken …!*

„Aber außer an den Wochenenden und in der Osterwoche läuft auch dort nicht viel. Da waren wir auch dort draußen, die Leute haben sogar am Strand geschlafen, weil es kaum Hotels gibt. Es war lausig kalt, weil Ostern so früh war."

„Ich war eine volle Woche dort."

„Echt? Aber wozu?"

„Habe dort einen Iren getroffen. Verrückter Kerl, aber mit Boot. Wir sind auf dem Meer rumgefahren und dazwischen gabs jede Menge Bier. Aber eigentlich fuhr ich wegen der Wüstenpflanzen hin."

„Ja der Ort ist noch sehr ursprünglich, viele Leute dort leben vollständig vom Fischfang. Aber sag, wieso bist Du denn von Kino nicht hierhergekommen, auf dem Weg nach Peñasco? Es gibt ja gar keinen anderen Weg als den durch Hermosillo."

„Für mich schon. Es gibt eine Piste nach Puerto Libertad und dann hoch bis Desemboque."

„Die Schmuggelpiste? Wie hast Du denn die gefunden? Das soll gefährlich sein."

„Ich habe eine Pemex-Karte, da ist jeder fahrbare Weg drin."

„Also mir wäre das zu riskant. Warst Du schon auf dem Aussichtspunkt?"

„Aussichtspunkt? Nein, aber das würde mich interessieren!"

„Ist ganz einfach, schau, ich zeichne es Dir auf."

Sie nahm ein Blatt Papier und zeichnete die Route auswendig auf. Sie musste sich wirklich in der Stadt auskennen. Dann klingelte doch einmal das Telefon. Sie nahm ab und wurde ein wenig ernster. Sie machte eine Grimasse, rollte die Augen und sagte lautlos, aber mit übertriebenen Mundbewegungen „El Jefe", als sie gerade zuhörte. Als sie auflegte, fragte ich:

„Gibt's Probleme?"

„Ach i wo", sagte sie gutgelaunt. „Er wollte nur sichergehen, dass ich die Hellraumprojektorfolien fertig habe. Ist alles bereit. Wie gesagt, hier läuft gerade nicht viel. Es ist Mitte Mai, der Sommer steht vor der Tür, und dann will niemand nach Hermosillo. Dafür wollen dann alle, die hier sind, möglichst raus. Wegen der Hitze."

„Mir gefällt es sehr gut hier. Ich glaube ich bleibe noch ein Weilchen hier."

„Ja, dann können wir uns morgen wiedersehen und Du erzählst mir, was Du in der Schweiz so machst. Wann musst Du denn wieder zurück?"

„Ach ja, das hatte ich beinahe vergessen. Am 27. Mai geht der Flug von El Paso über Dallas zurück nach Zürich. Aber wenn ich ehrlich sein soll, freue ich mich eigentlich gar nicht besonders darauf. Aber es ist wohl nicht zu ändern. Zuvor will ich aber noch diese Zugfahrt durch die Sierra Madre machen."

„Ja, das ist eine ausgezeichnete Idee. Der Chepe!"

„Der was?"

„Chepe, CHE-PE."

Sie schrieb es vor mir auf das Papier: CH „Che", P „Pe". „Die Abkürzung für Chihuahua Pacifico!", dozierte fröhlich lachend Norma, sie ließ ihre Augen dabei ziemlich rund aussehen. Sie wurde immer lebhafter und redete immer schneller, sodass ich Mühe bekam, ihr folgen zu können.

„Kannst Du mir vielleicht mit der Vorausbuchung helfen, Norma?"

„Oh ja, das ist kein Problem. Aber heute wird's ein wenig spät. Es wird bald 11, und um 12 Uhr gehe ich in den Mittag. Mein Chef wird mich abholen und nach der Mittagspause haben wir diese Sitzung. Da müsstest Du viel zu lange warten."

Wir unterhielten uns noch ein wenig weiter über alles Mögliche, Norma gingen die Themen nicht so schnell aus. Sie liebte es, über die Stadt und ihre verblüffend lange Geschichte zu sprechen.

„Wenn Du von hier ein wenig in den Norden fährst, kommst Du durch einen alten Stadtteil, wo es noch Gebäude aus der Kolonialzeit gibt. Und ein typisch sonorensisches Restaurant, das Pitiquito heißt …"

„Piti… was?"

Norma ließ ihr melodiöses Gelächter erklingen und erwiderte immer noch enthusiastisch, aber etwas langsamer: „PITIQUITO! Früher bei den Indios hieß der Ort Pitic! Die haben hier am Rio Sonora schon lange Ackerbau betrieben, bevor die Spanier kamen. Es gibt dort alte Gemäuer und ein paar Souvenirshops und Restaurants."

„So richtig hungrig bin ich nicht gerade. Diese Buffets in den Hotels sind viel zu reichhaltig."

„Na so auf die Linie achten musst Du ja nicht gerade. Magst Du das mexikanische Essen?"

„Da haben wir etwas Gemeinsames, Norma, zumindest wenn Dir das hiesige Essen ebenfalls schmeckt!"

Sie schaute mich an und sagte einen Moment nichts und fuhr sich ein wenig durch ihr glattes Haar. Aber dann kam sogleich die nächste Salve, welche in die Frage mündete, ob ich auch Chili essen würde.

„Übetreiben tu ich's nicht. Ein bisschen Schärfe schadet gewiss nicht, aber ich kann durchaus auch ohne auskommen. Ich bin ja allerdings mittlerweile schon 4 Wochen hier."

„Gibt es denn in der Schweiz auch scharfes Essen?"

„Nicht wirklich, das höchste der Gefühle ist Tabascosauce."

„Na da habt ihr noch einiges dazuzulernen! Aber jetzt müssen wir langsam aufhören. Jeden Moment kann der Chef reinkommen. Ich will Dich nicht etwa loswerden, aber ich brauch' den Job hier!"

„Wie lange bist Du denn schon hier?"

„Erst seit Anfang des Jahres. Und wenn der Gouverneur ausgewechselt wird bei den nächsten Wahlen, muss ich wohl gehen. Dann brauch' ich gute Referenzen."

„Du schaffst das schon. Aber Du hast Recht. Hör zu, wäre es Dir vielleicht recht, wenn ich morgen wiederkomme, Norma?"

„Aber sicher. Wenn es Dir nichts ausmacht, meinem Unsinn zuzuhören!"

„Dann komme ich auf jeden Fall. Dein ‚Unsinn' ist überaus interessant. Besser als jeder Reiseführer! Kann gar nicht genug davon bekommen. Soll ich vielleicht am Nachmittag nach der Mittagspause kommen?"

„Ja, da haben wir noch mehr Zeit. Wir machen um halb zwei wieder auf und schließen um sechs! Viel Spaß mit Deinem Ausflug und vergiss unsere Verabredung nicht!"

„Auf Wiedersehen Norma!"

„Ja, auf Wiedersehen, Dieter! Bis bald!"

Sie begleitete mich an die Tür und schaute mir nach, als ich in den immer noch staubigen VW stieg. Den würde ich ein wenig entstauben müssen, wenn ich jetzt so ein tadellos gekleidetes Mädchen kennengelernt hatte! *Was für eine Begegnung!* Die temperamentvolle Norma hatte mich doch ein wenig müde gemacht. Aber es gab keinen Zweifel. *Ich hatte soeben eine neue Freundin gefunden, ganz allein! Das hatte ich vorher nie geschafft. Alle mir bekannten Frauen, Claudia und Flor eingeschlossen, hatte ich nie aus eigenem Antrieb angesprochen, naja die erste hatte ich ja eigentlich überhaupt nicht angesprochen, aber egal. Meine lebhafte, lustige, immer gesprächige Norma! Klug und schön war sie auch noch! Wie war das noch gleich? Wenn etwas zu gut scheint, um wahr zu sein … Aber ich hatte nun wohl so was wie ein Date!*

Jetzt ging sie wahrscheinlich mit ihrem Chef essen und dann in ihre Sitzung. Bei mir hielt dagegen das Frühstück nach wie vor den Hunger unter Kontrolle und ich machte mich auf, mittels Normas Zeichnung mir einen Weg durch Hermosillos Straßengewirr zu suchen, um auf den sogenannten Glockenberg zu kommen. Er war gar nicht weit weg von hier, und oben vom Cerro La Campana war der Rundblick an jenem kristallklaren Mittag so schön, dass aus den Panoramabildern problemlos ein paar Werbebilder für Normas Büro hätten gemacht werden können. Dann schaute ich mich ein wenig in der Altstadt um, wo die ältesten Gebäude kaum älter als von der Jahrhundertwende stammten, wie eigentlich fast immer in Nordmexiko. In Hermosillo war selbst die Kathedrale noch keine 100 Jahre alt. Besonders interessant war der große Stadtmarkt, wo alle möglichen Artikel des täglichen Bedarfs in Marktständen angeboten wurden, welche im Innern einer gigantischen Halle eingerichtet waren. Der Geruch war überwältigend, um es gelinde auszudrücken, vor allem in der Nähe der Metzgereien und Fischtheken. Es roch penetrant nach Blut und Tod, was aber die zahlreiche Kundschaft nicht davon abhielt, hier einzukaufen. An der Wand einer solchen Standmetzgerei hing gar ein abgeschnittener Kopf eines Rindes an der gekachelten Wand. Er schien mich irgendwie vorwurfsvoll oder gar hinterlistig anzustarren von da oben. Aber ich wusste ja jetzt, was daraus gekocht wurde. Da kannst Du glotzen so viel Du willst, solche Tacos werde ich ganz bestimmt mein Lebtag nie mehr auch nur anrühren, geschweige denn essen!

Danach musste ich an die frische Luft, obgleich auch die eher dieselgeschwängert war, durch die zahllosen Stadtbusse, welche durchs Stadtzentrum wuselten, von den anderen Lastwagen gar nicht zu reden. Es machte trotzdem Spaß, hier den Leuten, die so geschäftig ihrem täglichen Leben nachgingen, zuzusehen, es war so ganz anders als das ruhig vor sich hindösende Bahia Kino, das nur 120 km im Westen am Ende der Straße lag. Darüber wurde es schneller Abend als man erwarten mochte und es galt, im Hotel ein Abendessen zu bekommen und den Tag abzuschließen.

Die folgenden beiden Tage begannen eine Art Routine zu entwickeln, eine Art Alltagsleben stellte sich ein. Die Vormittage verbrachte ich zunächst an einer Saftbar, wo ich wie damals in Mazatlán, es schien ewig her zu sein, einen frischen Orangensaft, Fruchtsalat, Kaffee und Süßbrote zu mir nahm und derweil den Leuten, eigentlich vor allem den jungen Sekretärinnen, um der Wahrheit die Ehre zu erweisen, auf ihrem Arbeitsweg zusah. Dann streifte ich ein wenig durch die Straßen des Regierungsviertels und wartete, bis es wieder halb 2 wurde und ich die Nachmittage mit Norma durchquatschen konnte. Gelegentlich unterbrach ein Anruf unseren Wortschwall, die Themen waren uns noch nicht ausgegangen. Ich wusste jetzt, wie das mexikanische Schulsystem funktionierte, und hatte ihr das unsrige erklärt. Norma konnte kaum verstehen, wie einer in einem pharmazeutischen Labor arbeiten konnte, ohne ein fünfjähriges Ingenieurstudium absolviert zu haben. Sie hatte mir begeistert davon erzählt, wie der neue Präsident Salinas in Nordmexiko viele neue Fabriken ansiedeln lassen wolle und deshalb Tausende von neuen Stellen entstehen würden.

Sie hatte gleich am Mittwoch ihre Verbindungen in ein örtliches Reisebüro spielen lassen und mir ein wunderschönes Reisepaket über 4 Tage durch die Sierra Tarahumara mit dem „ChePe" organisiert, mit Hotel oben am Schluchtrand und Rückflug von Los Mochis nach Chihuahua. Das erledigte sie so nebenher, als sie mir erklärte, was es mit der großen Ford-Motorenfabrik hier in Hermosillo auf sich hatte. Ich fühlte mich inzwischen beinahe wie zu Hause hier in dieser lichtdurchfluteten geschäftigen aber nie hektischen Stadt, fühlte mich leicht und immer willkommen in Normas Büro, wo ich irgendwie immer die richtigen Worte zu finden schien. So war es zwar vielleicht mehr ein Spiel, aber ein bisschen Ernst war doch dabei, als ich ihr sagte, dass ich mir vorstellen könnte, hier zu wohnen. Sie ging sofort enthusiastisch darauf ein und sagte, das wäre eine super Idee:

„Du, das wäre wirklich toll, dann könntest Du bei Ford arbeiten."

„Motoren bauen? Davon verstehe ich nichts!"

„Nein, das machen doch die Fließbandarbeiter. Aber in der Qualitätskontrolle ginge es sicher. Man muss nur ein paar Leute kennen …"

„Ja, das ginge vielleicht. Aber bei meinem Spanisch …"

„Unsinn, das ist besser als das der Gringos in dieser Firma. Und wenn Du Englisch kannst, hast Du einen Vorteil hier."

„Meinst Du? Und die Arbeitsbewilligung?"

„Dafür findet sich immer eine Lösung!"

Dabei sah sie mich jetzt voll an und lächelte. Wir wurden einen Moment still. *Sollte sie etwa damit meinen, dass … Aber nein, so einfach würde das nicht sein!* Sie war heute anders angezogen, hatte ihren Zweiteiler mit einem hellen, overallartigen Anzug vertauscht, welcher ihr natürlich ebenfalls ausgezeichnet stand und ihre schlanken aber perfekt ausgebildeten Körperformen zur Geltung brachte. Am Donnerstagabend, es war inzwischen so heiß geworden, dass die Klimaanlage wirklich eine Notwendigkeit war, hatte Norma dann noch eine große Überraschung für mich:

„Hör mal, Dieter, Du hast doch gesagt, Du magst mexikanisches Essen, stimmt's?"

„Und das stimmt auch, Norma! Ich esse eigentlich schon seit Wochen nichts anderes. Einfach wunderbar! Im Ernst!"

„Morgen ist ja unser letzter Tag hier, am Samstag musst Du ja hoch nach Chihuahua, um Deinen Zug rechtzeitig zu erwischen."

„Am Samstag fahre ich ja nur bis Magdalena de Kino, um das Mausoleum anzusehen, von welchem Du mir erzählt hast."

„Dann haben wir ja den ganzen Freitag. Aber nicht wahr, Du wirst mir schreiben?"

„Natürlich, Norma, das werde ich machen. Aber mit der Schokolade muss ich warten bis zum Herbst, sonst kriegst Du nur Mole."

„Hihihi, Mole aus Schweizer Schokolade! Aber Du solltest morgen Freitag am Vormittag hierherkommen zu mir. Ich lade Dich ein zum Mittagessen! Zu mir nach Hause, damit Du meine Eltern kennenlernst. Es gibt ein typisch nordmexikanisches Essen!"

Ich schaute sie wohl ein wenig verdattert an. SIE lud MICH zum Essen in ihr Elternhaus ein! Aber das mochte nichts zu sagen haben. Ich sagte also unbekümmert zu.

„Sollen wir mit dem VW zu Dir fahren?"

„Ja, das wäre nicht schlecht. Morgen wird es brutal heiß, das macht dann im Bus keinen Spaß."

„Der VW hat aber keine Klimaanlage."

„Mir macht das nichts aus!"

„Und nachher bringe ich Dich wieder her."

„Nö. Ich hab' mich mit meinem Chef abgesprochen. Wir machen ab Mittag zu. Wird sowieso kein Gringo auftauchen bei dieser Hitze, und am Freitagnachmittag kommt kaum je einer her."

Es war also abgemacht! Ich war gespannt, was Norma für ein Menu geplant hatte. Ich hatte in ihr eine wunderbare Freundin, Amiga, gefunden. Aber irgendetwas schien halt doch zu fehlen, um mehr daraus werden zu lassen. Wir stimmten in vielen Dingen, vielleicht allzu vielen, sehr überein, aber es wäre mir nicht eingefallen, sie etwa abends auch nur auszuführen. Warum eigentlich nicht? Sie war mir zugetan, hatte keinen Freund hier oder anderswo, war hübsch, klug und ausgesprochen sympathisch. Aber der entscheidende Funke wollte nicht springen. Keine geheimnisvolle Magie und diese sich aufbauende Spannung und Anziehung, welche ich damals an der Seite von Flor unter diesem unwahrscheinlichen Sternenhimmel gespürt hatte, nach lediglich ein paar Stunden. Aber sie hatte ja ihren Freund!

Vom Tag zuvor gar nicht zu reden. Was war da eigentlich in mich gefahren? Das war kein entscheidender Funke, sondern eine ausgewachsene Thermitladung gewesen, worin wir uns gegenseitig in einem sonnenheißen Feuer verzehrt hatten bis nur noch flüssige Schlacken übrigwaren. Wir hatten auch nicht einen einzigen Satz miteinander ausgetauscht, und das, was ich wusste oder zu wissen glaubte über Claudia war nicht gerade eben dazu geeignet, mich zu weiteren Nachforschungen anzuspornen. So weit war es ja nach Bahia Kino auch wieder nicht, 120 km auf der Straße, die vom Zentrum abging, ich fuhr jeden Tag unter dem Wegweiser vorbei, wenn ich Norma besuchte.

Aber vielleicht müsste ich den Dingen einfach ihren Lauf lassen. Wir mochten uns später immer noch finden, und eine richtige Freundin so weit weg zu haben, wäre dann doch auch wieder ziemlich schwierig. Aber jetzt würde ich den VW auf Vordermann bringen müssen, der Staub, das Gerümpel, das sich inzwischen angesammelt hatte, und der Kaktus mussten erstmal raus! Danach ein kleines Nachtessen. Ich wurde nun doch ein wenig nervös, wenn ich an morgen dachte.

Am folgenden Morgen stand das Licht der Wahrheit gleißend und blendend über den niedrigen letzten Ausläufern der Sierra Madre, als ich mit dem blitzblanken roten VW meine Saftbar ansteuerte und heute nur einen Saft, Süßbrot und Kaffee bestellte. Ich wollte so rechtzeitig bei Normas Büro ankommen, dass wir zusammen hineingehen konnten. Sie hatte überdies mit ihrer Wetterprognose recht gehabt, bereits jetzt, noch vor 9, war es unglaublich heiß, so heiß, wie ich es hier in Mexiko noch nie erlebt hatte, es kamen

Erinnerungen ans Death Valley auf, Juli 1987, 52 Grad hatte ich dort damals gemessen. Aber hier standen die rotblühenden Tulpenbäume auf den Parkplätzen, deren Belag eine Hitze wie eine Bratpfanne abzustrahlen schien, über den Autos tanzten Hitzewellen wie von einem Heizstrahler, und am Horizont zeigte der beinahe dunkelblaue Himmel einen weißlichen Rand, der helle Wüstensand schien in den Himmel hinauf zu reflektieren. Ich steuerte den VW auf den Parkplatz der Tourismusbehörde und rollte die beiden Scheiben, welche ich heruntergelassen hatte, wieder hoch, ließ aber einen Spalt offen. Ich ging rasch in den Schatten des Eingangs. Von Norma war noch nichts zu sehen. Aber ich brauchte nicht lange auf sie zu warten. Ihre charakteristischen, raschen und gut hörbaren Schritte auf dem Parkplatz verrieten mir ihre Ankunft, auch ohne sie zu sehen. Ich schaute auf den Parkplatz hinaus und sah sie dann. Sie hatte sich ziemlich verändert. Ihr Haar zurückgekämmt, dunkle Sonnenbrille, eine luftige cremeweiße Bluse, deren Ärmel nur bis zu ihren Vorderarmen reichte und eine enganliegende Jeans. Sie lächelte mir schon von Weitem zu und ich sah, dass sie heute etwas mehr Make-up trug. Sie sah wirklich hinreißend aus heute Morgen, die Hitze schien ihr nichts auszumachen, sie wirkte so frisch, wie wenn sie an einem kühlen, etwas nebligen Morgen in Los Angeles zur Arbeit gehen würde. Ich machte ihr ein kleines Kompliment, was sie mit einem Lächeln quittierte, ihre sonst so überschäumende Fröhlichkeit kurz überdeckend. Sie schloss auf und wir gingen hinein. Drinnen war es beinahe kühl, aber Norma ging zum Thermostat der Klimaanlage und stellte sie so kalt wie es ging. Die Anlage schaltete sich sofort ein und ein eisiger Luftstrom kam aus den Lüftungsgittern. Sie strahlte mich an.

„So, damit Du mir hier nicht austrocknest. Schweizer Wetter exklusiv für Dich! Heute wird es heiß, Dieter."

„Es war auch schon gestern ziemlich heiß!"

„Nein, heute wird es heiß für UNS! Für Dich ist das super-heiß: Die Prognose erwartet 42 Grad. Außerhalb der Stadt. Hier drin kannst Du 3 Grad dazugeben."

„45 Grad im Mai, Norma?"

„Brauchst gar nicht so skeptisch zu gucken. Es war gestern in den Nachrichten und heute früh am Radio. Hermosillo ist der heißeste Ort in Mexiko, zumindest von den größeren Städten. Außer vielleicht Mexicali oben in Baja California Norte."

„Ja davon habe ich gehört. Dort oben ist es wirklich heiß. Ich war mal im Sommer in Arizona, bei Yuma."

„Freust Du Dich eigentlich, dass Du bald wieder Deine Familie siehst? Die müssen Dich doch vermissen, nach 5 Wochen."

„Ich freu mich schon, sie wiederzusehen und alles zu erzählen. Aber ich fürchte, man wird mir nicht glauben, zumindest nicht alles. Zudem gefällt es mir hier."

„Was denn zum Beispiel nicht?"

„Naja, zum Beispiel, dass ich Dich hier getroffen haben und 4 Tage hiergeblieben bin, um Dich im Büro zu besuchen."

„Würden sie es denn nicht gerne sehen?"

„Ich denke schon, nur sind sie es nicht gewohnt, dass ich, naja, Bekanntschaft mit Mädchen habe."

„Mit 27? Also das kann ich nicht wirklich glauben, Dieter! Aber lass mich doch mal Deinen Pass sehen, ich bin neugierig, wie der so aussieht."

„Da hast Du!"

„Oh, so viele Stempel. Und ein USA-Visum, sogar unbegrenzt! Du schaust irgendwie komisch aus auf dem Bild."

„Der Pass ist von 1983, da war ich 21."

„Du schaust eher wie 15 darauf aus!"

„Schau mal hier, der Führerschein!"

„Hihi, auf diesem Bild wirkst Du wie 14. So jung lassen sie nicht mal hier die Typen rumfahren. Musst Du den Schein nicht mal erneuern?"

„Nein, er ist lebenslang gültig. Mit diesem Bild!"

„Da sparst Du eine Menge Geld. Hier musst Du alle 6 Jahren einen neuen machen lassen und bezahlen. Oh, Du hast einen zweiten Namen. Karl. Das ist doch Carlos, oder? Viiieel praktischer, wenn Du in Mexiko leben willst. Heißt so Dein Vater?"

„Nein mein Großvater. Und ich mag diesen zweiten Namen nicht besonders."

„Kann ich nachvollziehen. Komm bloß nicht auf die Idee, mich Beatriz zu nennen!"

„Was bedeuten die 2 anderen Namen."

„Vaters Nachname ist Felix, Mutters Rojo. Ihr müsst ja schreckliche Machos sein, dass ihr nur den Vaternamen führt."

„Und beim Heiraten übernimmt die Ehefrau den Nachnamen des Gatten!"

„Echt? Wie bei den Gringos. Das finde ich dagegen romantisch. Die Frau übernimmt einen Teil des Mannes! Was bedeutet eigentlich ‚ledig' dort im Pass?"

„Na, was wohl? Unverheiratet! Soltero."

„Hast Du meine Adresse noch?"

„Klar, steht im Tagebuch. Hast Du auch noch eine Telefonnummer, am besten die von hier."

„Willst Du mich etwa anrufen? Das wäre wirklich aufregend. Aber viel zu teuer für Dich."

„Einmal können wir das schon machen, ich muss nur wegen den 8 Stunden Zeitunterschied aufpassen."

„Au ja, da warte ich gerne drauf. Ich werde …"

Das Telefon unterbrach ihren Wortschwall. Jetzt wurde sie dienstlich-seriös und machte ein ernstes Gesicht dazu. Sie gab auf Englisch ein paar Auskünfte über Hotels, klemmte den Hörer mit der Schulter ein und suchte Prospekte aus dem Schreibtisch. Dann gab sie die Telefonnummern durch.

„Entschuldige, da war ein Amerikaner, er will wohl hier übernachten und fragte nach Bahia Kino."

„Hab's mitgekriegt. Dein Englisch ist gut, Norma. Was will er denn in Kino?"

„Keine Ahnung. Die Ausländer fahren gerne dorthin. Wegen der Seris, der unverbauten Bucht, was weiß ich."

Jetzt ging auf einmal die Tür. Ein Ehepaar vermutlich. Sie steuerten Normas Tresen an. Ich ließ ihnen den Vortritt, mit der Bemerkung, dass es bei mir etwas länger dauern würde. Norma setzte ihr Dienstgesicht auf. Die Leute hatten vor Hitze gerötete Gesichter, und beklagten sich über dieses außerordentlich unangenehme Mai-Wetter. Sie wollten an einen Ort gehen, wo es kühler war, aber Norma erklärte ihnen, dass der einzige Ort, wo es ein bisschen kühler wäre, an der Küste zu finden sei, wenn sie nicht stundenlang herumfahren wollten. Bahia Kino, natürlich. Mit solchem Betrieb hatte ich nicht gerechnet an einem Freitag. Die beiden machten sich auf, in die Hitze hinauszutreten, diese sprang sie an wie ein Raubtier, als sie aus dem unterkühlten Büro kamen; ein lautes „Ouch, this place is like a furnace. Let's go and cool off in Death Valley!" war zu hören.

„Arme Gringos. Die waren bestimmt von weiter nördlich. Vielleicht hätten sie besser diese Zugreise gemacht, die Du hast reservieren lassen. Da oben ist es selbst jetzt ziemlich frisch."

„Bahia Kino ist auch nicht schlecht."

„Für einen Nachmittag ist's okay. Es hat halt kein Restaurant. Aber das soll sich ja ändern. Die haben große Pläne, es soll werden wie in Guaymas, besser San Carlos."

Schon wieder das Telefon. Norma war wirklich populär heute. Ihr Chef, dem Ausdruck „Delegado" nach zu schließen, mit dem sie ihn anredete.

„Dein Chef. Lass mich raten: Er hat Dich zu einer Sitzung eingeladen. Nein noch schlimmer, er hat Dich zum Essen eingeladen."

„Das wollte er tatsächlich. Aber ich habe ihm gesagt, ich ginge nach Hause essen. Hey, bist Du etwa gar eifersüchtig?"

„Wie kommst Du denn darauf?"

„Du schaust so komisch. Aber der Delegado ist längst vergeben und hat 2 Kinder."

„Nein, nein, ich war halt nur besorgt, unser Plan könnte eine Änderung erfahren."

„Na, Du scheinst ja eine Riesenlust auf Barbacoa zu haben! Aber keine Angst. Er hat gesagt, ich soll ruhig um 1:00 dichtmachen und die Klimaanlage nicht ausmachen."

„Wahnsinn. Das Ding frisst doch Unmengen Strom übers ganze Wochenende."

„Ich lass sie auf Maximum, also 80 Fahrenheit."

„Das ist vielleicht besser, sonst geht das Ding noch kaputt, wenn es 3 Tage durchläuft. Es hat noch nicht einmal ausgeschaltet."

„Mal sehen, es ist jetzt 12.30. Lass uns aufräumen und dann gehen wir Barbacoa essen!"

Norma verschloss die Ablagenkabinetts, den Schreibtisch und ging nach hinten, um auch dort alles zu schließen und die Rollläden herunterzulassen. Die Klimaanlage ging aus, als Norma den Regler bis zum Anschlag nach rechts schob.

„Jetzt mach Dich auf etwas gefasst!"

Sie machte die Tür auf und wir traten ins Freie. Sie hatte nicht zu viel versprochen. Die Sonne stand genau im Zenit, oder fast, und eine unwahrscheinlich aggressive, die Kleider im Nu durchdringende und die Haut reizende Hitze raubte mir fast den Atem. Man konnte den Teer des Parkplatzes riechen. Alles flimmerte und waberte auf dem Platz und den Straßen, der Himmel zeigte eine Art dumpfes, immer noch recht dunkles Blau, die Luft hatte sich ein wenig getrübt. Norma strahlte mich an mit der Miene einer stolzen Mutter, welche das gute Zeugnis ihres Sprösslings herumzeigt.

„Ich hoffe, Dein Vocho kocht nicht über."

„Aber Norma, der hat gar keinen Kühler!"

„Keinen Kühler. Wie soll denn das gehen?"

„Mit Luft!"

„Wirklich. Gar kein Wasser? Oder Schläuche, die platzen?"

„Nein, nichts dergleichen. Deswegen habe ich ja so einen gemietet. Stell Dir vor, der Kühler leckt in der Wüste."

„Du bist schlau, Dieter. Du verstehst ja mehr von Motoren als die Ford-Ingenieure."

„Nana, Norma!"

„Aber das ist wirklich praktisch, mit Deinem Vocho. Wir hier fahren ja nur Ami-Fahrzeuge, und wenn einheimische, dann schon etwas Besseres, einen Tsuru oder sowas."

Ich machte beide Türen auf, um die Hochofenhitze aus der Kabine abzulassen.

„Pass auf beim Einsteigen. Heiß!"

„Weiß ich. Jedes Auto wird hier zur Bratpfanne."

Sie nahm elegant Platz, ohne die Ablage oder Karosserie anzurühren. Ich tat dasselbe und versuchte das Lenkrad anzufassen. Es war nicht so schlimm. Die Sonne stand senkrecht und das Lenkrad war im Schatten. Wir fuhren los. Norma gab mir enthusiastisch und aufgeregt ihre Anweisungen, während ich vor Stolz, ein Mädchen durch eine Stadt zu fahren, beinahe platzte. Sie hatte ihre Sonnenbrille wieder aufgesetzt und wirkte ein wenig wie ein cooler Filmstar auf Incognito-Tour durch Mexiko. Als wir durch das Gewaber der mittäglichen Hitzeglocke durch Hermosillos Straßen kurvten, erzählte sie mir voller Stolz, dass es so um die 45 Grad seien. Aber damals, 1980, seien es sogar 54 Grad gewesen, es wäre so schlimm gewesen, dass die Reifen der Autos vor Hitze geplatzt seien und die Busse tiefe Spurrillen in den weichen Asphalt gegraben hätten. Ich hatte keinen Grund mehr, Normas Ausführungen in Zweifel zu ziehen. So heiß hatte ich es nur ganz selten gehabt.

Jetzt erreichten wir ein ruhigeres Viertel, keine richtungsgetrennten Boulevards mehr. Einige Bäume unterbrachen das grelle Grauweiß der Wände und Straßen. Langsam gewöhnte ich mich an die Hitze. Wir befanden uns in einem Wohnviertel, mit lauter recht großen, ein- und zweistöckigen Einfamilienhäusern. Ein Gewirr von Drähten überspannte den Himmel wie ein Spinnennetz. Die Häuser waren allesamt schön verputzt und die Straßen geteert und recht breit. Auf den flachen Dächern standen kistenförmige Aggregate, das würden die Klimaanlagen sein.

Jetzt wurde es mir doch ein wenig mulmig, ich würde jetzt gleich Normas Eltern treffen! Da durfte ich mich nicht blamieren, ich wollte unbedingt, dass ich Normas Gunst bewahren, vielleicht sogar vermehren konnte. Sie bat mich, unter einem Tulpenbaum anzuhalten und wir stiegen in die gleißende Mittagssonne hinaus. Wir wurden bereits erwartet. Normas Mutter stand bereits in der Tür, als sie den VW gehört haben mochte. Eine bereits etwas ältere, relativ korpulente Frau, beginnendes graues Haar, das sie zu einem Knoten am Hinterkopf gebunden hatte, und das unvermeidliche Trägerkleid, ockerbraun, ins Orange spielend, bedrucktes Muster. Sie schaute uns freundlich entgegen. Norma stellte mich vor, ich versuchte mit einem „Buenas Tardes, mucho gusto!" zu punkten. Wir traten ein. Wohltuende Kühle und Dunkelheit umfingen uns.

Ein ziemlich starker Geruch füllte das Haus aus, den ich im ersten Augenblick zu erkennen glaubte, aber ich verwarf den Gedanken. Norma hatte ja gesagt, es gäbe Taquitos de Barbacoa, also Barbecue, gebratenes Fleisch. Wir gingen zusammen ins Wohnzimmer, wo sie in Anbetracht der Gluthitze draußen die Lamellenstoren heruntergelassen hatten. Der Hausherr, Normas Vater, hatte eine kleine Siesta gemacht. Er mochte so um die 50 sein, beginnende Glatze, rundes Gesicht, ebenfalls ein wenig zu Korpulenz neigend. Er schien bereits pensioniert zu sein, seine Kleidung sah nicht nach Arbeit aus. Ein einfaches Karo-Hemd und eine dunkle Hose. Kein Kinderbettchen in Sicht, auch sonst war nichts zu hören, was darauf hindeuten würde, dass … Aber ich sollte nicht so misstrauisch sein. Norma hatte gesagt, sie hätte keine Zeit für einen Freund gehabt an der Uni, und das schien zu stimmen. Ich wurde nochmal vorgestellt. Beide Eltern mussten im Bilde sein. *Was hatte wohl Norma über ihre Bekanntschaft alles erzählt?*

Ich guckte mich kurz im Zimmer um und bemerkte ein Buch über Alvar Nuñez Cabeza de Vaca im gut bestückten Bücherregal von Herrn Felix. Ich fragte danach, als ich seine Frage, was ich vom lokalen Wetter hielt, wohlwollend und wahrheitsgemäß beantwortet hatte. Er wunderte sich ein wenig, dass ich von ihm gehört hatte. Norma ließ verlauten, dass ich sehr belesen wäre, und meinte lachend, ich würde bald noch mehr von Cabeza de Vaca bekommen. Ihr Vater verwies derweil auf die Statuettengruppe auf dem Schreibtisch. „Und die beiden kennst Du bestimmt auch, oder?" „Hm. Ein langer hagerer Kerl und ein kleiner rundlicher. Vielleicht Don Quijote und Sancho Panza?", sagte ich auf gut Glück. „Ja, der Ritter von der traurigen Gestalt! Cervantes. Ich hab' das Buch an der Uni gelesen. Woher kennst Du den Quijote?" „Aus eigener Erfahrung, beim Kampf gegen Windmühlen, und sonst nur aus einem Donald Duck Buch", wäre die ehrliche Antwort gewesen. Die hätte aber weder meiner Dulcinea noch ihrem Vater besonders imponiert.

Also lieber das: „Ich habe das Buch nicht gelesen, aber es ist ziemlich bekannt, es gibt da ein paar Szenen, die kennt wohl jeder." Jetzt bat die Mutter ins Esszimmer. Norma strahlte mich an und erklärte: „Dieter ist seit 5 Wochen hier in Mexiko und mag mexikanisches Essen." Ihre Mutter zeigte ein wohlwollendes Lächeln und brachte eine große irdene Schüssel mit Deckel aus der Küche. Auf dem Tisch stand eine große Karaffe mit einem eisgekühlten Süßgetränk, das mit pürierten Früchten wie Melone oder Ananas zubereitet wird, Agua fresca, vor dem so eindringlich im Reiseführer gewarnt wird. Daneben eine Art Korb mit Deckel, jedenfalls für die Tortillas, wie üblich. *Seltsames Gefäß, um Fleisch anzurichten*, dachte ich gerade, als Normas Mutter nach der Portionengröße fragte. Norma sagte: „Mach ruhig doppelte Portionen, auch für mich! Ich hole derweil die Salsas." Sie brachte ein halbes Dutzend kleine irdene Schüsselchen auf einem Tablett aus der Küche, welche mit eingelegten lila Zwiebeln, einer grünen, eher dünnflüssigen Salsa, mit einer dickflüssigen Guacamole, einem Gemisch aus Chili, Tomaten und Zwiebeln, fein gehackt und schließlich einer ziegelroten etwas dickflüssigen Salsa gefüllt waren.

Ihre Mutter breitete gekonnt 8 der kleinen Tortillas auf einem großen Teller aus und schöpfte die Füllung auf sie. Ich schaute ihr gebannt zu. Der seltsame Geruch kam nämlich aus dem Tongefäß, ich hatte das doch schon irgendwo gerochen! *Das war doch niemals Barbecue!* Eine gräulich-glibbrige Masse an einer schweren Sauce tropfte auf die Tortillas. Norma hatte inzwischen eingelegte Chilis, in Streifen geschnittenen Salat und eine Schale mit dickem Doppelrahm gebracht. Sie sah zu mir herüber und sagte seelenruhig: „Es geht nichts über das Barbacoa meiner Mutter. Sie macht das nämlich selbst, musst Du wissen. Erst gestern hat sie auf dem Markt ganz frisches Fleisch dazu bekommen. Man muss es ganz lange und sachte kochen."

„Ich dachte immer Barbacoa sei gebraten!"

„Kannst Du mit Kopffleisch nicht machen", sagte Norma fröhlich und mit strahlenden Augen. Mir zog es jedoch die Magennerven zusammen. Fehlte nur noch, dass ich meinem Mittagessen vorgestern schon in die Augen gestarrt hatte, auf dem Markt! Ein Königreich für einen Ausweg! Ich würde die 8 Tacos nie schaffen, aber ich wollte es weder mit Norma noch ihrer Familie verderben!

Da kam mir die rettende Idee, als ich die rote Salsa sah. Ich hatte vor Tagen mal im Pitiquito ein Sonora-Steak mit dieser Salsa gegessen, und hatte danach meinen ganzen Mund vom Chili betäubt gehabt. Ich bekam meine köstlichen Tacos serviert und als Normas Mutter ihrem Mann eine gleiche Portion vorbereitete, erklärte mir Norma die Saucen. „Nimm die Guacamole und die Zwiebeln, wenn Du's nicht so scharf magst." „Die Zwiebel-Chili-Mischung sieht lecker aus." „Das ist Pico de Gallo. Mittelscharf. Für uns!" Ich füllte eine großzügige Portion in zwei Tacos. *Dann von der roten!*

Unter dem entsetzten Blick von Normas Mutter, welche sich an Norma wandte und sagte: „Er wird sich daran verbrennen, pass auf!" Aber ich füllte derweil Salatschnipsel und etwas Rahm ein und probierte. Hoffentlich ging das gut! Jetzt hatte ich die uneingeschränkte Aufmerksamkeit von Vater und Tochter! Die Tacos mit dem Pico de Gallo ließen noch Erinnerungen an Mazatlán hochkommen, immerhin verhinderte der Salat und die dickliche Konsistenz der Füllung, dass mir das Fett den Arm runterlief. Norma servierte mir vorsorglich ein Glas mit Ananaswasser. Dann war sie damit beschäftigt, ihre Tacos zu garnieren, sie nahm natürlich auch von der roten Sauce. Ich versuchte derweil die roten Tacos. Wie gewünscht waren meine Geschmacksnerven völlig taub nach dem ersten halben Taco, ich fühlte, dass mir die Tränen in die Augen stiegen und die Nase zu laufen anfing. Aber ich aß beide auf. Von der glibbrigen Füllung war kaum etwas zu spüren, ich hatte ob der infernalischen Schärfe der Salsa beinahe vergessen, was ich da eigentlich aß.

„Na, ist das scharf genug für Dich?", fragte Norma interessiert und ein wenig besorgt. „Die hat es wirklich in sich", stieß ich schnupfend hervor, was Herr Felix mit einem Lächeln quittierte. Er bevorzugte eindeutig die sanfteren Varianten, womit ich ihm für die restlichen 4 Tacos Gesellschaft leistete. Aber ich brachte alle 8 runter, einen größeren Liebesbeweis konnte Norma nicht von mir erwarten. Aber sie meinte, es wären doch ein paar Tortillas übrig, und es wäre schade, nicht aufzuessen. „Sowas kriegst Du nicht so schnell wieder." „Ja, mach mir nochmal 2 Tacos, aber dann reicht

es." „Und, wie war es? Dass Du Mutters rote Salsa verkraftest, hätte ich nie erwartet!" „Ausgezeichnet", log ich, ohne rot zu werden.
Wäre ob der hitzigen Salsa auch gar nicht mehr gegangen. „So etwas habe ich in der Tat noch nie gegessen."

Es war wirklich nicht so übel gewesen, Normas Mutter musste das Gericht anders abgeschmeckt haben oder die allerfettigsten,
glibbrigsten Teile des Kopfes nicht verwendet haben. Ich trank das
Ananaswasser aus und Norma schenkte nach. „Spürst Du Deine
Zunge noch?" „Keine Bange, Norma, ich merke kaum noch etwas."
„Jetzt könnte ein Kaffee nicht schaden", vermeldete Normas Mutter. Ihr Mann wollte bei dieser Hitze keinen, aber das Dessert, eine
Art Karamellpudding und die unvermeidlichen Süßbrote, schlug er
nicht aus. Es gab richtigen Filterkaffee anstelle des üblichen Nesca-
fés, den ich erwartet hatte. „Der erste richtige Kaffee in 5 Wochen",
sagte ich zufrieden. „Ja gibt es denn im Lucerna keinen Filterkaffee?", fragte Norma, die Touristikexpertin. „Doch, aber die machen
glaub ich Zimt da rein oder sowas. Das gibt mir Sodbrennen." „Wart
nur, bis die Salsa wirkt, dann beschwerst Du Dich nicht mehr über
den Zimt im Kaffee! Du nimmst wahrscheinlich Creme in Deinen
Kaffee." Sie gab mir die Dose mit dem Pulver. „Nein, schwarz mit
Zucker!", gab ich zurück. „Milch mag ich nur in der Schokolade."
Wir verblieben noch eine Weile am Tisch, wo sich das Gespräch unweigerlich auf meine morgige Abreise zu konzentrieren begann. Es
kam mich seltsam an, dass schon in einer Woche der Transatlantik-
flug anstand. Ich konnte mich irgendwie kaum damit anfreunden,
es war, als ob ich verreisen, aber eigentlich hierher zurückkommen
würde. Mein neues Leben war eigentlich erst 2 Wochen alt, aber
alles, was zuvor war, lag bereits hinter einem langsam dichter werdenden Nebelvorhang verborgen, hatte nichts mehr mit mir zu tun,
war vorbei. Inklusive des ersten Teils der Reise. Ich musste ja noch
den VW zurückgeben! Oben in Chihuahua, spätestens Montag. Ich
hatte mich so an das kleine rote Wunder gewöhnt! Aber der Nachmittag verrann unaufhaltsam, es wurde langsam Zeit aufzubrechen,
um meine Gastgeber nicht über die Massen zu beanspruchen. *Würde ich Norma je wiedersehen, ja auch nur etwas von ihr hören auf*

meinen versprochenen Brief? Ich hoffte doch sehr! Ich hatte doch tatsächlich die ganze Woche hier zugebracht, ohne dass mir die Zeit lang geworden wäre! Sie kam natürlich mit mir hinaus. Wieder die alles durchdringende Hitze, welche durch die schrägstehende Sonne noch akzentuiert wurde. Man fühlte sich wie von einem riesigen Heizstrahler malträtiert. Weiß und groß stand das „Licht der Wahrheit" am Himmel, noch zusätzlich umrahmt von einem gleißenden Lichthof. Wir sahen uns an, eine kurze Umarmung musste einen Abschiedskuss ersetzen, dann legten wir unsere Hände ineinander. „Ja, ich schreib' Dir sofort, sobald ich drüben ankomme, Norma", antwortete ich auf ihre diesbezügliche Frage. „Que te vaya muy bien en tu viaje de retorno y hasta luego, Dieter. Lo hemos pasado muy bien", war das Letzte, was ich von ihr hörte. Ich stieg ein, ließ die Fenster herunter und wir sahen und winkten uns noch nach, bis ich vorne auf die Hauptstraße einbog.

Jetzt war ich wieder allein! Ungewohntes Gefühl. Zunächst überwiegte das Praktische über die aufkommende Nostalgie. Ich musste sofort aus dieser Hitzeglocke raus! Im Hotel angekommen ging es ans Packen und dann galt es, die Rechnung zu bestellen, damit ich morgen keine Zeit verlieren würde. Darüber hinaus bekam ich beinahe so etwas wie Appetit. Ich hatte Normas Überraschungsessen besser als erwartet überstanden, aber die viele Salsa wirkte als Verdauungshilfe, und ich hatte ja extra kaum was gegessen am Morgen. Ein kleines Nachtessen mochte nicht schaden. Inzwischen war die Sonne am Untergehen, so ab 8 Uhr sollte die Zeit günstig sein unten im Hotelrestaurant. Ich wurde prompt an einen kleinen Zweiertisch verwiesen und hatte mir ein Fischgericht mit einem Chardonnay dazu bestellt. Solches würde es in Chihuahua nicht mehr geben. Dabei kam ich ein wenig ins Sinnieren. *Ich hätte vielleicht Norma einladen sollen. Oder wäre sie am Ende eingeschnappt gewesen, weil sie denken musste, mir hätte ihr Barbacoa nicht geschmeckt? Oder wäre ein Küsschen fällig gewesen? Aber vor dem Haus ihrer Eltern? Es war gar nicht so einfach, aus einer Freundin eine Liebhaberin zu machen! Wollte sie das überhaupt? Wollte ich?* Aus diesen Gedanken wurde ich jäh aufgeschreckt, als ein sehr gut gekleideter Mann Anfang 30 plötzlich an meinem Tisch stand. *Ach, der vom Nebentisch.* Sein Kollege saß noch dort, ebenfalls tadellos gekleidet und frisiert, sie hatten ebenfalls eine Flasche Wein vor sich stehen.

„Buenas Tardes mi amigo. Na, ist sie nicht gekommen?"

„Ich hatte eigentlich niemanden erwartet. Es ist ja nur für mich gedeckt."

„Allein also. Ich sehe Du magst Wein. Willst Du uns ein wenig Gesellschaft leisten? Was macht eigentlich so ein gutaussehender junger Americano an einem Freitagabend so allein in Hermosillo?"

„Na, essen! Morgen geht's weiter, nach Magdalena de Kino und dann rüber nach Chihuahua. Aber gutaussehend und Amerikaner, ich weiß nicht recht, sehe eigentlich niemanden hier auf wen diese Beschreibung zutrifft."

„Warum so bescheiden? Also was ist?"

„Warum nicht? Ich leiste Euch Gesellschaft und wir bestellen uns noch eine Flasche!"

„Ich bin übrigens Sergio, und der hier ist Miguel Angel."

„Mucho gusto. Dieter."

„Die… waaas?"

„D-I-E-T-E-R."

„Klingt nicht gerade amerikanisch."

„Sagte ich doch. Ich bin kein Amerikaner. Ich komme aus Europa, genauer der Schweiz."

„Interessant. He, Miguel, was meinst Du dazu?"

„Was treibt Dich in so einen Backofen?"

„Ich mag eben Sonora. Ich bin schon seit Montag hier."

„Als Europäer verstehst Du mehr vom Wein als wir. Was empfiehlst Du?"

„Zum allein Trinken ist der Chardonnay besser als Euer Roter. Davon wird man leicht müde."

„Ich habe noch kaum weißen Wein getrunken. Man sagt, zum Essen passt besser Roter."

„Weißen trinken wir drüben auch nur so! Lasst uns auf die Gesundheit der mexikanischen Frauen anstoßen!"

„Wieso denn das? Hast Du nicht gesagt, dass Du allein hier bist?"

„Bin ich auch, aber ich habe hier eine neue Amiga gefunden."

„Warum hast Du sie nicht mitgebracht? Oder gibt es sie etwa gar nicht?"

„Sie hatte mich zum Essen eingeladen, heute Mittag, da kann ich sie schlecht zu einem anderen Essen ausführen, gleich hinterher!"

„Sie Dich? Was meinst Du Sergio, was hat das zu bedeuten? Sie lädt ihn zum Essen ein! Will sie was von ihm oder will sie sagen, dass sie nur Freunde sein sollen?"

„Du bist ganz eindeutig in der Freundschaftsecke gelandet, Dieter! Ist doch viel besser so. Mit den Frauen gibt's nur ständig Ärger, vor allem mit denen von hier. Du könntest es viel besser haben. Hier mit uns. Da würde es an nichts fehlen, und Du bräuchtest Dich wegen Deiner kleinen Freundin kein Kopfzerbrechen mehr zu machen."

„Was soll denn das heißen? Ich mag meine Freundin! Wir werden uns weiter schreiben und dann komme ich sie wieder besuchen."

„Eine Fernbeziehung! Wie romantisch! Aber Du siehst ehrlich gesagt nicht danach aus, als ob Du viel Erfahrung hättest. Vielleicht solltest Du andere Möglichkeiten in Betracht ziehen. Siehst ja gut aus."

„Meinst Du? Aber was interessiert es mich, was Ihr über mich denkt!"

„Rat mal!"

„Seid Ihr etwa …"

„… schwul? Ja, Du Schnellmerker! Hör mal, ist das okay für Dich? Ich hoffe Du bist uns jetzt nicht böse, dass wir Dich angemacht haben. Aber als wir Dich so allein dort drüben vor einer Weinflasche gesehen haben, war für uns der Fall klar. Hierzulande trinken die Machos Bier oder Schnaps."

„Und wir Europäer nehmen gerne Weißwein zum Fisch! Konntet Ihr natürlich nicht wissen."

„Entschuldige bitte."

„Ist schon okay. Es soll eine Auszeichnung sein, wenn man von Schwulen als attraktiv gehalten wird!"

„Gut für Dich, dass Du das so siehst."

„Naja, was soll ich mich ärgern! Aber jetzt bleiben schon wieder 2 Frauen mehr für mich übrig, wenn Ihr ausfällt!"

Wir lachten. Jetzt auch noch schwule Mexikaner! Das wurde ja immer verrückter. Jaja, alles Machos, die Männer hier! Die Kirche dominiert das Sozialleben! Schöner Unsinn, was die Reiseführerschreiberlinge so zusammendichten. Wir tranken den Wein aus und ich zog es vor, mich zurückzuziehen, sonst meinten die noch, sie könnten mich nach ein paar weiteren Flaschen doch noch rumkriegen!

Nach Chihuahua – mit Abwegen

Am folgenden Tag, mein letzter ganzer Samstag in Mexiko, befand ich mich kurz vor Mittag wenige Kilometer vor der Abzweigung nach Ures, auf der Hauptstraße MEX 15 nach Norden, welche mich zu meinem kleinen Abstecher nach Magdalena de Kino führen sollte. Längst umrahmten schroffe Bergzüge, Ausläufer der nördlichen Sierra Madre, den Horizont vor mir. Die Kakteenwüste war einer halbwüstenhaften, gestrüppbedeckten Ebene gewichen. Die Stunden liefen im gleißenden Mittagslicht auseinander. Ich sah auf den leeren Beifahrersitz. Ja, ich war wieder allein. *Schon 24 Stunden ohne Norma! Ohne ihr Lachen, ihre sprudelnde Stimme, ihre Geschichten über Sonora!* Ich erinnerte mich wehmütig, wie stolz ich war, als ich sie durch Hermosillo fuhr. Sie war sehr attraktiv gewesen gestern, in ihren engen Jeans und ihrer leichten Bluse! Hätte ich sie doch ein wenig gedrückt, gestern beim Abschied! Dann wüsste sie, dass sie mir gefällt. Aber so mochte sie gar enttäuscht sein.

„Du solltest das mit Deinem Freund aus Europa nicht überinterpretieren, Kind!", würde ihre Mutter ihr vielleicht sagen! *Hätte ich sie doch wenigstens auf eine Glace eingeladen! Oder heute zum Almuerzo! Aber jetzt war es dazu zu spät, und es reute mich, dass mir alle diese Ideen erst jetzt kamen. Ach, Norma! Du wirst mir sehr fehlen in diesen 6, 7 Tagen!* Die Stunden wollten nicht vergehen ob dieser trüben Stimmungslage, und es gab keinen Verkehr, der mich ablenken würde. Niemand schien heute bei dieser Hitze nach Norden zu wollen, erst recht niemand in die Bratpfanne, worin Hermosillo vor sich hin schmorte. Endlich kam doch eine Siedlung ins Blickfeld, das würde wohl Magdalena de Kino sein. Mit seinem Mausoleum, was auch immer das sein mochte. Eine Art Tempel wahrscheinlich. Wie das gleichnamige Weltwunder, von welchem nur noch geschriebene Erinnerungen übriggeblieben sind. In der Tat kam ein großer kirchlicher Bau in Sicht, mit einer großen Kuppel darüber. Das würde das Mausoleum sein. Das wollte ich erst morgen ansehen. Norma hatte gesagt, der berühmte Pater Kino sei hier begraben. Ich interessierte mich eigentlich nur wegen des Namens dafür. Bahia Kino. Genau, vor 2 Wochen hatte ich dort Flor getroffen! Schon 2 Wochen! Das zweiwöchige Claudia-Jubiläum hatte ich gestern glatt verschwitzt. Wenn die wüsste, mit wem ich es zugebracht hatte! Ich hatte also innert 2 Wochen 3 Frauen kennengelernt! So viel Glück hatte ich in meinem ganzen bisherigen Leben nicht gehabt. Leider ist aber nichts Greifbares dabei herausgekommen.

Welche Undankbarkeit! Vor 3 Wochen noch wäre all das pur lautere Unmöglichkeit gewesen, und jetzt dachte ich schon, ohne feste Freundin als Resultat, eine Novia, wäre das alles ein totaler Misserfolg gewesen! Ich kam an einem kleinen Hotel vorbei. Ohne zu zögern hielt ich an, trat in die leicht schäbige Rezeption ein und fragte nach einem Zimmer. Ich nahm es unbesehen und ging mit dem Schlüssel hoch. Bett einigermaßen sauber, Dusche schmutzig, kein Wasser! *Macht nichts. Das Alleinsein hatte auch seine Vorteile!* Aber als ich unten nach einer Essensgelegenheit fragte, wurde mir erklärt, dass das Wasser jetzt aufgedreht sei, aber nach 22:00 bis um 6:00 wieder abgestellt würde. Egal. Ich wollte noch was essen!

Am Ort gab es mehrere recht gute Restaurants, es gab wegen des Mausoleums und weil Magdalena eine Art Zentrum für die nördliche Sierra Madre bildete, recht viele Reisende. Ich bestellte die selten schlecht servierte Antojitos Mexicanos-Auswahl. Dazu

ein Bier. Und dann noch eins und noch eins. Bald hatte ich Gesellschaft gefunden und weiter ging's mit dem Bier. Mein Gegenüber
wollte wissen, woher ich komme und was ich getrieben hätte. Ich
gab bereitwillig Auskunft, natürlich nur die interessanten Dinge
aus Bahia Kino und Hermosillo.

„Aha, Du scheinst auf unsere Frauen zu stehen!"

„Ja, richtig geraten. Es wird nur ein bisschen einsam in letzter Zeit."

„Komm, wir trinken noch ein Bier, dann vergisst Du diese, wie
war doch gleich der Name, es gibt auch hier welche!"

„Wo denn?"

„Na in der ‚Zona de Tolerancia'"

„Zona del Silencio? Da war ich schon, das ist drüben in Coahuila. Das ist zu weit."

„Nonono! Zona de Tolerancia! Außerhalb des Ortes. Wo es
gewisse Dinge gibt, die sonst verboten sind! Hast Du ein Auto?"

„Ja, steht vor dem Hotel!"

„Dann los!"

Wir gingen los und diesmal hatten die Biere ihre Wirkung nicht
verfehlt. Der Bahia Kino-Zauber schien nicht bis hierher zu wirken. Ich hatte Mühe, die Gänge richtig einzulegen, als wir über zunehmend sandig werdende Feldwege zuckelten. *Ob wir hier auch
richtig waren?* Längst waren die Lichter von Magdalena zurückgeblieben und der beinahe volle Mond stand hell strahlend über
der gestrüppbedeckten Ebene. Weiter vorne waren bunte Lichter
zu sehen, und wir kamen schließlich nach insgesamt fast 30 Minuten an einen Zaun und Pforte, wo ein Patrouillenfahrzeug der lokalen Polizei stand. Ich atmete heimlich auf. Mir war es doch ein
wenig mulmig geworden. Wir fuhren hinein in den pferchartigen
Verschlag. Drinnen stand eine Bar neben der anderen, alle grell
und bunt beleuchtet, es war aber nicht viel Betrieb.

„Wozu denn die Polizei?"

„Die schauen nach dem Rechten, wenn die Sache aus dem Ruder läuft, oder einer nicht bezahlen will oder die Weiber belästigt!"

„Belästigen? Wer tut denn sowas?"

„Na die Kundschaft. Wenn sie betrunken sind!"

„Lass uns da reingehen."

Wir betraten das wie ein Westernsaloon aufgemachte Lokal und bestellten an der Bar je ein Mixgetränk aus Rum und Cola, danach nochmal Bier und schließlich einen Tequila mit Sangrita, wie ich ihn in Hermosillo im Pitiquito getrunken hatte. *Ach Norma! Sie wäre wohl mit meiner Gestaltung des Abends kaum einverstanden gewesen. Ich wäre besser dortgeblieben und hätte sie ausgeführt heute Abend.* Ob der langsam bittersüß werdenden Erinnerungen setzte mir der Alkohol noch mehr zu und ich wurde immer einsilbiger. Auf die Aufforderung meines Begleiters, dessen Name mir entfallen ist, gingen wir ins Nebenzimmer. Was das für ein Spektakel war! Ich hatte ja insgeheim gehofft, hier auf ein Mädchen zu treffen, das meiner Claudia ähnlich sehen mochte, um nachzuholen, was ich ihr damals verweigert hatte. Der recht große, rötlich beleuchtete Raum hatte in der Mitte eine Tanzfläche, welche aber völlig unbenutzt war. Laute sinnbetäubende Cumbia-Musik dröhnte aus den Lautsprechern. Am besten noch eine Rum-Cola! An den wenigen Tischchen saßen ein paar abgewrackte Desperados in Cowboyhüten und karierten Hemden, meist zusammengesunken oder ins Leere starrend. Aber dann die Mädchen! Bedauernswerte Kreaturen, welche traurig vor sich hinstarrten oder teilnahmslos zu den Neuankömmlingen hinüberblickten. Kein feuriger Blick, kein schelmisches Lächeln, oder diese unnachahmlichen selbstbewussten Posen. Kein violettes Kleid. Und kein schweres an Orchideenduft gemahnendes Parfum. Erloschene Blicke, traurige Gesichter, oder von irgendwelchen Drogen oder übermäßigem Alkoholeinfluss ausgelöste starr ins Leere zielende Augen, jeden Blickkontakt vermeidend.

Nein, ich mochte diesen bedauernswerten Wesen nichts antun! Ich wollte es auch mir selbst nicht antun. Ich würde warten müssen, damit auch dieses erste Mal eine unvergessliche Erinnerung sein würde. Das würde sich lohnen. Mein jahrelanges Warten auf den ersten Kuss hatte sich auf jeden Fall gelohnt. Wenn es wirklich stimmte, dass meine Kusspartnerin eine Kollegin von diesen

Mädchen war, was gut sein mochte, wenn man ihre überragende Kusstechnik in Betracht zog, war es ein Unterschied wie Tag und Nacht. Hier gab es keine Claudia! Nicht mal einen Schatten von Claudia. Sie ließ sich wohl nur mit Typen ein, die ihr gefielen. Bei diesem Gedanken – *ich hatte Claudia gefallen …* – wurde ich jäh von meinem sehr betrunkenen Gegenüber aus meinen violetten Träumen geholt.

„Na los, such Dir eine aus! Aber Du brauchst es doch nicht wirklich! Oder solltest Du etwas anderes suchen? Gibt's hier nicht, aber woanders!"

„Ich kann das nicht!"

„Du kannst WAS nicht?"

„Mit diesen Mädchen geht es nicht. Sie mögen mich nicht!"

„So ein Quatsch. Das ist hier keine Kirchenveranstaltung, wo Du Dir eine Novia anlachst. Du fragst sie, wie viel sie nimmt und verziehst Dich ins Zimmer mit ihr."

„Und wenn sie es nicht will?"

„Mann, bist Du kompliziert. Diese Schlampen haben nichts zu wollen. Das sind alles Huren! Putas! Denen ist es egal, wer sie bezahlt. Du oder irgendein anderer!"

Ich starrte ihn ungläubig an. Wie konnte er nur so von diesen armen Mädchen sprechen! Ich wollte ja eigentlich nur nicht mehr allein sein. Ich konnte es nicht mehr ertragen, allein zu sein. Aber so ginge es definitiv nicht. Langsam begann die Welt einen Tanz aufzuführen, als ob in den Drinks mehr als nur die ausgewiesenen Zutaten gewesen wären. Mir wurde schlecht und ich fühlte mich hundsmiserabel, weil ich mich dazu hergeben wollte, hier ein Mädchen zu missbrauchen, nur weil ich mich einsam fühlte.

„Lass uns gehen!"

„Na, Du bist mir aber einer! Suchst Du eine, die Deiner Verflossenen ähnlich sieht? Tu das bloß nicht. Behalt, was immer sie Dir an guter Erinnerung gelassen hat, und vergiss den Rest."

„Ja, vergiss den Rest! Ich will alles vergessen!"

Wir hatten Mühe, das Auto zu erreichen und noch viel mehr, wieder in den Ort zurückzufinden, aber es gelang mir doch. Ich stellte das Auto vor dem Hotel an den Straßenrand und wir verabschiedeten uns. Wir hatten beide Mühe, uns auf den Beinen zu halten. Aber dieser Zustand half wenigstens, den Schlaf einigermaßen rasch zu finden. *So ein Reinfall! So etwas würde ich mein Lebtag nicht mehr tun. Ob es vielleicht nicht doch besser gewesen wäre, damals in Kino angehalten zu haben? Zumindest wüsste ich jetzt, was Claudia wirklich von mir dachte. Aber was wäre, wenn sie mich mochte? Liebte ich sie? Konnte ich sie überhaupt lieben? Ich wusste ja rein gar nichts von ihr. Vielleicht war sie ja die Verheiratete von den Dreien gewesen! Dass sie ledig bleiben würde, hielt ich für ausgeschlossen, sie konnte sich den Besten unter allen aussuchen. Oder sie befand, einer wäre nicht genug für sie! Aber ich hatte ihr gefallen, soviel stand fest, so seltsam dies auch scheinen mochte. Wenn eine derartige Schönheit und mit dieser Persönlichkeit versehene Frau mich sozusagen auserwählt, mochten es andere auch tun.* Unter diesen tröstlichen Gedanken verfiel ich alsbald in einen betäubungsähnlichen Schlaf.

Tags darauf, einem Sonntag, ging es mir nicht besonders gut. Die vorige Nacht hatte im Magen Spuren hinterlassen! Aber es war ein angenehm frischer, ganz klarer Morgen. Ich würde trotz flauen Magens Padre Kinos Mausoleum meine Aufwartung machen, um dann wenigstens noch bis Nacozari zu kommen versuchen. Nach Casas Grandes würde es zu weit sein, 700 km, das war im VW kaum in einem Tag zu machen, schon gar nicht über die Sierra Madre. Es war noch vor 9 Uhr, als ich zu Fuß hinüber zu dem großen Kuppelbau ging, der als Kirche eigentlich für diesen Ort viel zu groß schien. Das Mausoleum war bereits geöffnet und es waren sogar schon Leute anwesend, die meisten wohl indianischer Abstammung, ihrer Kleidung und Aussehen nach zu schließen. In dem Kuppelbau war dann keine Kirche, die lag hinter dem Mausoleum, sondern ein riesiges Wandbild, ein sogenannter Mural. Es zeigte Szenen aus dem Leben von Pater Kino, wie er Viehherden trieb, beritten und mit schwarzem Priesterrock bekleidet durch Wüstenlandschaften, zusammen mit Exemplaren der Nutzpflanzen, die er hier eingeführt hatte, sowie die vielen Kirchen, Kapellen und

Missionsstationen, die er gegründet hat. Selbst für 24 Jahre war das ein Arbeitsaufwand, der eines Herkules würdig gewesen wäre. Da hatte einer seine Lebenserfüllung an einem Ort gefunden, der jenseits seiner Träume gelegen haben musste. Besonders auffallend war, dass er bereits über 40 war, als er seine Bestimmung erfuhr. *Na, dann hatte ich ja noch Zeit, mich zu entscheiden!*

Ich fühlte mich dem Pater in diesem Sinne ein wenig nah, hatte ich doch auch manchmal das unbestimmte Gefühl, dass ich mein altes Leben dort unten in Bahia Kino gelassen hatte und etwas Neues heraufdämmerte. Ich musste dieses neue Leben allerdings noch mit Inhalt versehen, einem Inhalt und Lebenssinn, der es irgendwie so erfüllen würde, wie die Mission dasjenige des Paters.

Es gab auch noch Gegenstände und Schriftstücke aus dem langen Leben von Pater Kino, womit ich mich nur noch oberflächlich befasste. *Ah, da gab es einen Ausgang in einen Nebenraum! Schon wieder eine jener Begegnungen, auf die ich in keiner Weise vorbereitet war!* Der niedrige Raum war spärlich beleuchtet und enthielt nur eine Art große Glasvitrine. Und da lag er! Man konnte dem Pater direkt in die Augen sehen. Er schien mich freundlich mit seinem nahezu zahnlosen Mund anzulächeln. Er war ziemlich abgemagert, verglichen mit den Bildern an der Kuppel, was ja auch kein Wunder war nach bald 300 Jahren.

Bleib nicht hier in Sonora! Oben in Chihuahua wirst Du finden, was Du suchst! Dieser Gedanke formte sich wie von selbst in meinem Kopfe, als ich da so ganz allein vor Pater Kinos vollständig erhaltenem Skelett stand. *Ja, ich würde nach Chihuahua gehen! Da musste ich ja sowieso hin!* Aber der Gedanke daran machte mich erwartungsfroh. Ich würde dort bestimmt auch eine Freundin finden können. Noch eine, eigentlich. Ich hatte ja bereits eine, die dort oben an der Grenze auf meine Nachricht wartete. Ich hatte wieder das runde Gesicht von Flor im Geiste, wie sie mich aus ihren großen Augen ansah und mich bat, sie nicht zu vergessen, und ihr einen Brief zu schicken. Das war genau 2 Wochen her, als wir vier so glücklich zusammen gefrühstückt hatten! Ich bekam mit einem Mal Lust auf ein üppiges mexikanisches Frühstück, sonst würde ich bald so aussehen wie der Pater hier. Ich schaute noch einmal zu ihm hinüber und machte, dass ich aus der Grabstätte zurück ins strahlend weiße Licht Sonoras kam.

Tags darauf befand ich mich zu gleicher Stunde bereits in der Nähe der Grenze. Ich hatte in Nacozari de Garcia die Nacht verbracht und trieb den VW entschlossen und immer schneller die einsame Straße hoch. Ich fuhr ein weites, von Mezquitegestrüpp bedecktes Tal entlang, das beidseitig von hohen Bergzügen eingefasst war. Es hatte ein paar Abschnitte ohne Belag gegeben, die mich im Zeitplan zurückgeworfen hatten. Ich hielt auf das wenig anziehende Agua Prieta, direkt an der Grenze gelegen, zu, von wo die MEX 2 dann genau nach Osten auf den San-Luis-Pass abbiegen würde.

Es gab ein paar weitgeschwungene Kurven, wo ich einen der großen, überaus lauten und schwarzen Qualm ausstoßenden, mexikanischen Lastwagen erblickte. *Auch das noch!* Ich mochte nicht hinter einer solchen Stinkmorchel den ganzen San-Luis-Pass hinaufschleichen und seine Abgase einatmen müssen. Verwegen observierte ich den Verlauf der Straße zwischen dem Laster und dem Anstieg, ob da irgendein Fahrzeug sichtbar würde. Man konnte die Strecke über weite Bereiche gut überblicken, es gab keinerlei hohe Vegetation. Die paar Kurven beunruhigten mich keineswegs. Ich war ja den Espinazo runtergefahren – und mit beiden Händen entlang den gefährlichen Kurven von Claudias Körper! Der Verkehr war extrem dünn gewesen, es gab keinen Grund, dass sich das ändern sollte. Als ich einigermaßen sicher sein konnte, dass die vor mir liegende Straße leer war, drückte ich lebenslustig das Pedal bis ganz hinunter und holte Anlauf, um den qualmenden Laster in einer recht engen Kurve flott zu überholen. Ich flitzte an dem sogenannten Thorton vorbei, wie man in Nordmexiko die normalen Pritschenlastwagen damals nannte. Die Sattelschlepper heißen dort auch heute noch „Trailer".

Ein schwerer Dreiachser, natürlich Marke DINA. Das Fahrzeug gab ein giftiges Röhren von sich, und jede Menge schwarzen Qualm. Ich bog schwungvoll kurz vor dem Fahrzeug wieder ein, falls doch einer um die Ecke kommen sollte. Der Fahrer mochte jedoch mein Manöver auf den Tod nicht vertragen. Er ging voll aufs Horn, das klang wie eine Schiffssirene. Ich machte besser, dass ich von hier wegkam. Die Straße wurde wieder ein wenig gerader und verlief nach dem ersten Anstieg wieder eben. Ich dachte gar nicht mehr an den Thorton, und schaute vielmehr in die felsige Landschaft vor mir hinaus. Der aber hatte die geringere Steigung ausgenutzt und kam mit einem atemberaubenden Tempo wieder näher! Auf einmal hörte ich sein rhythmisches Hupen. Der Fahrer musste eine Mordswut im Bauch haben!

Also Vollgas. Der VW erreichte hier in der geringen Steigung knapp 110 km/h, aber der Laster, rauchend wie eine Diesellok, kam immer näher. Zum Glück kamen jetzt ein paar Kurven. Im vollen Lauf schnitt ich sie ab, es durfte einfach keiner drin sein! War auch keiner, und ich hatte wieder einen Vorsprung. In den Kurven war ich dem langen, schweren Fahrzeug hinter mir überlegen, auf den Geraden war der Laster aber schneller, er musste mindestens 140 km/h laufen, so schnell wie der nähergekommen war. Keine Frage, der wollte mich abservieren. Von der Straße abdrängen oder zum Anhalten zwingen. Ich machte mir keine Illusionen, dass ich dem wütenden Trucker irgendwie gewachsen sein würde. Ich musste einfach schneller sein als er. Jetzt ging es sogar ein wenig bergab! Ein weites, flaches Tal lag vor mir, bereits mit der typischen Chihuahua-Wüstenvegetation bedeckt. 110, 120 km/h, jetzt gar 130, es ging mit Vollgas das leichte Gefälle hinunter, eine einzige lange Gerade. Hinter mir hörte ich das siegesgewisse Röhren der Hupe meines Gegners. Ich hatte vielleicht 2 km Vorsprung. Weiter vorne, bereits jenseits des Talbodens am Gegenhang ging es wieder hoch und dann in einer scharfen Kurve nach links. Der Vorsprung mochte gerade ausreichen, als ich jetzt mit 130 km/h den Talgrund durchquerte und der VW am Gegenhang langsam Tempo einbüßte. 125, dann 120, schließlich 110 km/h. Vor mir erkannte ich zu allem Übel noch einen cremeweißen, uralten Chevrolet Pick-up, der gemächlich gegen die Kurve zuckelte, etwa ein halbes Dutzend Leute auf der Pritsche mitführend, wie ich es so oft auf Mexikos Landstraßen gesehen hatte. Der Laster war immer noch ein paar hundert Meter hinter mir. Bremsen war keine Option. Angst haben auch keine. Ich hatte schließlich Claudia geküsst! Ich hatte alle meine mir zur Verfügung stehende Angst an jenem 5. Mai in Bahia Kino verausgabt. Ich würde den Pick-up überholen, egal ob ich den Gegenverkehr beobachten konnte oder nicht. Wie im Rausch scherte ich aus, bremste vor der Kurve kurz an, und nahm sie mit der höchsten gerade noch möglichen Geschwindigkeit, ohne den VW schleudern zu lassen. Ich raste an dem sehr langsamen Pick-up vorbei, während hinter mir der Trucker außer sich vor Zorn und hilfloser Wut den Pick-up mit seiner überdimensionierten Hupe traktierte. Aber mit den Sechsen vom Pick-up würde er sich nicht anlegen können! Die Straße begann sich in Schleifen zu legen und ich holte weiterhin das Äußerste aus dem kleinen Vierzylinder heraus. Die Kurven weiterhin schneidend ging es im Höllentempo einen Hang hoch, bis die Steigung so stark wurde, dass der dritte Gang fällig wurde. Aber auch der Laster, wenn er denn am Pick-up vorbei war, würde hier langsamer fahren müssen. Der würde mich nicht mehr erwischen! Der VW hatte Luftkühlung und es gab keine Kühlkreislaufschläuche, welche undicht werden mochten! Warm war es dem Motor schon geworden, aber das spielte keine Rolle. Je höher ich kam, umso frischer würde die Luft sein. Jetzt kam die Abzweigung nach Osten ins Blickfeld. Mit etwas Glück würde der Trucker hier eine Ladung in Agua Prieta abgeben müssen. Aber jetzt nicht nachlassen! Er konnte genauso gut eine Lieferung für Chihuahua dabeihaben. Schon grüßten die ersten Kiefern und Eichen am Straßenrand, aber die Landschaft blieb felsig. In ein paar finalen Kurven war der Pass erreicht, die Straße verlief dort auf fast 2'000 m ü M in einem ausgebrochenen tiefen Graben. Ich hätte gerne das Schild, das auf die Ankunft in Chihuahua verwies, fotografiert und die weite Rundsicht am Pass genossen, aber ich musste an den wütenden Trucker denken.

Deshalb besser rasch den Pass hinunter. Jetzt stand die abrupte Sierra Madre Occidental Ostflanke an, welche die Straße in mehreren offenen Haarnadelkurven überwand. Innert kurzer Zeit verlor die Straße etwa 300 Höhenmeter, die zuletzt recht dicht stehenden

Kiefern und Eichen blieben zurück. Eine braungebrannte mit lockerem etwa 50 cm hohem Grasbewuchs bedeckte Wüstensteppe breitete sich vor mir aus. Wieder Vollgas! 120, 130, gar 140 km/h! Es ging in Windeseile die schnurgerade Straße in die weitgespannte, bräunliche Ebene hinunter. Am Horizont standen inselartige Bergzüge. Ich schaute in den Rückspiegel. Kein Dieselqualm sichtbar. Den war ich los!

Das war ja jedenfalls die Strecke, welche Flor mit dem Bus genommen haben musste. Ob ihr dieses Wettrennen gefallen hätte? Besonders ängstlich war sie ja nicht, soviel stand schon mal fest! Ich stellte mir vor, wie sie ihre geschmeidige Gestalt an mich drückte … Aber es war schon besser, dass ich sie nicht dabeihatte! Aber als ich jetzt auf die Temperaturanzeige guckte, welche längst in den normalen Bereich zurückgegangen war, sah ich, dass langsam das Benzin knapp wurde. Schon das letzte Viertel, eher etwas weniger. Die Raserei hatte Kraftstoff gekostet, und die Strecke war nicht gerade kurz. Es war längst Mittag vorbei, auch ich konnte ein wenig Essen vertragen. Weit vorne in der endlos weiten, immer steiniger werdenden Ebene waren ein paar quietschgrüne Bäume zu erkennen. Das musste der Ort Janos sein. Ich erreichte ihn in weiteren 20 Minuten und stellte den roten VW hinter einem kleinen heruntergekommenen Lokal ab, unsichtbar von der Straße. Hier ging die Straße nach Casas Grandes von der MEX 2 ab. Es würde nicht schlecht sein, hier ein wenig zu warten. Vom Thorton weiterhin keine Spur. Sollte er hier vorbeirauschen, hatte ich ihn im schlimmsten Fall vor mir.

Ich betrat das kleine Lokal. Die wilde Jagd hatte mir Hunger gemacht. Das Carne asada mochte nicht schaden, und war dann auch zu meiner Überraschung recht gut gewesen, wenn man das mehr als einfach wirkende, ganz in Himmelblau gehaltene Lokal in Betracht zog. Außer ein paar Pick-ups, welche von Casas Grandes auf die Zwei einbogen, gab es keinen Verkehr. Also weiter! Auch bei der Tankstelle lag kein DINA-Laster auf der Lauer, ich ließ volltanken und befand mich alsbald auf dem Weg nach Casas Grandes. Es waren nur noch etwa 60 km. Dort angekommen quartierte ich mich in einem der recht guten Hotels ein und verspürte Lust auf ein kulturelles Ausgleichsprogramm. Ich machte den alten Indianerruinen bei Casas Grandes meine Aufwartung; die Adobebauten stammten aus dem 13. bis 14. Jahrhundert und bildeten damals eine Kleinstadt mit einer Ringmauer, welche aus lauter aneinandergebauten Räumen bestand und leicht zu verteidigen war. Es war damals noch kaum bekannt und das winzige Museum bestand aus nur einem einzigen Raum. Heute ist hier ein großer Komplex aus mehreren Ausstellungssälen entstanden und gehört zum UNESCO-Weltkulturerbe.

Ich war etwas abrupt nach Chihuahua zurückgekommen. Mein Zug würde übermorgen früh, an einem Mittwoch, um 6:00 in Chihuahua Stadt abfahren. Es mochte also gerade noch reichen, morgen nach dem Ojo del Diablo Ausschau zu halten. Casas Grandes, genauer Nuevo Casas Grandes, war eine schmucke, saubere Landstadt, wo man überall mit Cowboyhüten ausgestattete Männer in blauen Latzhosen antreffen konnte, die Mennoniten. Ihre ehemals weißen Gesichter waren ob der ständigen Sonne oft rot verfärbt und wiesen viele Falten auf. Früher nur in Pferdefuhrwerken anzutreffen, hatten sie inzwischen zum Teil auch Pick-ups angeschafft, welche sie laut ihrem strengen Glauben für ihre landwirtschaftlichen Tätigkeiten einsetzen durften. Verboten waren lediglich Ausflüge. Gegen Abend traf ich wieder im Hotel ein und befand mich alsbald inmitten einer angeregten Unterhaltung mit der hübschen und freundlichen Kassiererin. Obschon ich ja bereits gegessen hatte, bekam ich Lust, hier zu Abend zu essen. Leider wurde jedoch die unbekannte Schöne schon bald durch einen jungen Typen ersetzt, der wohl die Abendschicht absolvierte. Das Essen hatte mir dann trotzdem geschmeckt!

Anderntags, nach einem kurzen Frühstück, hatte ich nach dem Pemex-Kartenstudium von voriger Nacht die Abzweigung auf die Piste nach Carrizal schnell gefunden. Etwa 150 km! Ich musste über Progreso und ein paar kleinere Ejido-Farmprojekte in die Gegend des gewaltigen Trockensees bei Villa Ahumada gelangen, diesen überqueren um an das sogenannte „Auge", laut Flor hier als

Quelle aufzufassen, zu kommen. Dem Teufel mochte der Ort wegen der lebensfeindlichen Landschaft zugeschrieben worden sein. Die Piste begann bald, in die im Osten von Casas Grandes lagernden, aus rötlichen Rhyolithgestein bestehenden Berge einzudringen. Es gab kaum Vegetation. Lediglich ein paar strohgelbe Halme standen auf den mit lockeren Steinen bedeckten Bergen. Die Piste wurde immer übler, kaum noch zu bewältigen. Ich quälte den armen VW über ein von den Sommergewittern zerfurchten und zernarbten Abschnitt der Piste, und stellte ihn an einer besonders spektakulären Stelle hin, um ein Erinnerungsfoto zu machen. Ich schaute mir den Verlauf vor mir zu Fuß an. Es wurde nicht besser. Wenn der ganze Weg so war, würde ich den ganzen Tag brauchen nur um nach Carrizal zu kommen. Das hatte keinen Sinn, und ich hatte auch einfach keine Lust, mich länger hier abzuplagen. Genauso gut konnte ich doch auf der Landstraße nach Carrizal kommen! Es war zwar ein Umweg über Flores Magón, aber die Landschaft mochte kaum anders sein als hier. Ohne länger hier Zeit zu verlieren, kehrte ich also um und erreichte Carrizal tatsächlich innert zweier Stunden, noch zu guter Zeit, so um 11.

Zurück auf die Piste! Hier machte sich die Umgebung des Trockensees bereits durch viel Sand bemerkbar. Die weitgespannte Wüstenlandschaft wirkte gräulich, die Kreosotbüsche waren mit grauem Alkali bestäubt. Vor mir stand weitab am Horizont ein dunkler, kegelförmiger Berg. Volcan Cerro El Chile, verriet die Pemex-Karte! Ein pultartig geneigtes, wildzerfurchtes Blockfaltengebirge erhob sich aus einer fast vegetationslosen Rhyolithsteinwüste. Es war Pflastersteinwüste, wie ich sie aus Arizona kannte, aber niemals hier erwartet hätte. Davor erstreckte sich eine kleine Playa, ein Trockensee. Sein Bett wurde von lauter gleich grossen, flachen Rhyolithsteinen gebildet der auf meiner Karte verzeichnete Name „Laguna Colorada", der Rote See wies darauf hin. Hier bog ich auf einen Nebenweg ab, um nach Norden in die Nähe des Teufelsauges zu kommen. Aber der Weg führte lediglich in eine kleine Siedlung, die ihren Namen „El Triste" zurecht hatte. Es gab nicht einen einzigen Baum. Eine Horde Kinder umringten den VW, und ich versuchte, den Weg zum Ojo zu erfragen. Man konnte oder wollte mir jedoch keine Auskunft geben. Vielleicht war mein Spanisch doch nicht so gut, oder funktionierte nur bei hübschen Frauen, oder man traute diesem so unverhofft hier aufgetauchten Gringo nicht über den Weg.

Egal. Es ging zurück auf die Hauptpiste. *Seltsame Gegend! Wie konnte man nur auf die Idee kommen, hier Landwirtschaft zu betreiben?* Bald kam ich an einem weiteren, ebenfalls ärmlichen Örtchen vorbei, das schon ein wenig länger zu bestehen schien, weil am Wegrand ein imposanter Steinbogen den Eingang zu einem größeren Betrieb, möglicherweise einer Hacienda, markierte. Das war alles interessant, aber ich hatte leider dafür keine Zeit mehr. Die Piste wand sich durch zahllose Viehgatter, welche man über einen mit Rohren eng bedeckten Graben umfuhr, welche die etwaig vorhandenen, aber nicht sichtbaren Rinder nicht überqueren würden. Weit vor mir befand sich ein markanter, aus lauter riesigen rundlichen Blöcken bestehender Bergkegel. Ich erfuhr später, dass er volle 50 km Luftlinie entfernt war. Dort musste der große Trockensee liegen, er verriet sich durch eine gleißende Reflexion gegen den tiefblauen, makellosen Himmel. Die Piste führte durch ein weiteres, diesmal ein wenig besser mit Vegetation versehenes Örtchen. Es gab einzelne wenige, eher kleine Bäume an den wenigen ebenfalls einfachen Häusern. Eine riesige Yucca fiel mir ins Auge, welche das dabeistehende Haus weit überragte, als ich an einer winzigen Kirche vorbeirumpelte. Am Ausgang des Ortes wurde der Sand immer tiefer. Bräunlich, in mehlfeiner Konsistenz, brachte er die Räder ins Mahlen. *Nicht schon wieder!* Wenigstens in bewohntem Gebiet diesmal. Ich blieb aber nicht stecken, sondern befand mich alsbald wieder auf dem Weg. Am letzten Haus nach links, wieder nach Norden! Das Gelände öffnete sich, vor mir lag ein recht grün aus der ansonsten grauen, ausgedörrten Wüste leuchtender Fleck. Das musste „Rancho Nuevo" sein! Dicht am Trockensee gelegen. Aber es gab auch wieder Sand, und tief ausgefahrene Karrengleise, der VW begann wieder zu schlingern.

Früher, also vor dem 5. Mai, hätte ich mich hier durchgebissen, aber jetzt fühlte ich, dass die Sache doch sinnlos wäre. *Es gab in Chihuahua bestimmt Besseres zu tun, als hier diese Leute mit aufgewirbeltem Sand und Staub zu traktieren und das Auto danach stundenlang aus dem Sand zu wühlen! Mochte der Teufel sein Auge behalten!*

Das wurde mir alles zu viel. Ich hatte noch genug vom Pinacate und würde lieber eine weitere nette Bekanntschaft wie Norma machen. Ich drehte kurzentschlossen um, und wollte sofort nach Chihuahua fahren. Alsbald befand ich mich wirklich auf der MEX 45 zwischen Villa Ahumada und Ciudad Juarez, der sogenannten Panamericana. Ich wollte nur ein paar Dutzend Kilometer nach Norden fahren, an eine Stelle, von wo ich die auf der Karte eingezeichneten Sanddünen ansehen konnte, wenn auch nur von Weitem. Die Szenerie war nämlich mehr als eindrucksvoll, und auf dem Belag konnte ich sie auch in Ruhe genießen, statt immer nur auf Schlaglöcher zu starren.

Cd Juarez 100 km, stand auf dem Schild über der Straße, als diese einen Hügel erklomm und die Sicht auf einen winzigen Ausläufer des gewaltigen Trockensees im Nordwesten frei wurde. Die Laguna de Patos, also Entensee! Ein weiteres Zeichen auf eine feuchtere, kühlere und wasserreichere Vergangenheit, die noch gar nicht so lange vorbei sein konnte. Auch auf diesem kleinen Trockensee könnte man ohne Weiteres eine mittlere europäische Stadt aufbauen. Noch 100 km also bis zu Flors Heimatstadt! *Was würde sie wohl sagen, wenn ich bei ihr heute Abend einfach so hereinschneien würde?* Aber vielleicht war sie ja gar nicht da, sie ging ja abends an die Uni. Und ich hatte den VW abzugeben, morgen den Zug zu erwischen und am Samstag musste ich den Atlantik überqueren. Das Benzin würde sowieso nicht reichen. Ich ließ den VW so lange nach Norden laufen, bis ich es gerade noch nach Villa Ahumada zurückschaffte. Es ging ständig bergauf. Eine gewaltige, mit kleinen rötlichen Steinen bedeckte Ebene kam in Sicht, woraus sich inselartig schroffe, bisweilen geradezu bizarre Bergkegel erhoben. Eine Landschaft wie von einem fremden Planeten! Da vorne kamen endlich die Sanddünen in Sicht, aus dieser Distanz eine

dünne zackige Kette aus vielen einzelnen, vom Wind aufgereihten Dünen aus goldenem Sand.

Es galt, eine Kehrtwende zu machen und ich fuhr die gut 30 Minuten zurück nach Villa Ahumada, tankte ein letztes Mal auf und machte mich auf den Weg nach Chihuahua. Das waren nochmal knapp 3 Stunden Weg! Es würde also gegen den Abend zu gehen, wenn ich dort eintreffen würde. Die Zeit begann angesichts der endlosen trockenen Ebenen ein letztes Mal auseinanderzulaufen, die langen Geraden hielten direkt auf die imposante Mauer aus Fels der Sierra El Nido zu, das mit knapp 2'900 m mit Abstand höchste Gebirge im weiten Umkreis. Noch ein paar letzte Fotos aus der Wüste, auch einen der beeindruckenden 80 Tonnen Gastransporter wollte ich ablichten, Sattelzug plus Anhänger! *Mit so einem Ungetüm würde ich mich besser nicht anlegen!* Als ich noch eine halbe Stunde zu fahren hatte, wurde das Land etwas fruchtbarer, die Sierra El Nido erzeugt in ihrem Lee im Sommer etwas häufigere Gewitterstürme. Jetzt war davon nichts zu sehen, lediglich dünne, ausgezogene Schleierwolken standen im Westen am sonst makellos dunkelblauen Himmel. Zuerst ein Hotel in Bahnhofnähe bezogen, egal, welche Kategorie, um am Morgen nicht lange auf ein Taxi warten zu müssen. Das Gewünschte war in der Nähe der Kathedrale und dem Gouverneurspalast schnell gefunden. Ich musste meine angesammelten Habseligkeiten ausräumen, darunter der hoffentlich immer noch Leben in sich tragende kleine Cardon-Kaktus aus Bahia Kino.

Jetzt begann also das Abschiednehmen! Das treue, kleine rote Wunder durfte sich nun hoffentlich am Flugplatz eine Weile ausruhen. Glücklicherweise hatte es keinen einzigen Kratzer davongetragen! Der VW wurde anstandslos entgegengenommen, ich konnte mich nun in recht geläufigem Spanisch durch die Formalitäten bewegen, was für ein Unterschied zu vor fünfeinhalb Wochen! Aber das waren nicht die einzigen Veränderungen, wie mir wohl immer wieder bewusst wurde, sobald die Erinnerungen an die letzten Ereignisse ins Bewusstsein drangen. Jetzt war ich wieder Fußgänger und musste wohl oder übel ein Taxi rufen, das mich zum Hotel zurückfahren würde. Viel würde hier wohl nicht mehr laufen, entgegen meinem ursprünglichen kleinen Plan. Am besten umziehen, duschen und Abendessen. Eines der letzten mexikanischen Abendessen für eine ganze Weile, wer weiß, was es oben an den Barrancas geben mochte. Es war dann aber noch ein wenig früh dazu, für hiesige Verhältnisse, wo man für die „Cena" gerne bis nach Sonnenuntergang wartet. Hier war es aber erst so um halb sechs. Es mochte also danach noch für ein paar Fotos der kolonialen Kathedrale und einen Besuch des angegliederten Souvenirshops reichen. Das Abendlicht um 19:00 war dann sehr stimmungsvoll für die Fotos.

Jetzt noch ein paar Andenken. Der Laden hatte noch geöffnet, er mochte erst so um 21:00 schließen, wie üblich in Mexiko. Ziemlich groß. Es gab einfach alles Erdenkliche hier, auch Sachen, die gar nichts mit Chihuahua zu tun hatten. Es war außer mir niemand da, kaum verwunderlich an einem Dienstagabend außerhalb jeglicher Saison. Zwei junge Frauen standen an der Kasse und schauten neugierig zu ihrem neuen Kunden hinüber. Sie waren in einen ausgedehnten Schwatz vertieft, aus welchem ich die beiden nicht herausholen mochte. Eine Brünette mit langem glattem Haar, schlanker Statur und feingeschnittenem Gesicht, welche mir nicht besonders im Gedächtnis geblieben ist. Aber die Zweite dafür umso mehr! Auf den ersten Blick erkannte ich, dass sie schön war. Sogar sehr schön! Dunkles, fast schwarzes dauergewelltes Haar, volles Gesicht, große dunkle Augen, mit Wimpern, welche ich für Falsche hielt, ein zweiter Blick verriet jedoch, dass sie sie mit Wimperntusche betont hatte. Beide trugen eine Art Uniform, schwarze um die Hüftpartie enganliegende Hose und eine relativ knapp sitzende gelbe Bluse. Die Schöne sprach mich unverwandt an:

„Hola, te podemos ayudar?" Ein leises Kichern als Zugabe!

Sie hatte eine volle, eher dunkle Stimme, die zu ihrer ausgezeichneten Figur passte. Schmale Taille, volle Hüften, gut ausgeformte Beine. Hier stand sie sogar Claudia nicht viel nach! Sie war aber eher jünger, vielleicht gerade 20. Ihr Busen war weniger auffällig als derjenige von Claudia, was kaum verwunderlich war. Aber durchaus süß anzusehen. Ich ging zu den beiden hinüber. Meine

neuentdeckte Nymphe beschloss, dass sie das gesamte Verkaufs-
gespräch führen würde.

„Hallo. Ich suche ein paar Andenken von Chihuahua!"

„Soso, Chihuahua! Was sucht denn ein Americano ausgerechnet hier? Etwa die Bahnfahrt in die Berge? Oder vielleicht doch
lieber ein Mädchen. Bist Du etwa allein hier?"

„Erraten. Auch die Sache mit dem Zug. Morgen geht's los, und
am Samstag muss ich zurück. Aber in die Schweiz, nicht die USA."

„Ist das wahr? Schweiz! Von dort hatten wir noch nie jemanden hier, nicht wahr, Cristina?" Verlegenes Kopfschütteln der Kollegin. „Warst Du lange hier in Mexiko?"

„6 Wochen, fast den ganzen Norden."

„Nur der Norden! Da hast Du das Beste verpasst. Im Süden ist
es viel grüner, und der Strand ist besser in Acapulco."

„Ich mag aber den Norden viel lieber. Und am Meer war ich
auch. In Sinaloa und Sonora!"

„Aha! Und wo hat es die hübschesten Mädchen?"

„In Chihuahua."

„Sagst Du das wegen mir? Oder hast Du eine andere gesehen?"

„Du bist eine der hübschesten, die ich gesehen habe."

„Wie heißt Du denn? Ich bin Rosy!"

„Dieter."

„Schreib das bitte auf! Was bedeutet der Name?"

„Ich habe keine Ahnung, ist ein alter deutscher Name. Was Deiner bedeutet ist offensichtlich."

„Findest Du mich wirklich hübsch? Du lügst doch! Du hast bestimmt eine Freundin in der Schweiz."

„Keine Freundin, sonst hätte ich sie doch dabei, Rosy!"

„Stimmt auch wieder. Sieh mal, da habe ich was für Dich. Einen Aufkleber. Für einen wie Dich, dem die Frauen aus Chihuahua gefallen. Und wie hat es Dir sonst hier gefallen?"

„So gut, dass ich am liebsten gar nicht wegfahren würde. Ich
werde bestimmt wiederkommen. Ich mag die Leute, die Musik und
das Essen, einfach alles!"

„Welche Musik magst Du denn?"

„Na die von Vicente Fernandez!“

„Ach wirklich? Ein Ausländer der Don Chente kennt! Wo hast Du ihn denn gehört?“

„Im Autoradio. ‚La Hora de don Vicente Fernandez, el Charro de Huentitán. “

„Du kennst ihn wirklich! Hör mal, den kannst Du heute Abend im Palenque an der Feria sehen. Um neun!“

„Ich fahr doch nicht extra bis nach Palenque. Das ist in Chiapas!“

„Neeiiin. Palenque ist der Ort, wo sie die Hahnenkämpfe austragen. Danach gibt Don Chente dort ein Konzert!“

„Möchtest Du denn gerne mitkommen?“ *War ich des Wahnsinns fette Beute?* „Das würde ein netter Abend werden!“

„Ja! Aber leider geht es nicht. Ich muss den Laden zu machen und dann warten sie daheim auf mich. Hör zu: Kannst Du mir schreiben? Ich geb’ Dir meine Adresse!“

„Natürlich, Rosy. Du kannst auch Schokolade bekommen, wenn Du magst!“

„Jaaa, gerne! Schweizer Schokolade! Wenn das meine Freundinnen erfahren! Würdest Du denn eine Mexikanerin ausführen wie Deine Freundin?“

„Was glaubst Du denn? Natürlich würde ich das. Das wäre nicht nur eine große Ehre, sondern ein riesiges Vergnügen.“

„Ich würde mich auch freuen. Ich hatte noch nie einen Freund. Und dann würdest Du mich mitnehmen, dahin, wo Du herkommst?“

„Ja, warum nicht? Wenn Du das auch willst? Aber ich gehe ja am Samstag schon zurück.“

„Ja schade. Aber Du wirst mir schreiben, nicht wahr? Was hast Du denn in dieser Tasche?“

„Eine Kameraausrüstung, wie ein Tourist halt.“

„Lass sehen. Ui, sieht teuer aus! Kannst Du damit ein Foto von mir machen und es mir dann schicken?“

„Das Licht hier drin ist ein bisschen spärlich aber lass mal sehen. Stell Dich dort vor die helle Wand, bitte!“

Sie ging hinüber und stellte sich in Positur. Die kleine Rosy machte keine Umstände! Trotz ihres jungen Alters war sie mir im

Flirten haushoch überlegen und spielte nach Belieben auf meiner Gefühlsklaviatur herum. Wäre ich noch einen Tag länger hier, würde ich sie zum Abendessen ausführen und dann … Aber jetzt hatte sie den Charro Sombrero im gegenüberliegenden Gestell gesehen, holte ihn rasch herunter und setzte ihn sich keck auf den Kopf.

„So wird das Bild richtig gut. Du gehst nachher zum Konzert mit Vicente Fernandez, und ich bin Deine Ranchera! Mach ein Foto von mir mit dem Sombrero!"

Sie schaute mich aus ihren großen Augen verlangend an. Das wurde langsam gefährlich. Bereits schlug mir wieder das Herz, wie ich es schon seit Bahia Kino nicht mehr verspürt hatte. *Was hatte dieses Mädchen bloß an sich, dass sie mich derart leicht in Flammen zu versetzen vermochte?* Ich schien ihr irgendwie zu gefallen. Ich stellte Belichtung und Distanz ein und machte mein allererstes Porträt einer Frau meines ganzen Lebens. Sie warf mir einen weiteren ihrer Blicke zu, und da war es wieder, das Verhaken ineinander, das gegenseitige Ansehen, das winzige Stolpern der Zeit, während die Umgebung immer mehr ausgeblendet wurde!

„Noch eines!"

„Gerne, das werden bestimmt schöne Bilder, weil Du drauf bist. Schön stillhalten, weil es hier nicht genug Licht gibt!"

„Jetzt hast Du gar nichts zum Mitbringen und wenn Du Dein Konzert nicht verpassen willst, musst Du bald gehen."

„Ich habe doch Deine Bilder hier drin. Das sind Andenken genug! Den Aufkleber und die T-Shirts nehme ich auf jeden Fall mit."

„Schade, dass wir nicht mehr Zeit haben. Aber schick mir das Bild, gell!"

„Kriegst Du. In einer Woche von heute habe ich die Filme abgeschickt und innert ein paar Tagen kommen sie zurück."

„Aber jetzt musst Du wohl gehen. Gibst Du mir einen Abschiedskuss? Wenn ein Ranchero seine Liebste verlässt, um auf Reisen zu gehen, küsst er seine Ranchera zum Abschied!"

Ein zweiter Kuss! Ein regelrechter Abschiedskuss von Mexiko mit meiner glutäugigen Rosy! Sie hielt sich wohl für Claudias kleine Schwester! Aber während Claudia alle ihre Reize in Stel-

lung bringen musste, um mich meine Angst vergessen zu lassen, ging es jetzt wie von selbst. Es gab halt nur einen ersten Kuss! Aber was für ein Mädchen!

„Einen Abschiedskuss? Willst Du mich denn nicht wiedersehen?"

„Doch natürlich. Aber jetzt gehst Du. Küss mich!"

„Wohin möchtest Du denn Deinen Kuss?"

„Suchs Dir doch aus …!"

Ich trat zu ihr hinüber und beugte mich zu ihr hin. Sie schaute mich derweil voll an und schloss ihre Augen. Ich hielt sie sachte am Rücken und atmete ihr feines leichtes Parfum ein. Ein Kuss auf beide Wangen, mit etwas Nachdruck mit der Zunge meinerseits, um sie meine wahren Absichten wissen zu lassen … Aber ich mochte sie nicht auf den Mund küssen, es konnte uns jederzeit jemand erwischen. Und wenn sie mich auch derart die Selbstkontrolle verlieren lassen würde wie Claudia, konnte alles Mögliche passieren. *So ein junges Mädchen und so mutig! Wenn das ihr erster Kuss wäre! Nicht auszudenken.* Wir sahen uns an. Sie war nicht enttäuscht. Und ich erleichtert, dass ich das richtige Maß getroffen zu haben schien. Wir schieden unter gegenseitigen Versprechen, den Kontakt über Briefe aufrecht zu erhalten.

Ein wenig vertaumelt trat ich ins Freie. Meine Güte, was für ein freches liebenswertes kleines Ding! Sie hatte mir ganz schön eingeheizt. So ein schönes Mädchen hatte Gefallen an mir gefunden. Jung oder nicht, sie war eine verführerisch-schöne Frau, welche jedem den Kopf verdrehen mochte, den sie sich dazu aussuchte. Aber ausgesucht wurde ich! Jetzt hatte ich also innert dreier Wochen 4 schöne Frauen kennengelernt. Jede einzelne hatte mich irgendwie attraktiv gefunden! Ein kaum gekanntes Glücksgefühl der Zugehörigkeit und Akzeptiertheit bemächtigte sich meiner und ein warmes Glühen stieg aus der Magengrube hoch. Ich konnte jede kriegen, welche mir gefällt. Aber wen ich ranlasse, bestimme ich!

Das gute Gefühl hielt auch noch anderntags an, als ich noch vor Tagesanbruch vom per Taxi an die Bahnstation chauffiert wurde. Ob dieser gänzlich unerwarteten Erfolge mit den hiesigen Mädchen fühlte ich mich schon als Frauenheld und fühlte mich großartig dabei. Obwohl bei Licht betrachtet meine „Erfolge" doch arg klein ausgefallen sind. Bei Norma war ich scheinbar über eine hübsche Freundschaft nicht hinausgekommen, weil ich irgendwie nicht den Weg in ihr Herz gefunden habe. Rosy gestern wollte vielleicht doch einen richtigen Kuss, ich hab' mich aber wieder einmal nicht getraut! Flor hätte ich mich schon getraut zu küssen, aber sie wollte nicht. Statt es am Sonntag vor dem Bus nochmal zu versuchen, hab' ich sie ungeküsst ziehen lassen! Nur der Kuss mit Claudia, der muss wirklich etwas Besonderes gewesen sein! Drei mit der Materie vertraute Sachverständige waren tief beeindruckt, der erfahrene Seemann Gary kriegte den Mund kaum zu, der Dorfcasanova Luis war zutiefst beeindruckt, und die diesbezüglich bestimmt mit allen Wassern gewaschene Claudia hatte mich auf eine Weise angestrahlt hinterher, dass ich es noch nicht vergessen konnte. Schade, dass Rosy jetzt nicht dabei war. Wäre sie doch mitgekommen, am nächsten Samstag! Aber nein, so ging es ja auch nicht. Absurd, diese Idee, einfach ein Mädchen von hier mitzubringen!

Verrückt, ein junges Mädchen die ich kaum kannte zum Hahnenkampf einzuladen! Ich erinnerte mich an den vergangenen Abend, auf dem Weg zum Palenque, den mir Rosy verraten hatte. Ich stand in einer Warteschlange auf einem Feldweg, vor mir ein recht großer bunt beleuchteter Jahrmarkt, die „Feria de Santa Rita". Der Himmel stand in heißen, züngelnden Flammen, wie er nur in Chihuahua brennen kann. Die Jahrmarktbahn bildete einen zu der ganzen Geschichte passenden surreal eisblau beleuchteten Vordergrund dazu.

Fahrt hinein in einen verregneten Sommer

Gespannt wartete ich auf das Eintreffen des ChePe, wie Norma den Zug von Chihuahua nach Los Mochis genannt hatte. *Norma! Worin lag nur der Grund, dass ich sie nach 4 Tagen nicht einmal ausgeführt hatte, geschweige denn geküsst, und Rosy mich innert wenig mehr als einer Stunde komplett um ihren Finger wickeln konnte. War es Liebe? Wie wusste man, dass man verliebt war?*

Das war schon seit einigen Tagen mein Lieblingsdenksport, seit das Pemex-Kartenstudium seinen Reiz eingebüßt hatte. *Hatte ich mich etwa gar auf einen Schlag in Claudia verliebt? Aber eine Frau mit Kind konnte ich doch nicht lieben! Oder etwa doch? Die Tränen beim Wegfahren waren zweifellos echt gewesen, das himmeltraurige Gefühl ebenfalls.*

Aber ich bin nicht zu ihr zurückgekehrt, nicht an jenem Dienstagmorgen und auch nicht, als es in Hermosillo nur wenig mehr als eine Stunde zu ihr gewesen wäre. Aber um sie geweint, das habe ich. Es wäre mir beinahe egal gewesen, nicht aus dem Pinacate zurückzukehren. Aber der Gedanken an die ruhige, stille Flor hatte mich getröstet. *Oder liebte ich vielmehr sie? Die geheimnisvolle Schöne mit der samtigen Stimme die sich nicht küssen lassen wollte, aber eigentlich doch ganz gerne … Für einen Moment hatte ich geglaubt – nein gewusst – dass sie mich liebte. Mit der ich mich so wohlgefühlt hatte, als ob ich sie schon immer gekannt hätte. Mit der ich stundenlang reden konnte in einer Sprache, die ich nie lernen würde, wie es hieß! Aber nein, die hatte doch einen Freund. Ich konnte mir nicht vorstellen, dass sie ihn wegen mir aufgeben würde, wollte das auch gar nicht.*

Würde ich also doch Norma lieben, eines Tages, vielleicht? Bei ihr fühlte ich mich auch wohl, ihre Fröhlichkeit, ihr sonniges Wesen und ihre Geschichten! Wir waren uns sehr ähnlich in vielen Dingen. Aber küssen wollte ich sie nicht, und sie hatte mir nicht zu erkennen gegeben, dass sie es wollte. Und jetzt Rosy! Sie wollte geküsst werden, und ich hatte sie nicht enttäuscht. Aber ob all dem Geplänkel hatten wir uns eigentlich gar nichts über uns gesagt. Aber das ließ' sich ja nachholen! Und bei einem zweiten Besuch würden wir uns richtig küssen und dann … Aber nein, das ging doch zu weit! Oder etwa doch nicht? Ich malte mir aus, wie sie sich anfühlen mochte, wie wir uns aneinanderschmiegten und nicht mehr loslassen wollten, während ein gleißendes, goldenes Licht unsere Seelen überstrahlte …

Ein kehliges langgezogenes „BRRRRAAAAAAÄÄÄÄÄÄ-AAAHHH" riss mich schlagartig aus meinen „rosigen" Träumen!

Der ChePe rollte auf den Bahnsteig ein, mächtige pechschwarze Dieselqualmwolken ausstoßend. Langsam und quietschend rumpelten die himmelblau angestrichenen Waggons vorbei. Die beiden Dieselloks waren vorne, und stießen den Zug rückwärts auf den Bahnsteig des Sackbahnhofs. Es hatte unvermittelt richtig viel Volk gegeben. Die Sonne vergoldete die umliegenden Dächer der Stadt, es war überraschend frisch. Ich bezog meinen Platz in der ersten Klasse, und hatte das Ticket griffbereit in der Kameratasche. Der Zug fuhr dann einigermaßen pünktlich ab und wir befanden uns nach ein paar Stunden mitten in der Sierra Madre Occidental. Die folgenden zwei Tage verbrachte ich in der erhabenen Stille des Sierra Tarahumara genannten Abschnittes der Occidental. Das Hotel „Las Barrancas" war ausgezeichnet, wenn auch ziemlich teuer. Vor dem Hotel führte das Bahngleis vorbei und man konnte das dröhnende Heulen der Zugsirene minutenlang hören, wie es durch die Wälder dort oben auf 2'200 Meter schallte.

Ich machte eine allerletzte Expedition hinunter in die Barranca de Cobre – wobei es sich dabei allerdings um die „Barranca Septentrional" handelte, bis ich an einem schwindelerregenden, dreieckigen Abgrund Hunderte von Metern über dem Schluchtboden wiederfand. Hier war definitiv nicht der Grand Canyon mit seinen ordentlichen Wanderwegen! Im Gegensatz zu früher, als ich nicht viel an meinem Leben zu verlieren hatte, hatte ich keine Lust, hier in der trockenen Hitze etwas zu riskieren und kletterte den Steilhang hoch, zurück, wo ich abgestiegen war. Die letzte Nacht. Noch eine Abendstimmung hier an der „Nördlichen Barranca"! Ich hatte mich mit dem Gedanken meiner Abreise wieder versöhnt. Ich war allein geblieben hier oben und hatte diese Ruhe auch genießen können. Alleine-Zeit! Zum Nachdenken. Was da alles verarbeitet werden musste! Claudia, Flor, Norma und Rosy! Mein Glücks-Kleeblatt aus Mexiko. Morgen würde es dann so weit sein. Riskantes Unterfangen, eigentlich! Ich befand mich an einem der unzugänglichsten Orte Nordamerikas und musste innert 24 Stunden am Flugsteig in El Paso sein. Wenn der Zug ausfiel, würde das nicht klappen. Dann konnte ich hierbleiben und …

Unsinn! Der Zug mochte spät ankommen, aber er würde kommen. Ich mochte keine Stunde schlafen und direkt an den Flughafen von Los Mochis jagen, aber ich würde den kurzen Hupfer nach Chihuahua nicht verpassen. Und den Anschlussflug nach Ciudad Juarez ebenso wenig. Norma hatte alles organisiert, und dann würde es auch klappen. Auf sie war Verlass. Ein dankbares Gefühl hatte sich meiner bemächtigt. Ich musste unbedingt wieder herkommen und meine Freundinnen, Amiga-Freundinnen, besuchen, wenigstens so viel durfte ich schon erwarten!

Der letzte volle Tag in Mexiko! Längst war der Zug gekommen und hatte mich aus der wilden Stille der Felsenwelt der Sierra Madre herausgenommen und durch ihre steinernen Eingeweide hinunter in die Küstenebene von Sinaloa geführt. Ich hatte fast die ganze stundenlange Fahrt stehend auf der Plattform draußen verbracht, um an meinem Videofilm zu drehen. Nach der langen Fahrt in kaum mehr als Schritttempo, vorbei an einem abgestürzten Zug, der unten wie zerbrochenes Spielzeug wirkend im Felsenbett des Rio Fuerte lag, nahm der ChePe nun Fahrt auf. Wir hatten gut eine Stunde Verspätung. Tief hing die rote Sonne im Nordwesten am Horizont über der schwülwarmen Küstenebene Sinaloas. Keine Frage, die Regenzeit war nicht mehr fern. Cadangcadang, machte der Zug, es war, als ob das Geräusch sein Herzschlag war.

Ich hatte Gesellschaft bekommen auf meiner Plattform. Ein junges Mädchen, schlank, groß, fast von meiner Länge aber wohl geformt, mit ganz langen, dunkelbraunen seidig-glatten Haaren und einem stolzen Gesicht, das mit großen Augen verträumt in die Sonnenkugel blickte. Sie war von demselben samtigen Zimtbraun wie Claudia! Sie stand schon eine ganze Weile hier.

Cadangcadang, machte der Zug, sein Herz schlug immer schneller, und der warme Fahrtwind spielte mit den langen dunkelbraunen Seidenfäden des Mädchens und ließ sie immer wieder spielerisch in mein Sichtfeld der Videokamera flattern. Die lange Waggonschlange schien sich zu einer sanften Melodie zu wiegen, hin und her und auch ein bisschen auf und ab, wie zum bezaubernden 3/8-Takt eines Banda Sinaloense-Stückes. Dazwischen ließ er sein heiseres „Braaaa-

aaäääääääääääh" hören, jedes Mal, wenn ein unbewachter Bahnüber-
gang zu queren war. Ein beiger VW witschte verwegen kurz vor dem
herandonnernden Zug über den Übergang, einem kleinen, schrottig
wirkenden Laster hinterher. Der Zug wurde nicht eine Spur langsamer, ließ lediglich die Sirene ein wahrhaft ohrenbetäubendes Ge-
brüll ausstoßen. Die Sonne senkte sich langsam gegen den Horizont, als ich kurz einen Blick in das zimtbraune Gesicht des jungen
Mädchens warf. Sie sah mich auch an, wohl schon eine ganze Weile, aber nur so von der Seite, damit ich es nicht merken sollte, und
wandte sich wieder dem blutroten Sonnenball zu, als sie bemerkte,
dass ich doch zu ihr herübersah. Ich filmte weiter, wie der Fahrtwind
ihre Haare wie eine lange Fahne in meine Aufnahme flattern ließ.

Es gab nichts zu sagen. Den Moment genießen. Ein bezaubern-
der Moment, ein würdiger, stimmiger Abschluss. Ich musste ihr
nichts beweisen und sie mir auch nicht. Ein letzter, sonniger, ruhiger Tag. Noch nie hatte ich mich derart ruhig und glücklich gefühlt.
Aber mit dem Vergehen der letzten Sonne bekam ich ein unbe-
stimmtes Angstgefühl vor dem, was mir der Schweizer Sommer
bescheren würde.

Zurück im „Leftover Club"

Es musste so gegen 21:00 zugehen, der wie an jedem Donnerstag
stattfindende Abendverkauf würde gleich zu Ende gehen und das
Lokal bald bumsvoll sein. Unser sich an jedem Abend der Woche ohne Ausnahme treffender „Leftover-Club" hatte sich deshalb
längst aus dem Europe Pub an den Rathskeller-Stammtisch dis-
loziert. Heute waren außer den regelmäßig Teilnehmenden auch
ein paar seltener zu sehende Guggenmusikmitglieder anzutreffen.
Man konnte vom Stammtisch aus ob des Zigarettenqualms kaum
an die Türen sehen, als ob sämtliche hier an den Wänden aufge-
hängten alten Gewehre gleichzeitig losgegangen wären. Man hätte
es jedoch wegen des gewaltigen Lärms weder hören noch ob des
Hamburgerqualms riechen können. Wir hatten soeben eine Run-

de dieser stadtbekannten „Original American Hamburger" des in Houston geborenen Schweizer Wirtes bestellt, nachher würden wir nichts mehr bekommen. Unsere 7 wackeren Unvergebenen, bestehend aus Edith G., Janine M., Cornelia S., Philipp S., Romano G., Daniel H. und mir selbst machten den Kreis ein wenig weiter, als weitere Bekannte zu unserer Runde stießen. Wegen des eher kühlen, feuchten Wetters wurde das Sitzplatzangebot draußen kaum genutzt. Unsere Burger kamen.

„He Mehmet! Bring eine frische Flasche Tabasco her für unseren ‚Mexikaner' hier!", rief Romano gegen den Tresen. „Kommt sofort!" Allgemeines Gelächter am Tisch und ich hatte die Aufmerksamkeit der Runde! Hamburger abgedeckt, großzügig Tabasco drauf verteilt und reingebissen! Nicht annähernd mit Normas Tacos zu vergleichen, aber hierzulande war das eine Mutprobe. Der Rest begnügte sich mit ein paar Tropfen.

„Alain, es gibt gute Neuigkeiten! Brauchst Dir wegen Deiner Claudia keine Sorgen mehr zu machen. Der da küsst dem Vernehmen nach jetzt seine eigene! Eine mexikanische Ausgabe, hehehehe."

Natürlich ebenfalls Romano! Der derart respektlos Angemachte war nicht amüsiert.

„Deine Witze waren auch schon besser, Alter. Dieser ist sogar ziemlich doof, hahaha!"

Um das entstandene betretene Schweigen zu brechen, wurde ich von Edith gefragt, ob Claudia schon Antwort geschrieben hatte und wie es denn damit weitergehen würde.

„Naja, ich hatte sie ja nicht um ihre Adresse gebeten, das war doch Flor!"

„Wie viele willst Du denn dort getroffen haben? Sonst schaust Du ja bloß nach Steinen und Kakteen!"

„Naja, noch 2 andere, denen habe ich auch geschrieben!"

„Also 4 insgesamt! Und alle geküsst?!"

„Nein, nur 2."

„NUR zwei! Also echt, das glaub ich erst, wenn ich ein Bild von einer zu sehen bekomme. Du küsst ja nur in das Mundstück Deiner Trompete!"

Da ging Edith dazwischen:

„Also ob Ihr's glaubt oder nicht, aber er kann's ziemlich gut!"

„Na, lass doch mal hören Edith, wann war denn das?"

„Trottel! An der Fasnacht natürlich. Aber ich als Frau kann es auch auf der Wange fühlen, ob einer küssen kann oder nicht! Bin schon ganz eifersüchtig auf diese Claudia. Da ist unsereiner jahrelang jeden Tag hier, und ihr reichen ein paar Stunden, um abzusahnen!"

„Na, hat es auch dazu gereicht, von wegen absahnen …"

„Mann, Romano, Du Grüsel! Du hast sie wohl nicht alle! Solltest lieber zusehen, dass Du selbst mal endlich eine küsst."

Es wurde ein wenig ruhiger. Wir bestellten Bier nach und wechselten das Thema auf die vergangene Reise nach München, und die alsbald wieder in Vorbereitung gehende nächste Fasnachtssaison. Wir gingen von dort noch hinüber zum „Tiger" in die Waadtländerhalle, weil da die Stadtpolizei nach dem Polizeistundenrundgang noch einen kleinen Schlummertrunk zu sich nahm, und deshalb sämtliche Nachtschwärmer sich in dem winzigen Lokal drängten. Aber etwas nach Mitternacht war auch hier Schluss. Es galt, morgen um 7 wieder rechtzeitig bereit zu sein, um die Fahrgemeinschaft nach Basel nicht zu verpassen, trotz der 10, 12 Biere intus. Ich ließ wie immer die Linda Ronstadt-Kassette laufen auf dem Nachhauseweg. *Nein, heute nicht! Keine geweinten Blutstropfen mehr wegen Claudia!* Die vergangenen 6 Wochen waren hart gewesen! Nach meiner Rückkehr hatte ich natürlich sogleich meine Dias entwickeln lassen und die Briefe aufgesetzt. Innert zwei Wochen waren die Schokoladenpakete unterwegs! Aber zurück kam einfach nichts. Der ganze Juni ging ins Land, und es herrschte totale Funkstille. Ich hatte mir immer wieder ausgerechnet, wie lange die Post wohl dauern möge, Luftpost doch allerhöchstens 8 Tage, hieß es! Am ehesten hatte ich ja auf Antwort von Norma gehofft, auch von Rosy, welche ich ja erst kurz vor der Abreise getroffen hatte, hätte ich schon eine Antwort erwartet. Und auch von Flor, welche mich doch so um einen Brief gebeten hatte! Aber sie hatte ja ihren Freund und war überdies immer beschäftigt. *Ob ich mich beim Schreiben im Ton vergriffen hatte? Vielleicht war ich zu offen-*

herzig, oder nicht mutig genug gewesen! Oder ganz einfach: Keine der drei wollte etwas von mir wissen und sie mochten aus meinen Worten herausgelesen haben, dass von meiner Seite durchaus Interesse bestand. Egal, ihr Schweigen war auch eine Antwort. Die Einzige, die mich nie zurückgewiesen hatte, war Claudia. Ich wurde zunehmend von einer großen Reue befallen, dass ich uns diese kleine zweite Chance nicht gelassen hatte, nämlich, sie dort an der Schule anzusprechen! Zumindest um Klarheit zu bekommen. Das wäre besser gewesen, als jetzt ständig nur noch an sie zu denken! *Ach Claudia! Diesen einen Kuss musste ich teuer bezahlen!* Aber noch immer befand ich, dass er nicht zu teuer bezahlt war. Ich sah hier keine andere an und versuchte gar nicht herauszufinden, ob ich jetzt vielleicht auch hier bei den Mädchen Anschluss finden würde. Dafür jeden Abend dieselbe Traurigkeit, und meine Vorahnung auf einen feuchten, düsteren Sommer hatte sich mehr als bewahrheitet. Jeden Morgen musste ich mir mein Gesicht kalt abwaschen, damit man oben in der Küche nichts mitbekam, von wegen geröteten oder aufgequollenen Augen. Aber damit musste jetzt Schluss sein! In meiner Verzweiflung und dem Überdruss wegen meiner erneuten Einsamkeit hatte ich Mut gefasst und letztes Wochenende, 2 Monate nach jener schicksalshaften Begegnung, tatsächlich nach Bahia Kino angerufen! Claudias Nummer hatte ich natürlich nicht. Aber etwas fast ebenso Gutes in einem derart kleinen Ort: Luis' Nummer! Nach all diesen Wochen hatte ich endlich das Richtige getroffen und Luis wegen Claudia gefragt. Die Verbindung kam tatsächlich zustande, obwohl ich aus einer Münzkabine anrief, um nachher zu Hause keine Rechenschaft abgeben zu müssen. Luis war prompt am anderen Ende. Nach ein paar Höflichkeiten kam ich dann zur Sache. Luis sprach mir mit seiner ruhigen, sanften und klugen Stimme eindringlich, aber gut zu. Was er mir aber zu sagen hatte, war gar nicht, was ich erhofft, aber insgeheim wohl doch erwartet hatte.

„Mira Dieter! Du kannst Claudia nicht als ‚Novia' haben! Sie taugt nicht dazu! Vergiss sie! Schau, sie hätte jeden heiraten können, absolut jeden! Aber sie hat keinen genommen. Also will sie auch keinen, oder vielmehr, einer wird ihr nie genug sein. Mit Claudia wirst Du nie glücklich werden! Es tut mir leid, Dieter, aber sie ist nicht die Richtige!"

Ich gab keine Antwort, weil es mich zu sehr im Hals würgte. Luis Ratschlag war zu schlüssig, um ihn in den Wind zu schlagen. „VERGISS SIE" – würde ich nie schaffen. Aber das Leben ohne sie musste irgendwie möglich sein. Eine hoffentlich letzte Träne tropfte aus meinem rechten Auge.

„Danke, Luis, für Deinen Rat. Aber wenn ich schon anrufe: Wie lange braucht denn eigentlich die Post von Mexiko bis hierher?"

„Mindestens 6 Wochen, eher mehr, für ein Paket, und etwa 10 Tage für einen Brief! Sagen zumindest die Gringos, welche hier gewohnt haben. Dieser Carlos, erinnerst Du Dich? Der bekommt öfters Zeug aus den USA."

„Danke Luis!"

„Viel Glück! Hattest Du übrigens auch, weil Du mich noch erwischt hast. Wir machen dicht für den Sommer. War ein paarmal nahe 50 Grad, zumindest ein paar km im Inland. Die Kinder sind in den Schulferien und wir fahren hoch nach Peñasco. Dort gibt's 'ne Klimaanlage! Gary ist auch weg, er ging kaum eine Woche nach Deiner Abreise!"

Also mindestens 2 Monate, zusätzlich das Schreiben! Das bedeutete Ende Juli, Anfang August! Mindestens. Somit mochte ich immer noch Antwort bekommen. Ich wusste schon seit dem tränenreichen Abschied an jenem Dienstagmorgen in Bahia Kino, dass ich Claudia tatsächlich geliebt hatte, auf eine wilde, physische und irgendwie unerklärliche Art. Unerklärlich, weil ich nicht wusste, wer sie überhaupt war. Ich hatte keinen Satz mit ihr ausgetauscht, wusste nicht mal ihren ganzen Namen, wie alt sie war und ob das kleine Mädchen wirklich ihr Kind war. Aber ich fühlte ein thermitheißes Verlangen nach ihr, das kaum einen anderen Gedanken mehr zuließ, je länger das Schweigen meiner anderen Freundinnen dauerte. Sie liebte ich aber irgendwie auch! Ich liebte Normas Fröhlichkeit und Beredsamkeit. Wir waren uns in vielen Sachen ungemein ähnlich. Bei Rosy fühlte ich eine Art

Zärtlichkeit ihr gegenüber und es gab auch wieder diese körperliche Anziehungskraft. Flor schließlich hatte eine ungemein erotische Ausstrahlung, die erst auf den zweiten Blick offenbar wurde. Ich hatte ein enormes Zutrauen zu ihr gespürt, als ob ich sie schon immer gekannt hätte. Claudia MUSSTE ich küssen, aber Flor WOLLTE ich küssen, so richtig küssen, sie um ihren Verstand küssen, wie es mich Claudia gelehrt hatte, wenn sie mich nur gelassen hätte! So war es um Mitternacht des 13. Juli 1989 Zeit, endlich das Musikprogramm zu wechseln. Banda Sinaloense! Es würde alles gut werden. „Por una mujer casada tengo que morir …", dröhnte es mit voller Leistung der 2x 70-Watt aus den Boxen, als ich auf den Parkplatz fuhr. Ich hörte das ganze Stück zu Ende, mit dem präzisen Trommelwirbeleinsatz, dem rollenden Sousaphon-Bass und den penetranten Klängen der Leadklarinette von Don Cruz Lizarraga.

Am anderen Tag, zum Abendessen, wurde ich zur Rede gestellt. Was denn eigentlich zum Teufel los wäre, und was die Nachbarn denken sollen zu dieser fürchterlichen Musik von letzter Nacht. Wie Mariachi-Musik noch akzeptabel sei, aber weshalb so laut? Aber diese Katzenmusik auf keinen Fall! Und was die Pakete sollten von letztem Monat und, und … Ich fühlte mich total unverstanden, was auch kein Wunder war, weil ich den Eltern kein Sterbenswörtchen über die Mädchen verraten hatte. Ich hatte die Nase voll. Etwas musste geschehen. Es reichte!

„Mir sind die Nachbarn hier scheißegal, Ihr wollt ja auch nichts wissen von denen. Es ist genug. Ich brauch mein eigenes Leben. Auf den ersten Oktober zieh ich aus!"

„Waaaas?! Aber Du hast ja gar keine Wohnung. Und wer wäscht und kocht und putzt? Ich bestimmt nicht. Oder hast Du etwa eine …"

„Ist schnell gefunden. In Olten. Und waschen kann ich selbst, kochen brauch' ich nicht, esse in der Kantine. Und dann ist's nicht so weit in die Stadt!"

„Vielleicht gar keine schlechte Idee. Aber zuvor mistest Du Dein Labor da unten aus!"

„Geht klar, Vater. Ich fange gleich dieses Wochenende damit an."

„Aber wieso eilt das denn auf einmal? Da muss etwas dahinterstecken! Diese Pakete, für wen sollen denn die gewesen sein?"

„Ich habe unterwegs ein paar Leute kennengelernt, diesen Iren und noch ein paar andere."

„Du kannst ja die Wäsche hier vorbeibringen, wenn die Waschküche am Wochenende immer besetzt ist."

„Lass nur. Der Bursche ist wirklich langsam alt genug. Soll es nur versuchen. Als ich 27 war, hatt' ich bereits einen Sohn. Ihn!"

Und so geschah es. Zuvor musste ich jedoch noch meinen Vorrat aggressiver Chemikalien aufbrauchen, den ich im Verlauf der Jahre zusammengehamstert hatte, um mein eigenes Knallzeug zusammenzumischen. Ich setzte die daraus fabrizierte Bombe auf einen freien Platz, wo ich etwa 50 m weiter hinter einer Tanne Deckung finden konnte. Nachdem ich sicher war, dass keiner mir gefolgt war, startete ich den chemischen Zeitzünder und machte, dass ich hinter die Tanne kam. Wenn bloss nicht die Zündung versagte! So ein Ding würde ich nie entschärfen! Ich war wohl fast beinahe so nervös, wie damals in Bahia Kino, als mich Claudia so fest in ihrem Blick gefangen hielt und geküsst werden wollte! Aber wie damals ging das Zündgemisch los, es zischte kurz und dann kam es zu einem derart gewaltigen, wahrhaft erderschütternden Donnerschlag, während eine kurze knüppelharte Druckwelle mir kurz einen Ruck gab, geradeso als ob die Zeit ein wenig stolpern würde. Es war fast nicht zu glauben. Der Donner krachte gegen die Felsen der Schlucht, wurde wie durch einen Trichter gegen den Born auf der anderen Talseite hinübergejagt, brach sich am Steinbruch, wie allergewaltigstes Donnerrollen über das ganze Dünnerntal hinwegbrechend. Der weiße Aluminiumoxydqualm verzog sich rasch, auch ich machte, dass ich vom Ort des Geschehens verschwand, wo eine deutlich sichtbare Delle im steinigen Waldboden zurückgeblieben war. Zu Hause wurde der Donnerschlag nicht gerade mit Begeisterung von meiner Mutter kommentiert:

„Warst Du das eben? Hast Du denn völlig den Verstand verloren? Sogar die Scheiben haben gezittert hier. Was ist denn eigentlich los?"

„Nichts, was soll denn los sein? Ich musste doch das Zeug loswerden, das war die letzte Ladung gewesen, ich habe genug von dem Sprengstoffzeugs, hab sowieso keine Zeit mehr dafür. Kannst auch aufhören, die Perry-Rhodan-Heftchen zu kaufen, ich komme kaum noch dazu, sie zu lesen!"

„Also mit Dir ist irgendwie etwas passiert, Du bist ganz anders, seit Du zurück bist. Und dann diese Pakete?"

„Ach ja! Ist zufälligerweise Post für mich gekommen?"

„Von wem erwartest Du denn so dringend etwas? Die Post ist noch nicht hier. Ich möchte doch ganz gerne wissen, wen Du dort in Mexiko getroffen hast"

„Hab's Euch doch schon gesagt, diesen Iren mit dem Boot. Derjenige mit dem ich ein paarmal rausgefahren bin zum Fischen. Aber jetzt will ich mal wegen der Wohnung dort in der Friedensstraße anrufen."

„Das ist in den sogenannten Cervelatblöcken; damals waren dort die Mieten so hoch, dass die Leute nur noch Würste essen konnten!"

„Findest Du 650 Fr pro Monat für 2 ½-Zimmer zu viel?"

„Das geht, ist aber eine Dachwohnung, oder? Und für was die 2 ½-Zimmer? Oder willst Du dort etwa gar nicht allein wohnen?"

„Es gibt keine 1 ½-Zimmer-Wohnungen zurzeit!"

Damit verzog ich mich in mein unterirdisches Reich und sortierte die übriggebliebenen Chemikalien. Etwas Weniges konnte im Garten Verwendung finden, vieles musste als Sonderabfall in der Spezialabfuhr der Gemeinde mitgegeben werden. Anderes konnte neutralisiert oder verdünnt dem Abfluss übergeben werden. Die ganzen Glasapparaturen konnten dem Glasabfall mitgegeben werden. Auch sonst hatten sich Unmengen an jetzt überflüssigen Sachen angesammelt, andere konnten in die Wohnung mitkommen. Ich war ganz mit meinen Schätzen beschäftigt, als ich ein Klopfen vernahm.

„Du hast Post, Dieter! Luftpost! Von…da sind mehrere Namen? Von denen hast Du nie was gesagt! Maria Flor…"

Ein Brief von Flor! Welche Überraschung! Das hatte ich zwar erhofft, aber nicht unbedingt erwartet. Und sie war die Erste, die antwortete! Was mochte sie mir wohl geschrieben haben? Es waren mehr als 2 Monate ins Land gegangen, seit wir uns in Bahia Kino unter den Sternen unsere Geheimnisse erzählt hatten. Ich konnte beinahe ihre Stimme hören, eine Stimme wie Samt und Seide …

„Flor war auch mit auf dem Schiff von Gary, zusammen mit ihrer Freundin Paty!"

Ich nahm den Brief in Empfang, ein schmaler dünner Umschlag, sorgfältig adressiert und mit ihrem Absender versehen. Mein Herz schlug mir bereits bis zum Hals, ohne dass ich es wirklich mitbekam und begann, den Umschlag aufzumachen …

Heißer Draht über den Atlantik
am 9. November 1989

Es regnete schon seit Stunden ohne Ende, aber jetzt kam auch noch Wind ins Spiel. Er peitschte die Regenvorhänge gegen das Westfenster und auf dem Dach war ein prasselndes Geräusch zu hören. Immerhin kalt war es bei diesem Südwestwind nicht, 10 Grad abends im November ist seeehr auszuhalten. Der Regensturm draußen war aber gar nichts gegen den Hurrikan, der gerade durch mein Innenleben brauste. Heute würde die Entscheidung fallen. Die Mauer würde fallen, nämlich die, welche sich noch immer in meinem Herz befand und meine arme Seele eingesperrt hielt. Im Mai hatte jemand ein Fenster reingeküsst, aber es hatte nicht ausgereicht. Den Rest würde ich schon selbst tun müssen. Immer und immer wieder hatte ich mich gerechtfertigt, weshalb ich gerade jetzt nicht anrufen konnte, und es wieder und wieder hinausgezögert. Einen entscheidenden Anruf hatte ich schon hinter mir, schon im Oktober war das gewesen. Ich hatte mir ein Herz gefasst und Norma angerufen! Sie hatte sich sehr gefreut, obwohl sie mir nie eine Antwort auf meinen Brief und mein Paket geschrieben hatte, was mich zugegebenermaßen schon ein wenig enttäuscht hatte. Wir schwatzten eine ganze Weile zusammen, noch am Münztelefon, weil mein Anschluss noch tot war. Es schien ihr gut zu gehen, sie war lustig, gesprächig und guter Laune wie immer. Aber sonst nichts. Gut! Ich brauchte mir also kein schlechtes Gewissen zu machen und würde somit wohl definitiv keine Barbacoa-Tacos mehr zu essen brauchen. Mehr als eine Freundschaft würde nicht drin liegen, und sowas über Luftpost unterhalten zu wollen ist illusorisch und übers Telefon definitiv zu teuer. *Adios Norma und vielen Dank für die netten, unvergesslichen Stunden in einer Zeit, wo ich eine richtige Freundin mehr gebrauchen konnte als alles andere!* Ich war also frei, weil die kleine freche Rosy ihren Mut bereits zum Erbitten dieses Kusses aufgebraucht hatte und ich von ihr keine Telefonnummer hatte. Geschrieben hatte sie mir nie aber ihr Bild hatte mich in mancher Nacht über meine Einsamkeit hinweggetröstet. Ich schaute zum neu angeschlossenen Telefonapparat hinüber. Neu angeschlossen! Er stand schon seit 3 Wochen unbenutzt dort! Was ich doch für ein lausiger Feigling war! Ich hatte noch eine Nummer! Ich hatte sie mir allerdings erst hinterher geben lassen, genau so wie das Bild, das sie mit dem letzten Brief mitgeschickt hatte. Aber ich wagte nicht, sie mit meinem Geheimnis zu behelligen. Sie würde mich doch zurückweisen! Aber es musste einmal gewagt sein. Weißt noch gut, wohin Dich Deine Feigheit beim letzten Mal gebracht hat, oder? Nochmal ins Tal der Tränen? Den Mutigen gehört die Welt! Sie kann ja auch ja sagen und hier gibt es keine unangenehmen Überraschungen! Ich stand auf und ging hinüber zum Tisch, kramte den Brief mit der Telefonnummer heraus und seufzte tief auf. Ich ging nochmals meine Rede durch, in Gedanken. Jetzt musste es etwa halb 2 am Nachmittag sein, bei ihr drüben, und ich sollte sie erreichen können. Mein Herz begann wieder förmlich zu beben, hatte keinen Platz mehr in der Brust, und im Magen war dieses unbestimmte flaue Gefühl wie damals am 5. Mai auf Garys Cat's Paw. So viele Nummern! Es war eine amerikanische Linie, damit die Verbindung besser klappen würde. Es klingelte auf „amerikanisch", der charakteristische Läutton ist unverkennbar. Einmal, zweimal …

„Bueno?"

Ich hielt Flors sexy Samtstimme in der Hand! Diese bebte jedoch unter den geradezu schmerzhaft-heftigen Schlägen, welche mein Herz meiner Brust glaubte, zumuten zu müssen. Stärker selbst als damals in Bahia Kino, denn jetzt ging es ums Ganze! Würde sie mein Beben in der Stimme spüren, oder etwa gar hören?

„Buenas tardes! Flor?"

„Quien habla?"

„Dieter!"

„Dieter! Welche Freude, von Dir zu hören. Na so eine schöne Überraschung! Rufst Du mich aus Deiner Wohnung an?"

„Ja, wir können ungestört reden!"

„Du schon, aber ich sollte hier arbeiten. Ist es nicht schon spät bei Dir?"

„Halb neun. Kannst Du nicht reden?"

„Doch. Es läuft noch nicht viel jetzt. Was hast Du denn so Dringendes auf Lager?"

„Ich möchte Dich was fragen!"

„Na los!"

„Es ist so, dass wir uns ja nun schon eine Weile schreiben und ich praktisch nur noch dazu lebe, Deine Briefe zu lesen und Dir welche zu schreiben. Ich hab' Dich wirklich gern Flor und es ist ja jetzt schon eine ganze Weile, und deshalb würde ich Dich gerne fragen, ob Du vielleicht meine Novia sein möchtest und …"

Jetzt war es endlich raus, die Botschaft schwirrte über den Atlantik und die Chihuahua-Wüste bis in Flors kleine Fabrik! Die Zeit hatte wieder einmal angehalten und mir dabei geholfen, dieses unmögliche Unterfangen anzugehen und zu einem Abschluss zu bringen. Es dauerte eine Ewigkeit, bevor eine Samtstimme in meinem Gehirn ein sanftes „Si" erklingen ließ. Sie hätte schon eine ganze Weile auf so etwas gehofft, denn erwarten durfte sie ja laut ihr nichts mehr, schob sie noch nach, sie klang erleichtert, glücklich … „Mi amor!", so hatte ich sie von da an angeredet. Aber wie konnte es dazu kommen? Sie hatte doch schon einen Freund, oder …? Begonnen hatte es mit ihrem ersten Brief, den ich im Juli von ihr erhalten hatte!

Aus ihren sorgfältig aufgesetzten und zu Papier gebrachten Zeilen sprach eine andere Flor als die, welche ich damals im Boot versuchte zu küssen. Irgendwie begann ich zu glauben, dass Flor mich mehr als nur ein bisschen mochte, dass sie sich vielleicht gar in mich verliebt hatte. Ich musste unbedingt dafür sorgen, dass ich ihr auch eine ansprechende Antwort schreiben konnte. Das musste es jetzt sein! Ich hatte den Spanischkurs nämlich nicht etwa abgebrochen, sondern weiter besucht, aber jetzt waren gerade Sommerferien! Ich konnte es kaum erwarten, dass der Kurs nach dem Oltner Jahrmarkt wieder anfangen würde! Aber mein erster Antwortbrief musste noch so raus! Ich brütete stundenlang darüber, ich hatte ja jetzt Zeit, seit ich mein Sprengstofflabor in eine Schreibstube umgewandelt hatte. Es wurde darüber ungewohnt ruhig im Viertel, sehr zur Befriedigung der Nachbarn.

Ich musste aber jetzt so schnell wie möglich endlich eine Wohnung finden, damit mich die Muse ungestört und ausgiebig besuchen konnte! Die langen Wochen des Wartens auf Flors Antwortbriefe waren derweil angefüllt mit dem Sichten der vielen Dias und dem ebenfalls gedrehten Video. Die Bilder waren wie eine Erinnerung an eine alte, längst vergangene Zeit! Kakteen, leere, sterile Weiten, Sand ohne Ende! Dazwischen eingestreut Motive von kakteenbestandenen Felseninseln, eine aufgesteckte Angel, der gefährlich-schöne Feuerfisch. Die Aussicht vom Cerro de las Campanas in Hermosillo. Sonst nichts, was auf irgendwelche Veränderungen hinweisen würde, fast nichts!

Ein gewisses Bild eines jungen Mädchens mit Sombrero Charro aus Chihuahua fand keine Aufnahme in die Vorführung für die Familie! Das Video hatte ich mit der bezaubernden Musik von den 24 Kassetten untermalt, welche sich in den 3 Wochen nach dem 9. Mai angesammelt hatten. Conjunto, beziehungsweise Tigres del Norte für Chihuahua und Coahuila, Banda Sinaloense für Sinaloa, und, wer würde es glauben, Linda Ronstadt für die Zeit in Sonora! Der Abschluss des kleinen Filmes war am schönsten. Die Bahnfahrt mit dem „ChePe", begleitet mit dem eigentümlichen, beschwingten 3/8-Takt und den sentimentalen Melodien. Die Haare meiner hübschen, schweigsamen Begleiterin, die sich ebenfalls für den Sonnenuntergang auf der Plattform eingefunden hatte, wehten durch die verglühenden Farben des letzten Abends in Mexiko – und sorgten prompt für ein paar skeptische Fragen seitens meiner Mutter. Das Videoband ist leider verschollen, es hatte den Weg zurück übers Meer nicht überstanden. Aber die Dias, zumindest die allermeisten, haben sich durch die Zeit gerettet. Seltsamerweise nicht jenes, welches den Grund für meinen Besuch in Bahia Kino dargestellt hätte. Das Motiv mit den 3 Cirios am Strand, welches ich nur flüchtig abgelichtet hatte, weil ich ja in den folgenden Tagen noch ganze Wälder dieser Pflanzen zu finden gedachte.

Und Bilder von meinen Bekanntschaften? Fehlanzeige! Die einzigen Bilder mit Leuten drauf von den 6 Wochen war eines mit mir selbst nach der ersten Ausgrabung meines VW am Pinacate und eben Rosy, ganz gegen den Schluss, auf ihren ausdrücklichen Wunsch! Nach dem Himmelfahrtstag (15. August) fing der Spanischkurs wieder an, eine Tatsache, welche ich natürlich Flor bereits stolz unterbreitet hatte! Wie in den Schulen der ganzen Welt so üblich, war die zweite Wochenlektion, und die nächsten folgenden damit angefüllt gewesen, dass wir über unsere Ferienerlebnisse berichten sollten!

Ganz gegen meine sonstige Gewohnheit und zum Erstaunen unserer spanischen Lehrerin wollte ich anfangen! Ich schleppte das unvermeidliche Linda Ronstadt-Band mit und hatte auch einen kleinen Vortrag über die kulinarischen Abenteuer, welche man in Mexiko erleben konnte. Locker und flüssig berichtete ich über Frijoles, Tortillas aus Maismehl, Pollo asado, Tacos de Barbacoa und Mole poblano! Die ebenfalls einverleibten Tacos de Ojo ließ ich großmütig aus. Der Vortrag war garniert mit zahllosen Ahoritas und nordmexikanischen Leihwörtern aus dem Englischen. Unterbrochen wurde ich von der strengen Lehrerin aus Kastilien erst, als ich dozierend anfing auszuführen, dass „Ustedes los españoles hablan …" Das war zu viel! Sie unterbrach meinen Wortschwall mit der Bemerkung, dass es offensichtlich sei, dass sich meine Zunge in Mexiko ziemlich gelockert hätte, aber dass es schade sei, dass ich mir dabei die korrekte Grammatik habe versauen lassen: „Es heißt „Vosotros los españoles hableis … Und Dein Seseo! C, S, und Z, alles gleich ausgesprochen! Nein, nein, nein! Davon wirst Du nur eine lausige Orthografie bekommen und alle Buchstaben verwechseln! Von Deinem zusätzlichen Wortschatz lass ich nur Ahorita gelten. Das klingt nett, kenn ich noch von meiner Zeit aus Ciudad de Mexico! Aber nicht schlecht. Da scheint sich ein kleines Wunder abgespielt haben, Dieter."

Ich antwortete nichts darauf, dachte flüchtig an die möglichen Fehler in meinen Briefen an Flor. Sie studierte an der Uni und würde es bestimmt merken! Sprechen gelernt hatte ich aber bei ihr, so mochte es in Ordnung sein! Ich steckte das Band in den Recorder und schon erfüllte Lindas schmachtende Stimme das Klassenzimmer. Auch an meiner Musik gab es was auszusetzen:

„Hör mal, das Mädchen singt da was von einem Stier, worauf sie reiten will, um ihrem Liebsten ihre Zuneigung zu beweisen! Die hat keine Ahnung, wovon sie singt. Der Text ist für einen Mann gemacht!"

„Ach wirklich? Vaya, liebste Mari-Carmen, Sie haben keine Ahnung! Mit Verlaub! Ustedes los españoles no saben! Nicht mal, wie man sich die Sprache vereinfacht. Ich wollte schon sagen, dass ich da eine getroffen hätte, die wollte noch ganz andere Ritte ausführen! Aber sie war eine ältere Dame! Also: Die Mariachi-Sängerinnen tragen alle solche Lieder vor. Die Frauen in Mexiko, zumindest die aus dem Norden, sind mutig und selbstbestimmt! Die besten Mariachi-Sängerinnen Mexikos sind aus dem Norden!"

„Soso, mutig und selbstbestimmt! Da habe ich jedoch gaaaanz Anderes gehört! Die haben unter ihren Machos nicht viel zu melden!"

Ich zog vor, darauf nichts zu antworten. Gegen falsches Scheinwissen aus Büchern von sozialkritischen Autoren der 68er Generation anzukämpfen, wäre sogar Don Quijote zu viel gewesen. Ich dachte flüchtig, an die beiden „Machos" aus Hermosillo, die beiden „Luise" mit ihren Ansichten zu den Frauen, den traurigen, unglücklich verliebten David, Gary, den Auftritt von Claudia und … mich selbst!

„Was gibt es denn da zu schmunzeln? Mir scheint, da hat jemand mehr als nur einen kleinen Ferienflirt hinter sich!"

„Richtig. Wir schreiben uns immer noch regelmäßig!"

„Hab's mir doch gedacht, dass Deine Fortschritte nicht vom Büffeln über die Sommerferien kommen! Da scheint es nun ein wenig Extramotivation zu geben ..."

Im September bekam ich meine Wohnung, Einzug würde Anfang Oktober sein. Es ging an ein zweites großes Ausmisten; was da alles nicht in meine neue Bleibe mitkommen durfte! Jetzt, als meine Eltern sahen, dass es Ernst gälte, waren sie doch ernsthaft besorgt. Alle Welt mochte klar ersehen, was da ablief, nur ich selbst merkte es nicht. Instinktiv wie ein Vogelmännchen, welches vorsorglich einen Nistplatz sucht und anfängt, sein Nest zu bauen, um dann stolz vom Wipfel der Tanne aus die ganze Welt wissen zu lassen, was es vorhat! So wie jetzt. Meine Flor hatte meinen „Werbegesang" nicht zurückgewiesen! Ich hatte mich in meinem ganzen Leben noch nie so gut gefühlt wie jetzt eben! Das musste ich unbedingt und sofort mit jemandem teilen! Denen würde ich's jetzt zeigen! Glaubten mir ja kein Wort von meinen Geschichten. Aber es gab einen Beweis! Flor hatte mir im letzten Brief ein Bild von sich geschickt, auch sie hatte welche von mir bekommen und würde noch mehr erhalten. Ich in der schmucken blauen Uniform der Stadtmusik, als „verrückter Wissenschaftler" im Chemielabor, garniert mit mysteriösen, gefährlich aussehenden Dämpfen aus Trockeneis als Spezialeffekt, und mein „Selfie" aus dem Pinacate! Ihres zeigte sie in den bekannten rosa Shorts und einem etwas knapper sitzenden kurzärmligen T-Shirt als das Oberteil, welches sie in Bahia Kino trug. Es wurde anlässlich einer Reise nach Durango von einer ihrer Freundinnen geschossen. Sie hatte die Haare immer noch im Kleopatra-Stil! Das Bild war nicht allzu freizügig und ich würde es schon zeigen dürfen!

Ich sah auf die Uhr. Es ging gegen halb 10, das Gespräch hatte, ohne es zu merken, recht lange gedauert! Darüber hatte auch der Regen ein wenig nachgelassen, er ging in einen sanften Landregen über. Um meine skeptischen Freunde zu treffen, welche mich wohl schon vermissen würden – den Abendverkaufdonnerstag ließ ich sonst nie aus – würde ich direkt in den Rathskeller gehen müssen. Die paar Schritte die Engelbergstraße hinunter und durch die neue Winkelunterführung über die alte Brücke lagen schnell hinter mir. Schon praktisch, so nahe an der Quelle zu wohnen! *Hoffentlich wurde Flors Bild in der Westentasche nicht feucht oder knitterte gar!* Ich trat von der Altstadtseite her ein, trotz des Regenwetters waren mehrere Leute im Eingang, pitschnass, wie ich selbst. Der Qualm aus Dutzenden von Zigaretten brach sich Bahn aus dem Lokal und stieg in die feuchte Nachtluft hinauf. Der Regen war in ein leichtes Nieseln übergegangen und störte kaum noch. Es war ungewöhnlich feuchtmild, wie nach einem regnerischen Maitag. Endlich stand ich drin, die Tür schnappte ins Schloss. Es war wie erwartet bumsvoll und es herrschte geschäftiges Treiben. Roger Langs türkische Kellner eilten geschäftig hin und her, während „Jumbo" wie immer missmutig Dienst am Tresen schob. Der Name war hier Programm! Etwa 1 m 90 cm groß, massiger Körperbau, Schlurfschritt. Er wäre schwul, munkelte man. Aber Genaueres wusste man nicht. Darüber sprach man nicht hier in unserem Provinznest. *Ah, da war ja meine Clique! Gut 15 Leute, natürlich auch die Regelmäßigen.* Edith hatte mich entdeckt und winkte. Sie setzte sich neben Claudia F. auf die Bank und bot mir ihren Stuhl an. Sie hätte sich keine Gedanken zu machen brauchen!

„Na, bist Du wegen Deinen Wüstentouren etwa wasserscheu geworden und hast das Ende des Regens abgewartet?"

„Ach wo, Alain, wahrscheinlich kommt er jetzt damit an, dass ihn eine seiner Freundinnen angerufen hat!"

„Das war jetzt aber fies, Romano, lass ihn wenigstens ein Bier bestellen! Was gibt's Neues?"

Ich wartete auf Mehmet, den jungen türkischen Kellner, der uns regelmäßig bediente.

„Warsteiner plus einen Hamburger mit Fritten und eine volle Flasche Tabasco!"

„Immer noch heiß auf scharfe Sachen, was?"

„Scharf? Tabasco ist doch nicht scharf, das gibt dem Burger nur ein wenig zusätzlichen Geschmack, Edith. Sollte Dein Typ mal ausprobieren, der ist doch Koch. Ein bisschen mehr Würze könnte dem hiesigen Essen nicht schaden."

„Zusätzlichen Geschmack! Dem hat es die Geschmacksknospen weggebrannt, so siehts aus. Mir ist schon der Sugo Al'arrabiata zu heftig. Kann kein vernünftiger Mensch runterkriegen, aber diese Sizilianer sind ja wie die Mexikaner auch halbe Afrikaner. Mandarinen sagen wir zu ihnen."

„Da hättest Du diese scharfe Sauce von Norma probieren sollen, welche sie mir zu ihren Tacos serviert hat! Die würde sich glatt durch das Fläschchen fressen hier. Mal sehen, Burger gut damit durchfeuchten …"

„Du spinnst doch komplett! Das schmeckt nach nichts mehr. Solltest nicht mehr bei dieser Norma essen, das bekommt Dir schlecht."

„Stimmt auffallend!"

„Nanu, wieso auf einmal? Was war denn mit der? Hattest Du mit der auch was?"

„Ach wo, eine nette Urlaubsbekanntschaft, nichts weiter!"

„Ohne Kuss?"

„Diesmal nicht. Dafür mit Tacos aus Kuhkopf. Deswegen die Sauce!"

„Darauf muss man auch erst kommen. Mit der ist es also auch nichts. Und jetzt? Wieso so spät dran? Liebeskummer oder geht Dir die Geschichte mit der Berliner Mauer derart zu Herzen? Dein Vater ist ja Deutscher, oder?"

„Was ist denn los damit?"

„Willst Du etwa damit sagen, dass Du das nicht mitgekriegt hast. Ist ja auf allen Sendern, Direkteinschaltung. Wir dachten, dass Du deswegen abwesend wärst."

„Hab' nicht ferngesehen, Edith."

„Was denn sonst? Etwa Liebesbriefe geschrieben, an Deine Claudia?!"

„Das ist vorbei."

„Möchte ich Dir auch geraten haben! Aber woher kommt denn das Grinsen in Deinem Gesicht?"

„Jetzt hör endlich mit dem alten Schwachsinn auf, Romano!"

„Hey, Mehmet!"

„Was gibt's? Ist der Burger zu scharf geworden? Den kann ich nicht umtauschen, tut mir leid!"

„Eine Runde für die ganze Bande hier!"

Ja halloooo! Was soll denn das auf einmal? Zur Feier des Falles der Mauer? Dein Geburtstag ist ja im April!"

„Genau. Der Fall der Mauer, Edith! Die Festung ist gefallen!"

„Also mir ist das suspekt, wenn die Deutschen wieder alle zusammen sind."

„Sagst ausgerechnet Du! Euer Mussolini hat den ganzen Faschistenquatsch ja miterfunden!"

„Lass stecken Edith, die Mauer stand nicht in Berlin, aber egal. Lass uns zum Wohl meiner Freundin anstoßen!"

„Eine Freundin. Schon wieder? Wer soll's denn diesmal sein? Aha, diese mysteriöse Flor, welcher Du dort über den Weg gelaufen sein willst, und kein Bild von ihr hast! Das ist die Einzige, die von dem Quartett noch übrig ist. Diese Fischerin vom Bodensee …"

„Hahaha, sie ist doch keine Fischerin, Janine!"

„Und ob! Sie war doch auf einem Boot. Sie hat im Trüben gefischt … diese …"

„Flor! Und ein Bild von ihr hab' ich auch. Kam mit ihrem letzten Brief!"

„Aber nicht dabei, was?"

„Hier ist sie!"

Ich gab das Bild Edith, damit sie es rundum geben konnte. Aber das war nicht notwendig, weil Janine ihre Ungeduld nicht bändigen konnte und schon aufgestanden war.

„Sie sieht irgendwie gar nicht wie eine Mexikanerin aus!"

„Und wie viele von dort kennst Du?"

„Na, aus den Filmen. Die haben lange Zöpfe und lange buntbedruckte weite Kleider! Keine Shorts wie die hier."

„Hahaha, Flor trägt doch keine Folklorekleidung. Sie studiert an der Uni internationalen Handel!"

„Eine Studentin! Und so eine will Deine Freundin sein? Wie alt ist sie denn?"

„Sie wird genau am Hilaritag 23! Und jaja, und ob will sie meine Freundin sein! Ich hab' sie soeben übers Telefon gefragt und sie hat ja gesagt."

„Lad sie doch ein, dann hast Du am Hilari eine zum, Du weißt schon, Zungenschlag, bist ja als Trompeter Experte darin, oder? Aber bitte den Ansatz nicht versauen lassen!"

„Hahaha. Mann, Romano, die Sache geht Dir nicht mehr aus dem Kopf was? Und Du hast Dich getraut, sie zu fragen. So kennt man Dich hierherum aber gar nicht!"

„Sie musste es wohl erwartet haben, dass ich sie fragen würde!"

„Das liest Du alles aus ihren Briefen?"

„Ich fühle, nein, ich weiß es. Wir lieben uns und ich werde sie nächstes Jahr besuchen gehen. So schnell es geht und solange es geht. Wenn sie will, werde ich zu ihr ziehen!"

„Du hast sie ja nicht alle! Bist Du jetzt völlig übergeschnappt? Hör mal, Du solltest die ganze Sache nicht überinterpretieren! Ihr kennt Euch doch kaum. Kannst Du mit der überhaupt reden? Kann die so gut Englisch? Ein 23-jähriges Mädchen! Die ist noch viel zu jung!"

„Wir haben gerade eine knappe Dreiviertelstunde über alles Mögliche geredet! Auf Spanisch."

„Musst dann aufhören, hier Runden zu schmeißen, wenn die Telefonrechnung kommt!"

„Ach, Roli, Du alter Geizhals! Lass ihn doch!"

Roland E., der mit seiner Dauerfreundin, der Schwester von Edith, wieder einmal hier war, wusste sogar, wo Ciudad Juarez zu finden war:

„He Didi! Kennst Du die Gegend dort bei El Paso überhaupt? Wir waren mal dort vor ein paar Jahren. Ziemlich wüste Wüste dort draußen! Da gibt es über hunderte von Kilometern nichts, rein gar nichts! Was willst Du denn dort anfangen außer Kakteen züchten?"

„Ich kam dort letztes Jahr rein. Kenne die Gegend gut. Mal sehen, ob Flor mich zum Ojo del Diablo rausbringt. Diese heiße Quelle hatte ich letztes Jahr vergeblich gesucht, und sie weiß, wie man rauskommen kann!"

„Ja, schon klar, jetzt ist sie also schon Tour-Guide! Lass mal sehen Dein Bild … Hm, Respekt. Und die will was von Dir? Auf die wirst Du aufpassen müssen!"

Vielleicht will er deswegen jetzt nach Mexiko! Damit sie ihm keiner ausspannt!"

American Airline Flug AA5690;
32,34,98 Grad Nord – 105,23,47 Grad W;
4. März 1990 21:50

Den letzten Flug aus Dallas hatte ich gerade noch erwischt und würde also noch heute in El Paso ankommen. Der ganze Stress mit Immigration, Zoll, Gepäck abholen und wieder aufgeben, die Hetze durch den enorm weitläufigen Flughafen von Dallas von der Halle für internationale Ankünfte zum ebenfalls gewaltig großen Terminal von American Airlines hatte mich so in Atem gehalten, dass ich gar keine Zeit gehabt hatte, nervös zu werden. Aber jetzt, wo sich unter mir die Landschaft zunehmend von allen Lichtquellen entleerte, ich also der Chihuahua-Wüste immer näherkam, beschlich mich doch so etwas wie ein flaues Gefühl in der Magengegend. Es war ein Ding, eine Brieffreundin mittels Fernbeziehung über 8'000 km zu haben. Mein bisschen Mut hatte zwar ausgereicht, um in den Pinacate zu fahren, und gerade noch, um ihr meine Liebe zu ihr zu gestehen, übers Telefon. Aber es war ganz etwas anderes, ihr dann gegenüberzustehen! Würde ich sie gleich umarmen und küssen? Oder doch lieber langsam angehen lassen? Ich hatte keine Ahnung von all dem, aber ich ahnte, dass ich keine Angst zu haben brauchte. Da kam ein Knacken durch die Lautsprecheranlage. Wie immer beim Anflug auf El Paso eine halbe Stunde vor Landung, mitten in der völlig unbewohnten Wüste, noch auf 10'000 Meter über Grund.

„Ladies and Gentlemen, we are in our final approach to El Paso, Texas. Please return to your seat and fasten your seatbelts. We soon will start our descent. As we cross the mountains to the east of the city, we might encounter some turbulences. Please store

all personal items in the overhead bins or beneath the seat in front of you. The weather in El Paso is clear, with gusty winds from the west, the temperature sits at …45 degrees F. We wish you a pleasant stay in the Sun City from the El Paso based flight crew from American Airlines. We know that you have a choice when it comes to air travel and thank you again for choosing American Airlines."

Ich schaute neugierig in die schwarze Leere unter mir. Die Stadt im Südwesten, dort, wo das Flugzeug hinflog, war nicht zu sehen. Die DC 9-80 begann zu rumpeln und leicht zu schwanken, als wir die Sierra Guadalupe überquerten. Jetzt kamen die militärischen Installationen der White Sands Missile Range im Norden in Sicht, grellorange ausgeleuchtete Vierecke inmitten der unendlichen schwarzen Leere. „Bing! Flight attendants please prepare for landing", kam es durch die Lautsprecheranlage, während das Flugzeug von einer Böe aus den Franklin Mountains erwischt wurde und ein wenig schwankte. Jetzt Häuser, Straßen, die von der Lichtglocke der Stadt schwach herausgebrachte Silhouette der drei Dreiecke der Franklins mit ihren Antennen, dann die grell ausgeleuchtete Piste. Der Pilot setzte die DC 9 sauber auf und bremste mit dem Umkehrschub. Ein brausendes Heulen klang auf und erstarb, während die Radbremsen das Flugzeug ergriffen und rasch abbremsten. Der Flug war lediglich etwa halbvoll, ich würde nicht lange auf den Koffer warten müssen. Dann rasch eine Übernachtungsgelegenheit finden und morgen früh würde ich mich dann hinüber nach Ciudad Juarez kutschieren lassen.

Neuanfang am 5. März 1990

Schon das dritte Mal bin ich mit meinem in einem dunklen Bordeauxrot gehaltenen Chrysler Shadow über die mit unbenutzten Bahngleisen versehenen breiten Straße in Richtung Stadtausgang gefahren, um endlich die Hausnummer 660 zu finden. Aber nach den zweistelligen Hausnummern ging die Straße immer in ein sogenanntes Eje Vial Juan Gabriel über, eine breite Hauptstraße welche in ein Industrieviertel führte und sofort Hausnummern in den Tausenden hatte. *So ein Mist! Ich würde mich vor Flor gleich am ersten Tag blamieren! Und zu spät kommen! Ausgerechnet der pünktliche Schweizer!*

Aber ich musste ja den Macho spielen:

„Mach Dir keine Sorgen, Flor! Du brauchst mich nicht vom Flugplatz abholen. Ich finde Dein Haus problemlos. Morgen sehen wir uns zum Mittagessen. Hab Dich lieb und Küsschen!"

Jetzt war sie bestimmt daheim, dort wo es kein Telefon gab und würde sich wundern, was passiert sein mochte. Ich guckte erneut auf den Stadtplan. Ah, da! Eine Liste mit den Straßennamen. Avenida Francisco Villa, Calle Francisco Villa, … Richtig: Flors Adresse war CALLE Francisco Villa! Und die befand sich … weit weg von dort, wo ich jetzt war! Am anderen Ende der Stadt. Zumindest konnte ich diese Juan Gabriel Straße dazu brauchen, um aus dem chaotischen Stadtzentrum zu kommen. Nach einer weiteren halben Stunde befand ich mich dann in einem etwas ländlich anmutenden Teil der Stadt, das Schild am Straßenrand verriet immer noch Zaragoza. D. B. Das kannte ich von Flors Briefen. Ich musste hier richtig sein. Ich kam über eine kleine geschäftige Kreuzung, an einer kleinen unauffälligen Kirche vorbei auf eine schmale Straße, wo es unzählige Apotheken gab. „Calle Francisco Villa Sur" stand auf dem Straßenschild. Ich bog rechts ab, den jetzt enorm steilen Hang hoch. Die „Straße" hatte sich in eine beulige und sandige Wüstenpiste verwandelt, welche sich den steilen, steinigen Hügel emporwand.

Oben wurde das Gelände wieder flach, ich sah einen amerikanisch anmutenden Wasserturm und einen Park mit gerade austreibenden Bäumen, wo viele ältere Leute, Kinder und Glaceverkäufer durcheinanderwimmelten. Wegen der tiefen Senken, groben Steinen und Sandaufhäufungen ging es nur im Schritttempo weiter. Ich hatte die Fenster offen, weil die Mittagssonne, welche aus dem eisklaren Märzhimmel strahlte, dem dunklen Auto ziemlich eingeheizt hatte. Ich zählte die Straßenzüge; *ah, die Hunderter-Nummern waren vorbei,* die zweihunderter, dreihunderter, nach jeder Kreuzung begann eine weitere Hundertschaft. Ich war so konzentriert, dass ich gar keine Zeit hatte, nervös zu werden. Aus den vielen einfachen, an Kino Viejo gemahnenden Häusern drang lebhafte Conjunto oder Cumbia-Musik. Vor jedem Grundstück stand eines der schirmartig gewachsenen, eben erst austreibenden Bäumchen, welche den dort parkenden Autos im Sommer Schatten spenden mochten. *Ah, da kommen die Sechshunderter!* Flor hatte mir etwas von einer steinernen Mauer und einem großen gefällten Baumstamm erzählt.

Das war einfach! Auch Flor hatte eines dieser schirmförmigen, hübschen Bäumchen. *Das musste es sein!* Jetzt begann, die Herzfrequenz rasch in den roten Bereich zu steigen, als ich den Chrysler unter den insgesamt 3 Bäumen neben dem Baumstamm hinstellte. Ich hatte Flor mit ihrem Kleopatrahaarschnitt und eine weitere Frau, wohl ihre Mutter, bereits im Eingang stehen sehen. Flor erwartete mich in einem eleganten, weißen, overallartigen Anzug, wie sie damals Mode waren. Ihre großen Augen leuchteten zu mir herüber und wir umarmten uns in Anbetracht der Gegenwart ihrer Mutter nicht allzu stürmisch. Ich musterte sie kurz, und da durchzuckte mich der Gedanke, dass Flor in 30 Jahren so aussehen mochte wie sie jetzt. Wir gingen ins Haus, man kam übergangslos in die Küche. Ich sah sogleich das Abziehbild der Guggenmusik am Kühlschrank kleben, und versuchte amüsiert mir vorzustellen, was ihre Familie wohl zu diesem seltsamen Aufkleber gesagt hatte. Der große, einfach gehaltene Raum mit dem großen Tisch in der Mitte ging übergangslos in den Dachbereich über, man konnte die Bretter und Dachbalken sehen. Oben in der Mitte befand sich eine nackte 100-Watt-Birne, welche mich unwillkürlich an den Bungalow in Bahia Kino erinnerte. Das Essen war natürlich langst fertig gewesen, ein traditionell nordmexikanisches Carne Asada-Gericht mit Avocadohälften und vielen Maistortillas. Mein erstes Mittagessen mit Flor! Obwohl es in Betracht meiner Verspätung natürlich schwierig war, eine fundierte Meinung zu ihrem Essen zu haben, glaubte ich trotzdem, dass ihre (oder diejenigen ihrer Mutter) Kochkünste durchaus ausbaufähig waren. Aber das war ja jetzt nicht wichtig! Ich schaute wieder in ihr schönes Gesicht und lauschte ihrer samtigen, sexy Stimme. Sie eröffnete mir, dass sie nochmal zurück ins Geschäft musste, dass sie eigentlich nur eine etwas längere Mittagspause machen dürfe. Das erlaubte uns einerseits, ein wenig Alleinzeit zu bekommen, wenn ich sie jetzt gleich hinbringen würde, und andererseits musste ich mir ja noch eine Unterkunft besorgen.

Eine seltsame, schrill klingende Melodie drang auf einmal durch die offene Küchentür von ferne an unsere Ohren. Ich konnte das Lied natürlich nicht verstehen und fragte Flor danach. Sie zeigte ein strahlendes Lächeln. „La Nieve!" Was das war, wusste ich inzwischen, und fragte, ob sie vielleicht eine Glace möchte. „Nein, nein, die taugt nichts! Da essen wir lieber welche von Trevi, im Zentrum!" Flor hatte hier im Familienhaus natürlich kein eigenes Zimmer, es gab überhaupt nur zwei Schlafräume. Darüber hinaus war es höchst zweifelhaft, ob Flors Mutter uns gerne zusammen in einem Raum gesehen hätte. Jetzt gingen wir zu meinem Mietwagen, welcher von Flor anerkennend begutachtet wurde, und ich ließ sie einsteigen. Flor zeigte mir einen anderen Rückweg eine Straße weiter, welcher gepflastert war, und wir kamen wieder über die geschäftige Kreuzung. Sie zeigte auf meine Frage nach einer Unterkunft ein günstig gelegenes Motel gleich an der Kreuzung, wo ein Sandweg zu ihrer kleinen Fabrik abging, wo wir jetzt hinfuhren. Ein kleiner erster, aber richtiger Kuss zum Dessert! Und dann sah ich ihrer schlanken, aber wohlgeformten Gestalt nach, als sie in der kleinen schmucklosen Tür verschwand. Die Mittagspause war natürlich längst vorbei in „Candados Presto de Mexico", wie an dem Schild am Eingang stand. Um 17:00 sollte Feierabend sein, da würde ich natürlich wieder vor der Tür parken, hoffentlich ohne Verspätung.

Da blieb nicht viel Zeit. Ich fuhr hinüber zum Motel „Campo Real" eine schlichte Anlage aus lauter individuellen, einfach eingerichteten Bungalows, welche man hier in „Waterfill" oder „Warafil", wie Flor sagte, auch stundenweise mieten konnte. Nicht unbedingt zum Schlafen. Einer der gleich eine Woche bleiben wollte, erregte natürlich Aufmerksamkeit! Kein Wunder, einen Steinwurf entfernt von der US-Grenze. Wie das Viertel zu seinem seltsamen

Namen gekommen war, konnte ich nie evaluieren. Hier war ein Industrieviertel entstanden, außer Flors kleiner Zahlenschlossfabrik gab es noch viele weitere, teilweise sehr große Fabriken von internationalen Großkonzernen wie Toshiba und Ford. Ich schaute mir das kleine Viertel hinter dem Motel an. Zahllose Apotheken, Zahnärzte und Arztpraxen fielen mir ins Auge, ein Deposito durfte auch nicht fehlen und es gab auch viele kleine Stände oder Hüttchen mit zwei gut lesbaren, großen Nummernsätzen versehen. Ich erfuhr bald, dass dies Wechselstuben waren, die beiden Zahlen verrieten Ankauf- und Verkaufspreis des US-Dollars.

Sonst gab es nichts, außer einer kurzen Autoschlange, welche sich vor den Zahlstellen für den Brückenzoll und dann vor den Schlagbäumen der U-S Grenzwache bildete. Große grüne Schilder verrieten, dass es hier nach El Paso, Texas gehen würde. Die zahlreich vorhandenen fliegenden Händler warteten am Straßenrand auf den Feierabend, wenn die vielen tagsüber hier in den Fabriken arbeitenden Amerikaner für die Nacht in die Sicherheit ihres eigenen Landes zurückkehrten. Dann würden die wartenden Autos bis fast zur Einmündung zu Flors Fabrik anstehen, und die Händler mochten den Wartenden die Zeit mit ihren Andenken, Imbissen, Getränken, Kunststücken, schräg gespielten Liedern und vielleicht mit ihren fantasievoll aufgemachten Betteleien unterhalten. Selbst mir in meiner großen Naivität aus der Schweizer Provinz war es bald klar, dass viele der offen vorgezeigten Gebresten der „invaliden" Bettler offensichtlich nach Hollywoodmanier auf die Gliedmaßen gekommen waren. Unter diesen Betrachtungen verging die Zeit rascher als gedacht.

Bald kamen Horden dieser alten, in verschiedenen Farben und bunten Streifen gespritzten ehemaligen Schulbusse in das Industrieviertel gerumpelt, wo eine unglaubliche Zahl meist junger Leute wie Sardinen hineingepresst waren, welche zur Spätschicht herangekarrt wurden. Auch an den Haltestellen warteten bereits viele weitere, meist junge Frauen darauf, in diese Busse zu steigen, wohl die Arbeiterinnen von der Frühschicht. Andere, besser aussehende, neutral-weiß gehaltene Busse, mit einem Firmennamen statt der Endstation versehen, entließen ihre uniformierten Mitarbeiter und ließen andere, gleich ausgestattete einsteigen. Ob dieses Trubels hatten sich unbemerkt immer mehr Autos und Pick-ups vorwiegend mit Texas-Nummernschildern in der Warteschlange eingefunden. Jetzt machten die ebenfalls immer zahlreicher wie aus dem Nichts auftauchenden fliegenden Händler, Bettler, Musikanten und Geldwechsler ihr Nachmittagsgeschäft, das Ganze begann, wie ein langgezogener Jahrmarkt auszusehen, zumal jetzt auch kleine Mahlzeiten und Getränke durch die Fahrzeugfenster gereicht wurden.

Bald waren die zahllosen Busse verschwunden, und es wurde langsam Zeit, nach Flor zu sehen. Es ging schon auf die Fünf zu, als ich auf den kleinen ungeteerten Weg einbog, um vor dem Candados Presto-Gebäude zu parken. Aber von Flor bekam ich noch eine ganze Weile nichts zu sehen, obwohl eine ganze Reihe ihrer Bürokollegen bereits aus der besagten einfachen Tür herausgekommen war. Schließlich erblickte ich doch endlich ihr lange vermisstes Gesicht und sie eröffnete mir, dass es noch ein Weilchen dauern würde. Ich lernte in diesen Wochen unter vielem anderem auch, dass die Logistik einer „Maquila" hauptsächlich am späten Nachmittag über die Bühne geht.

Endlich hatte Flor ihre Ware aber auf den Weg gebracht und wir befanden uns auf dem Weg in die Innenstadt. Flor wollte mir ihre liebsten Orte dort vorstellen. Ich aber fand sehr schnell heraus, dass ich ein bisschen gar optimistisch gepackt hatte. In Anbetracht des letztjährigen allzu heißen Frühjahrs brachte ich nur kurzärmlige Sachen mit. Aber Anfang März in Ciudad Juarez bedeutete, dass es nach Sonnenuntergang schlagartig recht kalt wurde. So wurde aus unserer Besichtigungstour ein Einkaufsbummel, die neugekaufte, von Flor begutachtete und für gut befundene Jacke war wirklich kein Luxus! Dann ein erstes gemeinsames Nachtessen aus Tacos im Coyote Invalido, einem einfachen typisch nordmexikanischen Lokal! Nach einem Besuch bei „Trevi" war uns bei dieser Kälte nicht zumute.

Unser in Bahia Kino zuerst schüchtern, dann immer fester angesponnene Faden wurde rasch stärker und länger, die damals für mich so überraschende Vertrautheit war längst wieder zurück. Wir machten Pläne für das Wochenende, und das Wochenende danach, an dem Flors Abschlusszeremonie mit anschließendem Ball stattfinden sollte. Da würde sich gleich herausstellen, ob der Tanzkurs was taugte! Trotz des Umstandes, dass Flor bereits um 7:00 an ihrem Schreibtisch sein sollte, und mindestens 1 Stunde brauchte, um in der gegenwärtigen Verfassung zu sein – eine Vorstellung, die mir komplett fremd war, sich so lange für einen Arbeitstag zurechtzumachen – blieben wir noch immer zusammen und hörten nicht mehr auf zu reden. Sie hatte keine Lust heimzugehen, ich umso mehr mit ihr zusammenzubleiben. Wir kamen überein, dass sie am Morgen selbst auf die Arbeit fuhr, und dazu den Bus benutzte, und ich sie fürs Mittagessen sehen würde.

In der ersten Woche bildete sich rasch ein gewisser Fahrplan heraus. Am Morgen standen jeweils kleine Ausflüge in die Umgebung an, die Nachmittage verbrachte ich dann damit, Flors Heimatstadt zu durchstöbern. So befand ich mich an jenem Dienstagmorgen frohgemut auf der sogenannten Panamericana auf dem Weg in den Süden. Zunächst eine sechsspurige Schnellstraße, welche mit allerlei zuweilen skurrilen Pick-ups bevölkert waren, aufgelockert durch Dutzende, bisweilen dicke schwarze Dieselqualm-Wolken ausstoßende Stadtbusse, robuste „Thortons", vor denen man sich ja in Acht zu nehmen hatte, und Sattelschlepper und natürlich die unvermeidlichen DINA-Fernbusse.

Bald verlief sich das geschlossene Siedlungsbild in einzelne einzelstehende, unverputzte Betonblockbauten, dann kamen Behausungen aus Paletten und gar Karton ins Bild, inmitten von schrottreifen Autos, Wäscheleinen, Wasserfässern, den unfehlbar neben der Tür stehenden 45 kg Flüssiggaszylindern und immer mindestens einem dieser kleinen Schirmbäumchen, zu denen Flor „Lilas" sagte. Der Blick auf den Horizont wurde frei, als die Straße eine Anhöhe erklomm. Im Westen strahlte die bizarr zerrissene Sierra Juarez in all ihrer chaotischen Unordnung im gleißenden Morgenlicht. Im Nordwesten dagegen erhob sich die ordentlich schräggestellte, in drei regelmäßigen dreieckigen Gipfeln den Nordwesthimmel dominierende Franklin Kette von El Paso. Kahl waren sie alle beide.

Im Süden dagegen begann sich das Land zu leeren. Rötlicher feiner Sand machte sich um die Gobernadoras herum breit, diese wurden immer seltener, noch wintertrockene Mezquites lösten sie ab. Hinter dieser unübersehbaren Sandfläche erhob sich ein langgezogener Gebirgszug, der bis in unübersehbare Distanzen nach Südosten hinunterzog. Ich wusste von der Pemex-Karte, die natürlich auch wieder mit von der Partie war, dass die Berge im Südosten 80 km entfernt standen. Nichtsdestotrotz konnte man die feinsten Details an ihren kahlen Felshängen ausmachen. Rechts im Südwesten zog ein kleinerer, in einzelne felsige Hügel unterteilter Bergzug in den Nordwesten. Sonst war die Sicht nach Westen frei! Eine Sicht ein wenig wie am Pinacate! Hinter der sandigen, buschbesetzten rötlichen Ebene schien es nichts zu geben. Unbemerkt hatte die nunmehr zweispurige, zur einfachen Landstraße mutierte Panamericana eine weitere Geländeschwelle erklommen, die Kontroll- und Zollstation lag schon ein paar km zurück. Endlich wieder ein paar Kurven, eine Brücke über die Bahnlinie. Längst war jeglicher Verkehr zurückgeblieben.

Der sich jetzt bietende Anblick war derart überraschend, dass ich unwillkürlich anhielt. War ich etwa doch auf einem fremden Planeten angekommen? Vor mir stand ein immenser kraterförmiger Berg wie eine Insel in einem ausgetrockneten Meer. Davor ein gewaltiges Sandgebirge, wie ich es hier nie erwarten konnte. Der Sand schien das halbe Becken einzunehmen. Rechts dahinter eine rötlich schimmernde Scherbe mit gerundetem, schrundigem oberem Rand, der Horizont im Süden wurde dominiert von einer dunklen Masse, während die zuvor beschriebene, nach Südosten streichende Bergkette von der Südwestflanke her wie ein Speckstreifen aussah, mit ihren verschieden gefärbten Schichten aus Sedimentgestein. *Da, eine Seitenstraße! Mal sehen, wie der Dodge sich auf dieser Piste verhielt!*

Besser als zunächst gedacht! An die Dünen kam ich zwar nicht ran, traute mich nicht auf den sandigen Fahrweg! Autos aus dem Sand wühlen war letztes Jahr! Ich wollte ja pünktlich bei Flor sein, um mit ihr zu Mittag zu essen. Aber eine kleine Bergtour konnte nicht schaden! Flugs den Wagen auf eine mit Schotter wie zu einem kleinen Parkfeld bedeckten kleinen Fläche gestellt und bald kam ich flott voran auf dem griffigen, aus vulkanischem Tuffgestein bestehenden Überzug, der die hier aus Kalkstein bestehenden Bruchfaltengebirge wie ein Tortenguss zu überziehen schien. Bald befand ich mich auf einem messerscharfen Grat, und hatte den höchsten Punkt bald erklommen, wohl an die 300 m senkrecht über der Sandwüste unter mir. Vegetation gab es hier oben in dieser veritablen Felswüste noch weniger als damals auf meinem Berg im Pinacate.

Ich bestaunte sprachlos das seltsame Reich meiner Flor. Das Becken, nur 30 km südlich ihrer Stadt gelegen, war auf seine Weise einmalig eindrucksvoll. Ich konnte hinter der mezquitebestandenen Sandebene ganz weit im Westen am Horizont die Sierra Madre ausmachen, über die ich wohl letztes Jahr gekommen war, um das Ojo del Diablo zu suchen, an die 200 km Luftlinie entfernt. Der gewaltige Kraterberg im Süden musste näher sein. Er erhob sich schartig, düster und kahl aus dem unübersehbaren Sandmeer. Ich erfuhr später, dass dieser so zu Greifen nah scheinende Berg in Wahrheit volle 50 km im Süden von hier stand. Nach Südosten hinein zog sich der Grat wie eine schartige Säge bis ins Unendliche hinein, keine Spuren menschlicher Aktivität aufweisend. Tatsächlich würde man hier etwa 250 km reisen müssen, um wieder auf eine befestigte Straße oder ein Haus zu stoßen. Aber jetzt wurde es Zeit fürs Mittagessen!

Aber das war gar nicht so leicht! Ich erfuhr zu meinem Schrecken, dass man in Nordmexiko relativ leicht auf die Berge kommt. Aber nicht mehr hinunter! Zumindest wenn man nicht aufpasst, wo man aufgestiegen war. Überall schienen sich grundlose Abgründe auszubreiten, wo keine Tritte an den glatten Felsen auszumachen waren. Nach Nordosten hin konnte man zwar wie über eine Treppe absteigen, aber der daraus resultierende Umweg würde wohl Dutzende von km ausmachen. Nein, ich musste an der Südwestflanke zu meinem unten hoffentlich immer noch parkenden Auto absteigen, koste es was es wolle! Zunächst etwas den Grat hinunter und an jeder schrundigen

Öffnung probieren, ob sie passierbar war. Schließlich fasste ich mir ein Herz, und stieg trotz des darunter lauernden anscheinend grundlosen Abgrundes eine Felsenrinne hinab und war erleichtert, dass beim Hinunterklettern zum einen mehrere Tritte in Sicht kamen und zum anderen ein kleiner Absatz, den man von oben nicht einsehen konnte.

Rascher als noch vor einer halben Stunde befürchtet, befand ich mich schließlich am 45 Grad geneigten aus Felstrümmern bestehenden Fuß der Kette und trat bald auf die flacher geneigte steinige „Bajada" hinaus. Immer der Nase lang, bereits wieder nach etwaig blühenden Kakteen Ausschau haltend, fand ich bald auf den Fahrweg zurück. Gar nicht weit vom schwarz-violetten Dodge! *Geschafft. Ich würde rechtzeitig bei Flor im Geschäft sein!*

Erstes Mal!

Ich gab dem Dodge die Sporen und schaffte es tatsächlich, noch vor dem Mittag vor der berühmten Tür von Candados Presto zu stehen. Heute war Flor pünktlich, und ich ein Glückspilz, dass mein Bergabenteuer so gut ausgegangen war! Auch in anderer Hinsicht war ich ein Glückspilz: Flor präsentierte sich mir heute ganz in verwegenem Rot! Ein weiterer ihrer ausgezeichnet sitzenden eleganten Overalls. Sie führte mich in ihr Reich und ich lernte ihre Kolleginnen kurz kennen, bevor wir hinausgingen und gemeinsam zu dem an der Hauptstraße gelegenen kleinen Lokal gingen, wo die Bürobelegschaft zu speisen beliebte, wenn der Kantinenkoch schlechte Laune hatte. Wir waren natürlich das Hauptthema der Gespräche! Hier wurde sie erzählt, das erste Mal, unsere Geschichte. Wie unsere Wege sich kreuzten auf so unvorhersehbare Weise, so unverhofft, gänzlich überraschend. Den Freitag davor hatte ich selbstverständlich ausgelassen, der stand irgendwie schräg in der Landschaft. Es würde Jahre, Jahrzehnte brauchen, bis ich mir gewahr wurde, dass unser beider Samstag in Bahia Kino ohne die Geschehnisse an jenem Freitag wohl so nicht verlaufen wäre.

Wo war sie geblieben, jene meine mir damals innewohnende alles dominierende Schüchternheit, welche ich hier meinen Zuhörern glaubhaft zu vermitteln suchte? Flor fand die Idee besonders bizarr! „Du, schüchtern?! Davon hatte ich dort auf dem Boot nichts bemerkt!"

Schweigen ringsum, man wollte natürlich die nun zweifelsohne folgenden pikanten Details nicht verpassen. Aber Flor bedachte mich nur mit einem wissenden, etwas herausfordernden Blick, einen Blick, den ich von ihr noch nicht erfahren hatte, mir aber durchaus bekannt war, oh ja, es ging ein feines Ruckeln durch den Zeitstrom, als unsere Blicke sich verfingen. Sie hatte sich aber schon gefangen und hatte den Faden in die von ihr gewünschte Richtung weitergesponnen. So eine Mittagspause währte schließlich nicht ewig.

Am Abend dann ging es erneut in die Innenstadt, wo wir uns über unsere Erlebnisse während des langen Nachmittages auf den neuesten Stand brachten. Wir kamen überein, dass wir am Wochenende einen Ausflug in die Berge von New Mexico machen würden, genauer hoch nach Ruidoso, einem Ort, der hoch genug in der Sierra Blanca liegt, um genügend Niederschlag für die dortigen dichten Kiefernwälder aufzufangen. Während Flor am Morgen früh anfing zu arbeiten, beschäftigte ich mich hauptsächlich damit, weiter die neue Umgebung zu erkunden. An ihrem Arbeitsplatz konnte ich ihr nicht stundenlang die Zeit vertreiben, wie weiland bei Norma in Hermosillo! So fand ich mich bald drüben im rauen Westend von Juarez, wo die ungeteerten Straßen eine wahre Achterbahn darstellten und derart steil die Hügel hinaufkletterten und dann hinabstürzten, wie sie es in San Francisco nie wagen würden. Oder draußen auf der MEX 2, wo man nach Westen stundenlang in den grenzenlosen Horizont hineinfahren konnte, und ich ein kleines Lokal, „La Flor del Campo" genannt, gefunden hatte, wo ich natürlich auch Frühstück gegessen habe.

Frühstück gab es aber sonst eher an einem Stand, wo es sogenannte Burritos gab, das sind eingerollte Mehltortillas, welche mit gebratenem Bohnenbrei und einer Füllung versehen werden. Die Füllungen werden aus kleinen Behältern nach Wunsch geschöpft oder wie bei den Chile rellenos einzeln herausgenommen. Auch hier kann man wieder Barbacoa bestellen, aber davon hatte ich für mein Lebtag genug gekriegt. Lieber ein schönes Chile colorado, oder eben die mit lokalem Käse gefüllten großen, milden, grünen Chiles, welche im Eiteig ausfrittiert werden. Schon am Morgen begleiteten die übrigen Kunden, an welchen es trotz des Umstands, dass es nach 9:00 war, niemals mangelte, ihre Burros mit Coca-Cola, während ich auf meinen Nescafé nicht verzichten mochte.

Als ich Flor jeweils über meine kulinarischen Abenteuer Bericht erstattete, meinte sie einigermaßen erstaunt: „Du magst sowas? Wirklich? Aber da gibt es doch bessere Lokale!" Magst Du vielleicht Tacos zum Abendessen?" Und ob! Solange keine Köpfe drin waren! Wir fanden uns dann alsbald im „Toro Bronco" wieder, wo es Tacos de Carne asada gab, Carne asada ist tatsächlich dann das, was ich damals unter Barbecue verstand, nur waren die Fleischstücke sehr dünn und immer durchgebraten, was dem Genuss aber keinerlei Abbruch tat.

So kam bald unser erstes Wochenende heraufgezogen, an dem wir ja am Samstag nach Ruidoso fahren wollten. In diesen 6 Wochen tat und erlebte ich viele Dinge das erste Mal. In jener Nacht vom 9. auf den 10. März 1990 kam ich in Mexiko zum ersten Mal in Berührung mit einem Phänomen, das mir ansonsten gut bekannt war: Regen! Ich hatte es in Mexiko noch nie regnen gesehen! Außer in Bahia Kino … Entsprechend erstaunt war ich von dem seltsamen Geräusch, welches mich am Samstagmorgen zeitig aufweckte. Ein eiliges, ganz lautes Getrommel auf dem einfachen, nicht isolierten Holzdach und ein nervöses Plätschern auf dem Vorplatz, weil es keine Dachrinnen gab. Draußen alles grau im braun, wolkenverhangen und dann die wahren Seen von Pfützen, welche sich auf dem Vorplatz gebildet hatten!

So richtig viel Regen schien es nicht zu sein, zu Hause würde man davon kaum etwas merken, aber hier stand das Wasser selbst auf den unbefestigten Seitenstreifen der Straße von „Warafill" nach Zaragoza, wo ich trotz der frühen Morgenstunde schon zu Flors Haus unterwegs war, zum Teil 20 cm tief. Alles war zu einer unsäglichen Schlammschlacht ausgeartet, und von den Senken in der Straße, wo es keine Abzugsschächte gab, ließ ich gewaltige Wasserfontänen im hohen Bogen bis auf die Seitenstreifen spritzen, wo wegen des Regenwetters und der frühen Stunde glücklicherweise niemand unterwegs war. Nein, dieses Land war nicht für Regen gemacht! Ich war ein wenig missmutig deswegen, auch weil unser Ausflug wohl buchstäblich ins Wasser fallen würde. Aber wenigstens würde ich mit Flor bei ihr zu Hause frühstücken können!

Erstaunlicherweise fand ich sie jedoch bei bester Laune vor: „Schöner Tag heute, was! Endlich wieder einmal Regen!" Sie strahlte derart, dass ich es nicht übers Herz bringen mochte, mich über das Sauwetter zu beschweren. Sie war bereits fertig zur Abreise, angeblich ein idealer Tag, um nach Ruidoso zu fahren! „Vielleicht erwischen wir dort sogar noch Schnee!" Mit diesen tollen Aussichten beschäftigten wir uns zuerst mit dem Frühstück, wo Flors Mutter ganz nach ihrer Usanz nicht viel zur Unterhaltung beitrug. Erst mit Flors Ankündigung „Wir fahren nach Ruidoso und sind erst am Abend zurück" änderte sich ihr Ausdruck. Die Idee schien ihr nicht zu behagen, aber mitnehmen konnten wir sie wegen des fehlenden Grenzpasses für die USA nicht. Flor hatte so ein US-Visum in Kreditkartenformat, womit man damals ohne Pass in die USA reisen konnte. Man brauchte lediglich das weiße Kärtchen an der Grenze auszufüllen. So befanden wir uns alsbald in der heute wegen des Regens kurzen Warteschlange auf der kleinen Brücke von Zaragoza nach El Paso, ich schaute auf den träge vorbeifließenden, etwa 20 m schmalen und höchstens 50 cm tiefen Rio Bravo, welcher aber weder besonders bravo noch grande war. Inzwischen hatte es aufgehört zu regnen.

Der Ausflug war dann sehr schön, wir beide kamen auf unsere Kosten, zum einen Flor, welche mir stolz einen kleinen Schneeschauer vorführen konnte, und zum anderen konnte ich alsbald wieder freie Sicht auf den unendlich weitläufigen Horizont werfen, diesmal mit gestochen scharf aus dem bald wieder blau dazwischen leuchtenden Himmel erscheinenden Wolkenballen. Am Sonntag war dann mein erster Familienbesuch, ich wurde Flors Onkel Javier, seiner Frau und seinen 4 Töchtern vorgestellt. Seine Älteste, Lola, hatte vor ein paar Wochen umständlich geheiratet, mit mehreren hundert Gästen, und war mit ihrem frisch Angetrauten da. Ich hatte Konkurrenz in der „Grüne-Augen-Abteilung" bekommen! Die dritte Tochter, deren Name Xochitl ich auch nach mehreren Wochen weder richtig aussprechen noch verstehen konnte, hieß mich als „Neuer Cousin" herzlich willkommen, während die anderen beiden zurückhaltender waren. Ich erfuhr später, dass der Name meiner „neuen Cousine" nichts anderes als Flor auf Nahuatl bedeutet. Onkel Javier wollte natürlich wissen, was wir vorhätten, wir antworteten, dass ich auf 6 Wochen hier zu Besuch wäre, danach die obligate Berichterstattung unserer Erlebnisse, welche zu unserem Zusammenfinden führte.

Die folgende Woche stand ganz im Zeichen der bevorstehenden Abschlusszeremonie, wo Flor ihr Uni-Diplom als Außenhandel-Administratorin bekommen sollte. Sie würde sich von da an „Licenciada" nennen dürfen! Was es damit auf sich hatte, wusste ich ja schon seit meiner Zeit in Hermosillo. Was mich viel interessanter dünkte, war der Umstand, dass Flor mit ihren Kommilitonen nach Mexiko City zum Präsidenten Salinas de Gortari gereist war und auch tatsächlich von ihm empfangen worden sind. Dieser hatte diesen Studiengang ja eigens einführen lassen wegen der geplanten Freihandelszone NAFTA. Jetzt stellte Flor mich ihren Studienkollegen vor, nicht allen, aber doch einigen, auch ihren Freundinnen, allen voran zwei, Elsa und einer nur „La Güera" gerufenen, ziemlich voluminösen Person aus Mexiko City. Der Name rührte von den langen blonden, ganz glatten Haaren. Es wurden Termine abgemacht zur Toga-Anprobe und die Dankesmesse für den erfolgreichen Studienabschluss am Donnerstag. Die Zeremonie selbst sollte dann am Samstagabend, der Ball aber am Sonntag stattfinden, in einer piekfeinen Gegend der Stadt, genannt El Campestre.

„Na, was sagst Du zu Elsa?"

„Scheint eine angenehme Person zu sein."

„Angenehm? Sie sieht doch gut aus, oder?"

„Wirklich? Ist mir gar nicht aufgefallen!», flunkerte ich.

„Lügner! Alle finden sie großartig, gibs nur zu!"

Sie schien es für angezeigt halten, mir in dieser Beziehung auf den Zahn zu fühlen. In Beziehung „andere Frauen"! Aber ich hatte mir da ja nichts vorzuwerfen, bildete ich mir zumindest ein.

Jedoch schon diese Woche gab es ein weiteres „erstes Mal"! Nicht das, womit man vielleicht rechnen mochte, sondern unser erstes kleines Zerwürfnis! Mir war es nämlich einmal beim Warten vor der ominösen Tür bei Candados Presto in der neuen Woche etwas lange geworden und hatte inzwischen ein wenig Zutrauen gefasst. Also hinein durch die Tür zum Empfang! Hier schob eine junge Dame gelangweilt Dienst, so spät am Abend schien niemand mehr anzurufen. Sie wusste, wer ich war. Alle wussten es. Ich war hier fast so bekannt wie der Prince of Wales. Oder noch bekannter. Es kam ohne viel Aufhebens wie von allein zu einem angeregten Gespräch. Ich wollte nur freundlich sein und nahm an, dass auch mein fraglos hübsches Gegenüber das auf diese Art aufnehmen würde. Wer die Szene auf eine ganz andere Art aufnahm, war natürlich meine unvermittelt auftauchende Flor. Ich war glücklich sie endlich zu sehen, aber sie schien ein wenig anders als sonst. Im Auto wurde sie richtig abweisend. Ich bekam ein mulmiges Gefühl, es schien sich etwas zusammenzubrauen!

„Was hast Du denn? Probleme bei der Arbeit?"

„Nein, das Problem bist Du!", giftete sie zurück, ohne mich anzusehen.

„Wieso denn?" fragte ich, wirklich keine Ahnung habend.

„Was sollte denn das vorhin mit Ana? Was hast Du mit der rumzuflirten?"

„Ich???"

„Wer denn sonst?! Mann, Du bist unmöglich, wenn Du Dich dumm stellen willst. Versuch's erst gar nicht!"

„Wir haben nur geredet, das war doch kein Flirt!"

„Für Dich vielleicht nicht, aber für sie!" Dann Schweigen. „Die warten doch nur auf eine Gelegenheit um Dich …"

„Wer?"

„Na alle! Die halten Dich für eine leichte Beute, wo ich doch so …"

„Aber ich liebe Dich doch, Flor!"

Sie schaute mich nun an, zweifelnd. „Wieso eigentlich? Die ganze Stadt ist voller Mädchen, die hübscher sind als ich!"

„Sagt wer?"

„Naja, das ist doch offensichtlich!"

„Komm her, und vergiss diese Ana. Schau doch wie klein und dürr sie ist!"

Sie schmiegte sich nach etwas Zögern doch an mich ran, während wir gegen die Innenstadt fuhren. Dies war meine erste Begegnung mit Flors Eifersucht, welche ich noch genauer kennenlernen sollte. Nach diesem Zwischenfall begann sie jedoch, genauer auf mich achtzugeben. Völlig ungerechtfertigt, ein freundliches Gespräch war in meiner Welt noch lange kein Flirt! Aber hier galten andere Voraussetzungen, ich merkte die längste Zeit nie, dass meine Gesprächspartnerinnen meine Freundlichkeit tatsächlich gelegentlich überinterpretieren mochten. Ich mochte diese neu gewonnene Akzeptanz unter der weiblichen Bevölkerung nicht völlig ungenutzt verstreichen lassen, fühlte mich ob dieser immer noch vor allzu kurzer Zeit erst kennengelernten Aufmerksamkeit auch noch richtig gut. Sogar Flors Eifersucht vermochte mein Selbstbewusstsein zu stärken! Sie würde ihre Ansprüche auf mich gegen diese Frauen verteidigen! Da musste also etwas sein, für was sich zu kämpfen lohnte! Ein Gefühl, das ich nicht kannte. Nie hatte jemals eine in dieser Beziehung etwas auf mich gegeben.

Aber hier musste ich nun, um meine Flor nicht über Gebühr zu verletzen, etwas Neues lernen! Auf Frauen abweisend wirken! Das war dann doch nicht so schwer! Ich konnte mich noch daran erinnern, wie ich es früher gehalten hatte. Kein Augenkontakt und keine persönlichen Gespräche! Diesmal ging es noch glimpflich ab. Ich musste nicht ohne meinen Gutenachtkuss zurück in mein Motel!

Am Donnerstag in dieser zweiten Woche kam es dann noch zu einem weiteren wichtigen Ereignis, welches mein gesamtes weiteres Leben bereichern, befruchten und stabilisieren sollte: Meine erste Messe! Bis zu jenem 15. März hatte ich keinerlei religiöses Leben gepflegt, die Konfirmation unter Vaters ausdrücklicher Billigung hatte ich lediglich gemacht, um den Anschein in Familie und Dorf zu wahren. Die reiche, für mich etwas mysteriöse Zeremonie, die ich nun zu sehen bekam und von welcher ich nichts verstand oder begriff, machte jedoch einen großen Eindruck auf mich. Die Lesungen der Bibelstellen, welche ich kaum verstand, genau so wenig wie die Predigt, dann die schlichten orgellosen Gesänge, schließlich die Eucharistiefeier mit der Wandlung und das Spenden der heiligen Kommunion. Ein Händedruck und eine kleine Umarmung mit den Augen zwischen Flor und mir zum Friedensgruß!

Flor lud mich dann wie selbstverständlich zur Kommunion ein, obwohl das ja für Nicht-Katholische nicht erlaubt gewesen wäre. Aber wir waren in Nordmexiko, im nur aus der Stadt bestehenden Bistum Ciudad Juarez, welches damals als eines der ganz wenigen weltweit strikte nach den Regeln des Zweiten Vatikanischen Konzils geführt wurde. Mir ging in dieser symbolbefrachteten Liturgie eine ganz neue Welt auf, wir besuchten noch unzählige weitere Messen, deren Inhalt ich langsam immer besser verstand, lernte das Vaterunser auf Spanisch zu beten, bevor ich es auf Deutsch konnte, und fand gerade in den Berichten des Evangeliums über die von Jesus erbrachten Wunder eine Bestätigung für meine Erlebnisse in der letzten Zeit.

Flor hatte sich für den so lange herbeigesehnten und mit viel Mühen redlich verdienten Abschlussball besonders schön gemacht! Langes, perlenweißes Abendkleid und eine neue Frisur, mit einer aus ihren Haaren gemachten Rosette auf der Stirn, als würde sie dort eine Blume tragen. Natürlich dazu passende Schuhe mit hohen Absätzen, jetzt war sie beinahe so groß wie ich. Ihre großen Augen strahlten aus ihrem schönen, ebenmäßigen runden Gesicht. Wir hatten einen der großen, runden Tische reserviert bekommen und warteten immer noch auf das Eintreffen von Flors Angehörigen, welche sie eingeladen hatte. Gekommen war bisher nur Omar, ihr Bruder, eine stattliche Erscheinung im dunklen Smoking und Schnurrbart. Von der Arbeit mit dem Traktor auf dem Rancho zeigte sein Gesicht eine tiefbraune Färbung, aber die beiden sahen sich ähnlich genug, dass niemand zweifeln konnte, dass sie Geschwister waren. Flor hatte ihm eine Stelle in ihrer Fabrik besorgt um ihn vom Knechtenleben bei seinem Onkel auf dem Rancho zu erlösen. Er hatte mich bereits am Vortag sehr freundlich begrüßt, seine traditionelle Rolle als eifersüchtiger Beschützer seiner Schwester gegenüber allzu aufdringlichen Bewerbern auf den Schwager-Posten nur sehr mangelhaft ausfüllend.

Aber Omar musste nie auf seine große Schwester aufpassen, das war anfangs wohl eher umgekehrt gewesen. Er schien schon so einiges über mich zu wissen, und umgekehrt war ich ja von Flor auf dem Laufenden gehalten worden, was ihn anging, vor allem, was ihm erst kürzlich widerfahren war. Da hatte Flor jeweils lange Nächte an seinem Bett wachend verbracht. So war Omar eher neugierig auf diesen Typen, der sich traute, sich an seine Schwester heranzumachen. Sie war jetzt 23, ein Alter, wo auch im eher leichtlebigen Ciudad Juarez damals das Unverheiratet-Sein begann, ein wenig aufzufallen. Er hatte es ja vorgemacht, wie man sowas tut. Fest vergeben mit 16, zweifacher Vater mit 20! Und unfreiwillig frisch getrennt mit noch nicht ganz 21 Jahren.

Wir beide waren mit der Aufgabe betraut worden, für das Alkoholische zu sorgen. Neben dem gewöhnlich für solche Zwecke ausgeschenkten Brandy-Cola-Mixgetränk, den sogenannten Cubas, und dem unvermeidlichen Dosenbier legte ich unbedingt Wert auf ein paar Flaschen Weißwein, um dem Anlass ein wenig Glamour zu geben. Jetzt begann die Musik zu spielen, eine Unterhaltung würde somit schwierig werden. Mir wurde bei Gott schon wieder ein wenig bange! Jetzt würde es sich zeigen, ob mein seit letzten Herbst regelmäßig besuchter Tanzkurs etwas taugen würde. Zumindest musste ich nicht wieder so eine Panikattacke durchmachen wie weiland in Bahia Kino. Das war aber auch der einzige Vorteil, den mir der Kurs eingebracht hatte.

Ein bisschen Bahia-Kino-Angstgefühl wäre gar nicht schlecht gewesen, denn mein „erstes Mal" auf der Tanzfläche mit Flor wurde ein krachender Reinfall. Ich konnte es einfach nicht! Trotzdem wäre die Geschichte noch halbwegs erträglich ausgegangen, wenn ich nicht durch mein „untrügliches" Musik- und Taktgespür dazu bewogen worden wäre, dieses Stück wäre wie geschaffen für den damals gerade neu aus Brasilien angekommenen Lambada. Unnötig zu sagen, dass Flor dies nicht besonders erfreut hat und sie danach lieber ein Tänzchen mit ihrem Bruder wagte. Sie war mir aber nicht ernsthaft böse deswegen, eher erstaunt, dass ich obenherum derart steif wäre und meine Füße und Arme nie zusammenarbeiten würden. Diese umfassende Diagnose wurde mir von Flor nach wenigen Minuten Tanzversuch gestellt, immerhin war sie mit meinem Kantonsschulsportlehrer darin einverstanden!

Aber Flor würde nicht mehr weiter an diesen meinen Eigentümlichkeiten rumstudieren. Sie hatte ganz andere Sorgen. Es begann sie zu stören, dass unser Tisch weiterhin so leer blieb. Zunächst war sie wieder nach wenig Alkoholzufuhr sehr rasch ziemlich lebhaft und keck geworden, und wir hatten ein paar ihrer Uni-Kollegen getroffen. Aber je länger der Abend fortschritt und anders als an den anderen Tischen weder Eltern noch Verwandte erschienen, wurde Flor immer schwermütiger und bald richtig traurig. Sie wollte dann nur noch weg. Omar und ich ergriffen noch unsere Flaschen und wir machten uns auf den Heimweg nach Zaragoza. Flor wollte nicht mehr mit uns mitkommen, um dem Wein mit ein paar Kollegen noch den Rest zu geben, und wollte, dass ich sie nach Hause bringe. Vielmehr standen nun doch gar Tränen in ihrem schönen Gesicht! Sie drückte sich nun gar an mich und vergoss ein paar heftige Tränen, und ich versuchte sie zu trösten so gut es mir möglich war, als sie sich aufs Bitterste über ihre Familie beklagte. Sie hatte sich bald beruhigt und bat mich, doch auf den Bruder achtzugeben, bevor sie aus dem Auto stieg und ins Haus ging.

Ich zog also ab und suchte das Haus ein paar Blocks weiter, direkt am steilen Abhang, der zur Kirche von Zaragoza führt, gelegen. Hier ging es bald mit ein paar von seinen Kumpels richtig zur Sache, und anstatt auf Omar achtzugeben, wie es mir aufgetragen wurde, gab ich ihm von dem Wein zu trinken. Er kannte so etwas nicht und weil der Wein leicht runterging und nicht brannte wie Brandy, wurden die Flaschen eine um die andere leer. Mir machte es nicht viel aus, war ja dank der kaum vergangenen Fasnacht und dem Trainingslager bei Gary in Bestform. Und so ein Kerl wie Omar konnte bestimmt eine Menge vertragen! Ich hätte es besser wissen müssen! Flor vertrug ja auch nichts, und er, nun,

Omar war bald von dem Wein sturzbetrunken, solcherart, dass ich ziemlich Mühe hatte, ihn nach Mitternacht zu Flors Haus zurückzubringen. Seine Freunde hatten sich einer um nach dem anderen bereits langsam verzogen. Auch er musste morgen, nein HEUTE, wieder arbeiten, in Candados Presto, wo auch Flor wieder früh antreten musste. Ich setzte ihn in aufgeräumter Stimmung zu Hause ab und ließ danach den Dodge Shadow mehr oder weniger problemlos den kurzen Weg zum Motel zurückfinden.

Am folgenden Tag, der Alkohol hatte sich bereits völlig verflüchtigt, wollte ich Flor wie immer am Mittag bei Candados Presto abholen. Sie schaute mich skeptisch an. Sollte sie etwa gar böse auf mich sein?

„Wie geht es DIR denn so? Kein dicker Kopf oder Magenprobleme bei Dir?"

„Nein, wir haben ja gestern nichts Spezielles gegessen."

„Aber getrunken! Was habt Ihr denn gestern meinem Bruder eingeflößt?"

„Na, den Wein. Alle haben davon getrunken. Er war gut!"

„Omar kam erst um 10:00 hier an und sie haben ihn umgehend zurückgeschickt! Wenn sie ihn nur nicht rauswerfen!"

„Wieso denn so spät?"

„Er war völlig hinüber. Konnte nicht aufstehen. Mach sowas nicht wieder! Es ist mir hinlänglich und aus eigener Anschauung bekannt, dass Dir das Trinken nicht schadet. Aber Omar schon. Versprich mir, dass Du ihn nie mehr derart zum Trinken animierst. Er verträgt es nicht und selbst am folgenden Tag ist er jeweils noch ziemlich ‚borracho‘."

„Das konnte ich ja nicht ahnen. Gut, dass ich es jetzt weiß!"

Ernsthaft böse schien sie mir aber nicht zu sein, vielleicht war sie eher froh, dass ich und ihr Bruder uns so gut verstanden. Und das taten wir. Es war der Auftakt gewesen zu einer lebenslangen Freundschaft. Es war unser letztes gemeinsames Besäufnis gewesen, nicht, dass wir nie mehr anlässlich eines Festes oder so etwas zusammen getrunken hätten, aber nie mehr nur unter uns allein in solchen Massen. Ich hatte in Omar so etwas wie einen Bruder gefunden, mit dem ich noch ein paar verrückte Abenteuer erleben sollte. Aber das konnte ich damals noch nicht einmal ahnen.

Am Abend fuhr Flor fort, sich wegen des Ausbleibens ihrer Familie bei ihrem Abschlussball in Rage zu reden. Wie nie jemand ihr geholfen hatte mit den Auslagen fürs Studium, es wäre allen egal gewesen, was sie tue, angefangen mit ihrer Mutter, welche es nie fertiggebracht hätte, sie und ihre drei Kinder selbstständig großzuziehen, anstatt auf Kosten der Großmutter und Onkel als „arrimados", also aus Mitleid Aufgenommene, zu leben, wo sie jederzeit und von allen ständig auf diesen rechtlosen Status aufmerksam gemacht wurden. „Und jetzt will mein ‚Papán', (wie sie ihren Onkel Tomas nannte), morgen hier aufkreuzen und verlangen, dass Du ihm Deine Vorstellungen mir gegenüber klarmachst, Du sollst also um seine Erlaubnis bitten, dass ich Deine Freundin sein dürfe!"

Ach, das hatte sie also derart verstimmt! Ich wollte wissen, was ich da zu tun hätte.

„Willst Du es tun?"

„Na klar. Aber ich weiß nicht, was ich da sagen muss!"

„Das kann ich Dir schon sagen! Hör zu …"

Ihre Augen leuchteten schon wieder. Ganz klar, sie war wieder obenauf! Die ganze Sache mit dem Erlaubnisbitten beim Onkel musste sie schon länger gewusst und sie etwas bedrückt haben. Im Gegensatz zu meiner dürftigen Leistung beim Abschlussballtanz gelang es mir dann, mich bei ihrem Papán einigermaßen akzeptabel aus der Affäre zu manövrieren. Zu behaupten, dass er begeistert von unseren Plänen war, uns ein wenig näherzukommen, wäre ein wenig übertrieben gewesen. Jetzt, wo Flor endlich an eine ihrer Ausbildung entsprechenden gutbezahlten Anstellung kommen könnte, hatte sie auf einmal einen Freund! Er hatte sich laut Flor eher vorgestellt, dass sie ihm finanziell etwas unter die Arme greifen könnte. Ich sagte jedoch meinen Vortrag schön in etwa so auf, wie Flor es mir zuvor eingetrichtert hatte, er hielt daraufhin eine seiner seltsamen Reden, von der ich nicht allzu viel verstand, weil er mir wohl mit seiner Wortwahl beweisen wollte, dass auch er kein Ignorant wäre.

Unfreundlich war er jedoch in keinster Weise gewesen und da war schon mal viel gewonnen. Flor beschwerte sich zwar bei mir lautstark und des Öftern bitterlich über ihn und seine oft etwas maßlosen Unterstützungswünsche, aber ich wusste, dass ich mir keinen Gefallen tat, in ihr Lamentieren einzustimmen. Sie wollte dann wissen, ob ich denn so gar nichts an meine Eltern abgeben würde, weil ich nie etwas Entsprechendes verlauten ließ. Diese Vorstellung war mir fremd. Ich erklärte, dass seit meinem Auszug meine Pflicht für regelmäßige Zuwendungen ausgelaufen sei, und mein Vater genügend Geld verdiene für alle seine Verpflichtungen. Diese Vorstellung war ihr dann ihrerseits unvorstellbar.

„Du gibst also Deinen Eltern kein Geld?"

„Nein, das wäre ja auch nicht nötig. Sie haben ihr eigenes Geld."

„Und vorher, als Du noch bei ihnen wohntest?"

„Ich gab ihnen etwa so viel, wie ich für Essen, Wäsche, und so weiter gebraucht habe."

„Deine Mutter hat Dir die Wäsche gemacht. Sie muss Dich unglaublich ‚chiple' gehalten haben! Wie meine Mutter meinen Bruder!"

„Chiple?"

„Ja, wie ein Baby eben! Über alle Maßen verwöhnt."

„Hahaha, das mag schon ein wenig so sein! Wenn Du mit mir mitkommen würdest, am 15. April würdest Du sogar noch von meiner Geburtstagstorte kosten können, welche sie bestimmt für mich backen wird."

„Was? Sie macht Dir eine Torte für Deinen Geburtstag. Mit 28?! Das hat nicht mal Omar von seiner Mutter bekommen! Und er ist erst 20. Aber würdest Du mich denn Deiner Familie vorstellen wollen? Kann ich dort überhaupt einreisen?"

„Ja, damit sie Dich kennenlernen. Du hast ja schon Deinen Grenzpass, es fehlte nur noch der andere, normale Pass."

„Und das Visum?"

„Brauchst Du keines!"

„Echt?"

„Ja, sicher. Lass es uns versuchen! Du kommst mit mir auf einen Besuch."

„Ich habe aber keine Ferien im Betrieb!“

„Gar keine?“

„Erst nach einem Jahr. Aber vielleicht ginge ein unbezahlter Urlaub. Ich frage morgen gleich im Personalbüro.“

Wir hatten dann an jenem Dienstag ein paar Besorgungen zu erledigen, nebst unseres üblichen gemeinsamen Abendessens. Flor musste ihre abgelaufenen Raten für eine Polstergruppe bezahlen, welche sie für ihre Mutter gekauft hatte. Anstatt weiter die Raten zu bezahlen, schlug ich vor, in Anbetracht unserer möglichen Reise alles miteinander zu bezahlen. Dann würden wir nicht wieder in Rückstand geraten. Flor machte mir dann die Freude, mich den Restbetrag bezahlen zu lassen, das schien durchaus auch in ihrem Sinne zu sein. Auch heute lieferte ich sie wieder brav bei ihrem Haus ab, ging aber mit ihr hinein, um noch ein Nescafé und das von mir in der nahen Bäckerei gekaufte Süßbrot zu essen.

Unser Zusammensein reicherte sich unbemerkt durch kleine Alltagstätigkeiten an, so unbedeutend sie auch sein mochten, sie zeigten uns, dass wir zusammen „Leben konnten“ – unsere bislang so verschieden verlaufenen Lebenslinien wuchsen alsbald immer mehr zusammen.

Das Ergebnis dieses Zusammenflechtens unserer Stricke des Lebens war dann jedoch über alle Maßen überwältigend, es scheint noch heute fast unmöglich, dass wir in den folgenden 4 Wochen so viele wichtigen Entscheidungen gefasst haben sollten und all diese Dinge fast gleichzeitig geschahen.

El Paso, Texas, Gerichtsgebäude, 10. April 1990

An jenem frischen, luftigen Frühlingstag waren wir schon zeitig am Morgen aufgebrochen und nach Überqueren der Grenze, diesmal als Fußgänger, hatten wir uns das für das morgige Vorhaben erforderliche Formular besorgt; im sogenannten „El Paso County Courthouse“, also dem Gerichtsgebäude des Bezirks von El Paso in Texas. Aber jetzt wurde ein interkontinentales Ferngespräch fällig, ich musste endlich meine Beichte – die Richtige würde erst im

Sommer fällig werden – ablegen! Ich hatte mich mit ausreichend Vierteldollarmünzen versorgt und wählte am Münzfernsprecher vor dem Gerichtsgebäude die Nummer meines Elternhauses:

„Neth."

„Hier auch!"

„Dass wir auch endlich etwas von Dir hören! Ist alles in Ordnung?"

„Ja, alles bestens!"

„Und Flor?"

„Steht hier neben mir. Wir sind in El Paso."

„Hast Du Deinen Rückflug schon rückbestätigt? Du kommst doch zurück am 15.? Wie abgemacht?"

„Natürlich. Ich muss ja am 17. wieder arbeiten. Wir fliegen am 15. April und am 16. kommen wir am Vormittag an!"

„WIR?"

„Ja, Flor kommt mit!"

„… Und ihre Familie lässt sie so einfach gehen?"

„Nun, einfach so nicht. Es wurde eine Bedingung gestellt."

„Eine Bedingung? Aber nicht etwa vorher heiraten?!"

„Doch."

„… Nein, das kann doch nicht Dein Ernst sein! Ihr kennt Euch ja kaum! Und wann soll denn das sein? Es sind ja nur noch 5 Tage bis dahin!"

„Morgen. Hier in El Paso." Münzen füttern.

„Hallo, hallo?!"

„Ich bin noch dran, musste Quarters nachgeben!"

„Wieso in El Paso?"

„In Juarez geht es nicht. Ausländische Männer dürfen in Mexiko keine Mexikanerinnen heiraten. In den USA schon."

„Und das gilt?"

„In den USA, in Mexiko und auch in der Schweiz."

„Also mir scheint, Du hast den Verstand verloren. So trifft man keine Entscheidungen fürs Leben. Und einfach so, ohne Feier! Wozu diese Eile. Ist es etwa, weil …"

„Wir werden später noch in der Kirche heiraten."

„Einig scheint ihr Euch ja zu sein!"

„In der Tat. Morgen ist es so weit." Noch mehr Münzen.

„Und danach? Was wollt Ihr dann anfangen?"

„Darüber können wir am Montag reden."

„Kannst es Deinem Vater selbst sagen. Um unsere Meinung dazu zu erfahren hast Du ja nicht für nötig befunden."

„Habt Ihr wohl auch nicht."

„Das war damals etwas anderes. Kann Deine Flor überhaupt deutsch?"

„Sie wird es schon lernen. Ein paar Worte kann sie schon."

„Na, da sind wir aber gespannt. Hier ist Dein Vater …"

Flor hatte den ganzen Wortwechsel gespannt verfolgt. Jetzt wollte sie natürlich wissen, was los war.

„Und? Was haben sie gesagt?"

„Totale Begeisterung!"

„Zumindest habt Ihr Euch nicht gestritten. War das deutsch? Ich habe kein Wort verstanden."

„Schweizerdeutsch halt. Aber jetzt wissen sie es. Es wird schon in Ordnung sein. Mein Vater wollte ja schon lange, dass ich eine Freundin habe, und jetzt habe ich halt eine Ehefrau."

„Noch nicht. Ich kann immer noch nein sagen!"

„Aber wirst Du doch nicht!"

„Das wirst Du morgen noch früh genug herausfinden." Küsschen.

Mit dem Formular, der sogenannten Heiratslizenz, konnten wir uns morgen, 11. April, im Gerichtsgebäude melden. Mit der Wartezeit wollte man vermeiden, dass aus einer Bier- oder Feierlaune heraus Ehen geschlossen wurden. Uns verschaffte die Frist eine willkommene Gelegenheit, ein kleines Festchen für die hiesige Verwandtschaft zu organisieren. Es sollte morgen Abend, nach getaner Arbeit, in Flors Haus steigen. Ihr Flugticket hatten wir bereits gekauft. Es war ziemlich mühsam gewesen, sie auf denselben Flug zu bekommen. Einen Rückflug für Flor gab es auch. Ich allerdings musste dann in der Schweiz nochmal ein Ticket kaufen. Das wäre die eigentliche Überraschung gewesen. Aber eine solche Bombe wollte ich nicht übers Telefon fallenlassen! Wir würden nur für die dreimonatige Kündigungsfrist, welche ich bei Ciba Geigy zu erfüllen hatte, in die Schweiz zurückkehren. Danach, Ende Juli, würde es zurück nach Ciudad Juarez gehen! Ich würde meinen Traum an der Seite meiner Flor leben!

Am folgenden Tag, Flor trug das gepunktete Kleid, welches einmal ihrer Mutter gehört hatte, und ich eine Hose und ein richtiges Hemd, standen wir beide Hand in Hand vor der Treppe zum Gerichtsgebäude. Allein! Niemand konnte uns begleiten, weil niemand von Flors Familie ein USA-Visum hatte. Ein kristallklarer, frischer Tag, endlos blauer Himmel. Flor hatte sich ihren Mantel übergezogen und ließ sich am Aufgang von mir fotografieren. Zuversichtlich sah sie hinauf zu den Gebäuden und zu mir herüber. Sie zeigte nicht die geringste Aufregung oder Nervosität. Tapfere Flor! Ließ sich auf ein derartiges Abenteuer ein! Wir gingen hinein. Wir liehen uns die Trauzeugen von einem anderen Paar aus, welches vor uns dran war. Das Innere der „Trauabteilung" war gediegen eingerichtet, viel Holz, Amerika-Fahne eingerollt in der Ecke. Man konnte auf ein paar Stühlen sitzend seinen Termin abwarten.

Jetzt wurden unsere Namen aufgerufen, recht fließend ertönte „Maria Flor Avila … Aguilera" und dann holpernd „… Dieter … Neth!" Wir erhoben uns und traten durch die Türe, Trauzeugen im Schlepptau. Die bei weitem kleinste Hochzeitsgesellschaft am heutigen Tag! Ein älterer Traurichter erwartete uns, untersetzte Statur, gütiger Blick, eisgraues, schütteres Haar und das unvermeidliche schwarze Talar. Er schien uns zwei verlorene Liebenden etwas ins Herz geschlossen zu haben. Er sprach die Formeln sichtlich gerührt, wie ein zu Tränen gerührter Großvater verkündete er …„I declare you husband and wife!" Diese Zeremonie ist mir tief in der Erinnerung geblieben, mehr noch als die etwas turbulente kirchliche Trauung vom 15. September im selben Jahr. Wir waren jung, bereit, den großen Schritt zu wagen und nichts würde uns je zu trennen vermögen. Ein kurzer, intensiver Kuss besiegelte unsere Vereinigung.

Am Abend präsentierten wir stolz unser Dokument, wo die schlichte Feier mit den vor Ort anwesenden Familienmitgliedern stieg, wir gemeinsam am Kuchen schnippelnd, während „meine neue

Cousine" sich an meiner Kamera versuchte und durchaus präsentables Material produzierte. Eines davon zeigte uns beim Küssen, so wie Prinz Charles und Lady Di sich vielleicht auch gerne einmal geküsst hätten! Die folgenden Tage verliefen dann nicht etwa als Flitterwochen, sondern arbeitsam mit Abschiednehmen und Kofferpacken. Flors Großmutter war natürlich traurig, und alle teilten ihre Skepsis, ob sie „La Güera" je wiedersehen würden, und wie es ihr wohl ergehen mochte bei diesem Ausländer, den sie ja kaum kannten. Und erst noch mit dem Flugzeug! „Aber wieso nehmt ihr nicht einfach den Bus in die Schweiz, Flor? Das wäre doch viel günstiger!", fragte die Cousine Sandra. Mit Flors Antwort, welche als Erklärung den Atlantik bemühte, konnte sie nicht viel anfangen, ein wenig mehr mit dem Umstand, dass der Flug 14 Stunden dauern würde. Mit dem Bus müssten das dann ja über hundert Stunden und noch mehr sein, ja klar! Endlich stieg mit dem 15. April, Ostersonntag, unser Abreisetag herauf, der erste richtig heiße Tag jenes Jahres, verziert mit vielen Zirren, wie jener Sonntag 7. Mai 1989 in Bahia Kino. Wieder ein großer Abschied. Aber diesmal würde ich nicht allein zurückbleiben! Von nun an waren wir zusammen, und konnten endlich unser Leben gemeinsam selbst bestimmen.

Die ganzen Erinnerungen an die letzten 40 Tage stürmten auf mich ein wie eine Flutwelle. So viele Ereignisse. So viel Glücklichsein. Mein Leben hier in Ciudad Juarez glich nun einem allerdings angenehmen Dauerrausch, einem einzigen Abenteuer, das nie aufhören würde. Immer wieder tauchten die selig verbrachten Stunden während des langen Nachtflugs aus dem Gedächtnis auf, andere Ereignisse bedurften einer weiteren Erörterung – und Flor wollte natürlich auch wissen, was sie „drüben" wohl erwartete.

Und wieder ein Schiffbruch!

50 km vor Aldama, 6. April 1990

Wieder einer dieser eigenartig transparenten, mit einem dunkelblauen Himmel ohne jegliche Spur einer Wolke versehenen Tage voller weißem Licht! Ich hatte Flor zu einem Wüstentrip überredet, im neuen Ford Ranger 4 Cylinder Pick-up, den ich gebraucht in El Paso für 2'000 Dollar gekauft hatte. Überredet war ein bisschen übertrieben. Sie war sofort begeistert dabei gewesen und hatte ihrer Mutter beruhigend gesagt, am Abend wären wir wieder zurück. Jetzt war es Abend. Aber wir waren nicht zurück, sondern erst etwa zur Hälfte durch mit unserer kleinen etwa 700 km messenden Rundfahrt durch Texas und Chihuahua. Das wäre ja noch akzeptabel gewesen, wenn wir nicht mehr anhielten, wären die 450 km innert 5, 6 Stunden zu bewältigen gewesen, und wir also, *technisch gesehen*, noch am Abend zurück, allerdings erst um 10 oder 11!

Aber ausgerechnet heute, als ich Flor dabei hatte, blieb ich das erste Mal in meinem Expeditionsleben in der Wüste liegen. Sie mochte daran gedacht haben, wie sie meine Offerte damals in Bahia Kino zum Glück zurückgewiesen hatte! Der kleine Vierzylindermotor hatte wohl von Anbeginn an einen Motorschaden gehabt, welcher der Händler mit dem berüchtigten *„Overhaul en un Bote"* repariert haben mochte. Das ist ein besonders zähflüssiges Öl, das man als Zusatz nimmt, wenn die Zylinderkopfdichtungen schadhaft sind und der Motor Öl verbrennt. Solange der Motor nicht beansprucht wird, hält der Zusatz ein paar Tage oder Wochen. Aber nur Minuten, wenn man wie ich mit Vollgas die Interstate runterdonnert, um die Trucker nicht überholen zu lassen. Vor wenigen Minuten hatte ich den letzten Liter Öl zugegeben, als wir vom Aussichtspunkt an der schwindelerregend tiefen Schlucht des Rio Conchos weg hochgefahren sind, samt dem in Texas von Flor ausgegrabenen Exemplar eines orange blühenden Echinocereus dasyacanthus, welches vom mexikanischen Zoll großzügig übersehen wurde. Der Anstieg ließ den Motor derart heiß laufen, dass er das frische Öl wegsoff wie ein verdurstendes Kamel das Wasser in der Wüste. Es gab dann noch ein kreischendes, schrilles Geräusch, als sich die Kolben festfraßen und der Motor starb ab. Wir hatten gerade noch den Sattel geschafft und ich ließ den toten Ford auf der anderen Seite im Leerlauf in ein gespenstisch leeres Wüstenbecken hinabrollen.

Die Randgebirge am südlichen Horizont verglimmten gerade in den rotvioletten Farbtönungen des späten Nachmittags jede Scharte, jeder Felsvorsprung oder jede Kluft zeichnete sich messerscharf vor dem langsam eine dunkelblaue Färbung annehmenden Abendhimmels. Der kleine, graue Ford lief im flachen Teil des Beckens rumpelnd auf den unbefestigten Seitenstreifen. Jetzt ging es nicht mehr weiter. Wir guckten uns an und stiegen dann schweigend aus. Motorhaube öffnen, als Zeichen einer Panne. Aber es gab keinen Verkehr. Wir waren ganz allein in dieser fast vegetationslosen Einöde.

„Können wir vielleicht nach Aldama laufen?“

„Nicht wirklich. Für die 50 km brauchen wir die ganze Nacht.“

„Und zurück?“

„Nach Ojinaga? Ist es noch weiter, so um die 100!“

„Dann warten wir, bis uns einer mitnimmt!“

Meine zuversichtliche, nicht aus der Ruhe zu bringende Flor! Aber ob überhaupt noch jemand vorbeikommen würde? Und würde überhaupt einer anhalten? Mir kam wieder Luis aus Mazatlán in den Sinn, mit seinen Straßenräubergeschichten. Wenn sowas wirklich wahr wäre, würde keiner anhalten. Und ich hatte ja eine richtige Norteña bei mir, vor denen er mich ja so gewarnt hatte! Wir stellten uns neben dem Wagen an den Straßenrand, wie eine neue Version dieses Gangsterparchens, Bonnie & Clyde! Endlich hörten wir einen Motor! Aber nach mehreren, ewig scheinenden Minuten, während denen das Geräusch immer lauter wurde, sahen wir oben am Abhang einen uralten Pick-up auftauchen, der keinerlei Anstalten machte, hier anzuhalten. Knatternd schoss er an uns vorbei, wie zum Hohn noch die Hupe erklingen lassend, bis das Geräusch von der leeren Weite der Wüste aufgesogen wurde. Wieder Stille! Dann, nach fast einer halben Stunde, sahen wir zwei Fahrzeuge den Pass hinunterfahren. Dem Motorengeräusch nach zu schließen wollten sie anhalten! Und tatsächlich. Der vordere Fahrer von den beiden damals neu aufkommenden, großen geländegängigen Fahrzeugen, beide mit Arizona-Schildern hielt ein wenig vor uns auf der Stellfläche ab! Sie sprachen Spanisch, waren mexikanisch stämmige Auswanderer, wohl auf dem Weg zurück in die alte Heimat. Familienbesuch.

„Na was gibt es denn? Benzin ausgegangen?"

„Nein, das Öl!"

„Echt? Wie ist das möglich?"

„Der Motor läuft nicht mehr. Hat alles Öl verbrannt."

Der ausgestiegene Fahrer, in Bermudashorts und ausgebeultem, weißem T-Shirt gekleidet und eher untersetzter Statur kratzte sich am rundlichen Kopf. Er machte einen freundlichen Eindruck.

„Und Du bist einfach weitergefahren! Hast jetzt einen Kolbenfresser!"

„Der Motor war ohnehin im Eimer und ich wollte nicht hier draußen steckenbleiben."

„Kann ich gut verstehen. Aber ohne Öl läuft der Motor nur wenige Minuten!"

„Das haben wir auch herausgefunden."

„Nach Aldama ist es nicht mehr so weit. Wir können Euch mitnehmen."

„Und der hier? Ich lasse ihn ungern hier unbeaufsichtigt zurück."

„Ja, das stimmt. Der wäre bald weg. Neuer Motor rein und Du hast ein recht gutes Fahrzeug! Aber abschleppen geht nicht. Viel zu weit und wenn ein Federal de Caminos uns sieht sind wir dran."

Er legte die Stirn in Falten wie ich es schon so oft in Nordmexiko gesehen habe und schien nachzudenken.

„Aber schieben würde gehen! Ich schiebe Euch an und wenn einer kommt lass ich Euch einfach rollen. Das könnte gehen!"

„Das wäre sehr nett."

Und schon waren wir einverstanden. Motorhaube zu, und wir beide waren schon drin. Bald schob unser Pannenhelfer seinen Wagen gegen unsere Stoßstange und rumpelnd ging es auf die leere

Landstraße hinauf. Sein starkes Fahrzeug hatte keine Probleme, unseren Ford Ranger anzuschieben und ich vermochte auch ohne Servolenkung das Fahrzeug auf Kurs zu halten. Bald waren wir wieder nach Aldama unterwegs, gerade als die Sonne anfing, hinter den weit entfernt stehenden Bergen unterzugehen. Immer wieder rumpelte es, als das Schubfahrzeug etwas unsanft gegen die Stoßstange prallte. Wir waren froh, dass die Geschichte so glimpflich abzulaufen schien.

Flor hatte mir während der ganzen Geschichte keinen Vorwurf gemacht. Jede andere hätte mir wohl, und nicht zu Unrecht, die Leviten gelesen. Sie würde es später schon noch nachholen, aber jetzt, in diesem Moment, kam es auf Einigkeit an. Wie oft hatte sie mit ihrer ruhigen Art in ähnlichen Situationen eine entscheidende Rolle gespielt! Dafür konnte sie sich umso besser manchmal maßlos über winzigste Unzulänglichkeiten aufregen. Zumindest schienen mir manche dieser Probleme nicht der Rede wert. Aber unwichtig oder nicht, wenn Flor sich deswegen ärgerte, hatte auch ich ein Problem. Wie abgemacht fuhr unsere Helfer dann – mit dem Arm winkend – an uns vorbei, als wir an einer Werkstätte ankamen. Mit letztem Schwung ließ ich den havarierten Pick-up in die steinige Auffahrt hineinrollen. Der Mechaniker war sogar noch anwesend. Nach ein paar natürlich erfolglosen Startversuchen meinte er, er könne den Motor ohne Komplettüberholung, den sogenannten Overhaul, wieder zum Laufen bringen. Er müsse nur die Zylinderkopfdichtungen ersetzen, was bis morgen Mittag möglich sein sollte.

So weit so gut! Oder etwa doch nicht? Wir sollten doch am Abend zurück sein! Wir ließen den Pick-up in der Werkstatt zurück und machten uns auf die Suche nach dem vom Mechaniker erwähnten Hotel. Es war schnell gefunden, ein einfaches Haus, aber ausreichend für die Nacht. Flor war zufrieden, und so konnte ich es auch sein. Sie machte nur ein paar launige Bemerkungen von wegen meinem Bleifuß und so, wogegen ich nun wirklich nichts Vernünftiges vorbringen konnte. Wir standen ja kurz vor unserer gemeinsamen Reise in die Schweiz und unserer so allzu kurzfristig angesetzten Zivilhochzeit. Unsere Seelen waren in einer viel zu sonnigen Stimmung, um uns wegen eines Kolbenfressers groß zu ärgern. Das war kein Problem, das mit ein bisschen Geld nicht lösbar wäre. Sorglose Zeit der Jugend! Jetzt waren wir nach einem frugalen Nachtessen wieder in unser Zimmer zurückgekehrt und saßen uns auf dem Bett gegenüber.

„Was meinst Du? Kriegen wir Ärger mit Deiner Mutter?"

„Du nicht, ich vielleicht schon!"

„Meinst Du, sie ahnt was?"

„Nein, sie weiß es. Sobald wir nicht zurückkommen. Sie haben es alle immer erwartet, dass ich einmal enden würde wie sie. Mit einem unehelichen Kind, das ohne Vater aufwachsen muss."

„Aber das wird nicht passieren!"

„Wieso nicht? Bist Du etwa immer noch außer Betrieb?"

„Naja, die Zeit, die der Arzt nannte, läuft erst am Sonntag ab."

„Lass uns wenigstens zusammen duschen, wenn es warmes Wasser gibt!"

„Es hat!"

„Na dann! Jetzt bist Du fällig. Los ins Bad mit uns! Ich will Dich wieder mal richtig einseifen! Ihr Europäer versteht es nicht, Euch richtig zu waschen. Deswegen sollen die Franzosen das Parfüm erfunden haben!"

Schon wieder dieser Spruch! Aber ich fühlte mich nicht etwa beleidigt. Etwas Wahres ist ja schon dran. Bald hatten wir uns der Kleider entledigt und sahen uns an. Flor öffnete resolut den Hahn und machte ihre Androhung wahr, mich richtig einzuseifen.

„Jetzt ich. Vor allem am Rücken!"

Ich tat wie geheißen und war dann allerdings mit meinen Händen längst ihren Rücken hinunter um ihre schmale, feste Taille gelangt und vorne wieder hoch in gebirgigere Gegenden. Ich fühlte ihre Erregung und sie drehte sich um. Sie schaute mich verlangend an.

„Gefallen sie Dir?"

„Und ob! Sie sind größer geworden seit dem letzten Mal!"

„Hahaha. So ein Unsinn! Aber wenn Du meinst. Magst Du sie denn groß?"

Wir hatten dann nach unserem gemeinsamen Wasserspaß unsere Hochzeitsnacht vorausgefeiert! Wir verbrachten in Aldama also unsere erste ganze Nacht gemeinsam im selben Bett, eng aneinander geschlungen. Der Kolbenfresser hatte sich wirklich ausgezahlt! Aber es war nicht unser „erstes Mal" gewesen, beileibe nicht! Eigentlich bewegten wir uns, oder vielmehr ich mich, in verbotenem Terrain. Es gab da nämlich ein kleines Malheur die Woche zuvor. Sozusagen ein „Kolbenfresser" welcher sich am 27. März anschickte, seinen Lauf zu nehmen! Aber in dieser ersten gemeinsamen Nacht dachte ich nur flüchtig an diese schmerzhafte Episode. Nach Mitternacht hatte ich auf einmal Flors Bein auf meiner Bauchdecke. Ihr Gesicht stand dicht vor mir. Verführerisch lächelnd. Wir hatten natürlich kein Pyjama mitgebracht und lagen so im Bett, wie man aus der Dusche zu kommen pflegt.

„Das Bett ist arg schmal, ich habe höllische Rückenschmerzen. Oder es kommt davon, weil Du die Troca ständig über die Topes hüpfen lässt! Komm sei lieb und massier mich nochmal …"

Anderntags kamen wir dann allerdings mit dem „reparierten" Ford Ranger nicht einmal 100 km weit und gleich hinter Chihuahua waren wir noch einmal mit demselben nervigen Geräusch liegen geblieben. Wir hielten dann den Überlandbus an, der uns zum nächsten in 200 km Entfernung liegenden Ort Villa Ahumada brachte, wo einer von Flors Onkel lebte. Dieser konnte den kleinen Ford mit seinem bulligen Chevrolet Achtylinder problemlos abschleppen. Das havarierte Fahrzeug würde dann den Sommer beim Onkel im Hof überdauern, bis ich den Ersatzmotor herangeschafft haben würde.

Fort mit Ford – zurück im Bus, wie man so sagt. Bei Flor zuhause hatte ihre Mutter hatte nichts gesagt wie üblich, sie wusste auch so Bescheid darüber, was wir auf unseren Touren so alles anstellten.

30 km vor Ciudad Juarez, am 28. März 1990

Wir hatten uns auf einer unserer nachmittäglichen Streiftouren durch die Stadt, welche wir ja inzwischen ohne Ausnahme jeden Tag nach Flors Feierabend unternahmen, nach dem Abendessen hier draußen am Steilabbruch des sogenannten Neumexikanischen Grabenbruches eingefunden. Dort draußen war es damals recht einsam. Hier senkte sich die weite Talebene des Rio Bravo langsam in den Untergrund, weil sich die beiden Ränder langsam voneinander wegbewegten, so als könnten sich die USA und Mexiko nicht leiden und wollten die Distanz auf diese Weise vergrößern. Von oben gab es eine schöne Aussicht auf Ciudad Juarez, El Paso und vor allem viel Wüste. Aber wir waren nicht nur wegen der Aussicht hergekommen. Der Abbruch wies eine sehr lückige, oft fehlende Vegetation auf, ein kleiner Feldweg führte zur alten aufgegebenen Zollstation, wo früher Waren und Fahrzeuge kontrolliert wurden, welche den Zollfreibezirk um Ciudad Juarez verlassen wollten. Jetzt gab es die neue Station oben auf dem Plateau. Ein ruppiger Wind peitschte den Abbruch hinunter und führte ziemlich viel Sand mit sich. Wir hatten einen bestimmten Grund gehabt, ausgerechnet heute hier hinauszufahren. Es verlangte uns nach einer neuen Oxytocin-Dosis, das sogenannte „Kuschelhormon". Es wird beim Küssen, Umarmen, In-die-Augen-Blicken und vor allem beim und nach dem Sex ausgeschüttet. Ganz plötzlich war es über uns gekommen, ein nie gekanntes Verlangen nach ihrem Körper ließ mich an nichts anderes mehr denken.

Wir hätten zwar ins Motel-Zimmer fahren können wie damals, aber das dauerte uns zu lange. Schon hatten wir uns auf der ansonsten nie benutzten Rückbank unseres Dodge Shadow eingenistet. An einem solchen Tag würde niemand kommen. Sandschwaden umtobten den Wagen und der Sturm rüttelte an der Karosserie. Es wurde nun allerdings rasch ziemlich kalt. Aber nicht für lange. Eine ungemein intensive, wenngleich vergleichsweise kurze Begegnung! Es traf mich wie ein Donnerschlag, alle Gefühle miteinander, wie ein schlecht abgebranntes Feuerwerk. Und am Ende war's ziemlich schmerzhaft, und zwar bei mir. Wir lagen dann noch ein Weilchen beieinander, jetzt auf solche Weise erhitzt, dass sich sämtliche Scheiben derart beschlagen hatten, dass man von draußen nicht mehr hätte zu uns hineinsehen können. Der Sandsturm war noch stärker geworden, und der Schmerz dort unten allerdings auch. Ein zweites Mal würde nicht zu schaffen sein. Flor wollte besorgt nachsehen, und sah, dass sich da etwas einschnürte wie ein Gummiband.

Ich dachte, dass mit etwas Wasser die Sache sich würde regeln lassen, aber darin täuschte ich mich. Am folgenden Tag und dem nächsten wurden die Schmerzen immer intensiver und Flor immer besorgter. Schließlich ließ sie sich im Betrieb vom fest angestellten Arzt eine Klinik empfehlen, wo ein Urologe konsultierte. Die Sache war mir natürlich extrem peinlich, aber nicht genug, um mich weiterhin den Schmerz ertragen zu lassen. Und außerdem ging natürlich so gar nichts mehr! Der Bescheid war dann nicht besonders gut. Man würde eine Beschneidung durchführen müssen, die Vorhaut hatte somit eine Art Kolbenfresser und war nicht mehr zu gebrauchen. Örtliche Betäubung vom Rückenmark an abwärts. *Gut! Am besten gleich. Von mir aus!* 24-36 Stunden Klinikaufenthalt! *Schlecht! Sogar sehr schlecht! Wie sollte es Flor ihrer Familie erklären, dass ich am Samstag nicht bei ihr war, wo wir doch seit dem ersten Tag unzertrennlich gewesen waren!*

„Habt ihr Euch gestritten?", würde Flor wohl non-stop gefragt werden.

„Nein, nein, Dieter hatte nur eine kleine Operation."

Schon klar. Eine solche Antwort würde sofort neugierige Fragen folgen lassen nach Sinn und Zweck des Eingriffs. Und es würde wohl wieder ein wenig peinlich werden für uns zwei. Also mussten wir konspirieren! Magenverstimmung wegen verdorbener Kuttelsuppe, dem sogenannten Menudo, den ich nicht ausstehen konnte und erst kurz vorher versucht hatte, war unsere Diagnose! Das würde gehen. Nachdem die wirklich wichtigen Fragen geklärt waren, konnte mich der Arzt über den Eingriff aufklären, auf Englisch, damit ich auch alles richtig mitbekam. „Funktioniert das Ding auch ohne Vorhaut?", war meine erste Frage. „Besser als mit, und ist einfacher sauber zu halten", war die Antwort des Urologen, der in dieser Sache bestimmt mehr Erfahrung hatte als ich Fast-Neuling. *Na dann!* Wir warteten auf Flor, welche mit dem Bus nach Hause gefahren war und die „amtliche" Version des Vorkommnisses ihrer Mutter vorgetragen hatte.

Sie hatte ein paar Sachen zum Übernachten mit und kam so rasch wie es mit dem Bus eben ging wieder zurück. Sie durfte dem Arzt assistieren! Was lediglich bedeutete, dass sie scharf aufpasste, um ihre Interessen wahrzunehmen; was der Arzt da genau wegschnitt und wie viel und was er sonst noch anstellte. Die Sache war schnell ausgestanden, Flors Präsenz half durchaus, damit ich nicht zu zimperlich reagierte. Ich wusste inzwischen, dass sie solches Benehmen von Männern nicht schätzte.

Danach, bereits im Zimmer, konnte ich trotz meiner „Lebensmittelvergiftung" ein kleines Nachtessen einnehmen und war gerade eben damit fertig geworden, als sich schon Besuch ankündigte! Flors Onkel Javier! Er trug sein breites Lächeln im runden Gesicht, das er auch nicht ablegte, als er seine „Güera" nach der aktualisierten Version des Zwischenfalls fragte. Er, Vater von 4 zum Teil erwachsenen, und teils heranwachsenden Töchtern, ließ sich natürlich nicht von uns auf den Arm nehmen – oder er hatte sich am Empfang erkundigt. Er war ja nicht gestern auf die Welt gekommen! Aber gutmütig, wie er war, ging er auf unsere Menudo-Story ein.

Für den Rest des Clans, welche nicht vor Ort etwa eine Krankenschwester fragen konnten, würde die „offizielle" Version verhalten, der Schein der „unbefleckten Paarbeziehung vor der Ehe" war somit gewahrt. Das war damals halt noch ein wenig anders, und Flor als uneheliche Tochter stand sowieso unter besonderer Beobachtung, als ob sich solches Verhalten vererben würde. Flor verbrachte die ganze Nacht an meinem Krankenbett, was den für sie angenehmen Nebeneffekt hatte, dass keine Nachtschwester zu mir ins Zimmer kam. Ich hatte 8 Tage strikte Narbenruhe verpasst bekommen. Da konnte ich keinerlei Verhärtungen gebrauchen, Flor durfte sich somit nicht zu mir ins Bett legen, sondern musste mit dem unbequemen Stuhl vorlieb nehmen. Ich musste also in dem Umstand Trost finden, dass bestimmt noch nicht mancher auf solche Weise „entjungfert" worden ist. Wir konnten dafür die ganze Nacht ungestört miteinander reden, es war sonst niemand im Zimmer. Wir waren damals genau 25 Tage beieinander gewesen. Das mag nur nach wenig Zeit scheinen, aber für uns war es eine Ewigkeit, da jeder dieser Tage angefüllt war mit wahrhaft entscheidenden Ereignissen. Wie die Vorkommnisse rund um unser drittes gemeinsames Wochenende im März 1990.

Doch wieder auf Abwegen?

Angefangen hatte es mit dem Mittwoch, 21. März. Ich wollte das auf eigenartige Weise kristallklare Wetter wieder einmal für einen Ausflug nutzen. Der Himmel zeigte eine fast dunkelblaue Farbe, nur der Ort, wo die ganz in blendendem Weiß herunterstrahlende Sonne stand, gab es einen runden Fleck immer heller werdendes Himmelblau. Das Licht der Wahrheit von Bahia Kino! Die Bergzüge westlich und südlich der Stadt waren wieder einmal bis ins kleinste Detail gegen den Horizont herausgearbeitet. Es würde heute nach Westen gehen, über die 2, um einen weißen Fleck auszumerzen, den es noch für mich unter den Landschaften Nordmexikos gab. Es ging um die Gegend zwischen Janos und Ciudad Juarez, welche ich die „Landschaft, welche Gott im Zorn erschaffen hat" genannt hatte, zu Beginn meiner großen Amerikareise von 1987. Unser Flug hatte damals diese rötlich erscheinende Sandwüste überquert.

Ich erreichte den damaligen Stadtrand an der sogenannten Glorieta, wie hier der Kreisverkehr genannt wird, wo eine riesige Statue von Benito Juarez steht. Flors Onkel Javier meinte immer, der sähe seinem Bruder Tomas zum Verwechseln ähnlich – und tatsächlich, er hätte jederzeit in einem Film über den mexikanischen Präsidenten aus dem Volk der Zapoteken auftreten können, vor allem, wenn man an seine Redekünste dachte! Hier geht die MEX 2 von der MEX 45, der ursprünglichen Panamericana, nach Westen ab. Man nennt die Kreuzung auch Kilometro 20. Die nur noch zweispurige Landstraße überquerte dann 2 Bahngeleise, erklomm einen fast vegetationslosen Ausläufer der aus bizarren Felstürmen bestehenden Sierra Juarez und verlor sich anschließend in einer endlos erscheinenden, flach nach Westen einfallenden Ebene, wo damals nur einige schüttere Betonblockhäuser und sogar welche aus Karton und Paletten standen.

Die Vegetation bestand zunächst aus Gobernadora und vor allem den bereits Blütenständen zeigenden Yuccas, aber als die Straße zunehmend in sandigere Areale vorstieß, wurden die Gobernadoras durch langsam erstes Grün zeigende Mezquites abgelöst. Die normalerweise buschartig wachsenden Gewächse waren vom Sand derart eingeweht worden, dass nur die obersten Triebspitzen aus den Dünen ragten. Die Straße verlief schnurgerade über die jetzt ziegelrote Dünenlandschaft, welche seltsam kontrastierte mit dem tiefblauen Himmel. Nach einer guten Stunde senkte sich die Straße plötzlich um mehrere Dutzend Meter in eine weite Senke. Das wirkte wie das Ufer eines ehemals tiefen, enorm großen, heute aber komplett trockenen Sees. Nach Süden konnte man kein Ende erkennen, aber tief im Westen war eine tiefblaue Wasserfläche zu sehen. Sie erinnerte mich ans Meer bei Bahia Kino. Im Süden tanzten mehrere aus dichtem bräunlichem Staub bestehende Staubtromben über die gewaltige völlig vegetationslose Ebene. Ich konnte nicht ausmachen, ob der riesige See im Südwesten die auf der Karte verzeichnete Laguna Guzman oder eine Luftspiegelung war.

Jetzt wurde die Einförmigkeit der Wüste durch ein kleines Landstädtchen, Palomas, also Tauben, unterbrochen, wo ein wenig Landwirtschaft betrieben wurde und eine Abzweigung nach Norden abging, die zum Grenzübergang Columbus in New Mexico führte. Das Örtchen verschwand im Nu wieder im Rückspiegel. Vor mir im Westen stand nun eine Mauer aus Felsen. Nicht die Sierra Madre Occidental, wie ich fast gedacht hatte, sondern eines der größeren nord-süd-verlaufenden Bruchfaltengebirge. Bald begann, das Gelände anzusteigen zunächst unmerklich, und eine recht lange Strecke aus Pflastersteinwüste folgte. Diese Landschaftsformen hatte ich so hier nicht erwartet. Es handelte sich um eine richtige Vollwüste, zuerst Sand, dann Salztonebene und schließlich nichts als kleine Steine. Die Straße begann sich zu winden und führte durch einen kleinen Pass, wo das Bett des völlig ausgetrockneten Rio Casas Grandes sichtbar wurde, der aus besser beregneten Gefilden der Sierra Madre Occidental herabkommt. Der soll laut Karte in die Laguna Guzman münden. Das war vorhin also tatsächlich eine Luftspiegelung gewesen. Hier gab es keinen Tropfen Wasser. Die Wasserfläche wirkte derart echt, wie ich sie nie zuvor gesehen hatte und ich erinnerte mich an die Beschreibung des Ojo del Diablo von Flor, die sie mir auf dem Boot in Bahia Kino gegeben hatte.

Die Straße hielt auf 2 grüne Punkte zu, welche sich beim Näherkommen als zwei gewaltige Lilas entpuppten. Das Haus, das dabeistand, wurde als „Rancho Las Lilas" bezeichnet. Ein einzelnes Haus hatte ein Ortsschild! Jetzt ging es einen kleinen Canyon hoch, bis auf die Lilas gab es praktisch nur Felsen.

Aber es gab eine Abzweigung zu einer Mikrowellenstation! Das ließ ich mir nicht zweimal anbieten! Links weg auf den mit Kopfsteinpflaster versehenen Weg, der in vielen Kurven auf einen Berggipfel dieser Felsmauer führte. Oben hatte man dann an diesem Tag eine phänomenale Rundsicht! Ich stellte den Motor ab und stieg aus. Eine vollkommene, absolute Stille überfiel mich schlagartig. Bis auf ein paar kümmerliche, weit voneinander getrennt stehende Büschchen gab es keine Anzeichen von etwas Lebendigem. Die Sicht reichte über mehrere hundert Kilometer in alle Richtungen. Keine Anzeichen menschlicher Siedlungen, nirgendwo. Sandflächen, leere Seen, kahle Felswüsten, aus einer gewaltigen Ansammlung an rötlichen Steinen zu bestehen scheinende Hügel. Und keine einzige Wolke. Flors steinernes Reich schien außer ihr tatsächlich keine einzige Blume zu beherbergen, aber trotzdem fühlte ich mich hier zu Hause.

Meine Gedanken waren wieder bei ihr. *Aber konnte es eine Zukunft für uns beide geben? Liebte ich sie genug für ein ganzes Leben? Und was noch wichtiger war: Liebte sie mich?* Ihr schönes Gesicht mit diesmal fragenden großen Augen erschien in meinem Geiste. Ja, ich hatte es schon in Bahia Kino erahnt. Sie musste mich schon damals geliebt haben, wie sie es in einem ihrer Briefe gestanden hatte. Am Sonntag, als sie mich wiederholt bat, ihr doch auch bestimmt zu schreiben. Und jetzt, nach nunmehr 2 Wochen, fühlte ich ihre Liebe zu mir, wenn sie mir ihre Familienprobleme anvertraute, wenn ich – unbeholfen wie ich war in solchen Dingen – sie zu trösten versuchte.

Was sollte ich also hier inmitten dieser Wüste? Ich war mehrere Stunden Fahrt entfernt von ihr. *Sollte ich gar meinen Weg immer weiter gegen Westen nehmen, ohne anzuhalten?* Die Straße führte nach Hermosillo – und Bahia Kino wie ich sehr wohl wusste. Eine

Fahrt in die Wüste, wie beim letzten Mal, vor nicht ganz einem Jahr! Beim Gedanken, dass ich meine Flor verlieren könnte, nein, auch sie verlassen würde, und ich ohne sie weiterleben müsste, ließ mir mit einem Mal das Wasser in die Augen schießen.

Nein, das musste nicht sein! Diesmal nicht. Ich würde wieder in den Wagen steigen und nach Osten zurückfahren! Diesmal war es anders. Sie liebte mich doch. Sie mochte sogar die einzige meines „vierblättrigen Kleeblattes" vom letzten Jahr sein, welche mich liebte. Ich hatte keine Angst mehr, sie zu lieben. Ich schaute nochmal versonnen in die rundum sich ausbreitende Weite. *Ja, ich würde zu Flor zurückfahren, und wir würden zusammen in die Schweiz reisen. Aber dann würden wir wieder hierher zurückkommen – wenn sie es auch wollte.*

Ich verspürte mit einem Mal einen nicht unbeträchtlichen Hunger. Aber der würde sich noch ein paar Stunden gedulden müssen. Zuvor mussten die gut 2 Stunden Wüstenfahrt hinter mich gebracht werden. Bald ging es in Windeseile den trockenen Canyon hinunter, dann über die öden, steinigen Flächen vor Palomas. Über dem gewaltigen Trockensee tanzten noch mehr von diesen Staubschläuchen in die Unendlichkeit hinein. Ich hielt nochmal am ehemaligen Ufer des lange vergangenen, riesigen Sees an.

Dort hinten, hinter der schwach im Staub erkennbaren „Sierra los Muertos", zumindest hießen die Berge laut Pemex-Karte so, mochte das Ojo del Diablo auf mich warten. Flor wusste, wo es zu finden war! Das war eine der größten Überraschungen gewesen. Ich wollte unbedingt da hin, und habe völlig ungewollt, durch einen geradezu absurd unwahrscheinlichen Zufall, eine junge Frau kennengelernt, welche mich dorthin führen würde. Meine letzte Wüstenexpedition zum letzten, mir unbekannt gebliebenen Ort der amerikanischen Wüste, welchen ich absolut noch besuchen wollte, würde ich nicht mehr allein machen! Das konnte unmöglich ein Zufall sein! Ich musste so rasch als möglich wieder zurück nach Ciudad Juarez, bevor mich hier irgendein widriger Umstand von meiner Liebsten trennen würde.

Ich fühlte fast so etwas wie Heimatgefühle, ein jubilierendes Trillern im Herzen, als die charakteristische Bergkette im Westen der Stadt vor mir über den Horizont kroch. Es war noch viel zu früh, um Flor abzuholen, ich musste mich einstweilen mit der „Feldblume" begnügen, wenigstens konnte ich dort noch etwas zu Mittag bekommen. Am Abend hatte sie dann gute Neuigkeiten! Sie würde ihren unbezahlten Urlaub bekommen, vom 1. April an. Drei Monate! Damit ließ sich etwas auf die Beine stellen!

An jenem Abend erfuhren wir dann allerdings von ihrer Mutter, dass am Wochenende Flors Großmutter mit ihrer Tante Martha aufkreuzen würden. Grosser Familienrat, ein sogenanntes Mitote wie sowas bei ihnen genannt wurde! Die wollten wohl zudem auch Flors ausländischen Novio besichtigen, nachdem ihr Onkel Tomas ihnen die „frohe Kunde" von meinem Antrag gebracht hatte. Das war eine günstige Gelegenheit für Flor, ihre Familie über ihre Reisepläne in Kenntnis zu setzen!

So kam es, dass am folgenden Samstagabend wir alle um den Küchentisch herum Platz genommen hatten. Wir beide hatten für einen ziemlichen „Cerro" aus Süßbroten gesorgt, welcher jetzt zum obligaten Nescafé schnell kleiner wurde. Flors Großmutter, eine kleine Frau mit vollem, schneeweißem Haar und einem von der trockenen Luft und der heißen Sonne stark zerfurchten Gesicht hatte mich freundlich begrüßt. Sie mochte damals auf die 80 zugehen, war aber außerordentlich behände und geistig voll da. Sie trug eines der blumenbedruckten, langen Trägerkleider und sehr abgenutzte, staubige Sandalen, wie es unter erwachsenen Frauen im ländlichen Nordmexiko damals üblich war. Wenn man sie, ihre Tochter Ofelia und Flor so nebeneinander sah, ließ sich unschwer eine ziemlich große Ähnlichkeit in den Gesichtszügen ausmachen.

Ich spürte die skeptischen, aber auch erwartungsvollen Blicke der Großmutter im Rücken, als ich Anstalten machte, im Holzfeuer-Kochherd ein Feuer zu machen, so wie ich es schon oft getan hatte, wenn wir abends noch schnell zu Flors Mutter auf Besuch kamen. Sollte dieser Ausländer, welcher sicher keinen Holzofen zu Hause hatte, etwa ein Feuer zustande bringen? Aber bald wurde es in der Küche bullig warm, und man konnte den Wassertopf jetzt auf den Herd stellen. Während ich mit dem Feuer beschäftigt war, war es auch am Tisch ziemlich hitzig zugegangen.

Flors „Papán" führte das große Wort, es wurde so stark durcheinander geredet, sodass ich nicht mehr mitkam. Es musste aber vor allem um Omar gehen, seinen Namen hörte ich oft. Jetzt kam Flor zu mir herüber und teilte mir mit, worum es gegangen war: „Mein Papán will Omar wieder mit aufs Rancho nehmen, damit er dort für ihn den Traktor fährt! Aber bezahlen tut er ihn nicht. Ich bin dagegen, dass er wieder dort rausfährt, nach allem, was war. Aber Omar will nicht mehr in der Fabrik arbeiten."

Meine Meinung dazu war wohl kaum vonnöten und wurde auch nicht erwartet. Ein anderes Familienmitglied hatte derweil meine Neugier nämlich viel mehr erweckt: Wer war wohl dieses kleine Mädchen, welches mit Martha mitgekommen war, überall rumwuselte und dabei ohne Unterlass derart schnell plapperte, dass ich kein Wort von ihr verstehen konnte? Sie drückte sich jetzt an Flor und nannte sie ohne Unterlass Madrina und war ganz aufgeregt, dass sie jetzt einen Freund, einen Novio, hatte. Sie war am Tag des großen Erdbebens von Mexiko City am 15. September 1985 auf die Welt gekommen, sie war damals also noch keine 5 Jahre alt.

Es war schon ein wenig ein kleines Déjà-vu!

Auch Flor schien ein kleines Mädchen zu haben, das ihr viel bedeutete! Aber ich wusste bereits damals, dass Madrina die Patin war und nicht ein anderes Wort für Mutter, und die kleine Selene sah nun meiner Flor kein bisschen ähnlich. Ich hatte zudem keinen Zweifel, dass Flor mich über die Existenz einer Tochter wohl schon in Bahia Kino unterrichtet hätte.

„Wir alle hier lieben Selene über alles! Vielleicht kannst Du einmal ihr Padrino sein, wir haben sie ja noch nicht getauft! Aber zuerst muss ich ja auch Deine Familie kennenlernen!"

Seltsame Bräuche, ein Kind erst so groß zu taufen! Und wo war wohl ihre richtige Mutter, vom Vater gar nicht zu reden! Aber jetzt war keine Zeit, mich solchen Betrachtungen zu widmen. Flor hatte nun ihren großen Auftritt! Sie kündigte ihren zugesprochenen Urlaub an und wie und vor allem wo sie diesen zu verbringen gedachte! Und glaubte natürlich, alle würden sich mit ihr über ihr großes Glück freuen. Aber unser Plan stieß auf gar keine Gegenliebe! Es wurde sofort ziemlich laut, und sogar ich verstand:

„Das kommt nicht in die Tüte! Kannst Du vergessen! So naiv kannst Du im Ernst nicht sein, dass Du einfach so mit dem losziehst, ohne ihn zu kennen", ließ Tomas eine geharnischte Rede vom Stapel. Flors Mutter schwieg wie immer dazu. Aber Martha gab ungefragt ihre ähnlich lautende Ansicht mit besorgt-bedächtiger Stimme dazu. Jetzt wartete alles auf die Großmutter. Sie würde das letzte Wort haben. Und sie war ebenfalls dagegen!

„Schau Kind, Du kannst Dich nicht auf diese Weise exponieren. Dein Freund macht einen guten Eindruck, aaaaber Du solltest auch vorsichtig sein. Ich habe Angst, Du kommst dann nicht mehr zurück!"

Flor wollte ihrer Großmutter nicht widersprechen aber war trotzdem schwer enttäuscht, dass sie derart bevormundet wurde. Die Diskussion wogte dann noch eine Weile hin und her und schließlich kam Flor wieder zu mir, sie wollte, dass ich kurz mit ihr rausgehe in den bereits dunklen Vorgarten. Sie guckte mich nun wieder traurig an.

„Sie lassen mich nicht gehen. Ich könnte zwar trotzdem gehen, bin ja volljährig, aber ich will das meiner Großmutter nicht antun."

Und was sagt Deine Mutter?

„Nichts. Wie immer, wenn es um mich geht. Ja vorhin, als es darum ging, Omar aufs Rancho zu nehmen, da konnte sie reden, aber ich bin ihr wie immer egal!"

Tränen schimmerten in Flors dunklen Augen. *Nicht schon wieder weinen!* Ich zog sie an mich, um ihre Tränen abzuküssen, hoffend, dass sie meine eigenen nicht bemerken würde.„Sie lassen mich unter einer Bedingung gehen!", sprach sie mit einem Mal mit ihrer samtig gewordenen Stimme. „Welche denn?" „Wir müssen vorher heiraten!" „Dann tun wir es doch!" Sie schaute mich skeptisch an. „Du würdest es tun, ohne Deine Eltern zu fragen?" „Ja, aber ich kann ja vorher anrufen! Aber willst Du denn überhaupt?!" „Wenn Du es möchtest, will ich es auch! Aber ich weiß nicht recht. Du könntest es vielleicht bereuen. Ich habe einen wirklich schlechten Charakter."

„Schlechter Charakter? Du? Woher hast Du denn das auf einmal? Da bin ich mir völlig sicher. Du musst Dich hier irren. Dein Charakter ist perfekt, zumindest für mich. Komm rein, wir sagen es ihnen gleich. Aber wo kann man denn hier heiraten?" „Lola und Victor haben hier im Gerichtsgebäude in Zaragoza zivil geheiratet. Das ist alles, was wir jetzt brauchen. Wenn Du auch in der Kirche heiraten möchtest, müssen wir noch abklären, wie das geht. Es braucht aber einen Kurs, außer wir heiraten in einer dieser protestantischen Sekten, wo jetzt die Tante Lilia mitmacht. Aber das möchte ich nicht."

Und so geschah es – trotz oder vielleicht gerade wegen meines derart pragmatischen Antrags!

Auf der Liste der am leichtsinnigsten geschlossenen Ehen musste unsere ziemlich weit oben stehen. Wir kannten uns gerade mal 3 Wochen, plus ein paar Monate über Luftpost und natürlich unsere allererste Begegnung im vorigen Jahr. Aber ich würde mir die Butter diesmal nicht mehr vom Brot nehmen lassen! Wenn ich wieder allein von hier abziehen müsste, mochte ich meine Wüstenblume verwelken lassen, womöglich für immer. Und sie schien mit mir in dieser Hinsicht einer Meinung zu sein! Wir würden zusammenbleiben, koste es was es wolle! Sie war jetzt wieder ganz obenauf und strebte mit mir im Schlepptau energisch zur Küchentür.

Jetzt standen wir Seite an Seite im Eingang und ließen unsere Bombe platzen! Noch vor dem 15. April würden wir verheiratet sein!

Jetzt konnte man nichts mehr gegen unsere Reisepläne vorbringen. Die allgemeine Überrumpelung war derart, dass es auch gegen unsere plötzlich gefassten Heiratspläne keine Widerreden mehr gab. Man mochte ja denken, dass zwischen Wort und Tat ein weiter Weg liegt. Aber ich hielt Flor jetzt um die Taille herum fest. Sie lag mir ausgesprochen gut im Arm mit ihrer schlanken, aber wohlgeformten Gestalt! Ich hätte sie am liebsten gleich mitgenommen, aber das konnte ich mir vor ihrer versammelten Familie schlecht erlauben. Ich verabschiedete mich also von ihnen und

Flor brachte mich noch vors Gartentor. Diesmal ein voller, richtiger Abschiedskuss mit allem Drum und Dran! „Gute Nacht und bleib anständig", gab sie mir noch auf den Weg. Nun ja, damit waren wir ja wohl verlobt!

Während der folgenden zwei Wochen, also vom 24. März bis zum 8. April, befanden wir uns auf einer anderen Ebene, in der Ewigkeit gar, da, wo die Zeit nicht vergeht, wo einem alles gelingt! Wir kamen überein, dass wir unser Liebesnest hier an der Grenze aufbauen würden, ganz so, wie ich es Flor schon Ende letztes Jahr in einem meiner Briefe als Herzenswunsch kundgetan hatte, und sie darob so erschrocken war, weil ich mir damit womöglich meine ganze Zukunft ruinieren würde. Ich aber fühlte, dass ich mein neues Leben an der Seite von Flor ganz für mich allein haben wollte, ohne dass irgendwelche Schweizer Bedenkenträger ungefragt ihre Meinung dazu abliefern würden. Mit ihrem Clan hier würde ich schon klarkommen. Gleich bei unserer Ankunft würde ich meine Stelle kündigen, so konnten wir allerdings erst Ende Juli zurück sein.

Das Hauptproblem war jetzt die Wohnung hier. Mietwohnungen gab es in Ciudad Juarez keine. Also entweder etwas kaufen oder gar als „Arrimados" wohnen, wie Lola und Victor. Das kam für uns beide auf keinen Fall in Frage. Flor wollte endlich ein standesgemässes Badezimmer, anstatt im Winter in einem Zuber in der Stube baden zu müssen und im Sommer in der zugigen Betonzelle im Garten. Sie fragte ihre Uni-Kollegen um Rat.

Und tatsächlich – wir sassen bald in einem Büro, wo draussen das Kolosseum auf dem Firmenschild abgebildet war. „Inmobiliaria Roma" stand da drauf. Man soll da Häuser auf Abzahlung kaufen können. Wir hatten uns die brandneue Siedlung im Süden der Stadt, recht nahe an der Sierra Juarez gelegen, angesehen und waren sofort überzeugt! Es war die erste ihrer Art in Ciudad Juarez und als Kundschaft hatte man junge Paare aus der sich gerade bildenden Mittelklasse im Visier Die Salinas-Regierung hatte grosse Pläne für Nordmexiko. Ciudad Juarez würde innert zehn Jahre auf das Vierfache anwachsen, von gut 500'000 Einwohnern auf über 2 Millionen. Es war ein hübsches, kleines, solide gebautes, innen und außen ganz weiß angestrichenes Haus, ein wenig wie die Bungalows in Bahia Kino. In der Stadt ging das Gerücht um, die Siedlung wäre ursprünglich für die Opfer des grossen Erdbebens von 1985 in Mexiko-Stadt gedacht gewesen aber irgendein korrupter Politiker mit besten Verbindungen bis ganz nach oben habe dann das Geld abgezweigt und damit diese Firma gegründet. In vieler Hinsicht war aber das Viertel „Fraccionamiento Oasis Revolucion" die Blaupause für unzählige weitere. Wir würden damit eine „feine" Adresse haben, Fraccionamiento – nicht das gewöhnlich klingende „Colonia".

Unser Haus stand an der breiten Hauptstraße mit Blick auf die Skyline des „Cerro Bola" im Westen, ein imposanter, völlig vegetationsloser Gipfel, mit etwa 1800 Metern der Hausberg von Ciudad Juarez. Zwei Zimmer, Küche kleines Wohnzimmer. Und ein richtiges Badezimmer! Im Haus drinnen Dusche und WC! Wir ließen uns den komplizierten Vertrag vorlegen, ich kapierte natürlich kaum ein Wort vom verwendeten Advokatenspanisch, die Begriffe Arrendamiento, Compra, Venta und monatliche Zahlungen von 200 Dollar schwirrten mir nur so im Kopfe herum. Immerhin war mein Kopf klar genug, um ausrechnen zu können, dass die 200 Dollar umgerechnet nicht viel weniger waren als die 880'000 Pesos von Flors Monatslohn, welche sie einsetzen ließ. Die Maklerin ließ sich nichts anmerken und bemerkte mit einem gewinnenden Lächeln:

„Sie werden ja als Außenhandelsspezialistin bald viel mehr als das verdienen, mindestens das Dreifache!"

„Und Du könntest ja ebenfalls in „Candados" arbeiten. Im Chemielabor mit Mike. Die Chemiker verdienen richtig gut!"

„Dann ist es ja gut. Wenn Ihr beide als Fachkräfte arbeitet, könnt ihr die Monatsraten bequem bezahlen. Es bräuchte allerdings eine Anzahlung von lediglich …"

„Das ist kein Problem, wenn Du möchtest, können wir die Sache gleich regeln, dann haben wir bei unserer Rückkehr im Juli ein eigenes Haus! Die Summe kann ich gleich am Geldautomaten draussen bekommen"

Wir schauten uns an und Flor unterschrieb den ganzen Stapel Papiere kurzerhand mit ihrer neu einstudierten „Licenciada-Unterschrift", ohne sich lang mit dem Inhalt auseinanderzusetzen. Als Ausländer konnte ich zwar keinen Grundbesitz in der Grenzregion Mexikos halten – aber ich setzte meine Unterschrift trotzdem auf das Vertragswerk. Flor war nicht wiederzuerkennen. Mutig, selbstbewusst und wohl ein bisschen verrückt! Genau wie ich auch! Und wenn sie damit einverstanden war, brauchte ich ebenfalls keine Bedenken zu haben; platzte vielmehr vor Stolz, innert ein paar Stunden stolzer Hausbesitzer geworden zu sein! In der Schweiz würde man Jahrzehnte für so etwas brauchen! Oh, Du glückliche unbekümmerte Jugendzeit! Keinen Gedanken hatten wir daran verschwendet, dass wir uns jetzt auch für Jahrzehnte verschuldet hatten!

Jetzt brannten wir nur noch darauf, diese Neuigkeiten sofort Flors Familie weiterzugeben, und hatten bereits vergessen, ob und vor allem WIE Flor sich eine derartige Lohnerhöhung und ich meine Stelle im Chemielabor der Schlossfabrik ergattern könnten! Auch meine Familie hätte ich informieren sollen, aber ich hatte die Ausrede parat, dass ich wegen des Zeitunterschieds jetzt nicht anrufen konnte. Zudem musste ich ja auch noch unsere Heiratspläne beichten! Aber erst, wenn wir ein Datum hatten! Jetzt mussten wir uns zuerst um die Einrichtung kümmern. Bald hatten wir uns in einem günstigen Möbelhaus alles Gewünschte als Paket auftreiben können, Gasherd, Kühlschrank, Waschmaschine, Stubentisch, die beiden Betten fürs Kinderzimmer und eines für uns. 10 % Anzahlung, den Rest innert eines Jahres. Sobald die Rechnung beglichen war, erfolgte die Auslieferung – also bei unserer Rückkehr im Juli.

Bei unseren Heiratsplänen war uns allerdings etwas Entscheidendes dazwischengekommen, womit wir nicht rechnen konnten! Es gab damals nämlich noch ein anderes seltsames Gesetz in Mexiko, dass ich als ausländischer Mann in Mexiko keine Einheimische heiraten konnte! Umgekehrt wäre es kein Problem gewesen, und auch zwei Ausländer konnten scheinbar problemlos in Mexiko eine Ehe eingehen. Wir wurden auf diesen Umstand von der freundlichen Richterin des Familiengerichtes hingewiesen, welche auch als Zivilstandsbeamtin fungierte.

Wir hatten zum Glück keine Zeit, uns deswegen zu erschrecken, denn eine Lösung für dieses doch nicht unbeträchtliche Problem hatte sie auch bereit: In El Paso drüben in Texas gäbe es keine solche Hindernisse! Die amerikanische Heiratsurkunde konnte dann relativ problemlos in Mexiko legalisiert werden, wenn man sie vorher amtlich abgesegnet übersetzen ließ. Wir würden uns nächste Woche, wenn Flor ihren Urlaub antreten würde, in El Paso genauer darüber informieren.

Jetzt galt es, den gemieteten Dodge Shadow zurückzugeben, ich hatte ihm jetzt 4 Wochen ziemlich Auslauf gegeben, und wir hatten ihn auch etwas zweckentfremdet in dieser Woche. Ich gab ihn also am letzten Freitag vom März 1990 bei Touche ab. Aber jetzt würden wir etwas Neues brauchen. Das Haus hatten wir ja schon, aber um in Juarez rumzukommen, würden wir ein Auto brauchen, bis dort hinaus gab es keinen Bus. Am besten einen dieser praktischen Pick-ups, womit wir dann im Juli auch die neuen Möbel transportieren konnten. Ich wusste damals bereits, dass man als Einwohner von Ciudad Juarez seine Gebrauchtwagen in El Paso kauft, und zwar in der Alameda Avenue, nahe der Grenze. Ich suchte gar nicht lange herum, vielleicht auch wegen des schmerzhaften Andenkens, welches unsere letzte Begegnung eben in jenem gemieteten Dodge bei mir hinterlassen hatte. Auf jeden Fall war der mausgraue Ford Ranger Pick-up schön billig gewesen, hatte verhältnismäßig wenige km (oder Meilen) auf dem Tacho und sah einwandfrei aus. Kurze Probefahrt und mit viel Vertrauen, aber wenig mechanischem Wissen wurden wir rasch einig. Vielleicht hätte ich besser Flor, oder wenigstens Omar mitnehmen sollen, aber Letzterer hatte keinen Grenzpass und war bereits wieder am Pflügen bei seinem Onkel Tomas.

Dennoch fuhr ich guten Mutes gegen Abend bei Candados Presto mit dem „Neuen" vor. Er hatte lediglich die provisorischen 30-Day-Tags aus Karton als Nummernschild. Ich würde nächste Woche gleich einen provisorischen mexikanischen Fahrzeugausweis in der Zentrale der Verkehrspolizei von Ciudad Juarez abholen, ebenfalls für 30 Tage gültig. Damit konnte man damals überall herumfahren, selbst aus der zollbefreiten Zone heraus. An sich musste man in den 30 Tagen das Fahrzeug verzollen und registrieren lassen, aber weil das teuer und kompliziert war, holten sich die Leute einfach jeden Monat wieder ein neues Provisorium. Flor hatte heute ihren vorläufig letzten Arbeitstag und erschien pünktlich. Sie schaute anerkennend auf meine Errungenschaft. „Sieht nett aus! Damit können wir meine Großmutter besuchen! Lässt Du mich dann mal damit fahren?" „Natürlich, aber das Ding ist handgeschaltet!" „Handgeschaltet? Ach, Du meinst Standard. Ja, das ist kompliziert. Wieso denn keinen Automaten?" „Hab ich gar nicht beachtet. In Europa fährt man nur handgeschaltet."

Sie schaute nun interessiert, wie das funktionierte, und fand, das neue Gefährt würde ausgezeichnet passen, eben wegen der Möbel und wegen der Wüstenpiste, die zum Rancho führte. Aber am Wochenende würde uns der Weg lediglich zur Clinica Zaragoza führen, wo wir ja bekanntermaßen das Wochenende verbringen mussten, anstatt mit dem neuen Ford die Gegend unsicher zu machen.

Das taten wir dann in der ersten Aprilwoche umso ausgiebiger, wir besuchten Omar auf dem Rancho. Flors Mutter wollte ebenfalls mitkommen, um zu sehen, wie es ihrem verlorenen Sohn so gehen würde. Es würde still werden im Haus in Zaragoza, wenn ihre beiden älteren Kinder so überraschend innert zwei Wochen ausfliegen würden. Aber auf uns zwei hätte sie nicht aufpassen müssen. Wir waren ja bis nächste Woche „außer Gefecht" und mussten brav sein. Der Weg dort hinaus war mir am Anfang durchaus bekannt, es ging über die 45 genau nach Süden, bis wir an der Bergkette vorbeifuhren, wo ich vor ein paar Wochen beinahe nicht mehr heruntergekommen war. Aber jetzt nahmen das große Dünenfeld und der kraterartige Berg dahinter meine volle Aufmerksamkeit in Anspruch. Flor wusste auch, wie er hieß: La Candelaria. Rechts schob sich eine mächtige, rötliche Felswand immer näher an die Straße heran, welche jetzt durch das kleine Örtchen Samalayuca führte. Hier gab es das große ölthermische Kraftwerk, welches dicke schweflig-blaue Abgaswolken in den ansonsten klaren Himmel blies.

Diesen Abschnitt der Panamericana kannte ich noch nicht. Sie führte jetzt mitten durch die schmalste Stelle der Sandwüste hindurch, so dass jetzt links und rechts nur Sanddünen zu sehen waren. Erst jetzt sah ich, dass „La Candelaria" noch weit entfernt sein musste, der Berg kam kaum näher. Es ging durch eine Art Pass auf ein Hochplateau hinauf, welches beinahe ohne jegliche Vegetation war, jetzt begann der Berg der einsam in dieser Steinwüste stand, eine ganz andere Form anzunehmen, und sah so aus, wie ich ihn von letztem Jahr in Erinnerung hatte. Hier musste ich also umgekehrt sein! Bald fuhren wir auf das mit Salztonebenen durchsetzte Becken vor Villa Ahumada ein, wo wir rechts in Richtung Flores Magón abbogen. Das war jetzt bekanntes Terrain!

Nur wies mich Flor an, an einer Stelle weiter geradeaus zu halten, ich erzählte ihr von meinem letztjährigen Versuch, zum Ojo del Diablo zu kommen. Ich wies auf das winzige Örtchen drüben an der aus bizarren Felstürmen bestehenden Berglehne. „Ach, das ist El Triste. Das heißt so, weil es dort keinen einzigen Baum gibt. Sie mal, die Laguna Colorada ist ganz ausgetrocknet!" Sie wies auf die rötliche Fläche aus lauter Steinen, die ich ebenfalls schon kannte. Wir rumpelten über Viehhüter und die mit Felsbrocken durchsetzten, kurvigen Abschnitte, bald über lange, staubige Geraden, wo immer wieder Flugsand die Räder im Fortkommen zu hemmen versuchte. Aber der kleine Ford hielt sich ausgezeichnet. Nach einer unvermuteten scharfen 90-Grad-Rechtskurve, just vor einem Gebirge, das aussah wie eine Marlboro-Reklame, kamen wir durch ein weiteres kleines Örtchen, das Flor mit dem Ausdruck „Santo Domingo" vorstellte. Da war ich doch vor einem Jahr durchgekommen! Sie erzählte mir nun von der erst vor Kurzem durch die Regierung enteigneten Hacienda, deren Land nun an Interessierte als künstlich bewässerte 8-Hektar-Abschnitte verteilt wurde.

Das Rancho war also eigentlich eine neue Siedlung, damals kaum 10 Jahre alt. Beim Einfahren schien es jedoch, als wäre man mindestens 70 Jahre in die Vergangenheit transportiert worden. Wir kamen an der kleinen Kirche vorbei und Flor bedeutete mir, bei einem Haus mit einer ziemlich gewaltigen Yucca in den offenen Hof zu fahren. Es gab hier nebst einiger wohl nicht mehr gebraucther landwirtschaftlicher Apparaturen einen ziemlich großen Berg aus Mezquitewurzeln und dahinter einen wohl gegen die Raubvögel komplett mit Maschendraht eingefassten Hühnerhof. Sonst sah man ein paar verstreut stehende, meist aus unverputzten Betonbacksteinen oder Adobe-Lehmziegeln erbaute, mit einfachen Wellblechdächern oder mit Teerpappe abgedichteten Holzdächern versehene, sehr einfache Behausungen. Dahinter erhob sich kahl und düster ein kegelförmiger Berg in gehöriger Distanz. Ja, so etwas Ähnliches hatte ich letztes Jahr bereits gesehen, hätte es jedoch nicht gleich mit Sicherheit sagen können ob es wirklich hier gewesen ist. Erst später würde ich beim Besteigen einer Anhöhe bemerken, dass es sich bei dem Weiler um die einzige Siedlung im weiten Umkreis handelte.

Ich stellte den Motor ab und beim Aussteigen umfing mich schlagartig eine betäubende Stille. Kein Laut war zu hören, bis jetzt die Fliegengittertür klappte und Flors Großmutter erschien, um den unerwarteten Besuch zu begrüßen. Sie freute sich natürlich, ihre Tochter und Enkelin hier begrüßen zu dürfen, sie schien auch erfreut zu sein, mich zu sehen. Wir gingen hinein und nahmen am Küchentisch Platz. Im Nebenraum schien es eine Art Laden zu geben, der aber wohl nicht mehr funktionierte und jetzt als Lagerraum und Vorratskammer diente. Von den frei unter das Bretterdach gehängten Stromleitungen die in kleinen Eisenrohren verlegt waren hingen in paar alte Gerätschaften – und dieselben „gruseligen Schläuche" die ich in der Zona del Silencio gesehen hatte. Ich erfuhr, dass dies getrocknete Klapperschlangen waren, ein altes Hausmittel gegen Diabetes. In der Küche fiel mir einerseits der Holzherd auf, welchen die alte Frau in Betrieb hatte, statt den ebenfalls vorhandenen Gasherd zu nutzen. Aber der Morgen war frisch gewesen, sodass ein wenig Heizung nicht schaden mochte. Wir wurden natürlich zu einem Kaffee eingeladen. Die Großmutter fragte Flor, ob ich von ihrem Wasser trinken könne, weil es ja vom „Ojo" käme. Da horchte ich natürlich auf. „Jaja, nur zu, das macht ihm nichts aus, das Wasser hier ist mir immer ausgezeichnet bekommen." Und zu mir: „Das Wasser kommt von einem ‚Ojo' hier in der Nähe. Man muss es in großen Fässern holen gehen. Wir können ja später mal rausfahren."

„Die Quelle heißt El Carbonero. Die andere, El Ojo del Diablo, ist viel weiter draußen. Das ist eine heiße Quelle. Aber da nehmen wir besser meinen Onkel Humberto von nebenan oder seinen kleinen Sohn Oscar mit, ich weiß nicht mehr genau, wie man rausfährt!"

Der Kaffee musste natürlich versucht werden, danach gingen Flors Mutter und ihre Großmutter daran, ein Mittagessen aus gebratenen Bohnen und Reis zu kochen, während Flor sich mit dem Besen nützlich machte. Mit einem „Hol mal die Sachen rein, welche wir für meine Großmutter gekauft haben, bitte" wurde ich ebenfalls eingespannt. „Soll ich ein wenig Holz für den Herd organisieren?" „Ja, das kannst Du tun, dann reicht der Mezquitevorrat länger."

Damit war jetzt allen gedient. Ich kam zu einem unverhofften Wüstenausflug und die Großmutter ohne Mühe zu ihrem Feuerholz. Ich wusste, wo man selbst in dieser überaus trockenen Strauchwüste, wo es außer ein paar niedrigen, weit auseinanderstehenden „Gobernadoras" nichts Brennbares zu geben schien, zuverlässig auf Holz stoßen würde. Nämlich entlang der unübersehbar grün aus der bräunlichen Einöde herüberleuchtenden Trockenbetten, hier als Arroyos bezeichnet. Ich schleppte einen beachtlichen Holzstoß herbei. Flors Großmutter war zufrieden mit mir, woran mir sehr viel lag. Die Frauen hatten inzwischen Zeit gehabt, ihre Angelegenheiten unter sich zu regeln und wo sie keine Männer gebrauchen konnten, so wie es in Mexiko überall auf dem Land gehalten wird.

Jetzt, beim Mittagessen, unterbreitete Flor ihr das Datum unserer Zivilhochzeit. Der 11. April. Sie hoffte natürlich, dass diesmal ihre Familie wenigstens zu dieser allerdings kleinen Feier erscheinen würde! Gegen Abend ging es hinaus zu Tomas und Omar, um sie ebenfalls einzuladen. Flor schien zu wissen, wie man über diesen Pistenwirrwarr zu fahren hatte, es war nämlich nicht gerade in der Nähe. Eine Staubwolke mochte ihr verraten, wo ihr Bruder gerade am Eggen sein musste. Und richtig, da rumpelte ein Traktor in einer unübersehbar langen und dichten rötlichen Staubwolke über ein großes, leeres Feld. Am Wegrand parkte ein uralter blauer Chevy-Truck mit Bretterverschlag auf der Pritsche, jedenfalls

das Fahrzeug von Onkel Tomas. Sie wurden bald auf uns aufmerksam und kamen näher. Flor begrüßte ihren Bruder enthusiastisch:
„Mann bist Du aber schwarz geworden hier draußen! Und dieser Staub. Ein richtiges Sklavendasein!"

„Sklaverei war die Arbeit in Deiner Schlösserfabrik. Den ganzen Tag eingesperrt ohne Licht und dann dieser Giftgestank!", kam es zurück.

Der Gegensatz zwischen ihrem sehr dunkelhäutigen Bruder und Flor war tatsächlich frappant. Es würde Jahrzehnte dauern, bis ich herausfand, dass auch Flor sehr leicht einen dunklen Teint entwickeln konnte aber dies all die Jahre immer zu verhindern gewusst hat. Inzwischen hatte sich der Himmel wie aus dem Nichts heraus bewölkt und es standen dramatisch wirkende, dunkle Quellwolken und dünne, ausgezogene Schleierwolken im immer noch kristallin wirkenden Himmel. Weit am Horizont lagerte eine unsäglich öd wirkende, niedrige Hügelkette. Das würde ein paar schöne Fotos abgeben, gut, um fototechnisch wieder etwas in die Gänge zu kommen. Nach dem Mittagessen hatten wir beide uns nämlich ein wenig abgesetzt! Flor wollte mir unbedingt wenigstens „El Carbonero" zeigen.

Sie trug heute eine knapp sitzende Jeans und ein weißes T-Shirt mit irgendeinem Werbeaufdruck. Ihre dunklen, ganz glatten und mittlerweile etwas länger gewordenen Haare hatte sie mit einem knallroten Bogen, einem sogenannten Diadem, zurückgesteckt. Sie hatte sich für einen Rancho-Ausflug sehr hübsch gemacht und sah wahrlich zum Anbeißen aus! Flor war in den letzten Wochen enorm aufgeblüht und stand mir selbstbewusst und strahlend Modell für ein paar verführerische Bilder. Sie liebte diesen unwirklichen Ort, wo wie aus dem Nichts ein starker Bach aus dem felsigen Untergrund heraufquoll, und ein paar Bäume und vor allem Gras wachsen ließ. Das war unser kleines Liebesnest für heute! Aber wir würden uns nicht zu viel erlauben dürfen. Jeden Augenblick mochte jemand zum Wasserfassen kommen!

So saßen wir lediglich nebeneinander und schauten dem Bach nach, der glitzernd nach Rancho Nuevo eilte, dem nächsten Örtchen 20 Kilometer im Norden. Bald hatte ich sie doch wieder im Arm und legte die Hand auf ihren Bauch. Sie fing an, in ihrem ruhigen, samtigen Tonfall, den ich so mochte: „Es ist nichts drin!" „Bist Du so schnell wieder hungrig geworden?" „Hihihi, ich rede doch nicht vom Essen! Tu doch nicht so, als ob das das Einzige wäre, was da reingekommen ist. Aber es ist kein Baby drin. Bist Du jetzt froh?" „Froh ist nicht richtig gesagt, aber es wäre ein wenig schnell gewesen. Es wäre auch ein wenig ungeschickt, wenn Du jetzt schwanger wärst wegen der Reise" „Aber willst Du denn Kinder?" „Ja, ich hoffe, wir bekommen auch welche!" „Ich möchte am liebsten 6: 3 Jungen und 3 Mädchen!" „Dann brauchen wir ein größeres Haus" „Wir können ja anbauen lassen oder ein zweites Geschoß draufsetzen!"

Ich erinnerte mich in der jetzt entstehenden Pause wieder an ihre Frage, am Tag danach. Nach dem ersten Mal! „Du bist Dir schon im Klaren, dass wir ein Baby bekommen können, nicht wahr?", so hatte sie mich gefragt. War ich mir natürlich nicht, daran hatte ich gar nicht auch nur im Entferntesten gedacht, und Flor auch nicht. Sonst hätten wir wohl Vorkehrungen getroffen, um es zu vermeiden. Auch noch etwas anderes hatte sie gesagt. Etwas zutiefst Überraschendes! „Weißt Du, Du solltest nicht denken, dass ich immer so bin. Aber ich musste es einfach wissen." „Aber was denn? Was hast Du denn wissen wollen?" „Nun ja. Ich wusste ja, wir würden nicht viel Zeit für uns haben. Die sechs Wochen wären ja schnell vorbei und Du würdest wieder weggehen. Ich musste einfach wissen, ob wir zusammenpassen. In diesem Bereich!" „Ich für meinen Teil habe keine Eile mit von hier weggehen. Oder … warum kommst Du nicht einfach mit? Du könntest meine Familie kennenlernen! Ich will nicht wieder getrennt von Dir leben. Am besten wäre, ich bliebe gleich hier!"

Auf der Rückfahrt setzte sich Flor ans Steuer um ihre erste Fahrstunde zu bekommen – und sie jagte den Ford inmitten einer gewaltigen Staubwolke in eine locker mit Gobernadora bestandene Ebene. Sie hatte ihrer Mutter einen gehörigen Schrecken eingejagt.

„Lass uns später weiterüben", meinte sie lachend und stieg aus, um mich mit der Aufgabe zu betrauen, den Pick-up wieder auf die Piste zu bekommen.

Ja, von jenem Moment an waren wir irgendwie viel inniger in unserem Beisammensein gewesen. Wir standen uns viel näher und begannen wohl, wie ein junges Liebespaar auszusehen. Unsere Verbindung war derart mächtig geworden, dass jetzt selbst das Unmögliche leicht war. Schon damals konnte einfach niemand „einem derart hübschen Paar" einen Wunsch abschlagen. Auch Flor war dies mit Sicherheit aufgefallen. Es gab einfach nichts, was wir zusammen nicht schaffen könnten und wenn es einen Satz geben müsste, der unser Zusammensein beschreiben könnte, dann vielleicht dieser Bemerkung von ihr vor gar nicht allzu langer Zeit:

„Es ist erstaunlich, was wir beide alles zustande gebracht haben – und mit wie wenig Mitteln"

Ich erinnerte mich gern an jenen Tag als dieses Gefühl des Selbstverständnisses und der Selbstsicherung bei uns beiden Einzug gehalten hat – um zu bleiben. !

Wir hatten uns an jenem 23. März 1990 im Stadtpark „El Chamizal" an einer grasbedeckten Stelle, die nur selten von Parkgängern aufgesucht wurde, eingefunden. Flor trug heute anstelle ihrer formellen Bürokleidung eine etwas lockerere Tracht, es war Casual Friday, wie es die Amerikaner nennen, wenn die Kleiderordnung des Betriebs wegen des bevorstehenden Wochenendes gelockert wird. So hatte Flor sich mir heute in einer recht knapp sitzenden Jeans und einer hellen Bluse gezeigt, statt hohe Absätze reichten heute weiße Turnschuhe. Sie hatte mir dort zuvor die Nachbildungen der Skulpturen aus Mexikos reicher Vergangenheit gezeigt, welche man dort gemeinhin als vorkolumbianisch bezeichnet. Wir waren wieder in eines jener langen Gespräche vertieft gewesen. Flors Gesicht strahlte in der letzten Abendsonne des sterbenden Tages.

Wie aus dem Nichts erfüllte mich eine überwältigende Sehnsucht nach ihrer direkten Nähe. Ohne zu überlegen, ob es ihr vielleicht missfallen könnte, hatte ich sie wieder wie auf Garys Boot um die Hüfte gefasst und zog sie ein wenig an mich heran. Anstatt

475

wie damals mir die Hand wegzunehmen, legte sie jedoch heute ihren linken Arm um mich herum, ganz sachte, weich. Aber den Kuss bekam sie von mir. Direkt auf ihre vollen, festen Lippen! Unsere Zungen trafen sich ohne jegliches Zögern. Sie küsste kraftvoll und leidenschaftlich, was mich wieder komplett die Kontrolle verlieren ließ. Ein unwirkliches Gefühl der Stärke breitete sich in meinem Unterleib aus und wieder dieses Selbstvergessen und Verloren sein irgendwo in der Ewigkeit! Wir konnten kaum voneinander ablassen. Mein zweiter, aber unser erster Kuss! Aber diesmal nicht der letzte! Ich ließ nun meine Hände ihre Taille hinunterlaufen und fasste sie um die Hüften, was ihr ein bisschen zu viel war. Sie nahm sanft meine Hand fort. Aber ich hatte schon die andere an eine ihrer verführerisch sich unter Bluse abzeichnenden Brüsten gelegt. Sie nahm sie wieder weg, sanft, aber bestimmt. Aber ich war schneller, und brachte nun gar beide Hände ins Spiel. Ich wollte, nein, ich musste ihren Körper spüren!

Sie kicherte und lachte nun laut auf und wand sich, als ob sie kitzlig wäre, und versuchte, meine Hände von den verbotenen Stellen zu entfernen. Aber ohne Erfolg, bis sie laut und etwas außer Atem rief: „Hör schon auf jetzt. Du bist ja ein regelrechter Tintenfisch! Wie viele Hände hast Du eigentlich noch?!" Aber sie war nicht etwa böse, sondern schaute mir jetzt voll in die Augen! Ja, sie hatte soeben meine verwundbare Stelle entdeckt! Gleich beim ersten vollen Blick in ihre großen, schön dunkelbraunen, mandelförmig geschnittenen Augen war es um mich geschehen. Wieder dieser seltsame zeitlose Zustand. Ein weiterer, verlangend-wilder und langandauernder Kuss folgte. Ich hörte, wie sie etwas sagte. Sie sprach mit ihrer samtigen unwiderstehlich ruhigen, aber sicheren Stimme zu mir, und ihre Worte formten sich in meinem Geiste:

„Willst Du es tun?"

Selbst in diesem Zustand fuhr mir der Schreck durch die Seele. Sollte mit ES etwa gemeint sein … Aber bereits antwortete jemand ohne mein Zutun, aber zu meinem Entsetzen:

„Ja."

Wer mischte sich denn da in mein Leben rein? Wer sagt hier einfach ja zu etwas, was ich gar nicht kann? Aber klar! Es war ein Ja! Denn jetzt hörte ich:

„Dann lass uns gehen. In Dein Motel. Jetzt!"

Ganz vertaumelt vom Küssen standen wir auf und gingen zum Dodge, der unter einer Lila im Schatten parkte. Ich war außerstande, klar zu denken, und konnte mir deshalb auch keine Gedanken machen, über das was folgen würde – und dass ich keine Ahnung hatte, was da von mir erwartet wurde. Ob man in so einem Zustand Auto fahren sollte, war zu bezweifeln, aber ich tat es trotzdem. Um die Stimmung nicht abkühlen zu lassen, setzte sich Flor jetzt leidenschaftlich fast auf mich drauf, sodass ich um sie herum lenken musste.

Der Verkehr in Ciudad Juarez damals war in keiner Weise mit dem heutigen vergleichbar, aber es lagen etwa 20 Minuten Weg vor uns, vom Chamizal-Park bis hinüber nach Waterfill ins Motel. Immer wieder geboten rote Ampeln unserer Eile einen ungeplanten Halt. Jede Rotphase, welche man sonst gewöhnlich ungeduldig wartend verbringt, bot uns beiden einen weiteren Grund für einen weiteren schönen, langen und leidenschaftlichen Kuss. Den wir wegen des grünen Lichts natürlich nicht unterbrechen würden! Das besorgte jeweils das nervöse Gehupe von den Nicht-Verliebten hinter uns. Wir lachten übermütig und setzten unseren Weg auf diese Weise eng umschlungen fort, bis zur nächsten hoffentlich ebenfalls roten Ampel. So trug es sich zu, dass ich völlig gedankenlos eine weitere öffentliche Kuss-Show präsentierte. Sie aber würde mir Jahrzehnte später mit dem Geständnis überraschen, dass hinter der einen Hupe eine Studienkollegin gesessen hatte, die eigentlich auch nach Bahia Kino fahren wollte und dann abgesagt hatte. Sie durfte dann zusehen, wie wir uns aneinanderklebend wie zwei Lollipops in aller Öffentlichkeit völlig verlustierten.

Endlich langten wir am Campo Real Motel an. Es gab natürlich keine Fragen wegen meiner Begleitung. Aber jetzt bekam ich es doch ein bisschen mit der Angst zu tun! *Ob Flor was ahnt, dass es mein erstes Mal sein würde? Würde sie bemerken, dass ich vor lauter*

Händezittern das Schloss kaum aufbekam?! Endlich ging die Tür auf. Sie wirkte ruhig wie immer, als sie jetzt eintrat in mein glücklicherweise nicht allzu chaotisches Reich. Eine Höhle des Löwen war es jedenfalls bestimmt nicht bei meinem aufkeimenden Kleinmut, eher ein Hasenbau, für einen ausgewachsenen Angsthasen!

Aber der Hase schöpfte wieder Mut, ich wollte es doch endlich wissen! Ich sah sie an, wie sie derart selbstverständlich, in einer höchstens gespannte Erwartung ausdrückenden, aufrechten Haltung neben mir stand. Sie wirkte ungemein stark und selbstbewusst. Ich hatte auf einmal keine Angst mehr. Wir setzten uns nebeneinander aufs Bett. Ohne ein Wort fielen wir uns in die Arme, und da war natürlich von Angst erst recht keine Rede mehr. Hingesunken aufs Lager konnten wir uns endlich richtig nach unserem Gusto küssen. Wie von selbst gingen meine Hände unter ihre Bluse und zogen sie ihr sanft über den Kopf. Flor tat dasselbe mit meinem T-Shirt. Sie drehte mir nun ihren Rücken zu, und ich erkannte eine häkchenförmige Vorrichtung, welche ihren BH verschloss. Sowas hatte ich noch nie gesehen. Den Verschluss musste ich nun aufbekommen. Ich hatte keine Ahnung, wie das gehen sollte, und fummelte eine gefühlte Ewigkeit mit wieder zittrigen Fingern daran herum. Jetzt gab es keinen Zweifel mehr, jetzt musste Flor wissen, dass sie einen kompletten Anfänger im Bett hatte! Aber sie dachte wohl gar nicht daran, und hatte sich derweil damit befasst, ihre enge Hose aufzuknöpfen, als der Verschluss endlich auf war und ich ihr den BH abnehmen konnte.

Sie ließ sich von mir die Hose ausziehen und machte sich derweil an meiner zu schaffen, was ich deshalb kaum mitkriegte, weil ich von ihren nun nackt und prall vor mir präsentierten Brüsten völlig in den Bann geschlagen wurde und mir das Herz in nie gekannter Weise raste und pochte. Sie waren unerwartet groß und wirkten fest. Sie liefen nach unten höchstens in eine neckisch und frech wirkende Spitze aus. Fasziniert schaute ich zu, wie auf einmal etwas dort wuchs und sich verhärtete. Auch Flor hatte inzwischen etwas Entsprechendes bei mir gesehen und nahm es ohne zu zögern in die Hand, während ich mich gegen ihre breite Brust sinken ließ, um ihr einen Kuss auf die Brustwarzen zu geben. Irgendwie wusste ich schon, wie in der Theorie die ganze Geschichte abzulaufen pflegt, und machte eine wahrscheinlich ziemlich unbeholfene Avance.

Wir waren bis aufs Äußerste erregt und derart verrückt aufeinander, dass der Raum zusammenstürzen mochte, wir hätten nicht voneinander gelassen. Aber jetzt begann sich meine trotz allem bis anhin so ruhige, wenn auch gespannte Erwartung ausdrückende Flor zu verwandeln! Sie schaute mich verlangend an, auf eine Weise, wie ich es nie von ihr erwartet hätte. Sie machte nun mit einer mir bereits bekannten wedelnden Handbewegung ihr Nicht-Einverständnis klar und richtete sich in einer fließenden Bewegung auf. Schon hatte sie sich hingekniet und drückte mich jetzt sanft, aber bestimmt in die Kissen! Sie hatte das Kommando übernommen und schien genau zu wissen, wie es geht! Mehr noch, sie schien genau zu wissen, wie sie auf ihre Rechnung kommen würde! Es gab keinen Widerstand von mir, als ich sie jetzt mit hochaufgerichtetem Oberkörper über mir hatte. Denn jetzt setzte sie sich geschmeidig rittlings auf mich drauf, drückte mir kurz ihre festen großen Brüste ins Gesicht, und nahm sich, was ihr zustand.

Ich begehrte sie auf eine Weise, dass es kaum zu ertragen war, sie jetzt so weit von mir entfernt zu haben. Flor hatte sich nämlich wieder stolz aufgerichtet und stützte sich mit ihren lang und ungemein geschmeidig, ja kraftvoll wirkenden Armen ab, während ich ihre verführerische Gestalt mit meinen Blicken zu verschlingen begann, wie sie von ihrer breiten Schulter- und Brustpartie schnell V-förmig aufeinander zulaufend in eine schmale, feste Taille überging, welche ich jetzt umschlungen hielt, genau dort, wo diese mit einer sanften Rundung in die Hüftpartie überging. Sie hielt mich jetzt mit ihren langen, schlanken, gleichfalls festen und wohlgeformten Beinen fest und begann mit einer Serie von wellenförmig-kreisenden Bewegungen mir vollends den Verstand auf eine Weise zu rauben, dass ich ihr meine Seele und mein Leben vollends darbieten konnte. Ich glaubte zu fühlen, wie etwas meinen Körper verließ, eine ungeheure Kraft entfaltend, erschrak, als sie es mit einem Aufschrei nahm, dass ich Tölpel dachte, sie hätte sich wehgetan. Aber davon war keine Rede, als sie nun auf mich niedersank, wir uns trennten und sie mir einen wilden Kuss gab. Ihre schwarzen Haare, die vorher wild wie im Sturm geflogen waren, kitzelten mich auf der Haut.

„Hat es Dir vorhin wehgetan?"

„Ein bisschen", kam die pflichtschuldige, samtige Antwort. Aber ich wusste, was bei den Frauen beim ersten Mal passiert. So viel hatte ich aus der Biologiestunde noch mitgekriegt und auch behalten! Entjungfert wurde vorhin nur einer! Sie hielt mich nun ihrerseits fest im Arm und ich verspürte wieder ein unbezwingbares Verlangen nach ihrem Körper, während sie mit der anderen Hand nochmal in meine Leistengegend fasste. Sie schaute mich ein wenig erstaunt und dann verlangend an. Ich kannte diesen Blick schon. Jetzt würde sie mich nochmals auf dieselbe Weise vernaschen! Und ich hatte nicht das Geringste dagegen. Flor hatte sich als überaus leidenschaftliche, kraftvolle, unbeherrschte, dabei fantasievolle und auch fordernde Liebhaberin herausgestellt. So, als ob sie deshalb immer weitermachen wollte für den Fall, dass es auch das letzte Mal sein würde, bis sich jetzt tatsächlich wieder etwas aus mir löste und in sie überging, und sich alles in einem tanzenden Wirbel aufzulösen schien. Jetzt lag sie von oben bis unten pitschnass vom Schwitzen und glänzend auf mir und sah mich an. Wie schwer sie auf einmal war! Ich hielt sie fest umarmt und wir küssten uns wieder einmal. Ich hätte auf diesem Gebiet mein ganzes Leben nicht so viel lernen können, wie Flor mir jetzt beibrachte, ich wusste ja, dass sie gerne einmal Lehrerin geworden wäre! Aber wir waren unser noch lange nicht müde! Flors wilde Küsserei brachte die Erregung sogleich zurück. Wir liebten uns noch weitere Male, bis sich definitiv bei mir nichts mehr regte und Flor mich nun mit einem zufriedenen, ein wenig triumphierenden und vielleicht auch stolzen Lächeln anblickte.

„Hab' ich Dich endlich kleingekriegt, mein Lieber?!", schien sie zu sagen.

Wieder schaute ich einer glücklichen jungen Frau ins Gesicht, diesmal in ein Gesicht rund wie der volle Mond, das im Licht der nackten Birne an der Decke schimmerte und glänzte. Wir hörten dann gegenseitig den Herzschlag ab, als ob wir sicherstellen wollten, dass niemand beim vorherigen Marathon zu Schaden gekommen war. Schließlich schmiegten wir uns aneinander und ich legte meinen Kopf auf ihren Oberkörper, umschlungen von ihrem Arm, und lauschte dem langsam langsamer werden, kraftvollen Pochen ihres, nein, meines Herzens, und dämmerte in unseren Paradiesgarten hinüber. Sie legte eines ihrer Beine über mich, als wollte sie sagen, Du sollst mir nicht wieder entwischen! Ich wusste, dass ich sie nicht hierbehalten durfte, sie würde Probleme zu Hause bekommen, wenn sie die ganze Nacht wegblieb. Aber von entwischen war keine Rede, ich wünschte, sie würde immer so bei mir bleiben, dass ich sie für immer bei mir behalten dürfte.

Aber tatsächlich. Eine kleine Bewegung von ihr brachte mich in die durchaus triste Wirklichkeit unseres Motelzimmers zurück. Wir sahen uns direkt an. Flor war wieder zu der ruhigen, sanftmütigen und liebevollen jungen Frau mit der sexy Samtstimme geworden. Aber immer noch wirkte sie eigenartig aufgekratzt und war in einer seltsam guten Stimmung. Sie lag immer noch ein wenig auf mir drauf und richtete sich ein wenig auf, um mich besser ansehen zu können.

„Hey! Du, ganz schön kräftig. Weißt, ich musste es einfach wissen. Wenn wir für immer zusammenbleiben wollen, sollte man wissen, ob es auch klappt. Für beide! Aber wie ist es nur möglich, dass Du es so oft tun kannst? Sechsmal hintereinander!"

Ich war mir nicht sicher, ob ich da meine Flor richtig verstanden hatte, so gut war mein Spanisch nun auch wieder nicht, schon gar nicht in jenem Moment, als mein Verstand sich immer noch auf einem kleinen Ausflug befand. So stark kam ich mir überdies gar nicht vor, vor allem jetzt nicht, nachdem sie mich ein paarmal nach allen Regeln der Kunst flachgelegt hatte. Ich hatte nicht mitgezählt, es kam mir eher wie ein unendlicher Taumel vor, ein tanzender Wirbel aus Hingabe, Kraft und einer guten Portion Stolz füllte mich aus. Am Ende eine Prüfung, ob ich als Liebhaber auch was taugte? Diese unvergessliche Episode würde sich jedoch prägend auf unser Liebesleben auswirken. Meist würde da Flor den Ton angeben und die Musik, welche sie anstimmte, ließ keinerlei Wünsche bei mir offen. Sie erfüllte mir sogar die Wünsche, welche ich gar nicht wusste, dass man sie haben kann. In einer Weise, dass ich niemals auch nur mit einem Gedanken daran vergeudet habe, sie zu betrügen. Nicht, weil ich mich als Mustergatten oder eine Art Heiliger aufspielen will, das Risiko, sie für irgendetwas Mittelmäßiges möglicherweise zu verlieren, war mir immer viel zu groß. Sie sah mir sinnend in die Augen. Junge, glückliche Flor! Ein Gesicht wie der volle Mond, umrahmt von ihrem glatten dunklen bis zum Halsansatz reichenden Haar!

„Lass uns zusammen ein Bad nehmen", drang ihre samtige Stimme an mein Ohr. Das riss mich endlich aus meiner Trance. „Ja, du brauchst gar nicht so zu gucken. Oder sollte es gar stimmen, dass ihr Europäer euch nie duscht, hahaha?! Los, komm. Jetzt bekommst Du eine Abreibung von mir, die sich gewaschen hat."

Damit nahm sie mich laut lachend bei der Hand und wir gingen ins Badezimmer. „Das ist besser als bei mir zu Hause! Warmes Wasser aus der Dusche!" Sie drehte den Strahl voll auf und wir gingen beide hinein. Sie machte Schaum mit dem Seifenstück, von Duschgel war damals in Mexiko noch lange keine Rede, und bald hatte ich ihre rubbelnden Finger überall, sie meinte wohl tatsächlich, dass ich hier eine weitere Lektion nötig hatte. Resolut wurde ich hier von ihr überall eingeseift. Sie umarmte mich und wir küssten uns inniglich. „Jetzt ich"" Sie drehte mir ihren Rücken zu, und ich tat es ihr nach und schäumte sie ebenfalls ein. Jetzt, so ohne Schuhe bemerkte ich, dass sie doch ein ganzes Stück kleiner war als ich. Ihr Rücken wirkte jedoch ungemein kräftig und ich massierte diesen zuerst sanft, und als ich bemerkte, dass sie es mochte, ein wenig herzhafter. Bald war ihr von oben bis unten uni milchkaffeebrauner, straffer Körper mit dem Seifenschaum versorgt. Als ich ihre Brüste einseifte, verspürte ich, wie Flor wieder in Stimmung geriet, auch mein Herzschlag war längst wieder schnell und kräftig geworden. „Lass das jetzt! Wir können ja auch noch für morgen etwas übriglassen! Schade, dass ich kein Shampoo dabeihabe!"

Mit diesen Worten hielt sie ihr Gesicht in den vollen Duschstrahl, schloss die Augen und ließ sich voller Lust das Wasser über ihren Kopf laufen und rubbelte sich dabei kurz und energisch ihr Haar durch. Flor war wirklich in einer tollen Verfassung! Wie sie wohl bei ihrem Bürojob zu so einem durchgestylten Körper gekommen ist? „Hast Du gehört, wir müssen aufpassen, aber ganz besonders Du!", hatte Gary damals gewitzelt! Aber ich mochte mein starkes Mädchen und war vorhin ganz verrückt nach ihr gewesen. Ich hatte mich ob ihrer Kunst völlig vergessen. Das hätte ich niemals erwarten können. So eine war aber genau nach meinem Geschmack! Flor würde eine wunderbare Abenteurerin an meiner Seite abgeben! Ich brauchte keine Angst zu haben, ihr etwa durch meine überbordende Euphorie wehzutun, sie würde mir immer dagegenhalten können. Und sie konnte sich in ihrer unbeherrschten Leidenschaft total gehenlassen, ohne befürchten zu müssen, dass ich verängstigt den Reißaus nehmen würde! Jetzt schaute sie mich schelmisch an und umarmte mich. Wir standen jetzt gemeinsam unter dem vollen Strahl und der Schaum zusammen mit unseren letzten geisterhaften Regungen verschwanden im Ablauf!

„Ich darf nicht hierbleiben, weißt Du, und das tut mir wirklich leid. Du bist wirklich gut!" Und so geschah es. Nachdem wir uns gegenseitig sämtliche Spuren der vergangenen wilden Stunden wieder von unseren Körpern abgewaschen und wir einigermaßen trocken waren, zogen wir uns wieder an. Wir saßen nebeneinander auf dem zerwühlten Bett. „Weißt Du, mein Ex hatte damals danach davon gefaselt, wie ich ihm jetzt gehorchen müsse, ihm untertan sein, wie es in der Bibel steht. Angeber! Ich ihm gehorchen! Er wollte mich unter Kontrolle haben. Dazu war er viel zu schwach, hatte halt auch so ein schwaches Sternzeichen, pobrecito. Brauchst Dir wegen dem wirklich keine Gedanken zu machen, hihihi!" Ich wusste nicht recht, was ich von ihrer seltsamen Rede halten sollte. Sie hatte wohl vorhin ein wenig zu viel genascht! Immerhin schien ich im Direktvergleich gut abgeschnitten zu haben! Oder erwartete sie etwa, dass ich nun mit einer meiner Verflossenen rausrücken sollte? Hatte sie wirklich nichts gemerkt? Ich hatte kein Herz, ihr zu gestehen, dass sie die Erste gewesen war! Es ging mir auf, dass sie es wohl auch kaum glauben würde. Soso, ihr Ex war ihr zu schwach gewesen, um sich ihm unterzuordnen. Das wunderte mich hingegen kaum. Sie brauchte das auch nicht zu tun. Ich wollte, dass sie so blieb, wie sie sich vorhin präsentiert hatte. Wild, ungezähmt. Unersättlich und kraftvoll. Ich legte den Arm um sie und küsste sie. Draußen belagerte uns finsterste, kalte Nacht durch die natürlich unbedeckt gebliebenen Fenster. Es mussten Stunden vergangen sein, seit ich mit den letzten Sonnenstrahlen des Abends mit zittriger Hand die Tür aufgeschlossen hatte.

Es wurde Zeit für uns. Nach einem allerletzten vollmundigen Gutenachtkuss vor ihrem Haus musste ich den Rest der Nacht ohne sie zu Ende bringen müssen „Mach's gut und pass auf Dich auf, ja? Und sei brav!", gab sie mir launig mit auf den Weg. Verrücktes Mädchen! Als ob ich nach ihrer Behandlung noch mit einer sündigen könnte. Oder WOLLTE! Allein schloss ich die Zimmertür auf. Es war eisigkalt geworden und sehr still. Für einen Freitag geradezu seltsam ruhig. Wieder Freitag und wieder das seltsame luftige Gefühl! Wie betrunken, aber doch ganz anders. Ich betrachtete sinnend das Chaos aus Leintüchern Kissen und Decken auf dem Bett. *Flor und ich! War das wirklich gerade passiert?* Ich legte mich hin, dort, wo wir uns vorhin von unserem Abenteuer ausgeruht hatten. Ich umarmte in Ermangelung ihres schönen Körpers eines der Kissen und glaubte alsbald, einen ganz feinen Duft zu riechen, kein Parfum, nein, etwas anderes. Es roch nach ihr! Ich glaubte in dem geisterhaften Geruch ihre Präsenz zu spüren. Ihr Name war somit doch Programm! Sie hatte mich vorhin an alles Denkbare gemahnt in ihrer kraftvollen physischen Präsenz und stürmischen Gebaren, nur nicht an eine zerbrechliche Blume. Aber sie verströmte einen köstlichen Duft! Ich wurde davon wieder erregt wie ein nektarlüsternes Insekt und wünschte mir, sie wäre wieder hier bei mir. Ich würde es ihr besorgen, dass … Immer noch reichlich vertaumelt vom Erlebten entledigte ich mich wieder der hastig angezogenen Kleidung und erkannte, dass Flor mir einige Kussmale zurückgelassen hatte, rote runde Flecken, als Erinnerung, dass ich jetzt nicht nur eine Freundin, sondern auch eine Geliebte hatte. Und was für eine! Die Erste, Einzige und wohl auch Letzte! Ich dämmerte in einen traumlosen Schlaf hinüber. Ich würde für immer bei ihr bleiben. Hier, wo sie herkam. So wie ich es ihr in meinen Briefen angekündigt und damit ziemlich erschrocken hatte! Hier, in diesem Land, wo ich sie gefunden hatte. Oder sie mich. Oder wo wir zusammengeführt wurden. Und es gab keinen Zweifel, dass auch sie für immer bei mir bleiben würde. Ich hatte vorhin durch ihre großen, mandelförmigen Augenfenster bis in ihr Herz hinabgesehen und dort ihre glückliche Seele gesehen, als ich mich ihr völlig hingegeben hatte. Wir würden uns nie mehr hergeben wollen, nein, wir würden uns nicht mehr hergeben können.

Was Gott vereinigt hat, soll der Mensch nicht trennen.

Der Autor

Der im Jahr 1962 geborene Dieter Neth lebt in
der Nähe der schweizerischen Stadt Olten. Er ist
verwitwet und Vater dreier Kinder.
Nach seiner Ausbildung zum Chemielaboranten
fasste Dieter Neth in verschiedenen beruflichen
Bereichen Fuß, darunter als Übersetzer,
Projektleiter für Produktionsverlagerungen
und Autor. Seine Affinität für Sprachen spielt
in all diesen Bereichen eine Rolle. Die von ihm
veröffentlichten Beiträge sind vorrangig auf
Deutsch und Englisch verfasst. Zusätzlich zählt
Spanisch zu den Sprachen, die er fließend
beherrscht.
Neben seinen Interessen im Bereich der Biologie,
allem voran die Welt der Kakteen, nehmen auch
die Fotografie, Bergwanderungen, das Mitwirken
in einem Kirchenchor und das Schreiben einen
hohen Stellenwert in seinem Leben ein.
Mit „Ungeküsst nach La Paz" findet die Publikation
seines ersten Buches statt.